U0022376

修訂
四版

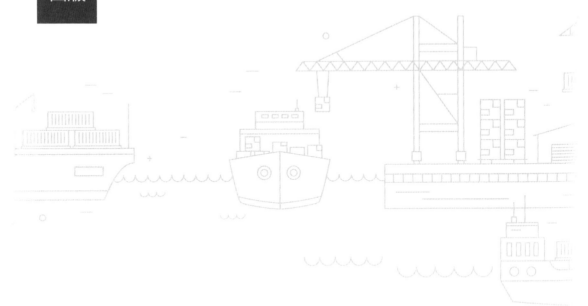

海商法

Maritime Law

三民書局

修訂四版序

　　海商法是以海上企業活動的規範為主軸，以其他相關規範──包括：海上企業活動基礎的規範、海上企業活動危險的規範、海上企業活動平衡的規範、以及海上企業活動風險分化的規範──為扶翼，經過立法程序，凝練而成的規範體系。

　　海上企業活動包括：海上貨物運送、海上旅客運送以及船舶拖帶，其中以海上貨物運送最為重要。海上貨物運送，數量大，運費低，是海上企業活動的核心，是地球貨物流動的血管。

　　海上企業活動，需要船舶才能航行，需要海員才能操作、需要船舶抵押權擔保才有資金，船舶、海員及船舶抵押權成為海上企業活動的基礎。海上企業活動不免遇到船舶碰撞、海難救助或共同海損的危險，各國立法例多吸納相關國際公約、國際慣例，轉化為海商法條文。為了平衡海上企業活動相關各方的利益，以健全海運的發展，海商法在賦予船舶所有人責任限制權利的同時，也給予其債權人優先受償權，使船舶所有人的責任限制與債權人的海事優先權，構成了制度上的平衡。最後，為了分化運送人的責任、填補船東船舶的損失、填補貨主貨物的損失，還可以投保各類保險或參與防護及補償協會，作為最後防線，稀釋可能的風險。

　　國際公約是各國海商法的主要法源，在國際公約轉化為海商法的過程中，有的國家將公約的條文改寫，以銜接本國法制；有的國家直接透過立法程序，承認某國際公約為其海商法的一部分。我國屬於大陸法系，立法體例與德國相近，須將國際公約改寫之後，才能融入國內的法律體系。因此，本書在解釋方面，盡量參酌國際公約的規定，在修法建議方面，則借鑑德國商法（海商編）吸納與轉換國際公約的經驗，希望為海商法的健全與發展盡綿薄之力。

　　杜甫說：「文章千古事，得失寸心知」。本書歷經三次修正，一有所得，固然怡然自得，但發現缺失，也難免神明自咎，進而以「常在河邊走，哪有不失足」自嘲了。本次出版，承三民書局編輯同仁，精心編校，力求完美，感佩之餘，若還有挂漏，也望讀者海涵、指教。

劉宗榮

2020 年 12 月 20 日

海商法

目 次

第四編　海上企業活動危險

第一章　船舶碰撞

第二章　海難救助

第三章　共同海損

第五編　海上風險的總限制與分化機制

第一章　海上風險的總限制——船舶所有人責任限制一般規定

第二章　海上風險的總限制——關於船舶污染的責任限制特別規定

第一編
緒　論

壹│海商法的內容

一、海商法內容鳥瞰

　　海商法是以規範海上企業活動為核心，及因此而發生的問題為外圍所組成的法律。其中，海上企業活動又以「海上貨物運送」為主要，以「旅客運送」與「船舶拖帶」為次要。海上貨物運送，不論透過件貨運送或航程傭船運送（voyage charter，航次租船），都有承運數量龐大、運送費用便宜的優點，是最重要的國際物流方式。

　　英文的 "vessel" 一字，含有兩層的意義：一個是「船舶」，另一個是「血管」，二個合併解讀，"vessel" 就是以船舶將貨物運送到全球各地，正如同血管將養分輸送到身體各部門一樣，海商法主要是針對貨物運送，至於旅客運送，由於郵輪航速緩慢，航行期間較長，食宿昂貴，除了觀光旅遊，常不能符合旅客快速而經濟的要求，因此海上旅客運送多為航空運送所取代；至於船舶拖帶，不論是進出港灣，以策航行安全，或是公海航行，借助拖船動力，都只限一隅，無關全局。

　　經營海上企業活動，需要⑴船長海員、⑵船舶、⑶資金三個要素為基礎。就船長海員言，為了規範船長海員的資格、明確船長海員與第三人法律行為對船公司的法律效果、以及規範船長海員侵害第三人權利之行為時，船公司的法律責任，海商法經常也涵蓋船長海員；就船舶言，為了取得船舶使用權，以便經營海上企業活動，海商法的內容必須涵蓋到「船舶所有權」、「光船租賃」及「期間傭船（定期租船）」；就資金言，經營海上企業活動，需要龐大資金，從而海商法的內容又必須涵蓋「船舶抵押權」以及「海事優先權」。所謂「船舶抵押權」，是當事人合意設定如同民法上的抵押權；所謂「海事優先權」，是法定

的，因符合法律規定而當然發生，不待設定就自然存在，海事優先權擔保的債務種類繁多，包括：海員薪資、侵權行為、船長借貸、救助撈救❶所生債務，以及港口租金、行政規費等❷。

　　海上企業活動，必然涉及海上航行，海上航行，滄海一葉，波濤萬里，其間可能遭遇的海上企業危險，不止一二：海上航行若發生碰撞，人員死傷、船貨毀損，在所難免，於是海商法必須有船舶碰撞的規範；海上航行若遇到海難，人命財產及海洋環境都可能陷入危險，急待救助，因此海商法也必須有海難救助的規範；若船、貨遇到共同危險，宜處分其一部分而保全其他部分，以避免全部滅頂，從而海商法又必須包括共同海損的規範。總的來說，海商法的內容，從「海上貨物運送、海上旅客運送及船舶拖帶」，逐漸擴大到「船舶碰撞」、「海難救助」及「共同海損」等領域。

　　不唯如此，陸地疆域有限，海上資源無窮，為了鼓勵從事海上冒險，乃有別於民法的規定，另外創設很多「法定免責」及「責任限制」的規定，即海上運送人「就其承運的貨物」，可以主張很多的「法定的免責事由」或「單位責任限制」，若有必要，還可合計其他責任一起主張「船舶所有人責任限制（責任總限制）」；就海水污染可以主張「船舶污染責任限制」，若有必要，也可以合計其他責任一起主張「船舶所有人責任限制（責任總限制）」；船舶所有人「責任總限制」，不但對承運貨物所生的債務可以主張，對航行過程中因侵權行為、無因管理、規費等債務也可以主張。這些「免責事由」、「單位責任限制」、「污染責任限制」、「責任總限制」都是民法（原則上❸）無限責任的特別規定。

---

❶ 指無因管理下的救助撈救。

❷ 在立法例上，有的國家考慮到海事優先權與船舶抵押權都是擔保物權，而將之與船舶抵押權並列，編在海商法的前列，我國海商法就是採這種立法例，主要原因是繼受自1926 年海事優先權及抵押權統一規定國際公約、1967 年海事優先權及抵押權統一規定國際公約、與1993 年國際海事優先權及抵押權公約，這三個國際公約都將海事優先權與抵押權一併規定。另外，也有顧慮到海事優先權所擔保的債權，其種類不但涵蓋船長海員的僱用薪資，還包括航行中發生的各種債務（包括共同海損的債務），因此將之規定在共同海損之後，例如：2012 年德國商法（海商編），海事優先權規定在第596 條至598 條，即在共同海損之後。

❸ 民法原則上是無限責任，但是例外情形，也有免責或有限責任的，例如民法第639 條：

　　為了分化海上運送的風險，針對可能發生的船舶損失、貨物損失及對第三人的損害賠償責任，海商法提供以船體險、貨物險及責任險為核心內容的「海上保險」；為了加速理賠、簡化程序，更規定「保險委付」❹制度。

　　權利的實現必須遵循一定的法律程序，海事程序法就是實現權利的程序規定。海事程序法，常包括「法院管轄權」、「仲裁管轄權」、「法律適用法」與「船舶扣押保全程序」等。

　　綜合以上敘述，海商法是以海上貨物運送為主軸，以周邊制度為輔翼的規範體系，其目的在健全海上企業活動，維護當事人合法權益，促進航運發展。海商法的內容，可以分為下列五個部分：

㈠海上企業活動的基礎

1.船長海員
2.船舶使用權的取得，包括：船舶所有權，光船租賃以及期間傭船（定期租船）
3.船舶抵押權（有的立法例同時規定「海事優先權」）

㈡海上企業活動

1.貨物運送
　⑴件貨運送
　⑵航程傭船（航次租船）
2.旅客運送
3.船舶拖帶

㈢海上企業危險（也可以在此規定「海事優先權」）❺

1.船舶碰撞

　　「金錢、有價證券、珠寶或其他貴重物品，除託運人於託運時報明其性質及價值者外，運送人對於其喪失或毀損，不負責任。」、「價值經報明者，運送人以所報價額為限，負其責任。」
❹　就是指發生海商法規定的委付事由時，參考海商法第 143 條、第 144 條、第 145 條。
❺　若考慮海事優先權與船舶抵押權同屬以船舶為標的物的擔保物權，可以挪到前面與船

2.海難救助

3.共同海損

㈣海上企業風險的限制與損失的分化

1.船舶所有人責任總限制

2.海上保險（船體險、責任險及貨物險等）與保險委付

㈤海事程序法

1.海事管轄權

2.法律衝突的適用法

3.海事保全程序（船舶假扣押等）

二、海商法與海洋法的區別

　　海商法與海洋法不同：海商法是以海上貨物運送為核心，以衍生出來的相關法律關係為外圍的私法規範。海洋法主要是以界定內水、領海、鄰接海域、大陸棚、專屬經濟區及公海的範圍、規範領海主權爭端的解決、海上資源內容的管理，以及海上污染的管理為內容的國際公法。目前規範海洋法的國際公約，主要是 1982 年通過、1994 年生效的聯合國海洋法公約 (United Nations Convention on the Law of the Sea, 1982: UNCLOS)。

　　舶抵押權一併規定；若考慮海事優先權是為擔保船員薪資、侵權行為、船長金錢借貸、救助撈救無因管理債權、港口租金規費等依法發生的債權，則適合規定在共同海損之後，2012 年德國商法將船舶所有人及船舶營運人規定在最前面（第 476 條）、船舶租賃契約在第三章（光船租賃從第 553 條到第 556 條，定期租船第 557 條到第 569 條），海事優先權則規定在第五章（從 596 條到第 610 條）。

貳 | 海上貨物運送與國際貿易

一、海上貨物運送是國際貿易的主要履約方式

貿易依照進出口地是否跨越國家邊界區分,可以分為國內貿易與國際貿易。不論國內貿易或國際貿易,買賣的標的物都以貨物為主要,以服務、技術等為次要,而貨物買賣契約的履行當然涉及貨物運送。

貨物的運送方式可分為公路運送、鐵路運送、航空運送、水路運送(包括:內水水路運送、江河運送及海上運送),以及由海上運送結合其他運送方式的多式聯運。其中,海上運送或多式聯運,承運貨物的數量最龐大、運費最便宜,符合經濟效益,是最重要的貨物運送方式。

當貿易的標的物是「貨物」,買賣出口國與進口國是「不同國家」,且買賣契約的履約過程涉及海運方式時,國際貿易才與海上貨物運送發生關係。

二、簽發信用狀,保障出賣人的債權

國際貿易的條件 , 可以透過現金現貨交易❻ 、 承兌交單 (D/A documents against acceptance)❼、付款交單 (D/P documents against payments)❽、記帳貿易 (O/A open account)❾、信用狀交易 (L/C letter of credit) 等任何一種方式進行。

---

❻ 例如:加拿大與美國邊界連接,雙方買賣可以現金交易。

❼ 只要進口商(買受人)在出口商所簽發的指己匯票上承兌,就可以將載貨證券(提單)交付給進口商提領貨物。進口商因為承兌,就成為匯票的債務人,出口商則是指己匯票的權利人。出口商等待付款日屆至,就可以提示。

❽ 必須進口商(買受人)付款之後,才可以將載貨證券(提單)交付給進口商提領貨物。

❾ 出口商在貨物出口後,直接將貨運文件 (shipping documents) 寄給進口商,以便進口商

　　開立信用狀進行交易，只是其中一種，但無疑是重要交易方式之一❿，因為國際貿易的買賣雙方各自在不同國家，彼此多不相識，人與人的信用基礎相對薄弱，交易不容易完成。透過買賣契約的約定，由進口商委託開狀銀行依照信用狀統一慣例（Uniform Customs and Practice for Documentary Credits，簡稱 UCP600）簽發信用狀，提供獨立的擔保，以開狀銀行的信用彌補進口商信用之不足，最能強化交易的信心，因此被廣為採用。

　　透過信用狀的國際貿易，出賣人只要嚴格遵守信用狀規定的條件，開狀銀行就因簽發信用狀，而必須對出賣人獨立負擔債務。在簽發信用狀的國際貿易，出賣人的債權獲得雙重的保障：一為依照「買賣契約」，請求買受人履行債務，二為依照「信用狀」的法律關係，請求開狀銀行，給付款項，但二項請求的總額不得超過買賣價金。

三、買賣契約常有關於是否必須簽發信用狀、何人負擔訂立海上貨物運送義務的約定

　　國際貿易買賣契約內容涵蓋很廣，內容多吸納自聯合國國際貨物買賣契約公約 (United Nations Convention on Contracts for the International Sales of Goods, 1980)❿。國際貿易貨物買賣契約中，最重要的約定包括：標的物、價金、交易條件 (FOB、CIF、CFR) 以及是否為信用狀交易。「交易條件」決定了運送契約的訂約義務人（出口商或進口商）；而「是否為信用狀交易」則決定了買受人有無申請簽發信用狀的義務。分述如下：

㈠信用狀交易

1. 買賣契約經常約定信用狀交易

　　國際貿易不一定要申請銀行簽發信用狀，買受人是否必須申請簽發信用狀以及簽發信用狀的種類（可撤銷的信用狀或不可撤銷的信用狀）必須視買賣契

　　憑以提貨。等待約定的日期屆至，再向進口商請求付款。

❿　以臺灣對外貿易言，多年來信用狀交易大約占四分之一。

⓫　由聯合國國際貿易法委員會主持制定，1980 年在維也納舉行的外交會議上獲得通過，1988 年 1 月 1 日正式生效。

約而定。買賣契約約定必須申請簽發信用狀的情況，其涉及的締約過程，略如
下述：

(1)買受人（進口商）須簽訂的多種契約

A.與出口商簽訂貨物買賣契約

B.與運送人訂立貨物運送契約（在 FOB 交易）

C.與開狀銀行簽訂信用狀往來契約

D.與開狀銀行簽訂消費寄託契約

E.設定擔保、提供人保、甚至約定開狀銀行對於進口的貨物有擔保物權（動產質權）

(2)出口商須簽訂的多種契約

A.與進口商簽訂買賣契約

B.與運送人簽訂件貨貨物運送契約（在 CIF 或 CFR 交易）或航程傭船契約 (voyage charterparty)

C.與保險人訂立貨物保險契約（在 CIF 的買賣契約）

D.與銀行簽訂融資（貸款）契約❷

E.簽發「指己匯票 (a draft bill of exchange)」，透過託收程序，讓進口商或開狀銀行承兌。指己匯票經承兌後，承兌的進口商或開狀銀行就成為匯票的主債務人

F.與獨立的檢查人 (an independent inspector) 簽訂檢查契約 (an inspection contract)，在貨物裝船時檢查貨物的品質

2.申請簽發信用狀往來契約

簽發信用狀的銀行稱為「開狀銀行 (the issuing bank)」。買受人申請開狀銀行簽發信用狀，必須與開狀銀行先訂定「信用狀往來契約」，作為買受人（進口商）陸續申請簽發信用狀，及開狀銀行陸續簽發信用狀的法律基礎。買受人依照信用狀往來契約申請開發信用狀，開狀銀行也依據信用狀往來契約簽發信用狀。

開狀銀行為了避免因買受人屆時不繳款贖單（即贖回載貨證券、提單）而遭受損失，除於信用狀往來契約，約定買受人怠於繳款贖單或拒不贖單時，得

---

❷ 銀行可以在開狀銀行付款前貸款給出口商。通常情形，銀行只依照買賣價款打折貸款。

憑載貨證券提領貨物並變賣外，通常還要求買受人提供不動產，設定最高限額抵押權，擔保可能陸續發生的債權，包括因怠於繳款贖單或拒不贖單所生的損害賠償債權。

3. 買賣契約的約定是信用狀內容的雛型

買受人必須依照買賣契約的約定填寫開發信用狀申請書，開狀銀行則必須依照開發信用狀申請書製作信用狀，因此買賣契約就是信用狀的雛型。

4. 簽發的信用狀須透過各種途徑送達出賣人

信用狀簽發後，開狀銀行可以直接郵寄給出賣人、透過買受人郵寄給出賣人、或透過通知銀行通知並交付予出賣人。其中，以透過通知銀行的轉送，因有確認信用狀真偽的機制，可以防止信用狀的偽造或變造，最為安全。通知銀行（advising bank 或 confirming bank）通常為出賣人所在地銀行，對於信用狀的真實性有查證的義務，對於開狀銀行的資力及信譽有提供諮詢的義務。

5. 出賣人必須嚴格遵照信用狀所訂的條件交運貨物

出賣人必須嚴格遵守信用狀所訂的條款及條件 (terms and conditions) 交運貨物，才能享有信用狀的保障。出賣人若未依照信用狀規定的時間、內容交運貨物，開狀銀行可以「立刻解除」信用狀的擔保義務。

6. 出賣人請求運送人簽發載貨證券（海運提單）

貨物交運後，運送人應出賣人請求，應簽發載貨證券。載貨證券在貨物裝船以後簽發者，稱為「裝船載貨證券 (a shipped bill of lading)」，裝船載貨證券才是海商法上的載貨證券，才可以作為押匯之用；反之，載貨證券若是裝船之前在內陸交貨時簽發者，稱為「收載載貨證券 (received bill of lading)」，收載載貨證券只具有「貨物收據」的性質，不能證明貨物已經裝船，因此不是海商法上的載貨證券，不可以作為押匯或提領貨物的文件。但是收載載貨證券於貨物裝船之後，由運送人或船長於其上註明貨物已經裝船 (on board)，並載明裝船日期、船舶名稱及簽名之後，就轉換為裝船載貨證券，可以作為押匯或提領貨物之用。

7. 出賣人押匯或託收

出賣人備妥信用狀所要求的文件（例如：載貨證券、發票、產地證明、檢疫證明、保險單、在 D/A 交易情形還有「指己匯票」等），向銀行請求押匯或託收。出賣人請求押匯或託收的銀行並無限制，只要有經辦押匯或託收業務的

銀行就可以。

　　押匯銀行或託收銀行必須確實檢查出賣人所提出的文件是否齊備，並符合信用狀的要求，包括在 D/A 交易，是否附有指己匯票。

8.押匯銀行或託收銀行將文件轉到開狀銀行

9.開狀銀行為付款或為補償給付 (reimburse)

　　開狀銀行必須檢查所收受的文件是否符合信用狀的要求❸，若符合信用狀的要求，就應該履行付款義務。在文件由託收銀行轉來時，則交易款項經由託收銀行支付。在開狀銀行與通知銀行或押匯銀行訂有契約，通知銀行或押匯銀行依約為付款之後，得向開狀銀行請求補償給付，開狀銀行有依約為補償給付的義務。

　　在 D/A 交易情形，須透過管道要求買受人或開狀銀行在指己匯票上承兌。在買受人或開狀銀行因承兌而成為匯票的主債務人之後，才可以將包括載貨證券在內的文件交付給買受人，以便買受人提領貨物；同時將已經承兌的匯票透過管道交付給出賣人，以便匯票到期日後，提示請求承兌人付款。

10.開狀銀行通知買受人贖單

　　開狀銀行在檢查文件完全符合信用狀的要求之後，並應通知買受人繳款，以贖回包括載貨證券在內的各種單據。但開狀銀行與買受人間另有約定不必繳款，只要買受人符合約定，開狀銀行即應交付單據者，從其約定。

11.買受人提領貨物

　　買受人從開狀銀行贖回的單據包括「載貨證券」，買受人應持載貨證券向運送人或儲存貨物的倉庫提示，才可以請求交付貨物。在目的港，只需持有一張

---

❸ 所謂符合開狀銀行的要求，例如開狀銀行要求「清潔提單」就是運送人所簽發的載貨證券沒有貨物有瑕疵、污損的註記，受益人所提供者也是「清潔提單」即可。最高法院 91 年度臺上字第 1618 號判決，本件信用狀對運送單據僅規定為「整套清潔且已裝載之海運載貨證券」，似未規定載貨證券填具貨物包皮之種類、個數及標誌。所謂不清潔之載貨證券，依 1993 年修訂之信用狀統一慣例第 32 條規定，係指運送單據載有貨物或包裝之瑕疵狀況條款或註記者而言。而所稱貨物或包裝之瑕疵之狀況，係指破損、遭水漬、包裝不適宜海洋運輸、鐵皮條鬆失等而言。系爭載貨證券無此等條款或註記，並非不清潔載貨證券。

載貨證券就可以向運送人提示請求交付貨物；在非目的港，則必須持有全套數份載貨證券，才可以向運送人提示，請求交付貨物。

12.買受人未依約贖單時，開狀銀行得依約提領、處分貨物，並得實行最高限額抵押權，就其價金取償

買受人未依約贖單時，開狀銀行依據信用狀往來契約的約定，可以持載貨證券，提領貨物、拍賣貨物以填補損失。若拍賣所得價金尚不足以填補損失，則還可以進一步針對抵押物實行最高限額抵押權，以所得之價金優先填補損失。

㈡依約訂定海上貨物運送契約、依約投保海上貨物保險

買賣契約所約定的交易條件決定了海上運送契約的訂約義務人以及海上貨物保險的投保義務人。國際商會所訂定的 2020 年國際貿易術語解釋規則 (INCOTERMS 2020) 針對不同買賣交易條件下，訂立海上貨物運送契約的義務人、海上保險契約的投保義務人，以及貨物所有權的移轉的時點、危險負擔移轉的時點，都作了詳細的規定。以下選擇數個比較常用的交易條件，摘要說明：

1. FOB－Free on Board（輸出港船上交貨免責）

FOB 是 Free on Board 的縮寫，指貨物裝上輸出港買受人指定的船舶後，出賣人就可以免責，商業上稱為「裝船免責」或是「出口港船上交貨價」。在 FOB 的交易條件下，包括危險負擔、運費、保險費在內從輸出港起都由買受人負擔❹。說明如下：

⑴在 FOB (named port of shipment) 輸出港船上交貨，出賣人的義務是將貨物運至指定的輸出港並在買受人指定的船舶上交付貨物 (Free on Board means that the seller delivers the goods on board the vessel nominated by the buyer at the named port of shipment or procures the goods already so delivered.)，貨物所有權也移轉予買受人，其後的運費、保險費等都由買受人負擔。FOB 的買賣價金除了貨物成本外，通常還包括：運到交付地的費

---

❹　INCOTERMS 2020,"Free on Board", or FOB occurs when the seller delivers the goods to the port of the shipment, at which then it becomes the responsibility of the buyer once unloaded onto a vessel, or the good are damaged when on board the vessel, it's the responsibility of the buyer.

用、出口許可費、適合海上運送的包裝費以及裝船費用。貨物裝上船舶之後，一切費用由買受人負擔。

⑵在 FOB 條件下，訂立海上貨物運送契約的義務人是買受人，只有買受人與船公司才是運送契約的當事人，此點對於判斷何人是海上運送契約的當事人、判斷載貨證券對何人具有「推定」效力、對何人具有「視為」效力很重要。

⑶在 FOB 買賣契約，雖然從貨物裝上船舶開始，貨物毀損滅失的風險負擔就移轉到買受人 (The risk of loss of or damage to the goods passes when the goods are on board the vessel.)，但買受人並沒有投保貨物損失險的義務。買受人若要分化自己所承擔的風險，可以在自願的基礎上自行投保保險。

2. CFR－Cost and Freight（成本及運費）

CFR 是 Cost and Freight 的縮寫，取 Cost 的第一個字母 C 與 Freight 的前兩個字母 FR 組合而成。CFR 也就是舊制的 C&F，買賣契約的價金只包括「貨物成本」以及「將貨物運抵目的港的運費」，也就是出賣人在船舶上交付貨物，而於交付後， 買受人取得貨物所有權 (The seller delivers the goods on board the vessel or procures the goods already so delivered.)❺。說明如下：

⑴在 CFR 的制度下，因為買賣價金已經包括運費，因此出賣人有訂立海上運送契約的義務，出賣人與運送人是運送契約的當事人。

⑵出賣人必須在約定裝載港的船上交付貨物，同時完成所有權移轉。

⑶出賣人必須負擔貨物運抵目的港所需的成本及費用 (the seller must contract for and pay the costs and freight necessary to bring the goods to the named port of destination.)。

⑷出賣人沒有投保貨物損失險的義務。

⑸貨物裝上船舶後， 毀損或滅失的風險就移轉給買受人負擔 (the risk of loss of or damage to the goods passes when the goods are on board the vessel)，買受

---

❺ INCOTERMS 2020, CFR－COST AND FREIGHT (...named port of destination): The Seller clears the goods for export and pays the costs of moving the goods to destination. The Buyer bears all risks of loss or damage.（出賣人應負擔貨物成本及運往目的港的運費，買受人承擔貨物毀損或滅失的全部損失。）

人若要分化風險，可以在自願的基礎上自行投保貨物損失險。

3. CIF－Cost, Insurance and Freight（買賣價金包括成本、保險費及運費）

CIF 分別是 Cost（成本）、Insurance（保險費）、Freight（貨物運抵目的港的運費）的縮寫，意思是買賣契約的價金已經包括了貨物成本、貨物保險費以及海上貨物運送的運費，因此出賣人必須負擔貨物的必要成本、運費以及保險費（至少應投保協會貨物保險條款 ICC 2009 (C)），將貨物運抵指定的目的港 (The seller must contract for and pay the costs and freight necessary to bring the goods to the named port of destination.)。說明如下：

⑴ CIF 價格是指買受人所給付的價金已經包括貨物成本、貨物保險費以及將貨物運抵目的港所需要的運費，因此出賣人有投保貨物損失險以及訂立海上運送契約的義務。所謂「海上運送」是指以船舶承載貨物經由通常航線抵達目的港或鄰近港口（例如：在目的港結冰時）的運送過程。

⑵ 貨物在船上交貨以後，其「所有權」移轉給買受人 ⓰ (Cost, Insurance and Freight means that the seller delivers the goods on board the vessel or procures the goods already so delivered.)。

⑶ 貨物裝船舶後，毀損或滅失的「危險負擔」移轉予買受人負擔 (The risk of loss of or damage to the goods passes when the goods are on board the vessel.)。

雖然海運實務上，運送人都有投保責任險，但出賣人或買受人投保貨物損失險仍然有其必要，因為在海上貨物運送，運送人依法可以主張免責、單位責任限制以及責任總限制的情況很多，如果出賣人或買受人不投保貨物損失險，則貨物一旦發生損失，有可能根本不能獲得賠償，或者只能獲得部分的理賠，其損失不能獲得十足的賠償，因為：

A.有很多法定免責事由

依照海商法第 69 條第 1 款、第 3 款（相當於海牙維斯比規則第 4 條第 2 項

⓰ INCOTERMS 2020, CIF－COST INSURANCE AND FREIGHT (...named port of destination): The Seller clears the goods for export and pays the costs of moving the goods to the port of destination. The Buyer bears all risks of loss or damage. The Seller, however, purchases the cargo insurance.

第(a)(b)) 的規定，運送人就其承運之貨物，若因其「履行輔助人」關於「航行」、「管理船舶」及「火災」的故意或過失所致之毀損或滅失，可以免責。對貨物所有人而言，投保貨物險可以避免求償無門。

B.可以主張單位責任限制

貨物的毀損滅失，只要非出於運送人的故意或重大過失，運送人依法可以主張「單位責任限制」❶。

C.還可以主張責任總限制

若主張單位責任限制還有不足，還可以進一步主張「責任總限制」❶。不論主張單位責任限制，或是主張責任總限制，都將導致貨主不能獲得十足賠償的後果，因此貨主有投保貨物損失險的必要。

此外，投保貨物損失險，一旦發生保險事故，還可以獲得快速理賠。運送人關於「貨物管理的過失」——不論是因為運送人的故意或過失所致，或是其履行輔助人的故意或過失所致——所致之毀損或滅失，貨主雖然對運送人有損害賠償請求權（海商法第 69 條第 17 款，或海牙維斯比規則第 4 條第 2 項 Q 款），但是若投保了貨物險可以直接請求保險公司，獲得快速理賠，避免訴訟的繁瑣。當然，保險人在保險給付後，得向運送人行使代位求償權，若運送人已經投保責任保險，也可以向責任保險的保險人請求。

另外，在增付保險費的條件下，可將不可抗力等風險納入保險範圍內，避免發生損失，求償無門。海上貨物損失險性質上雖然是概括保險，但實務上仍多訂有除外不保事項（有些保險單還可以另外付費加保），例如：海商法第 129 條規定：「保險人對於保險標的物，除契約另有約定外，因海上一切事變及災害

---

❶　參閱海商法第 70 條第 2 項：「除貨物之性質及價值於裝載前，已經託運人聲明並註明於載貨證券者外，運送人或船舶所有人對於貨物之毀損滅失，其賠償責任，以每件特別提款權 666.67 單位或每公斤特別提款權 2 單位計算所得之金額，兩者較高者為限。」、第 4 項：「由於運送人或船舶所有人之故意或重大過失所發生之毀損或滅失，運送人或船舶所有人不得主張第 2 項單位限制責任之利益。」

❶　海商法第 21 條：「船舶所有人對下列事項所負之責任，以本次航行之船舶價值、運費及其他附屬費為限：一、在船上、操作船舶或救助工作直接所致人身傷亡或財物毀損滅失之損害賠償。」

所生之毀損滅失及費用，負賠償責任。」，原則上所有保險事故都在承保範圍內，實務上保險契約通常會將戰爭、罷工、暴亂以及民變等所致損失列為除外不保項目，但可以增付保險費的條件，納入承保範圍。

四、運送契約當事人與載貨證券文義性的關係

在 CIF、CFR 價格的交易，海上運送契約的當事人是出賣人與海上運送人；在 FOB 價格的交易，海上運送契約的當事人是買受人與海上運送人。

載貨證券，在運送契約當事人之間採真實主義，也就是載貨證券只具有「推定訂立運送契約」與「推定運送契約內容」兩個效力。但是載貨證券若因「法律行為（交易）」而移轉到善意第三人時，為了保護「法律行為（交易）」的善意第三人，就簽發載貨證券的運送人與善意第三人的關係而言，採取文義主義，賦予載貨證券關於貨物的記載有文義性。但第三人若是因為「繼承」而取得載貨證券，由於「繼承」並不是法律行為，不是交易，繼承人不是交易安全的保護對象，即使是善意取得也不得主張載貨證券的文義性。

即使第三人受到文義性保護，也不是載貨證券所有的記載事項都具有文義性，載貨證券的文義性只限於「必須記載事項」中，「肉眼外觀可見」的事項。載貨證券關於描述貨物的記載，有些是必須記載事項，也就是海商法第 54 條第 1 項第 3 款所列事項，包括貨物名稱、件數或重量，或其包裝之種類、個數及標誌，這些應記載事項若又是「外觀肉眼可見」的，載貨證券對「交易的善意第三人」言，才具有文義性。因為其是必須記載事項，且又是外觀肉眼可見的，運送人在貨物裝船恰傡之際才有核對的可能性，法律規定運送人就載貨證券內容應該對善意第三人負文義責任才具有正當性。「外觀肉眼可見的事項」經記載在載貨證券上，在運送契約當事人之間只具有「推定」的效力，但一經「法律行為（交易）」移轉予善意第三人時，就進一步具有「視為」的文義效力。

載貨證券的記載事項若是「肉眼不可辨識的」，例如：記載肉眼不可辨識的「品質」，則該記載在運送契約當事人間，固然只有「推定」的效力，即使載貨證券因法律行為而移轉給善意第三人，運送人對該善意第三人也不負「視為」的文義責任，但是否具有推定效力，法院尚無相關判決，有待日後繼續觀察。

五、開狀銀行信用狀責任的獨立性——因簽發信用狀而獨立負責

信用狀是銀行承諾在受益人（出口商）履行信用狀所訂的條件時，即負有履行付款 (D/P)、承兌匯票 (D/A) 或為其他給付義務的書面意思表示。所謂「信用狀所訂的條件」，是指出口商應檢具、合於信用狀要求的所有文件，例如：裝船載貨證券（提單）、發票 (invoice)、保險單、檢疫證明、產地證明等。信用狀與買賣契約、貨物運送契約雖然有密切的關係，但是信用狀是在出賣人（出口商）履行信用狀所訂的條件時，開狀銀行立即因此「獨立」——不論買受人是否來贖單——應對出賣人提供給付的機制。

信用狀雖然源起自買賣契約，但是從簽發之後就與買賣契約分開，在作業過程中，相關銀行「只審理文件，不檢查貨物」，審查結果只要是「出口商所提供的文件」完全符合「信用狀要求的文件」，開狀銀行就必須因其簽發信用狀而「獨立」負責。開狀銀行不得以買受人尚未繳款，或拒絕贖單為理由對抗出賣人，就貨物品質、數量是否符合買賣契約，也不需要對買受人負任何責任。

參｜海商法的法源

一、國內法的法源

㈠海商法

　　海商法於民國 18 年 12 月 30 日由國民政府公布，20 年 1 月 1 日施行。其後經四次修正：

　　1.民國 51 年 7 月 25 日修正，全文共 194 條。

　　2.民國 88 年 7 月 14 日修正公布，全文 153 條。

　　3.民國 89 年 1 月 26 日修正公布第 76 條❶。

　　4.民國 98 年 7 月 8 日修正公布第 16 條及第 153 條，並自同年 11 月 23 日施行。

㈡民　法

　　雖然有海商法學者主張：基於歷史的緣故，海商法與民法是兩個各自獨立的法律體系，而否認海商法是民法的特別法。但是我國屬於大陸法系，很多商法與其他私法的共同規範都已經被抽出並凝練成民法條文，故當然應該承認民法是海商法的普通規定，海商法是民法的特別法，海商法沒有特別規定時，應該適用民法的規定，因此，民法當然也是海商法的法源。海商法第 5 條規定：「海商事件，依本法之規定，本法無規定者，適用其他法律之規定。」，所謂

---

❶　海商法第 76 條雖然經過兩次修正，但是主管機關及立法院顯然還沒有了解該條的立法真意，該條目前的文字意思，使得法條的文意完全相反，為了回歸喜馬拉雅條款的本意，該條第 1 項：「對運送人之代理人或受僱人亦得主張之」中的「對」字應該刪除。

「其他法律」解釋上不但應該包括民法，而且民法還是最主要的，只是在法律的適用上，海商事件應該優先適用海商法，只於海商法無規定的情形，才適用「其他法律」而已，因此民法為海商法的重要法源。

(三)船舶法❷⓿

　　船舶法規定船舶的定義、船舶國籍證書、船舶檢查、船舶丈量及客船、小船等，都與海商法上船舶的認定有關，因此船舶法是海商法的重要法源。

(四)船舶登記法❷①

　　船舶登記法規定船舶所有權的登記、船舶抵押權的登記及船舶租賃權的登記等，這些登記雖然只有對抗的效力，但是船舶登記法無疑是船舶的讓與、船舶設定負擔以及船舶使用權取得的主要規定，因此是海商法的法源。

(五)引水法❷②

　　引水法規定了引水人的資格、引水人的僱用、引水人的執行業務等，與航海有密切關係，引水法當然是海商法的法源。

　　各國關於引水，分為任意引水與強制引水。為了進出港口安全，臺灣的港口一律規定必須強制引水。依照最高法院的見解，即使是強制引水，也如同任意引水一樣，一律將引水人定位為運送人的履行輔助人（受僱人）。在強制引水的制度下，若因引水人的過失，致使承運的貨物遭受毀損滅失，屬於履行輔助人關於航行的過失，依照海商法規定❷③運送人等可以主張免責。

---

❷⓿　船舶法於民國 19 年 12 月 4 日由國民政府公布，其後歷經八次修正，現行船舶法是民國 107 年 11 月 28 日由總統令修正公布。

❷①　船舶登記法公布於民國 19 年 12 月 5 日由國民政府公布，其後歷經三次修正，現行船舶登記法是民國 64 年 6 月 5 日總統令修正公布。

❷②　引水法於民國 34 年 9 月 28 日由國民政府公布，其後歷經五次修正，現行引水法是民國 91 年 1 月 30 日總統令修正公布。

❷③　參考海商法第 69 條第 1 款。

㈥水污染防治法

水污染防治法是為了確保水資源的清潔,以維護生態體系,改善生活環境,增進國民健康而訂立,與海商法關於燃油污染的責任限制規定密切有關,是海商法的法源。

㈦涉外民事法律適用法

涉外民事法律適用法❷,是規範涉外民事事件法律衝突所適用的法律,又稱為「國際私法」,有別於國際公法。船舶航行於各國之間,不免因為履行運送契約而發生債權債務糾紛、因船舶碰撞而發生損害賠償問題、因海事優先權或船舶抵押權而發生實行擔保物權問題、因稅捐規費而發生清償順位問題等等,解決這些問題,首先面臨的就是法律適用的選擇,也就是程序上、實體上到底要適用哪一國法律的法律衝突問題。法律衝突問題經常是涉外海事案件首先要面對的問題,因此涉外民事法律適用法是關於法律衝突的規範,當然是海商法的法源。

㈧強制執行法❷

民事訴訟或其他求償,最終的目的都在滿足債權人的債權,而強制執行是滿足債權的重要手段。依照強制執行法,查封並拍賣船舶可以滿足債權。強制執行法第 114 條至 114 條之 3 是關於船舶的強制執行的規定,辦理強制執行事件應行注意事項第 61 條第 1 點至第 12 點,是關於船舶強制執行的詳細規定,都構成海商法規範的一部分,成為海商法的法源。

二、國際公約或國際慣例上的法源

海商法具有相當的國際性,海商法的很多規定都直接或間接源自國際公約或國際慣例。海商法的規定若有不足,常常必須借助國際公約或國際慣例而獲

---

❷ 法律衝突法 (Conflict of Laws),可以分為國內法律衝突法與國際法律衝突法,前者如美國各州的法律衝突法;後者如我國的涉外民事法律適用法。

❷ 強制執行法制定於民國 29 年,歷經十次修正,現行法在民國 108 年 5 月 29 日修正公布。

得彌補。海商法條文的疑義常常必須借重國際公約或國際慣例，而獲得澄清，因此國際公約及國際慣例，成為海商法的重要法源。舉其要者如下：

㈠有關海上貨物運送的國際公約

1. 海牙規則與兩次修正

⑴海牙規則 (The Hague Rules)

海牙規則全名為 1924 年載貨證券統一規定國際公約 (International Convention for the Unification of Certain Rules of Law relating to Bill of Lading, Brussels, August 05, 1924)，於 1931 年生效，立法的精神偏重保護航運界的利益，有很多的法定免責事由以及單位責任限制的規定，公約雖然歷經百年，但仍然是海商法貨物運送一節的最重要法源。日本國際海上貨物運送法、德國舊商法（海商編）的海上貨物運送相關條文，不乏承襲自海牙規則的規定。

⑵海牙維斯比規則 (The Hague-Visby Rules)

海牙維斯比規則全名為海牙規則暨布魯塞爾議定書。由於 1924 年海牙規則的規定不夠詳盡❷❻，且某些規定有待補充❷❼，因此 1968 年制定布魯塞爾議定書 (Protocol to amend the International Convention for the Unification of Certain Rules of Law relating to Bill of Lading, Brussel, February 23, 1968)，修正及補充 1924 年的海牙規則，該議定書於 1977 年生效，簡稱為維斯比規則 (The Visby Rules)❷❽。海牙規則與維斯比規則結合稱為「海牙維斯比規則 (the Hague-Visby Rules)」。依照國際法，接受海牙規則的國家，雖然沒有義務接受維斯比規則，但是實際上，維斯比規則既然是用以修正暨補充海牙規則的，因此二者常合併解釋及適用。

⑶ 1979 年修正海牙維斯比規則

1979 年修正載貨證券統一規定國際公約議定書 (Protocol amending the

---

❷❻ 例如：以貨櫃運送貨物時，貨物如何計件、貨櫃應不應該計件等都沒有規定。

❷❼ 例如：載貨證券移轉到善意第三人時，應該為文義的效力，或是只有推定的效力。

❷❽ 議定書在瑞典首都斯德哥爾摩討論期間，部分與會的學者專家，曾相偕到瑞典東部波羅的海的 Gotland 島的首府 Visby 旅遊，緬懷中世紀維斯比海法，因此建議以維斯比規則命名。

International Convention for the Unification of Certain Rules of Law relating to Bill of Lading, (August 25, 1924 as amended by the Protocol of February 23, 1968) Brussels, December 21, 1979) 又修正了海牙維斯比規則，因為 1968 年布魯塞爾議定書是以「金法郎」為責任限制的計算單位❷，但是金法郎的價值常隨黃金價格的起伏不定而升降，難有穩定標準，因此 1979 年修正載貨證券統一規定國際公約議定書改以國際貨幣基金的「特別提款權 (SDR)」為計算單位。

海牙規則雖然經過兩次國際公約的修正，但立法精神仍然偏向保護船公司、運送人及航運大國（運送方）的利益。

2. 漢堡規則 (the Hamburg Rules)

1978 年由聯合國貿易暨發展會議所起草聯合國海上貨物運送公約 (United Nations Convention on the Carriage of Goods by Sea, 1978)，又稱為「漢堡規則」。漢堡規則的締約國多為開發中國家，而開發中國家基本上多為原料的輸出國，在國際海上貨物運送的市場上，扮演託運人的角色，因此漢堡規則的立法精神較偏重於「託運人（貨方）」利益的保護。漢堡規則於 1992 年 11 月 1 日對埃及、智利等 20 個國家生效，1994 年對澳大利亞等 2 個國家生效。

聯合國貿易暨發展會議在漢堡規則完成之後 2 年，又完成 1980 年聯合國國際貨物多式聯運公約 (United Nations Convention on International Multimodal Transport of Goods, adopted at Genova on May 24, 1980)。1980 年聯合國國際貨物多式聯運公約的海上運送人責任，與漢堡規則十分相近。1980 年多式聯運公約規範的運送，包括海上貨物運送在內（必須有海上運送），搭配一個或數個其他運送方式（航空、公路及／或鐵路方式）所構成的多式聯運，主要目的在解決隱藏性損失（不能辨別貨物在哪個運送階段發生毀損滅失）、非隱藏性損失（能夠辨別貨物在哪個運送階段發生毀損滅失）的理賠問題。該公約必須有 30 個國家批准，且經過 12 個月之後才生效（目前尚未生效）。但由於貨櫃運送已經是海上運送的重要方式，該公約規範多式聯運經營人責任的內容，自然十分值得參考。

3. 鹿特丹規則

鹿特丹規則，全名為聯合國全程或部分海上國際貨物運輸合同公約 (the

---

❷ 參閱布魯塞爾議定書第 2 條。

United Nations Convention on Contracts for the International Carriage of Goods Wholly or Partly by Sea)，於 2008 年 12 月 11 日通過，2009 年 9 月 23 日在荷蘭鹿特丹舉行簽字儀式，開放成員國簽署，截至 2018 年 11 月只有西班牙 (Spain)、多哥 (Togo) 及剛果 (Congo)、卡梅隆 (Cameroon) 及貝寧 (Benin) 五個國家簽署，但需要二十國簽署才生效力。國際海上貨物運送公約的多元並存，增加交易成本，不利國際海上運送的發展，鹿特丹規則的目的就是為了消除多元並存的現象。

鹿特丹規則關於運送人的責任，採「推定過失責任」。公約的內容，除了涵蓋以往國際海上貨物運送公約的規範項目外，還包括多式聯運、運輸單據、批量契約、貨物的控制權、管轄權及仲裁，堪稱特色。

由於國際海上運送涉及國家與國家海上利益的爭逐，也涉及到航海業、保險業、銀行業等利益的糾葛，因此鹿特丹規則中純粹技術性的規範，較容易為各國立即吸納為國內法，而付諸實施；至於涉及海上運送人責任的部分，即使立意較高、也較為公平合理，但因為各國利益角逐、不同行業利益的衝突，要被廣泛接受，仍然有待時日。

㈡關於旅客運送的國際公約

規範旅客運送的國際公約有兩組：

1. 第一組

⑴ 1961 年布魯塞爾旅客運送統一規定國際公約 (International Convention for the Unification of Certain Rules relating to the Carriage of Passengers by Sea, Brussels, April, 1961)──此一公約主要是規範旅客死亡或傷害的賠償限制。

⑵ 1967 年布魯塞爾旅客行李統一規定國際公約 (International Convention for the Unification of Certain Rules relating to the Carriage of Passengers' Luggage by Sea, Brussels, May 27, 1967)──此一公約主要是規範與旅客運送有關而由運送人運送的任何物件或行李毀損或滅失的賠償限制。

以上兩個公約分別規定旅客運送與行李運送，應該搭配使用。惟目前實務上為下述第二組所取代。

2.第二組

1974 年旅客及行李海上運送雅典公約 (Athens Conventions relating to the Carriage of Passengers and the Luggage by Sea, Athens, December 13, 1974)，本公約將責任限制分成兩類：

⑴關於人的死傷的責任限制。

⑵關於行李（包括艙房行李（旅客自帶行李）、車輛及車上行李、託運行李）毀損滅失的責任限制。

本公約責任限制的單位是金法郎 (francs)，但由於金法郎的金價時常波動，因此 1976 年又有關於 1974 年旅客及行李海上運送雅典公約倫敦附加議定書 (Protocol to the Athens Convention relating to the Carriage of Passengers and the Luggage by Sea, 1974, London, November 19, 1976) 修正及補充，目的在將 1974 年公約以金法郎為責任限制的計算標準，改以國際貨幣基金會的特別提款權 (SDR) 或計算單位 (unit of account)❸⓿為責任限制的計算標準。1976 年公約對於 1974 年公約有修正及補充的功能，必須合一觀察及適用，其後，又有 2002 年附加議定書就公約的批准與生效加以規定。

三、相關的輔助性公約

㈠關於船舶抵押權、海事優先權的國際公約

船舶得為海事優先權或抵押權的標的物。船舶抵押權是意定的擔保物權，因法律行為（當事人的意思表示）而設定；海事優先權則是法定的擔保物權，因符合法律的規定，就自然發生。有關船舶抵押權與海事優先權的國際公約有以下數個：

1. 1926 年海事優先權及抵押權統一規定國際公約 (International Convention for the Unification of Certain Rules of Law relating to the Maritime Liens and Mortgages, Brussels, April 10, 1926) ——舊海商法源自此公約

---

❸⓿ 非國際貨幣基金會會員國用計算單位。

2. 1967 年海事優先權及抵押權統一規定國際公約 (International Convention for the Unification of Certain Rules relating to Maritime Liens and Mortgages, Brussels, May 27, 1967)

此為現行海商法第 24 條的主要法源，與前項國際公約主要不同有二：

⑴海事優先權之位次調整：1967 年統一海事優先權及抵押權統一規定國際公約將擔保海員薪資債權的海事優先權提前至第一順位。

⑵將某些損失排除在海事優先權擔保範圍之外。

由核能動力船舶之輻射物、或是與毒性、爆炸性或其他危險性物質結合成的輻射物等所生之核子損害賠償債權，因為已經另有其他的公約針對該特殊損失加以規範，因此不適用 1967 年統一海事優先權及抵押權國際公約關於海事優先權的一般規定。

3. 1993 年海事優先權及抵押權國際公約 (International Convention on Maritime Liens and Mortgages, 1993)

本公約於 1993 年由聯合國制定，規定抵押權、海事優先權的種類、優先順位，並將與抵押權、海事優先權擔保債權性質上相同、且可登記的費用 (registrable charges of the same nature)，也列入海事優先權擔保範圍。

㈡船舶碰撞

1910 年船舶碰撞統一規定國際公約 (International Convention for the Unification of Certain Rules of Law with respect to Collisions between Vessels, Brussels, September 23, 1910)，又稱為船舶碰撞國際公約。該公約於 1913 年 3 月 1 日生效，是規範船舶碰撞的唯一國際公約，也是海商法有關船舶碰撞規定的重要法源。此一公約一方面將適用範圍包括海船與海船的碰撞，以及海船與非海船的碰撞；另一方面依照船舶碰撞的被害客體是人體死傷或財物毀損滅失的不同，規定賠償義務人應分別負連帶或不連帶的賠償義務。

㈢海難救助

關於海難救助方面有三公約：

1. **1910 年海上救助及撈救統一規定公約 (Convention for the Unification of Certain Rules of Law relating to Assistance and Salvage at Sea, Brussels, September 23, 1910)**

   此一公約是舊海商法關於救助及撈救規定的重要法源，救助對象是財產時，以救助有效果為條件，救助人及船舶所有人都可以請求報酬；救助對象是人時，以其他人救助財產有效果為條件，也可以請求參加救助財產的報酬分配。

   後來 1967 年修正海上救助及撈救統一規定公約議定書 (Protocol to amend the Convention for the Unification of Certain Rules of Law relating to Assistance and Salvage at Sea, (Brussels on September 23, 1910) Brussels, May 27, 1967) 修正及補充重點在於：1910 年海上救助及撈救統一規定公約的規定，於國家或政府機關所有、經營或承租的軍艦或其他船舶所為的救助或撈救也適用之❸ 。

2. **1989 年海難救助國際公約 (International Convention on Salvage, 1989)**

   此一公約是現行海商法關於海難救助規定的重要法源，除了規定海難救助的報酬外，立法精神還兼顧環境保護。主要內容包括：救助人對於財產救助有效果時可以請求報酬；救助對象若是人，以其他救助人救助財產有效果為條件，也可以請求參加救助財產的報酬分配。對於因救助海難而避免或減少環境污染，即使救助沒有成果，仍可以請求必要費用；救助有成果時，更有獎賞性的規定。

㈣關於船舶所有人責任限制的國際公約

關於船舶所有人責任限制的國際公約，是船舶所有人責任總限制的規定：

1. **1924 年海船所有人責任限制統一規定國際公約 (International Convention for the Unification of Certain Rules relating to the Limitation of the Liability of Owners of Seagoing Vessels, Brussels, August 25, 1925)**

   本公約是舊海商法有關船舶所有人責任限制規定的法源。採取船價主義為主❸、金額主義為輔❸的立法。

---

❸ 第 1 條第 2 項：The provisions of this Convention shall also apply to assistance or salvage services rendered by or to a ship of war or any other ship owned, operated or chartered by a State or Public Authority.

2. 1957 年海船所有人責任限制國際公約 (International Convention relating to the Limitation of the Liability of Owners of Seagoing Ships, Brussels, October 10, 1957)

本公約採金額主義❸，視人身債權（因人身被侵害而發生的債權）、財產債權（因財產被侵害而發生的債權）的不同，基本上分別依船舶噸位每噸 3,100 金法郎或 1,000 金法郎計算船舶所有人責任限額。

後來 1979 年海船所有人責任限制國際公約附加議定書 (Protocol amending the International Convention relating to the Limitation of the Liability of Owners of Seagoing Ships (Brussels, October 10, 1957), December 21, 1979)，修正的主要內容是以國際貨幣基金會的特別提款權（Special Drawing Rights，簡稱 SDR 或計算單位）取代金法郎❸，其方法是以 SDR 或「計算單位」乘以國際貨幣基金會公布的浮動的貨幣兌換率（特別提款權與該國貨幣的兌換率），計算出責任限額，以保障船舶所有人所主張的責任限額，穩定船舶所有人責任限制的數額，避免因黃金價值的升貶而責任限額起伏不定。

3. 1976 年海事求償責任限制公約 (Convention on Limitation of Liability for Maritime Claims, London, November 19, 1976)

本公約也採金額主義，以特別提款權作為計算單位，其責任限額隨著船舶的噸位的提高而調升，但並非等比例調升，而是遞減階梯型調升。責任限額視人身死傷、財產毀損滅失、船舶噸位而異，噸位大的船舶，責任上限雖然提高，但因船舶噸位增加而增加責任的數額，反而呈現階梯狀遞減❸。

4. 1969 年油污損害賠償民事責任國際公約 (International Convention on Civil Liability for Oil Pollution Damage 1969) 及其 1992 年議定書與該公約 2000 年之修正

這些公約是國際間針對「油污損害賠償」的規範，也是船舶所有人責任總

---

❸ 參閱公約第 1 條。
❸ 參閱公約第 7 條。
❸ 參閱公約第 3 條。
❸ 參閱議定書第 2 條，
❸ 參閱公約第 1 條、第 2 條。

限制的特別規定。

5. **2001 年燃油油污損害賠償民事責任國際公約 (International Convention on Civil Liability for Bunker Oil Pollution Damage 2001)**

這個公約是關於「燃油油污污染」損害賠償責任的規定，也是船舶所有人責任總限制的特別規定。

6. **1996 年海上運送有毒物質損害責任及賠償國際公約 (International Convention on Liability and Compensation for Damage in Connection with on Carriage of Hazardous and Noxious Substances by Sea 1996)**

1996 年海上運送有毒有害物質損害責任及賠償國際公約與其 2010 年議定書，是關於「運送毒性物質」損害賠償責任的規定，也是船舶所有人責任總限制的特別規定。

㈤關於船舶扣押

1999 年船舶扣押國際公約 (International Convention on Arrest 5/s Ship 1999) 是關於船舶扣押的重要法源。

四、國際慣例

㈠約克安特威普規則——針對共同海損

約克安特威普規則是關於共同海損理算的「國際慣例」，不是國際公約。本規則最早起源 1860 年在英國格拉斯哥 (Glasgow) 所制定的共同海損原則十一條，其後 1864 年在英國約克郡開會，制定約克安特威普規則，嗣後經過多次修正。最近六次修正分別是：1950 年、1974 年、1990 年（修正第 6 條）、1994 年、2004 年、2016 年。

其中 1950 年、1974 年的約克安特威普規則與海商法共同海損一章的規定最為密切。約克安特威普歷經十數次修正，對於共同海損的分攤規定十分細緻，臻於公平。

獲得公平的代價是昂貴的。在極少數人壟斷共同海損理算人資格情形下，

共同海損的理算形同是「準獨占」，理算人的報酬蠶食了公平分擔的實益，對各方的利害關係人而言，精確的理算反而不如粗略的分擔，極端的精確常常導致極端的損失，因此共同海損制度逐漸地式微。約克安特威普規則的式微歷程，給予法律人最大啟示之一，就是在追求法律公平的歷程，必須兼顧執法的成本或程序費用，要符合法律經濟原則。

㈡國際商會聯合貨運單據統一規則——針對多式聯運

二次大戰之後，原來用於運輸軍用物質的貨櫃（集裝箱），轉為民間用途，到了 1970 年代，貨櫃運送已經成為海上貨物運送的主要方式，國際公約來不及制定，商業需要卻十分殷切，為了因應貨櫃運送的需要，國際商會率先制定 1975 年國際商會聯合貨運單據統一規則 (Uniform Rules for a Combined Transport Document, 1975 by International Chamber of Commerce)，以約定的方式，將該規則吸納為運送契約內容的一部分，以「契約」方式解決多式聯運問題。貨櫃運送中貨物若發生損失，可以區分為「隱藏性損失（不能辨別貨物在哪一個運送階段發生毀損滅失）」與「非隱藏性損失（能夠辨別貨物在哪一個運送階段發生毀損滅失）」，其中「非隱藏性損失」發生的問題固然可以適用規範該損失發生階段的國際公約或國內法解決；但就「隱藏性損失」發生的問題究竟應該適用什麼法律或公約的規定解決，則是多式聯運的必須解決的困難。

本規則是利用「運送契約的約定或載貨證券」的記載，針對「隱藏性損失」約定適用本規則所訂的理賠標準。由於商人較為靈活，本規則出現最早，已經被廣泛採用，形成商業慣例。

📖 習題

一、選擇題

1.下列關於海商法重心的敘述，何者正確？

　⒜海上貨物運送。

　⒝海上旅客運送。

　⒞船舶拖帶。

　⒟共同海損。

2.開狀銀行可否以進口商還沒有交款贖單為理由，對抗出口商（信用狀的受益人）？

　⒜一律可以。

　⒝一律不可以。

　⒞出口商完整提出信用狀要求的文件時，就不可以對抗。

　⒟出口商完整提出信用狀所要求的文件，且貨物數量、品質符合買賣契約的約定時，就不可以對抗。

3.在 CIF 的貿易條件下，下列關於訂立海上運送契約義務、投保貨物損失險義務的敘述，何者正確？

　⒜出賣人必須訂立海上運送契約，且應投保貨物損失險。

　⒝買受人必須訂立海上運送契約，且應投保貨物損失險。

　⒞出賣人必須訂立海上運送契約，而買受人則必須投保貨物損失險。

　⒟買受人必須訂立海上運送契約，而出賣人則必須投保貨物損失險。

4.在 FOB 的價格下，下列關於出賣人、買受人義務的敘述，何者為正確？

　⒜出賣人須在指定裝貨港的船上交付貨物，但沒有訂立海上貨物運送契約及投保貨物損失險的義務。買受人必須負擔訂立海上貨物運送契約的義務，雖然從貨物裝船之時起，就必須承擔毀損滅失的損失，但只是承擔危險，並沒有投保貨物損失險的義務。

　⒝出賣人須在指定裝貨港船邊交貨，且必須訂立海上貨物運送契約，惟從貨

物裝船後，危險負擔就移轉給買受人，因此並沒有投保貨物損失險的義務；買受人雖然沒有訂立海上貨物運送契約的義務，但有投保貨物損失險的義務。

(C)出賣人須在指定裝貨港船邊交貨，但沒有訂立海上運送契約及投保貨物損失險的義務；買受人有訂立海上運送契約的義務，但沒有投保貨物損失險義務，惟必須承擔貨物滅失毀損的風險。

(D)出賣人須在指定裝貨港船上交貨，但沒有訂立海上貨物運送契約及投保貨物損失險的義務；買受人則必須訂立海上運送契約及投保貨物損失險。

5.在 CFR 的價格下 ，下列關於訂立海上貨物運送契約以及投保貨物損失險義務的敘述，何者正確？

(A)出賣人有訂立海上運送契約的義務，也有投保貨物損失險的義務。

(B)出賣人有訂立海上運送契約的義務，但沒有投保貨物損失險的義務。

(C)買受人有訂立海上運送契約的義務，也有投保貨物損失險的義務。

(D)買受人有訂立海上運送契約的義務，但是沒有投保貨物損失險的義務。

6.在 FOB 的價格下，貨物的危險負擔何時從出賣人移轉予買受人？

(A)在貨物在裝貨港裝上指定船舶前。

(B)在貨物在裝貨港裝上指定船舶後。

(C)在貨物在目的港卸下承運船舶前。

(D)在貨物在目的港卸下承運船舶後。

7.在 CIF 價格下，下列載貨證券有關貨物記載效力的敘述，何者為正確？

(A)載貨證券關於貨物的記載，在出賣人與買受人間，有推定的效力；但是載貨證券因法律行為交付予善意第三人之後，關於貨物外觀明顯可見事項，則具有文義性，不得舉證推翻。

(B)載貨證券關於貨物的記載，在出賣人與買受人間，有推定的效力；載貨證券因法律行為交付善意第三人之後，仍然具有推定的效力，可以舉證推翻。

(C)載貨證券關於貨物的記載，在出賣人與買受人間，具有文義性；載貨證券因法律行為交付善意第三人之後，仍然具有文義性，亦不得舉證推翻。

　　(D)載貨證券關於貨物的記載，在出賣人與買受人間，有推定的效力；但載貨
　　　證券因繼承或法律行為而移轉善意第三人之後，則具有文義性，不得舉證
　　　推翻。

8. 下列關於海牙維斯比規則與漢堡規則不同的敘述，何者正確？

　　(A)海牙維斯比規則與漢堡規則不相容，漢堡規則的簽字國必須退出海牙維斯
　　　比規則。漢堡規則偏重於保護託運人的利益，海牙維斯比規則偏重於保護
　　　運送人的利益。

　　(B)海牙維斯比規則與漢堡規則不相容，漢堡規則的簽字國必須退出海牙維斯
　　　比規則。漢堡規則偏重於保護運送人的利益，海牙維斯比規則偏重於保護
　　　託運人的利益。

　　(C)海牙維斯比規則與漢堡規則相容，漢堡規則的簽字國無須退出海牙維斯比
　　　規則。漢堡規則偏重於保護託運人的利益，海牙維斯比規則偏重於保護運
　　　送人的利益。

　　(D)海牙維斯比規則與漢堡規則相容，漢堡規則的簽字國無須退出海牙維斯比
　　　規則。漢堡規則偏重於保護運送人的利益，海牙維斯比規則偏重於保護託
　　　運人的利益。

9. 下列關於 1968 年布魯塞爾議定書與海牙規則關係的敘述，何者正確？

　　(A) 1968 年布魯塞爾議定書與海牙規則是相容的，前者用以修正及補充後者，
　　　二者合稱為海牙維斯比規則。

　　(B) 1968 年布魯塞爾議定書與海牙規則是相容的，但彼此沒有修正或補充關係。

　　(C) 1968 年布魯塞爾議定書與海牙規則是不相容的，接受 1968 年布魯塞爾議
　　　定書的國家，就必須退出海牙規則。

　　(D) 1968 年布魯塞爾議定書與海牙規則是不相容的，前者用以否定後者。

10. 下列關於 1980 年聯合國多式聯運公約的敘述，何者正確？

　　(A)所謂多式聯運必須涵蓋多種運送方式，不必然有海運階段，該公約目前已
　　　經生效。

(B)所謂多式聯運必須涵蓋多種運送方式，不必然有海運階段，該公約目前尚未生效。

(C)所謂多式聯運必須涵蓋多種運送方式，且必須有海運階段，該公約目前已經生效。

(D)所謂多式聯運必須涵蓋多種運送方式，且其中必須有海運階段，該公約目前尚未生效。

參考答案

1. ACAAB   6. BAAAD

二、問答題

1. 試述 CIF、CFR、FOB 不同買賣契約條件下，海上運送契約、貨物保險契約的訂立義務。

2. 試述開狀銀行簽發信用狀責任獨立性的涵義。

第二編

海上企業活動的基礎

第一章

船長海員

壹 | 船長海員的意義

　　海上企業活動，首先必須有船長海員。船長海員的法律，本來規定在海商法，後來為了保障船長海員的權益、維護船長海員的身心健康、加強船長海員的培訓、調和勞資關係及促進航海的發展，遂自海商法刪除，另制定船員法，以專法規定。

　　船長是僱用人所僱用主管船舶一切事務的人員。海員是受船舶所有人或運送人僱用，由船長指揮服務於船舶上的人員。船員指船長及海員。

　　船員必須年滿十六歲，船長必須具有中華民國國籍❶。船員資格應符合1978 年航海人員訓練、發證及當值標準國際公約及其修正案規定，並經航海人員考試及格或船員訓練檢覈合格。外國人申請在中華民國籍船舶擔任船員，亦同❷。有違反槍砲彈藥刀械管制條例、懲治走私條例或毒品危害防制條例之罪，經判決有期徒刑六個月以上確定者，不得擔任船員❸。

　　依照 2012 年德國商法（海商編）第 478 條規定，船舶的船員包括：

　　1.受船舶所有人僱用的船長、船舶官員、海員及其他操作船舶之人員。

　　2.受船舶營運人❹僱用的船長、船舶官員、海員及其他操作船舶之人員。

　　3.為船舶操作之目的而僱用、由船舶所有人或船舶營運人指派、並服從船長命令之人。

---

❶　船員法第 5 條。

❷　船員法第 6 條第 1 項。

❸　船員法第 6 條第 3 項。

❹　例如：承租光船而為營運的人。

貳 ｜ 船長海員的僱用

　　僱傭人僱用船員，應簽訂書面僱傭契約，送請船員法第 7 條所規定的主管機關備查後，受僱船員始得在船上服務。僱傭契約終止時，亦同❺。

　　船員之僱用，在「己船運送」，由船舶所有人僱用之；在「光船租賃」，由承租人僱用之；在「期間傭船」，仍然由船舶所有人僱用之❻。

　　在「己船運送」，船舶所有人既然是船員的雇主，當然必須負責船長海員的薪資。此外，船舶所有人還必須負責燃料、糧食補給品的提供以及航程的決定，船長必須聽從船舶所有人的指揮。

　　在「光船租賃」，承租人既然是船員的雇主，當然必須負責船長海員的薪資。此外，承租人還必須負責燃料、糧食補給品的提供以及航程的決定，船長必須接受承租人的指揮。

　　在「期間傭船」，船長海員是船舶所有人的受僱人，因此薪資應該由船舶所有人負擔，而不是由傭船人負擔，不只如此，「船舶管理」也是接受船舶所有人的指揮，但是「船舶航程」的決定、「燃料的提供」卻必須聽命於傭船人。因此，期間傭船下，船員就船舶管理與船舶航程應分別接受船舶所有人與傭船人的指揮，呈現分離狀態，介乎己船運送與船舶租賃之間。

---

❺　船員法第 12 條。

❻　航程傭船本質上承租船舶，該船舶已經配備有船長海員。航程傭船的目的，是在大量託運貨物，本質上是件貨運送的擴大或極大化，不是為了取得船舶使用權。

參 ┃ 船長海員的法律地位

一、船長具有公法上的權力

　　船舶之指揮，由船長負責；船長為執行職務，有命令與管理船上海員及船上其他人員的權力。為維護船舶安全，保障他人生命或身體，船長對於船上可能發生的危害，得為必要處置❼。船長在航行中，為維持船上治安及保障國家法益，得為緊急處分❽。

二、船長在船籍港外有法定代理權

　　船長於船舶在船籍港外因航行必要而借貸、購買燃料、補給品、修繕船舶，視為船舶所有人的法定代理人，其與第三人交易（法律行為）的法律效果，歸屬於船舶所有人。

三、船長海員就運送契約的履行是船舶所有人（運送人）的履行輔助人

　　船長海員，就運送契約債務的履行言，是船舶所有人的履行輔助人，依照民法第 224 條規定，船長海員的過失應該視為運送人本人的過失，但是依照海牙維斯比規則或海商法的相關規定，船長海員因為「航行」、「船舶管理」以及「船舶火災」三個項目的故意或過失致承運貨物的毀損滅失，可以免責，構成民法第 224 條規定的例外。只有就「貨物管理」，船長海員的故意過失，才視為運送人的故意過失，回復民法第 224 條規定的基本原則。

---

❼　船員法第 58 條。
❽　船員法第 59 條。

　　在己船運送情形，船長、海員與引水人都是船舶所有人的受僱人，船公司的船員或船舶的引水人，於執行其職務時，對承運貨物以外第三人發生損害致應負損害賠償責任時，船舶所有人（Reeder，己船運送人）❾也應負損害賠償責任❿。又在船舶所有人（己船運送人）對於船員、引水人的過失致船舶承運貨物毀損或滅失的情形，即使該運送實際上由第三人進行，運送人仍然應該負責，此參考 2012 年德國商法（海商編）關於應「準用德國商法第 509 條」的規定可以知之。所謂「準用第 509 條的規定」，包括運送的全部或一部由運送人以外的第三人履行時，例如：多式聯運的階段運送人、另以駁船運送，該第三人（實際運送人）在運送過程中發生貨物滅失或毀損所致之損害，應負如同運送人般的損害賠償責任；德國商法（海商編）第 509 條關於實際運送人的規定準用到船長、海員、引水人的結果就是：

　　1.運送人與託運人或受貨人間有關擴大其責任的任何約定，僅於船長、海員、引水人書面同意時，始對該船長、海員、引水人發生效力。

　　2.船長、海員、引水人得主張運送人所得主張的免責或責任限制。

　　3.運送人與船長、海員、引水人對貨物所有應負連帶損害賠償責任等❶。

---

❾　指以自己所有的船舶經營運送的人，參考 2012 年德國商法（海商編）第 476 條。

❿　2012 年德國商法（海商編）第 476 條、第 480 條。

❶　2012 年德國商法（海商編）第 480 條。

一、選擇題

1. 下列關於不同運送方式下，船長海員僱傭契約訂定的敘述，何者正確？
   (A)船長海員在己船運送、光船租賃、期間傭船都由船舶所有人僱用。
   (B)船長海員在己船運送由船舶所有人僱用；在光船租賃、期間傭船都由船舶營運人（承租人或傭船人）僱用。
   (C)船長海員在己船運送、光船租賃、期間傭船都由船舶營運人僱用。
   (D)船長海員在己船運送、期間傭船都由船舶所有人僱用，在光船租賃由承租人僱用。

2. 下列關於引水人法律地位的敘述，何者正確？
   (A)是船舶所有人或營運人的代理人。
   (B)是船舶所有人或營運人的受任人。
   (C)是船舶所有人或營運人的受僱人。
   (D)是船舶所有人或營運人的承攬人。

3. 在期間傭船 (T/C) 下，下列關於船長海員的僱傭與航程指揮的敘述，何者正確？
   (A)船長海員的僱傭與航程指揮都屬於船舶所有人。
   (B)船長海員的僱傭與航程指揮都屬於傭船人。
   (C)船長海員的僱傭屬於船舶所有人，航程指揮屬於傭船人。
   (D)船長海員的僱傭屬於傭船人，航程指揮屬於船舶所有人。

參考答案

   1. DCC

二、問答題

1. 請說明船長在公法的權力與私法上的權利。
2. 請說明期間傭船下，關於船長海員的僱傭、航程指揮及燃料供應，應該由何人負責？
3. 請說明光船租賃下，船長海員的僱用、航程指揮、燃料的提供應該由何人負責？

第二章

海商法上的船舶與船舶使用權的取得

壹｜海商法上的船舶

一、「海商法上船舶」與「非海商法上船舶」的區別實益

區別海商法上船舶與非海商法上船舶的實益，主要如下：

㈠船長有無法定代理權、貨物處分權以及維護治安公權力

海商法上的船舶，其船長在船籍港外，是船舶所有人的法定代理人，有貨物的處分權，在船上有維護治安的權力，但海商法針對船長的法定代理權、貨物處分權以及維護治安的公權力，只有零散的規定，不夠完整，關於這些事項，德國商法的規定比較完備。

德國商法（海商編）第 479 條第 1 項規定：「船長得代理船舶所有人從事與船舶營運有關的商業行為以及法律行為，其權限包括訂定運送契約、簽發載貨證券。任何對船長權利的限制，只於第三人知悉或應該知悉時，始得拘束該第三人。」、第 2 項：「船舶上備有航海日誌者，船長應將航程進行中發生的事故，而該事故會影響船舶、承運貨物、任何人或其他任何足以致生金錢損失者，做成記錄。事故的記錄並應載明用於避免或減輕損失的方法。受該事故影響的各方當事人都可以請求與該事故有關日誌記錄的副本，並得請求就該副本加以認證。」可以參考。

海商法就船長權利、權力及義務的規定，較為零散，以下舉其要者：

1.海商法上船舶的船長依法有法定代理權及貨物的處分權

海商法上船舶的船長，在船籍港外，為支付船舶的修繕費用、救助費用或其他繼續航行所必要之費用，具有法定代理權，得代理船舶所有人（運送人）為金錢之借入，且有依法處分貨物的權利。

2.海商法上船舶的船長常享有治安的公權力

　　船長並非依法任用、領有薪俸、從事治安工作的公務員，原本不享有治安的公權力，但是因為海上航行，波濤萬里，若發生喋血意外，政府治安公權力經常力有未逮，因此特別賦予海商法上船舶的船長有公權力，以便維持船上的治安，並應付緊急情況。船長的公法上權力主要如次：

　　⑴船舶指揮權：船舶之指揮，僅由船長負其責任。船長為執行職務，有命令與管理船上海員及其他任何人的權力❶。

　　⑵維持治安及保障國家法益的緊急處分權：船長在航行中，為維持船上治安及保障國家法益，得為緊急處分❷。

　　⑶迫令旅客離船的權力：海商法第85條：「旅客在船舶發航或航程中不依時登船，或船長依職權實行緊急處分迫令其離船者，仍應給付全部票價。」，因此船長依職權實行緊急處分權時，得迫令旅客離船。

　　⑷公證的資格：船員在海上航行時，若遇病危，船長得為公證人，作成公證遺囑。

　　⑸決定海葬的權力：海員在海上航行期間死亡，船長得決定為海葬。

㈡是否有共同海損規定的適用

　　共同海損，指於船舶航行期間，為避免船舶及貨物的共同危險，船長或海員得對船舶或貨物為故意且合理的處分，其所直接造成貨物或船舶的犧牲以及所發生的費用，應該由被保存的船舶、貨物以及被處分的船舶、貨物共同分擔，1974年約克安特威普規則定有明文❸。

　　在海難中，船長為避免船舶及貨載的共同危險所為處分，而直接發生的損害及費用，得列為共同海損者，應由相關人參與分擔。此一規定雖然是法律公平法理的體現，但是適用共同海損規定者，以該船舶是「海商法上的船舶」為限，至於非海商法上的船舶，若發生相同情況，頂多只是可以準用而已。

---

❶　舊海商法第40條第1項。
❷　舊海商法第41條。
❸　參閱 York-Antwerp Rules 1974 Rule A 及 Rule C。

㈢是否有關於船舶所有人法定免責、責任限制（單位責任限制、責任總限制）、船舶抵押權及海事優先權規定的適用

海上航行，萬里風浪，是高度冒險行為，而鼓勵海上冒險，爭取海上資源，又是立國的重要政策，因此各國海商法莫不承襲國際公約關於船舶所有人責任限制的規定，使船舶所有人（運送人）就其海上冒險所生債務，視具體情況，可以主張法定免責、單位責任限制或責任總限制❹，**無須如同陸上運送人依民法的規定負無限責任，但主張法定免責、單位責任限制或船舶所有人責任限制的船舶，以海商法之船舶為限。**

海上運送人為了籌措資金，常需要以海商法上的船舶為標的物設定船舶抵押權，擔保借貸發生的債權。海商法上的船舶，不論是建造中的船舶，或是建造完成的船舶，都可以設定抵押權❺。船舶抵押權之設定，應以書面為之❻，非經登記，不得對抗第三人❼。非海商法上的船舶，性質上為動產，除符合動產擔保交易法的規定，得設定動產抵押權者外，其他情形，只能以交付債權人占有的方式，設定動產質權。

海上運送人從事海上企業活動中，還會依法發生「海事優先權」，以擔保因僱傭契約、侵權行為、無因管理，甚至於公法的稅捐或規費的債權，海事優先權是依法律規定而自動發生，不是當事人合意設定的，是「法定的擔保物權」，海事優先權的發生也是以海商法上的船舶為限❽。

㈣是否準用「不動產的強制執行程序」的規定

強制執行法第 114 條第 1 項規定：「海商法所定之船舶，其強制執行，除本

---

❹　參閱海商法第 21 條。
❺　海商法第 34 條。
❻　海商法第 33 條。
❼　海商法第 36 條。
❽　1926 年船舶優先權與抵押權國際公約的海事優先權，標的物範圍較廣，不以船舶為限，即運費及附屬費用亦屬之；1968 年海事優先權及抵押權國際公約，其海事優先權的標的物限於船舶。

法另有規定外，準用關於不動產執行之規定；建造中之船舶亦同。」，因此可以準用不動產強制執行程序者，只以海商法上的船舶為限，至於非海商法上的船舶，其強制執行，則仍然適用動產強制執行的程序。

(五)船舶移轉所有權的方式

海商法上的船舶，其所有權的移轉方式與非海商法上的船舶不同。海商法上船舶的讓與，應依照海商法第 8 條：「船舶所有權或應有部分之讓與，非作成書面並依下列之規定，不生效力：一、在中華民國，應申請讓與地或船舶所在地航政主管機關蓋印證明。二、在外國，應申請中華民國駐外使領館、代表處或其他外交部授權機構蓋印證明。」規定辦理；非海商法上的船舶，法律性質是動產的一種，其所有權的移轉，應依照民法的規定，以「交付」方式為之❾。

二、海商法上的船舶

海商法第 1 條：「本法稱船舶者，謂在海上航行，或在與海相通水面或水中航行之船舶。」❿，只是從「航行的空間」一個因素界定，實際上海商法上的船舶，顧名思義，必須兼具「海洋航行」與「營利用途」兩個因素，也就是不但航行區域必須在「海洋」或是「與海洋相通的江河湖水的水域」，而且航行目的必須是為了「商業營利」，又為了爭取資源，厚植國力，海商法上的船舶只限於「大船」。因此，海商法上的船舶，可從三方面界定：

(一)航行地區必須在「海洋或是與海相通的水中或是水面」

海商法的船舶，必須航行於海上或與海相通的水中或水面。船舶若只是航行於內湖或未與海洋相通的河流的水面或水中，就是內河船舶或內湖船舶，內河船舶或內湖船舶，不論其用途如何，也不問其噸位大小，都不是海商法上的船舶，其所發生的法律關係不適用海商法的規定。

---

❾　民法第 761 條。
❿　海商法修正草案改為第 2 條，內容沒有修正。

㈡航行目的必須是為了「營利用途」

　　海商法上的船舶限於商業目的或營利用途。所謂「商業目的或營利用途」，包括：貨物運送、旅客運送、捕魚、開採珊瑚、開採石油、船舶拖帶等，只有航行的目的在謀取利潤者，才是海商法上的船舶。船舶若不是為了謀取利潤，例如：軍事建制的艦艇、專用於公務的船舶，都不是海商法上的船舶。

　　船舶是否因「商業目的或營利目的」航行，必須以「某特定航程的用途」為判斷標準，不是以船舶的原來建制為標準，例如：若艦艇出租供商業用途，則不屬於軍事公務的船舶；反之，若商用船舶被徵用為軍事用途，則應視為軍事用途的船舶，不得視為海商法上的船舶。測量船、檢疫船、水上警察船、海關巡邏船、訓練船等，既然不是以營利為目的，就不是海商法上的船舶。

㈢船舶須為「大船」

　　為鼓勵發展航海事業，爭取海上資源，海商法上的船舶，只以「大船」為限❶。所謂「大船」，是指「總噸位 20 噸以上的動力船舶」或「總噸位 50 噸以上的非動力船舶❷」。所謂「動力船舶」，解釋上是指船舶本身裝有機械，可用以航行的船舶。至於船舶機械的推動力來源究竟是石油、柴油、瓦斯、電能、原子、或是光能或熱能等，都沒有關係。

　　所謂「非動力船舶」，解釋上是指不屬於動力船舶的其他任何船舶，也就是船舶本身不具有推動的動力，必須藉用外力作為航行動力的船舶，例如：帆、槳、櫓等。

　　船舶噸位的計算，應該依照船舶丈量規則的規定，以全船上下各艙的容量為總噸數，但上層艙面不設圍蔽之處所得免丈量，不算入總噸數。不論動力船舶或非動力船舶，未達各該法定噸數者，就不能構成海商法上之船舶，實務上有漁船只有 5.09 噸時，不構成海商法上之船舶，應適用動產之規定的事例❸。

---

❶　德國商法（海商編）的船舶不以大船為限，參照 2012 年德國商法第 476 條、第 477 條。
❷　船舶法第 3 條第 8 款。
❸　最高法院 51 年臺上字第 2442 號判例。

三、非海商法上的船舶

海商法第 3 條規定:「下列船舶除因碰撞外,不適用本法之規定:

一、船舶法所稱之小船。

二、軍事建制之艦艇。

三、專用於公務之船舶。

四、第 1 條規定以外之其他船舶。」此一規定,有兩點說明:

1. 「船舶法所稱之小船」是指總噸位未滿 **20** 噸的動力船舶,或未滿 **50** 噸的非動力船舶,此等船舶不屬於海商法上船舶的範圍。

2. 「碰撞」,究竟僅指「海商法上的船舶與海商法上的船舶」發生碰撞,或是兼指「海商法上的船舶與非海商法上的船舶」,甚至包括「非海商法上的船舶與非海商法上船舶的碰撞」,不無疑義。

依照公約原意,只有「海商法上的船舶與海商法上的船舶」以及「海商法上的船舶與內河航行的船舶」間的碰撞❶,才適用碰撞公約的規定,至於「內河航行船舶與內河航行船舶」的碰撞,不在適用之列,海商法關於船舶碰撞的規定是承襲「1910 年有關統一船舶間碰撞法律某些規則國際公約」❶的規定而訂定,因此海商法關於船舶碰撞規定的適用範圍,可以承襲 1910 年國際船舶碰撞公約的精神❶,即排除「非海商法上的船舶與非海商法上的船舶」的碰撞,

---

❶ Article 1: Where a collision occurs between sea-going vessels or between sea-going vessels and vessels of inland navigation, the compensation due for damages caused to the vessels, or to any things or persons on board thereof, shall be settled in accordance with the following provisions, in whatever waters the collision takes place.

❶ International Convention for the Unification of Certain Rules of Law with Respect to Collisions between Vessels, 1910,以下簡稱 1910 年國際船舶碰撞公約。

❶ 1910 年國際船舶碰撞公約第 1 條:「因海船與海船間,或海船與內河航行的船舶間船舶碰撞所致船舶、船上貨物或人身損害所發生的損害賠償,不論碰撞發生在任何水域,都應依照以下的規定處理 (Where a collision occurs between sea-going vessels or between sea-going vessels and vessels of inland navigation, the compensation due for damages caused to the vessels, or to any things or persons on board thereof, shall be settled in accordance with the following provisions, in whatever waters the collision takes place)。」,

其他類型的碰撞都屬於海商法上的碰撞。**中華人民共和國海商法關於船舶碰撞的規定，不適用於海商法上船舶與公務船舶、艦艇的碰撞❶** 。

「非海商法上的船舶與非海商法上的船舶」發生碰撞，應該適用民法關於侵權行為的規定，例如：日月潭的遊艇與日月潭的遊艇發生碰撞，緝私船與軍艦的碰撞，既然不適用海商法關於船舶碰撞的規定，其發生的損害賠償責任，應該適用民法第 184 條關於侵權行為的規定、第 185 條第 1 項：「數人共同不法侵害他人之權利者，連帶負損害賠償責任。不能知其中孰為加害人者亦同。」以及第 217 條：「損害之發生或擴大，被害人與有過失者，法院得減輕賠償金額，或免除之。」，而不適用海商法第 97 條：「碰撞之各船舶有共同過失時，各依其過失程度之比例負其責任，不能判定其過失之輕重時，各方平均負其責任」、「有過失之各船舶，對於因死亡或傷害所生之損害，應負連帶責任。」的規定。

依照本條的規定船舶碰撞，只限於 「海船與海船間或海船與內河航行的船舶間 (between sea-going vessels or sea-going vessels and vessels of inland navigation)」的碰撞，不包括「內河航行船舶與內河航行船舶間」的碰撞。

❶ 中華人民共和國海商法第 3 條規定：「本法所稱船舶，是指海船和其他海上移動式裝置，但是用於軍事的政府公務的船舶和 20 噸以下的小型船艇除外。」第 165 條：「船舶碰撞，是指船舶在海上或者與海相通的可航水域發生接觸造成損害的事故。」、「前款所稱船舶，包括與本法第 3 條所指船舶碰撞的任何其他非用於軍事的或者政府公務的船艇。」，因此，船舶碰撞的船舶，一方須為海商法的船舶，另一方或同為海商法上的船舶，或非為海商法上的船舶，但不得為艦艇或公務船舶。

貳 所有權與使用權的取得

海上運送人以船舶運送貨物，運送人重視的是「船舶使用權」的取得，船舶使用權的取得，通常有三個法律基礎，也就是本於「船舶所有權」、本於「船舶承租權（光船租賃）」以及本於「期間傭船（又稱：計期傭船）」。

本於所有權，所有權的權能包括使用、收益及處分，取得船舶所有權的人，通常對船舶就有使用、收益及處分的權利；本於「租賃契約」、「傭船契約」，通常只是取得使用權，不能同時取得其他物權的權能（收益權或處分權）。船舶一旦出租，不論是光船租賃或是期間傭船，所有人的所有權權能在租賃權的範圍內，就被壓縮，使用權歸屬於承租人或傭船人。

船舶物權法上的所有人，稱為「船舶所有人 (Reeder)」[18]；本於租賃契約、期間傭船使用船舶的人，只是利用他人船舶，從事海上航行，賺取利潤，稱為「船舶營運人 (Ausruester)」[19]。分別說明如下：

一、船舶所有權

㈠船舶所有權的取得可以分為「原始取得」與「繼受取得」兩類

1.原始取得

原始取得，是指第一個取得船舶所有權，例如：船舶所有人因為建造船舶而取得所有權，原始取得的船舶所有權，船舶除了可能存在建造中船舶抵押權外，不存在有任何其他抵押權或海事優先權的負擔，原始取得人所取得的基本上是一個完整所有權。

[18] 參閱 2012 年德國商法（海商編）第 476 條。
[19] 參閱 2012 年德國商法（海商編）第 477 條。

⑴公法上的取得

　　A.捕獲：指對交戰之敵國船舶或對中立國破壞封鎖線之船舶所為之捕獲。關於捕獲的規範，主要為 1907 年之海牙捕獲公約。

　　B.沒收：指以船舶為犯罪工具時，法院依刑法第 38 條之規定，於刑事判決時，宣告沒收該船舶。

　　C.徵收或徵購：國家行政機關基於公權力，徵收或徵購私人船舶，於徵收之補償履行或徵購之價金發放完成時，取得所有權。

⑵私法上的取得

　　基於私法原因的原始取得，主要是基於建造契約 (Bauvertrag)。船舶之建造究竟以何人為原始取得人，須視契約的不同內容而定。材料提供者僱用勞務提供者建造船舶時，船舶所有權的原始取得者為材料的提供者；材料提供者與勞務提供者訂立承攬契約興建船舶者，船舶所有權的原始取得者也屬於材料的提供者；勞務提供者同時就是材料提供者時，為工作物供給契約（即買賣契約與承攬契約的混合契約），船舶所有權的原始取得者則為勞務及材料的提供者。

2.繼受取得

　　繼受取得，是指繼受前手或讓與人的權利而取得船舶所有權，繼受的原因可能是買賣、繼承等。繼受取得船舶所有權時，原來存在於該船舶的船舶抵押權或海事優先權都將追及於該船舶，而對該受讓船舶繼續存在，繼受人必須承擔該船舶存有抵押權或海事優先權的不利益。

⑴因法律行為而取得

　　指因買賣、贈與、互易或遺贈等法律行為而取得船舶所有權。船舶所有權的移轉及船舶應有部分的移轉，都有海商法第 8 條：「船舶所有權或應有部分之讓與，非作成書面並依下列之規定，不生效力：一、在中華民國，應申請讓與地或船舶所在地航政主管機關蓋印證明。」規定的適用。須注意：

　　A.登記的地點

　　建造中的船舶，其登記由建造地的航政主管機關為之；建造完成的船舶（即下水後之船舶）則由船籍港（由船舶所有人選定）所在地的航政主管機關為之。

　　B.登記的效力

　　依海商法第 9 條之規定，船舶所有權之移轉登記，只是「對抗要件」而非

「**生效要件**」。換句話說，雖不辦理登記，只要已經履行海商法第 8 條之書面以及蓋印證明程序，在讓與人與受讓人間，仍然發生所有權移轉的效力，只是不得對抗第三人而已。又所謂「第三人」，究竟是僅指善意第三人，或包括惡意第三人在內，若從字面解釋，易滋疑義，按：誠實信用原則是法律的最高原則，於海商法也有其適用，對於惡意第三人以不加保護為宜，因此所謂「第三人」，解釋上應該只限於「為法律行為的善意第三人」為是。

　　⑵繼　承

　　船舶若為自然人所有，當所有人死亡時，船舶所有權即因繼承事實的發生而移轉於繼承人。

㈡船舶所有權的喪失

　　船舶所有權的喪失，分為絕對喪失及相對喪失。

1.絕對喪失

　　絕對喪失，指船舶軀殼客觀上滅失或失去效用，且不同時移轉予另一個權利主體。其原因如下：

　　⑴船舶拆散。
　　⑵船舶沉沒、不能打撈。
　　⑶船舶報廢。

2.相對喪失

　　相對喪失指船舶軀殼客觀上還繼續存在，只是脫離原來的權利主體，同時即歸屬於另外不同的權利主體而言。其原因如下：

　　⑴公法上的原因：捕獲、沒收、徵收或徵購
　　⑵私法上的原因

　　A.船舶所有權的讓與

　　船舶因所有權的讓與而喪失所有權，包括因買賣、贈與、互易或遺贈等法律行為而喪失船舶所有權。關於共有船舶的處分，海商法為兼顧共有人所有權靜態利益，以及應有部分多數人動態利益的衡平，採取人數、應有部分合計都必須超過半數，才可以處分或做成決定的立法❷⓿。

---

❷⓿　海商法第 11 條。海商法修正草案刪除現行海商法第 11 條至 20 條有關船舶共有的規

B.繼　承

被繼承人所有的船舶，因繼承事實（包括自然死亡以及死亡宣告）的發生，船舶所有權移轉予繼承人。

C.委　棄

關於船舶所有人責任限制，在採「委棄主義」或「船價主義為主，委棄主義為輔」的國家，船舶所有人得以委棄船舶代替船舶價值之提出 ㉑。船舶經委棄者，船舶所有人就喪失所有權，船舶所有權歸屬債權人所有。

D.委　付

海上保險的委付，是指被保險人於發生海商法第 143 條至第 145 條所列舉的委付原因時，行使移轉保險標的的一切權利於保險人，而請求保險人給付該保險標的的全部保險金的行為 ㉒。船舶一經委付，不論承諾委付或判決委付 ㉓，船舶所有人都溯及於委付原因發生時喪失船舶所有權，船舶歸屬保險人所有 ㉔。

㈢船舶所有權的範圍

1.船舶的範圍

船舶所有權的範圍包括船舶構造上之成分與航行上、營業上之必要設備及屬具。**所謂「船舶構造上之成分」，包括船殼及促使船體有移動能力的部分**，例

定，此一修正若是針對禁止船舶依法律行為方式移轉為分別共有，以避免法律關係複雜化，立法政策，尚稱有理，但是該修正將導致目前已經分別共有船舶者、以及目前單獨所有但將來因為繼承而為公同共有之情況，失去明文規範依據，草案的刪除修正是否妥當，仍待觀察。

㉑ 在委棄船舶以代替船舶價值之提出之情形，船舶之價值愈低，運送人之責任愈小，況運送人還得以委棄船舶代替船舶價值之提出，此無異鼓勵運送人使用舊船運送，因此此次海商法修正草案已放棄現行之「船價制與委棄制」，因應 1924 年及 1957 年海船所有人責任限制公約之發展為 1976 年海事求償責任限制公約（於 1986 年 12 月 1 日生效）之趨勢，改採「船價制與金額制」，以船價主義為主，以金額主義為輔。

㉒ 海商法第 142 條。

㉓ 無法達成承諾委付時，被保險人可以訴請法院，請求法院審理。法院以判決認定委付成立時，該被委付的船舶視為溯及既往從委任原因發生時，屬於保險人所有。

㉔ 海商法第 147 條。

如：龍骨、甲板、船框、船樑、分艙壁、船首骨、船尾骨、底骨、邊骨、機器、駕駛臺等。**所謂「航運上、營業上的必需設備」是指固定在船舶上，但不是船舶構造上的成分**，例如：救生設備、消防設備、燈光、音號及旗號設備、航行儀器設備、無線電設備、居住及康樂設備、衛生及醫藥設備、冷藏及冷凍設備、貨物裝卸設備、防止污染設備、操舵、起錨及繫船設備、帆裝、纜索設備、危險品及大量散裝貨物之裝載儲存設備、海上運送之貨櫃及其固定設備等。**所謂「屬具」是指附屬於船舶上之物，但並未與船舶固定結合，具有活動性，而為個別獨立之物**，例如：救生艇、舢板、探測器等。

依照海商法第 7 條規定：「除給養品外，凡於航行上或營業上必需之一切設備及屬具，皆視為船舶之一部」，凡是航行上或營業上必需之設備或屬具，不論客觀上是否屬於船舶所有人所有，基於航行安全立法政策的需要，都「視為」船舶的一部分，**在船舶讓與或船舶設定抵押時，讓與或抵押的效力當然及於必要的設備及屬具。**

2.船舶的從物

非船舶的構造部分，且於航運上、營業上並非必要，但能協助船舶效用的設備或屬具，若與船舶屬於同一人所有，則構成船舶的從物。從物必須其所有權與船舶（主物）所有權同屬於一人所有。從物與主物是分開的兩個物，主物所有權的範圍不及於從物，但是主物的處分及於從物❷。

3.給養品

給養品主要包括海員的食物及船舶的燃料。海商法上船舶的燃料，主要是指煤炭及燃料油。不論是煤炭或是燃料油，其與船舶本來都是分開的獨立物，但是煤炭一旦被剷進火爐，燃料油一旦被注入船舶的油管，都立即成為船舶的一部分，此正如血液一旦輸入人體，也成為人體的一部分一樣。

㈣船舶的查封

船舶的查封，會影響出口貿易，不利於國際貿易，因此，立法例上多對查封的時期加以限制，以平衡運送人、運送人之債權人與國家（對外貿易）的利

---

❷ 民法第 66 條第 2 項。

益。海商法第4條第1項規定：「船舶保全程序之強制執行，於船舶發航準備完成時起，以迄航行至次一停泊港時止，不得為之。但為使航行可能所生之債務，或因船舶碰撞所生之損害，不在此限。」，關於上開規定，析述如下：

1. 本於「確定的執行名義」，任何時間都可以查封拍賣船舶

本於確定的執行名義，包括：確定的終局判決、依民事訴訟法成立的和解、依公證法規定得為強制執行之公證書、抵押權人或質權人為拍賣抵押物或質物之聲請經法院為許可強制執行之裁定者，以及其他法律規定得為強制執行名義者，任何時間都可以查封拍賣船舶。

2. 本於「保全名義的執行名義」，原則上自發航準備完成起至航行完成止，不得為之

本於保全名義的強制執行，包括假扣押❷❻、假處分、假執行，自船舶發航準備完成時起，以迄航行至次一停泊港時止，均不得為之。但是有兩個例外：

⑴為使航行可能所生債務的保全名義

所謂「為使航行可能所生之債務」，係指因購買燃料、糧食、醫療用品以及修繕契約所生之債務❷❼。只要是「為使航行可能所生之債務」，不論是已經取得確定判決，或只是取得保全名義，都可以隨時扣押船舶，不受船舶發航準備是否完成之限制。法律之所以如此規定，旨在保障提供燃料、糧食、醫療用品以及修繕業者的債權，使其樂於提供燃料、糧食、醫療用品與修繕相關服務，以利航行事業發展。

⑵因「船舶碰撞」而取得的保全名義

指因船舶碰撞，對於其他船舶、貨物或人員死亡所生的債務，或是對於本船旅客死傷所生的債務。損害賠償請求權人，不論是已經取得確定執行名義，或只具有保全名義，都可以對碰撞的加害船舶隨時扣押，不受船舶發航準備是否完成之限制，也不受航行是否完成的限制。

---

❷❻ 以終局執行名義聲請查封，謂之扣押；假扣押，指在保全程序中，債權人為避免債務人脫產，致將來無法強制執行或難予強制執行，在訴訟前或訴訟進行中，暫時扣押債務人之財產，以便將來取得終局執行名義時，可就所扣押之財產予以拍賣受償而言。假扣押之「假」，是「暫時」之意，而非真假之假。

❷❼ 參閱辦理強制執行事件應行注意事項第61條第3項。

所謂「發航準備完成」，是指「法律上」及「事實上」都處於可以開航的狀態而言，其要件包括形式上「船長已取得當地航政主管機關核准發航與海關准結關放行」，以及實質上「已配置相當海員、必需品，且船舶的設備及供應已完成」。所謂「航行完成」，指船舶到達下次預定停泊的商港而言。以上敘述，圖示如下：

圖1

- 任何時間均可扣押、假扣押：
  ⑴保全執行名義以外之其他執行名義
  ⑵「使航行可能所生債務」之保全名義
  ⑶「船舶碰撞所生債務」之保全名義
- 自運送人或船長發航準備完成時起，迄航行完成時為止，不得為之：除「使航行可能所生債務」、「船舶碰撞所生債務」以外之保全執行名義。

㈤船舶定造人的續建權

航海事業，攸關國家經濟的發展，而船舶的建造則是發展航海事業的基礎，因此海商法不但規定建造中的船舶得為抵押權的標的物，以便取得融資。海商法第 10 條規定：「船舶建造中，承攬人破產而破產管理人不為完成建造者，船舶定造人，得將船舶及業經交付或預定之材料，照估價扣除已付定金❷給償收取之，並得自行出資在原處完成建造，但使用船廠應給與報償。」，賦予船舶定造人（定作人）續建權，也就是在船舶建造中，承攬人（承攬建造船舶的造船

---

❷ 應該扣除的除了「已付訂金」外，還應該包括船舶建造過程中，依照施工進度依約「已經給付的款項」，現行條文似有缺漏。

廠）破產而破產管理人不為完成建造時，賦予定造人續建的權利。即規定船舶定造人就「船舶及業已交付或預定之材料」的估價，扣除「已給付之定金及已付之款項」，給償收取尚未建造完成的船舶，還可以自行出資在原處所完成建造，其使用船廠並應給付費用。

二、船舶租賃❷⁹ —— 光船租賃

(一)光船租賃的意義

光船租賃是指船舶所有人，將其所有的特定船舶，不伴隨船長海員，出租予承租人，承租人得於租賃期間利用船舶，但應支付約定的租金的契約❸⁰。

船舶的出租人，必須是船舶所有人，且僅限於對船舶有所有權之人。海商法上的船舶租賃，只限於承租人承租的船舶供「營運之用」，藉以賺取利潤者。假若承租人承租船舶的目的不是利用船舶供謀利之用，而是單純提供悠遊娛樂、水上飯店或其他專供岸上之附屬利用者，即非此處所指的光船租賃❸¹。

(二)船舶租賃契約的訂定

海商法沒有關於船舶租賃契約訂定的規定，船舶登記法則規定船舶租賃權的保存、設定、移轉、變更、限制、處分或消滅，均應登記❸²。惟租賃權的登記只是對抗要件，而非生效要件，此觀船舶登記法第 4 條規定：「船舶應行登記之事項，非經登記，不得對抗第三人。」可知。

---

❷⁹ 英法的船舶租賃，包括不配有船長海員的船舶租賃（光船租賃）以及配有船長海員的船舶租賃，後者在我國海商法，已經稱為期間備船，因此海商法上的船舶租賃，只限於狹義的、不配有船長海員的船舶租賃，也就是光船租賃。

❸⁰ 參閱 2012 年德國商法（海商編）第 553 條第 1 項、第 2 項。但德國商法規定，除非當事人另有約定，租金每半個月支付一次，而且必須預付。

❸¹ 依照 2012 年德國商法（海商編）第 553 條第 3 項，如果承租人承租的船舶不是供營運謀利之用，或承租人所從事的不是德國商法第 1 條第 2 項界定的商業行為，且承租人沒有依照德國商法第 2 條規定辦理商業登記，則此一光船租賃，德國商法第四編第一章關於光船租賃的規定應作為法源，不適用第 348 條至第 350 條之規定。

❸² 船舶登記法第 3 條。

㈢出租人的權利義務

1. 出租人的權利

(1)收取租金的權利

出租人的權利，主要就是得依約向承租人收取租金。出租人的權利，反過來說，也就是承租人的義務。

(2)處分船舶的權利

船舶出租後，出租人依然保有船舶所有權，自然有船舶的處分權，可以將船舶「讓與」第三人，也可以以船舶為標的物設定擔保物權（即船舶抵押權）予第三人，無須經承租人同意，即使船舶所有權因讓與或拍賣（實行船舶抵押權）而移轉予第三人，以租賃權已經登記為條件，承租人可以主張準用「買賣不破租賃」的規定❸，主張其租賃權對第三人繼續存在。

(3)行使留置權的權利

出租人就船舶租賃契約所生之債權，得按其比例，對置放於租賃船舶上之貨物或承租人之物，有留置權。此外，出租人的留置權應該準用民法第 445 條至 448 條關於不動產出租人留置權的規定。

2. 出租人的義務

船舶出租人，應於約定的時間、地點將符合契約約定使用目的船舶，交付予承租人供營運之用。

㈣承租人的權利義務

1. 承租人的權利

(1)利用船舶的權利

船舶承租人取得租賃期間船舶的使用權。對外接受委託承運貨物，為運送契約的運送人。

(2)經所有人同意，得轉讓租賃權或轉租船舶

船舶租賃是基於信任為基礎的契約，未經出租人的同意，承租人不得將船舶轉讓或轉租予第二人❸。

---

❸ 民法第 425 條。

（3）終止租約的權利

　　船舶承租人得於合理期間前，事先通知船舶所有人終止租賃契約，但應賠償船舶所有人因此所遭受的損失。2012 年德國商法（海商編）第 556 條規定，租賃關係，最遲應於前一週第一個工作日訂定一週的預告期間後，在次週星期六的午夜發生終止效力。但租金依租賃契約的約定為按月或按更長的期間支付者，承租人須依通常程序訂定三個月的預告期間後，始得終止租約。

2. 承租人的義務

（1）維護船舶使其具有適航性、適載性，符合契約用途的義務

　　船舶承租人在承租期間，有自行維護船舶，使船舶具有適航性及適載性，以期適合契約約定用途的義務❸，但可歸責於出租人或船舶所有人者，仍然由出租人或船舶所有人負擔。

（2）返還船舶的義務

　　船舶承租人於租賃契約期滿後，應該返還相同狀態的船舶，但船舶依照約定使用所生的正常耗損，應予扣除❸。承租人所承租的只是船體，沒有搭配船長海員，因此承租人必須自行僱用船長海員，船舶承租人透過其所僱用的船長海員（占有輔助人）而「直接占有」船舶，出租人對船舶只有「間接占有」的地位。租期屆滿後，承租人應該將船舶的直接占有，交付予船舶所有人，因此此處的「返還」，與民法租賃物的「返還」，涵義相同，但與期間傭船的「返還」，涵義有異。

　　在期間傭船，承租船舶的傭船人在傭船契約期間從未「直接」或「間接」占有船舶，船舶還是在船舶所有人透過其所僱用的船長海員（占有輔助人）直接占有，期間傭船期滿之後，傭船人的「返還」船舶，實際上只是終止利用船舶，終止對船舶航程的支配而已，與民法的返還，涵義不同。承租人返還船舶時，不但必須返還原船舶，還必須去除船舶上的負擔（例如：留置權、海事優先權），船舶被扣押或留置者，必須清償債務，設法排除留置權或扣押❸。

---

❸　於船舶租賃期間，租賃權之讓與或轉租，須經出租人同意；出租人非有正當理由，不得拒絕同意。承租人違反者，出租人得終止租約。

❸　2012 年德國商法（海商編）第 554 條第 2 項前段。

❸　2012 年德國商法（海商編）第 554 條第 2 項後段。

⑶保護船舶所有人對第三人權利的義務

　　承租人在租賃契約有效期間直接占有船舶，若船舶遭受第三人侵害或發生其他任何權利義務關係，承租人最為熟悉，也最能即時採取措施，保護船舶所有人的權利，因此承租人對於船舶所有人對第三人的權利有保護的義務❸。

⑷給付租金的義務

　　承租人依照契約約定，向出租人給付租金。

　　綜上所述，船舶承租人必須依約使用船舶、給付租金、保管船舶、避免船體受損害，並依約返還船舶。若違背船舶租賃契約的約定，造成船舶出租人損失，必須對船舶所有人或出租人負損害賠償責任。

　　實務上船舶租賃契約還常約定，出租船舶只可以航行於安全港口之間，若承租人明知目的港不安全，卻仍命令船舶航向該港，就構成違約；若船舶航向目的港途中，目的港才變成不安全港時，承租人必須立即發出命令，命令該船舶立即回航，承租人怠未發出回航命令，致船舶無法脫困，造成損失者，必須負違約損害賠償責任❸。

---

❸　租賃終了時，承租人應依約定之時、地及依承租時原狀返還船舶，但因符合契約方法使用收益所致之正常耗損，不在此限。承租人不但必須返還船舶，而且必須排除存在於船舶上的任何負擔（擔保物權）或扣押，其因承租人之事由，致第三人得對租賃船舶行使留置權、海事優先權、或有損及船舶所有權益之其他物上權利者，承租人應予避免或負責排除之。於租賃期間，租賃船舶被第三人扣押或其他留置，如係因出租人或承租人一方之原因造成者，該方應以自己費用採取適當措施，在合理期限內解除扣押或其他留置。出租人或承租人，因租賃船舶被扣押、留置所致之損害，由可歸責之一方，負賠償對方之責任。

❸　2012 年德國商法（海商編）第 555 條。船舶所有人就租賃船舶對第三人之權利，承租人應予保護。但以承租人明知或可得而知該權利有即時保護之必要，且所採取之保護措施不甚妨礙承租人之權益者為限，乃參照 2012 年德國商法的規定而增訂。

❸　UNI-OCEAN LINES PTE. LTD. v. C-TRADE S.A.: THE "LUCILLE" [1984] 1 Lloyd's Rep. 244, C.A.

　　依照 1980 年 7 月 14 日所訂立的租賃契約，本案原告（亦即船舶所有人）將其所有的 "Lucille" 號船舶出租予承租人（亦即本案被告），租賃期間是從蘇丹港 (Port Sudan) 交船起算，到埃及的地中海坌即度南方斯里蘭卡的首都可倫波一帶的安全港口返還船舶為止。本租賃契約是以 "New York Produce Exchange form" 的制式契約條款為基礎

實務上也常約定，在租賃期間船舶的「年保險費」由出租人（船舶所有人）負擔，船舶的航行只限於安全港口之間。船舶若進出危險港口致增加保險費者，該「增加的保險費」應由承租人負擔。承租人違背約定，將船舶開進危險區域，致被攻擊而毀損時，承租人雖已負擔增加的保險費，但是因為年保險費是由船舶所有人負擔，因此，**承租人也必須對船舶所有人將來「年保險費調高部分」負損害賠償責任❹**。

訂立，該契約條款約定船舶 「在安全港口之間從事合法的交易 (in such lawful trades between safe ports)」的條件下，由被告決定。在 1980 年 7 月 21 日，該船被命令開往羅馬尼亞君士坦丁 (Constantze)，將一批袋裝小麥，運往伊拉克的巴斯拉 (Basrah)。船舶於 8 月 25 日抵達 Shatt-el-Arab 的停泊處，但是由於巴斯拉港口壅塞的原因，一直在此地等候，直到 9 月 20 日。9 月 20 日被告命令該船開船開往巴斯拉，並於 9 月 21 日開始卸貨，於 10 月 23 日完成卸貨。但是由於伊朗與伊拉克戰爭的關係，該船舶陷在 Shatt-el-Arab 的水道中，無法脫困。

本案的問題是被告命令船舶開往巴斯拉 (Basrah)，究竟是否違背船舶租賃契約？

本案由上訴法院的 STEPHENSON 及 KERR, L.JJ. 做成判決。被告違背船舶租賃契約。判決理由指出：被告就其命令該船舶開往巴斯拉或當巴斯拉於 9 月 20 日變成不安全港口的時候怠於撤回前一命令，因此構成違背租賃契約。船舶可能無法脫困是可以預見的，而且事實上無法脫困的事實確也在被告違約之後不久發生。

❹ D/S A/S IDAHO v. COLOSSUS MARITIME S.A.: THE "CONCORDIA FJORD" [1984] 1 Lloyd's Rep. 385, Q.B.D. (Commercial Court)

依據 1976 年 5 月 26 日所訂立的船舶租賃契約，原告將其所有之 "Concordia Fjord" 號船舶出租於承租人，也就是本案的被告。租賃期間為 24 個月，本租賃契約是以 "the New York Produce Exchange" 的定型化約款為基礎訂立的。依照租賃契約的約定，被告僅得以該船「在安全港口間，從事合法運送，且應受英國倫敦保險人協會特約條款的限制 (within Institute Warranty Limits)」。因承租人違反特約條款而增加保險費者，該增加的保險費由承租人負擔。租賃契約並且約定：「戰爭險的年保險費，由船舶所有人負擔；但是由於所航行的水面／區域的原因，包括戰爭險的額外保險費，其增加的保險費由承租人負擔。承租人有權航行於協會特約條款限制以外的區域；惟必須先徵得船舶所有人的同意，並應如同船舶所有人自己投保一般，負擔因此發生的額外保險費及成本。」1978 年 6 月 10 日，承租人命令將船舶開往貝魯特 (Beirut)，當時該地仍是安全港口。在 6 月底前，也就是在船舶到達貝魯特之前，而且被告還有時間撤回其命令之前，由於戰爭的原因，貝魯特港已經變成不安全港，但該船仍然開進貝魯特港，被

㈤承租人對第三人的關係

以他人所有的船舶，利用海事航行進行營利的人，稱為船舶營運人 (Ausruester)❹，船舶營運人就其與第三人的關係而言「視為」是船舶所有人❹。第三人若向擁有船舶所有權之人，以船舶所有人 (Reeder) 的名義行使請求權時，船舶所有人可於被請求之後告知該第三人有關船舶營運人的名稱、地址等資訊，以負債之人為船舶營運人，而非船舶所有人為理由，作為抗辯❹。船舶租賃之承租人關於船舶之利用，對於第三人，與船舶所有人有同一的權利義務，參考最高法院 69 年臺上字第 412 號判決：「船舶租賃契約，與傭船契約不同，前者以船舶移歸承租人占有為用益，承租人關於船舶之利用，對於第三人與船舶所有人有同一之權義。」，日本商法第 704 條第 1 項：「船舶承租人以商業目的，使船舶航行時，對於使用船舶之相關事項，對於第三人應有與船舶所有人負同樣之權利義務。」，英美判例上亦有稱："the charterer becomes for the time the owner of the vessel"，亦即在租賃期間，承租人利用船舶而與第三人發生法律關係，承租人即立於船舶所有人地位，即「準所有人 (owner pro hac vice)」或稱「該航程之所有人」(owner of the voyage)。有兩點應注意：

凝固汽油彈擊中，起火燃燒，嚴重毀損。原告主張船舶的毀損是因為承租人違背船舶僅航行於安全港口間的約定所造成的，並請求承租人損害賠償。被告則主張進入貝魯特之航行所增加的保險費，承租人已經支付或有義務負擔，因此，有權依船舶租賃契約第 49 條的約定，主張免責。

本判決由商務法院女王法庭 BINGHAM, J. 做成。原告勝訴，被告必須負損害賠償責任。判決理由指出：1.被告違背安全港口條款。2.依真正解釋，船舶租賃契約第 49 條不得作為被告的免責依據。因為船舶租賃契約並沒有約定年保險費由承租人負擔，恰恰相反，年保險費是由船舶所有人負擔。承租人如果有負擔，其負擔亦只限於因船舶航行進入第 49 條所訂的危險水域因而額外增加保險費的「增加」範圍，因此很難主張被告對於其命令船舶進入不安全港口，並因戰爭的危險導致船舶受損的損害以及因此增加的年保險費，可以不負責任。

❹ 2012 年德國商法（海商編）第 477 條第 1 項。
❹ 2012 年德國商法（海商編）第 477 條第 2 項。
❹ 2012 年德國商法（海商編）第 477 條第 3 項。

1.船舶拖帶、海難救助、共同海損、船舶碰撞所生之利益及損失歸屬於承租人

於租賃期間，因承租人以承租船舶施行海難救助、船舶拖帶，或承租船舶發生共同海損、船舶碰撞情事，所致生之利益或損失，均由承租人享有權益或負擔責任與義務。租賃船舶成為殘骸或妨礙航行之沉船，所致生之移除相關費用，由承租人負擔或負補償出租人責任。但事故係因可歸責於出租人或船舶所有人之事由者，不在此限，因為租賃期間，承租人直接占有租賃船舶，僱傭船員，而為使用、收益。因此，海難救助、船舶拖帶及共同海損的利益及費用或其他損失，於租賃契約當事人間，自應由承租人享有及負擔。如出租人或船舶所有人因而遭受損害，或受第三人求償，應由承租人負損害賠償責任。又租賃船舶成為殘骸或妨礙航行之沉船，除由於可歸責於出租人或船舶所有人者外，移除等相關費用，應由承租人負擔或負補償出租人之責。

2.買賣不破租賃

船舶租賃權經登記者，除契約另有訂定外，適用民法第 425 條及第 426 條，關於買賣或設定物權，不破租賃之規定。

㈥租賃契約的終了

1.有終止租約原因的終止——無須先期通知

⑴船舶因滅失、全毀等原因而不堪使用

租賃船舶已全部滅失、全損或視為全損❹、失蹤或被政府或其他具有公權力之機關強制徵收者，租賃契約，除法律另有規定外，租賃契約終止。所謂「失蹤日」，指最後得知船舶訊息已經過十日，或英國勞依茲保險集團宣布船舶已失蹤之公告日，兩者先到之日。

⑵可歸責於出租人事由致船舶無法使用收益

因可歸責於出租人之事由，致承租人無法就租賃船舶為使用收益，經承租

---

❹ 「視為全損」一般譯為「推定全損」。按，「推定全損」是由 BIMCO BARECON 2001 第 14 條的 "constructive total loss" 一詞翻譯而來，該名詞國內書籍、專業詞典雖然都翻譯為「推定全損」，但是該名詞依照視為的判斷因素：⑴與事實相反的擬制；⑵是為了法律政策（保險理賠迅速）；⑶不得舉證推翻等三個特點判斷，應翻譯為「視為全損」為是。

人通知出租人後，經過相當或約定期間仍未獲解決者，承租人得終止租賃契約。

(3)承租人以船舶供違法或違約使用，經終止租賃契約

　　承租人以租賃船舶，從事違法或租約所禁止或限制之行為；承租人未遵照租約的約定，就租賃船舶及其利用相關之危險及對第三人責任投保保險，或提供財務擔保；或承租人未依約履行其修繕租賃船舶之義務者，出租人得通知承租人，限定在相當期間內改善，屆期仍未獲改善，出租人得終止租賃契約。

(4)當事人有解散、清算或破產等情事

　　船舶租賃契約任何一方有解散、清算、破產情事，他方得終止契約，但公司重整或合併者不在此限。

2.租約的任意終止——須先期通知

**　　船舶租賃契約，當事人終止契約者，除本節或租約另有規定外，準用民法第 450 條第 3 項但書關於不動產租賃，終止契約先期通知之規定。因為海商法沒有規定者，應依照民法的規定。**而依照民法的規定：「未定期限的租賃契約」或「定有期限的租賃契約而當事人要期前終止」者，都應適用民法第 450 條第 3 項但書：「……終止契約，應依習慣先期通知。但不動產之租金，以星期、半個月或一個月定其支付之期限者，出租人應以曆定星期、半個月或一個月之末日為契約終止期，並應至少於一星期、半個月或一個月前通知之。」的規定，先行通知❹⑤。

三、期間傭船（Time charter 論時傭船或計時傭船）

㈠期間傭船的意義

　　期間傭船，是船舶所有人將配有船長、海員的特定船舶的船艙，在約定期間供傭船人利用，並向傭船人收取租金的契約❹⑥。期間傭船的傭船人，可以以其承租船舶的船艙，承運自己的貨物；也可以與第三人訂立件貨運送契約，承運他人的貨物；甚至於將船艙的全部或一部與第三人另外訂立航程傭船契約等，收取租金。

---

❹⑤　民法第 450 條第 3 項及第 453 條。

❹⑥　2012 年德國商法（海商編）第 557 條第 1 項、第 2 項參照。

　　在期間傭船，出租的船舶既然已經搭配有船長海員，而搭配的船長海員又是受僱於船舶所有人，因此船舶所有人不但未曾將船舶的占有及控制移轉予傭船人，而且還透過其所僱用的船長海員繼續「直接占有」船舶，繼續管領船舶❹❼。傭船人給付予船舶所有人的對價，性質上是「租金」❹❽。傭船人以所承租之船舶的全部或一部為工具，不論承運自己的貨物，或是承運第三人的貨物，都可以從中謀取利益，其中，若因與第三人訂立件貨貨物運送契約，獲得對價，該對價性質上才是「運費」；若將船艙的空間轉另外再出租予第三人，則其所收受的對價，則是「租金」。傭船人收取運費或租金的總額，扣除燃料費、租金以及其他營運費用（例如：船舶進入危險海域增加的保險費）後之餘額，就是傭船人賺得的利潤。又海商法上的期間傭船，傭船人承租船舶的目的，必須是「以船舶作為載運旅客、承運貨物或提供其他服務，謀取利潤為目的」，始足以稱之。若傭船人（承租人）承租船舶的目的，不是利用船舶賺取利潤，例如：作為海上休閒旅遊之用，則非此處的期間傭船❹❾。

　　在期間傭船，所承租的船舶既然已經配有船長海員，傭船人自然無需再僱用船長海員，也無負擔船長海員的薪水，但是必須負擔船舶燃料。因為傭船人取得船舶使用權後，不論承運他人託運的貨物或是承運自己的貨物，航程越緊密，載運的貨物越多，其獲益也越可觀，對應地，燃料的耗損當然也越大，基於「損益兼歸原則」，燃料費用自然應該由傭船人負擔。

　　期間傭船，一般多是全部傭船，不論承運傭船人自己的貨物，或是承運他人的貨物，因為貨物數量龐大，貨物的裝船通常由傭船人為之❺⓿。傭船人裝貨時，不但貨物的堆放必須盡善良管理人的注意義務，而且堆放過程也不得損壞

----

❹❼　A charterparty under which a shipowner lets out his vessel to a charterer for a period of time, the possession and control of the vessel are not transferred to the charterer, and the shipowner exercises these rights through the master and crew who are employed by him.

❹❽　在期間傭船而由傭船人委託銀行出具承諾書 (an undertaking) 擔保租金的情形，船舶所有人（運送人），必須嚴格地遵守銀行承諾書所訂的條件——例如：約定於某特定日期以前就債權額為請求者，則船舶所有人應該於該特定日期以前為請求——並履行其他附帶條件，否則銀行立即免責。

❹❾　2012 年德國商法（海商編）第 557 條第 3 項參照。

❺⓿　2012 年德國商法（海商編）第 563 條第 1 項參照。

船舶，否則不但必須就船舶的毀損負修繕責任，而且對於在修繕期間，因為船舶無法使用或無法出租所致的損失，也應該負損害賠償責任❺。

❺ ATLANTIS SHIPPING CO. (C.I.) LTD. v. J. WHARTON (SHIPPING) LTD.: THE "SEA HUMBER" [1984] 2 Lloyd's Rep. 355, Q.B.D. (Commercial Court)
1978 年 3 月原告（即船舶所有人）將其所有之 "Sea Humber" 號船舶出租（船艙出租）於被告（即傭船人），租期 15 年。1979 年 12 月，該船被出租載運約 1,400 噸重的廢鐵。次年 1 月 2 日在卸下玉米貨物之後，該船被移往在 South Humberside 的一個名叫 Gunners 的另外一個碼頭。這個碼頭就是橄欖樹碼頭，為被告所有，而且由其經營。該船舶於 1980 年 1 月 3 日及 4 日裝貨，動用了兩部起重機。船長在 1 月 3 日及 1 月 4 日的甲板日記上記載：「貨物裝載十分粗糙，有損及船邊及箱頂的危險」。1 月 4 日，船長向被告提交抗議信。該船於 1 月 4 日航向西班牙，於 1 月 9 日抵達 Pasajes 港當天，有部分的貨物被卸下，1 月 10 日一早，該船被移往另外停泊處所，並在此完成卸貨。於清理船艙時，在艙板上箱頂發現明顯兩個小洞，船舶需要修理，因為當船舶只有裝載壓艙物時，將會發生漏水。因此其後兩天進行修繕，在修繕船舶之際，又發現箱頂有第三個小洞。1 月 12 日星期六，箱頂修繕完畢，壓底水箱被彈壓上來時，又發現在側翼的第四個水箱有一個破洞，也必須修繕。進一步的修繕一直到 1 月 14 日才開始，到 1 月 15 日傍晚才完成。
其後船舶雖然已經可以航行，但是已經大約慢了五天。由於這些事件的結果，原告請求被告因修繕所致之損失，某些相關費用，以及一筆在西班牙超過五天修繕期間船舶因無法出租所造成約 5,000 英鎊至 6,000 英鎊的租金損失。被告拒絕原告的請求，主張其裝貨係以正常而且適當的方法為之，並沒有足夠的證據足以證明損失是在裝載的過程中而不是在卸貨的過程中發生的。又即使被告有過失，12 日到 15 日期間所發生的任何損失也不應包括在賠償範圍內，因為由於原告的過失，以致於未能於第一次檢查時檢查出側翼水箱的毀損。
判決由女王法院 (Queen's Bench Division) 做成，原告勝訴。從概率觀點，所有破洞均在同一時間發生，而且均是在裝貨過程中發生。證據顯示，在第一次裝載廢鐵時，並未達到堆放應有的適當而且被承認的裝貨標準 (the proper and recognized standard for the loading) 的程度，被告有過失。1 月 3 日甚或 1 月 4 日，船舶在裝貨過程中遭受損害是可以預見的，而且損害也是因為此一過失引起的。原告於檢查整個船艙時已經盡了合理檢查的注意義務。在箱頂修繕完畢前，要求原告將第三個水箱——即鞍箱——彈壓上來是不切實際的。同樣的，在第三個水箱獲得同樣處置前，習慣上也不會將側翼第四水箱彈壓上來，該水箱側翼有一個破洞。原告未能發現第四水箱側翼的破洞，並不足以剝奪其對另外三個的請求權的權利。

㈡期間傭船契約的訂定

海商法第 39 條規定:「以船舶之全部或一部供運送為目的之運送契約,應以書面為之。」、第 40 條:「前條運送契約應載明下列事項:

一、當事人姓名或名稱,及其住所、事務所或營業所。

二、船名及對船舶之說明。

三、貨物之種類及數量。

四、契約期限或航程事項。

五、運費。」。

由於期間傭船為配備船長海員的船舶租賃,關係當事人權益重大,不亞於不動產,因此海商法將之定位為「要式契約」,**必須以書面載明法定事項,契約才能成立**。立法例上,2012 年德國商法(海商編)規定,期間傭船並非要式契約,德國商法(海商編)第 558 條規定:「期間傭船的任何當事人一方都可以請求以書面方式訂立期間傭船契約。」❷,換句話說,德國商法只規定當事人一方有權請求以書面方式訂立期間傭船契約,並沒有規定必須以書面方式訂立期間傭船契約。

㈢船舶所有人的權利義務

1.期間傭船下,船舶所有人的權利

⑴收取船舶租金的權利

期間傭船為配有船長海員的船舶租賃,承租人給付予船舶所有人的對價性質上為「租金」,船舶所有人的主要權利就是收取租金。

⑵行使留置權的權利

船舶所有人為了保障期間傭船所生的債權,可以對他人的動產行使留置權,但所留置之動產究竟以屬於傭船人所有者為限,還是包括屬於傭船人以及其他第三人在內?此有疑義。按:海商法未規定者,應該適用民法規定,在現行法下,對於船上他人(主要是傭船人)的財產(包括燃料),不論屬於傭船人,或

---

❷ 2012 年德國商法(海商編)第 558 條。

是屬於其他第三人，都可以主張留置權，因為留置權的標的物，依照我國民法規定，原則上以屬於債務人（按：在期間傭船指傭船人）所有者為限，若屬於第三人，必須船舶所有人「占有之始」，非明知或重大過失而不知者，才可以行使❸，除非將來海商法另有規定，否則暫時就應該適用民法的規定。

依照 2012 年德國商法的規定，留置權的客體（包括燃料）雖然只以在船上且屬於傭船人所有者為限❸，但為了保護船舶所有人的留置權，特別規定留置權的標的物，排除依照民法善意取得的適用，也就是第三人對於留置權的標的物不得主張善意受讓權的所有權❸。為了使傭船契約的債權能夠獲得進一步的擔保，還擴大留置權標的物的範圍，即船舶所有人就傭船人對第三人（託運人）的「運費債權」以及傭船人對次傭船人❸的「租金債權」，都可以行使留置權。

託運人或次傭船人知悉船舶所有人行使留置權者，應向船舶所有人給付。在託運人或次傭船人接獲船舶所有人行使留置權通知前，亦得提存其應給付的運費或租金❸。留置權擔保的債權必須是清償期屆至，但尚未獲得清償的債權，船舶所有人不得就將來的損害賠償或尚未到期的債權，預為主張留置權❸。

(3)拒絕履約的抗辯權

　　傭船人怠於履行給付租金義務者，船舶所有人得拒絕履行傭船契約所生的義務，包括拒絕傭船人或託運人的貨物裝船、堆放以及簽發載貨證券❸。

2.船舶所有人的義務

(1)依約提供船舶的義務

　　船舶所有人應該於約定的時間、地點，提供符合約定用途的船舶，供傭船

---

❸　民法第 928 條第 2 項參照。
❸　2012 年德國商法（海商編）第 566 條第 1 項前段。
❸　2012 年德國商法（海商編）第 566 條第 1 項後段，依照該段規定，船舶所有人就期間傭船契約所生的債權，得對傭船人所有在船舶上的財產，主張留置權，且排除德國民法第 932 條、934 條及第 935 條規定的適用。
❸　此處的次傭船人一般就是指期間傭船人將船舶的特定船艙轉租給其他期間傭船人。
❸　2012 年德國商法（海商編）第 566 條第 2 項。
❸　2012 年德國商法（海商編）第 566 條第 3 項。
❸　2012 年德國商法（海商編）第 568 條。

人使用 ❻ 。傭船契約約定船舶所有人必須於約定日期或約定期間提供船舶，而船舶所有人未遵照約定履行或明顯無法遵照約定履行者，傭船人無須訂定任何最後期限，就可以解除契約 ❻ 。

(2)維護船舶適航性及適載性的義務

期間傭船的租賃期間，船舶所有人必須保持船舶在符合契約用途的狀態，特別是船舶必須具備適航性以及適載性 ❻ ，除契約另有約定外，也不得使船舶裝載危險物品。

(3)駕駛操作船舶的義務

船舶所有人必須負責船舶的駕駛及操作 ❻ 。船舶的駕駛及操作，都透過船舶所有人所僱用的船長海員為之，船長海員是船舶所有人的履行輔助人。

(4)負擔船舶操作「固定成本」的義務

船舶所有人應負擔船舶操作的「固定成本」，特別是配屬船長海員的薪資、設備、維修及一般保險費用 ❻ 。

(5)重要資訊通知義務

船舶所有人以及傭船人就有關船舶及航程的重要資訊，彼此有相互通知的義務 ❻ 。

㈣傭船人的權利義務

1.傭船人的權利

(1)使用船舶的權利

傭船人有決定船舶使用的權利。傭船人指示船舶所有人或船長海員將船舶駛往特定港口或停泊處所時，就選擇特定港口或停泊處所的安全，應該盡適當的注意 ❻ 。

---

❻ 2012 年德國商法（海商編）第 559 條第 1 項。
❻ 2012 年德國商法（海商編）第 559 條第 2 項。
❻ 2012 年德國商法（海商編）第 560 條。
❻ 2012 年德國商法（海商編）第 561 條第 2 項。
❻ 2012 年德國商法（海商編）第 564 條第 1 項。
❻ 2012 年德國商法（海商編）第 562 條參照。

⑵出租船舶的權利

期間傭船的傭船人得將船舶的船艙再出租予第三人❻ 。

2.傭船人的義務

⑴給付租金的義務

期間傭船人有支付租金的義務，租金原則上必須預先給付，但是當事人另有約定者，從其約定。依照 2012 年德國商法，除非另有約定，否則租金每半個月給付一次❻ 。由於船舶的瑕疵或由於其他應由船舶所有人承擔危險的事由，致承租的船舶不能符合傭船人承租船舶的約定用途時，上述支付租金義務的規定，不適用之❻ 。船舶不能滿足全部契約約定時，租金應予合理酌減❼ 。

⑵負擔操作船舶「變動成本」的義務

期間傭船的傭船人應負擔操作船舶的「變動成本」，特別是：港口費、引水費、船舶拖帶費、以及為船舶投保較大保障範圍保險的保險費（例如：船舶駛入危險海域所增加的保險費）。此外，傭船人還必須負擔燃料費用、且該燃料必須符合商業上的品質。

⑶重要資訊通知義務

船舶所有人與傭船人就有關船舶及航程的重要資訊，彼此有相互通知的義務。

⑷貨物裝卸義務

期間傭船的目的若是「承載貨物」，則傭船人有裝卸貨物的義務，即傭船人應該負擔貨物裝卸以及堆放費用，不但如此，傭船人在裝卸、堆放時，還必須避免損害船舶的適航性❼ 。**傭船人如果以船舶從事「件貨運送」，傭船人仍然必須負擔貨物的裝卸**；期間傭船人如果接受第三人的「航程傭船」，由於航程傭船所承運的貨物數量龐大，不論是全部傭船或部分傭船，裝船的義務是否轉嫁給航程傭船的傭船人（託運人），必須視航程傭船契約的約定而定。

---

❻ 2012 年德國商法（海商編）第 561 條。
❻ 2012 年德國商法（海商編）第 561 條第 3 項。
❻ 2012 年德國商法（海商編）第 565 條第 1 項。
❻ 2012 年德國商法（海商編）第 565 條第 2 項前段。
❼ 2012 年德國商法（海商編）第 565 條第 2 項後段。
❼ 2012 年德國商法（海商編）第 563 條參照。

⑸返還船舶的義務

　　期間傭船契約租期屆滿時，傭船人應該在約定地點「返還船舶」❷。此處所謂「返還船舶」，是指傭船人「不再繼續指揮航程、不再利用船舶」之意，與民法上租賃物的返還、借用物的返還是「管領力的移轉」不同，因為在期間傭船，船舶所有人始終透過其所僱用的船長海員（占有輔助人）繼續占有船舶，船舶所有人不但仍然是占有人，而且還是直接占有人，因此沒有管領力移轉問題。期間傭船關係無預告下終止者，傭船人得在契約終止時船舶的所在地返還船舶，但導致契約無預告終止有故意或過失的一方，應對他方因契約提前終止所致的損失負賠償責任❸。

　　以上船舶所有人及傭船人是否違反傭船契約的約定，除了海商法關於期間傭船另有規定外，應依民法的規定判斷之❹。

㈤期間傭船與船舶租賃的差異

表 1

	船舶租賃 （依船舶法規定為要式契約）	期間傭船 （依海商法規定為要式契約）
當事人	船舶所有人（出租人）與光船承租人	船舶所有人（出租人）與傭船人（承租人）
契約目的	承租人利用船舶承運他人的貨物，達到使用收益的目的，例外也有承運自己的貨物	主要也是利用船舶承運他人的貨物，達到使用收益的目的（主要是承運傭船人招攬之貨物，賺取利潤），例外也有為承運自己的貨物
船舶的占有、船舶指揮權	承租人透過其所僱用的船長海員直接占有船舶、對船舶有航程指揮權	船舶所有人透過其所僱用的船長海員繼續直接占有船舶。傭船人完全不占有船舶，但是有航程指揮權
租金、航行費用的負擔	承租人需支付租金，並負擔航行費用	傭船人需支付租金，並負擔燃料費等

---

❷　2012 年德國商法（海商編）第 569 條第 1 項參照。
❸　2012 年德國商法（海商編）第 569 條第 2 項。
❹　2012 年德國商法（海商編）第 567 條參照。

船舶的使用範圍	船舶之全部	全部傭船，使用範圍及於全部船艙；理論上也可以一部傭船，使用範圍只及於一部，但實務上較少發生
與船長海員的關係	船長海員由承租人僱用，薪水由承租人負擔	船長海員的薪水，由船舶所有人（出租人）負擔。傭船人不負擔船長海員的薪水
與第三人的關係	承租人對第三人負運送人責任	傭船人以運送人身分向第三人招攬貨物運送者，對第三人負運送人責任

㈥期間傭船與航程傭船的區別

航程傭船，是船舶所有人就船艙的全部或一部，以航程為單位，供傭船人利用的契約，例如：訂立傭船契約，提供船艙的全部或一部，航程範圍從倫敦到雪梨是。在航程傭船，船舶所有人只是提供船舶全部或特定部分特定的艙位，並不移轉船舶的占有及控制。**船舶所有人必須負責「提供燃料補給品」、「僱用海員」、「決定航程」**。航程傭船，除了使用全部船艙或特定部分船艙外，本質上是件貨運送的擴大化或極大化，傭船人給付的對價性質上是「運費」，而非租金。

期間傭船與航程傭船（計航傭船）的相同之點是：「船長、海員都由船舶所有人僱用」，「薪水都由船舶所有人給付」，「船舶所有人都透過履行輔助人直接占有船舶」；差異之點是在「航程的指揮」以及「燃料的提供」：在期間傭船，傭船人就航程的決定「對船長有指揮權」，負責「提供燃料」，其給付予船舶所有人的對價，性質上為「租金」。在航程傭船，傭船人就航程的決定「對船長沒有指揮權」，「不負責提供燃料」，且由於航程傭船本質上是件貨運送的擴大化或極大化，傭船人給付予船舶所有人的對價性質上為「運費」。

㈦傭船契約的追及力

1.傭船運送契約，不論是期間傭船或航程傭船，都具有追及力

因為傭船運送契約具有追及力，所以船舶所有權讓與第三人時，船舶受讓人應該承受讓與人與傭船人因傭船契約所發生的權利義務，繼續受傭船契約的拘束。期間傭船之所以必須有追及力，主要是為了便利傭船人對外向第三人攬貨，避免因承租船舶的讓與，而傭船人對第三人發生債務不履行的責任；其次

是因為傭船人自己有大量貨物等待運送，避免運送延誤；**航程傭船之所以必須有追及力則是因為傭船人的貨物數量龐大，性質上不容易隨時更換船舶❼❺**。

2.期間傭船、航程傭船的追及力「不以船舶交付傭船人」為必要

　　期間傭船及航程傭船的租賃權，從傭船契約成立生效就已經物權化，不以將船舶交給傭船人為必要❼❻，至於登記只是對抗要件而已，主要原因是期間傭船本來就不需要將船舶交付給傭船人占有，另外，也只有在傭船契約成立生效就具有物權化的效力，就賦予租賃權追及力，傭船人才有穩定的船艙使用權，不受船舶所有人讓與船舶的影響，可以放心地與第三人訂立貨物運送契約，接受他人的託運或安心安排貨物的託運❼❼。

　　件貨運送契約則沒有追及力，因此件貨運送契約成立生效後，即使船舶所有權讓與第三人，件貨運送契約仍然只存在於讓與人與託運人之間，船舶受讓人並不承擔讓與人對託運人因件貨運送契約而生的義務。此時船貨的擔保關係可以分兩點說明：

---

❼❺　傭船契約，不因船舶所有權之移轉而受影響。但當事人另有約定者，從其約定。增加但書的規定，修正理由是為了尊重契約自由原則，但是一旦有但書的約定，期間傭船的傭船人如何放心接受他人的託運；航程傭船的傭船人即使訂立契約卻沒有必然承運的保障，是否會阻礙海運的發展，值得深思。

❼❻　在民法，租賃權有「債權的租賃權」與「物權化的租賃權」，二者的區別標準在於承租人是否已經占有租賃物。承租人在房屋交付之後，才對房屋有管領力，才占有房屋，其租賃權才由「債權性質的租賃權」轉化為「物權化的租賃權」。只有物權化的租賃權才具有追及力，才可以主張對房屋的受讓人繼續存在。

　　房屋在尚未交付之前，租賃權只具有債權的效力而尚未物權化，基於債權的相對性只能拘束租賃契約的當事人，不能拘束第三人。如果出租人（房屋所有人）將房屋讓與第三人，該受讓房屋的第三人並沒有將房屋交給承租人使用的義務，後續將只發生出租人對承租人債務不履行，必須對承租人負損害賠償責任的問題。在租賃權沒有物權化的情況，房屋的受讓人在取得所有權之後，對其後未經許可侵入房屋的承租人，可以基於所有權行使所有物的物上請求權。

❼❼　航程傭船的租賃權之所以有物權化的地位，是因為傭船人有大量託運，與期間傭船的目的不同。

⑴貨物「尚未裝船」

　　受讓人固然沒有義務接受裝船，此時將發生讓與人對託運人債務不履行損害賠償責任。

⑵貨物「已經裝船」

　　受讓人仍得將貨物卸下，此時，不但讓與人應該對託運人負債務不履行損害賠償的責任，託運人就該損害賠償的債權，若海商法將違背運送契約所生的損失（例如：貨物已經裝船又被卸載所造成的損失，參考舊海商法第 24 條第 1 項第 6 款）列為海事優先權擔保的債權，則此種債務不履行的債權，又為海事優先權所擔保，由於該海事優先權又以「船舶」等❼❽為標的物，其結果，受讓人受讓的船舶已經成為海事優先權的標的物，受讓人也就成為物上保證人。**必須注意的，此種海事優先權，並不是國際公約上明文規定的海事優先權，而是依照國際公約❼❾的授權，由各國立法機關所制定，其清償順位在海事優先權、留置權、船舶抵押權所擔保的債權之後，但在普通債權之前。**

㈧期間傭船人的損害賠償責任

　　猶如前述，在期間傭船，貨物的裝船經常由傭船人為之，傭船人不但對於貨物的「堆放」必須盡善良管理人的注意責任，而且也不得因為「堆放」貨物過程有過失而損壞船舶，否則不但必須就船舶的毀損負修繕責任，而且對於因為船舶修繕期間船舶「無法使用或無法出租」所導致的損失，也應該負損害賠償責任。

㈨傭船契約與引置條款 (incorporate clause)

　　載貨證券訂有「引置約款」者，透過「引置條款」將傭船契約引置為載貨證券的內容後，則傭船契約關於「傭船人」的定義，就成為載貨證券內「傭船

---

❼❽ 1926 年船舶抵押權及海事優先權公約，將船舶、運費及附屬費用列為海事優先權的標的物。1968 年船舶抵押權及海事優先權公約只列船舶為海事優先權標的物。

❼❾ 1926 年海事優先權及抵押權統一規定國際公約、1967 年海事優先權及抵押權規定國際公約、1993 年國際海事優先權及抵押權公約都規定，各國可以自己制定其他海事優先權，但是不得破壞抵押權與公約海事優先權的緊密相隨關係。

人」一詞的意義，發生「引入」「移置」的效果。

引置條款要發生效力，首先引置條款本身必須「十分鮮明」，足以提請載貨證券持有人注意「引置條款」的存在；其次，「被引置的傭船契約還必需方便被閱讀」，具有方便被閱讀的可能性。

引置條款一旦有效，則傭船契約名詞或內容的解釋就不可以因載貨證券是可背書轉讓或不可背書轉讓而不同。當傭船契約關於「傭船人」的定義，被引置到載貨證券時，載貨證券上「傭船人」一詞不可以解釋為：當載貨證券不得背書轉讓時「有替代效果」，認為必須依照傭船契約關於「傭船人」的定義來解釋；但是當載貨證券是可以背書轉讓時又認為是「沒有替代效果」，而把「傭船人」一詞，解釋為「傭船人或受貨人」❽⓿。

---

❽⓿ MIRAMAR MARITIME CORP. v. HOLBORN OIL TRADING LTD.
依照 1980 年 5 月 19 日所訂立的航程傭船契約，船舶所有人，也就是本案原告，將其所有的 "MIRAMAR" 號船舶出租與本案的傭船人，是從新加坡到印度哈蒂亞（HALDIA，按：在印度東方，為加爾各達的外港）或加爾各達 (CALCUTTA) 的任何一個安全停泊處所。傭船契約是以 "EXXONVOY 1969" 的定型化約款為基礎訂立的。約款約定裝船期間 (lay time) 為 72 工作小時 (running hours)，星期日及假日不計。滯延費用每日以 1 萬美元計算。該傭船契約嗣後曾經修正，賦予傭船人選擇在斯里蘭卡（按：在印度東南方的島嶼）的安全港口為卸貨港的權利。
1980 年 6 月 5 日，該船載滿高速柴油，目的港是斯里蘭卡的 Trincomalee 港（按：是斯里蘭卡東北方的港口），依照載貨證券的約定，須遵照被告的指示交付貨物。載貨證券約定：「本運送係依照 1980 年 5 月 19 日由船舶所有人（原告）與傭船人訂立的傭船契約約定進行……傭船契約的所有條款，對於本運送有關的當事人的權利均有其適用。」該船抵達 Trincomalee 等候一段期間，然後改道航向馬德拉斯 (Madras，在印度東南部的港口)，但被遣回 Trincomalee，在此港口從 6 月 20 日起，開始卸貨。因為遲延發生巨大的遲滯費。本案的問題是傭船人（被告）是否應該獨自給付遲滯費。
本案的判決是由國王法院做成。
判決主文：傭船人應該獨自負擔全部遲滯費。判決理由指出：在傭船契約第二部分合計 26 個條文中有 22 個約款，是有關「傭船人」契約上權利義務的明示約定，而「傭船人」一詞是指該傭船契約所界定的定義。即使傭船契約的 "the Exxonvoy 1969" 定型化約款逐字地被記載在於載貨證券中，也沒有任何商業上的理由，足以說明當事人有以口頭上的約定改變任何這些條款名詞的界定意義，導致以口頭的約定替代了傭船人、

受貨人、載貨證券持有人等詞的意義。假設載貨證券的「傭船人」一詞若只指傭船契約的傭船人而非另外還包括其他人，將 "the Exxonvoy 1969" 定型化約款關於「傭船人」所界定的意義，逐字地訂入於載貨證券中時，將使契約的意思十分契合。

當載貨證券訂有引置約款 (incorporate clause)，而且以引置約款引置某傭船契約的契約條款時，並沒有如下的契約解釋原則：傭船契約中，直接以規範託運、運送及貨物的交付而課傭船人以義務的約款，其對於「傭船人」一詞的定義，分別因載貨證券有無禁止背書轉讓約款 (cesser clause) 而有不同的功能或解釋。

從以上本案的判決可以知悉：透過引置約款，將傭船契約對於「傭船人」一詞所界定的定義，引置於載貨證券之後，傭船契約關於「傭船人」的定義，就應該全面「替代」載貨證券，一切都應該依照傭船契約對於「傭船人」的定義來解釋，不可以在載貨證券有禁止背書轉讓約款時，認為傭船契約具有「替代功能」，因此將「傭船人」一詞解釋為只有指「傭船人」而已，而在載貨證券沒有訂定禁止背書轉讓約款時，認為傭船契約「沒有替代功能」，將「傭船人」一詞解釋為「傭船人或受貨人」。

參｜船舶所有人、船舶營運人對第三人的法律關係

　　船舶承租人以其所承租的船舶，承運貨物、旅客或供其他賺取利潤的用途，船舶承租人就成為船舶營運人。船舶營運人對第三人的關係，包括契約關係、侵權行為或其他法律關係，理論上僅止於船舶營運人與第三人之間，而不涉及船舶所有人（出租人），例如：從民法契約相對性，只有船舶營運人與締約的第三人才是契約當事人，才可以享受權利，負擔義務，此時，船舶營運人就是運送人。又如：發生侵權行為時，侵權行為的主體應該限於船舶營運人，而不及於船舶所有人。

　　就船舶租賃言，船舶所有人與船舶營運人之間的契約關係，只是二人之間的內部關係。船舶航行在全球各個海港間，需要補給，需要修繕，從補給者或修繕者的角度，只能從船舶的名稱，辨識船舶所屬的公司，無法知悉船舶所有人與船舶營運人的內部租賃關係。就契約關係而言，為了保護交易的善意第三人，必須有「推定（被認為）」的規定，也就是「推定」船舶所有人為契約相對人（運送人），但船舶所有人可以舉證證明承租人為船舶營運人（運送人）。就侵權行為言，第三人受到侵害（例如：被碰撞），最容易辨識加害人的方法就是從加害船舶的名稱辨識其所屬公司，但非承租船舶的船舶營運人，為了保護受害第三人的求償權，有必要訂定「推定（被認為、被當作）」的立法，推定船舶所有人為侵權行為人，但船舶所有人可以舉證證明租賃關係的存在，證明承租契約關係的存在，證明船舶營運人才是侵權行為人。

　　2012 年德國商法（海商編）第 477 條第 2 項：「關於與第三人的關係，船舶所有人推定（被認為、被當作）是船舶營運人。」，第 3 項：「第三人對擁有船舶所有權之人以船舶所有人之身分提出請求時，擁有船舶所有權的船舶所有人，得於受到請求之後應即告知船舶營運人的名稱及地址，以操作船舶、經營航行以獲取利潤之人是船舶營運人，而非船舶所有人作為抗辯。」可參考。

習題

一、選擇題

1. 下列關於海商法上船舶的敘述，何者較為正確？

   (A)總噸位 20 噸以上之動力船舶或總噸位 50 噸以上之非動力船舶、航行於海洋或與海洋相通的河流或湖泊、且從事營利用途的船舶。

   (B)總噸位 20 噸以上之動力船舶或總噸位 50 噸以上之非動力船舶、航行於海洋、且從事營利用途的船舶。

   (C)總噸位 20 噸以上之動力船舶或總噸位 50 噸以上之非動力船舶、航行於海洋或與海洋相通的河流或湖泊的船舶。

   (D)航行於海洋或與海洋相通的河流或湖泊、且從事營利用途的船舶。

2. 下列關於船舶適用「海商法關於船舶碰撞規定」的敘述，何者正確？

   (A)海商法上的船舶與海商法上的船舶碰撞，或是海商法上的船舶與非海商法上的船舶發生碰撞都適用。

   (B)只有海商法上的船舶與海商法上的船舶發生碰撞才適用。

   (C)緝私船舶與艦艇發生碰撞也適用。

   (D)日月潭的遊艇與其他遊艇發生碰撞也適用海商法。

   > **參考答案**
   >
   > 1. AA

二、問答題

1. 海商法上的船舶，如何讓與所有權？如何設定船舶抵押權？試說明之。
2. 試說明海商法關於船舶的保全程序（假扣押），有何限制規定？
3. 海商法上的船舶與非海商法上的船舶發生碰撞、非海商法上的船舶與非海商法上的船舶發生碰撞，是否都適用海商法關於船舶碰撞的規定？試說明之。

第三章

債權人債權的擔保
——船舶抵押權與海事優先權

　　船舶抵押權與海事優先權都是擔保債權的擔保物權，二者的主要差別在於船舶抵押權是因為當事人的合意而設定，性質上是意定擔保物權；而海事優先權則是符合法律的規定而發生的，性質上是法定的擔保物權。海事優先權，不但其「發生」是法定的，所擔保的「債權種類」也只限於法律所列舉的，而且所「存在的標的物」也只限於海商法明文規定的標的物，依現行海商法的規定主要是船舶❶；1968 年船舶所有權及海事優先權統一規定公約只限於船舶。

船舶抵押權

一、船舶抵押權的意義

　　船舶抵押權是以船舶為標的物，因當事人的意思（法律行為）而設定，但債權人不須占有船舶的意定擔保物權。**船舶抵押權，相對於不動產抵押權，是特殊的抵押權，船舶抵押權，海商法未規定者，準用民法關於抵押權之規定。**說明如下：

㈠船舶抵押權是以「船舶」為客體

　　擔保物權的客體有為動產者（例如：質權、留置權），有為債權或證券者（例如：債權質權或證券質權），有為土地或建築改良物者（例如：普通抵押權、不動產抵押權），有為其他經立法院授權、行政院指定之動產者（例如：動產抵押權是以行政院所公布之動產擔保交易標的物品類表所列動產為標的物；航空器抵押權是以飛機或汽球為標的物）。船舶抵押權則是以「船舶」為標的物。這裡所謂「船舶」是指海商法上的船舶❷，抵押權的範圍，不但及於船體

---

❶　包括船舶、尚未收取的運費、及附屬費用。

本身，而且及於「航行上及營業上必需之一切設備及屬具」，但給養品不在抵押權效力所及的範圍❸。

㈡船舶抵押權由「當事人訂立書面文字」而設定

船舶抵押權是因當事人以設定抵押權的意思表示，履行法定程序（訂立書面契約為成立要件；登記為對抗善意第三人要件）而設定，此與海事優先權是因為法律的規定而發生者不同。

㈢船舶抵押權不以債權人「占有船舶」為成立要件

動產擔保物權的成立通常以「占有標的物」為要件，例如：動產質權、留置權。船舶是動產的一種，若以之設定擔保物權，理論上就只能設定「船舶質權」。在質權存續期間，債權人既然必須占有，船舶所有人就無法使用船舶、賺取利潤、償還貸款，且若以船舶設定動產質權，債權人還必須盡善良管理人之注意，保管占有船舶（即將船舶停泊於特定地點或碼頭），必須負擔鉅額的港口停泊租金及其他看守、保存費用，實非健全船舶融資之道。因此船舶本質雖然是動產，但賦予不動產性，得以之設定抵押權，即「船舶抵押權」，用於擔保貸款，該抵押權的成立及存續，均不以債權人占有船舶為條件。

㈣船舶抵押權性質上為「意定的擔保物權」

船舶抵押權與海事優先權都是擔保物權，從屬於被擔保的債權而存在。但是就擔保物權的發生原因言，船舶抵押權是當事人合意設定（意定的擔保物權），與海事優先權是因符合法律的規定而發生（法定的擔保物權）不同；就擔保的債權種類言，船舶抵押權所擔保的債權種類不受限制，而海事優先權所擔保的債權卻只限於海商法所列舉的數種債權而已❹；又就被擔保的債權與擔保

---

❷　海商法第 1 條、第 7 條。

❸　海商法第 7 條。

❹　也就是海商法第 24 條第 1 項所列五種債權，或 1926 年海事優先權及抵押權統一規定國際公約第 2 條所列五種，或是 1967 年海事優先權及抵押權統一規定國際公約第 4 條第 1 項所規定的五種優先債權。

物權的發生先後言，船舶抵押權的設定可在債權發生之後、債權發生的同時、也可先設定船舶抵押權，擔保將來發生的債權，只要該債權將來會發生就可以。但是海事優先權的成立，卻一律與海事優先權擔保的債權「同時發生」，此為二者之主要差異。

由於船舶抵押權與海事優先權同樣是擔保物權，因此凡是擔保物權具有的特性，例如從屬性、不可分性、代位性等，船舶抵押權與海事優先權也有之。

二、船舶抵押權的設定

㈠船舶抵押權的當事人

1.抵押人（船舶所有人）

抵押人是以船舶或船舶的應有部分設定船舶抵押權以擔保債權之人。也就是船舶所有人或船舶共有人。船舶所有人可以以其船舶或應有部分擔保「自己的債務」，也可以擔保「其他人的債務」，在後者的情形，船舶所有人就是物上保證人。船舶或應有部分可能屬於自然人獨資所有、也可能屬於法人所有、還可能屬於多數人所共有。不論何者，只要符合法律規定，船舶所有人都可以以船舶或船舶的應有部分設定抵押權。

2.抵押權人（債權人）

船舶抵押權，可以擔保既已發生的債權，也可以擔保附條件或附期限將來發生的債權。

㈡船舶抵押權的標的物

船舶抵押權的標的物可以為建造完成的船舶、建造中的船舶、或是船舶的應有部分。分述如下：

1.建造完成的船舶

船舶經建造完竣、下水之後稱為「建造完成的船舶」，以建造完成的船舶設定船舶抵押權時，其設定的效力不但及於船體本身，而且及於航行上及營業上必需之一切設備及屬具。以建造完成的船舶為標的物設定船舶抵押權，在船籍港辦理船舶抵押權登記。

2.建造中的船舶

(1)建造中的船舶得為抵押權的標的物

建造中的船舶，指從船舶的龍骨安裝開始至船舶建造完成、滑出船塢（下水）為止的船體而言。建造中船舶，還不具有航行能力，並非嚴格意義的船舶，依照傳統擔保物權的理論，原只能設定動產質權，不得以之設定船舶抵押權。但設定動產質權，勢必需要將建造中船舶交付債權人占有，其結果，不惟債權人必須以善良管理人的注意保管建造中船舶，所費不貲，而且船舶若為債權人所占有就難以繼續建造，與貸款的目的不符。**鑑於興建船舶需要龐大資金，獎勵航海又為立國的政策，因此特將「建造中的船舶」與「建造完成的船舶」同視，皆得為抵押權的標的物。**

(2)建造中船舶的所有權之歸屬

「建造中船舶」所有權歸屬的認定，關係到何人有權以「建造中船舶」設定抵押權的問題。從所有權取得的理論，因造船契約類型的不同以及材料提供者的不同，建造中船舶所有權的歸屬也不相同。分析如下：

A.定作人與承攬人（造船業者）訂立承攬契約，約定由承攬人「提供材料並完成建造工作」——屬於承攬人

定作人與承攬人訂立承攬契約，並約定由承攬人提供材料並完成建造工作的契約，性質上為「工作物供給契約」。工作物供給契約本質上是買賣契約與承攬契約的混合契約，此種情形，建造中船舶的所有權屬於承攬人，只有承攬人得以建造中的船舶設定船舶抵押權。

B.定作人與承攬人訂立承攬契約，由定作人與承攬人各提供一部分材料，並由承攬人提供勞務，負責建造完成——視具體情況，所有權屬於主物提供者或屬於共有人

此時，須視該材料有沒有主物作為判斷基礎，析言之：

(A)定作人與承攬人共同提供材料，但無法判斷何者為主物時——共有合成物

定作人與承攬人共同提供材料，無法判斷何者為主物時，應準用民法第812條第1項：「動產與他人之動產附合，非毀損不能分離，或分離需費過鉅者，各動產所有人，按其動產附合時之價值，共有合成物。」❺，也就是該建

造中的船舶為定作人及承攬人所共有，其抵押權的設定應依海商法第 11 條：「共同船舶之處分及其他與共有人共同利益有關之事項，應以共有人過半數並其應有部分之價值合計過半數之同意為之。」之規定為之。船舶建造完成後，理論上為定作人與承攬人所共有，只是承攬人應將其應有部分移轉予定作人而已❻。

(B)定作人與承攬人所提供的材料，有可認定為主物時──屬於主物所有人

定作人與承攬人所提供的材料，有可視為主物時，準用民法第 812 條第 2 項：「前項附合之動產，有可視為主物者，該主物所有人，取得合成物之所有權。」❼的規定，若定作人所提供的材料可認定為主物時，則定作人為建造中船舶的所有人；反之，若承攬人所提供的材料可認定為主物時，則承攬人（造船業者）為建造中船舶的所有人。

C.定作人提供「材料」，承攬人提供「勞務」建造時──屬於定作人

定作人提供材料，由承攬人建造，為典型的承攬契約，由定作人取得建造中船舶的所有權，定作人得以該建造中船舶設定船舶抵押權。最高法院 54 年臺上字第 321 號判決：「因承攬契約而完成之動產，如該動產係由定作人供給材料，而承攬人僅負有工作之義務時，則除有特約外，承攬人為履行承攬之工作，無論其為既成品之加工或為新品之製作，其所有權均歸屬於供給材料之定作人。」就是採取此一見解。

(3)建造中船舶的抵押權登記，以建造地航政機關為主管機關❽。

3.船舶的應有部分

(1)船舶所有人得自由出賣並移轉其應有部分

船舶共有人出賣並移轉❾其應有部分，得自由為之，無須獲得其他共有人

---

❺　民法第 812 條的附合，是以附合動產的所有人之間，沒有契約關係為前提，但是此處的附合，船舶材料的提供者之間，訂有承攬契約，因此只能準用，不可以直接適用。

❻　海商法第 12 條第 1 項。

❼　本處材料的提供者，兼有承攬契約與買賣契約，與民法第 812 條的附合──沒有契約關係──不同，因此只能稱為準用，不得稱為適用。又民法第 812 條的視為，是認定、判定的意思，與推定、視為的視為不同，應該注意之。

❽　船舶登記法第 2 條。

的同意，因為應有部分的出賣及移轉只發生買賣雙方共有人的更換，對於其他共有人不會發生不利益。又應有部分的優先購買權僅具有「債權的效力」，船舶共有人出賣其應有部分時，其他共有人雖然得以同一價格儘先承買❿，但船舶共有人若違背其他共有人有優先購買權的規定而將其應有部分出賣並移轉予其他第三人，解釋上買賣並非無效，而是發生出賣人對其他優先購買權人應負損害賠償責任而已。

(2)「出賣並移轉船舶應有部分的高度處分行為」可以自由為之，「設定抵押權的低度處分行為」卻必須多數決的合理性的商榷

船舶共有人出賣並移轉其應有部分是高度處分行為，依照海商法的規定，得自行為之，而船舶共有人以其應有部分設定抵押權是低度處分行為，反而必須獲得其他共有人過半數之同意⓫，似有邏輯上輕重倒置之嫌。然而實際上另有道理，**因為海商法制定之初將「託運人對於運送人違背運送契約，遲延給付損害賠償的債權」列為海事優先權擔保的債權的第六種⓬，以應有部分設定抵押權**，將來如果發生清償期屆至而船舶所有人債務不履行，債權人可以聲請法院以「裁定」取得執行名義，輕易就可以扣押船舶，而且此一執行名義，性質上並非保全名義，而是確定的執行名義，依照海商法規定，任何時間都可以扣押，不受「從發航準備完成時起迄次一停泊港止不得扣押」的限制。

雖然後來修正強制執行法第 114 條之 1 第 1 項：「船舶於查封後，應取去證明船舶國籍之文書，使其停泊於指定之處所，並通知航政主管機關。但經債權人同意，執行法院得因當事人或利害關係人之聲請，准許其航行。」，規定有所

---

❾ 此處之所以用「出賣並移轉」而不用「出賣」，是因為買賣只是債權契約，只具有拘束當事人的效力，不影響第三人的物權。買賣第三人之物，買賣契約在當事人之間雖然有拘束力，但不會影響第三人——物的所有人。但是若是進一步到移轉，則涉及物權的處分，必須處分人有權處分，或是符合善意取得要件，買受人才能取得所有權。

❿ 海商法第 12 條。

⓫ 海商法第 13 條。

⓬ 依 1926 年海事優先權及抵押權統一規定公約，除了公約所規定的海事優先權之外，各國還可以另外制定各國的海事優先權，只是不可以優先於公約規定的海事優先權、船舶抵押權而已。1962 年的海商法第 24 條第 1 項第 6 款，就規定了運送遲延損害賠償債權，是海事優先權擔保的債權。

放寬，但除非獲得債權人同意，否則船舶仍可能被命令停泊於指定處所，對其他共有人影響很大，可能因運送遲延發生貨主的「海事優先權」，也就是前面所說的第六種海事優先權❸，整艘船舶都是海事優先權的主要標的物，影響其他共有人的權益，因此必須獲得其他共有人過半數的同意。

　　但也有主張船舶應有部分之執行，雖然應該與船舶之執行同樣都準用不動產執行之規定，但準用的範圍不同，惟在船舶執行中，使船舶停泊於一定處所、許可航行、提供擔保撤銷查封等規定，因性質不許，於船舶應有部分之執行不得準用❹。如果採此見解，海商法關於應有部分之讓與，限制較寬；應有部分之設定抵押權，限制較嚴，就欠缺邏輯上的正當性，有重新檢討的必要❺。

(三)抵押權的設定方法

1.須由有處分權之人或經有處分權人之特別委任並授權之人為之

　　抵押權的設定是一種處分行為，應該由有處分權之人為之，或經有處分權人授權之人為之，始生效力。船舶抵押權的設定，是重要的處分行為，必須慎重為之，因此海商法第 35 條規定：「船舶抵押權之設定，除法律別有規定外，僅船舶所有人或受其特別委任之人始得為之」。分述如下：

　(1)因法律規定而有處分權之人

　　海商法第 35 條所謂「除法律別有規定外」，是指雖然不是船舶所有人，但依照法律的規定對船舶或應有部分有處分權之人，例如：父母親為未成年子女之利益，以未成年子女所有之船舶設定抵押權❻；監護人為受監護人之利益，以受監護人所有之船舶設定抵押權❼。

---

❸　舊海商法依據公約授權，將違背運送契約所生損害，也列為海事優先權擔保的一種。

❹　強制執行法，張登科，418 頁。

❺　海商法修正草案，有鑑於草案已經刪除船舶共有的規定，因此也建議刪除海商法第 37 條：「船舶共有人中一人或數人，就其應有部分所設定之抵押權，不因分割或出賣而受影響。」的條文，惟船舶共有規定之刪除，是否妥當，尚待斟酌，而本條是否配合刪除，應因應為之。

❻　民法第 1086 條、第 1088 條第 2 項。

❼　民法第 1098 條、第 1101 條。

⑵船舶所有人

船舶所有人，是指船舶所有權人，且未喪失處分權權能者❶。**若有船舶所有權，但所有權權能中的處分權已經喪失（例如被查封），則不得設定抵押權。**船舶所有人，若是自然人，就是指該船舶或應有部分的主體；若是公司，則是指擁有該船舶或應有部分的法人，此時處分權的行使應由有代表權之人為之。代表權有無的認定，要看公司種類，依照法律的規定及公司章程定之。

船舶或應有部分的主體若為數人（不論數人均為自然人、均為法人、或是部分為自然人、部分為法人），則屬於船舶共有，以該共有人為船舶所有人。船舶共有時，其抵押權之設定，會影響其他共有人權益，因此抵押權的設定應依海商法第 11 條：「共有船舶之處分，及其他與共有人共同利益有關之事項，應以共有人過半數並其應有部分之價值合計過半數之同意為之。」，第 13 條：「船舶共有人，以其應有部分供抵押時，應得其他共有人過半數之同意。」辦理。

⑶受特別委任之人

所謂「受特別委任之人」，指經有處分權之船舶所有人的特別委任之人。所謂「特別委任」，指關於委任事務的處理，不論在實質或在形式上均較為慎重而言。就實質言，例如：船舶經理人，非經共有人過半數，並其應有部分之價值合計過半數之同意及書面委任，不得抵押其船舶❷；就形式言，例如：船舶所有人委任受任人設定船舶抵押權，解釋上應以書面文字為之。從嚴謹的立法觀點，海商法第 35 條中之「特別委任」四字應修正為「特別委任並授權」為當，因為經「特別委任」只決定「船舶所有人（本人）」與「受任人（代理人）」間的「內部權利義務關係」，但是**「受任人」與「債權人（抵押權人）」所訂之抵押權設定契約是否對船舶所有人生效，仍是外部關係，外部關係必須視「本人（船舶所有人）」對受任人是否已有「代理權之授權行為」才能決定。**若只有「特別委任」而無「授權行為」，則受任人即使以代理人名義為法律行為，仍是無權代理，無權代理人所為的法律行為原則上是「效力未定」，必須視船舶所有人是否承認，才能決定是否有效。

---

❶ 所有權的權能包括：使用、收益、處分。

❷ 海商法第 11 條、第 19 條第 1 項。

　　船舶所有人對於受任人內部為「特別委任」外部為「授予代理權」之行為，究竟應以何種方式為之，海商法並無明文規定，解釋上必須以「書面」為之，因為依照海商法第 33 條規定：「船舶抵押權之設定，應以書面為之。」抵押權的設定是對船舶的處分，而處分又是處理的下位概念，民法第 531 條：「為委任事務之處理，須為法律行為，而該法律行為，依法應以文字為之者，其處理權之授與，亦應以文字為之。」的規定，既然船舶抵押權的設定，應以書面為之，則船舶所有權人對受任人的特別委任以及授權行為，就必須以書面為之。

　　船舶承租人並非船舶所有人，若未經特別委任及授權，自無設定船舶抵押權之權利。此與船舶承租人，基於運送人身分經營海上營業行為，而發生海商法第 24 條第 1 項所列債權時，債權人依法得對船舶主張海事優先權，即使船舶非運送人所有，亦同，迥然有異。

2.須履行法定方式

　　海商法第 33 條規定：「船舶抵押權之設定，應以書面為之。」，第 36 條規定：「船舶抵押權之設定，非經登記，不得對抗第三人。」說明如下：

　⑴作成「書面」為成立要件

　　船舶抵押權的設定只可以對海商法上的船舶為之。不論以建造中的船舶、建造完成的船舶，或是以船舶的應有部分設定抵押權，船舶抵押權的設定，都只要「作成書面契約」，就可成立生效，不以辦理登記為必要。

　⑵「登記」是對抗第三人之要件

　　船舶抵押權以書面設定後應該辦理登記才可以對抗善意第三人[20]。主管機關受理設定抵押權登記的申請後，除了依規定登記外，還應於所有權登記書上註明之[21]。**船舶抵押權設定後，非經登記不得對抗第三人**[22]。所謂「第三人」究竟只以「善意」為限，還是包括「善意」及「惡意」在內，法律規定不十分清楚。基於法律不保護惡意者的原則，所謂「第三人」，解釋上應該只限於「法律行為的善意第三人」。又所謂「第三人」，解釋上應該只限於「具有物權地位的第三人」，包括「已辦理抵押權登記的其他抵押權人」以及「海事優先權人」，

---

[20]　船舶登記法第 3 條、第 4 條。
[21]　船舶登記法第 27 條。
[22]　海商法第 36 條、船舶登記法第 4 條。

不包括普通債權人，換言之，未登記的抵押權人雖不得對抗已登記的其他抵押權人或海事優先權人，但仍可對抗普通債權人。

至於「前未登記的抵押權」可否對抗「後未登記的抵押權」問題，由於二者均未登記，彼此互可對抗，構成平等關係，應該立於平等地位，即其順位都在已登記抵押權、海事優先權之後，而在普通債權之前，構成平等順位的抵押權 (an equitable mortgages)，比例受償。

三、不同類型的船舶建造契約與船舶抵押權的設定、留置權的行使

船舶的建造，若由承攬建造的造船業者提供材料，或由定作人、承攬人各提供部分材料，而承攬人所提供的材料可視為主物者，則建造完成後，船舶所有權的原始取得人為承攬人，此時，若定作人怠未給付價金，承攬人得主張「同時履行抗辯權」，拒絕交付移轉船舶所有權。又因為承攬人是船舶所有人，因此**承攬人若以建造中或建造完成的船舶設定船舶抵押權，也屬於「有權處分」，與留置權無關**。

船舶的建造，若由定作人提供材料，或是由定作人、承攬人各提供部分材料，而定作人所提供的材料可視為主物者，則建造完成的船舶，其所有權的原始取得人為定作人。若定作人怠未給付價金，則承攬人得依民法第 928 條：「債權人占有屬於其債務人之動產，而具有左列各款之要件者，於未受清償前，得留置之：一、債權已至清償期者。二、債權之發生，與該動產有牽連之關係者；三、其動產非因債權行為而占有者。」的規定，行使「留置權」。

若建造中的船舶已經設定船舶抵押權，則船舶抵押權與船舶留置權究應以何者效力為優先？依海商法第 25 條：「建造或修繕船舶所生債權，其債權人留置船舶之留置權位次，在海事優先權之後，船舶抵押權之前。」，船舶留置權發生的時間，即使在船舶抵押權之後，其受清償的位次仍在船舶抵押權之前。

又船舶承攬人得否就其承造之船舶主張「法定抵押權」，法無明文規定，學說上有贊成與反對兩說。**贊成說**認為船舶具有不動產性，其價值較一般建築物昂貴，法律對船舶承攬人的保護，不應低於對建築物承攬人的保護，因此應準用民法第 513 條：「承攬之工作為建築物或其他土地上之工作物，或為此等工作物之重大修繕者，承攬人得就承攬關係報酬額，對於其工作所附之定作人之不

動產，請求定作人為抵押權之登記；或對於將來完成之定作人之不動產，請求預為抵押權之登記。」，得對船舶主張法定抵押權；**反對說**認為，「物權法定主義」為法律基本原則，物權非依法律之規定，不得創設，海商法雖有船舶抵押權的規定，但僅止於以「法律行為」意定創設者。至於「法定船舶抵押權」，由於法律並無規定，基於物權法定主義的原因，不得以準用的方法創設法定船舶抵押權。比較二說，**從法律的安定性著眼，以反對說的見解較為妥當。**

四、船舶抵押權的實行

㈠意　義

實行船舶抵押權，是債權人以抵押權人的身分，透過法院拍賣或其他方法處分抵押標的物，就處分所得之價金優先受償的行為。「實行船舶抵押權」是法律學上的專有名詞，其特色有二：第一，船舶抵押權人就價金得優先受償；第二，船舶抵押權因實行而消滅。

㈡執行名義的取得

強制執行法第 114 條第 1 項規定：「海商法所定之船舶，其強制執行，除本法另有規定外，準用關於不動產執行之規定；建造中之船舶亦同。」

1. 執行名義

船舶抵押權的抵押權人，得以「設定船舶抵押權的書面契約」以及「債權證書（借據）」，聲請法院民事庭裁定，取得執行名義。

2. 執行債務人

我國屬大陸法系，並無對人訴訟 (suit in Personam) 與對物訴訟 (suit in rem) 的區別，任何訴訟都只對人提起，執行名義也只對該人存在，此人為執行債務人。執行債務人就其是否為主債務人或為主債務人以外之第三人區分為：

⑴主債務人

主債務人以其所有的船舶設定船舶抵押權時，執行名義若對主債務人存在，則債權人實行船舶抵押權，就賣得的價金固然有優先受償權，其若尚有不足，就不足部分還可以向主債務人繼續請求，也可以執行主債務人的其他財產，但

是就主債務人的其他財產所賣得的價金沒有優先受償權而已。

(2)物上保證人

　　船舶所有人以其船舶設定船舶抵押權，擔保他人的債權時，船舶所有人就是物上保證人，此種情形，船舶抵押權人只能就船舶賣得的價金優先受償，若有不足不得再向船舶所有人（物上保證人）請求，也不得執行船舶所有人（物上保證人）的其他財。因為物上保證人，只須就「船舶抵押權的標的物」負物的有限責任，無須就債務人之全部債務，負人的無限責任。債權人就「船舶抵押權的標的物」獲得清償之後，若尚有不足，其不足部分，只能向主債務人請求。船舶所有人（物上保證人）在債權人就抵押船舶拍賣價金優先取償的範圍內，對於主債務人有代位權❷❸。

(三)強制執行的限制

　　海商法第 4 條規定：「船舶保全程序之強制執行，於船舶發航準備完成時起，以迄航行至次一停泊港止，不得為之。但為使航行可能所生之債務，或因船舶碰撞所生的損害，不在此限。」、「國境內航行船舶之保全程序，得以揭示方法為之。」。從立法史觀察，本條是吸納強制執行法第 114 條第 2 項規定：「對於船舶之強制執行，自運送人或船長發航準備完成時起，以迄航行完成時止，仍得為之。」、「前項強制執行，除海商法第 4 條第 1 項但書之規定外，於保全程序之執行名義，不適用之。」，目的在限制債權人隨時任意扣押船舶，以便利航海，拓展國際貿易。以下圖加以說明之：

---

❷❸　民法第 879 條。

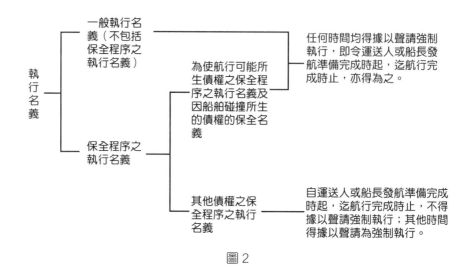

圖 2

㈣船舶的查封及拍賣

1.船舶的查封

　　船舶於查封後，應取去證明船舶國籍之文件，使其停泊於指定的處所，並通知航政主管機關。但經債權人同意，執行法院得因當事人或利害關係人之聲請，准許其航行❷。債務人或利害關係人，得以債權額及執行費用額或船舶之價額，提供擔保金額或相當物品，聲請撤銷船舶之查封❷。依上述規定撤銷查封時，債權人得就該項擔保續行執行。

2.船舶的拍賣

(1)拍賣的限制與囑託拍賣

　　被查封之船舶，經債權人同意，執行法院因當事人或利害關係人之聲請而准許其航行後，在未返回指定之處所停泊前，不得拍賣。但船舶現停泊於其他法院轄區者，得囑託該法院拍賣或為其他執行行為❷。

(2)拍賣公告

　　拍賣公告應記載下列事項❷：

---

❷　強制執行法第 114 條之 1 第 1 項。
❷　強制執行法第 114 條之 1 第 2 項。
❷　強制執行法第 114 條之 2 第 1 項。
❷　強制執行法第 114 條之 3 第 2 項。

A.拍賣之原因，日時及場所，如以投標方法拍賣者，其開標之日時及場所，定有保證金額者，其金額

B.拍賣最低價額

C.交付價金之期限

D.閱覽查封筆錄之處所及日、時

E.被查封船舶之有關事項

　(A)船　名

　(B)船　種

　(C)總噸位

　(D)船舶國籍

　(E)船籍港

　(F)停泊港

　(G)其他事項

拍賣公告應揭示於執行法院、船舶所在地及船籍港所在地航政主管機關牌示處❷⓼。

(3)拍賣與變賣

船舶執行以拍賣為原則，若經應買人、債權人及債務人同意，亦得變賣。

(4)船舶所有權的移轉

船舶本質上雖為動產，但關於執行則依不動產之執行程序。因此其所有權之移轉，不以「交付」之時為準，而以「買受人繳足價金後，由執行法院發給權利移轉證書」之時為所有權移轉之時❷⓽，此正如強制拍賣土地及其定著物。

(5)外國船舶之拍賣

外國船舶經中華民國法院拍賣者，關於船舶之海事優先權及抵押權，依船籍國法。當事人對海事優先權與抵押權之存在、所擔保之債權額或優先次序有爭議者，應由主張有海事優先權或抵押權之人，訴請執行法院裁判，在裁判確定前，其應受償之金額，應予提存❸⓿。

---

❷⓼　強制執行法第 114 條之 2 第 2 項。

❷⓽　強制執行法第 114 條之 2 第 3 項。

❸⓿　強制執行法第 114 條之 3。

貳｜海事優先權

一、海事優先權的意義

　　海事優先權是依照法律的規定而發生，以船舶等為標的物❸，擔保海商法列舉之債權人對運送人因「海上企業活動」及「海上企業活動危險」所發生的債權，且就標的物賣得之價金得優先受償的擔保物權。說明如下：

㈠海事優先權是因「依照法律的規定」而發生

　　海事優先權是依照法律的規定而發生，不是因當事人的法律行為（意思表示）而設定，與法定抵押權❸的性質類似。

㈡海事優先權只擔保運送人因「海上企業活動及海上企業活動危險而發生，且為海商法所列舉的債權」

　　海事優先權擔保的權利 (claims) 只限於因為船舶所有人從事海上企業活動以及海上企業活動危險而發生，且為海商法所列舉者。從國際公約言，海事優先權所擔保的債權列舉在 1926 年海事優先權及抵押權統一規定國際公約第 2 條或 1967 年海事優先權及抵押權統一規定國際公約第 4 條、1993 年海事優先權及抵押權國際公約第 4 條，具體項目還必須視簽約的情況而定。從國內法言，海事優先權擔保的債權列舉在海商法第 24 條第 1 項。

---

❸　依照 1926 年海事優先權及抵押權統一規定國際公約，海事優先權的標的物包括船舶、運費及附屬費。但是依照 1967 年海事優先權及抵押權統一規定國際公約，海事優先權的標的物只限於船舶。

❸　參閱民法第 513 條、國民住宅條例第 17 條、第 27 條。

㈢海事優先權是「擔保物權」對「特定標的物存在」

1.海事優先權是「擔保物權」

　　海事優先權是一種擔保物權，目的在擔保因海上企業活動發生的債權。此觀 1926 年海事優先權及抵押權統一規定國際公約❸第 5 條：「被海事優先權擔保且屬於同次航行的債權……(claims secured by a lien and relating to the same voyage...)」、第 6 條：「被海事優先權擔保且屬於最後航程的債權……(claims secured by a lien and attaching to the last voyage...)」、第 8 條：「被海事優先權擔保的債權，不論船舶移轉予何人，都追及到船舶而存在 (Claims secured by a lien follow the vessel into whatever hands it may pass)。」

　　1967 年海事優先權及抵押權統一規定國際公約第 3 條：「下列債權為以船舶為標的物的海事優先權所擔保 (The following claims shall be secured by maritime liens on the vessel...)」、第 7 條第 2 項：「除本公約第 11 條另有規定外，擔保第 4 條所列債權之海事優先權，對船舶而存在，不受任何所有權或註冊變動的影響 (Subject to the provisions of Article 11, the maritime liens securing the claims set out in Article 4 follow the vessel notwithstanding any change of ownership or of registration)」。

　　1993 年海事優先權及抵押權國際公約第 4 條第 1 項：「下列對船舶所有人、光船承租人、船舶經理人或船舶操作人的債權，為存在於船舶的海事優先權所擔保 (Each of the following claims against the owner, demise charterer, manager or operator of the vessel shall be secured by a maritime lien on the vessel:...)」的規定，都明確區分 「海事優先權 (the maritime liens)」 與 「海事優先權所擔保的債權 (claim secured by a lien)」 可知，足見海事優先權僅是從屬性權利，作為擔保債權之用。

---

❸ International Convention for the Unification of Certain Rules of Law relating to Maritime Liens and Mortgages, Brussels, April 10, 1926.

2.海事優先權是對「特定的標的物」存在

(1)國際公約

海事優先權既然是用以擔保債權，使債權人得就海事優先權標的物賣得的價金優先受償，因此海事優先權必須存在於特定的標的物上。依照 1926 年海事優先權及抵押權統一規定國際公約，海事優先權的標的物包括「船舶、運費及附屬費」❸❹。但是依照 1967 年海事優先權及抵押權統一規定國際公約，1993 年海事優先權及抵押權國際公約❸❺，海事優先權的標的物則只限於「船舶」❸❻。

(2)海商法

依照海商法規定，海事優先權存在於海商法第 27 條所列的標的物，海商法第 27 條規定：「依第 24 條之規定，得優先受償之標的如下：

一、船舶、船舶設備及屬具或其殘餘物。

二、在發生優先債權之航行期內之運費。

三、船舶所有人因本次航行中船舶所受損害，或運費損失應得之賠償。

四、船舶所有人因共同海損應得之賠償。

五、船舶所有人在航行完成前，為施行救助所應得之報酬。」❸❼

上述海事優先權的標的物是承襲 1926 年海事優先權及抵押權統一規定國際公約的產物，本質上是船舶抵押權（就第 1 款船舶言）、動產質權（就第 1 款殘餘物言）、權利質權（就第 2 款運費、第 3 款第 4 款之損害賠償、及第 5 款之報酬言）的綜合體，是各種擔保物權的結合體。海事優先權的標的物過分複雜、收取不易，影響海事優先權的實行，因此 1967 年海事優先權及抵押權統一規定國際公約、1993 年海事優先權及抵押權統一規定國際公約都縮小海事優先權的標的物，只限於「船舶」，本質上是「法定船舶抵押權」。

---

❸❹ 1926 年海事優先權及抵押權統一規定國際公約第 2 條。

❸❺ 1993 年海事優先權及抵押權國際公約第 4 條。

❸❻ 1967 年海事優先權及抵押權統一規定國際公約第 4 條。

❸❼ 依 1926 年海事優先權及抵押權統一規定國際公約第 2 條的規定，海事優先權 (maritime lien) 是針對「船舶 (a vessel)」、「發生優先權的債權之航次的運費 (on the freight for the voyage during which the claims giving rise to the lien arises)」及「自航行開始的船舶及運費之附屬費 (on the accessories of the vessel and freight accrued since the commencement of the voyage)」而存在。又所謂附屬費規定於該公約第 4 條。

3.海事優先權具有「追及性」

海事優先權對特定標的物存在，特定標的物移轉予他人時，海事優先權就會追及於該標的物而繼續存在。海商法第 31 條：「海事優先權，不因船舶所有權之移轉而受影響。」就是指債權債務的主體雖然不變更，但船舶所有權移轉時，海事優先權仍然追及於船舶而繼續存在，因此債權仍受海事優先權的擔保，不受影響而言。例如：運送人 A 向 B 承租甲船，用以營運，後來因為 A 的故意過失，甲船與 C 之乙船碰撞，乙船受損甚鉅，C 就 A 侵權行為的債權得主張對甲船有海事優先權❸。其後，B 雖然將甲船賣予 D，並且已辦妥移轉手續。C 的海事優先權仍然追及到 D 所受讓的甲船而繼續存在❸❹❶。

㈣被海事優先權擔保的債權，可以「優先受償」

海事優先權所擔保的債權，就海事優先權的標的物賣得的價金，可以依照法律規定的順位，優先受償。至於優先受償的順位，包括：海事優先權與船舶抵押權、留置權、以及不同款間海事優先權、同款海事優先權間的清償順位，國際公約與海商法都有詳細規定，請參考本書海事優先權的優先順位的說明。

---

❸　參閱海商法 24 條第 1 項第 4 款。此時債權人是 C，債務人是 A，但 C 對 A 的債權是以 B 所有之甲船為標的物之海事優先權所擔保。

❸　D 成為物上保證人，只負物的有限責任，不負人的無限責任。

❹　1926 年海事優先權及抵押權統一規定國際公約第 8 條規定：「優先權擔保之債權，不論船舶所有權移轉予何人，追及船舶而存在。」

❶　海事優先權，不因船舶所有權之移轉、變更登記或船籍變更而受影響。但船舶經強制執行拍賣後，除經優先權人及留置權人同意由指定人繼續承受其等優先權外，海事優先權及留置權不再存在於該船舶。 1993 年海事優先權及抵押權國際公約第 12 條第 1 項：「船舶在締約國強制拍賣時，所有已經登記的抵押權、質權或費用負擔，除了經占有人同意而由買受人承受外，以及所有海事優先權以及其他存在船舶的負擔，不論其性質為何，都不再對該船舶存在，但以符合下列條件為限：(a)在拍賣時，該船舶在該國管轄的地域範圍內；(b)拍賣係依照該國的法律、本公約第 2 條及本條進行。」而訂定，解釋修正條文時，可以參考國際公約的規定。

二、海事優先權的債權人與債務人

㈠債權人

海事優先權所擔保的債權之債權人，就是海商法第 24 條第 1 項第 1 款到第 5 款所列舉債權的債權人。例如：船長海員、引水人、救助人、人身侵權行為的被害人、（無契約關係的）財產侵權行為的被害人等等。

㈡債務人

何人為海事優先權的債務人，海商法沒有規定，但下列立法例可供參考：

1. 中華人民共和國海商法

依照中華人民共和國海商法第 21 條：「船舶優先權，是指海事請求人依照本法第 21 條的規定，向船舶所有人、光船承租人、船舶經營人提出海事請求，對產生該海事請求的船舶具有優先受償的權利。」，依照本條的規定，「船舶所有人」、「光船承租人」、「船舶經營人」都可能是海事優先權擔保債權的債務人。

2. 國際公約的規定

依照 1993 年船舶優先權及抵押權國際公約第 4 條規定：「下列對船舶所有人、光船承租人、船舶經理人或操作人的債權為存在船舶的海事優先權所擔保(Each of the following claims against the owner, demise charterer, manager or operator of the vessel shall be secured by a maritime lien on the vessel)」，依照本條規定，海事優先權擔保的債權，包括海事債權人對「船舶所有人 (owner)」「船舶承租人 (demise charterer)」「經理人 (manager)」以及「操作人 (operator)」的債權。

但是依照 1967 年公約第 4 條第 2 項：「本條所有人一詞應視為包括光船承租人、其他傭船人、船舶經理人或操作人 (The word "owner" mentioned in this paragraph shall be deemed to include the demise or other charterer, manager or operator of the vessel)」的規定，債務人除了「光船承租人 (the demise charterer)」以外，還有「其他傭船人 (the other charterer)」，所謂「其他傭船人」，解釋上應該只指配備有船長海員的定期船舶承租人，也就是「期間傭船人」，不包括「航

程傭船人」，因為航程傭船，本質為件貨運送的擴大化或極大化，航程傭船人就是託運人，不是運送人。

三、海事優先權的立法技術

海事優先權既然是一種法定擔保物權，海事優先權的發生與存在不以登記為必要，第三人無法從官方文書，查知海事優先權的存在。為了保障交易安全並避免影響到其他債權人的權利，在立法技術上採取兩個重要措施：

㈠所擔保的債權種類採「列舉方式」

受海事優先權擔保的債權只限於海商法第 24 條第 1 項所列舉的五種債權，這五種被海事優先權擔保的債權（以下稱優先債權）都是繼受自 1967 年海事優先權及抵押權統一規定國際公約第 4 條，所不同者，海商法規定的優先債權，稍稍更改了該國際公約優先債權的排列順序而已❷。不論如何，由於海事優先權所擔保的債權，並沒有登記制度，若優先債權沒有任何限制，將會造成其他債權人不可預測的損害，影響交易的安全，因此**優先債權應該只限於法律有明文列舉者為限，即採「列舉方式」立法，不得由當事人任意創設，使優先債權限制在一定範圍內，不得任意擴張。**

以法律列舉的優先債權，有直接繼受自國際公約規定的優先債權（以下稱為「國際公約的優先債權」），也有本於國際公約的授權，各國基於主權，另外制定優先債權（以下稱為「國內法的優先債權」）者，不論如何，都必須透過立法方式列舉。必須注意兩點：

1.現行海商法並未制定「國內法的優先債權」，舊海商法第 24 條第 1 項第 6 款就是國內法的優先債權。

2.即使制定「國內法的優先債權」，「國內法的優先債權」的清償順位，只能排在船舶抵押權之後，不得破壞國際公約的海事優先權擔保的債權與船舶抵押權擔保的債權在清償順位上的先後緊密相隨的關係。

---

❷ 最重要的更改是將 1967 年海事優先權及抵押權統一規定國際公約第 4 條第 1 項第 1 款的勞工工資優先債權，更改為海商法第 24 條第 1 項第 5 款的勞工工資優先債權。

㈡採取「短期除斥期間」制度

由於海事優先權所擔保的債權，不需要登記，可能造成第三人受到損害，影響交易安全，因此海事優先權不適宜長期存在，應採取「短期除斥期間」制度。例如：1967 年海事優先權及抵押權統一規定國際公約第 8 條規定：「海事優先權自其所擔保的債權發生之時起 1 年而消滅 (The maritime liens shall be extinguished after a period of one year from the time when the claims secured thereby arose...)」。1993 年海事優先權及抵押權國際公約的海事優先權，存在的除斥期間也是 1 年❸。海商法第 32 條規定，海事優先權的除斥期間為 1 年❹。

除斥期間屆滿以後，只有海事優先權 (maritime liens) 消滅，海事優先權所擔保的債權（即：優先債權 claims secured by a lien）只要還沒有消滅時效，則債權仍然繼續存在，只是淪為沒有海事優先權擔保的普通債權，不可以優先受清而已，但該債權仍是有強制力，並不是自然債權，但是此類債權仍然依照民法關於消滅時效的規定，視債權種類的不同，而分別適用長期或短期時效期間❹。

---

❸ 海事優先權是擔保物權，其存續期間，性質上是除斥期間，不是消滅時效期間，國際公約的中文譯本，似有違誤。

公約第 9 條：Article 9 (Extinction of maritime liens by lapse of time)

1. The maritime liens set out in article 4 shall be extinguished after a period of one year unless, prior to the expiry of such period, the vessel has been arrested or seized, such arrest or seizure leading to a forced sale.

2. The one-year period referred to in paragraph 1 shall commence: (a) With respect to the maritime lien set out in article 4, paragraph 1 (a), upon the claimant's discharge from the vessel; (b) With respect to the maritime liens set out in article 4, paragraph 1 (b) to (e), when the claims secured thereby arise; and shall not be subject to suspension or interruption, provided, however, that time shall not run during the period that the arrest or seizure of the vessel is not permitted by law.

❹ 民法第 125 條至第 127 條。

四、海事優先權擔保的債權

㈠海事優先權所擔保的債權

海商法第 24 條規定，下列各款為海事優先權擔保之債權有優先受償權❹：

1.船長、海員及其他在船上服務之人員，本於僱傭契約所生之債權

本款是承襲 1967 年海事優先權及抵押權統一規定國際公約第 4 條第 1 項第 1 款：「應給付予受僱用於船舶上的船長、海員及其他船舶編制人員的其他到期金額 (other sums due to the master, officers and other members of the vessel's complement in respect of their employment on the vessel.)」而制定。

本款是關於勞工薪資法益的保護規定，因為勞工薪資的保護已經成為現代法律思潮，海員薪資債權不但受海事優先權的擔保，而且列為海事優先權擔保的第一順位。又本款所謂「船長、海員及其他在船上服務之人員」，僅指依「船舶編制的人員」而言，此觀前揭國際公約中 "the vessel's complement（船舶編制人員）" 一詞可知，其目的在避免受僱人的範圍任意擴張，影響後順位海事

---

❹ 海事優先權所擔保的債權，承襲自 1967 年海事優先權及抵押權統一規定國際公約 (International Convention for the Unification of Certain Rules relating to Maritime Liens and Mortgages, Brussels, 27 May 1967) 該公約第 4 條第 1 項第 1 款至第 5 款，原文內容如下：

The following claims shall be secured by maritime liens on the vessel:

（ⅰ）wages and other sums due to the master, officers and other members of the vessel's complement in respect of their employment on the vessel;

（ⅱ）port, canal and other waterway dues and pilotage dues;

（ⅲ）claims against the owner in respect of loss of life or personal injury occurring, whether on land or on water, in direct connection with the operation of the vessel;

（ⅳ）claims against the owner, based on tort and not capable of being based on contract, in respect of loss of or damage to property occurring, whether on land or on water, in direct connection with the operation of the vessel;

（ⅴ）claims for salvage, wreck removal and contribution in general average.

The word "owner" mentioned in this paragraph shall be deemed to include the demise or other charterer, manager or operator of the vessel.

優先權、抵押權擔保的債權的受償機會。又所謂「本於僱傭契約所生之債權」，包括工資及其他金額，例如：津貼、補償費等是❹。

2. 因船舶操作直接所致人身傷亡，對船舶所有人之賠償請求

　　本款承襲 1967 年海事優先權及抵押權統一規定國際公約第 4 條第 1 項第 3 款：「關於在船舶操作時，直接所致人身的死亡或傷害，不論是在陸上或是在水域，對船舶所有人所生的債權 (claims against the owner in respect of loss of life or personal injury occurring, whether on land or on water, in direct connection with the operation of the vessel)」而訂定❹，下列二點說明：

　⑴本款是關於「人身法益被侵害」而發生的損害賠償

　　人身法益的保護優先於財產法益的保護，為現代文明國家法的通例，國際公約本款的規定，旨在反映此一精神。

　⑵本款債權的發生原因，包括因「債務不履行」而發生以及因「侵權行為」而發生兩種情形

　　人身死亡或傷害的損害賠償原因不以侵權行為(沒有契約關係的侵權行為)而發生者為限，即使受害人與運送人間原來就有契約關係，因運送人故意或過失加害於被害人的身體或生命，致發生「侵權行為損害賠償請求權與債務不履行之損害賠償請求權競合」的情形亦包括在內。

　　比較 1967 年海事優先權及抵押權統一規定國際公約第 4 條第 1 項第 3 款（即本款的法源）與第 4 款（即海商法第 24 條第 4 款關於財產的損害賠償）的規定可以知之，該公約第 4 條第 1 項第 4 款關於「財產的損害賠償」，只限於「基於侵權行為，不得基於契約 (based on tort and not capable of being based contract)」之情形才受到海事優先權的擔保。但是該公約第 4 條第 1 項第 3 款關於「人身的損害賠償」，則沒有 "based on tort and not capable of being based contract" 限制性文字。

　　此固然是為了強化人身法益的保護，但最主要還是因為貨物的毀損滅失，

---

❹　2012 年德國商法（海商編）第 596 條第 1 項第 1 款參照。

❹　海商法修正草案第 9 條第 2 項將「不論發生於陸上或海上，與船舶操作直接所致人身傷亡之賠償請求」列為海事優先權所擔保的債權，乃依照公約文字，表明發生侵權的地點，包括路上以及海上。

若由於運送人本人的故意過失所致，則運送人依照海商法第 22 條第 1 款的規定，應該負無限責任（即不得主張責任限制），因此貨物所有人的債權無須以海事優先權加以擔保，以緩和船舶所有人責任限制所帶給貨物所有人的不利益。相對地，若貨物的滅失是由於「運送人的履行輔助人關於航行、船舶管理或火災有故意過失」所致，則運送人不論依照海牙維斯比規則❹或是依照海商法第 69 條第 1 款及第 3 款的規定，都可以主張免責，運送人既得主張免責，貨物所有人對於運送人就沒有債權，既無債權，也就無須以海事優先權擔保的必要。

(3)德國商法將擔保侵害人身與財產的海事優先權，都歸納為第 3 款，但是將擔保侵害財產的海事優先權，限於「沒有契約關係，單純侵權行為」的債權

2012 年德國商法（海商編）第 596 條第 1 項第 3 款規定：「因船舶操作直接有關的人命喪失、身體傷害、財產滅失或物體上的毀損。但財產上的滅失或物體上的毀損，其請求權得本於契約或得依契約發生者除外。」必須注意的，德國商法將因放射性物質、放射性物質與具有毒性、爆炸性、或其他危險性物品的結合所致損害的債權、核子燃料、放射性產品或廢料的結合所致損害的債權排除在海事優先權擔保範圍之外，主要原因是，這些損失都另有國際公約規範，已吸納為國內的特別法，屬於特別法的規範的範圍❹。

3.救助之報酬、清除沉船費用及船舶共同海損分擔額之賠償請求

本款是承襲 1967 年海事優先權及抵押權統一規定國際公約第 4 條第 1 項 5 款：「救助、清除沉船的債權以及共同海損分擔的債權 (claims for salvage, wreck removal and contribution in general average)」的規定而訂定。2012 年德國商法（海商編）第 596 條第 1 項第 4 款也將「救助報酬、特別補償金及救助費用的債權、對船舶所有人及運費債權人本於共同海損分擔的債權及殘骸移除的債權」列為海事優先權擔保的債權，只是德國商法將之列為第四順位而已。分述如下：

(1)救助的債權

所謂「救助」，應該指海商法上海難救助發生的債權。依照海商法的規定，

---

❹ 參閱 1968 年海牙維斯比規則第 4 條第 2 項第 1 款。

❹ 2012 年德國商法（海商編）第 596 條第 2 項。

船長於不甚危害其船舶、海員、旅客之範圍內，對於淹沒或其他危難之人，應盡力救助❺⓪；對於船舶或船舶上財物施以救助而有效果者，得按其效果請求相當之報酬❺①。此種債權為海事優先權所擔保，列為第三優先受償位次。

(2)清除沉船的債權

「清除沉船的債權」見於 1967 年海事優先權及抵押權統一規定國際公約。就實務言，高雄及基隆兩港水道，偶有沉船阻礙航行，若不立即清除，將會導致妨礙航行安全，依照規定，原本船舶所有人負有清除沉船的義務，若船舶所有人怠於清除，為了及時恢復航道，交通部航港局或其他第三人常常基於「無因管理」代為清除。為了保障航港局或其他第三人基於無因管理代為清除沉船所生的債權，因此參照公約的規定將「清除沉船費用」列為海事優先權擔保的債權。

(3)共同海損的債權

在船舶貨物共同冒險的過程中，若面臨船貨的共同危險，為了避免船貨全部滅失，乃故意處置其中一部分，以保全其他部分，只要該處分合理，其直接造成之犧牲及發生之費用，就是共同海損的犧牲❺②，應該由相關的利害關係人分擔之。共同海損的計算，應該以共同海損的犧牲總額（共同海損的財產犧牲＋共同海損的費用犧牲）與參與分擔總額（參與分擔的保存財產＋共同海損的財產犧牲，但不包括被處分的武器、糧食等）的比例，由各利害關係者分擔之，因共同海損行為所犧牲而獲共同海損補償之財產，亦應參與分擔❺③。因共同海損的處分行為，被犧牲人（例如：被拋棄貨物的所有人）對於共同海損分擔義務人（例如：因共同海損而船舶獲得保存的船舶所有人）的債權，受到海事優先權的擔保，且列為第三優先順位。國際公約將「救助之報酬、清除沉船費用及船舶共同海損分擔額之賠償請求」列為第五順位，海商法將之列為第三順位❺④。

---

❺⓪　海商法第 102 條。

❺①　海商法第 103 條。

❺②　參閱海商法第 110 條。

❺③　參閱海商法第 111 條。

❺④　1993 年海事優先權及抵押權國際公約的規定，「救助之報酬」，排除「清除沉船費用及船舶共同海損分擔額之賠償請求」。此處所稱「救助之報酬」，包括參與救助財產、救

4.因船舶操作直接所致陸上或水上財物毀損滅失，對船舶所有人基於侵權行為之賠償請求

　　本款是仿 1967 年海事優先權及抵押權統一規定國際公約第 4 條第 1 項第 4 款：「因船舶操作直接所致陸上或水上財物的毀損或滅失，且僅得基於侵權行為而不得基於契約，對船舶所有人之賠償請求權 (claims against the owner, based on the tort and not based on contract, in respect of loss or of damage to property occurring, whether on land or on water, in direct connection with the operation of the vessel)」的規定而訂定。

　　本款只適用於「因船舶操作不當致生損害於陸上或海上的財物」，但不包括自己「承運的貨物」。公約之所以規定只適用於「基於侵權行為而不得基於契約之請求權」（專指承運貨物以外的財產損失）是因為只有自己承運貨物的毀損滅失才可能有債務不履行與侵權行為損害賠償請求權競合。海商法如此規定，是因為船舶操作所致承運貨物的毀損滅失，若是因運送人本人的故意過失所致，運送人不但不能免責而且必須負無限責任（海商法第 22 條），已足以保障債權人；若是因履行輔助人關於「海上航行」的故意過失所致，則運送人依法可以免責（海商法第 69 條第 1 款）。

　　國際公約及中華人民共和國海商法關於財產的侵害的債權，也都只限於「沒有契約關係」的財產權的侵害，此觀 "based on tort and not capable of being based on contract (僅可依據侵權行為，且不得依據契約請求)" 一段可以知悉。至於運送人違背「貨物照管」義務所生損害賠償，雖然不是公約海事優先權擔保的範圍，但是各國可以基於主權另外制定海事優先權，而將之納入擔保的範圍，只是其優先順位必須排在船舶抵押權之後而已。修正前海商法第 24 條第 1 項第 6 款所規定：「對於託運人所負的損害賠償」就是。

5.港埠費、運河費、其他水道費及引水費

　　本款是承繼 1967 年海事優先權及抵押權統一規定國際公約第 4 條第 1 項 2 款：「港埠費、運河費及其他水道費，與引水費 (port, canal and other waterway dues and pilotage dues)」的規定而訂定，其中「港埠費、運河費及其他水道費」

助人命參與財產分配的報酬請求權以及救助環境的特別補償請求權。

本質上為「規費」；引水費則是運送人給付予引水人的「報酬」，解釋上包括強制引水的報酬及任意引水的報酬。

本款列舉的費用均涉及港口清潔及航行安全的給付，因此列為海事優先權擔保的債權，居於第五順位。國際公約將「港埠費、運河費、其他水道費及引水費」列在第二順序，但是海商法將之列為第五順序。2012 年德國商法（海商編）將公共費用，諸如：船費 ⑤、港口費 ㊄、運河費、其他水道費以及引水費等，也納入海事優先權擔保的債權，但是德國商法的規定與國際公約相同，都是第二種海事優先權，都可以第二優先順位受償 ㊐。

㈡依照國際公約，不適用海事優先權擔保的債權

1993 年海事優先權及抵押權國際公約第 4 條第 2 項規定：「對於由於下列情況發生或致生本條第 1 項(b)款、(c)款債權，不受以船舶為標的物之海事優先權的擔保：

　　(a)與海上運送油料、其他危險或有毒物質有關之損害，而該損失可以依照國際公約或國內法所規定的嚴格責任及強制保險或其擔保方法的給付獲得賠償者；

　　(b)因放射性財物所引起，或放射性財物結合核能燃料、放射性產品或廢料之放射性、爆炸性或其他危險性物質而引起。」

國際公約此一例外規定，主要原因一方面是該等損失已有其他國際公約、強制保險及其他擔保，另一方面，上述債權數額通常十分龐大，若納入海事優先權的擔保的範圍，將會壓縮其他債權的受償機會。

---

⑤　所謂船費是指每次船舶進港，應該繳納的停泊費用，通常依照船舶噸位的大小、停泊時間的長短（以每小時計），列表收取。

㊄　包括港口主管機關簽發各種證件，例如：試航許可證、載運許可證、標準通行證、補領通行證、發航許可證等費用。

㊐　2012 年德國商法（海商編）第 596 條第 1 項第 2 款。

(三)海商法並沒有公約授權自訂的海事優先權的規定，但有訂定基於國際公約授權的海事優先權的提議

1. 自訂的海事優先權或留置權以不影響公約規定之海事優先權、留置權、抵押權的優先順位為條件

　　1967 年海事優先權及抵押權統一規定國際公約第 6 條第 1 項：「每個締約國都可以制定有別於公約第 4 條所規定的海事優先權或留置權以擔保債權，但該海事優先權的順位應該在第 4 條規定的海事優先權及符合第 1 條規定、已登記的抵押權之後，該留置權也不得有礙第 4 條規定的海事優先權或已經登記、符合第 1 條規定的抵押權的實行，而且也不得妨礙因實行（海事優先權或抵押權）而交付船舶給買受人。」❺⑧

2. 海商法沒有公約之外基於授權另外訂定的海事優先權，但主管機關有另外制定海事優先權的建議

　　海商法以及中華人民共和國海商法都沒有自訂的海事優先權。1993 年海事優先權及抵押權國際公約第 12 條規定，為了航行安全的需要或保護海洋環境的需要而以公權力移除之後，因打撈或清除沉船或擱淺船舶所支出的費用，就拍賣船舶的價金，授權各國主管機關制定海事優先權，其受償順序且在公約規定海事優先權之前。

　　主管機關建議修正海商法，增訂海事優先權，即規定「海事優先權之位次，在船舶抵押權之前。但主管機關，為航行安全或保護海洋環境而清除擱淺或沉沒船舶所支出之費用，就該船舶拍賣所得，得優先於第九條之優先權受償。」使清除沉船之費用可以獲得海事優先權的保障。

---

❺⑧ Each Contracting State may grant liens or rights of retention to secure claims other than those referred to in Article 4. Such liens shall rank after all maritime liens set out in Article 4 and after all registered mortgages and "hypothèques" which comply with the provisions of Article 1; and such rights of retention shall not prejudice the enforcement of maritime liens set out in Article 4 or registered mortgages or "hypothèques" which comply with the provisions of Article 1, nor the delivery of the vessel to the purchaser in connection with such enforcement.

㈣美國、德國制訂都有本於公約授權的「國內海事優先權」

1.美　國

美國的海事優先權，除了因為符合一般海商法 (the general maritime law) 的規定而發生者外，還有因為符合其他個別法律 （例如：船舶抵押法 (The Ship Mortgage Act)、聯邦海商法 (The Federal Maritime Act)）的規定而發生者。美國法上的海事優先權主要包括：

⑴船長與海員的薪資。

⑵救助行為 (Salvage Operation)。

⑶共同海損的請求權。

⑷因船舶修繕、供給、拖帶、引水、停泊 (wharfage) 而發生的債務。

⑸因海上侵權行為而發生的債務，包括：人身死亡、傷害，船舶碰撞而發生的請求權。

⑹違背船舶租賃契約的損害賠償請求權。

⑺承運貨物毀損或滅失所生的債務。

⑻貨物運送人就未付運費 (unpaid freight) 或遲滯費用 (demurrage) 對於貨物的留置權。

⑼環境污染的損害賠償。

以上從⑴到⑸是國際公約的海事優先權；從⑹到⑼是美國自訂的海事優先權，此在決定理賠的優先順序有其重要性。

2.德　國

德國商法還將社會安全機構對船舶所有人的請求權，包括：社會安全機構給付船長海員勞工失業津貼之後對船舶所有人的請求，也納入海事優先權的擔保範圍 ❺❾，這也是依照國際公約的授權所訂定的國內海事優先權。

五、海事優先權發生的時間

海事優先權發生的原因，有因侵權行為而發生者、有因無因管理而發生者、

---

❺❾　2012 年德國商法（海商編）第 596 條第 1 項第 5 款。

也有因契約而發生者。因侵權行為而發生者，在侵權行為發生時就發生海事優先權；因無因管理而發生者，於管理行為完成後海事優先權才發生；因契約而發生者，必須視給付標的的不同，分別在提出勞務、貨物裝船、或貨物置於運送人管領下時，海事優先權才會發生。

六、海事優先權的標的物

㈠海商法的規定

依第 24 條之規定，得優先受償之標的如下：

1.船舶、船舶設備及屬具或其殘餘物

⑴船舶、船舶設備

船舶範圍包括：船體 (hull)、引擎 (engines)、釣鉤 (tackle)、裝潢 (apparel)、傢俱 (furniture)，海事優先權對於以上所有物品存在。船舶的設備包括船舶的附加設備 (accessories and appurtenance)，諸如：裝置在漁船的錨機 (winch) 及絞架 (gallowses)、捕鯨船上的釣魚屋 (fishing store)、水泥的裝載 (cement loading)、裝袋 (bagging) 及卸載 (cement unloading) 設備、船舶上鮮貨肉品的冷凍冰箱、採珠的潛水鐘 (diving bell)、抽氣機 (air pump) 及油桶 (tank)。

德國就海事優先權的標的物，基本上維持 1926 年海事優先權及抵押權統一規定國際公約的制度，2012 年德國商法規定，為擔保債權，海事優先權人對於「船舶」有海事優先權，「該海事優先權得對任何占有船舶之人主張」[60]。船舶只是海事優先權標的物之一，而非唯一，其擔保的債權的範圍包括該債權累積的利益（按：指利息）、以及為從該船舶滿足債權人的相關訴訟費用（按：指強制拍賣費用等）[61]。

⑵屬　具

附屬物是否為海事優先權的效力所及並沒有統一的判斷標準，目前還是個案判斷。某些承租的設備專用於特殊目的、通常不屬於船舶的一部分者，不在海事優先權標的物的範圍。

[60]　2012 年德國商法（海商編）第 597 條第 1 項。
[61]　2012 年德國商法（海商編）第 597 條第 2 項。

　　2012 年德國商法也將船舶屬具納入海事優先權的標的物範圍，但德國商法規定：「海事優先權人的海事優先權及於船舶的屬具，但該構成船舶一部分的屬具，其所有權不屬於船舶所有人所有者，不在此限」❷。我國海商法將航行必要的設備與屬具，視為（擬制）船舶的一部分，因此不論屬具的所有權屬於何人所有，都為海事優先權效力所及，與德國立法稍有差異。

　⑶殘餘物

　　所謂「殘餘物」，包括船舶、船舶設備及屬具的殘餘物。

2.在發生優先債權之航行期內尚未收取的運費

　　運費，指運送人從事運送，依運送契約應得的對價，包括貨物運送的運費及旅客運送的票價。

　　運費限於「本次航行期內」發生者為限，若為前次航行的運費，不論是否已經收取者，均非本次航行優先權的標的物。但船長海員本於僱傭契約所發生之優先債權，若同一契約之效力及於數次航行者，則其海事優先權的標的物及於同一僱傭契約期內所得的全部運費❸。

　　運費限於「得收取」而「尚未收取」者為限。運費雖已收但依法必須返還，或運費未收而依法不得收取者，都不是此所指運費。因為海事優先權理論上係以船舶所有人的「海上財產」作為法定擔保物權的標的物，海事優先權的標的物以「海產」為限。運費已經收取者，已變為陸產，自非海事優先權之標的物，此參考日本商法第 842 條：「左列所揭債權人，就船舶、其屬具及未受領之運費，存有先取特權。」規定，可以知之。

3.船舶所有人因本次航行中「船舶所受損害，或運費損失應得之賠償」

　　海事優先權標的物包括「船舶、設備及屬具或其殘餘物」及「運費」。若因「船舶、設備及屬具或其殘餘物」或「運費」受第三人之侵權行為致喪失，對第三人有損害賠償之債權時，該「損害賠償之債權」實際上即「船舶、設備及屬具或其殘餘物，及運費」受損部分之代位物，也就是公約的「船舶及運費之附屬費 (the accessories of the vessel and freight) 的一種」，仍是海事優先權的標的

---

❷　2012 年德國商法（海商編）第 598 條第 1 項。

❸　民國 51 年修正之海商法第 26 條，88 年修正之海商法第 28 條。

物。正如以房屋為標的物設定抵押權擔保債權人的債權時，若該房屋因第三人的故意過失致發生毀損或滅失，則該第三人的損害賠償實為房屋的代位物，債權人仍得就該損害賠償債權有法定債權質權，得優先受償❹。

通說認為本款之賠償，只限於「侵權行為的損害賠償金」，不包括「基於保險契約或公法上原因所為之給付」。1926 年海事優先權及抵押權統一規定國際公約第 4 條第 3 項：「船舶所有人因保險契約所得或應得之賠償金，及獎金、津貼或其他國家補助金，都不得視為船舶或運費之從屬利益 (Payments made or due to the owner on policies of insurance, as well as bounties, subventions, and other national subsidies are not deemed to be accessories of the vessel or of the freight)」，保險金的給付是基於另一契約關係，而獎金、津貼或其他國家補助金，則是基於國家獎掖航海事業所為的公法上給付，都不在本條款所謂「賠償」的範圍，不是海事優先權的標的物，我國最高法院實務上亦採同一見解❺。

2012 年德國商法（海商編）第 598 條第 2 項規定：「海事優先權也涵蓋因船舶船體滅失或毀損而對第三人的任何損害賠償請求權」。此種情況還包括因船舶所有人因共同海損處分船舶對共同冒險人的分擔補償請求權。無論如何，海事優先權不得擴大到船舶所有人以船舶為標的物投保保險而獲得的保險理賠❻。

4. 船舶所有人因共同海損應得的賠償

在海難中，船長為避免船舶及貨載之「共同危險」所為處分，而直接發生損害及費用，為共同海損❼。若船長為避免船舶及貨載的共同危險而處分船舶或貨物，「船舶受損傷而未修繕」或發生「運費之喪失」都應由參與分擔的保存財產以及共同海損的財產犧牲分擔之，因共同海損行為犧牲而獲共同海損補償之財產也參與分擔❽。因共同海損應得之賠償，實際上為因共同海損所為處分所生損失的代位物，同時也是公約所稱船舶及運費之附屬費 (the accessories of the vessel and freight) 的一種。海事優先權應對該代位物存在。

---

❹ 民法第 881 條。

❺ 最高法院 59 年臺上字第 3219 號判決。

❻ 2012 年德國商法（海商編）第 598 條第 2 項、第 3 項。

❼ 海商法第 110 條。

❽ 海商法第 111 條。

5.船舶所有人在航行完成前，為施行救助所應得的報酬

　　船長於不甚危害其船舶、海員、旅客之範圍內，對於淹沒或其他危難之人應盡力救助 ❻。對於船舶或船舶上所有財物施以救助或撈救而有效果者，得按其效果請求相當之報酬 ❼。報酬的分配，部分歸屬於船舶所有人，部分歸屬於施救的船長海員，但海事優先權標的的範圍只及於「歸屬於船舶所有人」者為限，此觀 1926 年海事優先權及抵押權統一規定國際公約第 4 條第 1 項第 3 款：「船舶所有人於航行完成前，因施行救助，應得之報酬，但應分配與船長或其他服務船舶人員者，應予扣除。」的規定堪為參考 ❼。

㈡晚近公約的規定——限於船舶

　　中華人民共和國海商法海事優先權的標的物限於「船舶」：有鑑於 1967 年海事優先權及抵押權統一規定公約，該公約的立法者鑑於運費、附屬費用確定過程以及執行不易，因此將海事優先權的標的物範圍限於船舶 (on the vessel)。1993 年海事優先權及抵押權國際公約 (International Convention on Maritime Liens and Mortgages, Done at: Geneva; Date enacted: 1993-05-06, In force: 2004-09-05) 只以「船舶」為標的物。中華人民共和國海商法繼受上述公約，將海事優先權標的物的範圍限於「船舶」。

七、海事優先權與留置權

㈠留置權

1.留置權的成立以「已經占有留置物」為條件

　　留置權也是法定的擔保物權，因為符合法律規定的要件，債權人就可以主張，留置權人所得留置的成立，以「已經占有留置物」者為限，倘若尚未交付

---

❻　海商法第 102 條。
❼　海商法第 103 條第 1 項。
❼　海商法修正草案第 9 條，仍然將海事優先權的標的物的範圍包括：船舶、船舶設備及屬具或其殘餘物，此一規定與目前海商法的規定相同，與 1993 年海事優先權及抵押權國際公約之只限於「船舶」者不同。

債權人占有，債權人不得主張留置權。若託運貨物有部分裝船，部分交付運送人但未裝船，另部分尚未交付運送人，則運送人所得主張留置權者，也以託運人已經裝船及已經交付給運送人但尚未裝船者為限。不但如此，留置權發生之後，留置權的存續，也以占有船舶為條件。

2.留置權的標的物原則上以「屬於託運人所有者」為限

民法修正之前，留置物只限於債務人所有為限；民法修正之後，以債權人非故意或重大過失為條件，不論占有物是否屬於債務人所有，債權人皆得主張留置權❷。中華人民共和國採雙軌制，關於運送人的留置權標的物與合同法的留置權的標的物，作不同的規定：海商法海上運送人的留置權之標的物，以屬於債務人（託運人）所有者為限，才可以主張；但是合同法上的留置權標的物，包括沿海、內河航運的運輸，則不以屬於債務人所有為限都可以主張。

3.積極要件與消極要件

海上運送人的留置權是法定留置權的一種，因此必須具備一般留置權的「積極要件」且無「消極要件」。所謂「**積極要件**」是指債權的發生與該動產有牽連關係、債權的清償期已經屆至、債權人占有動產、該動產原則上屬於債務人所有（例外狀況，以占有之始非明知且無重大過失而不知該動產非屬於債務人所有為條件，對第三人的動產也可以主張留置權）❸；所謂「**消極要件**」是指動產的留置，不得違背公共秩序或善良風俗，也不可以與債權人應負擔的義務或與債權人債務人間的約定相抵觸，更重要的，債權人不得出諸侵權行為而取得標的物的占有❹。

㈡託運人的海事優先權與運送人的留置權的相互平衡關係

1.都必須貨物已經裝船或收載

⑴「已經裝船」或「已經收載貨物」是發生海事優先權的前提

船舶未依約抵達裝載港，或雖然抵達裝載港，但還沒有收載任何貨物，則不發生任何海事優先權。

---

❷ 民法第 928 條。
❸ 民法第 928 條第 1 項、民法第 930 條。
❹ 民法第 928 條第 2 項。

⑵船舶所有人對貨物的留置權以貨物「已經裝船或收載」為條件

運送人在託運人違約時，即使在裝貨港已經準備完成，只要貨物尚未裝上船舶，且未收載，對於貨物就不得主張留置權。部分貨物裝船或部分收載時，只就已裝船或已收載貨物發生留置權暨海事優先權；只有部分貨物裝船或部分收載時，運送人就尚未裝船且尚未收載的貨物不得主張留置權；貨主就尚未裝船且未收載的貨物的毀損滅失，即使可歸責於運送人而運送人未履行契約❼，也不可以對包括船舶在內的標的物主張海事優先權。

2.貨主的海事優先權與運送人的留置權互相構成平衡關係

海商法若依照 1967 年海事優先權及抵押權統一規定國際公約的授權規定，將貨物所有人因「運送人違背運送契約所生損害賠償債權」也列為「海事優先權」擔保的範圍（國內法的海事優先權）；而另一方面，運送人對託運人積欠的運費，就承運的貨物又可以主張「留置權」。此時，貨物所有人的「海事優先權」與運送人的「留置權」，就互相構成相互平衡的機制。

海事優先權或留置權不是在當事人一方「違背履行契約義務時」就當然發生，而是**必須「貨物裝船或貨物交給船方的人員照管」，才會發生，稱為「可執行原則 (The Executory Doctrine)」**。主要的理由如下：

⑴本於運送契約中貨物與船舶的相互性

運送人對於貨物主張留置權，以貨物「裝船或收載」為發生條件，該留置權的存續也以運送人「持續占有」貨物為條件，運送人一旦交付貨物而喪失對貨物之占有，則留置權將不復存在。同樣地，貨物所有人對於船舶的海事優先權，也必須貨物「裝船或收載」之後，運送人違背運送契約造成損害才可主張。總之「貨物之裝船或收載」是船貨互保的條件，但是二者並非完全對等：船舶所有人（運送人）的留置權固然因為貨物的交付卸載、喪失占有而消滅，貨物所有人對船舶的海事優先權在貨物交付後的一段期間（除斥期間），仍可以主張。

⑵「可執行原則」是海事優先權與普通債權的過濾器

如果沒有「可執行原則」作為篩選過濾，只要一違背契約就發生海事優先權或留置權，對於普通債權人及船舶買受人不公平，一般債權人固然因清償順

❼　參閱舊海商法第 24 條第 1 項第 6 款（屬於依照公約授權，另外指定的海事優先權）。

位在後而受害，船舶買受人也因為無從知悉船舶上有海事優先權而蒙受不利益。

(3)「可執行原則」在旅客登船的情形也適用

　　假若在旅客登船之前，運送人違背運送契約，旅客就其預付票款的損失不得主張海事優先權，旅客的行李只有「裝上船舶或是交付給運送人或其所僱用的人員看管」之後，其所發生的損失，才在海事優先權擔保的範圍。

(4)「可執行原則」在其他領域的適用

　　提供服務 (services)、供給補給品 (supply)、修繕 (repair) 等船舶需求也是適用「可執行原則」。所謂「提供船舶需求 (necessaries)」是應船舶所有人或其代理人的要求，提供船舶需要的服務或物資，提供者對於船舶有海事優先權。所謂「需求」，包括：修繕 (repair)、供應 (supplies)、拖帶 (towage)、使用乾船塢 (the use of dry dock) 或撐船鐵軌 (marine railway) 等，凡是「對於船舶有用的、可以避免船舶陷於危險的、使船舶能夠起特定作用的任何物品或服務。」都屬之。判斷何者為「需求」，必須斟酌該船舶的功能、所涉及的服務及物品，應該在個案的基礎上具體判斷。所「需求」者可能為金錢、技術、勞務、個人服務或是物質。但是不需要到達不可或缺的程度，只要是船舶從事營利活動所合理需要的就可以，例如：引水服務、碼頭、船塢、裝卸服務、兩個輔助引擎 (two auxiliary engines)、錨機 (winch)、供給燃料給船舶 (bunker)、漁船上的探魚雷達 (fishfinding radar) 等等都是。因此：

　　A.約定一年期的供給燃料油契約，只就「已經提供」者，可以主張；就尚未提供的部分不能夠發生海事優先權。

　　B.給養品不需要裝上船舶，給養品若是已經運抵運送人的營業所「交付」，準備依照運送人的指示裝船備用，就可以發生海事優先權。

　　C.海事優先權與留置權都必須適用「可執行原則」。

　　D.海員、強制引水人若是提出勞務，即使勞務被拒絕受領，對於船舶都可以主張海事優先權。

八、海事優先權的順位

㈠兩個國際公約的不同順位原則

1. 1926 年公約海事優先權的受償順位

⑴公約海事優先權 > 留置權 > 抵押權 > 各國自訂海事優先權 > 普通債權

⑵同一航次發生的海事優先權，依照公約第 2 條所規定五種海事優先權的順位

⑶同一航次有數個屬於同一種類的海事優先權時，原則上不問發生先後，一律平等。但是下列情形除外：A.第 3 款因救助、共同海損而發生的海事優先權，及 B.船長在船籍港外本於法定代理權為修繕保存船舶、繼續航行（例如：煤炭或燃油）所發生債務的海事優先權，其後發生者優先於先發生者

⑷後航次的海事優先權優先於前航次所發生的海事優先權 ❼⁶

2. 1967 年公約海事優先權的受償順位

公約海事優先權的訂定原則：

⑴海員薪資優先保護原則

⑵保障稅收原則

⑶人身法益優先於財產法益受償原則

⑷純粹侵權行為所生債權優先於「債務不履行與侵權行為競合債權」原則

⑸其他：對於提供修繕或保存而發生的債權優先受償原則

　　A.救助、沉船移除、共同海損的海事優先權優先於第一種到第四種海事優先權

　　B.留置權優先於抵押權

　　C.各國自訂的海事優先權不得優先於抵押權的原則

㈡海商法採航次原則

　　海商法關於「海事優先權所擔保的債權」雖然是承襲 1967 年公約，但是就海事優先權順位的決定卻保留了 1926 年的「航次原則」的立法 ❼⁷，立法並不協

---

❼⁶　1926 年海事優先權及抵押權統一規定國際公約第 6 條第 1 項，海商法第 30 條。

調。相對地，中華人民共和國所採用的救助原則較為一致：中華人民共和國海
商法不但船舶優先權所擔保的債權，承襲 1967 年公約，船舶優先權的受償優先
順位，也採用 1967 年的救助原則。

㈢海事優先權與抵押權、留置權的順位原則

1.海事優先權與其他擔保物權之順位──依照「公約海事優先權」、留置權、抵押權、「國內海事優先權」、普通債權的受償優先順位，但主管機關建議增加「清除沉船或擱淺船舶費用的海事優先權」在最優先順位

現行海商法，海事優先權與抵押權、留置權受償順序如下：「國際公約第 4 條所規定的海事優先權」優先於「建造船舶、修繕船舶的留置權」**❼❽**；「建造船舶、修繕船舶的留置權」優先於「符合公約的船舶抵押權」**❼❾**，「符合公約的船舶抵押權」又優先於「普通債權」。基於港務主管機關清除航道沉船的經驗，主管機關建議將清除擱淺或沉沒船舶所支出之費用列在最優先的受償地位，如果此建議完成立法，其順序將是：⑴為航行安全或保護海洋環境而清除擱淺或沉沒船舶所支出之費用，就該船舶拍賣所得，得優先於公約的海事優先權受償。⑵公約的海事優先權，應該優先於建造船舶、修繕船舶的留置權。⑶留置權所擔保的債權，又優先於船舶抵押權。⑷船舶抵押權優先於各國自訂的國內海事優先權**❽⓿**。⑸各國自訂的海事優先權又優先於普通債權。

2.公約規定的數不同海事優先權的順位，原則上依照公約所規定海事優先權的前後順序

公約規定的海事優先權的順位，原則上依照公約第 4 條第 1 項第 1 款至第 5 款的順序定其優先順序**❽①**。例外是公約海事優先權中第 5 種海事優先權，也

❼❼　海商法第 24 條、第 30 條，1926 年海事優先權及抵押權統一規定國際公約第 6 條第 1 項、1967 年海事優先權及抵押權統一規定國際公約第 4 條第 1 項。
❼❽　1967 年海事優先權及抵押權統一規定國際公約第 5 條 1 項、公約第 6 條 2 項。
❼❾　1967 年海事優先權及抵押權統一規定國際公約第 5 條第 1 項、第 1 條。
❽⓿　1967 年海事優先權及抵押權統一規定國際公約第 6 條第 1 項。
❽①　1967 年海事優先權及抵押權統一規定國際公約第 5 條第 2 項。

就是因救助 (salvage)、沉船移除 (wreck removal)、共同海損 (general average) 的海事優先權，即使是後發生，其順位仍優先於之前已經存在該船舶的其他海事優先權❷，因為假若沒有救助、沉船移除、共同海損以保住船舶，其他海事優先權將無所附麗。

2012 年德國商法（海商編）第 603 條第 1 項：「海事優先權人的海事優先權的相互優先順位應依照第 603 條所列各款債權的順序定之。」，第 2 項：「無論如何，第 596 條第 4 款所列債權（按：就是救助撈救發生的債權）的海事優先權應優先於任何其他海事優先權人更早發生之債權的海事優先權」，第 3 項：「共同海損分擔的債權以共同海損的實行日視為發生日；救助報酬、特別補償金、救助費用的補償的債權，以救助作業終了日視為發生日；殘骸移除的債權以殘骸移除完成日視為發生日。」，其內容與國際公約相同。

3.公約所定同款數個海事優先權原則上一律平等

依照 1967 年海事優先權及抵押權統一規定國際公約第 4 條第 1 款至第 4 款的公約海事優先權，同款公約海事優先權有數個時，不論發生先後，一律平等❸，只有一個例外，即第五種海事優先權（即救助撈救所發生的債權），後發生者優先於先發生者。在共同海損情形，以「處分之日 (on the date on which the general average act was performed)」 視為海事優先權發生時；在救助情形，以「救助行為終了 (when the salvage operation terminated)」 時，視為海事優先權發生時❹。

2012 年德國商法（海商編）第 604 條規定：⑴第 596 條第 1 項第 1 款至第 3 款以及第 5 款所列的債權，同一款有數個時，不論其發生時間的先後，擔保該債權的海事優先權的優先順位都相同。⑵第 596 條第 1 項第 3 款的債權，同一款有數個時，擔保人身受侵害的海事優先權應該優先於擔保財產受侵害的海事優先權。⑶關於第 596 條第 1 項第 4 款所列的債權（按：就是救助撈救發生的債權）有數個時，擔保後發生債權的海事優先權應該優先於擔保先發生債權的海事優先權。

---

❷　1967 年海事優先權及抵押權統一規定國際公約第 4 條第 2 項。

❸　1967 年海事優先權及抵押權統一規定國際公約第 4 條第 3 項。

❹　1967 年海事優先權及抵押權統一規定國際公約第 4 條第 4 項。

2012 年德國商法（海商編）第 602 條規定，海事優先權人的海事優先權優先於船舶上的所有其他優先權，也優先於所有依法應稅及完稅財產作為公共稅賦擔保的位次❽❺。換句話說，依照德國商法，海事優先權所擔保的債權，優先於國家公法上債權的受償順位。

九、海事優先權的消滅原因

海事優先權的消滅原因如下：

㈠海事優先權所擔保的「債權消滅」

海事優先權是擔保物權，從屬於被擔保的債權而存在。若被擔保的債權因為清償、免除、抵銷、混同等原因而消滅，則海事優先權就沒有存在的必要，也應該歸於消滅。

㈡海事優先權的「標的物滅失」

海事優先權的客體為船舶、運費及其附屬費用。若該標的物因任何原因而滅失，則海事優先權即失所附麗，也應淪於消滅。但是海事優先權的標的物消滅以後，若該標的物的所有人對於第三人有損害賠償請求權，則該損害賠償請求權之債權實即為原來海事優先權標的物的代位物，海事優先權應存在於該代位物（即可以行使損害賠償請求權的債權）上，此種以「損害賠償請求權的債權」為標的物的擔保物權，就是「債權質權」，而且是「法定的債權質權」，應依優先債權之次序分配之，海商法對此雖無明文規定，但參考民法第 881 條：「抵押權，因抵押物滅失而消滅。但因滅失得受之賠償金，應按各抵押權人之次序分配之。」的規定，應可獲得相同的推論。

㈢因債權人「拋棄海事優先權」而消滅

海事優先權是擔保物權，是財產權的一種，屬於優先債權人所有。優先債權人對海事優先權得自由處分，因此優先債權人得以明示或默示的意思表示，

---

❽❺ 2012 年德國商法（海商編）第 602 條。

拋棄海事優先權。**優先債權人拋棄海事優先權之後，債權仍然存在，只是淪為普通債權而已。**

㈣因「實行海事優先權」而消滅

海事優先權，因債權人實行海事優先權，拍賣海事優先權的標的物而消滅，此正如抵押權因債權人實行抵押權，拍賣抵押物而消滅者相同。因此船舶、設備、屬具及其殘餘物因拍賣而消滅者，則海事優先權也歸於消滅，優先債權人只得就拍賣所得之價金優先受償或比例受償。

實行海事優先權，若當事人對於海事優先權及債權的存在、以及對債權清償期屆至都沒有爭執，則可以直接請求法院以「裁定」給予執行名義，以聲請強制執行，但是，假若當事人對於「海事優先權或債權是否存在」、或是「債權的清償期」是否屆至有所爭執，則必須由債權人向法院提起確認之訴及給付之訴，請求法院以判決確認「海事優先權對特定標的物存在」、確認「債權存在」、確認「債權已經屆清償期」，並且命債務人為一定給付。但基於下列二點原因，**海事優先權人之實行以請求法院以「裁定」取得執行名義為原則；以請求法院以「判決」確認海事優先權及命令為一定給付為例外。**

1.海事優先權的法律性質與法定抵押權相似

法定抵押權的抵押權人的執行名義，原則上得請求法院以「裁定」為之，只有在債務人或第三人有異議時，才必須同時提起確認之訴及給付之訴，請求法院以「判決」給予執行名義，海事優先權性質上為法定擔保物權，與法定抵押權相似，可同此解釋。

2.優先債權受清償的順位在抵押權所擔保的債權之前

若抵押權人實行抵押權，得經形式審查以「裁定」取得執行名義，而實行海事優先權，反而一律必須提起實體訴訟，透過「判決」取得執行名義，則不但輕重倒置，而且海事優先權實行程序的繁瑣，也將影響抵押權實行的進展，因此海事優先權的實行，宜以裁定取得執行名義為當。

在德國，海事優先權的實行，必須依照強制執行的有關法令辦理，強制執行的訴訟應該對船舶所有人或船舶營運人（例如：承租船舶從事海上運送之人）提起之。對於船舶營運人的任何判決，對船舶所有人亦生效力❽。**為海事優先**

權人的利益，任何人在船舶登記簿登記為船舶所有人者，視為船舶所有人，但上述規定，不影響未在船舶登記簿登記的船舶所有人得對基於海事優先權行使權利提起異議的權利❽❼。

㈤海事優先權的「除斥期間」的經過

1.除斥期間的規定

海事優先權因除斥期間的經過而消滅，海商法第 32 條規定：「第 24 條第 1 項海事優先權，自其債權發生之日起，經 1 年而消滅。但第 24 條第 1 項第 1 款之賠償，自離職之日起算。」，此乃參照 1967 年海事優先權及抵押權統一規定國際公約第 8 條：「本公約第 4 條所規定的海事優先權，從被海事優先權擔保的債權發生之日起經過 1 年的期間而消滅，但在 1 年期間屆滿以前，船舶被扣押，並因該扣押而被強制拍賣者不在此限 (The maritime liens set out in Article 4 shall be extinguished after a period of one year from the time when the claims secured thereby arose unless, prior to the expiry of such period, the vessel has been arrested, such arrest leading to a forced sale.)」而規定。

海事優先權的 1 年期間性質上是除斥期間，1967 年海事優先權及抵押權國際公約第 8 條第 2 項規定：「前項所定的 1 年期間不適用停止進行或中斷的規定，但海事優先權人依法禁止扣押船舶者，該期間不計入 (The one year period referred to in the preceding paragraph shall not be subject to suspension or interruption, provided, however, that time shall not run during the period that the lienor is legally prevented from arresting the vessel.)」。

2012 年德國商法（海商編）第 600 條第 1 項：「海事優先權人的海事優先權自（其所擔保之）債權發生之日起 1 年而消滅」、第 2 項：「債權人在第 1 項所訂的期間內本於海事優先權扣押船舶者，若在為該債權人之利益所為之查封被撤銷前，船舶被強制拍賣者，海事優先權不消滅。上述規定，對於海事優先權人為實行海事優先權發動強制拍賣程序，且於該期限內申請強制拍賣的情形，

---

❽❻ 2012 年德國商法（海商編）第 601 條第 1 項、第 2 項參照。

❽❼ 2012 年德國商法（海商編）第 601 條第 3 項。

亦適用之。」、第 3 項:「債權人被依法禁止對船舶行使請求權的期間,不得計入上述的期間(除斥期間)。任何基於其他原因所作停止、延長或重新起算的約定,應予禁止。」也有相同的規定。

2.除斥期間屆滿的法律效果

海事優先權是一種擔保物權,因除斥期間經過或一定事由的發生而消滅。此正如同民法第 880 條:「以抵押權擔保之債權,其請求權已因時效而消滅,如抵押權人,於消滅時效完成後,5 年間不實行其抵押權者,其抵押權消滅。」的規定同其旨意。

海事優先權消滅之後,原來由海事優先權擔保的債權仍然存在。由於海事優先權的除斥期間通常較優先債權的消滅時效期間為短,因此當海事優先權因除斥期間經過而消滅後,原來為海事優先權擔保的債權,不但仍然存在,而且還是具有強制力的債權,只是淪為沒有海事優先權擔保的「普通債權」而已。

㈥海事優先權所擔保的債權消滅時效

1.海事優先權擔保的債權消滅時效與海事優先權的除斥期間屆滿不同

海事優先權所擔保的債權消滅時效,與前面㈤海事優先權的除斥期間的經過不同,後者是海事優先權因除斥期間屆滿而消滅,是擔保物權的消滅,被擔保的債權淪為普通債權;前者則是被海事優先權擔保的債權消滅時效完成,是被擔保的債權的消滅(自然債權❽❽)。關於被擔保的債權消滅時效完成,除法律另有規定外❽❾,基於擔保物權的從屬性,擔保物權也應該消滅。

2012 年德國商法(海商編)第 599 條規定:海事優先權人所主張的海事優先權,該海事優先權所擔保的債權因消滅時效完成而消滅者,海事優先權也隨之消滅。此種情況的發生,必須(1)消滅時效採債權消滅說❾⓿,而不是採請求權

---

❽❽ 債權是實體,請求權是配屬於債權的動能,請求權的行使讓債權獲得滿足。如果債權的請求權消滅(例如:因消滅時效完成),該債權就變成自然債權,自然債權,因為沒有請求權,因此不可以行使請求以滿足其債權,但是因為債權還存在,若債務人願意主動清償,自然債權的債權人還是可以受領,而且不會構成不當得利。

❽❾ 參閱民法第 145 條、第 880 條關於擔保物權、抵押權所擔保的債權消滅時效完成之後,債權人仍可以實行擔保物權,或在一段期間仍然可以拍賣抵押物的特別規定。

消滅說❾。(2)被擔保的債權，消滅時效期間很短（例如：只有 2 個月或只有 6 個月），比海事優先權的除斥期間（例如：1 年）還短，才會發生。

2.海商法未就海事優先權所擔保的債權的消滅時效統一規定

海商法並沒有就海事優先權所擔保的債權的消滅時效，另外訂立條文，統一規定，因此被擔保的債權的消滅時效期間，必須視不同債權的各別規定而定，適用之際，十分不便。

2012 年德國商法就海事優先權所擔保債權的消滅時效期間分為 1 年與 2 年，且規定時效期間的起算、延長以及約定等。簡要說明如下：

(1)消滅時效的規定及時效的起算

A. 1 年消滅時效期間（第 605 條）

(A)基於 「海上貨物運送契約或載貨證券」 的請求 ： 依照第 607 條第 1 項：「本款的消滅時效起算，自貨物交付之日起算；貨物未交付者，自應交付之日起算；因航程傭船所生的請求權，自最後的航程終了時起算或自應交付之日起算。」❾、第 2 項：「除本條第 1 項另有規定外，對第 605 條第 1 款的其他債權人請求的消滅時效期間，自對原請求人的請求之判決確定之日起算；若未提起訴訟而沒有判決確定日者，自原請求人的債權獲得清償之日起算。但上述規定，對於原請求人知悉損害及追償訴訟的義務人起 3 個月內將損害情事告知追償債務人者，不適用之。」❾

(B)基於「傭船契約」的請求：傭船契約所生之債權，其消滅時效自債權發生年之年終起算。又前揭第 607 條第 2 項關於消滅時效的規定，可類推適用於對期間傭船所生債權的債務人之追償時效限制❾。

---

❾ 債權消滅說，主張消滅時效一旦完成，不但配屬於債權的請求權消滅，而且連債權也歸於消滅。

❾ 請求權消滅說，是指消滅時效完成後，只有配屬於債權的請求權消滅，債權本身並不消滅，只是淪為自然債權而已。

❾ 2012 年德國商法（海商編）第 607 條第 1 項。

❾ 2012 年德國商法（海商編）第 607 條第 2 項。

❾ 2012 年德國商法（海商編）第 607 條第 3 項。

(C)基於「共同海損」分擔的請求：消滅時效自債權發生年的年終起算❾❺。

(D)船舶所有人基於「第 571 條第 2 項（按：即船舶碰撞的損害賠償請求權）」的請求：消滅時效自債權發生年的年終起算❾❻。

B. 2 年消滅時效期間（第 606 條）

(A)基於「救助旅客傷亡、行李滅失或物體上的毀損或返還行李遲延所生的債權」，但以依本編（按：指德國商法海商編）得請求者為限。本款的消滅時效起算點，其不同的起算點分別為：

a.關於旅客受傷請求權者

關於旅客人身受傷請求權的消滅時效，自旅客離開船舶時開始起 2 年❾❼。

b.關於旅客死亡者

關於旅客死亡的請求權的消滅時效，自旅客應該離開船舶之日起算。旅客於離開船舶之後死亡者，自旅客死亡之日起算，但自旅客離船之日起不得逾 1 年❾❽。

c.關於行李毀損滅失遲到者

關於行李滅失、物體上的毀損或返還遲延損害賠償請求權的消滅時效，自旅客離船或旅客應離船之日起，以較晚者為準❾❾。

(B)基於「船舶碰撞（第 570 條）或第 572 條所列事故之一（按：指船舶間接碰撞所生的人身傷亡、財產毀損滅失遲到所生的債權）」所生損害賠償請求權，其消滅時效自造成損害的事故發生日起算❿⓿。

(C)基於「救助報酬、特別補償金或救助費用」的債權，自救助作業完成日起算。2012 年德國商法（海商編）第 607 條第 2 項的規定，對於該債權的債務人行使追償請求權的時效限制亦適用之⓿❶。

(D)基於「移除殘骸」所生債權的消滅時效，也自殘骸移除完成之日起算。

---

❾❺　2012 年德國商法（海商編）第 607 條第 4 項。
❾❻　2012 年德國商法（海商編）第 607 條第 4 項。
❾❼　2012 年德國商法（海商編）第 607 條第 5 項第 1 款。
❾❽　2012 年德國商法（海商編）第 607 條第 5 項第 2 款。
❾❾　2012 年德國商法（海商編）第 607 條第 5 項第 3 款。
❿⓿　2012 年德國商法（海商編）第 607 條第 6 項。
⓿❶　2012 年德國商法（海商編）第 607 條第 7 項。

2012 年德國商法（海商編）第 607 條第 2 項的規定，對於該債權的債務人行使追償請求權的時效限制亦適用之❿❷。

(2)消滅時效期間的聲明延長

第 605 條及第 606 條的消滅時效限制，只要債務人拒絕清償，主張賠償的債權人都可以聲明方式延長。請求權的主張以及拒絕請求的主張都必須以書面為之。該時效的延長在債務人拒絕清償的範圍內都可以延長。請求權的行使或拒絕支付都應該以書面為之。該書面只要永久可以閱讀，無須簽字。就同一損害賠償請求權的任何進一步聲明，都不發生消滅時效另外延長的效果❿❸。

(3)關於消滅時效的約定

任何件貨運送契約或簽發載貨證券上關於貨物滅失或物體上的毀損損害賠償請求權的時效期間限制，在相同當事人間不論是一次交易或曾經多次內容相似的交易，只可以以經當事人詳細討論所達成的約定縮短或延長之。但無論如何，載貨證券上關於縮短損害賠償請求權時效的任何條款，對第三人都不生效力❿❹。關於第 606 條第 1 款所記載的旅客受傷、行李的物體上毀損、行李的返還遲延的請求權的時效限制，得於請求權所依據的理由做成之後，由運送人單方聲明或由當事人合意的方式延長之。前述的聲明或合意必須以書面為之。任何關於時效的減損 (erleichterung)，特別是消滅時效期間的縮短 (verkurung)，均予禁止❿❺。

(4)消滅時效的規定對於「基於契約的請求權」與「非基於契約的請求權」都一體適用

若基於「本章（按：指第五章海事優先權，即第 596 條至第 610 條）的契約上的損害賠償請求權」，就賠償損害言，與「非契約上的請求權」發生競合，則本章關於消滅時效的規定，對於「非契約上的請求權」也適用之❿❻。

---

❿❷ 2012 年德國商法（海商編）第 607 條第 7 項。
❿❸ 2012 年德國商法（海商編）第 608 條。
❿❹ 2012 年德國商法（海商編）第 609 條第 1 項。
❿❺ 2012 年德國商法（海商編）第 609 條第 2 項。
❿❻ 2012 年德國商法（海商編）第 610 條。

📖 習題

一、選擇題

1. 下列關於船舶抵押權標的物以及船舶抵押權之設定的敘述,何者正確?

   (A)建造完成的船舶以及建造中的船舶都可以設定船舶抵押權,抵押權的設定非經登記,不生效力。

   (B)船舶非建造完成不得為船舶抵押權的標的物,非訂立書面契約不得設定抵押權,非經登記不得對抗善意第三人。

   (C)建造完成的船舶以及建造中的船舶都可以設定船舶抵押權;船舶抵押權非訂立書面契約不得設定;非經登記,不得對抗善意第三人。

   (D)船舶非建造完成不得為船舶抵押權的標的物,非訂立書面契約不得對抗善意第三人。

2. 依海商法的規定,下列關於船舶假扣押或其他保全程序之強制執行的敘述,何者正確?

   (A)自船舶發航準備完成時起,以迄航行至目的港時止,均不得為之。

   (B)自船舶啟航時起,以迄航行至次一停泊港時止,均不得為之。

   (C)自船舶發航準備完成時起,以迄航行至次一停泊港時止,均不得為之。

   (D)自船舶發航準備完成時起,以迄航行至次一停泊港止,不得為之。但為使航行可能所生之債務,或因船舶碰撞所生之債務,不在此限。

3. 下列關於船舶燃料是否構成船舶一部分的敘述,何者正確?

   (A)船舶上的船舶燃料不論是否已經注入油管或剷進鍋爐都是船舶的一部分。

   (B)船舶燃料注入油管或剷入鍋爐者為船舶一部分,尚未注入油管或剷入鍋爐者不構成船舶的一部分。

   (C)船舶燃料注入油管或剷入鍋爐者推定為船舶一部分。

   (D)船舶燃料不論是否注入油管或剷入鍋爐都不構成船舶一部分。

4. 下列關於船舶範圍的敘述,何者為正確?

(A)船舶的範圍應該包括航行上或營業上必需之一切設備及屬具，不論該設備或屬具是否屬於船舶所有人所有。

(B)船舶的範圍應該包括航行上或營業上必需之一切設備及屬具，但以該設備或屬具是屬於船舶所有人所有為限。

(C)船舶的範圍應該包括航行上或營業上必需之一切設備、屬具以及從物，不論該設備、屬具及從物是否屬於船舶所有人所有。

(D)船舶的範圍應該包括航行上或營業上必需之一切設備、屬具及從物，但以該設備、屬具及從物屬於船舶所有人所有為限。

5.下列關於船舶所有權或應有部分在國內讓與方法的敘述，何者正確？
  (A)應作成書面，並申請讓與地或船舶所在地的航政主管機關登記才能生效。
  (B)應作成書面，並申請船籍港的航政主管機關登記才能生效。
  (C)應作成書面，並申請讓與地或船舶所在地的航政主管機關蓋印證明，才能生效。
  (D)應作成書面，並應該申請船籍港的航政主管機關蓋印證明，才能成立。

6.下列關於船舶所有權因法律行為而移轉的敘述，何者為正確？
  (A)非經登記，不能成立。
  (B)非經登記，不生效力。
  (C)非經登記，不得對抗惡意第三人。
  (D)非經登記，不得對抗善意第三人。

7.依照海商法的規定，下列關於共有船舶之處分及其他與共有人共同利益有關事項決定方法的敘述，何者為正確？
  (A)應以共有人過半數之同意為之。
  (B)應以共有人應有部分價值合計過半數為之。
  (C)應以共有人過半數並其應有部分價值合計過半數為之。
  (D)應以共有人二分之一以上並其應有部分價值合計二分之一以上為之。

8. 依照海商法的規定，下列關於船舶共有人出賣其應有部分以及以應有部分設定抵押權的敘述，何者正確？
  (A)船舶共有人得自由出賣其應有部分，但其他共有人得以同一價格儘先承買；船舶共有人以其應有部分供抵押時，應得其他共有人過半數之同意。
  (B)船舶共有人出賣其應有部分應得其他共有人過半數之同意，其他共有人得以同一價格儘先承買；船舶共有人得自由以其應有部分設定抵押。
  (C)船舶共有人出賣其應有部分時應得其他共有人過半數之同意，其他共有人得以同一價格儘先承買；船舶共有人以其應有部分供抵押時，亦應得其他共有人過半數之同意。
  (D)船舶共有人得自由出賣其應有部分，其他共有人得以同一價格儘先承買；船舶共有人亦得以其應有部分供抵押時，無須獲得其他共有人之同意。

9. 依據海商法的規定，下列關於共有船舶經理人權限的敘述，何者為正確？
  (A)共有船舶經理人關於船舶之營運，在訴訟上或訴訟外代表共有人；但是非有共有人過半並其應有部分過半之同意，不得出賣其船舶或抵押其船舶。
  (B)共有船舶經理人關於船舶之營運，在訴訟上或訴訟外代表共有人；但是非有共有人三分之二並其應有部分三分之二之同意，不得出賣其船舶或抵押其船舶。
  (C)共有船舶經理人關於船舶之營運，在訴訟上或訴訟外代表共有人；但是非有共有人過半之同意，不得出賣其船舶或抵押其船舶。
  (D)共有船舶經理人關於船舶之營運，在訴訟上或訴訟外代表共有人；但是非有應有部分過半之同意，不得出賣其船舶或抵押其船舶。

10. 下列關於海事優先權性質的敘述，何者正確？
  (A)債權。
  (B)優先債權。
  (C)意定擔保物權。
  (D)法定擔保物權。

11.依照海商法的規定，下列關於海事優先權標的物的敘述，何者正確？
　(A)船舶。
　(B)船舶及運費。
　(C)船舶、運費、船舶運費之賠償、共同海損的賠償。
　(D)船舶、運費、船舶運費之賠償、共同海損的賠償、救助的報酬。

12.下列關於得對之主張海事優先權之人的敘述，何者最正確？
　(A)船舶所有人。
　(B)船舶所有人或船舶承租人。
　(C)船舶所有人、船舶承租人或期間傭船人。
　(D)船舶所有人、船舶承租人、船舶經營人及船舶操作人。

13.下列關於海事優先權所擔保債權的發生原因之敘述，何者最不正確？
　(A)船長海員的薪資債權。
　(B)因船舶操作致人身死亡、傷害。
　(C)針對承運且已經裝船貨物，因貨物管理有過失的損害賠償。
　(D)針對承運但尚未裝船且未收載之貨物，因違背運送契約的損害賠償。

14.貨物所有人因貨物毀損、滅失、遲到所生損害賠償債權的海事優先權，與運送人對貨物的留置權有相互對等的關係，上述海事優先權與留置權的成立時間及條件的敘述，何者最正確？
　(A)在貨物運送契約成立時就發生，不論貨物是否已經裝船。
　(B)在運送契約生效時發生，但以貨物已經裝船為條件。
　(C)在運送契約生效時發生，不論貨物是否已經裝船。
　(D)在違背貨物運送契約而發生損失時發生，且以貨物已經裝船或已經收載為條件。

15.下列關於運送人得否對貨物主張留置權以及留置權是否消滅的敘述，何者正確？
　(A)運送人就尚未清償的到期運費，可以對裝船的貨物主張留置權。若在運費

清償前，無保留地放棄貨物的占有，留置權就消滅。

(B)運送人就一切運費，可以對裝船及未裝船的貨物主張留置權。若在運費清償前，無保留地放棄貨物的占有，留置權就消滅。

(C)運送人就尚未清償的到期運費，可以對裝船及未裝船的貨物主張留置權。若在運費清償前，無保留地放棄貨物的占有，留置權就消滅。

(D)運送人就尚未給付的未到期運費，可以對裝船的貨物主張留置權。若在運費清償前，無保留地放棄貨物的占有，留置權就消滅。

16.在託運貨物部分裝船或部分交付運送人、部分尚未裝船也尚未交付運送人的情形，下列關於是否發生海事優先權與留置權的敘述，何者正確？

(A)就已裝船或已交付之貨物，因運送人管理過失所發生的損失，貨主可以主張海事優先權；就尚未裝船也尚未交付的貨物，因運送人管理過失所發生的損失，貨主只可以請求損害賠償，不得主張海事優先權。就未給付的到期運費，運送人就已裝船或已經交付的貨物可以行使留置權，但就尚未裝船且尚未交付的貨物，不得行使留置權。

(B)就已裝船、已交付及尚未裝船貨物因運送人管理過失所發生的損失，貨主都可以主張海事優先權。就尚未清償的到期運費，運送人就已經裝船貨物或已經交付貨物可以行使留置權；但就尚未裝船的貨物，不得行使留置權。

(C)就已裝船、已交付及尚未裝船貨物因運送人管理過失發生的損失，貨主都不可以主張海事優先權。就未給付的到期運費，運送人可以就已裝船的貨物行使留置權，但就尚未裝船的貨物，不得行使留置權。

(D)就已裝船或已交付貨物因運送人管理過失發生的損失，貨主可以主張海事優先權；但就尚未裝船的貨物因運送人管理過失所發生的損失，貨主不得主張海事優先權。就未給付的到期運費，運送人也可以就已裝船及尚未裝船貨物行使留置權。

參考答案

1. CDBAC　　　　　　　　6. DCAAD

11.我國海商法 D；中華人民共和國海商法；1993 年公約 A

12. DDDA　　　　　　　　16. A

二、問答題

1. 船舶抵押權登記的效力如何？試舉海商法及船舶登記法的相關規定以對。

2. 依照海商法及強制執行法的規定，船舶的查封有何限制？

3. 下列情況，債權人查封船舶是否受到不得查封的限制試說明之：

   (1) 基於確定判決的執行名義。

   (2) 基於為使航行可能所生債務的保全名義。

   (3) 基於船舶碰撞所生債務的保全名義。

   (4) 基於為使航行可能所生債務以及船舶碰撞以外債務的其他保全名義。

4. 海事優先權的除斥期間屆滿後，究竟為海事優先權擔保的債權，還是可以獲得優先清償的債權？或是有強制力的普通債權？或是自然債權？

5. 海商法對船長、海員有很多立法的保護規定，試舉海事優先權與船舶所有人責任限制的有關規定以對。

6. 海商法第 24 條第 1 項第 2 款規定：「因船舶操作直接所致人身傷亡，對船舶所有人之賠償請求」是海事優先權擔保的債權。本款的規定，究竟只限於「侵權行為（沒有債務不履行）」所發生的債權，還是包括「侵權行為發生的債權與債務不履行」競合發生的債權？試說明之。

7. 船舶所有人對於因船舶操作不當直接所致其承運貨物的毀損或滅失，是否應該負賠償責任？試分操作不當是由「運送人本人」所為，與操作不當是由「履行輔助人」所為，討論之。又在必須負責的情形，貨物所有人得否主張其債權受海事優先權的擔保？

8. 海事優先權的優先順位如何決定？試分下列不同情況說明之：

   (1) 同次航行中，有數個海事優先權者。

   (2) 海商法第 24 條第 1 項的同 1 款有數債權者。

   (3) 船舶留置權、船舶抵押權與海事優先權。

第三編

海上企業活動

第一章

海上貨物運送

壹｜海上貨物運送是海上企業活動的重心

　　海商法涵蓋五個重要領域，海上企業活動的基礎、海上企業活動、海上企業危險、海上企業風險的限制與分化、海事程序法，其中以海上企業活動最為重要。「**海上企業活動的基礎**」，主要內容包括船長海員、資金以及船舶，這些都是經營海上企業活動的前提條件。「**海上企業危險**」，包括船舶碰撞、海難救助以及共同海損，這些都是從事海上企業活動可能發生的風險。「**海上企業風險的限制與分化**」，介紹船舶所有人的責任限制與海上保險（包括防護及補償協會），提供企業海上活動的責任限制機制以及風險分化機制。海事程序法則是實現海事民事權利的正當程序。因此，海上企業活動的基礎、海上企業活動的危險、海上企業風險的限制與分化、海事程序法，都是附帶於海上企業活動，且伴隨海上企業活動而發生，是為次要，只有海上企業活動才是最主要的中心。

　　海上企業活動包括三個主要領域，「海上貨物運送」、「海上旅客運送」以及「船舶拖帶」。其中海上貨物運送，因託運貨物數量的大小、是否包下特定或全部船艙的不同，又分為「件貨運送」以及「航程傭船」兩類，貨物運送因為運送的數量龐大，加上運費便宜，是國際物流的主要方式。旅客運送雖然量大，但是速度緩慢，票價昂貴，不若航空運送之重要。至於船舶拖帶則只提供動力以及技術，幫助船舶進出港灣或航行海上，是運送的特殊形式，相較於海上貨物運送、海上旅客運送，其重要性又等而下之。

貳 海上貨物運送的意義及類型

一、海上貨物運送契約的意義

海上運送契約是以託運人 (shipper) 與運送人 (carrier) 為當事人，託運人有給付運費的義務，運送人有收取運費的權利，並負擔將貨物從特定地點運送至另一特定地點的義務。海上貨物運送契約的運送過程，可以是海上運送階段❶，也可以是包括海上運送階段的多式運送❷。

海上貨物運送，若是以自己所有的船舶承運自己的貨物，是船舶所有人利用自己所有的船舶；若以光船租賃所承租的船舶或期間傭船所承租的船舶載運「自己的貨物」，則是船舶租賃權的利用，都不涉及貨物運送契約的問題。但不論以「自己所有的船舶」、以「光船租賃」所承租的船舶、或以「期間傭船」所承租的船舶，承載第三人託運的貨物並從事海上運送，都會涉及「海上貨物運送」。承運第三人貨物若以「船舶的全部船艙或一部船艙」為內容者，為「航程傭船」；承運第三人貨物若以「零星件貨」為內容者，則為「件貨運送契約」。因此以運送契約形式為標準，可以區分為件貨運送與航程傭船兩類。

---

❶　所謂「海上運送階段」是指貨物抵達裝載港商港區域交付運送人，以迄貨物抵達卸貨港商港區域交付受貨人的期間。但依裝載港法律或規定貨物應交付於行政部門或其他第三人，以供運送人自其提取貨物者，運送人責任期間自其提取貨物時開始。依卸貨港法律或規定，貨物應交於行政部門或其他第三人以供受貨人提取貨物者，運送人責任期間自運送人交付貨物於其時終止。所謂「商港區域」，指商港主管機關，依法劃定商港界限以內之水域與為商港建設、開發及營運所必需之陸上地區。

❷　「多式聯運」是指運送全程有兩種以上之不同運送模式，必須包括有「海運方式」。

二、海上貨物運送的類型

海上貨物運送區分為件貨運送與航程傭船運送，雖然為了航行安全與適載能力的考慮，很多件貨運送的規定應該準用到航程傭船，但是件貨運送的當事人談判機會、談判能力相差十分懸殊，件貨運送契約內容應該受到嚴格的規制，而航程傭船的當事人談判機會、談判能力則十分接近，除了維護航行安全、適載能力所必須者外，其他都可以依照契約自由原則調整契約內容，但航程傭船契約如果是以定型化條款為基礎訂立，仍然必須受到關於定型化契約規制法律的規範，例如：民法第 247 條之 1，因為以定型化契約條款為基礎所訂立的契約，契約當事人的談判機會及談判能力，仍然不會完全公平。

(一)件貨運送契約

件貨運送契約，是以貨物的件數、體積或重量為運費計算基礎的運送契約❸。在件貨運送契約，運送人並沒有預先規劃船艙的全部或特定一部供託運人使用，而是承諾在貨物交付運送人，並依「運送人或船長的安排」堆放在船舶的艙位後，經由海上將貨物運送至目的地，並交付予受貨人❹，託運人承諾有給付約定運費的義務。

件貨運送的貨物，可能為一件，或為零星的數件，或為大批或大量的貨物，但其運費必須是按照「件數」、「噸數」或「體積」計算，不是依照「艙位」計算❺。

件貨運送通常由班輪 (liner) 進行，又稱為「公共運送 (common carriage)」或「固定航線運送❻（以公告或類似方式提供於公眾之運送服務，包括依公告之船期表，以船舶在特定港口間定期營運的運送服務）」。班輪運送，承運貨物的船舶定期航行在固定航線的特定港口之間，正如同公共汽車依照時間表行駛

❸ 海商法第 38 條第 1 款、德國商法（海商編）第 556 條第 2 款。
❹ 參閱 2012 年德國商法（海商編）第 481 條第 1 項。
❺ 參閱海商法第 61 條。
❻ 與班輪運送或固定航線運諸相對的就是 「非固定航線運送」，凡不屬於固定航線運送者，都是「非固定航線運送」。

在固定路線上。班輪運送,由於具有公共運送的性質,因此運送人有接受託運的義務。又因為契約當事人的「談判機會」、「談判能力」極為懸殊,運送契約的免責條款或責任限制條款受到嚴格的規制。

因件貨運送而訂立的契約,稱為「海上件貨運送契約」。海上件貨運送契約與載貨證券不同,載貨證券不等於海上件貨運送契約。載貨證券在當事人之間只具有「推定」運送契約的效力;海上件貨運送契約的範圍比較廣,舉凡載貨證券、裝船的口頭、書面安排、運送人的廣告、訂艙單、運送人的運價手冊都構成海上運送契約的一部分。載貨證券頂多只是海上貨物運送契約的一部分,當載貨證券內容與其他文件內容發生矛盾或牴觸時,只要其他文件符合當事人的真意,在當事人間就具有推翻載貨證券的效力。

在沒有簽發載貨證券的情況,運送人會簽發海上貨運單或電子單據,海上貨運單或電子單據也具有「推定」運送契約內容的效力。

㈡航程傭船契約

航程傭船契約 (a voyage charterparty) , 指以船艙的全部或一部供運送為目的,從某個港口承運貨物到另外一個特定港口的契約❼。航程傭船契約以船艙利用的多寡以及航程的遠近為計算運費的標準,本質上是件貨運送的擴大化或極大化,件貨運送的貨物數量逐漸增加,到足以填滿船艙或大部分船艙,就是一部航程傭船;件貨運送的貨物數量再逐漸增加,到足以填滿所有船艙,就是全部航程傭船,所以傭船人給付的對價,性質上是「運費」,而非租金。

三、件貨運送與航程傭船的區別與準用

㈠件貨運送與航程傭船的區別

1. 承運作業的差別

件貨運送契約與航程傭船契約本質上都是「運送契約」,給付的對價本質上也都是「運費」,但二者有下列不同:

---

❼　海商法第 38 條第 2 款、2012 年德國商法(海商編)第 556 條第 1 款。

⑴航程傭船使用船舶的特定船艙的全部或一部，但件貨運送卻沒有特定船艙。

⑵航程傭船的船舶停泊在約定的裝載港、約定的碼頭裝貨；件貨運送船舶的停泊碼頭，通常按照船期表的安排。

⑶航程傭船承運貨物的數量龐大，因此必須先向託運人發出裝船準備通知；件貨運送的託運貨物，數量較少，無須預先通知託運人。

⑷航程傭船會有裝船期間的約定以及延滯費等問題；件貨運送無此約定。

⑸航程傭船會有貨物裝船堆放義務人是運送人或傭船人的約定；件貨運送一般由運送人負責裝船，沒有由何人裝船的約定。

⑹航程傭船貨物數量龐大，需要受貨人配合，因此會發生卸貨通知問題；件貨運送可以將貨物寄存在倉庫，由受貨人憑單提貨，因此沒有卸貨通知問題。

⑺航程傭船貨物數量龐大，因此會發生卸貨義務人是由運送人或受貨人卸貨問題；件貨運送，由運送人負責卸貨，沒有約定卸貨義務人的必要。

⑻航程傭船有卸貨期間的約定，自然會發生卸貨遲延及延滯費問題；件貨運送由運送人負責，不發生卸貨遲延等問題。

表2

	件貨運送	航程傭船
使用船艙	沒有特定船艙	特定船艙的全部或一部
船舶停泊	停泊碼頭，通常按照船期表安排	在約定的裝載港、約定的碼頭裝貨
裝船期間約定	貨物數量較少，無須預先通知託運人，因此沒有裝船期間的約定	貨物數量龐大，必須先向託運人發出裝船準備通知，因此有裝船期間的約定及延滯費等問題
貨物裝船約定	一般由運送人負責裝船，沒有由何人裝船的約定	有貨物裝船堆放義務人是運送人或傭船人的約定
卸貨通知	貨物可以寄存倉庫，由受貨人憑單提貨，因此沒有卸貨通知問題	貨物數量龐大，需要受貨人配合，因此會發生卸貨通知問題
卸貨義務人	由運送人負責卸貨，沒有約定卸貨義務人的必要	貨物數量龐大，因此有卸貨義務人是由運送人或受貨人卸貨等問題
卸貨遲延	由運送人負責，不發生卸貨遲延等問題	有卸貨期間的約定，因此有卸貨遲延及延滯費等問題

2.對免責約款或責任限制約款的規制寬嚴不同

在件貨運送契約，不論有無簽發載貨證券，由於託運人所託運貨物數量較少，沒有足夠的談判機會、對等的談判能力，因此法律禁止意定的免責約款或意定的責任限制約款。海商法第 61 條：「以件貨運送為目的之運送契約或載貨證券記載條款、條件或約定，以減輕或免除運送人或船舶所有人，對於因過失或本章規定應履行之義務而不履行，致有貨物毀損、滅失或遲到之責任者，其條款、條件或約定不生效力。」，就是針對談判機會、談判能力不平等下訂立的件貨運送契約的限制❽。

海商法第 61 條的規定源自海牙規則、海牙維斯比規則❾，海牙規則、海牙維斯比規則都禁止運送人在「載貨證券」以「約定方式」免責或限制運送人責任，以保護託運人或受貨人的合法利益。德國民法與商法對於件貨運送契約與航程傭船契約內容的規制，體系較為完備：

⑴件貨運送

關於件貨運送下，運送人免責或限制責任的約定，德國商法將之細分為在「件貨運送契約」約定與在「載貨證券」約定兩類：

A.在「件貨運送契約」約定

2012 年德國商法（海商編）第 512 條第 1 項規定：「本節規定只許可針對特定事項經個別商議的方式加以改變。相同的當事人間為多次內容相似的交易，亦同。」、第 2 項：「不論第 1 項的規定為何，當事人仍得預先為下列約定：⒜運送人對於其受僱人或船公司的受僱人因駕駛或操作船舶過程中、或因火災、船舶上爆炸、以及主要非因貨物管理措施所致的損失，不負賠償責任的約定。⒝運送人就貨物的滅失或物體上的毀損的責任為高於（商法）第 504 條所訂限制的約定。」

---

❽　海商法修正草案第 73 條：「運送契約條款或約定，以減輕或免除運送人，對於因過失或本章規定應履行之義務而不履行，致有貨物滅失、毀損或遲延交付之責任者，其條款或約定不生效力。」擬修正現行海商法第 61 條的規定，但是現行海商法第 61 條乃針對當事人談判地位懸殊的件貨運送契約或載貨證券而規定，對於當事人談判地位相當的航程傭船，應不適用，因此現行法的規定符合定型化契約理論，有其正當性，修正草案的修正文字，並不正確。

❾　參閱海牙維斯比規則第 3 條第 8 款。

B.在「載貨證券」上約定

2012 年德國商法（海商編）第 525 條規定：「載貨證券上之條款，為有別於第 498 條至第 511 條、第 520 條第 2 項、第 521 條第 4 項或第 523 條規定之約定者，只有在符合第 512 條的規定時，才生效力。惟任何不利於託運人的約定，對第三人不生效力。本條第二句的規定，對於依照第 512 條第 2 項的免責約定或限制責任約定，不適用之。」，所謂「第 498 條至第 511 條」是關於貨物滅失或毀損責任的規定；所謂「第 520 條第 2 項」是關於運送人無單放貨對載貨證券權利人責任的規定；所謂「第 521 條第 4 項」是關於運送人件貨交付給載貨證券持有人以外的第三人時，損害賠償金額限制的規定；所謂「第 523 條」是關於載貨證券不正確記載所生責任的規定。

⑵航程傭船

A.以定型化條款為基礎

在航程傭船契約，若是以定型化條款為基礎訂立的，定型化契約條款（按：該契約條款的使用人可能為船舶所有人或船舶營運人；但對託運人言，就是運送人）必須受到定型化契約相關法律的規制。但由於託運的貨物為數龐大，託運人與運送人的「談判地位」及「談判力量」較為接近，因此放寬在運送契約上為免責約款或責任限制約款的約定。但是，若運送人簽發載貨證券，且載貨證券有引置條款 (incorporate clause) 時，除非引置條款用「十分鮮明的提醒文字，提醒託運人注意」，且所引置航程傭船契約「置於可能隨時閱讀」的情況下，才對第三人有拘束力❿。儘管法律對航程傭船契約免責約款或責任限制約款的限制較寬，免責約款的內容仍然「不得違反契約的本質」，例如：免除船舶所有人提供船舶的義務、免除船舶所有人提供具有約定空間船舶的義務⓫。

---

❿ 參閱海商法第 61 條。

⓫ TOR LINE A/B v. ALLTRANS GROUP OF CANADA LTD.: THE "TFL PROSPERITY" [1984] 1 Lloyd's Rep. 123, H.L.
船舶所有人，依照 1979 年 4 月 10 日所訂立的期間傭船契約之約定，將其所有的自動開艙船舶 (roll-on roll-off vessel) TFL Prosperity 號出租於傭船人，為期 6 個月，係以 "Baltime 1939" 的期間傭船定型化約款為基礎訂立的。契約條款如下：「8.船舶的航程 (reach) 以及載重 (burthen)，包括合法的甲板裝載，均由傭船人決定。13 船舶所有人只

　　B.契約非以定型化條款為基礎訂立

　　航程傭船契約若不是以定型化條款為基礎而訂立的，則不受民法有關定型化契約條款規定的規制，契約自由約定的幅度更大，可以透過契約自由原則，自由約定，但也並非毫無限制，例如：契約不得違背公序良俗，契約不得違背誠實信用原則。更重要的是契約不可以規避本質上的義務，例如：船舶適航性義務與船舶適載性義務都不可以以約定免除或縮減。

3.契約有無「追及力」的不同

　　件貨運送契約沒有追及力，契約訂立之後，即使船舶轉讓予第三人，託運人也不得主張件貨運送契約對受讓人繼續存在，僅可以對原來的運送人主張債務不履行的損害賠償請求權，於此，必須注意在海商法將託運人對運送人違背運送契約的損害賠償請求權，也列為海事優先權擔保債權的國家❷，若在貨物

　　就船舶交付之遲延，或在傭船期間有遲延情事，以及對船舶上的貨物有毀損或滅失情事負責，但以船舶所有人就使船舶具有適航性以及使船舶適合於航程一點，未欠缺善良管理人之注意，或是船舶所有人本人的其他作為、不作為或不履行所致之遲延或損失為限⋯⋯。船舶所有人對於其他任何情形不負責任，對於其所引起的損失或遲延，不論引起何種損失或是如何引起損失亦均不負責任。」

　　傭船人要以船舶的主甲板載運裝有拖車的雙層40英尺貨櫃，傭船契約的第26條記載船舶容積，其中主甲板高度為6～10英尺。在第一次航行時，發現主甲板事實上無法裝載裝有拖車的雙層40英尺貨櫃。傭船人主張裝船不可能的原因是因為船舶所有人所提供的船舶，其主甲板不具有約定之足夠空間，違背傭船契約第26條之約定，船舶所有人則以第13條之規定為由主張免責。

　　本判決是由上議院作成。判決主文：傭船人勝訴。判決理由指出：因為依照傭船契約第13條的約定解釋，第13條並不能使船舶所有人免除因違背其所承諾的第26條之責任。假如第13條被解釋為可以免除船舶所有人違背第26條所描述之內容的責任，或被解釋為可以免除未交付船舶的責任而無需對傭船人為財產上的損害賠償，則此一傭船契約就不再是船舶傭船契約，也不再是船舶所有人依照契約履行服務，它只形同針對傭船人所給付的龐大租金，所為意願的陳述而已，無論如何違約，都不必負賠償責任，十分不公平。

❷　1926年海事優先權及抵押權統一規定國際公約、1967年海事優先權及抵押權統一規定國際公約都沒有將運送人對託運人的損害賠償責任列為海事優先權的類型，但是都規定國家可以本於主權制定海事優先權，只是不得破壞公約或是優先權、留置權、抵押

裝船之後，因為船舶讓與、貨物被迫又卸載，託運人因此所遭受的損失，不但可以向原運送人請求「債務不履行的損害賠償」，還可以主張對船舶有「海事優先權」；相對地，若貨物尚未裝船，因為船舶讓與，受讓人沒有繼受運送契約，而原運送人也因沒有船舶，無法履行運送債務，此時，託運人只能對原運送人請求債務不履行的損害賠償請求權（普通債權），不得對船舶主張海事優先權。

由於航程傭船是傭船契約的一種，依照海商法第 41 條：「以船舶之全部或一部供運送之契約，不因船舶所有權移轉而受影響。」的規定，航程傭船契約訂立後，船舶所有人將船舶讓與受讓人者，航程傭船契約對受讓人繼續存在，換句話說，航程傭船契約具有追及力。

關於件貨運送契約與航程傭船契約的差別，詳細表列如下❸：

表 3

運送種類 區別標準	件貨運送契約	航程傭船契約
運送人有無接受託運人要約之義務	（依航運慣例） **班輪運送——有接受要約的義務** **非班輪運送——無接受要約的義務**	（依航運慣例） **無接受要約的義務**
是否為要式契約	**非要式契約**，因要約、承諾之意思表示合致而成立	**要式契約**，須訂立傭船契約，記載法定應記載事項（海商法第 40 條），另可記載約定事項，但不得有限制或免除運送契約本旨義務的約定
船舶所有權移轉時，契約有無追及力	運送契約對於船舶受讓人不生效力，但若貨物已裝船，而船舶受讓人不願承擔運送債務致託運人	**以船舶之全部或一部供運送之契約，不因船舶所有權移轉而受影響**（海商法第 41 條）

權依序相隨的順位關係。舊海商法第 24 條將運送人違背運送契約對託運人的損害賠償，列為海事優先權擔保的第六種債權。

❸ 最高法院 91 年臺上字第 1090 號民事判決：「件貨運送契約重在將約定之貨物運達目的地，故除有禁止轉船之明白約定外，運送人應有轉船的權利。且我國海商法並無運送人須對運送船舶頓數負擔保義務之規定，是以在運送人有轉船權利之場合，其在運送途中，以較小船舶轉運貨物時，託運人得否向運送人請求債務不履行之損害賠償，應依不完全給付之法理決之。」

	受有損害者,運送人(讓與人)應負損害賠償責任,甚至海事優先權	
提出船舶之時間	在班輪運送,運送人應依公告時間提出船舶,違反者,若為運送人所明知,託運人可以立即解除契約;其他情形,託運人也可以證明遲延開航之船舶於其並無利益而解除契約	依契約約定
運送人有無替換船舶、轉船之權利	運送人有替換船舶、轉船的權利	運送人無替換船舶、轉船的權利
船舶停泊處所	船舶停泊的裝載港,由船期表刊載,碼頭則由運送人指定	裝載港通常於傭船契約中約定,或為特定港,或為約定數港中由託運人指定之港口。碼頭通常亦由託運人指定
剩餘船艙可否再與他人訂立運送契約	可以	不可以
運費的計算	多以貨物之「重量」、「體積」或「件數」定運費標準	多以「船艙大小」、「期間長短」定運費的標準
是否定期航行	多屬於定期航行的班輪運送	多屬不定期航行
契約當事人的交涉能力	當事人交涉能力相差懸殊,因此法律須強制規範當事人權利義務	當事人交涉能力相若,不乏個別商議契約,海牙規則並許可約定免責約款
船舶大小	多為大船	多為中小船舶

(二)件貨運送規定對航程傭船的準用關係

航程傭船及件貨運送都是海上貨物運送的一環,載運工具都是船舶、承運客體都是貨物、來往空間都涉及海洋,因此,海商法關於件貨運送的很多規定,在航程傭船都可以準用,舉其要者如下:

1.運送人的權利義務及違反義務的責任

(1)運送人的主要義務包括:貨物運抵目的地義務、適航性義務與適載性義務、貨物裝船義務、貨物的交付義務。

(2)運送人的權利主要包括:貨物的留置權、抗辯事由的援引。

(3)運送人的責任主要包括:責任基礎、法定免責事由等等。

2.託運人義務及違反義務的責任

主要義務包括給付運費義務、告知貨物一般資訊義務、告知危險品義務、貨物包裝及識別標示義務、以及因為違背上述義務而發生的損害賠償責任。

四、批量運送契約

批量運送 (volume contract)，依照鹿特丹規則第 1 條第 2 項的規定，是指在約定期間內分批裝運特定數量貨物的運送契約。所謂「特定數量」可以是最低數量、最高數量或一定範圍的數量 ("volume contract" means a contract of carriage that provides for the carriage of a specified quantity of goods in a series of shipments during an agreed minimum, a maximum or a certain range)。批量運送契約，既然是當事人，在約定期間內，將一定數量的貨物，數次分批裝運，不論是以件貨運送或是航程傭船方式為之，承運貨物的數量必然是十分龐大，託運人與運送人的談判機會、談判能力有對等性，託運人不需要特別保護，因此鹿特丹規則規定批量契約沒有強行法的適用。

鹿特丹規則第 80 條規定：

1.儘管有第 79 條的規定（按：指出了本公約另有規定外，運送契約的任何條款無效的情形❶），運送人與託運人間，就本公約所適用的批量契約，得約定比公約約定較多、較少的權利，亦得約定較輕或較重的義務。

---

❶　1. Unless otherwise provided in this Convention, any term in a contract of carriage is void to the extent that it: 47 (a) Directly or indirectly excludes or limits the obligations of the carrier or a maritime performing party under this Convention; (b) Directly or indirectly excludes or limits the liability of the carrier or a maritime performing party for breach of an obligation under this Convention; or (c) Assigns a benefit of insurance of the goods in favour of the carrier or a person referred to in article 18.

　　2. Unless otherwise provided in this Convention, any term in a contract of carriage is void to the extent that it: (a) Directly or indirectly excludes, limits or increases the obligations under this Convention of the shipper, consignee, controlling party, holder or documentary shipper; or (b) Directly or indirectly excludes, limits or increases the liability of the shipper, consignee, controlling party, holder or documentary shipper for breach of any of its obligations under this Convention.

2.依本條第 1 項所為的約定，僅在符合下列條件下，才能發生拘束力：

　(a)批量運送契約有異於本公約規定的特別聲明。

　(b)該批量運送契約異於公約規定的約款是經過個別商議 (individually negotiated) 或是突出約定（prominently specifies 即：明確指定的）。

　(c)託運人有機會且已被告知可以訂定符合本公約的條件或條款，而無需依據本條件做任何異於公約規定的運送契約。

　(d)批量運送契約與本公約的差異條款既非以其他併入方式訂定，也必是記載在不得個別商議的附和契約中訂定。

3.運送人所公開的運費表及服務表、運送單據、電子運送記錄或其他類似文件都不是本條第 1 項所稱的批量運送契約，但批量運送契約得將上述文件納入為契約條款的一部分。

4.本條第 1 項的規定，不適用第 14 條第 1 項第(a)款（按：指船舶適航性義務）及(b)款（按：指配備相當海員、設備、補給品，並維持整個航程海員、設備及補給品所需）、第 29 條（按：指託運人提供資訊、指示以及必要文件的義務）及第 32 條（按：危險貨品的特別通知義務）所指的權利義務以及違背該義務應負的責任，也不適用於第 61 條（按：指關於因故意或重大過失而喪失主張限制責任利益）的作為或不作為而發生的任何責任。

5.批量運送契約中與本公約規定不同的差異條款，若批量運送契約符合本條第 2 項的規定，在符合下列條件下，對運送人以及託運人以外的第三人亦適用之：

　(a)第三人知悉批量運送契約與公約不同之突出條款的資訊，且明白表示願意接受該差異條款的拘束。

　(b)該同意並非只在運送人的運費表及服務表、運送單據或電子運送記錄中載明。

6.主張差異條款利益的一方應該證明差異條款已經符合有效條件。

參 | 件貨運送契約

一、法 源

海上貨物運送的法源，包括國內法的法源以及國際公約的法源。國內法的法源在第一編海商法的法源中已有詳細介紹。國際公約的法源包括海牙規則、海牙維斯比規則、漢堡規則、鹿特丹規則，雖在前面也有提及，但不夠深入，在海上貨物運送之開始，有必要再深入說明。海商法的國際公約法源，以海牙維斯比規則為主軸，其他公約為輔助，變動緩慢，在短期內不會有太大的變動。

㈠以海牙維斯比規則為主軸──採「不真正過失責任制」

1924 年載貨證券統一法律規則國際公約 (International Convention for the Unification of Certain Rules of Law Relating to Bills of Lading)❺簡稱為海牙規則。**海牙規則就海上貨物運送人的責任，被定位為「不真正過失責任」。**

海牙規則之所以被定位為「不真正過失責任」，是因為民法上的過失責任，除了債務人「應注意、能注意、而不注意」才負損害賠償責任外，債務人還必須就「履行輔助人關於債務的履行有故意過失，一律『視為』是債務人的故意過失」，沒有例外，民法第 224 條規定：「債務人之代理人或使用人，關於債之履行有故意或過失時，債務人應與自己之故意或過失負同一責任。但當事人另有訂定者，不在此限。」甚明。

---

❺ 有翻譯為「統一提單的若干法律規則的國際公約」，國際海上運輸三公約釋義，吳煥寧主編，第 31 頁，中國商務出版社，2007 年 10 月。也有翻譯為「1924 年統一某些載貨證券規則國際公約」，國際海商暨海事法基本文件，第二冊，1924-Hague-1-8，黃裕凱博士編譯，自行出版，2008 年 9 月。

　　相對於民法的規定，海牙規則採「不真正過失責任」，就運送人自己履行債務，雖然負擔的也是「應注意、能注意、而不注意」才負損害賠償責任的過失責任，就此而言，海商法承襲國際公約，雖將舉證責任反轉，採取推定過失責任，惟本質上還是過失責任。但是運送人就其「履行輔助人履行債務有故意或過失」致承運的貨物毀損滅失是否必須負責，海商法並非「一律視為」運送人的故意或過失，而是只限於「貨物管理」一項的故意或過失，才視為運送人的故意或過失，至於履行輔助人關於「航行」、「管理船舶」以及「火災」三項有故意或過失，則並不擬制為運送人的故意或過失，運送人仍然可以主張免責❶❻，因此稱為「不真正過失責任」。

　　不僅如此，得主張不真正過失責任制的主體還進一步擴大，運送人主張免責、限制責任或其他抗辯權的同時，其「履行輔助人」也可以援引喜馬拉雅條款❶❼的規定，主張免責、限制責任或其他抗辯權，但有故意或重大過失者，不在此限。

　　海牙維斯比規則就是由 1924 年海牙規則經過 1968 年布魯塞爾議定書的修正補充而成的❶❽。布魯塞爾議定書的重點，主要是「修正」海牙規則中關於載貨證券的文義性❶❾，「補充」海牙規則的貨櫃運送計件方式❷❶。布魯塞爾議定

---

❶❻　參閱海牙規則第 4 條第 2 項(a)(b)(q)款。

❶❼　喜馬拉雅條款的意思是運送人可以主張的免責或責任限制等抗辯事由，受僱人（船長海員等）也可以主張。

❶❽　參閱 1968 年布魯塞爾議定書第 1 條及第 2 條。

❶❾　參閱海牙維斯比規則第 1 條第 1 項增加：「但是，當載貨證券已經轉給善意的第三人時，即不得提出反證 (However, proof to the contrary shall not be admissible when the bill of lading has been transferred to a third party acting in good faith.)。」

❷❶　參閱海牙維斯比規則第 2 條第 3 項：「以貨櫃、托盤或其他類似的運輸器具拼裝時，載貨證券所記載裝在該運輸器具中的件數或單位數應視為本項所指的件數或單位數。除上述情況外，此種運輸器具應視為即是件或單位 (Where a container, pallet or similar article of transport is used to consolidate goods, the number of packages or units enumerated in the Bill of Lading as packed in such article of transport shall be deemed the number of packages or units for the purpose of this paragraph as far as these packages or units are concerned. Except as aforesaid such article of transport shall be considered the package or unit.)。」

書雖然「修正」、「補充」了海牙規則，但並沒有改變海牙規則的運送人「不真正過失責任」的本質。因此，不論海牙規則或是海牙維斯比規則，採用的都是「不真正過失責任」。海牙維斯比規則是至今為止，很多國家海商法重要的法源，在可見的將來，將繼續維持其重要性。

(二)以其他國際公約為輔助

1.漢堡規則——採「原則上推定過失責任」

1978 年的漢堡規則全名是 1978 年聯合國海上貨物運送公約[21]，運送人負的是「原則上過失責任主義」，或者更精確地說，是「原則上推定過失責任主義」，運送人就承運貨物的毀損、滅失或遲到「原則上」都被推定有過失而必須負損害賠償責任，只有一個是「例外」，就是「火災」，火災所致貨物的毀損、滅失，索賠人必須舉證證明運送人有故意或過失，運送人才負損害賠償責任[22]，即運送人就火災負的是「一般過失責任」，正因為有火災這個例外，因此漢堡規則只能稱之為「原則上推定過失責任」或是「以推定過失」為原則，以「一般過失」為例外。

[21] United Nations Convention on the Carriage of Goods by Sea, 1978.
[22] 漢堡規則第 5 條第 1 項：「貨物依第 4 條之界定，在運送人的管領下發生導致貨物毀損、滅失以及遲到的事故時，運送人應該負損害賠償責任，但運送人能證明其本人、受僱人或代理人已經採取所有合理可以期待的措施以避免事故的發生以及結果 (The carrier is liable for loss resulting from loss of or damage to the goods, as well as from delay in delivery, if the occurrence which caused the loss, damage or delay took place while the goods were in his charge as defined in article 4, unless the carrier proves that he, his servants or agents took all measures that could reasonably be required to avoid the occurrence and its consequences.)。」，可以知悉運送人就其承運貨物的毀損、滅失或遲到採推定過失責任。但是就貨物因火災所致的毀損、滅失、遲到，則採取一般過失責任，此觀第 5 條第 4 項：「如果請求權人能夠證明火災是因為運送人、受僱人或代理人的過失所引起，則運送人對於火災所致貨物的毀損、滅失或遲到，必須負損害賠償責任 (4.(a) The carrier is liable (i) for loss of or damage to the goods or delay in delivery caused by fire, if the claimant proves that the fire arose from fault or neglect on the part of the carrier, his servants or agents.)。」

在漢堡規則的「原則上推定過失責任」制度下，運送人的履行輔助人履行債務有故意或過失，一律視為運送人的故意或過失，運送人都必須負損害賠償的義務。民法「債務人之履行輔助人關於債務之履行有故意或過失，視為債務人自己的故意或過失」的基本原則，在漢堡規則獲得了貫徹。

2. 鹿特丹規則——採「推定過失責任制」

鹿特丹規則第 17 條第 2 項：「經證明促使滅失、毀損或遲延交付發生的唯一原因或其一原因，並非由於運送人或第 18 條所規定之任何人的過失所致時，運送人免除其依本條第 1 項規定應負之責任。」❷❸，本規定宣示了鹿特丹規則的索賠要件，必須有「因果關係」以及「運送人有故意或過失」，運送人負的是「過失責任」，而且是過失責任中的「推定過失責任」。本項雖然規定在鹿特丹規則第 5 章第 17 條「責任基礎」的第 2 項，但卻是鹿特丹規則關於運送人責任的基本規定。

鹿特丹規則，參考海上保險為「概括保險」的特質以及訴訟的實務，就因果關係以及故意過失的舉證責任分配，做了三個階段的細緻規定：

(1) 索賠人只要能夠證明貨物是「在運送人掌控期間」發生毀損、滅失或遲到，就推定運送人有故意或過失，應該負賠償責任

貨物發生毀損、滅失或遲到時，索賠人不須證明運送人或履行輔助人有「故意或過失」，只須證明貨物的毀損、滅失或遲到是發生在「運送人掌控期間」，運送人就被推定有「故意或過失」，就必須賠償，鹿特丹規則第 17 條第 1 項規定：「若索賠人證明滅失、毀損或遲延交付，或促使或共同促使滅失、毀損或遲延交付發生的事故或情況是在依第 4 章之規定運送人應負責任的期間內，運送人對於貨物的滅失、毀損或遲延交付，須負賠償責任。」❷❹，上述規定其實源

---

❷❸ The carrier is relieved of all or part of its liability pursuant to paragraph 1 of this article if it proves that the cause or one of the causes of the loss, damage, or delay is not attributable to its fault or to the fault of any person referred to in article 18.

❷❹ The carrier is liable for loss of or damage to the goods, as well as for delay in delivery, if the claimant proves that the loss, damage, or delay, or the event or circumstance that caused or contributed to it took place during the period of the carrier's responsibility as defined in chapter 4.

自海上保險的「概括保險」，只要貨物的毀損、滅失或遲到發生在運送人應負責任期間內，保險人原則上就必須保險理賠。

⑵運送人得以證明其「無過失」的方式，或以證明「有法定事由而推定無過失」的方式，主張免責

貨物在運送人掌控期間發生毀損、滅失或遲到，雖然「依照常情」推定運送人有「故意或過失」，但是**運送人可以以證明自己及其履行輔助人「無過失」或推定無過失而免責**。證明「無過失」的方法有二：

A.運送人證明自己及其履行輔助人「無過失」

鹿特丹規則第 17 條第 2 項規定：「經證明促使滅失、毀損或遲延交付發生的唯一原因或其一原因，並非由於運送人或第 18 條所規定之任何人的過失所致時，運送人免除其依本條第 1 項規定應負之責任。」

B.運送人證明有「法定事故」而推定無過失

鹿特丹規則第 17 條第 3 項 ：「除了依照本條第 2 項的規定證明沒有過失外，若經證明滅失、毀損或遲延交付是因為下列一個或數個事故或情況所促成或歸因，運送人也可以免除全部或部分依本條第 1 項應負的賠償責任：

a.天災。

b.海上或其他適合航行水域的高度風險、危險或意外事故。

c.戰爭、敵對行動、武裝衝突、海盜、恐怖活動、騷亂及民變。

d.檢疫限制：政府、公共機關、統治者、或人民的干涉或形成的障礙，包括不可歸因於運送人或第 18 條所述之任何人的滯留、拘捕或扣押。

e.罷工、關廠、停工或勞動限制。

f.船上火災。

g.經（審慎注意）善良管理人注意仍然無法發現的隱有瑕疵。

h.託運人、單證託運人、控制方或依照第 33 條或第 34 條的規定託運人或單證託運人應對其行為負責之任何其他人的作為或不作為。

i.依第 13 條第 2 項規定所訂契約而進行之裝載、搬移、堆存、卸載，但運送人或履約運送人代託運人、單證託運人或受貨人為之者，不在此限。

j.因貨物固有的缺陷、品質或瑕疵所致數量、重量的耗損或其他滅失或毀損。

k.非因運送人或代其履行之人所為包裝、標誌的不足或缺陷狀況。

l.因救助或意圖救助海上人命。

m.因救助或意圖救助海上財產的合理措施。

n.為避免或意圖避免危害環境的合理措施。

o.運送人依第 15 條及第 16 條之授權所為的行為。」❷

---

❷　The carrier is also relieved of all or part of its liability pursuant to paragraph 1 of this article if, alternatively to proving the absence of fault as provided in paragraph 2 of this article, it proves that one or more of the following events or circumstances caused or contributed to the loss, damage, or delay:

(a) Act of God;

(b) Perils, dangers, and accidents of the sea or other navigable waters;

(c) War, hostilities, armed conflict, piracy, terrorism, riots, and civil commotions;

(d) Quarantine restrictions; interference by or impediments created by governments, public authorities, rulers, or people including detention, arrest, or seizure not attributable to the carrier or any person referred to in article 18;

(e) Strikes, lockouts, stoppages, or restraints of labour;

(f) Fire on the ship;

(g) Latent defects not discoverable by due diligence;

(h) Act or omission of the shipper, the documentary shipper, the controlling party, or any other person for whose acts the shipper or the documentary shipper is liable pursuant to article 33 or 34;

(i) Loading, handling, stowing, or unloading of the goods performed pursuant to an agreement in accordance with article 13, paragraph 2, unless the carrier or a performing party performs such activity on behalf of the shipper, the documentary shipper or the consignee;

(j) Wastage in bulk or weight or any other loss or damage arising from inherent defect, quality, or vice of the goods;

(k) Insufficiency or defective condition of packing or marking not performed by or on behalf of the carrier;

(l) Saving or attempting to save life at sea;

(m) Reasonable measures to save or attempt to save property at sea;

(n) Reasonable measures to avoid or attempt to avoid damage to the environment; or

(o) Acts of the carrier in pursuance of the powers conferred by articles 15 and 16.

　　以上 15 種法定事故，「常情並非因運送人的故意或過失所致」，運送人只要能夠證明毀損、滅失或遲到是因上述十五種「法定事故」之一所致，就「推定」運送人對於毀損、滅失或遲到的發生沒有故意或過失。

　　C.索賠人如能證明運送人對其據以推定無故意或過失的「法定事故」之發生「有故意或過失」，運送人仍然必須負賠償責任；又索賠人能夠證明毀損、滅失或遲到是因「法定事故以外之其他事故」所致，而運送人無法證明其「無過失」時，亦同

　　鹿特丹規則第 17 條第 4 項規定：「雖然有本條第 3 項的規定，運送人有下列情形之一時，仍應對滅失、毀損或遲延交付負全部或部分賠償責任：

　　a.索賠人證明，因運送人或第 18 條所述之人的過失促使或導致運送人所據以主張免責的法定事故或情況發生。

　　b.索賠人證明，因本條第 3 項以外之其他事故或情況（即法定事故以外之其他事故）促使或導致滅失、毀損或遲延交付的發生，而運送人無法證明該事故或情況非因運送人或第 18 條所述之人的過失所致者。」❷

　　本項 a 款是承襲第 2 項而來，運送人即使證明毀損、滅失或遲到是因為本條第 2 項所列 15 種法定事故之一所致，也只是「推定」運送人無過失而已，若索賠人證明運送人對於第 2 項所列 15 種法定事故的發生有故意過失，運送人仍不得主張免責。主要原因是：上述 15 個「法定事故」只是「常情之下非因運送人的故意或過失所致」，但並非毫無例外，索賠人若能證明是由於運送人或其履行輔助人的故意或過失導致「法定事故」的發生，則「法定事故」實際上只是運送人故意或過失導致貨物毀損、滅失或遲到的媒介，運送人仍然不得免責。

　　本項 b 款規定，索賠人若是證明貨物的毀損、滅失或遲到是因「法定事故

---

❷　4. Notwithstanding paragraph 3 of this article, the carrier is liable for all or part of the loss, damage, or delay: (a) If the claimant proves that the fault of the carrier or of a person referred to in article 18 caused or contributed to the event or circumstance on which the carrier relies; or (b) If the claimant proves that an event or circumstance not listed in paragraph 3 of this article contributed to the loss, damage, or delay, and the carrier cannot prove that this event or circumstance is not attributable to its fault or to the fault of any person referred to in article 18.

以外之其他事故」❷所致,則由於毀損、滅失或遲到是貨物「在運送人掌控期間」,雖然非因「法定事故」所致,但常情之下,仍然推定運送人有故意或過失,若運送人無法證明其「無過失」時就必須負賠償責任。

(3)小　結

鹿特丹規則的以上規定,可以歸納為三點:

A.貨物在運送人掌控下發生毀損、滅失、遲到,推定運送人有故意過失——推定運送人必須賠償。

B.運送人可以證明其無過失而免責,證明方法有二:

(A)證明自己及履行輔助人無過失——運送人免責。

(B)證明毀損、滅失或遲到是「法定事故」所致——運送人推定免責。

C.索賠人證明運送人就「法定事故」的發生有故意或過失,或索賠人證明毀損、滅失或遲到是因「法定事故以外之其他事故」所致,而運送人又未能證明其無過失——運送人仍然必須負責。

(三)海上運送人責任制度變動緩慢

比較海上貨物運送的四個國際公約,從運送人責任的觀點,海牙規則、海牙維斯比規則採取「不真正過失責任」,漢堡規則採取「原則上推定過失責任」,鹿特丹規則採取「推定過失責任」,形成了運送人責任輕重不等的光譜。海牙規則、海牙維斯比規則站在光譜的最右邊,比較有利於運送人,不利於託運人或載貨證券持有人;漢堡規則站在光譜的中間偏左,稍微有利於託運人或載貨證券

---

❷　鹿特丹規則第 17 條第 4 項(b)款前半段的規定,有重疊的矛盾。因為貨物的毀損、滅失或遲到,總有其原因,不因第 17 條第 3 款所列「法定事由」所引起,就必然是因「法定事由以外之事由」所引起。在第 17 條第 3 項(a)款之所以規定由運送人負舉證責任,乃是因為貨物發生毀損、滅失或遲到未必是因為「法定事由」所致,運送人只要證明毀損、滅失、遲到是因為「法定事由」所引起,就可以享有「被推定無過失」的利益。貨物若不是第 17 條第 3 款所列的「法定事由」所引起,必然是就「法定事由以外之事由」所引起,既然邏輯上必然存在,而且依第 1 項的精神,也推定其存在,則又何必要求索賠人須證明是因「法定事由以外之事由」所引起。本款應該直接規定:「貨物毀損、滅失或遲到非因第 2 項所列事由所致者,運送人非證明其本人以及履行輔助人無過失,不得免責」就可以。

持有人；鹿特丹規則站在光譜的最左邊，明顯有利於託運人或載貨證券持有人。

就運送人的責任高低言，鹿特丹規則與海牙規則、海牙維斯比規則、漢堡規則可以比較如下：

1. 鹿特丹規則與海牙規則、海牙維斯比規則

海牙規則、海牙維斯比規則的「不真正過失責任」，運送人原則上負「推定過失責任」，例外在運送人的履行輔助人關於「海上航行」「管理船舶」以及「船舶火災」有故意過失三種情形，運送人全部可以免責，比起鹿特丹規則——運送人就其本人或履行輔助人的故意或過失，沒有例外，一律負「推定過失責任」——明顯有利於運送人，不利於託運人或載貨證券持有人。

2. 漢堡規則與鹿特丹規則

在漢堡規則，運送人所負的責任是「原則上推定過失責任」，也就是原則上是推定過失責任，但是就「火災」一項，運送人負的是「一般過失責任」；在鹿特丹規則，運送人所負雖然是「推定過失責任」，但是運送人即使證明該規則第17條第2項所列「法定事故」的存在，並沒有發生「終極免責」的效果，只發生「推定免責」的效力，「推定免責」是可以被反證推翻的，託運人或載貨證券持有人仍然可以證明運送人對於「法定事故」的發生有故意或過失，而要求運送人負責。

以「船上發生火災」為例，依照鹿特丹規則第17條第3項f款的規定，運送人只要舉證證明「船上發生火災」的事實，運送人會「被推定無過失」而免責，但是索賠人還是可以證明運送人對於「船上發生火災」有故意或過失，而要求運送人負賠償的責任，換句話說，**從鹿特丹規則運送人舉證證明「法定事故」的存在，只發生「推定免責」的效果，並沒有發生「終極免責」效果的觀點，鹿特丹規則比漢堡規則更有利於託運人或載貨證券持有人**，更不利於運送人。就海上運送人責任的觀點，鹿特丹規則實屬繼海牙規則、海牙維斯比規則、漢堡規則之後，站在最有利於託運人或載貨證券持有人光譜的一邊。

海牙規則、海牙維斯比規則、漢堡規則與鹿特丹規則，標誌著國際海商法學者以及國際組織，平衡運送人與託運人利益的努力，值得肯定。但是國家之上並沒有「太上國家」，無法強制主權國家接受某個國際公約並付諸實施。相反地，國家在評估是否吸納某個國際公約為國內法之前，最大的顧慮是其航海業

是否會因此喪失競爭優勢，是否會因此連帶導致銀行業、航海業、保險業的利益受到損害。正因為有國際競爭力的壓力以及相關行業利益的考量，因此即使海上運送的國際公約公布有日，但是要被吸納為國內法並發生規範效力，還需要相當歲月，進展十分緩慢。

二、件貨運送契約的當事人、關係人與輔助人

件貨運送契約為諾成契約，只要運送人與託運人意思表示合致就可以成立，若契約沒有附加條件或期限，也就可以立即生效。載貨證券則是由運送人或其代理人所簽發，證明貨物已經裝上航往某目的港的某船舶，且記載貨物運送的約定內容的文件。載貨證券不但是收受貨物的收據、同時也是運送契約的證明，載貨證券在運送契約當事人間，只具有「推定」運送契約內容的效力，但是假若載貨證券是「可以轉讓的（空白式或指定式）」，而且因「法律行為」而轉讓到「善意第三人」時，就「肉眼可見的記載事項（即海商法第 54 條第 1 項第 3 款所列事項）」就具有文義效力，善意第三人可以主張運送人必須依照載貨證券所記載的內容負法律責任。載貨證券同時也是物權證券，載貨證券持有人基於移轉貨物所有權的意思將載貨證券交付或背書交付予買受人時，買受人立即取得貨物所有權。

㈠當事人

海上貨物運送契約，若是件貨運送，運送契約一方為運送人 (carrier)，也就是與託運人訂立運送契約，負有將貨物運送抵達目的地，交付予貨物受領權人之人。運送人可能為船舶所有人 (ship owner)、光船承租人 (a demise charterer) 或期間傭船人 (a time charterer)。運送契約的另一方則為託運人 (shipper)，也就是與運送人訂立海上貨物運送契約，且有交付運費義務之人。託運人之所以有訂定海上貨物運送契約的義務，是因為貨物買賣契約的價金條件決定的❷⓼。依照貨物買賣契約的價金條件有訂立海上運送契約義務之人，視

---

❷⓼ 欲託運貨物之人（託運人）必須與船舶所有人（運送人）訂立海上貨物運送契約。訂立海上貨物運送契約的義務，多來自於買賣契約的約定，例如訂立買賣契約的價格條件為 FOB (Free on Board) 時，由於出賣人是「貨物裝船後免責」，買受人所給付的價金

其託運貨物數量的多寡，可以與運送人（可能為船舶所有人、光船承租人或期間傭船人之一個）訂立「件貨運送契約」，或「航程傭船契約」。

須注意者，船長、海員、水手及引水人都只是運送人的受僱人，從履行運送契約的觀點，是運送人的履行輔助人（民法第 224 條）。從船舶占有的觀點，是船舶所有人（廣義，可能為己船運送或期間傭船）或船舶承租人（光船租賃）的占有輔助人，占有輔助人本身並不是占有人，只有其雇主（船舶所有人）或船舶承租人才是占有人，而且是直接占有人。在光船租賃，船舶所有人（出租人）是間接占有人，承租人是直接占有人。

實際運送人 (actual carrier)，指在連續運送中，受運送人委託，實際完成貨物運送之全部或一部之運送人，包括任何受委託以完成此等運送之人，也可以稱為「階段運送人」或「連續運送人」。從履行運送契約的觀點，「實際運送人」就是運送人的履行輔助人，而實際運送人的船長、海員及水手就是運送人的履行輔助人的履行輔助人，都有主張「喜馬拉雅條款」的權利。

㈡件貨運送契約的關係人

運送契約關係人是指雖非運送契約的當事人，但是與運送契約的履行有利害關係的人。

1.受領權利人

受領權利人，指得受領貨物之人。海上運送有簽發載貨證券時，必須持有載貨證券的人才有請求交付貨物的權利，深入分析，在「記名載貨證券」，因為此種載貨證券不得背書轉讓，因此受領權利人也必然就是載貨證券的名義人（也就是持有人）；在「空白載貨證券」，也就是沒有記載名義人的載貨證券，受領權利人就是載貨證券的持有人；在「指定式載貨證券 (order bill of lading)」，受領權利人必須是「被指定人」或是「經被指定人背書、且背書連續的載貨證券持有人」。

不包括運費，因此買受人有義務訂立海上貨物運送契約；在 CIF 買賣契約（須指明港口），因價金已經包含成本 (cost)、保險費 (insurance) 及運費 (freight)，因此出賣人有義務訂立海上貨物運送契約；在 FOR 買賣契約（須指明港口），由於價金包括成本 (cost) 及運費 (freight)，因此出賣人有義務訂立海上貨物運送契約等等。在國際貿易實務，有訂立海上運送契約義務之人可參照 INCOTERMS 2000 之規定。

在簽發海運貨運單 (waybill) 的情形，以海運貨運單所記載的受貨人為權利人。近年航行快速，載貨證券透過「託收貨款 (D/A)」或「承兌交單 (D/P)」十分費時，有時會發生船舶先於載貨證券到達貨物目的港，進口商無法及時提示載貨證券提領貨物，運送人必須將貨物寄存倉庫，反而增加進口成本。為了因應此種情況，於是有海運貨運單的興起。海運貨運單記載受貨人的名稱，是一種「不流通的證券」，在運送契約當事人間一樣有「推定」運送契約的效力，但不具有物權證券的性質，運送人簽發海運貨運單予託運人之後，由託運人直接寄給進口商，因此海運貨運單必然先於船舶到達貨物的目的港，方便進口商及時提貨。在簽發海運貨運單的情況，海運貨運單所記載的受貨人是受領權利人。

在海上貨物運送，既未簽發載貨證券，也沒有簽發海運貨運單的情況，以運送契約所載之「受貨人」為受領權利人。

2. 船舶所有人

船舶所有人，指物權法上的船舶所有權人。物權法上的船舶所有權人，不論依照舊海商法或依照現行海商法，都是件貨運送契約的利害關係人。原因如下：

(1)依照舊海商法，船舶可能成為海事優先權的標的物，船舶所有人淪為物上保證人

在運送人與期間傭船人訂立傭船契約後，傭船人又與第三人（託運人）訂立運送契約的情形，貨物裝船之後，若傭船人（運送人）對第三人（託運人）有債務不履行的情事，民國五十一年修正的海商法第 24 條第 1 項第 6 款就將「對於託運人所負之損害賠償」債權列為海事優先權所擔保的債權，而海事優先權的標的物乃是「船舶、船舶設備及屬具或其殘餘物」，船舶所有權人就是物上保證人，託運人或受貨人得實行海事優先權，拍賣船舶，以其價金優先受償，因此船舶所有人是利害關係人。

(2)依照現行海商法，船舶仍然可能成為海事優先權的標的物，船舶所有人淪為物上保證人

依照現行海商法，承租人承租船舶並接受第三人託運貨物從事海上貨物運送，承租人對於託運人而言就是運送人。運送人履行運送契約的過程中，若因船舶操作直接致人身傷亡，或是因船舶操作直接導致陸上或水上財物毀損滅失，受害人就損害賠償債權得主張受海事優先權的擔保❷，而海事優先權又是以船

舶為主要客體❸，因此船舶所有人仍然是物上保證人，也就是利害關係人。

㈢輔助人

海上運送的輔助人，既不是運送契約的當事人，也不是運送契約的利害關係人，但是卻可以促進夯實事業發展的人。依海上貨物運送實務，託運人與運送人常分別由貨運承攬業與裝貨經紀人介入運作，而海上貨物運送，則由船長、海員、引水人或水手為輔助人。分別說明如下：

1.貨運承攬業者 (forwarding agent)

託運人常僱用貨運承攬業者，完成其託運工作，就「受僱完成託運工作」而言，是託運人的履行輔助人。貨運承攬業者是介於託運人與運送人（例如：船公司、航空公司等）之間，一方面為運送人招攬貨物，另一方面又為貨主承攬託運工作，並收取傭金。其主要工作包括：裝貨條件的通知（確定發航日期及地點等）、出口費用的計算、各項費用之代墊（包括海上運費）、打包、加印標誌、張貼標籤等。其他還有運送方法及運送工具的選定、代辦貨物保險、貨運單的製作、貨物的通關。貨運單據的寄送、最新運輸消息的提供等。

2.裝貨經紀人 (a loading broker)

裝貨經紀人指以刊登船舶出航日期、監督貨物裝船、以收取運費的一定比例作為報酬之人。裝船經紀人由運送人僱用，本質上是運送人的輔助人。

3.船長、海員、引水人或水手

船長、海員、引水人等是運送人關於海上貨物運送的履行輔助人。

三、件貨運送契約的解除❸

件貨運送契約的解除，以有無解約原因區分，可以分為「任意解除」與「非任意解除」。「任意解約」是指沒有任何法定原因或約定原因而隨意解除契約；

---

❷⁹ 參閱海商法第 24 條第 1 項第 1 款、第 4 款。

❸⁰ 參閱海商法第 27 條第 1 款。

❸¹ 2012 年德國商法（海商編）的用語是：終止，德文 Kuendigung，也就是英文 terminate，從法律效果是向將來發生，肯定過去的效力，而不負回復原狀義務等點，應該是終止為是。在法律修正前，暫時援引解除一詞。2012 年德國商法（海商編）第 489 條。

「非任意解約」是指有法定原因或約定原因而行使解除契約。由於件貨運送，運送人與託運人談判機會、談判能力並不對等，依照定型化契約理論，在件貨運送，只有託運人可以「任意解約」，運送人不得任意解約❸❷；但是若有法定原因或約定原因，則運送人與託運人都可以解除契約，即可以進行「非任意解約」，不可抗力或其他不可歸責於當事人致履行不可能是常見的非任意解約原因。

㈠任意解除

在件貨運送，託運人多為零星的自然人或法人，運送人則是談判地位強大的企業體，二者談判能力懸殊。不僅如此，船公司在固定航線上航行具有獨占或準獨占的地位，一如公共汽車依照核准路線行駛具有獨占或準獨占地位一樣，在交易習慣上，都不得拒絕託運人託運的要約或運送的要約，此種法理也反映在件貨運送契約的任意解除上，也就是「只有託運人」可以任意解約，任意解約的法律效果如下：

1. 件貨運送性質上與部分航程傭船（中華人民共和國海商法：部分航次租船）接近，其解除權的行使可以「準用航程傭船的解約規定」

件貨運送常常是班輪運送。託運人行使件貨運送解除權的法律效果如何，海商法沒有規定，但是由於件貨運送的託運人只使用船舶的部分空間，使用的時間範圍只限於從特定港口到另外一個特定港口，與部分航程傭船（部分航次租船）——除了是否利用「特定船艙」一點外——十分接近，實際上件貨運送性質上就是部分航程傭船的擴大化或極大化，件貨運送契約解除之後，船舶仍然必須如期開航，因此關於件貨運送契約的解除，可以準用一部航程傭船解除的規定。

2. 解除契約的準用範圍

海商法第 44 條第 1 項：「以船舶之一部供運送時，託運人於發航前，非支付其運費之全部，不得解除契約。如託運人已裝載貨物之全部或一部者，並應負擔因裝卸所增加之費用及賠償加於其他貨載之損害。」，第 2 項：「前項情形，託運人皆為契約之解除者，各託運人僅負前條所規定之責任」是關於解除一部航程傭船法律效果的規定。

---

❸❷　2012 年德國商法（海商編）第 489 條第 1 項。

　　所謂「前條所規定之責任」就是指海商法第 43 條第 1 項：「以船舶之全部供運送時，託運人於發航前得解除契約，但應支付運費三分之一。其已裝載貨物之全部或一部者，並應負擔因裝卸所增加之費用。」，第 2 項：「前項如為往返航程之約定者，託運人於返程發航前要求終止契約時，應支付運費三分之二。」，但是班輪運送時，某個託運人解除契約，該班輪仍然必須繼續航行，幾乎不可能發生全部託運人都解除契約的情況，因此海商法第 43 條第 1 項的規定，沒有準用的機會。

3. 德國、中華人民共和國海商法的規定

⑴德國商法（海商編）

　　件貨運送契約解除的法律效果，依德國商法（海商編），運送人得就下列請求權，選擇一行使：

　　A.核實計算法

　　運送人的請求「約定的運費」以及「任何運送人有權主張的退費」，但應扣除「因終止契約而節省的任何費用」以及「任何已經獲取」或「雖未獲取，但未獲取是因為惡意所致者」❸❸。

　　B.概括計算法：約定運費的三分之一 ❸❹ （空載運費，Fautfracht）

　　運送人雖然原則上有「選擇權」，但是 2012 年德國商法另外有「除外規定」，即：**託運人的終止契約係由於運送人應該承擔之風險的理由所致者，運送人不得主張上述概括計算法的請求權，只能行使前述的「核實計算法」。此時，若運送對託運人已經沒有利益，則運送人連「核實計算法亦不得主張」❸❺**。若件貨運送契約終止前，已為貨物的裝載及堆放，運送人得以託運人的費用負擔，實施第 492 條第 3 項第 2 句至第 4 句的措施 ❸❻。若貨物裝船及堆放之後，由於運送人應該承擔之風險的理由所致者，運送人必須自行承擔該負擔，無前段關於以託運人的負擔規定的適用 ❸❼。

---

❸❸　2012 年德國商法（海商編）第 489 條第 2 項第 1 款。

❸❹　2012 年德國商法（海商編）第 489 條第 2 項第 2 款。

❸❺　2012 年德國商法（海商編）第 489 條第 2 項但書。

❸❻　在貨物容易腐敗或處置成本不敷貨價，運送人得變賣貨物。

❸❼　2012 年德國商法（海商編）第 489 條第 3 項。

⑵中華人民共和國海商法

中華人民共和國海商法第 89 條規定：「船舶在裝貨港開航前，託運人可以要求解除合同。但是，除合同另有約定外，託運人應當向承運人支付約定運費的一半，貨物已經裝船的，並應當負擔裝貨、卸貨和其他與此有關的費用。」明顯採用概括計算法。中華人民共和國海商法關於傭船契約的解除，區分全部解除與一部解除，分別規定應該賠償部分或全部的運費，立法上較為細緻。

㈡有法定原因或約定原因的解除

因發生法定原因或約定原因而解除契約時，其法律效果如何？海商法並沒有規定，可依民法定其法律效果。法定解約原因之中，因不可抗力或其他不可歸責於當事人事由而解約者，一般仍適用民法關於「不可歸責於當事人的事由，應該各自承擔損失」以及「解除契約，回復原狀」的法理，定其法律效果。中華人民共和國海商法第 90 條：「船舶在裝貨港開航前，因不可抗力或者其他不能歸責於承運人和託運人的原因致使合同不能履行的，雙方均可以解除合同，並互相不負賠償責任。除合同另有約定外，運費已經支付的，承運人應當將運費退還給託運人；貨物已經裝船的，託運人應當承擔裝卸費用；已經簽發提單的，託運人應當將提單退還承運人規定。」之規定，效果相同，但較為詳細。

四、託運人對運送人的義務與違反義務的責任

託運人對運送人的義務及違反義務的責任，分別說明如下：

㈠貨物包裝義務與違反的責任

託運人就其託運的貨物，應該依照貨物的性質以及約定的運送類型包裝，以保護貨物，避免毀損或滅失，並避免損害運送人。貨物是裝在貨櫃、墊板或其他任何用於運送的強固貨物包裝工具時，託運人應適當且小心地裝入或裝上該工具，使之不致損害人身或財產。當事人就貨物交付時有標誌的約定者，託運人並應依約註明該標誌❸❽。

---

❸❽ 參閱 2012 年德國商法（海商編）第 484 條。

　　若託運人違反貨物包裝義務，致使貨物在運送過程中，發生毀損滅失者，運送人不負賠償責任❸❹。不唯如此，若因貨物包裝不固或標誌不清致運送人發生損失及費用者，以託運人有過失為限，且應負賠償責任❹。海商法為了保護持有載貨證券的善意第三人，依照海商法第 55 條解釋上，「標誌不清」若是關於「載貨證券法定必須記載事項以外約定的標誌標示不清」，則以託運人有故意過失為限，負損害賠償責任。「標示不清」若是關於「載貨證券法定必須記載事項」❷，也就是就貨物的主要標誌的記載不正確或不完整所致運送人的損失，即使託運人無過失，也應負賠償責任❸。

㈡負擔「貨物運達裝載港的運費，並準時交付貨物」的義務

　　除契約另有訂定、港口另有法令或習慣外，託運人應以自己的費用將託運貨物載至裝載港之船舶停泊處，以備裝船❹。託運人應於約定時間將貨物交付予運送人，以便運送❺。違反本義務的法律效果如何，海商法雖然沒有明確規定，但可能發生下列法律效果：

1.貨物無法準時裝上預定的班輪，引發貿易糾紛

　　由於件貨運送，不重視承運船舶的性質，因此仍然可以安排下一個班輪承運。雖然如此，貨物沒有準時裝船，仍可能發生買賣契約履行遲延，損害賠償的問題；在信用狀交易，若超過信用狀所訂的裝船日期，開狀銀行也因此免負擔保責任。

2.運費的賠償

　　2012 年德國商法（海商編）有下列詳細的規定❻：

---

❸　海商法第 69 條第 15 款。
❹　海牙維斯比規則第 4 條第 2 項(o)款。
❹　2012 年德國商法（海商編）第 488 條第 1 項第 1 款、第 3 款。
❷　海商法第 54 條第 1 項第 3 款。
❸　2012 年德國商法（海商編）第 488 條第 3 項第 1 款。
❹　參閱 2012 年德國商法（海商編）第 561 條。
❺　參閱 2012 年德國商法（海商編）第 486 條第 1 項前段。
❻　參閱 2012 年德國商法（海商編）第 490 條第 1 項至第 4 項。

⑴運送人得請求託運人於「合理期間內交付貨物」

　運送人未於約定期限交付全部或一部供運送的貨物者，運送人得聯絡託運人，請求託運人於合理期限內交付供運送的貨物。

⑵託運人於合理期間內，全未交付貨物者——運送人得終止契約，依規定請求運費損失

　貨物未於運送人所訂的合理期間交付或貨物明顯無法於運送人所訂合理期間交付者，運送人得終止件貨運送契約，並且依商法第 489 條第 2 項之規定請求賠償。所謂「商法第 489 條第 2 項」的規定，就是指前面所述核實計算法以及概括計算法的規定，包括託運人因運送人應承擔之風險所致的終止契約等相關規定。

⑶託運人於合理期間內，僅交付部分貨物者——運送人得「只運送已經裝船貨物，請求全部運費」

　貨物在運送人依 2012 年德國商法（海商編）第 490 條第 1 項所訂的合理期間屆滿時，託運貨物僅部分交付者，運送人得僅運送已經裝船且堆放的貨物，而請求全部運費以及由於短裝所生的費用❹，但以同一船舶承運其他貨物以替代短裝短堆貨物所收取的運費，應從全部運費中扣除。無論如何，運送人得進一步請求託運人就短裝致全部運費減少之部分提供擔保❹。

⑷託運人等「確定拒絕交付託運貨物」或「情況特殊，無法期待繼續維持契約」者——運送人得逕行請求賠償損失或逕行終止契約

　託運人或其委託交付貨物之第三人❹拒絕交付託運貨物者，以該拒絕是出自真意而且是確定者為限，運送人無須依照第 490 條第 1 項的規定，訂定合理期間請求交付貨物，而可以直接行使第 490 條第 2 項、第 3 項所規定的賠償權利。此外，假若情況特殊，於衡量各方當事人的利益之後，無法合理期待運送人繼續維持契約關係者，運送人亦得不依商法第 490 條第 1 項規定訂定合理期間，而直接依德國商法（海商編）第 490 條第 2 項的規定，終止契約❺。

---

❹　例如：因短裝而必須加固或塞保麗龍的費用。

❹　參閱 2012 年德國商法（海商編）第 490 條第 3 項。

❹　2012 年德國商法（海商編）第 482 條第 2 項、第 490 條第 4 項。

❺　2012 年德國商法（海商編）第 490 條第 4 項。

⑸運送人不得主張權利的情形——因運送人應承擔之風險的原因致貨物未於
　約定期限交付貨物者，運送人不得主張上述權利❺

㈢據實通知託運貨物的義務

託運人在將貨物交付運送人之前，應該提供運送該貨物的必要資訊，以書
面通知運送人，特別是貨物的體積、數量或重量、主要標誌以及貨物的性質❺。
託運人委託第三人將貨物交付運送人者，運送人亦得請求該第三人提供上開貨
物資訊❺。

託運貨物通知或告知不實致運送人必須對第三人負責時，託運人對運送人
因此所致的損失必須負「無過失責任」，2012 年德國商法（海商編）的規定，
亦同❺。海商法第 55 條規定：「託運人對於交運貨物之名稱、數量，或其包裝
之種類、個數及標誌之通知，應向運送人保證其正確無訛，其因通知不正確所
發生或所致之一切毀損、滅失及費用，由託運人負賠償責任。」、「運送人不得
以前項託運人應負賠償責任之事由，對抗託運人以外之載貨證券持有人。」關
於本條，有下列說明：

1.法　源

本條間接承襲海牙規則第 3 條第 5 項：「託運人應視為已向運送人保證其
所提供之標誌、個數、數量或重量在託運時之正確。託運人並應賠償運送人因
所提供細目之不正確所致或所生之一切損失、損害及費用。運送人此項賠償請
求權利，不得用以限制運送人依運送契約對託運人以外之其他人所負之責任及
義務」❺而制定，與德國商法第 563 條第 1 項、第 564 條第 1 項之規定相同。

❺　2012 年德國商法（海商編）第 490 條第 5 項。
❺　參閱 2012 年德國商法（海商編）第 482 條第 1 項。
❺　參閱 2012 年德國商法（海商編）第 482 條第 2 項。
❺　2012 年德國商法（海商編）第 488 條第 3 項：「在簽發載貨證券的情形，託運人或發貨
　人 (Ablader)，對於運送人因下列事由所致的損失及所生的費用，即使沒有過失，仍然
　必須負賠償責任：1.依第 515 條第 1 項第 8 款的規定，載貨證券內關於貨物數量、件
　數或重量以及用於辨識貨物的主要標誌的任何資訊的不充分或不完整。2.未將貨物的
　危險性質揭露於運送人。」但無論如何，託運人及發貨人對運送人僅各自就其提供不
　正確或不完整資訊所造成的損失及費用負賠償責任。

2.託運人關於「貨物必須記載事項的通知」，必須對運送人負「無過失責任」

運送人依照託運人關於貨物描述「必須記載事項」的通知作成載貨證券，並就載貨證券的「必須記載事項」的內容對善意第三人負文義責任，即使因託運人關於該「必須記載事項」的內容與客觀事實不符，導致運送人或船長簽發的載貨證券與貨物的客觀內容不符，運送人也仍然必須就載貨證券負文義責任。

此時，運送人在賠償善意第三人之後，得向託運人請求損害賠償，託運人對此應負「無過失責任」。海商法第 55 條第 1 項規定：「託運人對於交運貨物之名稱、數量，或其包裝之種類、個數及標誌之通知，應向運送人保證其正確無訛，其因通知不正確所發生或所致之一切毀損、滅失及費用，由託運人負賠償責任。」、「運送人不得以前項託運人應負賠償責任之事由，對抗託運人以外之載貨證券持有人。」旨意在此。

託運人的「無過失責任」，只限於就「載貨證券的必須記載事項」（按：全部都是外觀肉眼可見事項）的部分而已，不及於「其他事項」所生的損害賠償責任。海商法之所以如此規定，形式上固然是承襲海牙規則第 3 條第 5 項及舊德國商法第 563 條第 1 項的立法例（按：2012 年德國商法（海商編）第 488 條第 3 項也持續相同的立法❺❻），其實質上的原因則是：依照海商法第 54 條第 1 項第 3 款的規定，運送人有「依照託運人書面通知」製作載貨證券的義務，而

---

❺❺ The shipper shall be deemed to have guaranteed to the carrier the accuracy at the time of shipment of the marks, number, quantity and weight, as furnished by him, and the shipper shall indemnify the carrier against all loss, damages and expenses arising or resulting from inaccuracies in such particulars. The right of the carrier to such indemnity shall in no way limit his responsibility and liability under the contract of carriage to any person other than the shipper.

❺❻ 2012 年德國商法（海商編）第 488 條第 3 項規定，在簽發載貨證券的情形，託運人及發貨人 (Ablader)，對於運送人因下列事由致運送人遭受損失或發生的費用，即使沒有過失，也必須負賠償責任：1.依第 515 條第 1 項第 8 款規定載貨證券關於貨物數量、件數、重量或其他關於辨識貨物之主要標誌的任何資訊不正確或不完整所致者。或 2.未對運送人揭露貨物的危險性質者。託運人與發貨人各自對運送人就其提供資訊不正確或不完整所致損失或所生費用的範圍內分別負賠償責任。

且運送人就「載貨證券必須記載事項」必須對善意的載貨證券持有人負文義責任，因此「託運人對於交運貨物之名稱、數量，或其包裝之種類、個數及標誌之通知，應向運送人保證其正確無訛」，亦即必須負「無過失責任」。

這點與海牙規則，託運人就貨物之描述應保證正確無訛者，只限於「標誌(marks)」、「個數 (number)」、「數量 (quantity)」或「重量 (weight)」❺❼等「外觀肉眼可見事項」，完全相同。在運送人有義務依據託運人的託運單製作載貨證券的規定下❺❽，託運人的託運單的上述項目若有不實，運送人依不實託運單所作成的載貨證券必然也是不實，當該載貨證券因法律行為而移轉予善意第三人後，運送人又必須對該第三人負文義責任（即：對第三人所遭受之損害，雖然無過失，也必須賠償），運送人對第三人之所以必須負賠償責任，追本溯源，是因託運人的託運單不實所致，因此託運人雖「無過失」，也必須對運送人負賠償責任。

德國商法關於託運人貨物描述義務之規定，也採雙軌制度，即就「數量」、「件數」、「重量」、「標誌」四個外觀明顯可見事項負「無過失責任」❺❾，就其他外觀不可見的「種類」、「情狀」事項僅負「過失責任」，立法制度堪稱相同。

3. 託運人關於「必須記載事項以外的其他事項」的通知，以有「過失」為限，對運送人或船舶所有人負賠償責任

託運人關於「必須記載事項以外的其他事項」的通知，若有故意過失，例如關於貨物的「價值」、「種類」、「情狀」❻❶等非肉眼可見事項，運送人據此作成載貨證券，該載貨證券雖轉入善意第三人之手，運送人對於持有該載貨證券的第三人並不負文義責任，此時持有載貨證券的善意第三人可以直接向託運人行使「侵權行為損害賠償請求權」，但是託運人所負的責任只是「故意過失責任」而已，不負無過失責任。

4. 託運人或其履行輔助人因故意過失致運送人或船舶所有人發生毀損滅失，應負賠償責任

海商法第 57 條規定：「運送人或船舶所有人所受之損害，非由於託運人或

---

❺❼　海牙規則第 3 條第 5 款。
❺❽　海商法第 53 條。
❺❾　德國商法（海商編）第 563 條第 1 項。
❻❶　德國商法（海商編）第 564 條第 1 項。

其代理人、受僱人之過失所致者，託運人不負賠償責任。」分下列諸點說明：

⑴法　源

本條是間接承襲海牙維斯比規則第 4 條第 3 項：「運送人或船舶所受之滅失或毀損，非由於託運人、其代理人或其受僱人之行為、過失或疏忽所生者，託運人不負責任」❻而訂定。

⑵託運人有「故意過失，致運送人或船舶所有人發生損失」，應負賠償責任

海商法第 57 條：「運送人或船舶所有人所受之損害，非由於託運人或其代理人受僱人之過失所致者，託運人不負賠償責任。」的規定，只適用於託運人有「故意過失」，致使運送人或船舶所有人發生「財產上的毀損或滅失」而言，不包括「遲延的損失」❻或「人身的損害」❻在內，此觀本條的法源海牙規則條文第 4 條第 3 項：「運送人或船舶所受之滅失或毀損，非由於託運人、其代理人或其受僱人之行為、過失或疏忽所生者，託運人不負責任」使用「運送人或船舶所遭受的滅失或毀損 (loss or damage sustained by the carrier or the ship)」的文字可以知之❻❻。

---

❻　海牙維斯比規則第 3 條第 3 項：The shipper shall not be responsible for loss or damage sustained by the carrier or the ship arising or resulting from any cause without the act, fault or neglect of the shipper, his agent or his servants.

❻　依照海牙規則、海牙維斯比規則的立法之初的旨意，由於當時航海技術的困難，遲到的損失，運送人當然免責。

❻　海牙規則、海牙維斯比規則都是針對承運貨物，而且簽發載貨證券的情形，不包括承運旅客在內。

❻　海牙維斯比規則所謂的「滅失 (loss)」及「毀損 (damage)」，是專門針對「運送人或船舶的財產上的毀損或滅失」而言，不包括「遲到所受的損害」，也不包括「人身的損害」。因為「滅失或毀損」只限於「財產上的損失」中「毀損或滅失」的損失，不包括「遲到」的損失在內；人的死傷，英文通常使用 injury 或 death，而不使用 damage 或 loss 的文字。

❻　海商法修正草案第 51 條規定「運送人所受之損害，非由於託運人或其代理人受僱人之過失所致者，託運人不負賠償責任。」，與現行海商法不同的只有一點，就是刪除「船舶所有人」一詞。但是該修正是否必要，值得商榷，因為只有在船舶租賃、期間傭船，運送人與船舶所有人才會分離，託運人關於託運單的記載不實，若有故意過失，可能導致船舶成為海事優先權的標的物，從而船舶所有人仍然可能是受害人，有行使請求權的必要，因此「船舶所有人」應予保留。

㈣給付運費的義務

託運人與運送人是運送契約的當事人，互相負擔義務，彼此享有權利，運送人的主要義務是將貨物運抵目的港，託運人的主要義務是給付運費。運費原則上應於交付貨物時給付之。除了運費之外，運送人還可以請求「為貨物之利益」所發生的費用，但以該費用是運送人可合理期待其係必要者為限 ❻。

如果不可能履行運送，則運送人的運費請求權消滅。運送或交付的履行永久性地終止者，則運送人得請求已經完成部分比例的運費，但以該部分係為託運人之利益為限 ❼。但無論如何，若履行運送之不可能是因為託運人應承擔的風險之原因所致者，或是因託運人未能及時將貨物在交付地點交付所致者，運送人仍得請求全部之運費，但是必須扣除任何因此減省的費用或金錢、賺取的收入或可賺取收入而惡意不賺取的收入的數額 ❽。因託運人應承擔風險的原因，在運送開始之後到達卸貨碼頭之前，發生遲到者，則運送人除了請求運費之外，還可以請求合理的賠償 ❾。運費若約定依照貨物的件數、重量或其他標示數量計算者，就計算運費而言，推定海運單或載貨證券的記載為正確。此一推定，對於已在海運單或載貨證券上為「無合理方法核對內容的正確性」記載的保留者，亦適用之 ❼⓿。

關於運費負擔的特殊規定：

1.因「不可抗力」不能到達目的港而將貨物運回，各承擔一半運費

船舶發航後，因不可抗力不能到達目的港而將原裝貨物運回時，即使約定船舶為去航及歸航之運送，託運人僅負擔去航的運費 ❼❶。

2.因「海上事故需要修繕」託運人提前提取貨物者，應承擔全部運費

船舶在航行中，因海上事故而須修繕時，如託運人於到達目的港前提取貨物者，應付全部運費 ❼❷。

---

❻ 2012 年德國商法（海商編）第 493 條第 1 項。
❼ 2012 年德國商法（海商編）第 493 條第 2 項。
❽ 2012 年德國商法（海商編）第 493 條第 3 項。
❾ 2012 年德國商法（海商編）第 493 條第 4 項。
❼⓿ 2012 年德國商法（海商編）第 493 條第 5 項。
❼❶ 海商法第 66 條。
❼❷ 海商法第 67 條。

3.船舶「航行中遭難或不能航行」，運送人設法將貨物運抵目的地時，運費應依照不同情況調整

　　船舶在航行中遭難或不能航行，而貨物仍由船長設法運到目的港時，如其運費較低於約定之運費者，託運人減支兩運費差額之半數。如新運費等於約定之運費，託運人不負擔任何費用；如新運費較高於約定之運費，其增高之數額由託運人負擔之❼❸。

㈤遵守禁運及不偷運的義務

　　託運人故意或過失託運禁運貨物（戰爭禁運及其他禁運），或偷運貨物（例如偷運經依法禁止出口、入口、轉運之貨物），或於卸載時，故意或過失違背法律，特別是貨物檢查、稅捐及關稅法令，致運送人、受貨人、旅客、船公司等受損害者，應負賠償責任。運送人針對禁運貨物的處置，可以分別說明如下：

1.運送人對託運人「已報明之禁運貨物、偷運貨物或危害貨物」之處置──應該拒絕運送

　　禁運之貨物、偷運之貨物及性質上足以毀損船舶或危害船舶上人員健康之貨物（危害之貨物），雖經報明，運送人仍應拒絕運送，海商法第 64 條規定：「運送人知悉貨物為違禁物或不實申報者，應拒絕載運。其貨物之性質足以毀損船舶或危害船舶上人員之健康者，亦同。但為航運或商業習慣所許者，不在此限。」、「運送人知悉貨物之性質具易燃性、易爆性或危險性並同意裝運後，若此貨物對於船舶或貨載有危險之虞時，運送人得隨時將其起岸、摧毀或使之無害，運送人除由於共同海損外，不負賠償責任。」

　　按海商法第 64 條是針對「已報明之貨物」而規定❼❹。又依照 2012 年德國

---

❼❸　海商法第 68 條。

❼❹　理由如下：首先，該條既規定運送人對於禁運及偷運貨物之運送「應拒絕之」，若託運人未報明，運送人如何拒絕？其次，海商法第 108 條與第 65 條係採平行併排之立法，第 65 條係針對「未經報明之貨物」而規定，則第 64 條自係針對「已經報明之貨物」而規定。最後，海商法第 64 條係承襲德國商法（海商編）第 564 條而立法，該條即針對「已報明之禁運貨物、偷運貨物」及「託運人所報明之貨物種類、性質與貨物客觀上種類、性質不符」兩種情況而規定，同理，我國海商法第 64 條之規定，自亦以「已報明」之情形為限。但海商法第 64 條適用範圍尚及於「已報明貨物之種類及性質，且

商法的規定，「禁運貨物」、「偷運貨物」、「危害貨物」一旦造成損害，託運人即須負賠償責任，不得以經船長同意為理由，拒絕賠償❼❺。又「禁運貨物」、「偷運貨物」、「危害貨物」若被沒收，託運人不得據此為理由，拒絕給付運送人運費❼❻。關於此點，海商法的規定並不明確，應該做相同的解釋。

2. 運送人對託運人「未報明貨物」的處置──起岸、支付最高運費或投棄等

海商法第 65 條：「運送人或船長發見未經報明之貨物，得在裝載港將其起岸，或使支付同一航程同種貨物應付最高額之運費，如有損害，並得請求賠償。」、「前項貨物在航行中發見時如係違禁物，或其性質足以發生損害者，船長得投棄之。」說明如下：

(1)本條適用範圍

本條適用於一切未經報明之貨物，包括禁運貨物、偷運貨物、危害貨物及無害貨物等。所謂「未經報明」，是指未經報明予船長者而言❼❼。

(2)船長之投棄權

未經報明之貨物，若是違禁物（禁運貨物、偷運貨物）或危害貨物（性質上足以發生損害），船長均得投棄之。

(3)船長之起岸權

運送人或船長發見未經報明之貨物，得在裝載港將其起岸❼❽，法條雖規定得在「裝載港」將其起岸，但若船長於航行途中發見未經報明之貨物，解釋上亦得在「中間港」起岸❼❾。

(4)損害賠償

未經報明之貨物，若致其他貨物所有人、船舶所有人、受貨人、旅客發生損害者，託運人必須負損害賠償責任。

所報明之種類及性質與貨物客觀上之種類、性質相符」之情形。

❼❺　參閱德國舊商法第 564 條第 3 項。

❼❻　參閱德國舊商法第 564 條第 4 項。

❼❼　參閱德國舊商法第 564 條。

❼❽　海商法第 65 條第 1 項前段。

❼❾　德國舊商法第 564 條規定之船長起岸權，並不以在裝載港為限，可資參考。

⑸使支付最高運費

　　船長發現未經報明之貨物，而仍容許留於船上，運往卸載港或目的港者，運送人得使託運人（或貨物所有人）「支付同一航程同種貨物應付最高額之運費」。所謂「最高運費」之判斷基礎，應以卸載港及卸載時之運費費率為標準❽⓪。

㈥危險品「特別告知義務」及處置

1. 危險品的特別告知義務

　　交運貨物為危險物品時，託運人及受託運人委託之第三人應該及時以書面方式，將該危險品的正確性質告知運送人，必要時，並應告知應該採取的預防措施❽①。

2. 危險品的處置

　　運送人、船長或船舶代理人於收受貨物時，既不知悉貨物的危險性質且未被告知者，得卸載、儲存或返還該危險品，必要時得毀棄之或使之變成無害，而無需對託運人負任何賠償責任。運送人、船長或船舶代理人於收受貨物時，已經知悉貨物的危險性質或已被告知者，僅於危險品對船舶或貨物有危害之虞，且該危害非因運送人的過失所致時，始得為前述之處置，而不需對託運人負任何賠償責任❽②。

3. 未告知危險品性質造成運送人損害的賠償責任及危險品處置費用的求償

　　託運人託運危險品，因「過失」未向運送人揭露危險品的性質，致運送人發生損失者，應該對運送人負損害賠償責任❽③。託運人或其委託的第三人關於危險品資訊提供不正確，致運送人增加卸載、儲存、返還或銷毀等處置費用者，運送人對之有求償權❽④。

---

❽⓪ 2012 年德國商法（海商編）第 564 條及第 564b 條後段。
❽① 2012 年德國商法（海商編）第 483 條第 1 項。
❽② 2012 年德國商法（海商編）第 483 條第 2 項。
❽③ 2012 年德國商法（海商編）第 488 條第 1 項第 2 款。
❽④ 2012 年德國商法（海商編）第 483 條第 3 項。

㈦交付相關文件的義務

　　託運人於貨物交付予受領人受領前，就已經進行官方程序有關的必要文件及資訊，特別是結關文件或資訊，有提供予運送人的義務❽❺。運送人就前述之交付有毀損、滅失或不當使用所致之損失，除非該損失的發生是盡善良管理人的注意仍無法避免的，否則應該負損害賠償責任，但運送人的賠償責任不得逾貨物全損的損失額。任何增加或減少賠償責任的約定，只有經過當事人仔細談判，始生效力，即使該約定是相同當事人之間數次相似約定中的一個（按：即系列交易），亦同。但無論如何，**任何在載貨證券上的進一步的減輕責任約定，對第三人都不生效力❽❻**。託運人違反本義務者，以有過失為限，對運送人所受的損失，也應該負損害賠償責任❽❼。

　　以上託運人的七項義務，有下列三點，必須注意：

　　第一：從㈠到㈦中，託運人或發貨人，只有就第㈢託運人貨物通知真實義
　　　　　務中的載貨證券必須記載事項有不真實，致運送人遭受損失或發生
　　　　　費用，必須對運送人負「無過失責任」，但是這種責任，託運人與貨
　　　　　物代理人是各就其「因果關係」範圍內自行負責❽❽，因此不會發生
　　　　　託運人向貨物代理人內部求償的問題。但是就其他義務，即㈠、㈡、
　　　　　㈣至㈦的義務，是以託運人「有過失」才負賠償責任，但是託運人
　　　　　就運送人遭受的損失或發生的費用，於賠償運送人之後，對於貨物
　　　　　代理人有內部的求償權❽❾。

　　第二：儘管託運人或發貨人就㈢貨物通知真實義務中的載貨證券必須記載
　　　　　事項有不真實，致運送人遭受損失或發生費用，必須對運送人負「無
　　　　　過失責任」，但假若運送人對於損失的發生或費用的發生，「與有過
　　　　　失」，則運送人必須依照比例分擔❾⓿。

---

❽❺　2012 年德國商法（海商編）第 487 條第 1 項。
❽❻　2012 年德國商法（海商編）第 487 條第 1 項、第 2 項。
❽❼　2012 年德國商法（海商編）第 488 條第 1 項第 4 款。
❽❽　2012 年德國商法（海商編）第 488 條第 1 項。
❽❾　2012 年德國商法（海商編）第 488 條第 2 項。

第三：海商法就件貨運送契約中，沒有規定關於「託運人或發貨人」前揭義務的免除或減輕，海商法第 61 條規定：「以件貨運送為目的之運送契約或載貨證券記載條款、條件或約定，以減輕或免除運送人或船舶所有人，對於因過失或本章規定應履行之義務而不履行，致有貨物毀損、滅失或遲到之責任者，其條款、條件或約定不生效力。」是針對「運送人」的免責或減輕責任所作的規定，但是針對「託運人或發貨人」的，則未見明文。2012 年德國商法（海商編）從個別商議契約的自由與定型化契約的規制平衡角度出發，規定若以「定型化條款」規定託運人或發貨人的免責或減輕責任約定，還是無效，但若是以「個別商議條款」為之，即使是「系列交易」下❾❶，只要出自當事人的真意商議，依然有效❾❷。但是衡諸海上貨物運送實務，定型化約款的提供者多為運送人，在運送人所提供的定型化契約中，以免除或減輕託運人或發貨人的義務為內容的條款，雖非絕無，但絕少見之，德國商法（海商編）的上開規定，理論上正確，但實務上的效益存疑。

五、託運人的停運或其他變更指示權

㈠船舶啟航後、抵達卸貨碼頭前，原則上「託運人」享有貨物的停運或其他變更指示權

船舶起航之後，抵達卸貨碼頭之前，尚在運送過程中，此時貨物的處分權，原則上屬於託運人。例外情形，在簽發載貨證券的情況，貨物的處分權屬於合法的載貨證券持有人❾❸，行使處分權時，必須提示全套載貨證券正本。也惟其

---

❾⓪ 2012 年德國商法（海商編）第 488 條第 4 項。

❾❶ 系列交易是指相同的交易當事人間，頻仍地、規則地以相同交易條件進行交易，1977 年英國不公正契約條款法規定，定型化約款使用人在前面提請交易相對人注意免責條款之後，其後的交易，可以免除提請注意的義務。

❾❷ 2012 年德國商法（海商編）第 488 條第 5 項。

❾❸ 2012 年德國商法（海商編）第 491 條第 1 項、第 520 條。

出示全套載貨證券正本，運送人才可以執行停運或其他變更指示權。

託運人或合法載貨證券持有人得指示運送人停止運送、將貨物運往其他目的地、將貨物運往不同的卸貨碼頭或交付予其他受貨人。但運送人只於該指示對其商業營運無危害之虞、且對其他貨物的託運人或受貨人沒有損害的情形下，才有遵循該指示的義務。

運送人除得請求執行該指示所發生的費用外，還可以請求合理的補償，運送人亦得請求預付款作為執行該指示的條件[94]。

㈡貨物抵達卸貨碼頭後，「受貨人」享有停運或變更處分權

託運人的停運或其他變更指示權，在貨物抵達卸貨碼頭後，立即終了。此時貨物尚未交付予受貨人，但貨物的停運或變更指示權，已經改為受貨人所有，應由受貨人行使。受貨人行使貨物停運或變更指示權者，運送人對受貨人除得請求執行該指示所發生的費用外，還可以請求合理的補償，運送人亦得請求預付款作為執行該指示的前提條件[95]。

㈢簽發「海運單」時，「託運人」得行使貨物停運或變更處分權

在簽發海運單的情形，若海運單無特別約定，託運人只限於憑供其提示用的「海運單正本 (the executed copy of sea waybill)」，才可以行使貨物的停運或變更權[96]。若運送人，在未經出示該提示用的海運單正本情形下，僅憑出示海運單即執行該停運或其他變更指示，對於權利人因此所致貨物毀損或滅失之損失，應負賠償責任[97]。但該賠償責任不得超過貨物全部滅失的損害賠償額。當事人就賠償額有較高或較低的限制者，只有經過「個別商議」的約定才有效力，即使相同的當事人之間，曾經一次或多次訂定相似的契約（系列交易），亦同[98]。

---

[94] 2012 年德國商法（海商編）第 491 條第 1 項。
[95] 2012 年德國商法（海商編）第 491 條第 2 項。
[96] 2012 年德國商法（海商編）第 491 條第 3 項。
[97] 2012 年德國商法（海商編）第 491 條第 5 項前段。
[98] 2012 年德國商法（海商編）第 491 條第 5 項後段。

㈣運送人不願遵照貨物停運或其他變更指示時的「立即通知義務」

運送人不願遵照委託人、載貨證券合法持有人關於貨物停運或其他變更的指示時，應立即通知指示人，不得遲延❾❾。關於貨物停運或其他變更指示權，鹿特丹規則值得參考（以下為鹿特丹規則中文本官方版全文）：

㈠鹿特丹規則第 50 條（控制權的行使和範圍）

1.控制權只能由控制人行使，且僅限於：

(a)就貨物發出指示或者修改指示的權利，此種指示不構成對運輸合同的變更。

(b)在計畫掛靠港，或者在內陸運輸情況下，在運輸途中的任何的地點提取貨物的權利；和

(c)由包括控制方在內的任何人取代受貨人的權利。

2.控制權存在於第 12 條規定的整個運送人責任期間，該責任期間屆滿時即告終止。

㈡鹿特丹規則第 51 條（控制方的身分識別以及控制權的讓與）

1.除本條第 2 款、第 3 款、及第 4 款❿❿另有規定的情形外：

(a)託運人為控制方，除非託運人在訂立運輸合同時指定收貨人、單證託運人或者其他人為控制方；

(b)控制方有權將控制權移轉讓給其他人。此種轉讓在轉讓人向承運人發出轉讓通知時對承運人產生效力，受讓人於是成為控制方；並且

(c)控制方行使控制權時應當適當表明其身分。

2.在簽發不可轉讓的運輸單證❿❿時，其中載明必須交單提貨的：

(a)託運人是控制方，且可以將控制權轉讓給運輸單證中指定的收貨人❿❿，運輸單證可不經背書轉讓給該人❿❿。所簽發單證有一份以上的，應當轉讓所有正本，方可實現控制權的轉讓。並且

---

❾❾ 2012 年德國商法（海商編）第 491 條第 4 項。

❿❿ 此處所謂「款」，就是法律條文的「項」。以下同。

❿❿ 此處所謂不可轉讓運輸單證，例如記名載貨證券 (B/L)，海運貨運單 (waybill)。

❿❿ 例如：指定載貨證券 (Order B/L)。

❿❿ 例如：空白載貨證券。

(b)為了行使控制權，控制方應當提交單證且適當表明其身分。所簽發單證有一份以上正本的，應當提交所有單證，否則不能行使控制權。

3.簽發可轉讓運輸單據❿的：

(a)持有人為控制方，所簽發可轉讓運輸單證有一份以上正本的，持有人得到全部正本單證，方可成為控制方；

(b)持有人可以根據第 57 條，通過將可轉讓運輸單證轉讓給其他人而轉讓控制權。所簽發單證有一份以上正本的，應當向該人轉讓所有正本單證，方可實現控制權的轉讓；並且

(c)為了行使控制權，持有人應當向承運人提交可轉讓單證，若持有人是第 1 條第 10 款的第(a)項第(i)款述及的其中一種人的，應當適當表明其身分。所簽發單證有一份以上的正本的，應當提交所有正本單證，否則不能行使控制權。

4.簽發可轉讓的電子運輸記錄的：

(a)持有人為控制方；

(b)持有人可以按照第 9 條第 1 款述及的程序，通過轉讓可轉讓電子運輸記錄，將控制權轉讓給其他人；並且

(c)為了行使控制權，持有人應當依照第 9 條第 1 款述及的程序證明其為持有人。

(三)鹿特丹規則第 52 條（承運人執行指示）

1.除本條第 2 款、第 3 款另有規定外，在下列條件下，承運人應當執行第 50 條述及的指示。

(a)發出此種指示的人是有權行使控制權；

(b)該指示送達承運人時，即能按照其中的條件合理地執行；並且

(c)該指示不會干擾承運人的正常營運，包括其交付作業。

2.在任何情況下，控制方均應當償還承運人根據本條勤勉執行任何指示而可能承擔的合理額外費用，且應當補償承運人可能由於此種執行而遭受的滅失或毀壞，包括承運人可能賠償其他所載貨物的滅失或者毀壞而做出賠償。

---

❿ 包括指定載貨證券與空白載貨證券。

3. 按照承運人的合理預計根據本條執行指示將產生額外費用、減失或毀壞的，承運人有權從控制方處獲得與之數額相當的擔保，未提供此種擔保的，承運人可以拒絕執行指示。

4. 承運人違反本條第 1 款對其規定的義務的，未遵守控制方指示造成貨物減失、毀壞或者遲延交付的，承運人所負的賠償責任應當根據第 17 條至 23 條確定，承運人應負的賠償應當根據第 59 條至 61 條確定。

㈣鹿特丹規則第 58 條（持有人的賠償責任）

1. 在不影響第 55 條規定的情況下，非託運人的持有人，未行使運輸單證下任何權利的，不得只因為是持有人而負有運輸合同下的任何賠償責任。

2. 非託運人的持有人，行使運輸合同下任何權利的，負有運輸合同對其規定的任何賠償責任，但此種賠償責任須載入可轉讓運輸單證或者可轉讓電子運輸記錄，或者可以從中查明。

3. 就本條第 1 款及第 2 款而言，非託運人的持有人，不因下列作為而被視為行使運輸合同下的任何權利：

   ⒜該持有人根據第 10 條與承運人約定，以可轉讓電子運輸記錄替換可轉讓運輸單證，或者以可轉讓運輸單證替換可轉讓電子運輸記錄。

   ⒝該持有人根據第 7 條轉讓其權利。

六、受貨人的權利與義務

㈠受貨人的權利

受貨人的權利就是請求交付貨物。請求交付貨物，必須提示運輸文件，例如：載貨證券、海運單等。如果載貨證券有數份時，在目的港只要一份就可以請求交貨，在非目的港必須持全套載貨證券，才可以請求交付貨物。

㈡受貨人的義務

1. 依約或慣例受領貨物的義務

貨物運抵其目的地時，運送契約有約定交貨時間地點者，受貨人必須在約定時間或約定期間、在約定地點受領貨物的交付。運送契約無約定者，於考量

契約條款之後 (having regard to the terms of the contract)，應依照商業習慣、實務或慣例以及該運送的具體狀況可以被期待的時間、地點受領貨物的交付❿。

2.履行載貨證券所載受貨人應盡的義務，若受貨人同時為託運人，並應負擔運送契約義務

受貨人通常是託運人與運送人以外的第三人，但是在例外情形，受貨人也可能同時就是託運人。在受貨人是託運人與運送人以外的第三人的情形，由於受貨人不是契約當事人，基於契約的相對性，「原則上」不負履行一定義務的義務，但是在「例外」情況，實務上也有約定受貨人必須履行一定義務者，此種情形，多因買賣契約中已經另有受貨人必須履行一定義務的約定，託運人（賣方）依據買賣契約的約定，將受貨人（買方）應履行的一定義務告知運送人，並且記載在「件貨運送契約」、「載貨證券」或「海運單」上。件貨運送契約、載貨證券或海運單有受貨人必須履行一定義務的記載者，在受貨人履行一定義務前，運送人得拒絕交付貨物，此參照 2012 年德國商法（海商編）第 494 條規定：「貨物抵達卸貨碼頭之後，受貨人於履行件貨運送契約的義務後得請求運送人交付貨物。貨物交付發生毀損、遲延或滅失者，受貨人得以其名義向運送人請求依照件貨運送契約的權利，託運人亦仍得主張依照件貨運送契約的權利，就本請求而言，受貨人或託運人為自己或為他方請求，並無不同（即：以獲得件貨運送契約的給付為滿足，不得重複請求）。」可知。**須注意者，在簽發載貨證券或海運單的情形，還必須提示載貨證券或海運單，始得請求交付貨物。**

在受貨人就是託運人❿的情形，因為受貨人就是運送契約的當事人，當然有依照運送契約的約定履行一定義務（主要是運費，以下同）的義務。

前面所述受貨人「依照件貨運送契約應該履行一定義務」，該「一定義務」的內容，最主要是負擔全部或一部的運費。受貨人請求交付貨物前，必須先給付運送契約、載貨證券或海運單所記載的運費數額。若「運送契約沒有簽發附隨單證」、「簽發了附隨單證但是並未交付予受貨人」，或「運送契約雖有受貨人必須負擔全部或一部運費的約定但是並沒有記載在附隨單證上」，則受貨人應該

---

❿ 鹿特丹規則第 43 條。
❿ 例如．臺北的紡織商，派代表到澳洲標購羊毛後，以自己為託運人及受貨人，透過海運，將羊毛從雪梨運回臺灣。

只給付其與託運人約定的運費即可，且以該數額非不合理者為限⑩。貨物運送的遲延若因託運人應承擔之風險所致者，在依運送契約得約定受貨人應履行一定義務的情形，受貨人亦應負擔遲延費用，但以其受領貨物時，被告知應給付的數額為限。此外，受貨人尚應負擔因運送契約積欠運送人的債務⑩。

七、運送人的權利

㈠運費請求權

運送人最主要的權利，就是運費請求權。運費請求權可以向託運人請求，若貨物運送契約、載貨證券或海運單記載受貨人有履行給付運費義務者，也可以向受貨人請求。

國際航運關於班輪運費的計算方法主要有七種：重量法、體積法、從價法（即按照貨物在裝運港船上交貨價收取一定百分比作為運費。從價法計算運費通常都是高價值貨物）、選擇法（就重量法、體積法、從價法中選擇較高者）、綜合法（分別依照貨物的毛重和體積計算運費，並選擇其中較高者，再加上該貨物的從價運費）、按件法、議定法。

㈡行使留置權

運送人的主要權利就是運費請求權，託運人或受貨人未給付運費前，運送人得拒絕交付貨物，行使貨物留置權。說明如下：

1.留置權擔保運送人因運送契約所發生「一切債權」，留置權的標的物包括「一切交付運送人運送的貨物」

運送人就件貨運送契約所發生的一切債權，就交付其運送的貨物，不論該貨物是屬於託運人、貨物代理人以及同意該運送之第三人所有，都可以行使留置權，海上運送人的留置權之標的物較民法留置權之原則上限於債務人所有者，範圍較大，是民法的特別規定⑩。運送人與託運人就該貨物，另訂有其他契約

---

⑩　2012 年德國商法（海商編）第 494 條第 2 項。
⑩　2012 年德國商法（海商編）第 494 條第 3 項、第 4 項。
⑩　民法第 928 條規定：稱留置權者，謂債權人占有他人之動產，而其債權之發生與該動

者——諸如：海運費用、運費、轉運費用以及儲存費用——在該費用受清償前，對貨物都有留置權。運送人對貨物有留置權時，並得留置附隨單證⑩。

2. 留置權以「持續占有貨物」為必要

留置權是法定的擔保物權，因符合留置權的要件，債權人就可以主張；留置權又是擔保物權，以占有動產為要件，因此海上運送人的留置權，以運送人「持續占有貨物」為必要，但是運送人對貨物的占有，不但可以對貨物有「事實上的管領力」，也可以以「占有表彰該貨物的單證」的方式為之。

2012 年德國商法（海商編）第 495 條第 2 項規定：「只要運送人繼續占有貨物，留置權就繼續存在。特別是運送人可以透過載貨證券、託運單證或艙單處分貨物之情況。」也是相同意旨。

運送人喪失貨物的占有，且永久不能回復，此時留置權才消滅⑪，例如：貨物因被第三人侵奪，一時喪失占有者，尚非永久不能回復，因為運送人還可以行使「占有物返還請求權」以回復占有，必待占有物回復請求權的時效期間——1 年經過之後⑫，才是永久性喪失占有；又例如：在運送人將貨物交付予受貨人的情形，若運送人將貨物交付予受貨人後，才發現尚有與貨物有關的債權未受清償，此種錯誤，自應容許主張留置權的繼續存在，但為保護交易安全，此種情況應該十分嚴格，且時間不宜長久，此參考 2012 年德國商法（海商編）第 495 條第 3 項：「運送人雖將貨物交付予受貨人，留置權仍然繼續存在，但以運送人在交付貨物之後 10 天內提起訴訟，且貨物仍然在受貨人占有中為限。」，**運送人就貨物主張留置權後，若費用仍然未獲清償，得進一步實行留置權。**

留置權的實行，依民法必須通知債務人或留置物的所有人⑬，但是在海上貨物運送應該通知何人？海商法沒有規定。2012 年德國商法（海商編）規定，

產有牽連關係，於債權已屆清償期未受清償時，得留置該動產之權。
債權人因侵權行為或其他不法之原因而占有動產者，不適用前項之規定。其占有之始明知或因重大過失而不知該動產非為債務人所有者，亦同。
⑩　參閱 2012 年德國商法（海商編）第 495 條第 1 項。
⑪　民法第 964 條。
⑫　民法第 962 條、第 963 條。
⑬　民法第 936 條第 1 項。

在運送期間，應該通知託運人；抵達卸貨碼頭後，應通知受貨人；其簽發載貨證券或海運單者，應該通知合法的載貨證券或海運單持有人⑭，可作為參考。

3.連續運送人⑮的留置權

運送是由數運送人接續為之，且承接前運送人運送的最後運送人，就其前運送人被積欠的運費得一併請求者，只要最後連續運送人的留置權持續有效，各個前運送人的留置權都繼續存在⑯。但是，假若後連續運送人已經清償前連續運送人被積欠的運費，則「前連續運送人的債權以及留置權」都一併移轉予該後連續運送人，此乃「債權因代位清償而法定移轉，擔保該債權的擔保物權也從屬性的移轉」所使然⑰。

上述各連續運送人就其運送所生債權得主張留置權的規定以及最後連續運送人清償前連續運送人的債權之後，可以取得前連續運送人的債權及留置權的規定，對於承攬運送人之參與履行運送契約所生之債權及留置權，亦適用之⑱。

(三)貨物起岸、投棄或請求最高運費、損害賠償的權利

海商法第 65 條規定：「運送人或船長發見未經報明之貨物，得在裝載港將其起岸，或使支付同一航程同種貨物應付最高額之運費，如有損害並得請求賠償。」、「前項貨物在航行中發見時，如係違禁物或其性質足以發生損害者，船長得投棄之。」

八、運送人的義務

(一)依約將船舶駛抵停泊港的義務

在班輪運送契約，裝載地與裝載時都依照「船期表」的記載內容決定，運

---

⑭　2012 年德國商法（海商編）第 495 條第 4 項、第 491 條、第 520 條。
⑮　此處所稱連續運送人，是指 「接續為運送之人」，不是受運送人委託的履約運送人 (performing carrier)，與本書在運送人免責部分所稱連續運送人專指履約運送人而言者（本書第 279 頁）不同，後者乃沿襲海商法第 76 條的用語。
⑯　2012 年德國商法（海商編）第 496 條第 1 項。
⑰　2012 年德國商法（海商編）第 496 條第 2 項。
⑱　2012 年德國商法（海商編）第 496 條第 3 項。

送人有依船期表駛抵港口裝貨的義務。此與航程傭船不同，在航程傭船，裝載地由當事人約定；當事人未約定者，由託運人指定；託運人有數人時，由託運人共同指定。託運人未於相當期間前指定，或數託運人雖為指定，但所指定之地點不同，或由於水深原因，或基於船舶安全的理由，或因為地方法律或命令的關係，無法在託運人指定之地點為裝載時，船長應以當地承載該貨物之慣常場所為處所，將船舶駛至該地點，以備裝貨⓵⓾。

㈡於接受貨物後，發生履行運送不可能或交付義務不可能時，有請求指示的義務

1.託運人交付貨物之後才發生者

交付貨物之後，發生「履行運送不可能」或「發生交付義務不可能」時，究竟如何處理，海商法沒有規定，2012 年德國商法規定可以作為參考。依照德國商法規定，運送人接收託運貨物之後，無法依照運送契約履行運送或交付貨物已明顯者，運送人應即請求依商法第 491 條或第 520 條的規定有貨物停運或其他變更指示權之人為指示。

所謂「有指示權之人」，包括：託運人、合法載貨證券持有人或受貨人。如該指示權人為受貨人，而該受貨人去向不明或拒絕接受貨物時，停運或其他變更的指示權應該由託運人為之，但以沒有簽發載貨證券為限。如果簽發載貨證券，應該由載貨證券的合法持有人指示之。在此情形，即使約定行使貨物停運或其他變更指示權必須提示海運單，亦無須提示。運送人因履行運送或交付貨物明顯不可能而請求變更權人為指示，而變更權人向運送人發出指示，且運送人遵照指示變更者，以該履行運送或交付貨物的原因非屬於運送人應承擔的風險為限，運送人得依照商法第 491 條第 1 項第 4 段的規定，請求賠償⓵⓶⓪。

2.行使變更指示權之後才發生者

2012 年德國商法規定：運送契約履行不可能或交付不可能明顯化的原因是在「停止或其他變更指示權人」做出貨物交付第三人之指示以後才發生者，受

⓵⓾ 參閱德國舊商法第 560 條。
⓵⓶⓪ 2012 年德國商法（海商編）第 492 條第 1 項。

貨人與該第三人，就適用前項關於請求為指示一事，分別視為「託運人」與「受貨人」❷。

3.未獲指示者，應採取最有利益的措施

2012 年德國商法進一步規定：運送人依照商法第 491 條第 1 項第 3 句之規定為請求變更指示經過合理期間仍未接到指示者，應該採取最有利於變更權人利益的措施。例如：運送人得將貨物從船舶上卸載、寄存或為「依照第 491 條或第 520 條之規定有變更指示權之人」的利益，代其將貨物交付予第三人，俾便存放，運送人亦得將貨物退還給依法有變更指示權之人。

在運送人將貨物交給第三人俾便存放的情形，運送人對第三人的選擇，以盡善良管理人的注意為已足，無須盡到無過失責任標準。又假若貨物本身容易腐敗、貨物的狀況需要採取變賣措施或是貨物發生的保存費用相對於其本身價值不成比例等情況，運送人都可以依照商法第 373 條第 2 項到第 4 項的規定，進行變賣。貨物無法變賣者，運送人得予銷毀。一俟貨物自船舶卸載完成，即視為運送契約終了❷。運送人得請求因卸載、堆放、交付第三人代存、以及變賣等所發生的費用以及合理的補償，但以運送契約不能履行或不能交付的原因，非因運送人所應承擔之風險者為限❷。

㈢船舶適航性義務及適載性

運送人或船舶所有人關於船舶的適航性以及適載性應該為必要的注意以及措置，此二義務涉及船舶的堪航能力與船舶的堪載能力，是涉及船舶有沒有安全航行能力、有沒有安全承載貨物能力問題，也就是「基本義務（或重大義務）」，免除其中任何一個義務，都將導致海上貨物運送無從達成，因此不得以契約條款的約定免除這兩個義務的全部或一部。

所謂「適航性」，包括「使船舶有足夠的航行能力」以及「配備船舶相當海員、設備及供應」；所謂「適載性」是指「使貨艙、冷藏室及其他供載運貨物部分適合於受載、運送、與保存」。2012 年德國商法（海商編）第 485 條規定「運

---

❷　2012 年德國商法（海商編）第 492 條第 2 項。
❷　2012 年德國商法（海商編）第 492 條第 3 項。
❷　2012 年德國商法（海商編）第 492 條第 4 項。

送人應該確保船舶具有適航性、適當地裝備、設備、人員以及足夠的供應（船舶適航性）。運送人亦應確保船艙，包括：冷凍設備、冷藏設備適合於接受貨物、運送貨物或保存貨物之所需。」，內容基本上與海商法的規定相同。

1. 船舶適航性義務

(1) 關於船舶適航性的規定

海商法第 62 條第 1 項規定：「運送人或船舶所有人於發航前及發航時，對於下列事項，應為必要之注意及措置：一、使船舶有安全航行之能力。二、配置相當海員設備及船舶之供應。」即適航性義務，也就是具有堪航能力的義務。

(2) 船舶適航性的義務人

何人必須盡適航性義務？適航性的義務人在己船運送時，固然是「船舶所有人」；若是光船租賃，則有提供船舶適航性義務之人，也就是「承租人」，也就是運送人[124]；在航程傭船與期間傭船，都由實際控制船舶的「船舶所有人」，負擔船舶適航性義務。

(3) 船舶必須具備適航性的時點

A. 國際公約的規定

(A) 海牙規則、海牙維斯比規則關於船舶適航性、適載性都以「發航前及發航時」為準，不包括發航後

海牙維斯比規則第 3 條第 1 項的規定，船舶在發航前、發航時必須具備適航性以及適載性。但是船舶發航後，突然喪失航行能力所致貨物的毀損滅失，運送人不負責任。

(B) 漢堡規則關於適航性擴及「發航前、發航時以及發航後」

漢堡規則，就貨物因船舶發航後突然喪失航行能力所致之毀損滅失，運送人，除非證明其本人或其受僱人、代理人已經採取所有合理的措施以避免損失之發生及延續，仍然必須負賠償責任[125]。

---

[124] 舊海商法第 106 條第 1 項（新海商法第 62 條）雖將「運送人或船舶所有人」並列，惟此之「船舶所有人」係指船舶所有人為運送人時，始須就船舶之堪航能力負責，若僅為船舶所有人而非運送人者，即無須直接對傭船人或託運人負責。另參閱海牙規則第 3 條第 2 項第(a)款規定，運送人負有於船舶發航前及發航時，使船舶具有適航能力之義務。

[125] 參閱漢堡規則第 5 條第 1 項。

(C)鹿特丹規則關於適航性也擴及「發航前、發航時以及發航後」

依照鹿特丹規則，運送人在發航前、發航時以及在海上航行期間，關於船舶的適航性、適載性都必須盡善良管理人的注意，否則對於因此所致貨物的毀損滅失必須負損害賠償責任⓶。

B.海商法的規定

(A)「發航前、發航時」欠缺「適航性」、「適載性」所致承運貨物的毀損滅失，必須負賠償責任

海商法承襲海牙維斯比規則第 3 條第 1 項的規定，運送人於「發航前及發航時」負有適航性及適載性的義務⓶。實務上，如果船舶在發航時，因欠缺適航性，不論是由於船體沒有足夠強固，或是由於人員配備不足，都是可歸責於運送人本人故意或過失所生的債務，不但不得主張海商法第 69 條的免責，而且依照海商法第 22 條第 1 款：「本於船舶所有人本人之故意或過失所生之債務」的規定，船舶所有人也不得主張責任總限制⓶。

(B)「發航後」，突然喪失「適航性」所致承運貨物的損失，運送人不負賠償責任

運送人或船舶所有人關於船舶必須具有「適航性」「適載性」的時點都是「發航前以及發航時」，但是就船舶必須具備「適航性」一點，海商法第 62 條第 2 項特別規定，即船舶於「發航後」因突然喪失航行能力所致之毀損滅失，運送人不負賠償責任。

與發航後突然喪失適航性不同，若是發航後突然喪失「適載性」，且因適載

⓶　參閱鹿特丹規則第 15 條。

⓶　海商法第 62 條第 1 項、第 2 項。

⓶　最高法院 90 年度臺上字第 1234 號民事判決：「海商法第 106 條規定：船舶所有人於發航前及發航時，對於船舶有安全航行之能力及配置相當海員設備及船舶之供應，應為必要之注意及措置。查本件船舶碰撞肇因於『穩晉十號』船之右主機於航行中油管破裂，主機無油故障失控，上訴人為船舶所有人，對於其所屬船舶發航前之安全航行能力疏未為必要之注意及措置，應負過失之責任，及其未依規定配備相當之海員，致使穩晉十號船舶顯無堪航能力，則本於上訴人為船舶所有人之上述不當行為及過失所生之損害賠償債務，依海商法第 22 條第 1 款之規定，上訴人自不能主張責任之限制，應負無限責任。」

性的欠缺導致承運貨物的毀損滅失，則以運送人或其履行輔助人「有過失」為限，仍然必須負賠償責任。發航後，適載性的欠缺所致貨物的毀損滅失，運送人是否必須負責一點，海商法沒有明確規定，解釋上，適載性是貨物管理的一環，運送人對於船舶欠缺適載性所致貨物的毀損滅失，是否必須負責，應該以運送人或其履行輔助人是否有「故意或過失」而定。

漢堡規則、鹿特丹規則船舶欠缺適載性以有過失為限，必須負責：依照漢堡規則第 5 條、鹿特丹規則第 18 條規定，運送人或船舶所有人對於船舶欠缺適航性、適載性所生貨物的毀損滅失，不論發生在何時，只要運送人有故意過失，就都必須負損害賠償責任。

⑷船舶適航性的內容

船舶適航性，不但船舶必須「有航行能力」，而且船舶還「必須配置相當的海員、設備及船舶的供應」。因為船舶若無安全航行的能力，即使有相當裝備、合格海員、足夠補給，也不能安全航行；反之，船舶雖有安全航行能力，若是沒有相當裝配、合格海員、足夠補給，也將「徒船不能以自航」，必須同時具備安全航行能力以及配備相當海員、設備及船舶供應，才具有適航性❶。適航性義務應包含兩種內容：

A.船舶必須有安全航行能力

所謂安全航行的能力，指船舶的設計、構造、機器、屬具及配備均完備妥善，足堪擔當「該次航程的具體情況」之所需。

B.配備相當的人員、設備屬具及充足的補給品

⒜配備相當的海員

所謂「配置相當之海員」，指依照編制，僱用合格的船長、足額的合格海員，其有僱用引水人之必要時（例如強制引水情形），並僱用引水人。

依照契約，船舶所有人有提供適當及足夠的海員的義務時（例如：期間傭船或航程傭船），若船舶所有人所提供之海員，其技能（輪機和航海等）及人數（因噸位大小而異）已足夠完成該一航行，船舶所有人即已履行船舶適航性契

---

❶ 最近，不但汽車可以自動駕駛，飛機可以自動駕駛，船舶也可以自動駕駛，很多航運專家在研究船舶自動駕駛規則。自動駕駛船舶的船舶適航性內容必然要另外重新界定。

約的義務。船長海員因國籍關係欠缺工作證，但由於國際原因欠缺工作證並不影響船舶安全航行及貨物安全保管的能力，因此尚不構成契約之違反 ⑬ 。

---

⑬ ALFRED C. TOEPFER SCHIFFAHRTSGESELLSCHAFT G.m.b.H. v. TOSSA MARINE CO. LTD.: THE "DERBY" [1984] 1 Lloyd's Rep. 635, Q.B.D. (Commercial Court)

依照 1980 年 12 月 19 日訂立的傭船契約，懸掛塞普勒斯國旗的 "Derby" 號船舶的所有人，將該船出租於傭船人，期間是 11 至 13 個月。傭船契約是以 "the NEW YORK PRODUCE EXCHANGE" 的定型化契約條款為基礎訂立的。契約條款約定：「船舶在交付時，必須是非常堅硬、強固，而且在各方面適合於服務……針對該船舶之噸位言，有足夠的船舶官員、海員、機械人員以及救火人員」，另外一個條款約定航行範圍的限制：「全球商業航行，但是英國，斯堪地納維亞，澳大利亞，紐西蘭……等在協會擔保條款限制（按：有勞工工作卡的問題）範圍內的國家除外。」該船的官員及海員都是菲律賓人。

1981 年該船駛抵葡萄牙的 Leioes 港。5 月 23 日，船舶移往其停泊處停泊，並開始卸貨。5 月 27 日，一位國際運輸勞工聯盟（the International Transport Workers Federation，簡稱 I.T.F.）的代表詢問該船是否擁有國際運輸勞工聯盟的「藍卡」（"blue card"——由國際運輸勞工聯盟簽發，為該聯盟所接受，賦予該船舶避免被該聯盟杯葛的保護文件），發現該船並不擁有藍卡。5 月 28 日，停止卸貨，國際運輸勞工聯盟要求：該船必須取得藍卡，或是必須在國際運輸勞工聯盟的有關人員供應之特別協議書上簽字。6 月 18 日，船舶所有人重新安排船舶上的人事，以符合國際運輸勞工聯盟的要求。6 月 19 日，又重新開始卸貨。6 月 23 日，完成卸貨。該船舶整整遲延了 21 天，傭船人基於下列理由請求船舶所有人損害賠償：由於該船未經國際運輸勞工聯盟的許可，任意僱用（無工作證的）菲律賓海員，因此該船配備的人員不符合服務的需要。船舶所有人有一種默示（法定）的擔保，擔保其船舶可以自由航行，並且無阻礙地航行至所有未被契約列入除外名單的國家。

判決：由皇后法庭，Hobhouse J. 做成，駁回傭船人之請求。理由：

1. 有關船舶在各方面適合於服務的約款，從約款的上下文觀之，只指適航性而言，包括有適當的以及充足的海員，該約款並不涉及與船舶適航性無關的事項，也與船舶所有人遵守傭船人命令的能力無關。在本案，該約款並未擴及於船員有工作證的特性，工作證的有無並不影響其維護船舶及貨物安全以履行傭船契約的能力。本約款也不擴及於某些特別的法人團體所要求的「藍卡」或其他類似文件。

2. 關於航行區域限制約款，從該條款無法看出航行到葡萄牙會導致國際運輸勞工聯盟採取行動。該約款將某些國家列入限制——因為這些國家是國際運輸勞工聯盟的溫床——是因為該船的人員僱用並不符合國際運輸勞工聯盟的要求，該約款既然未將

　　(B)船舶之設備、屬具之裝備完整妥善

　　(C)船舶有足夠的糧食、水、醫藥及燃料等，足敷該航程之所需

C.適航性的判斷基礎

　　主要是依據 「國際船舶安全營運和防止污染管理規則 (International Safety Management Code 1998, 07, 01)」簡稱「國際安全管理規則 (ISM CODE)」。

　　船舶是否具有適航性，必須「個案具體」判斷，不同的航程會有不同的風險，在評估船舶適航時，必須具體列入考慮，例如：自北美洲航行橫越太平洋至東南亞、臺灣的航程，可能遇見若干等級的海上風浪，應列為船舶是否具備適航性的考慮因素❸。

　　船舶適航性的判斷，有航程主義與航段主義的不同，海商法原則上雖然採「航程主義」，但是就船舶供應則採「航段主義」。

　　航程主義者主張：在船舶的預定航程為甲港到乙港，再由乙港赴丙港，以丙港為目的港的情形，船舶在甲港啟航時，其船舶的安全航行能力、海員配置、設備配置、糧食、燃料、飲水、藥品的供應、貨艙、冷藏室及其他供載運貨物部分的適合受載、運送及保存的程度，均必須足敷該船自甲港經乙港至丙港，始具有適航性及適載性。

　　航段主義者主張：船舶的安全航行能力、海員配置、設備配置、糧食、燃料、飲水、藥品的供應、貨艙、冷藏室及其他供載運貨物部分的適合受載、運送及保存的程度，只要具備自甲港航行至乙港為已足，不以足夠安全航行到丙港為必要。乙丙港之間是否具有適航性及適載性，以自乙港啟航時，另行判斷。

　　海商法關於適航性及適載性義務的規定，間接淵源自海牙規則第 3 條第 1 項：「運送人於發航前及發航時應盡善良管理人之注意 (The carrier shall be bound before and at the beginning of the voyage to exercise due diligence to...)」 的規定，**海牙規則所謂「發航前及發航時」的「航 (voyage)」字是指「航程」而言，即自「啟航港」至預定之「目的港」的全部航程而言，我國海商法也應同此解釋。**

　　葡萄牙列入除外名單，很確定的推論，將導致另外的結論。

❸　最高法院 93 年臺上字第 334 號民事判決。

　　換言之，判斷船舶是否具有適航性及適載性，原則上應以是否符合「預定航程」的需要為判斷標準。但實務上，船舶長期在海上航行，途中就近港口補充食物、飲水、燃料、藥品等，事所恆有，此不惟出諸經濟上考慮（例如途中某港口的燃煤或食物較便宜），且亦常基於事實上需要（船舶長途航行，常須中途補充燃料，始足敷航程所需），因此關於船舶適航性、適載性的判斷上，就「船舶之供應」一點，海事習慣上採取「航段主義」是為例外。

2. 船舶適載性義務 (fitness for storage)

⑴船舶適載性的意義

　　海商法第 62 條第 1 項：「運送人或船舶所有人於發航前及發航時，對於左列事項，應為必要之注意及措置：……三、使貨艙、冷藏室及其他供載運貨物部分適合於受載、運送、與保存。」為運送人之適載性義務。

　　船舶必須具有適載能力（又稱堪載能力），使貨艙、冷藏室及其他供載運貨物之部分，適合於受載 (reception)、運送 (carriage) 及保存 (preservation)。又在貨櫃運送，運送人就其提供的貨櫃，必須負適載性義務；若貨櫃由託運人自備，則適載性應由託運人自行負責，運送人不必負責。

⑵船舶適載性的時點

　　判斷船舶是否具有適載性的時間是否只以「發航前及發航時」為準，或是包括「發航前、發航時及發航後」，海商法沒有明文規定，一般認為適載性是貨物管理的一部分，「發航後」突然喪失適載能力致貨物發生毀損、滅失者，運送人以「有故意過失」為限，應負損害賠償責任。

3. 適載性的具體判斷

　　如同適航性一樣、適載性的判斷主要也是依據「國際船舶安全營運和防止污染管理規則」，即「國際安全管理規則」。

　　適載性的有無，必須針對「每一件託運貨物」具體判斷，例如：船舶在甲港承載 A 貨時，具有安全航行能力，配備有相當海員、設備及船舶供應，且其貨艙、冷藏室及其他供載運貨物部分適合於受載運送與保存，則該船舶對 A 貨而言，具有適航性及適載性。若該船至乙港裝載 B 貨，於發航時，冷藏機器故障，致貨物腐敗，此時該船對 B 貨而言，不具有適載能力。又若該船至丙港裝載 C 貨，而 C 貨為不需冷藏之貨品，冷藏機器之故障對於 C 貨之受載、運送與

保存並無影響，則該船對 C 貨而言，仍然具有適載能力。

4. 船舶適航性與船舶適載性的有無是「事實問題」

船舶是否具備適航性、適載性是「事實問題」，應該由掌管事實審的地方法院、高等法院調查，對事實認定不服，不得作為上訴第三審的理由❶。

適航性或適載性的有無必須具體認定，不因船舶已經定期檢查而直接作具備適航性、適載性的認定。最高法院 90 年度臺上字第 2103 號民事判決：「船舶有無堪航能力，係屬事實問題，須就當時、當地、同種類、同航程之船舶定其標準，不以船舶已依船舶法有關規定為定期檢查，即謂其有堪航能力。且上開設備證書、船級證書，均屬年度定期檢查之證書，並非此次航行發航準備完成之檢驗證書，難謂被上訴人已舉證證明國裕輪已具堪航能力，及其就承運之貨櫃以為必要之注意及處置。」本判決雖然是針對船舶的適航性而發，但是船舶適載性也可以做相同的解釋。

5. 適航性義務及適載性義務的注意義務標準及舉證責任

⑴注意義務標準

運送人就「適航性義務」及「適載性義務」所負之注意標準為「善良管理人」的注意義務，即應該負抽象輕過失責任。但運送人只須「盡善良管理人之注意」，使發航前及發航時有適航能力及適載能力就可以，不以「擔保」船舶在整個航程都有適航能力及適載能力為必要。運送人對於發航以後船舶突然喪失「適航性」所致貨物的損失，不負賠償責任；對於發航之後喪失「適載性」所致貨物的損失，除非有過失，也不負賠償責任。

⑵舉證責任

海商法第 62 條第 2 項規定：「船舶於發航後，因突失航行能力所致之毀損或滅失，運送人不負賠償責任。」、第 3 項：「運送人或船舶所有人為免除前項

---

❶ 最高法院 90 年臺上字第 388 號民事判決：「船舶於發航前及發航時是否有堪航能力，係事實問題，原審以立耀輪有堪航能力，除依據中國驗船中心所出具之船級證書外，並以立耀輪於席斯颱風來襲時，雖駛至基隆港外海頂浪，惟於颱風過後，駛入基隆港時，船身仍完好無損，大部分貨櫃依然細綁完整等情，為認定之基礎，並依調查證據之結果，認定系爭貨載之滅失實係船長脅航前往基隆港之過失行為所致，核係採證、認事之職權行使，因而為上訴人敗訴判決，並不違背法令。」

責任之主張，應負舉證之責。」，依本條項規定，運送人如欲主張免責，須就下列三種情況之一負舉證之責：

    A.船舶於發航前及發航時具有適航性能力及適載性能力。

    B.船舶於發航前或發航時雖不具有適航性能力或適載性能力，惟欠缺此種能力，「並非審慎運送人盡善良管理人之注意所能發現」者。

    C.船舶於發航前或發航時雖不具有適航性能力或適載性能力，但適航性能力之欠缺或適載性能力之欠缺與貨物之毀損、滅失間「無客觀相當因果關係」者。

6.適航性義務、適載性義務與法定免責事由之主張

    「船舶具有適航性、適載性」，在「客觀相當因果關係」的範圍內，是運送人主張海商法第 69 條所列 17 款「法定免責事由」的前提，但不是主張「單位責任限制」的前提，運送人因為過失而使船舶欠缺適航性、適載性，只要不是重大過失，仍然可以主張單位責任限制。船舶適航性、適載性是運送人的法定義務，基於公共政策的理由，不得以約定加以排除。

  ⑴國際公約的規定

    依照海牙規則、海牙維斯比規則的規定，運送人對於船舶有適航性、適載性義務的時點是「發航前及發航時」，對於發航後，突然喪失航行能力所發生的損失，不必負責；但是突然喪失適載性是否必須負責，則必須視有無過失而定。但是依漢堡規則，運送人對於船舶適航性、適載性義務的時點涵蓋「發航前、發航時以及發航後」整個航程，也就是全部的航行期間。

    在貨物發生毀損、滅失時，運送人若欲依海商法第 69 條之規定主張法定免責事由，必須先證明船舶具有適航性及適載性，但貨物毀損、滅失之發生與船舶適航性、適載性無關者，不在此限。

  ⑵以「航行過失」「船舶管理過失」或「火災」等為法定免責事由與適航性及適載性的舉證

    依海商法第 69 條規定，運送人及船舶所有人對於其履行輔助人（船長、海員、引水人及其受僱人等）由於航行（第 1 款）、船舶管理（第 1 款）、或火災（第 3 款）三者之一，因故意或過失致其承運貨物發生毀損滅失時，運送人得主張免責，但必須先證明船舶具有適航性及適載性。

惟若運送人所主張之免責事由與適航性、適載性之欠缺沒有因果關係者，則運送人得不必先就船舶具有適航性、適載性負舉證之責。例如：運送人主張由於船長海員之航行有故意過失，致發生船舶碰撞，發生貨物損失時，只須就船舶具有適航能力（即船舶有安全航行能力並且配置相當之海員設備及船舶供應）負舉證責任即可，不須就船舶具有適載能力（即船艙、冷藏室及其他供載運貨物部分適合於受載、運送與保存）負舉證責任，因為即使船舶適載能力有欠缺，也不致發生船舶碰撞使貨物毀損滅失，「適載能力的欠缺」與「船舶碰撞發生貨物毀損滅失」之間，並沒有因果關係。

(3)以「其他法定免責事由」作為免責事由

運送人除了主張履行輔助人「航行」、「管理船舶」或「失火」有故意過失致貨物毀損滅失作為免責事由外，依海商法第 69 條規定，還有很多其他法定免責事由，倘若船舶所有人引用該等其他法定免責事由，主張免責時，是否需要先舉證證明船舶具有適航性或適載性，則須視該事由與船舶之適航性或適載性有無關係而定。

A.免責事由與船舶的「適航性」有關者

例如：「海上或航路上之危險或意外事故」（第 2 款）、「救助或意圖救助海上人命或財產」（第 11 款）、「船舶雖經注意仍不能發現之隱有瑕疵」（第 16 款）等，都與船舶之安全航行能力有關，運送人主張上述免責事由前，須就船舶具有「適航性」負舉證責任，無須就「適載性」負舉證責任。

B.與船舶之「適載性」有關，但與「適航性」無涉者

例如：「包裝不固」（第 12 款）、「標誌不清或不符」（第 13 款）、「因貨物之瑕疵、變質或病態所致分量、重量之耗損毀損或滅失」（第 14 款）、「貨物所有人、託運人或其代理人之行為或不行為」（第 15 款）等，與船舶之「適載性」有關，但與「適航性」無涉，因此運送人只須就船舶具有「適載性」負舉證責任即可，不必就船舶具有「適航性」負舉證責任。

C.與「適航性」、「適載性」都有關者

以「其他非因運送人或船舶所有人本人之故意或過失，或非因其代理人、受僱人之過失所致者」（第 17 款，按：主要是「貨物管理」）作為免責事由時，由於本款的免責同時與「適航性」、「適載性」有關，因此運送人主張本款的免

責事由，須就船舶具備「適航性」及「適載性」負舉證責任。

D.與「適航性」、「適載性」都沒有關係者

「天災」（第 4 款）、「戰爭行為」（第 5 款）、「暴動」（第 6 款）、「公共敵人之行為」（第 7 款）、「有權力者之拘捕、限制或依司法程序之扣押」（第 8 款）、「檢疫限制」（第 9 款）、「罷工或其他勞動事故」（第 10 款）等免責事由與船舶是否具有「適航性」及「適載性」都沒有關係，運送人主張此等免責事由時，無須就船舶具有「適航性」、「適載性」負舉證責任，僅舉證證明有上述免責事由之一即可。

㈣貨物裝船的義務

1.裝載義務人

件貨運送貨物的數量較少，多由班輪承運，託運人將貨物交付予運送人後，通常情況，不會自行裝船，而是由運送人負裝船義務。因此 2012 年德國商法（海商編）第 486 條第 2 項規定：「除情況特殊或另有慣例，運送人有將貨物裝船、堆放、穩固及自船上卸載的義務。」❸

關於運送人得否更換貨櫃，在件貨運送，因為託運人所託運的貨物，可能很多，也可能很少，解釋上應該准許為是。2012 年德國商法（海商編）第 486 條第 3 項規定：「貨物裝載貨櫃內者，運送人被授權得換裝予其他貨櫃。」堪為參考。又，運送人除非經託運人同意，不得將貨物裝載於甲板上。在簽發載貨證券情形，必須獲得託運人 (Ablader) 同意❹。但貨物若被裝入或裝上一種通常適合放置在甲板上的運輸工具，而且船舶甲板也適合載運此類運輸工具時，貨物得未經託運人同意而裝載在甲板上。

2.裝載的方法

船長應按各種貨品的性質，分類裝船，使貨物不致因船舶的動盪、傾側、漏水、浪打而毀損滅失，也不致因壓擠而破碎。有兩點應該特別注意：

⑴非經託運人同意不得分船裝載

運送人非經託運人同意，不得將同一批託運的貨物分別裝載於不同船舶運

---

❸　2012 年德國商法（海商編）第 486 條第 2 項。
❹　2012 年德國商法（海商編）第 513 條第 2 項。

送，倘若運送人違反，將構成違背以善良管理人的注意裝載貨物，運送人對於貨物因此而受的損害，應負損害賠償責任。但即令貨物不分船裝載，損害也因可歸責於託運人之事由而發生者，不在此限（即貨物的損害與分船裝運沒有因果關係的情形）。又航行開始後，因緊急情事分由數船轉運者，其裝運合法。

⑵甲板裝貨，原則上禁止

A.合法與不合法的甲板運送的意義

2012 年德國商法（海商編）規定合法的甲板運送包括兩種：

㈠經託運人或發貨人同意的甲板運送 ❸

運送人未依第 486 條第 4 項的規定，經託運人或發貨人同意而將貨物裝載或堆放在甲板上者，若貨物因裝載或堆放在甲板而發生任何滅失或物體上的毀損，即使該毀損並非運送人的過失或疏忽直接所致，運送人仍然必須負賠償責任。上述情形，貨物的滅失或物體上的毀損推定是因為貨物裝載或堆放在甲板所致。2012 年德國商法（海商編）第 486 條第 4 項：「除非獲得託運人同意，運送人不得為甲板裝貨。在簽發載貨證券的情形，甲板裝貨必須獲得發貨人的同意。」

㈡貨物被裝載在適合甲板運送的運輸工具

在下述情況，雖然沒有獲得託運人同意，運送人仍然得為甲板裝貨，貨物被裝置在適合甲板運送的運輸工具內或運輸工具上，而且甲板也設置有適合載運該運送工具的相關設施。

海商法第 73 條：「運送人或船長如將貨物裝載於甲板上，致生毀損或滅失時，應負賠償責任。但經託運人之同意並載明於運送契約，或航運種類或商業習慣所許者，不在此限。」依照我國海商法的規定，符合本條但書所規定三種情形之一者，為合法的甲板運送，合法的甲板運送，運送人只負「抽象輕過失責任」，不負「不可抗力責任」。合法的甲板運送包括下列三種，不符合下列三種者，稱為不合法的甲板運送：

㈠經「託運人同意並載明於運送契約（按：指載貨證券）」

甲板運送縱使經託運人同意，仍然必須在運送契約（按：應該是載貨證券）

---

❸ 2012 年德國商法（海商編）第 513 條第 2 項。

上註明貨物裝載於甲板上 (on deck)，才是完整合法的甲板運送，因為只有在載貨證券上註明，才能夠讓載貨證券受讓人或持有人知悉該載貨證券所表彰的貨物，裝載於甲板上，面臨較大的風險：海水打濕者有之，風浪襲捲者有之，若不載明於載貨證券，接受載貨證券之善意第三人將無法知悉其所受讓的載貨證券所表彰之貨物係以危險性較高之運送方式為運送。因此海牙規則有須將「甲板裝載 (on deck)」之字樣註明於載貨證券的規定，海商實務上亦須註明，否則不得對抗善意第三人。

經過託運人同意而為甲板裝載，若未註明於載貨證券上，則只是「相對合法的甲板運送」，即在運送人與託運人之間依然是合法的甲板運送，但是對持有載貨證券的善意第三人言，則是不合法的甲板運送。

(B)航運種類

指依照承運貨物的種類，適合固定堆放在甲板上者，例如：大型的起吊機、火車車廂等。

(C)商業習慣許可者

指依照歷來的商業習慣，承運貨物慣常放置在甲板上，例如：貨櫃、木材。

「航運種類所許者」或「商業習慣所許者」都是客觀的事實，因此沒有另外在運送契約（暫引法條用語，應為「載貨證券」才對）上記載 "on deck" 字樣的必要。**又將貨物吊於船舷上，其危險性之高有甚於甲板裝貨，稱為準甲板運送。**其風險之大甚於甲板運送，解釋上也必須經託運人同意並載明於運送契約❶❸❻、航運種類或商業習慣許可，始得為之，德國商法訂為明文❶❸❼。

---

❶❸❻　按：此處運送契約應修正為載貨證券，法律規定「經託運人同意並載明於運送契約」是因這種甲板運送，不屬於「航運種類」、「商業習慣許可」任一種，而是經託運人同意，因此必須記載於文書，才能保護善意第三人，但究竟是記載在「運送契約」或「載貨證券」？自應以載貨證券為是，因為海上運送契約未必有書面契約，若只有口頭契約，如何將貨物放在甲板上的事實記載於口頭契約上？傭船契約雖是要式契約，可以記載「貨物放在甲板上 (on deck)」等文字，但是從保護善意第三人的觀點，只有載貨證券會移轉到第三人，運送契約不會移轉到第三人，將 "on deck" 等文字記載在載貨證券上，始有實益。

❶❸❼　2012 年德國商法（海商編）第 566 條第 1 項：「非經貨運承攬業者同意，運送人不得將貨物放在甲板上或船舷上。」

B.合法與不合法甲板運送的責任

依照海商法的規定，合法的甲板裝貨，運送人應該依照雙務契約的精神，負「抽象輕過失責任」；不合法的甲板裝貨，應加重運送人責任，負「不可抗力責任」。

合法的甲板運送，運送人必須盡善良管理人的注意，負抽象輕過失責任。因為甲板運送，乃將貨物「堆存」於船舶甲板的運送，應納入海商法第 63 條：「運送人對於承運貨物之裝卸、搬移、堆存、保管、運送及看守，應為必要之注意及處置。」的規範。所謂「必要之注意及處置」，是指應盡善良管理人的注意及處置⓭，即運送人須盡善良管理人之注意義務。又在有償契約，債務人原則上須盡善良管理人之注意履行債務，而合法的甲板運送為有償契約的一種，運送人自亦須盡善良管理人之注意義務⓭ ⓮。

我國海商法關於甲板運送的規定，並非直接翻譯自海牙規則，但與海牙規則有密切關係，因為海牙規則第 1 條第 3 款界定貨物之定義：「貨物包括物品、器皿、商品、及其他一切物件，但牲口及依契約得裝載於甲板上且如此裝載之貨物除外。」因此對於「牲口」與「依契約得裝載於甲板上且如此裝載之貨物」不適用海牙規則的規定，換言之，運送此類貨物，風險較大，故運送人除法定免責事由之外，還可以有約定免責約款，以減輕運送人責任。

⓭ 海商法第 63 條及第 69 條第 17 款配合解釋。

⓭ 合法甲板運送的貨物，只是該貨物「排除於海牙規則所稱貨物之外」而已（亦即不視為海牙規則所稱之貨物），衡諸立法意旨，乃因甲板裝載危險性甚大，不宜科運送人以「強制責任」，換言之，運送人對於「非海牙規則之貨物」的甲板裝載貨物，所負的責任為「非強制責任」，因此當事人得以契約方式，訂立約定之免責約款，但運送人對於甲板裝載的貨物，仍須盡善良管理人之注意，妥為裝載保管，勿使發生毀損或滅失，否則須負損害賠償責任。

⓮ 以海牙規則的理論，闡釋我國海商法運送人就合法甲板運送之注意義務，各有異同：

相同點：運送人對於合法裝載之甲板運送，其注意義務標準為善良管理人之注意義務標準。

相異點：依海牙規則，運送人關於合法甲板運送之貨物，得訂立「意定免責約款」（即約定免責約款）；但依我國海商法關於合法甲板運送貨物之規定，依海商法第 61 條：「以件貨運送契約為目的或載貨證券記載條款、條件或約定，以減輕或免除運送人或船舶所有人，對於因過失或本章規定應履行之義務而不履行，致有貨物毀損滅失之責

C.合法甲板運送的舉證責任

運送人關於海上甲板運送應該負「推定過失責任」，貨物一有毀損或滅失，運送人即被推定具有過失。運送人若欲主張免責者，須就下列三個事實負全部舉證責任：

　(A)船舶具有適航性及適載性。

　(B)甲板運送係經託運人同意且記載於載貨證券或航運種類或商業習慣所許者。

　(C)運送人就承運貨物已為必要之注意或處置❹，即已盡善良管理人之注意。

D.甲板運送與共同海損

海商法第 116 條規定：「未依航運習慣裝載之貨物經投棄者，不認為共同海損犧牲。但經撈救者，仍應分擔共同海損。」按投棄的損失，得列入為共同海損之損失者，傳統上以裝載在船艙內者為限，即依航運習慣應裝載於「船艙內」的貨物但卻裝載於「甲板上」者，若被投棄，不得列為共同海損之損失。依「航運習慣得裝載於甲板之貨物」裝載於甲板上者，若於共同海損中被投棄者，則可以列為共同海損的財產犧牲（共同海損犧牲之一部分），由利害關係人分擔。

依海商法第 73 條規定，凡「經託運人同意，並載明於載貨證券」或「航運種類」或「商業習慣」所許者（三種狀況），皆為合法的甲板裝載；但合法甲板裝載的貨物，若遇共同海損而被投棄時，依海商法第 116 條的規定，卻只有「經託運人同意，並載明於載貨證券」以及「航運習慣」所許可者（兩種情況），始可列入共同海損之損失，立法銜接，顯有疏漏。**英美海運實務，得列為**

任者，其條款、條件、約定不生效力。」，除了「傭船契約而且不簽發載貨證券」情形外，其他情形，包括：件貨運送不簽發載貨證券、件貨運送且簽發載貨證券、傭船契約且簽發載貨證券三種情形，運送人都不得有「意定免責約款（約定免責約款）」，若有此種約款，該約款亦不生效力。

綜合以上二點，海商法關於運送人在合法甲板運送時應盡之注意標準，與海牙規則所定之注意標準相同，但我國海商法禁止運送人針對合法之甲板運送訂定約定免責約款，而海牙規則許可訂立約定免責約款，就此點而言，海牙規則對於運送人顯然較海商法對於運送人之規定為有利。

❹　海商法第 63 條及 69 條第 17 款。

共同海損之損失者，還特別包括「商業習慣所許者」。為了使海商法第 116 條得列入共同海損損失的甲板裝載貨物之範圍，能與海商法第 73 條合法甲板裝載貨物的範圍互相契合，並且配合英美海運實務之見解，宜將「經託運人同意，並載明於載貨證券」、「航運種類所許者」、「商業習慣所許者」之貨物而裝載於甲板上者，都規定為得列入共同海損之損失為當。

　　E.「船舷吊貨運送」準用「甲板裝載」之規定

　　以船舷吊貨方式運送貨物，其危險性有甚於甲板裝載運送，雖然法無明文，但其性質與甲板裝載甚近，應準用甲板裝載之規定，舊德國商法第 560 條且將「甲板裝載」與「船舷吊貨」並列，適用相同規定，堪為參考。鹿特丹規則關於甲板運送的規定，中文本如下：

鹿特丹規則第 25 條（船舶上的艙面貨）

　1.在船舶艙面上載運貨物，只能限於下列情形：

　　(a)根據法律的要求進行此種運輸；

　　(b)貨物載於適合艙面運輸的集裝箱內或者車輛內，而艙面專門適於載運此類集裝箱或者車輛；或者

　　(c)艙面運輸符合運輸合同或者相關行業的習慣、慣例或者作法。

　2.本公約有關承運人賠償責任的規定，適用於根據本條第 1 款在艙面上載運的貨物的滅失、毀壞或者遲延交付，但根據本條第 1 款第(a)項或者第(c)項載運貨物的，對於艙面載運貨物涉及的特殊風險所造成的貨物滅失、毀壞或者遲延交付，承運人不負賠償責任。

　3.在艙面上載運貨物，不是本條第 1 款所准許的情形的，對於完全由於艙面載運貨物所造成的貨物滅失、損壞或者遲延交付，承運人負賠償責任，且無權享有第 17 條規定的抗辯。

　4.第三方已善意取得可轉讓運輸單證或者可轉讓電子運輸記錄的，承運人無權對其援用本條第 1 款第(c)項的規定，除非合同事項載明可以在艙面上載運貨物。

　5.承運人與託運人明確約定貨物將載於艙內的，如果貨物載於艙面造成任何滅失、損壞或者遲延交付，對於此種滅失、損壞或者遲延交付，承運人無權享有限制賠償責任的利益。

(五)貨物照管義務

1.善良管理人的注意標準

　　海上貨物運送人應該以善良管理人之注意負保管責任，也有人稱為貨物的照管義務。違反此一義務致貨物毀損滅失者，必須負損害賠償責任。海商法第63條規定：「運送人對於承運貨物之裝載、卸載、搬移、堆存、保管、運送及看守，應為必要之注意及處置。」❶❷，承襲海牙維斯比規則第3條第2項：「除第4條另有規定外，運送人應該適當地並且注意地裝載❶❸、搬移、堆積、運送、保管、看守及卸載所承運的貨物 (Subject to the provisions of Article 4, the carrier shall properly and carefully load, handle, stow, carry, keep, care for, and discharge the goods carried.)。」

　　所謂「必要之注意及處置」的標準如何？法律沒有明文規定，一般言之，基於運送契約是有償契約，而有償契約當事人履行義務所應注意的標準為善良管理人之注意標準。又海商法第69條第17款：「其他非因運送人或船舶所有人本人之故意或過失及非因其代理人、受僱人之過失所致者。」之反面解釋，也可獲得相同結論。

　　海商法第69條第17款學理上稱為「概括條款」或「雜項條款」，相當於海牙規則第4條第2項所列第a款至第q款計17種免責事由中之第q款。該款係針對第1款至第16款以外的事項而規定的，其核心即是「貨物管理」(cargo management)，關於貨物管理（包括貨物裝卸），必須「非由於運送人或船舶所有人本人之故意或過失及非因其代理人、受僱人之過失所致者」始得免責，即

---

❶❷　中華人民共和國海商法第48條規定：「承運人應當妥當地、謹慎地裝載、搬移、積載、運輸、保管、照料和卸載所承運貨物。」

❶❸　除契約另有約定、港口另有法令或習慣外，裝船義務及裝船費用由運送人負擔。實務及航運習慣上，在件貨運送由班輪為之，託運人所託運之貨物較少，若連貨物裝船都要事必躬親，實在有所不便，因此裝船義務、裝船費用（及卸船費用）均由運送人負擔，而運送人所收取之運費通常也已包括裝卸費用。此與傭船運送，由於託運人所託運之貨物，為數龐大，因此裝船義務及裝船費用由當事人約定，有約定由運送人負擔者，也有約定由傭船人負擔者不同。

必須不是「運送人本人的故意、過失」所致，也不是「履行輔助人的故意、過失（擬制過失）」所致時，才可免責。**換言之，運送人就貨物管理（含貨物的裝卸）是負「抽象輕過失」責任，則其應盡的注意義務為善良管理人的注意標準，應該沒有疑義。**

2012 年德國商法（海商編）擴大義務空間範圍——從接受貨物到交付貨物，並提高海上運送人的義務標準，負擔推定過失責任，即運送人從接受貨物起到交付貨物止的期間，對於貨物所發生的任何滅失或物體上的毀損都必須負損害賠償責任[144]，但貨物的滅失或物體上的毀損係由於謹慎的運送人盡善良管理人注意所無法避免的情況所致者，運送人得免除前揭的賠償責任。

貨物若被裝載在欠缺適航性或適載性的船舶，且具體事實也顯示貨物的滅失或物體上的毀損是由於船舶欠缺適航性或適載性所致者，則除非運送人能夠證明船舶適航性或適載性的欠缺，為審慎的運送人盡善良管理人的注意，仍無法在啟航前發現或是沒有因果關係者，才可以主張免除德國商法第 498 條第 1 項的賠償責任[145]。因貨物毀損受害人一方，對於貨物毀損的發生與有過失者，損害賠償義務及損害賠償數額，應該依具體情況定之，特別是毀損主要是因一方或他方引起的範圍[146]。

2. 善良管理人注意標準的相對性

所謂「善良管理人注意標準的相對性」，是指運送人是否已盡到善良管理人注意標準，必須具體就各批貨物分別判斷，以確定其是否達到專家的注意標準，並不是對承運的全部貨物。

因此同樣的裝船方法，對於甲批貨物已達到善良管理人的注意標準，但是對於乙批貨物而言，未必盡到善良管理人的注意標準。例如：裝運毒性化學物質時，必須依照交通部公布之船舶危險品裝載規則的規定[147]，「應能便於監視」、「船舶裝載危險品，除依其性質有特別規定外，應依該條所定方法隔離」、「船舶裝載裝置有危險品之貨櫃時，船長除應確認貨櫃之標示與貨櫃之裝置危險品

---

[144] 2012 年德國商法（海商編）第 498 條第 1 項。

[145] 2012 年德國商法（海商編）第 498 條第 2 項。

[146] 2012 年德國商法（海商編）第 498 條第 3 項。

[147] 交通部公布之船舶危險品裝載規則第 74 條第 4 款、第 84 條、第 86 條第 1 項。

明細表之記載事項相符外，還應檢查貨櫃有無損傷或危險品有無洩漏等不正常現象。」❶，但是承運其他貨物，卻不需要達到相同的標準；又如：在貨物以平板櫃裝載的情形，由於平板櫃並非一般貨櫃，其上方及四周左右並無障壁可供保護，因此必然被推放於所有貨櫃之最上層，不可能在下層或中間，以免被其他貨櫃擠壓，運送人將裝載系爭貨物之平板櫃置放於甲板最上層，是盡裝載貨物之注意義務所必須，但是承運可以擠壓的貨櫃，卻可以堆積在下面❶。

此外，若運送人有裝櫃義務，而貨櫃的「空隙處未填滿」導致貨櫃內的貨物自行位移，貨物發生毀損，則構成貨物裝載有過失，必須負損害賠償責任，但在非貨櫃運送，不發生相同問題❶。

㈥應託運人要求簽發載貨證券的義務

1. 載貨證券的意義

海牙規則並未界定載貨證券的定義。漢堡規則第 1 條第 7 款關於載貨證券的定義是：「載貨證券是指：證明海上貨物運送契約之存在及運送人受領或裝載貨物，且於繳還該證券時，運送人即負有交付貨物義務之證券。載貨證券記載貨物應向證券所載之人❶或指定之人❶或持有人❶為交付者，即構成運送人應交付貨物於該特定人之義務 (Bill of lading means a document which evidences a contract of carriage by sea and taking over or loading of goods by the carrier, and by which the carrier undertakes to deliver the goods against surrender of the document, a provision in the document that the goods are to be delivered to the order of a named person, or to order, or to bearer constitutes such a undertaking.)」。國際商會

---

❶ 最高法院 90 年臺上字第 1760 號民事判決。
❶ 最高法院 91 年臺上字第 1870 號民事判決。
❶ 最高法院 93 年臺上字第 1716 號民事判決。
❶ 指記名載貨證券，此種載貨證券不得轉讓。
❶ 指定載貨證券，此種載貨證券可以轉讓，轉讓的方式是由被指定人在載貨證券上背書，並且交付予受讓人。
❶ 空白載貨證券，此種證券，沒有記載任何名字，持有人可以以交付載貨證券的方式，讓與載貨證券。

關於裝船載貨證券的定義則為：「由運送人或其代理人所簽發，作為運送契約之證明及貨物交付裝船之證據 (A shipped bill of lading, issued by or on behalf of the carrier, is an evidence of a contract of carriage as well as a proof of delivery of the goods on board the vessel.)」。根據以上漢堡規則以及國際商會對載貨證券的定義分析，載貨證券有下列含義：

(1)運送人已收受貨物的收據 (receipt) 或貨物已經裝船的證明

　　載貨證券的簽發推定運送人已經收受貨物，或貨物已經裝上船舶，前者稱為「收載載貨證券」，後者稱為「裝船載貨證券」。不論收載載貨證券，或是裝船載貨證券，在運送契約當事人之間，都只具有「推定」的效力，但是一旦因「法律行為」而轉讓給善意第三人，就具有「文義效力」，不得舉證推翻（也就是具有「視為」的效力）。第三人若是因為「繼承」（按：繼承沒有「意思表示」的要素，因此繼承只是「事實行為」，不是「法律行為」）而取得載貨證券或是因惡意受讓載貨證券，運送人仍得舉證推翻之。

(2)載貨證券是運送契約之證明 (an evidence of a contract of carriage)

　　在件貨運送，載貨證券只是運送契約的證明，不是運送契約本身，運送人與託運人的運送契約，早在運送人簽發載貨證券之前，就因意思表示合致而成立，其具體內容可以參考「運送人的廣告、訂艙單、運費價目表、運送人的運送慣行之為託運人所明知者、班輪運送時間表。」載貨證券與運送契約的關係，包括下列三點：

　　A.運送契約可以「獨立存在」，載貨證券僅為運送契約之證明，不能單獨存在：訂立運送契約未必簽發載貨證券，也可以簽發海運貨運單，但是簽發載貨證券，以有運送契約存在為前提。

　　B.載貨證券在託運人與運送人間只有「推定運送契約內容」的效力：載貨證券一方面是證明運送契約的存在，另一方面載貨證券的內容推定為運送契約的內容。

　　C.載貨證券在運送人與善意第三人間，就「載貨證券必須記載事項」，提升至文義性地位。

　　為保護交易安全，運送人所簽發的載貨證券，轉入善意第三人時，對持有該載貨證券之善意第三人言，載貨證券必須記載事項的內容，提升至文義性地

位。運送人與因法律行為持有載貨證券的善意第三人間，載貨證券的必須記載事項「視為」運送契約之內容，運送人不得舉證證明運送契約的內容與載貨證券的必須記載事項不符，而主張依運送契約之實際內容對抗善意第三人。

須注意者，所謂「載貨證券對善意第三人有文義性」，是海商法第 54 條第 1 項第 3 款所列關於貨物描述之「必須記載事項」而言，因為該款所列項目都是運送人可從「外觀目視查核」的項目，**惟其應查核、能查核而不查核，才有過失，才令其負文義責任**。其他事項（例如：價值）或載貨證券記載以外事項（例如：空券❺），由於查核困難或無從查核，因此不令其負文義責任。

載貨證券與運送單據的含義不完全相同，載貨證券只是運送單據的一種，運送單據是指運送人依運送契約簽發之單據，為運送人已依運送契約收受貨物之收據，且為運送契約之證明或運送契約之一部分❺。運送單據可以包括載貨證券、海運單、提貨單（小提單，delivery order）等。

⑶載貨證券是「物權證券 (document of title)」

載貨證券是物權證券的一種，載貨證券可以表彰貨物。在「貨物在運送人占有」的條件下，載貨證券的某些功能相當於貨物；持有載貨證券，即是占有貨物；交付移轉載貨證券，就是交付移轉貨物相同，使得載貨證券的受讓人，取得對貨物間接占有的地位❺。

---

❺　空券是指不能表彰權利的無效證券。例如：A 簽發一式三份的載貨證券。同時持有三份載貨證券的持有人，將一份載貨證券以移轉所有權的意思交付予甲後，又以移轉所有權的意思，將其餘二份分別轉讓予乙、丙，則乙、丙所取得的都依然是空券。因為載貨證券與票據不同，票據是高度流通證券，因法律行為而善意取得票據的人，可以依照票據文義取得比前手更大的權利；而載貨證券是低度流通證券，後手不可以取得比前手更大的權利。前手 A 的其餘兩份載貨證券已經變成空券時，其後手乙、丙所取得的仍然是空券。

❺　海商法修正草案第 33 條第 10 款。

❺　最高法院 88 年臺上字第 3486 號民事判決：「依舊海商法（下同）第 104 條準用民法第 629 條之規定，倘載貨證券持有人於受讓取得時，除運送物已滅失，或已遺失或被盜，而不能回復其占有，或已為第三人善意受讓取得外，載貨證券之交付，與物品之交付，有同一之效力。即載貨證券之持有人於取得載貨證券時，取得對於運送人運送物之交付請求權，而間接占有該運送物。」

交付及受讓載貨證券的雙方當事人的「主觀意思」決定法律效果，交付載貨證券只代表交付移轉貨物之「占有」，並不當然等於移轉貨物的所有權。交付載貨證券究竟發生貨物「占有移轉」之效力、「質權設定」之效力、或是「移轉所有權」的效力，必須視交付及受讓載貨證券的雙方當事人的「主觀意思」而定，所謂 "The transfer of the bill passes such rights in the goods as the parties intend to pass." 即指此而言。

2012 年德國商法（海商編）第 524 條將載貨證券的物權證券，規定更為細緻：「若貨物在運送人占有中，載貨證券轉讓予載貨證券所載的受貨人者，有與取得貨物所有權相同的效力。上述規定，對於載貨證券轉讓予第三人，亦有其適用。」，值得注意的是：即只有「客觀上貨物仍然在運送人占有中」，載貨證券的讓與，才會產生讓與人與受讓人的主觀效果。

⑷載貨證券是「提示證券」

載貨證券權利的行使必須提示載貨證券，權利人必須憑載貨證券行使權利，運送人依法也只可以對載貨證券持有人交付貨物，否則就是「無單放貨」，必須負損害賠償責任。但是並非只要對沒有持有載貨證券之人交付貨物，就當然要負法律責任，若受領貨物之人，客觀上是有受領貨物權利之人，即使沒有持有載貨證券，運送人所為的給付仍然有效，不會發生損害賠償。反之，若該受領人並沒有受領權，運送人又無單放貨，明顯有重大過失，運送人必須對載貨證券持有人負損害賠償責任。

2.載貨證券與海運貨運單（海運單）的區別、載貨證券與電報放貨的關係

⑴載貨證券與海運貨運單的區別

海運貨運單，英文稱為 waybill，或 sea waybill，也有稱為「海運單」，海運貨運單是由運送人簽發，載明貨物託運的運送細節及指示的單據。典型的海運貨運單必須記載託運人及受貨人的姓名、託運地、目的地、運送途徑、運送方法、運費等。海運貨運單雖然與載貨證券的記載事項很多是相同的，但是海運貨運單「不是物權證券」 ❺。海上貨物運送，如果簽發載貨證券，就不簽發

❺ A waybill is a document issued by a carrier giving details and instructions relating to the

海運貨運單；如果簽發海運單，就不簽發載貨證券⓲。

　　海運貨運單發生的主要原因是因為海上運送越來越快速，常常發生貨物先抵達目的港，而該批貨物的載貨證券卻因為託收、押匯等原因而還沒有到達目的港收貨人手中，導致運送人必須將貨物寄放在倉庫，而受貨人也因此增加運送、裝卸、搬移、倉儲費用等負擔，為了因應這個問題，創設海運貨運單制度，國際海法事委員會 (CMI) 在 1990 年制定 CMI Uniform Rules for Sea Waybills 作為規範⓳。

　　A.相同之點

　　　⑷記載內容相似，即海運貨運單也必須記載託運人及收貨人姓名、託運地、目的地、運送途徑、運送方法、運費等，與載貨證券類似⓴。

　　　⑻都是海上貨物運送契約的證明㉑。

　　　⑼都是已經收到貨物，而且貨物已經裝船的證明。

　　　⑽海運貨運單關於貨物數量以及狀況的記載，在運送人與託運人間，有「推定運送契約存在以及內容的效力 (prima facie evidence)」，但是對於託運人以外的善意收貨人 (consignee)，有「視為或終極的確定的效力 (conclusive evidence)」。

---

shipment of a consigment of goods. Typically it will show the names of the consignor and consignee, the point of origin of the consignment, its destination, and route. Most freight forwarders and trucking companies use an in-house waybill called a house bill. These typically contain "conditions of contract of carriage" terms on the back of the form. These terms cover limits to liability and other terms and conditions.

⓲　2012 年德國商法（海商編）第 526 條第 1 項：除非已經簽發載貨證券，運送人得簽發海運單。第 515 條的規定於海運單準用之，但應以託運人 (Befrachter) 取代交運人 (Ablader)。

⓳　中華人民共和國海商法第 80 條規定：「承運人簽發提單以外的單證用以證明收到待運貨物的，此項單證即為訂立海上貨物運送合同和承運人接收該單證中所列貨物的初步證據」、「承運人簽發的此類單證不得轉讓。」依照目前海運實務，所謂「提單以外的單證」，主要就是指海運貨運單。

⓴　2012 年德國商法（海商編）第 526 條第 1 項。

㉑　2012 年德國商法（海商編）第 526 條第 2 項：除另有反證外，海運單推定件貨運送契約的訂定，推定件貨運送契約的內容；也推定運送人已經接受貨物。第 517 條之規定於海運單準用之。

　　⒠都必須運送人簽名：載貨證券與海運單正本都必須經運送人簽名，但是複本之個人簽名得以印製或蓋章方式為之**⑯**。

　　⒡都承認電子海運單或電子載貨證券的效力**⑯**。

　B.不同之點

　　⒜海運貨運單「不是物權證券」，但是裝船載貨證券「是物權證券」。

　　⒝海運貨運單都是「不流通的」，不得轉讓給第三人；載貨證券中只有記名載貨證券不得轉讓，指示載貨證券以及空白載貨證券都是可以轉讓的。

　C.海運貨運單不可轉讓，何以有「善意第三人」？

　　因為收貨人未必就是海上貨物運送契約的當事人。在 CIF 或 CFR 的貿易，如果運送人所簽發的是海上貨運單而不是載貨證券，出口商是海上貨物運送契約的託運人，進口商就是海運貨運單的受貨人，也就是「運送契約當事人以外的第三人」，**如果進口商對於海運貨運單的記載內容與實際貨物不符，並不知情，則進口商就是「善意第三人」**。海上貨運單簽發之後，直接寄發給進口商，運送人必須對進口商依照海運貨運單的內容負文義責任。

　⑵載貨證券與電報交付貨物的關係

　　電報交付貨物是指在貨物比載貨證券早到目的港的情形，由於載貨證券尚未到達，受貨人無法提示載貨證券，憑券提貨，若將貨物滯留在港口或寄存在倉庫，都會發生各種費用，增加進口商的負擔。因此在海運界，發展出電報交付貨物的權宜方法。

　　電報交付貨物，首先是由託運人將整套載貨證券交給運送人，提出保證書，申請運送人拍發電報給其在目的港的海運代理人，准許受貨人某批貨物可以不憑載貨證券提領貨物。運送人一方面發出電報放貨通知給其目的港的代理人，另一方面也會將一份電報放貨通知給託運人，由託運人傳真給受貨人，受貨人在放貨通知單傳真上加蓋受貨人公司印章，然後提示於海運代理人，若經核對與海運代理人自運送人收到的放貨通知相符，海運代理人就會發給小提單 (delivery order, D/O)，受貨人即可憑以提領貨物。

---

⑯　參閱 2012 年德國商法（*海商編*）第 516 條第 1 項、第 526 條第 3 項。

⑯　參閱 2012 年德國商法（*海商編*）第 516 條第 2 項、第 3 項、第 526 條第 4 項。

3.載貨證券的簽發

⑴簽發義務人

運送人或船長是簽發載貨證券之義務人❿。運送人包括：

　A.己船運送的運送人

　B.光船租賃的承租人

　C.期間傭船的傭船人（傭船人承租全部或一部船艙，以自己為運送人名義，向他人招攬承運貨物、簽發載貨證券者，對託運人言，亦為運送人）

船長是運送人的法定代理人，得簽發載貨證券，無須運送人另行授權，其法律效果歸屬於運送人。又運送人亦得授權經理人代為簽發載貨證券❿。

船長或其他運送人之代理人，只能於其權限內簽發載貨證券。若逾越權限簽發，即為無權代理，原則上對運送人不生效力，例如：貨物未裝船而簽發裝船載貨證券或船長簽發虛偽載貨證券都是，此時載貨證券持有人得以侵權行為為理由訴請船長負損害賠償責任，但船長之行為符合「表見代理」❿之規定者，載貨證券持有人得主張船長之行為對運送人生效。在符合表見代理的情形，運送人對於善意的相對人，雖然必須依前述說明負運送人責任，但是運送人若因此遭受損失，得以侵權行為為理由，請求船長負損害賠償責任。

2012年德國商法（海商編）第513條第1項：「船長以及任何其他被授權得代理船舶所有人 (Reeder) 簽發載貨證券之人，有權代理運送人 (carrier) 簽發載貨證券。」，將代理運送人簽發載貨證券之人擴大為「船長」以及「經授權得代理船舶所有人簽發載貨證券之人」兩大類。

載貨證券由船長或其他經船舶所有人授權之人所簽發，但未記載運送人者，或雖然載明運送人但所記載的運送人事實上並非運送人時，則載貨證券所生的權利義務由船舶所有人，而非由運送人承擔❿。

---

❿　海商法第53條、2012年德國商法（海商編）第640條第1項。

❿　2012年德國商法（海商編）第513條第1項。

❿　民法第169條：「由自己之行為表示以代理權授與他人，或知他人表示為其代理人而不為反對之表示者，對於第三人應負授權人之責任。但第三人明知其無代理權或可得而知者，不在此限。」

❿　2012年德國商法（海商編）第518條。

⑵簽發的請求及時間

運送人或船長於貨物裝載後，因託運人之請求，應發給載貨證券❶：

A.載貨證券是運送人或船長「應託運人之請求」才有簽發之義務

若託運人不請求，運送人或船長無須主動簽發。但實務上，由於載貨證券是押匯文件之一，託運人一般照例都請求簽發，因此運送人或船長亦都依例主動簽發。

2012年德國商法（海商編）第486條第1項後段規定：「……運送人於收受供運送的貨物之後，應發貨人的請求，應簽發該交付貨物者書面確認收據，該書面確認收據亦得作為載貨證券或海運單的一部分而簽發。」，有相同的規定。第513條第1項規定：「除件貨運送契約另有約定外，運送人應發貨人(Ablader)的請求，應該簽發指定式載貨證券……」，所謂「發貨人」是指「經託運人指定為發貨人、為運送之目的將貨物交付予運送人、且在載貨證券記載為發貨人之人」❷，貨物由發貨人以外之人交運，或託運人(Befrachter)未指定發貨人者，託運人視為發貨人(Ablader)❸。

B.簽發的時間

載貨證券簽發的時間，因為貨物在內陸裝櫃或在港口裝船而不同，其法律性質也有差異。

貨物在內陸裝船時，應該在收受貨物時簽發載貨證券，稱為「收載載貨證券 (received bill of lading)」。在貨櫃運送以及少數特殊情形，貨物是在內陸的「貨櫃場 (container yard)」或「貨櫃集散站 (container freight station)」裝櫃，由運送人在裝載之前就簽發「收載載貨證券」；**貨物在港口裝船時，應該在「貨物越過船舷，且放在船上」時才簽發載貨證券，稱為裝船載貨證券。**

收載載貨證券之功能，只是運送人或船長證明其已收受貨物，將貨物置於其監督之下而已，並不證明貨物已經裝船。因此「收載載貨證券」的價值遠遜於「裝船載貨證券」，持有人無法以「收載載貨證券」作為押匯之文件。「收載載貨證券」待嗣後貨櫃或貨物裝載於船舶上時，才轉換成為「裝船載貨證券」。

---

❶　海商法第53條。
❷　2012年德國商法（海商編）第513條第1項前段、第2項前段。
❸　2012年德國商法（海商編）第513條第2項後段。

實務上，運送人常在收載載貨證券上註明「船舶名稱」、「日期」、「簽名」並打上 "on board"、「貨物裝船」等文字，使「收載載貨證券」轉換為「裝船載貨證券」，也可以另行簽發「裝船載貨證券」。

裝船載貨證券才是海商法上的載貨證券。貨物裝船，除了貨櫃運送或其他特殊情形外，都是在港口裝貨。海商法所規定的載貨證券，專指裝船載貨證券 (shipped bill of lading)，稱為 "on board bill" 或 "on board ocean bill of lading"，裝船載貨證券的簽發，是運送人或船長用以證實貨物已經裝載於船舶之上行為。

C.簽發的份數

運送人或船長應依託運人請求之份數，簽發一式數份之載貨證券❶，並於載貨證券上註明該一式數份的份數。

載貨證券有正本與副本：正本載貨證券上會註明「正本 (original)」，副本上則會註明「副本 (copy)、不得轉讓 (non-negotiable)」等文字。

正本是供流通以及提領貨物之用，可以一式數份❷，分別供押匯、退稅、提示領貨之用。載貨證券對於託運人言，具有多種用途，例如：在實施「保稅制度」的情況，由於進口原料尚未繳稅，託運人必須憑載貨證券證明進口原料所加工製造的成品已經出口；在「出口退稅制度」的情況，託運人必須憑載貨證券證明進口原料所加工製造的成品已經裝船出口，可以申請退回關稅。此外，託運人為了押匯的原因必須有載貨證券，為了防止載貨證券遺失，可能將載貨證券中的一份逕寄目的港的受貨人以便提貨等等。

副本也可以一式數份，主要是供船公司統計、供運送人在卸貨港的代理人安排停泊碼頭、以及供船長掌握貨物狀況之用。

⑶載貨證券的「簽」與「發」程序

載貨證券的簽發，包括兩個程序，即「簽（載貨證券的作成）」及「發（載貨證券的交付）」。載貨證券的「簽」，指填寫載貨證券的應記載的事項，若未作成載貨證券而交付之，乃屬無效的載貨證券或空白之載貨證券。載貨證券作成之後，尚須交付予託運人或其他受領權人，才完成簽發中「發」的程序。完成

---

❶　海商法第 54 條第 1 項第 6 款，2012 年德國商法（海商編）第 642 條第 2 項。
❷　2012 年德國商法（海商編）第 514 條第 3 項。

「簽」與「發」兩道程序，整個簽發程序才算完成。若尚未交付，只是「簽」而未「發」，簽發的程序尚未完成，仍非載貨證券。分二點說明如下：

A.載貨證券的填寫——「簽」

載貨證券的作成首先必須填寫載貨證券必須記載事項，海商法第 54 條規定：「載貨證券，應載明下列各款事項，由運送人❼或船長簽名❼：

一、船舶名稱。

二、託運人之姓名或名稱❼。

三、依照託運人書面通知之貨物名稱、件數或重量❼，或其包裝之種類、個數及標誌❼。

四、裝載港及卸貨港。

五、運費交付❼。

六、載貨證券之份數❼。

---

❼ 2012 年德國商法（海商編）第 515 條第 1 項第 4 款規定，運送人的名稱及地址屬於列舉必須記載事項。

❼ 2012 年德國商法（海商編）第 516 條第 1 項規定，載貨證券應由運送人簽名，但個人簽字的複本得以列印或蓋章方式為之。

❼ 2012 年德國商法（海商編）第 515 條第 1 項第 2 款規定應該載明發貨人 (Ablader) 的名稱與地址。同條項第 6 款規定，必須記載受貨人的名稱、地址，若有指定供通知用的地址者，其地址。

❼ 2012 年德國商法（海商編）第 515 條第 1 項第 8 款規定，貨物的數量、件數或重量以及牢固、清晰的主要標誌。值得注意的有三點：⑴數量，包括體積，但是不以體積為限，其他如：數額、分量等。⑵主要標誌必須具備牢固永久的性質，而且外觀必須清楚鮮明。⑶依照託運人的通知（第 515 條第 2 項）。2012 年德國商法（海商編）第 515 條第 2 項規定：商法第 515 條第 1 項第 7 款、第 8 款必須依照貨物代理人在貨物交運前，以書面提供者，予以載明。該書面只要可以閱讀，永久有效即可，無須簽名。

❼ 2012 年德國商法（海商編）第 515 條第 1 項第 7 款規定，貨物的名稱以及外表明顯的情況及特徵。該款將貨物的情況以及特徵限於外表明顯的，且依照發貨人的通知（同條第 2 項）。

❼ 運費的記載包括：⑴貨物交付受貨人時的待收運費及其他費用。⑵已經繳納運費的註明。參閱 2012 年德國商法（海商編）第 515 條第 1 項第 9 款。

❼ 依照 2012 年德國商法（海商編）第 515 條第 1 項第 10 款的規定，是指正本的份數。

七、填發之年月日[180]。

前項第 3 款之通知事項，如與所收貨物之實際情況有顯著跡象，疑其不相符合，或無法核對時，運送人或船長得在載貨證券內載明其事由或不予載明。

載貨證券依第 1 項第 3 款為記載者，推定運送人依其記載為運送。」。2012 年德國商法（海商編）第 517 條第 1 項也有相同的規定，但是德國商法將貨物區分為「裝置在封閉式容器內」與「未裝置在封閉式容器內」兩類：在貨物未裝置在封閉式容器的情形，運送人在簽發載貨證券時，可以目視核對，因此一旦記載，就賦予「推定」的效力；在貨物裝置在容器內時，除非裝置在封閉式容器的貨物經運送人檢視，而且將檢視的結果記載在載貨證券上，否則「不發生推定」的效力[181]。

運送人未於載貨證券上記載貨物外觀的情況 (condition) 或特徵 (characteristic features) 者，則載貨證券就「推定」運送人接收貨物時，貨物外觀的情況或特徵是良好的[182]。載貨證券的記載要點如下：

⒜滿足同一性的要求

運送人或船長究竟應記載海商法第 54 條第 1 項第 3 款所列關於貨物描述的各個項目，即記載貨物之「名稱」、「件數」或「重量」或其包裝之「種類」、「個數」及「標誌」之全部，還是只記載其中一個或數個就可以，海商法並沒有明確規定。惟參酌海商法第 54 條第 2 項：「前項第 3 款之通知事項，如與所收貨物之實際情況有顯著跡象，疑其不相符合，或無法核對時，運送人或船長得在載貨證券內載明其事由或不予載明。」規定的意旨，以無須記載全部項目為必要為是，載貨證券的記載只要到達「足以辨識某載貨證券表彰某批貨物」的程度，即滿足「貨物同一性」的要求就可以[183]。

---

[180] 2012 年德國商法（海商編）第 515 條第 1 項第 1 款規定，必須記載簽發的時間及地點。

[181] 2012 年德國商法（海商編）第 517 條第 1 項。

[182] 2012 年德國商法（海商編）第 517 條第 2 項。

[183] 海商法第 54 條第 1 項關於貨物描述項目之規定，係間接承襲自海牙規則第 3 條第 3 項(a)(b)(c)款，Prof. Schmitthoff 指出，運送人只負有就包數 (number of packages)、或件數 (number of pieces)、或數目 (quantity)、或重量 (weight) 記載其一或數個即可，無庸全部記載，此種觀點，堪為參考。

漢堡規則第 15 條第 3 款就規定：「載貨證券如漏載本條所述項目之一項或多項，不影響此項文件作為載貨證券的合法性，但仍須符合第 1 條第 7 項所記載的要件。」可以支持此一觀點。

海商法第 54 條第 1 項第 3 款所列的項目，依其功能分為：

a.貨物名稱 (description)

指貨物的內容，涉及損害賠償以及保險費。

b.包裝之種類 (kind of packages)

包裝之種類是指木箱、木桶、鐵桶、捆、包等。

c.件數 (pieces) 或個數 (numbers)

是收載、點交貨物的標準，也作為運送人主張每件責任限制計算機基礎。

d.重量 (weight) 或體積 (measurement)

重量是作為計算運費以及運送人主張每件責任限制的計算基礎；運費的計算有時是以體積為計算標準，因此實務上也將體積列入應記載事項。

e.標誌 (marks)

指貨物的特性，例如：易碎、需冷藏等，關係到貨物的堆積、儲存的安全。依照海牙維斯比規則第 3 條第 3 款的規定，辨識貨物的主要標誌 (the leading marks necessary for identification of the goods) 是必須記載事項，該標誌應視貨物未包裝、已包裝而分別清楚地以打印或以其他方式顯示在貨物或包裝皮上，並保持清晰可見直到航程完成為止❿。

---

❿ 臺灣海商法學會關於海商法的修正，曾經有下列建議：「運送單據或電子運送紀錄，應載明下列各款事項，由運送人簽名：一、船舶名稱。二、託運人之姓名或名稱。三、依照託運人書面通知之貨物名稱、件數及重量，或其包裝之種類、個數及標誌。四、收貨地、裝載港、卸貨港及交貨地。五、運費交付。六、運送單據之份數。七、填發之年月日。八、收貨日及裝載日。九、運送人名稱及其住所、居所、公務所、事務所或營業所。十、託運人指定受貨人者，應包括其名稱及住所、居所、公務所、事務所或營業所。」、「前項第 3 款之通知事項，與所收貨物之實際情況有顯著跡象，疑其不相符合，或無法核對時，運送人得在運送單據或電子運送紀錄內載明其事由或不予載明。」、「運送單據或電子運送紀錄，依第 1 項為記載者，推定運送人依其記載為運送。但運送單據或電子運送紀錄移轉於善意第三人者，對於第 1 項之記載，運送人不得提出反證。」、「第 1 項應記載事項未記載或不正確，並不影響運送單據或電子運送紀錄

⒝得在載貨證券內載明其事由或不予載明——載貨證券的保留

海商法第 54 條第 2 項:「前項第 3 款之通知事項,如與所收貨物之實際情況有顯著跡象,疑其不相符合,或無法核對時,運送人或船長得在載貨證券內載明其事由或不予載明。」,本項規定主要是承襲海牙規則第 3 條第 3 項但書:「但運送人、船長或運送人之代理人有正當理由,對於任何標誌、個數、數目或重量,疑其非正確代表實際收受之貨物者,或無合理之方法予以核對者,得不予載明於載貨證券。」之規定,例如:記載「皮革五包,但重量及品質不詳」是。載貨證券有此記載者,運送人就該載貨證券所表彰的特定貨物的「重量及品質」,即不負責任。

關於有了不予載明的事由之後,運送人或船長如何處理,海商法第 54 條第 2 項只規定:「運送人或船長得在載貨證券內載明其事由或不予載明」。中華人民共和國海商法第 75 條規定:「承運人或者代其簽發提單之人——可以在提單上批註,說明不符之處、懷疑的根據或者說明無法核對」,分析此一規定,如果是因為「知道提單記載的貨物的品名、標誌、包數或者件數、重量或者體積與實際接收的貨物不符」,固然可以在提單上批註「說明不符之處」;如果是「有合理的根據懷疑提單記載的貨物的品名、標誌、包數或者件數、重量或者體積與實際接收的貨物不符」,則可以在提單上批註「懷疑的根據」;如果「無法核對」,可以在載貨證券上批註「無法核對內容」,比較周全。

中華人民共和國海商法的規定承襲自漢堡規則第 16 條第 1 項:「運送人或代理運送人簽發載貨證券之人,知悉或有合理理由懷疑載貨證券所記載有關貨物的一般性質、主要標誌、包數或件數、重量或數量的細目與實際接收的貨物並未準確相符,或在簽發裝船載貨證券的情形,與實際裝船者,並未準確相符,或是其缺乏合理方法核對細目,運送人或該其他人必須於載貨證券內記載保留文字,敘明該不正確情況、懷疑的理由或欠缺合理核對方法的情況」❿而來。

之法律性質或效力。」是將載貨證券修改為運送單據,並配合電子運送記錄,參考海牙維斯比規則第 3 條第 4 項及鹿特丹規則第 39 條第 1 項而訂定。主要的內容包括:運送單據或電子運送記錄的文義性,只限於法定必須記載事項,且只有對因法律行為取得的善意第三人有之,運送單據及電子運送記錄的記載,只要滿足同一性就足夠,不必記載全部項目。

德國舊商法第 645 條第 2 項第 2 款亦有類似的規定，依照德國舊商法的規定，運送人或船長得不於載貨證券載明的事項還包括：

　　a.未於貨物上印明標誌者

　　b.貨物以貨櫃裝載、以包裝皮加包或以其他方法打包成件，在通常情形，直到目的港均維持原狀，不予拆開者

　　c.運送人無充分時間確定載貨證券應記載事項是否正確者⑱

2012 年德國商法（海商編）第 517 條第 2 項規定保留的記載方法以及保留的效力：運送人在載貨證券為下列保留記載者，該載貨證券不生第 1 項的推定效力。保留記載必須記載下列內容之一：

　　a.運送人接收貨物時，貨物的狀況，或貨物被接收時，性質上的特徵

　　b.記載載貨證券的內容，何者不正確，正確者應該為何

　　c.運送人認為該內容不正確的理由

　　d.運送人沒有足夠機會檢視該內容的原因⑱

載貨證券的記載內容，在運送契約當事人間固然有推定效力，但是運送人依法為保留或批註後，就保留或批註部分，不發生推定運送契約的效力，託運人或載貨證券持有人若就保留或批註部分的內容有所主張，必須負舉證責任。

⒞**簽發載貨證券不實責任**

　　a.賠償義務人的辨識

載貨證券由船長或載明經船舶所有人授權之其他人所簽發，但又未確實記載運送人名稱者，船舶所有人對於主張載貨證券權利人因記載不確實所生的損失，負損害賠償責任。

---

⑱ If the bill of lading contains particulars concerning the general nature, leading marks, number of packages or pieces, weight or quantity of the goods which the carrier or other person issuing the bill of lading on his behalf knows or has reasonable grounds to suspect do not accurately represent the goods actually taken over or, where a "shipped" bill of lading is issued, loaded, or if he had no reasonable means of checking such particulars, the carrier or such other person must insert in the bill of lading a reservation specifying these inaccuracies, grounds of suspicion or the absence of reasonable means of checking.

⑱ 參閱舊德國商法第 645 條第 2 項。

⑱ 2012 年德國商法（海商編）第 517 條第 2 項。

　　b.簽發不實的責任

　　載貨證券的簽發人，若已盡到運送人的善良管理人注意，除非明知或過失而不知載貨證券上運送人的名稱不正確或遺漏，否則不負責任❿。即使必須負損害賠償責任，其賠償數額也以不逾貨物全部滅失的賠償額❿。

　　簽發不實的責任，德國商法的規定可以作為參考。簽發不實的類型有二：一種是載貨證券的記載不實或不完備；另一種是貨物沒有裝船，但是簽發裝船載貨證券。

　　2012 年德國商法（海商編）第 523 條第 1 項規定：「運送人對於主張載貨證券權利人因沒有遵照第 517 條第 2 項的規定而載貨證券記載內容不實或漏未為保留記載所發生的損失，應該負損害賠償責任。本規定對於運送人接受貨物時貨物的外表明顯不佳、且載貨證券既未依照第 515 條第 1 項第 7 款的規定載明，也未依照第 517 條第 2 項的規定為保留的情況，特別有其適用。但是以上第一段、第二段的規定，若運送人已經盡到運送人的善良管理人的注意，除非明知或過失而不知內容不實或內容遺漏外，不適用之。」、第 2 項：「運送人在接受貨物前已經簽發裝船載貨證券者，或貨物在裝船前已在收載載貨證券上為貨物已經裝船的註明者，即使運送人並無過失或疏忽，對於載貨證券權利人因此所遭受的損失，負賠償責任。」以上的損害賠償額都以不逾貨物全部滅失的賠償額為限❿。

　　海牙規則及德國舊商法均不避繁瑣，將載貨證券關於描述貨物的必須記載事項，限於「外觀明顯可見」的事項，且以「外觀可以核對者」為限。所以然者，因為貨物裝船，貴在快速，以免增加成本，因此運送人或船長的注意義務，僅止於「外觀易於辨識者」為限。海商法第 54 條第 1 項第 3 款之條文，為期簡要，只臚列其項目，未述說各項目只以「外觀顯而易見者」為限，但解釋上仍應受此一原則限制。

　　B.載貨證券的交付——「發」

　　載貨證券的交付，就是將對載貨證券的「事實上管領力」移轉給受領權人。

---

❿　2012 年德國商法（海商編）第 523 條第 3 項。
❿　2012 年德國商法（海商編）第 523 條第 4 項。
❿　2012 年德國商法（海商編）第 523 條第 4 項。

所謂「受領權人」，在 CIF 或 CFR 的交易，就是出口商，也就是託運人，但是在 FOB 的交易，託運人是進口商，但是貨物裝船時，是在啟航港，不是在目的港，運送人如果將載貨證券直接郵寄給進口商，則出口商失去對載貨證券的控制，其權利（主要是買賣價金）幾乎毫無保障，反之，若交給出口商，出口商又不是託運人，有何法律地位接受載貨證券？最常見的解釋是：依照 FOB 交易慣例，默示運送人受進口商的指示，將載貨證券簽發給發貨人（出口商）(191)，另外一種見解是將發貨人（出口商）也列為託運人(192)。

---

(191) 關於 FOB 買賣契約下，運送人到底應該將載貨證券簽發給何人，一直存在不同意見，有主張應該簽發給訂立運送契約的託運人，因為只有訂立運送契約的託運人才是契約當事人；也另有主張簽發給發貨人的，因為只有將載貨證券簽發給發貨人，才能夠保障發貨人對於貨物的控制權。此外，還有主張可以向發貨人或是運送契約當事人一方的託運人簽發的。

聯合國鹿特丹規則起草過程中，就載貨證券是否可以簽發給發貨人有寬嚴不同的見解：

A.嚴格說：發貨人除了必須是實際交付貨物之人外，還必須運送人獲得託運人將發貨人的名字記載在載貨證券的託運人欄，且簽發給發貨人的指示，發貨人才有權利受領載貨證券，運送人才可以簽發載貨證券給發貨人。採這種觀點的包括美國、荷蘭等。

B.寬鬆說：主張運送人可以將載貨證券簽發給發貨人。丹麥、挪威主張這種觀點。

C.折衷說：主張凡是實際上交付貨物，而且託運人指示運送人將載貨證券簽發給發貨人時，發貨人就有權領取載貨證券，採這種觀點的，以中華人民共和國、意大利為代表。

三種學說中，折衷說比較能夠兼顧契約當事人的利益以及保障出口商的權利。

(192) 中華人民共和國海商法第 72 條：「貨物由承運人接受或者裝船後，應託運人的要求，承運人應當簽發提單。」明文規定提單應該簽發給託運人。但是第 42 條卻將託運人採取廣義的界定，規定「託運人指：1.本人或者委託他人以本人名義或者委託他人為本人與承運人訂立海上貨物運送合同的人。 2.本人或者委託他人以本人名義或者委託他人為本人將貨物交給與海上貨物運送合同有關的承運人的人」，中華人民共和國海商法將「運送契約一方的託運人」以及「發貨人」都當作是託運人。將「運送契約一方的託運人」以及「發貨人」同列為「託運人」的立法方式，是承襲漢堡規則的規定，漢堡規則第 1 條第 3 款規定：「託運人係指任何本人或以其名義或其代表與運送人訂立海上貨物運送契約之人。任何本人或以其名義或其代表關於海上貨物運送契約實際將貨物交給運送人之人。」

漢堡規則的立法方式，到了鹿特丹規則在形式上作了改變，鹿特丹規則第 1 條第 8 款

C.記載據稱條款的效力

在載貨證券上記載「據稱條款」，例如：在載貨證券上記載「據稱有 500 包」、「據說內裝——(said to contain...)」、「據說是 (said to be...)」等等均是，以往法院判決曾經承認此類記載的效力，運送人得據此主張免責或抗辯。但是，法院肯定此種記載效力的見解，一經傳開，「據稱條款」就廣泛流行，流弊叢生，導致國際貿易上，銀行不敢接受記載有「據稱條款」的載貨證券，終致影響國際貿易的發展。後來法院迫於事實，才變更見解，新的見解是：運送人即使在載貨證券上記載「據稱條款」，仍然不得據此主張免責，仍然必須依照載貨證券的內容對善意第三人負文義責任。

4.紙本載貨證券、海運單的新發展——電子運送記錄、電子海運單

由於造船技術的發展，船舶航行速度加快，加上衛星導航，經常發生船舶抵達貨物目的港，但是進口商卻尚未收到紙本載貨證券，無從憑券提示，只得以電報放貨的變通方式提領貨物，但運送人必須承擔一定法律風險。其後又有海運貨運單 (sea waybill) 的興起，一定程度解決了電報放貨的變通作法。近年因為電子傳輸進步，相關配套制度建立，又發展出「電子運送記錄」及「電子海運單」，紙本載貨證券或紙本海運貨運單也部分分別被電子運送記錄或電子海運貨運單所取代。所謂「電子運送記錄」就是指運送人依運送契約，以電子通信方式發出之訊息，包括與電子運送記錄有邏輯關係之附件上資訊，或其他與電子運送記錄發出當時或其後關聯之訊息，而成為電子運送記錄之一部，為運送人已依運送契約收受貨物之收據，且為運送契約之證明或運送契約之一部分。所謂「電子海運單」是指以電子傳輸方法，將貨物裝船的記錄，直接傳輸給受貨人，且不得轉讓。「有事實斯有法律」，海商法的立法，也逐漸承認電子載貨

規定：「託運人係指與運送人訂立運送契約之人」，第 1 條第 9 款規定：「單證託運人係指託運人以外之人，同意於運送單證或電子運送記錄列名為託運人之人」實質上仍然將發貨人與運送契約當事人一方的託運人並列。

漢堡規則將「發貨人」與「運送契約運送人的相對人」同時列為「託運人」；鹿特丹規則將「發貨人」稱為「單證託運人」，將「運送契約運送人的相對人」稱為「託運人」的原因：主要原因都在解決 FOB 買賣契約的條件下，運送人到底應該將載貨證券簽發給發貨人，或是簽發給運送契約當事人的託運人的問題。

證券或電子海運單的效力。

2012 年德國商法（海商編）第 516 條、526 條針對載貨證券、海運貨運單、電子載貨證券、電子海運單有如下的規定，可供參考：

2012 年德國商法（海商編）第 516 條：

⑴運送人應於載貨證券❽上簽字。但親自簽字的複本得以列印或蓋章之方式為之。

⑵電子載貨證券之具有與載貨證券相同之功能者，視為等同載貨證券，但以其紀錄的真實性與完整性可以永久保存者為限。

⑶本法同時授權聯邦司法部會同聯邦內政部，無須再經聯邦議會同意，就電子載貨證券的簽發、提示、返還及轉讓的細節，以及在電子載貨證券張貼追溯條目程序事項制定規則。

2012 年德國商法（海商編）第 526 條：

⑴除非已經簽發載貨證券，運送人得簽發海運單。本法第 515 條的規定於海運單準用之，但發貨人 (Ablader)❾ 一詞應以貨物代理人 (Befracter, forwarder) 替代之。

⑵除非另有反證，海運單推定件貨運送契約的訂定、運送契約的內容以及運送人已經接收貨物的事實。本法第 517 條之規定於海運單準用之。

⑶海運單應由運送人簽字，但簽字的複本得以列印或蓋章方式為之。

⑷電子海運單若具有與海運單相同之功能，視為等同海運貨運單，但以其紀錄的真實性與完整性能永久保存者為限。本法同時授權聯邦司法部會同聯邦內政部，無須再經聯邦議會同意，就電子海運單的簽發、出示、返還及轉讓的細節。以及在電子海運單上張貼追溯條目程序事項制定規則。

2012 年德國商法（海商編）的上開規定，可以作為我國修法的參考。在法律適用上，應注意我國電子簽章法❿的相關規定，但該法第 4 條──必須相對人同意，始得以電子文件為表示方法──的規定，不符海運實務的操作，應該

---

❽ 所謂電子載貨證券，就是前述的電子運送記錄，在這裡尊重德國商法的用語。

❾ 德國商法 Ablader 一詞，是指實際交運貨物、受運送人指定為發貨人，且在載貨證券上記載為發貨人之人。參閱德國商法（海商編）第 513 條第 2 項。

❿ 民國 90 年 11 月 14 日公布。

以立法方式，直接承認運送人得簽發電子載貨證券、電子海運單，無需獲得相對人同意，以符合國際海運作業需要。

5.載貨證券的種類

⑴裝船載貨證券 (on board bill of lading) 與收載載貨證券 (received for shipment B/L)

運送人於收受貨物時，應該簽發載貨證券，該載貨證券就是「收載載貨證券」。收載載貨證券性質上是運送人收到待運貨物的收據，也是將貨物運抵目的地的承諾，更是將貨物交付給提示載貨證券人的承諾[196]。又貨物在碼頭裝上船舶者，得請求運送人或船長簽發「裝船載貨證券」，裝船載貨證券應載明裝船時間、船舶名稱、裝船意旨以及船長簽字。貨物裝船前已經簽發載貨證券（收載載貨證券）者，發貨人於貨物裝船後，得請求運送人或船長在收載載貨證券上註明貨物裝船的意旨、裝船時間以及船舶名稱等，此時「收載載貨證券」就轉換為「裝船載貨證券」[197]。

⑵從是否記載受貨人區分

A.記名載貨證券 (Straight B/L)

即記載受貨人名稱的載貨證券，性質上為「不可轉讓提單」。

B.指定載貨證券 (Order B/L)

即記載受貨人為某特定人或其指定之人的載貨證券，指定載貨證券又稱為指定式提單。此種載貨證券可以由該特定人以背書交付、空白背書交付的方式轉讓。

C.空白載貨證券 (Bear B/L)

即未記載受貨人名稱的載貨證券，又稱為空白提單。空白載貨證券，任何合法持有提單的人就可以提領貨物，此種提單可以用交付的方式轉讓。

運送人或船長必須依照託運人或貨物代理人的要求，簽發載貨證券。又「指定式載貨證券」，可以記載「發貨人 (Ablader) 或其指定之人」或「受貨人或其指定之人」。空白載貨證券，由於是由運送人簽發給託運人或發貨人，託運人或發貨人可以將空白載貨證券以「交付」的方式轉讓給其所指定之人，因此空白

---

[196] 2012 年德國商法（海商編）第 514 條第 1 項。

[197] 參閱 2012 年德國商法（海商編）第 514 條第 2 項。

載貨證券與記載「發貨人或其指定之人」或「託運人或其指定之人」的指定式載貨證券其實沒有不同，空白載貨證券被視為就是記載「發貨人或其指定之人」或「託運人或其指定之人」的載貨證券。

⑶可轉讓載貨證券與不可轉讓載貨證券 (non-negotiable bill of lading)

　　A.記名載貨證券屬於不可轉讓，稱為不可轉讓載貨證券 (non-negotiable bill of lading)

　　B.指定載貨證券、不記名載貨證券，性質上可以轉讓，稱為轉讓載貨證券 (negotiable bill of lading)

⑷從載貨證券是否有貨物外觀瑕疵記載區分

　　A.清潔提單 (clean bill of lading)

　　無保留的載貨證券，依照 1983 年信用狀統一慣例第 24 條第⒜項的規定，是指運送文件內並無註明附加條款或批註以明確宣示貨物及（或）包裝有不良狀況者⓭。**運送人或船長未在載貨證券上記載附加條款或批註時，該載貨證券標示著其所表彰的貨物完整乾淨，因此商業上稱為「清潔提單」。此種載貨證券代表著承運貨物外觀上沒有瑕疵，所以又稱作「無瑕疵載貨證券」。**

　　實務上，有為了提醒託運人注意，而以粗字體在載貨證券上記載「運送人對於因包裝及貨物性質所生的損害不負責任」的保留條款或批註，該載貨證券仍然是「無保留載貨證券」，因為此種條款只述說「假若因包裝或貨物性質的原因發生損害，運送人不負責任」而已，並非註明「貨物在裝船時，客觀上其包裝已有明顯可見的瑕疵」。再者，於載貨證券上記載「並不知悉貨物的內容、重量、數量」等文字，該載貨證券亦仍然是清潔提單或清潔載貨證券，因為記載運送人對貨物之內容、重量、數量等不知悉，只是述說運送人的主觀認識狀態，並非記載貨物在裝船時，其包裝等客觀上有何瑕疵。

　　運送人或船長就 「貨物或包裝」 是否無瑕疵的判斷係基於 「外觀核對原則」，也就是以「肉眼所見，貨物及包裝是在良好狀態下被裝載於船舶上」為已足，若非肉眼明顯可見者，運送人或船長不負在載貨證券上為保留性文字記載的義務。

⓭　A clean transport document is one which bears no superimposed clause or notation which expressly declares a defective condition of the goods and/or the packaging.

在以信用狀為媒介的交易，信用狀多要求受益人（出口商）提供「無保留的載貨證券（即清潔載貨證券或清潔提單）」，拒絕接受「附保留的載貨證券（不清潔載貨證券）」。

B.不清潔提單 (unclean bill of lading)

若貨物交付運送人時，外觀有破損、污穢、包裝不良等缺點，運送人應該在載貨證券上註明，經註明貨物有破損、污穢、包裝不良等文字的載貨證券就是「不清潔提單」。單純沒有註明貨物瑕疵之載貨證券，尚非「不清潔載貨證券」或「不清潔提單」。**信用狀統一慣例第 32 條第(a)項規定，所謂「不清潔單據」必須是船公司或其代理人在單據上載有明示貨物或包裝有瑕疵狀況之條款或註記之提單。即使載貨證券上有未填具事項，核與不清潔載貨證券（單據）之情形不同，不得認為是載貨證券與信用狀之條款有不一致之處❶❾❾**。

若信用狀要求出口商檢具「清潔載貨證券」（商場上稱為「清潔提單」），出口商即須檢具清潔提單，開狀銀行才有履行信用狀的付款義務，出口商若檢具「不清潔提單」，因為其所檢具的與信用狀所要求的不符，因此開狀銀行自得拒絕付款。

⑸保留載貨證券與無保留載貨證券

A.保留載貨證券

運送人就託運人的通知事項，包括標誌、個數、數量或重量明知、懷疑其不符或無法核對，而於載貨證券上為保留之記載者，稱為「保留載貨證券」。

依照海商法第 54 條第 2 項，只規定兩種情況可以簽發保留載貨證券：

第一：懷疑其不符合：託運人的通知事項，如「與所收貨物之實際情況有顯著跡象，疑其不相符合」時。

第二：無法核對：託運人的通知事項，「無法核對」時，運送人或船長都可以在載貨證券內載明其事由或不予載明。

海商法上述的規定與海牙維斯比規則第 3 條第 3 項後段「運送人、船長或運送人之代理人對於任何標誌、個數、數量或重量，有合理理由疑其並未準確地代表實際收受之貨物時或沒有合理的方法可以核對時，得不記載於載貨證券 (Provided that no carrier, master or agent of the carrier shall be bound to state or

---

❶❾❾ 最高法院 93 年臺上字第 1846 號民事判決。

show in the bill of lading any marks, number, quantity or weight which he has reasonable ground for suspecting not accurately to represent the goods actually received, or which he has had no reasonable means of checking.)」的規定相同。

解釋上，基於「舉輕明重」法理，運送人、船長或運送人的代理人「懷疑」託運人通知事項與實際所收貨物不符，尚可以在載貨證券內載明事由或不予載明，若是「明知」託運人通知事項與所收貨物不相符合，當然可以在載貨證券內載明其事由或不予載明。中華人民共和國海商法第 75 條就將「知道提單記載的貨物的品名、標誌、包數或者件數，重量或者體積與實際接收的貨物不符」可以在提單上批註說明不符之處，就是將「明知不符」也列為批註事由的一種。

載貨證券的記載內容，在運送契約當事人間固然有「推定效力」，但是運送人依法為批註後，就批註部分，「不發生推定運送契約」的效力，託運人或載貨證券持有人若就批註部分的內容有所主張，必須負舉證責任。

因信用狀作業實務，多要求信用狀的受益人（出口商）必須提供無保留的載貨證券，若出口商持附保留的載貨證券辦理押匯，將會受到拒絕。為期順利辦理押匯，出口商託運之貨物或其包裝若有瑕疵，多請求運送人或船長不要在載貨證券上加註任何條款或批註，以免該載貨證券淪為「附保留的載貨證券」，以致妨礙押匯作業。但為彌補或保障運送人或船長未於載貨證券上為保留記載，致須對載貨證券持有人負賠償責任的損失，使運送人或船長在對載貨證券持有人為損害賠償之後，能由出口商獲得補償，通常由出口商（託運人）或其銀行另外出具「擔保賠償書（letter of indemnity，簡稱 L/I）」，確保萬一因貨物瑕疵或包裝不全發生損害，受貨人向運送人或船舶所有人請求賠償時，由託運人（出口商）或簽發擔保賠償書的銀行逕行賠償受貨人，或由出口商或其銀行另行賠償運送人或船舶所有人。

B.無保留載貨證券

運送人未於載貨證券上，就貨物之標誌、個數、數量或重量等多不正確或無法核對之記載者，該載貨證券為「無保留載貨證券」。

(6)從載貨證券是否記載約款或條件區分

A.簡式提單

簡式載貨證券或簡式提單或空白提單 (Short Form or Blank Back Bill of

Lading: Short Form B/L)，是指載貨證券的背面並未記載運送約款或條件，所有運送約款或條件另外在提單以外的其他文件上。除非信用狀特別規定要全式提單 (Long Form Bill of Lading)，否則簡式提單是可以被接受的。

B.全式提單

全式載貨證券或全式提單是指運送的約款及條件記載在提單的背面。國際海上貨物運送，一般使用全式提單。全式提單又稱為詳式提單。

⑺從載貨證券所使用的運送方式區分

A.直達載貨證券或直達提單 (Direct B/L)

直達載貨證券是承運人簽發的由起運港以船舶直接運達目的港的載貨證券或直達提單。即船舶從裝運港裝貨後，中途不經過換船而直接駛往目的港卸貨所簽發的載貨證券或直達提單。

B.聯運載貨證券或聯運提單 (Through B/L)

聯運載貨證券（聯運提單）是指須經兩種或兩種以上（海陸、海河、海空、海海等）聯運的貨物，由海上運送人收取全程運費（部分自己承運，部分交付予其他運送人承運），在起運地簽發的全程運輸提單。海上運送人除了自己承運的階段外，還以代理人資格為託運人安排其他運送階段的事宜，包括代理安排短途運送的支線船舶或其他公路、鐵路運送工具。海上運送人從安排其他服務中獲取報酬。但海上運送人就貨物在其承運階段以外的毀損滅失，沒有直接責任。聯運提單，各階段運送人只就自己運送階段所發生的毀損滅失負責。

C.轉船載貨證券或轉船提單

起運港的載貨船舶不直接駛往目的港，須在轉船港換裝另一船舶運達目的港時所簽發的載貨證券，稱為轉船載貨證券（轉船提單），也就是貨物經由二艘以上船舶運至目的港，而由承運人在裝貨港簽發的全程提單，簽發載貨證券的運送人就轉船的運送是以代理人資格簽發，該提單註有「在某港口轉船」的字樣。

D.多式聯運載貨證券或多式聯運提單或複合運輸提單 (Combined Transport B/L)

貨物需經兩段或兩段以上運送才能運抵目的港，而其中有一段運送階段是海運時，如海陸多式聯運或海空多式聯運所簽發的載貨證券（提單）稱為多式聯運載貨證券（多式聯運提單）。海上運送人自始至終全程負責、簽發載貨證

券，完成從門戶到門戶的運送。

多式聯運提單簡稱 "CT B/L" 與聯運提單簡稱 "Through B/L" 不同，二者的主要區別是提單簽發人的責任不同，多式聯運提單的簽發人對所有各個運輸階段負責；而聯運提單簽發人只對其承運的運輸階段負責，在後續運程中，提單簽發人只是託運人的代理人，代理託運人安排其他運送階段的運送。

(8)以載貨證券或提單因件貨運送或因傭船運送而簽發區分

A.班輪運送提單或聯運提單 (Conventional and/or Through Bills of Lading Issued on Liner Terms)

此種載貨證券是針對一件或數件零星貨物的託運而簽發的，託運人與運送人的談判機會、談判能力十分不對等，因此任何免責條款、責任限制條款都被嚴格禁止。

B.傭船提單或租船提單 (Bill of Lading Issued under a Charter Party)

此種載貨證券是針對託運人使用全部或一部船艙的託運而簽發，由於託運貨物的數量龐大，託運人與運送人的談判機會、談判能力比較對等，因此對於運送契約中免責條款、責任限制條款存在的合法性，從寬認定。

(9)從簽發載貨證券之人是否自己擁有船艙的使用權區分

A.由船舶所有權人、船舶承租人、期間傭船人簽發

B.由貨運承攬業或無船公共運送人簽發的提單 (Bills of Lading Issued by a Freight Forwarder or NVOCC non-vessel operation common carrier)

由貨運承攬運送業 (forwarder) 幫貨主安排貨物的運送，有點類似中間商，貨物承攬業者每次託運人（客戶）要出貨時，向船公司要艙位，並賺中間的價差，但隨著服務差異化，常擴大到也幫忙安排報關、拖車等業務。NVOCC 是「無船公共運送人」，也就是準船公司，本身並沒有船舶，大多都是跟有船的 carrier 買艙位再轉賣，其相關法律責任的適用如同船公司，但他們本身沒有船舶，所以都固定向船公司承租艙位來經營。

6.載貨證券與票據流通性的差異

(1)載貨證券原則上不得背書轉讓，票據原則上得背書轉讓

載貨證券的流通性遠不如票據，載貨證券原則上是「不得背書轉讓」的，只有在例外情形，當載貨證券是「空白載貨證券」或記載「指定或得背書

("order" 或 "negotiable")」的字樣時，才可以移轉。反之，票據原則上為「得背書轉讓」，除非另以「禁止背書轉讓」之類的文字，明確地排除其可讓與性，才會變成不得背書轉讓的票據**⑳**。**所謂「票據，除其可背書讓與性被明白排除，是可讓與的 ； 載貨證券只有作成可背書讓與時 ， 才具有背書讓與性** (While a bill of exchange is negotiable unless its negotiability is expressly excluded, a bill of lading is only negotiable if made negotiable.)」，最能概括說明二者之異同。

(2)受讓人「可否取得較前手（讓與人）為大的權利」之不同

載貨證券的受讓人（後手）原則上不得取得大於讓與人（前手）的權利，前手所擁有的載貨證券是可以被抗辯的權利，其後手所取得的載貨證券也必然是可以被抗辯的權利，載貨證券的文義性，只有就法律所規定關於「貨物描述的必須記載事項」有之，此時後手「例外地」可以取得比前手更大的權利。「載貨證券應記載事項以外的事項」（即任意記載事項）並無文義性的適用，論者稱載貨證券為「準背書 (quasi-negotiable) 證券」旨意在此。以下三個事例說明：

A.**以「詐欺」手段取得載貨證券並將之背書交付予善意第三人時，該善意第三人不得主張享有載貨證券所記載之權利**，因此運送人可以對抗詐欺人的事由也可以對抗載貨證券的受讓人，該受讓人雖是善意第三人，但是應該承繼前手的瑕疵（即因詐欺而被抗辯的不利益）。

B.**託運人關於「貨物性質 (nature) 及價值 (value)」做虛偽陳述，運送人依其陳述記載於載貨證券，該載貨證券雖背書轉讓予善意第三人，但該善意第三人仍不得主張運送人須就載貨證券所記載之「貨物性質」、「貨物價值」負文義責任**：因為「貨物性質」、「貨物價值」等項，並非海商法第 54 條第 1 項第 3 款所規定的「載貨證券必須記載事項」，運送人無法以肉眼觀察，因此不必就此項記載對善意第三人負文義責任。該善意第三人，就「貨物性質」、「貨物價值」而言，必須承繼前手的瑕疵，運送人可以對抗前手的事由也可以對抗後手。

C.**讓與人所持有的載貨證券若是空券，受讓人所取得的也只能是空券**：運送人簽發一式三份之載貨證券予託運人，託運人將其中一份載貨證券，

---

⑳ 不得背書轉讓的票據，如果背書轉讓，就發生「債權讓與」的效力，受讓債權之人，應該承繼前手的瑕疵，票據債務人的對抗前手的抗辯事由，也可以以之對抗後手。

以「移轉貨物所有權」之意思（主觀意思），背書交付（客觀行為）予買受人，則該貨物所有權已移轉予買受人，此時該託運人手中雖然還有二份載貨證券，但該二份載貨證券已經不能表彰貨物之所有權及占有，因此淪為「空券」，若託運人復以該空券背書交付予善意第三人，則由於該善意第三人所取得者仍為不逾前手之權利，前手之權利既然已是「空券」，後手取得者自然亦是「空券」。

以上三個事例，都是關於載貨證券後手應該繼受前手瑕疵的理論，與票據 (a bill of exchange) 的理論迥異，票據法第 13 條：「票據債務人不得以自己與發票人或執票人之前手間所存抗辯之事由對抗執票人。但執票人取得票據出於惡意者，不在此限。」可資對比。

㈦通知受領貨物的義務

貨物運抵目的港後，運送人或船長「應即通知」託運人指定之應受通知人或受貨人。在件貨運送，因為貨物的數量較少，因此運送人或船長可以在貨物送達後，才通知應受通知人或受貨人，此與航程傭船，貨物數量龐大，應該「預先通知」應受通知人或受貨人者，不同。

㈧交付貨物予受領權人的義務➋

簽發一式數份的載貨證券時，運送人如何交付貨物，始為合法，此涉及運送人與多數載貨證券持有人的關係，稱為「外部關係」。運送人將貨物交付予載貨證券持有人後或依法寄存後，外部關係就告結束，此後就轉為數載貨證券持有人之間，何人所持有的載貨證券有優先地位的關係，此涉及載貨證券持有人間彼此的關係，稱為「內部關係」。

➋ 2012 年德國商法（海商編）第 519 條後段：件貨運送契約以載貨證券證明者，必須提示載貨證券，才有權利請求交付貨物，但以合法持有載貨證券為限。有下列情況之一者，視為合法的載貨證券持有人：

⑴其係以持有人方式簽發（按：即空白載貨證券）；

⑵其係以指定式簽發，且以持有人為受貨人，不論該持有是直接指定或是連續背書指定或；

⑶其係以載明持有人名稱之方式簽發。

1.運送人因對受領權人交付貨物而免責——運送人與數載貨證券持有人的關係（外部關係）

海商法第 58 條規定：「載貨證券有數份者，在貨物目的港請求交付貨物之人，縱僅持有載貨證券一份，運送人或船長不得拒絕交付。不在貨物目的港時，運送人或船長非接受載貨證券之全數，不得為貨物之交付。」、「二人以上之載貨證券持有人請求交付貨物時，運送人或船長應即將貨物按照第 51 條之規定寄存，並通知曾為請求之各持有人。運送人或船長，已依第 1 項之規定，交付貨物之一部後，他持有人請求交付貨物者，對於其賸餘之部分亦同。」，本條係仿德國舊商法第 648 條及第 649 條之規定而訂定。分點說明如下：

⑴載貨證券的份數以「形式上合法取得者」為認定標準

海商法第 58 條規定之載貨證券之「一份」或「全數」，都是以形式上合法取得者為認定標準。若於目的港，有二人分別持一份載貨證券提示，其中一份為形式上合法，另一份形式上不合法取得，仍應以一份計。反之，在非目的港，若有人持全部之載貨證券提示，但其中有些形式上合法取得，有些為形式上不合法取得者，則仍非「全數」。所謂「形式上合法取得者」，是指形式上從有權利人，經履行載貨證券讓與方式而取得載貨證券的權利而言。一般言之，載貨證券之形式合法取得人主要包括：

　A.記名載貨證券：受貨人 (consignee)。

　B.載貨證券為空白式：合法持有載貨證券之人（指經過前手交付而取得，不是因竊盜、搶奪、強盜取得者）。

　C.載貨證券為記名式加上指定式（例如載明：受貨人或其指定之人）：以該受貨人或該受貨人所指定之人為權利人❷❷。若因繼承而取得者，雖然形式上背書不連續，仍然可以舉證證明繼承之事實而證明其權利取得的合法性。

⑵目的港交貨與非目的港的交貨或寄存

　A.目的港

---

❷❷　依德國商法，載貨證券常載明「受貨人或其指定人」之字樣，則視情況以受貨人或受貨人所指定之人為權利人；若只載明「指定人」，係指貨運承攬業者所指定之人，詳參閱舊德國商法第 647 條第 1 項。

在目的港，請求交付貨物之人，即使僅持有一份載貨證券，只要該載貨證券係形式上合法取得者，運送人就有交付貨物的義務；二人以上分別持有一份載貨證券提示，其中只有一份形式上合法取得者，以一份計。

2012 年德國商法（海商編）第 521 條：

貨物運抵卸貨碼頭時，合法的載貨證券持有人得請求交付貨物。載貨證券持有人行使交付貨物的權利時，有依第 494 條第 2 項及第 3 項給付運費及其他費用的義務。

運送人僅於受領權利人交回貨物之載貨證券，且已經清償依 494 條第 2 項及第 3 項運費及其他費用的未結部分時，才有交付貨物的義務。但無論如何，若運送人明知或因重大過失而不知載貨證券的（形式）合法持有人並非真正有權提領貨物之人時，仍然不得交付貨物予該（形式上）合法持有人。

載貨證券有正本數份，貨物應該交付予其中合法一份的持有人。若數合法載貨證券持有人都請求交付貨物，運送人應該將貨物儲存於公共倉庫或以其他安全方式存放，並通知各合法持有人，敘明儲存或存放的理由。於此情形，若貨物易於腐敗、依貨物的狀況需要採取變賣措施、或其他可預見發生的費用超過貨物的價值時，可以依商法第 373 條第 2 項至第 4 項的規定變賣之。

運送人將貨物交付予載貨證券合法持有人以外之人，或是在第 2 項第 2 句的情況（按：即運送人明知或重大過失而不知載貨證券的（形式）合法持有人並非真正有權提領貨物之人），將貨物交付予載貨證券權利人以外之人時，運送人對於載貨證券權利人所遭受的損失，應該負賠償責任。該損害賠償額以不逾貨物全部滅失的賠償額為限。

2012 年德國商法的上述規定，有兩點重要的啟示：⑴即使載貨證券持有人，形式上是合法的，運送人明知或重大過失而不知載貨證券的（形式）合法持有人並非真正有權提領貨物之人時，仍然不得交付貨物予該（形式上）合法持有人；⑵貨物性質上容易腐敗或是保管費用過大，得為變賣處分。

在目的港，有二人以上分別各自持有形式上合法取得之載貨證券提示時，若貨物均尚未為全部或一部之交付，運送人應即將全部貨物寄存，並通知全部曾為請求之各持有人。若運送人為一部貨物之交付後，復出現其他形式上合法取得之載貨證券持有人提示者，就已交付部分，運送人免責，就尚未交付貨物

之部分，運送人亦須以全部先後曾為請求之人之名義寄存，並通知先後曾為提示之各持有人後，運送人亦告免責。上述情形，以下圖示之：

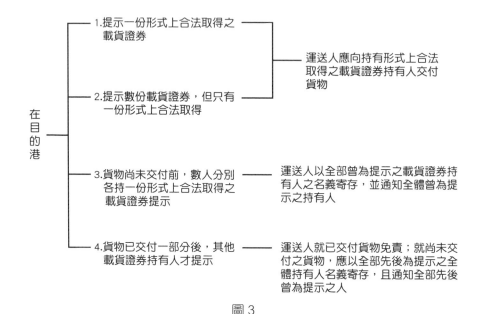

圖3

運送人履行上述程序為交付或寄存並通知後，運送人對載貨證券持有人即告免責，即使提示的證券持有人並非實質上的權利人，亦同。至於「實質上的權利人」與「受領貨物的形式上權利人」之間，如何確定彼此間之優先順位與彼此如何行使請求權，則為載貨證券持有人間之「內部問題」。

B.非目的港

在非目的港，運送人或船長非接受載貨證券之全數，不得為貨物之交付❷⓿❸。所謂「載貨證券之全數」，是指簽發載貨證券正本一式數份的全部份數。該正本份數載明於載貨證券上，可以閱讀載貨證券而知悉❷⓿❹。又所謂「載貨證券之全數」，須各份載貨證券的取得，且均具有形式上的合法性始可，若有全部載貨證券，但其中有一份形式不合法（例如：指定式載貨證券，而持有人既不是受貨人，也不是被背書人），仍非「載貨證券之全數」。

---

❷⓿❸　海商法第 58 條第 1 項後段。

❷⓿❹　海商法第 54 條第 1 項第 6 款。

又載貨證券雖有「可讓與」及「不可讓與」兩類，但在非目的港，一律必須持有「載貨證券之全數」，惟所謂「載貨證券之全數」似指確定存在的載貨證券份數而言，如果確定一式多份載貨證券已經因銷毀或其他原因而確定不存在，是否不得請求運送人交付貨物，法院實務見解認為「非無斟酌餘地」 ⑳ 。若是沒有提示載貨證券，而運送人竟仍然交付貨物，若嗣後因此造成損害，運送人必須負損害賠償責任 ⑳ 。

---

⑳ 最高法院 89 年臺上字 1568 號民事判決的法律見解，似認為如果確定一式多份載貨證券已經因銷毀或其他原因而確定不存在，是否不得請求，仍有推求餘地，該判決指出：
「修正前海商法第 102 條第 2 項規定：載貨證券有數份者，倘不在貨物目的港時，運送人或船長非接受載貨證券之全數，不得為貨物之交付。其立法意旨，係在避免運送人或船長不在貨物目的港交付貨物，如未收回載貨證券之全數，有受其他載貨證券持有人再行請求交付貨物之危險。查系爭運送物之載貨證券共有三份，其中一份已由漢旭公司退還上訴人，為原審認定之事實。而上訴人主張其餘二份業由漢旭公司銷毀等語，已據提出漢旭公司出具之證明書為證，倘非虛妄，上訴人已無持有全數載貨證券之可能，被上訴人積瑪傳斯公司亦無受其他載貨證券持有人請求交付貨物之危險，似此情形，上訴人提出僅存之一份載貨證券，能否仍謂其對於被上訴人積瑪傳斯公司依運送契約所得行使之權利尚處於休止狀態，而不得行使，即非無疑。原審未詳加審究，徒以上訴人未取回全數之載貨證券，即認其不得依運送契約請求被上訴人損害賠償，尚嫌速斷。」
此案發回高等法院判決後，最高法院 90 年度臺上字第 1982 號維持原來見解，最高法院判決指出：「修正前海商法第 102 條第 2 項規定：載貨證券有數份者，倘不在貨物目的港時，運送人或船長非接受載貨證券之全數，不得為貨物之交付。其立法意旨，係在避免運送人或船長不在貨物目的港交付貨物，如未收回載貨證券之全數，有受其他載貨證券持有人再行請求交付貨物之危險。查系爭運送物之載貨證券共有三份，其中一份已由漢旭公司退還被上訴人，為兩造所不爭。而被上訴人主張其餘二份業由漢旭公司銷毀等語，亦據提出漢旭公司出具之證明書及信函為證，衡之上訴人對被上訴人所提其與漢旭公司之買賣契約，及被上訴人因系爭貨物未能運交漢旭公司而以另批同類貨物運送漢旭公司之載貨證券，均不爭執其真正，可見上開證明書及信函之內容為真實，應可採信。則被上訴人已無持有全數載貨證券之可能，上訴人積瑪傳斯公司亦無受其他載貨證券持有人請求交付貨物之危險，於此情形，被上訴人提出僅存之一份載貨證券，自不能謂其對於上訴人積瑪傳斯公司依運送契約所得行使之權利尚處於休止狀態，而不得行使。」

關於在非目的港請求「中止運送」交付貨物、請求將貨物運往其他目的地、請求在其他碼頭卸貨、請求將貨物交付予其他受貨人、或是貨物交付之後，明顯無法依照約定履行契約必須等待指示等情況，為指示之人，必須持有全套載貨證券正本。2012年德國商法（海商編）第520條規定：「簽發載貨證券時，僅載貨證券的合法持有人有權行使第491條及第92條的貨物處分權。運送人只於持有人提示全套載貨證券時，才有遵從指示的義務。但不論如何，若運送人明知或重大過失而不知（形式上）合法的載貨證券持有人並非載貨證券實質上的權利人時，仍然不得遵照該指示。」、「在未提示全套載貨證券正本的情況下，運送人若仍然遵照執行指示者，運送人對於載貨證券權利人因此所受的損失，應該負損害賠償責任，但其損害賠償額以不逾貨物全部滅失的賠償額為限。」德國商法的上開規定，關於運送人明知或重大過失而不知（形式上）合法的載貨證券持有人並非載貨證券實質上的權利人時，仍然不得遵照執行該指示的規定，是誠實信用原則的具體化，值得參考。

不論在目的港或非目的港，運送人就載貨證券只須「形式審查」為已足，無庸「實質查核」何人為權利人或何人為無權利人，但若明知或重大過失而不知形式上合法的載貨證券持有人並沒有載貨證券實質上的權利，解釋上仍然不得交付貨物，否則必須負損害賠償責任。若是載貨證券的背書不連續，運送人未盡善良管理人注意加以審查，而仍然為貨物之交付者，運送人即應該負損害賠償責任[207]。若遇數人均持形式上合法取得之載貨證券提示，運送人以將貨物

---

[206] 最高法院89年臺上字第1667號民事裁定：「載貨證券具有換取、繳還證券之性質，運送貨物經發給載貨證券者，貨物之交付，須憑載貨證券為之。記名式載貨證券上所記載之受貨人，須持有載貨證券始為有受領權利人，如不將載貨證券提出及交還，依修正前海商法第104條準用民法第630條規定，仍不得請求交付運送物，運送人對載貨證券所載之受貨人，不憑載貨證券而交付運送物，因而致託運人受有損害，即應負損害賠償責任。」

[207] 最高法院89年臺上字第2483號民事判決：「所謂相當因果關係，乃指行為與結果間所存在之客觀相當因果關係而言。即依經驗法則，綜合行為當時所存在之一切事實，為客觀之事後審查，認為在一般情形下，有此環境，有此行為之同一條件，均可發生同一之結果者，則該條件即為發生結果之相當條件，而得謂行為與結果有因果關係，反之若在一般情形下，有此同一之條件存在，而依客觀之觀察，認為不必皆發生此結果

依法寄存並通知各載貨證券持有人為已足，不以查核何人之權利優先為必要。
究其原因有二：

　　第一：船舶泊港卸貨，貴在迅速，**以減低停泊港口之租金**，欲期待運送人
　　　　　或船長查核載貨證券之優先順位而後交付貨物，事實上有所不能。

　　第二：確定數載貨證券持有人間之優劣順位，涉及高度法律專業知識，非
　　　　　運送人或船長所能勝任。但若運送人或船長明知或重大過失，而不
　　　　　知該形式上合法之載貨證券取得人，實際上是無權利人，例如：在
　　　　　載貨證券並未載明受貨人姓名（載貨證券為空白式）的情形下，運
　　　　　送人明知其中一份被竊，而且竊取該載貨證券之人在目的港提示的
　　　　　事實，竟仍為貨物的交付，則運送人仍然不得主張免責。

　⑶運送人、實際運送人（連續運送人）對主張載貨證券權利之人的抗辯

　　A.運送人對主張載貨證券權利之人的抗辯——善意第三人受文義性保護

　　運送人對主張載貨證券權利之人的抗辯有兩類：一類是「來自載貨證券的
抗辯」，包括：載貨證券記載有效性的抗辯以及載貨證券內容的抗辯；另一類是
「運送人與主張載貨證券權利人間的直接抗辯」。但無論如何，一旦載貨證券一
經轉讓到善意第三人，該善意第三人就載貨證券的法定必須記載事項都受到文
義性的保護。

　　2012 年德國商法（海商編）第 522 條第 1 項：「運送人僅就載貨證券記載
的效力、因載貨證券內容而發生的抗辯、以及存在於運送人與主張載貨證券權
利之人直接當事人間的抗辯事由，才可以對主張載貨證券權利人行使抗辯權。
只作為載貨證券之參考的合意，尚不是已經訂入載貨證券。」、「載貨證券已經
載明受貨人的名稱，且載貨證券已經轉讓予受貨人者，運送人不得就第 517 條
的推定提出反證（按：第 517 條是載貨證券關於貨物數量、表面情況的推定），
但受貨人在受讓載貨證券時明知或重大過失而不知載貨證券的記載不正確者，

　　者，即無因果關係可言。原審已論斷，系爭載貨證券，並未經花旗銀行巴黎分行背書，
　　已屬背書不連續，PCW 縱收到系爭載貨證券，仍無法據以提領貨物，竟因宇宙公司未
　　盡審核載貨證券背書連續之義務，而將貨物無受領權人之 PCW 領受。致生損害於大眾
　　公司，中國商銀縱有誤寄載貨證券之行為，客觀上亦不足以發生大眾公司前揭損害之
　　結果，難認有相當因果關係。」

不在此限。」上述規定對受讓載貨證券的第三人，亦適用之。

　　B.實際運送人（連續運送人）對主張載貨證券權利之人的抗辯

　　2012 年德國商法（海商編）第 522 條第 3 項：「主張載貨證券權利之人依第 509 條的規定，請求實際運送人交付貨物者，實際運送人亦得主張第 1 項（按：指第 522 條第 1 項）的抗辯（內容請參考前段，按：即本於載貨證券的抗辯等）。但無論如何，實際運送人，儘管有第 2 項的規定（按：載貨證券已經載明受貨人的名稱，且載貨證券已經轉讓予受貨人者，運送人不得就第 517 條的推定提出反證等），仍然得針對第 517 條的推定提出反證，但以載貨證券既不是實際運送人所簽發，也不是獲得實際運送人授權之人所簽發為限❽。」

2.數載貨證券持有人間的優先順位──內部關係

⑴外部關係的結束

　　運送人或船長依海商法第 58 條的規定交付貨物後或寄存貨物並為通知後，運送人與載貨證券持有人間之外部關係即告結束。即使在目的港，受運送人或船長為給付的受貨人並非真正權利人，只要運送人或船長是善意，運送人或船長亦不負責任。海商法第 59 條第 1 項：「載貨證券之持有人有二人以上，其中一人先於他持有人受貨物之交付時，他持有人之載貨證券對運送人失其效力。」就是這個意旨。

　　貨物已交付全部或一部交付予一載貨證券持有人後，或運送人或船長將貨物以全體曾為提示之載貨證券持有人名義寄存之後，就轉換為多數載貨證券持有人之間，何人之權利優先的問題，此即數載貨證券持有人彼此間內部問題。

⑵多數載貨證券持有人間優先順序的決定

　　海商法第 59 條第 1 項：「載貨證券之持有人有二人以上提示，而運送人或船長尚未交付貨物者，其持有先受發送或交付之證券者，得先於他持有人行使其權利。」是在規定數載貨證券持有人間權利的優劣順序，解決載貨證券持有人間的內部問題。本條是仿德國舊商法第 652 條：「船長尚未交貨前，有二份以上載貨證券持有人請求對貨物主張權利者，若基於載貨證券而移轉貨物之權利互相衝突時，則取得受領貨物優先地位，應由數份載貨證券共同持有人處分予

---

❽　2012 年德國商法（海商編）第 522 條第 3 項。

不同之人中第一個取得複本者取得。」、「在複本向他處寄出時，依寄出時間的先後定之。」的規定而制定。解釋如下：

A.前提概念：共同前手 (the previous common holder) 的意義

「共同前手」是指從不同的載貨證券持有人或運送單證持有人回溯到同時持有全套一式數份載貨證券、且自此將該載貨證券背書交付或交付予不同人之人。該「同時持有一式數份載貨證券之人」，對於因其處分而持有該載貨證券之人而言都是前手，因此稱為「共同前手」，也稱為「共同持有人」。例如：運送人簽發載貨證券一式四份予託運人 A，A 將載貨證券中之一份設定質權予 B、將另一份載貨證券背書交付移轉所有權予 C、再將其中一份設定質權予 D、最後將剩餘的一份背書交付予 E。暫且不問 B、C、D、E 四人實質權利的優劣順序及是否均取得權利，A 對 B、C、D、E 四個分別持有四份載貨證券的人而言，就是「共同前手」，因為 B、C、D、E 所持有載貨證券皆由 A 所簽發。

B.必須以「運送人或船長尚未交付貨物」為前提

海商法第 59 條第 1 項：「載貨證券之持有人有二人以上提示，而運送人或船長尚未交付貨物者，其持有先受發送或交付之證券者，得先於他持有人行使其權利。」，將「而運送人或船長尚未交付貨物者」插在條文的中間，其實際的意思是：「以運送人或船長尚未交付貨物」為前提條件。因為倘若運送人或船長已經交付貨物，剩餘的載貨證券就變成空券，既然前手所持有的已經全部淪為空券，則後手所取得者必然也是空券，不發生效力優先的比較問題。此參考 2012 年德國商法第 652 條也可以獲得相同的結論。

C.載貨證券的優劣順序

由於載貨證券是低度流通的有價證券，原則上受讓載貨證券的後手，不能取得比讓與載貨證券的前手為大的權利，因此判斷載貨證券的優劣順位，必須追溯到「共同前手」，視共同前手權利的大小，判斷其處分是否有效以及後手是否能取得該權利。在判斷順序的先後時，必須注意到「運送人還沒有交付貨物」這個前提，也就是必須在「運送人還占有貨物」的情況下，才可以比較。舉三則事例，說明如下：

(A)順序一讓與所有權，順序二也讓與所有權

共同前手先以載貨證券之一份，基於移轉貨物所有權之意思，背書交付予

第一後手；其後亦基於移轉貨物所有權之意思背書交付予第二後手。則第一後手取得貨物所有權，第二後手未能取得貨物的任何權利。因為當共同前手以載貨證券將貨物處分移轉予第一後手後，其所持有剩餘的載貨證券已成為空券，基於後手不能取得比前手為大的權利，因此第二後手不能取得貨物所有權。

　　(B)順序一讓與所有權，順序二則設定質權

　　共同前手先以載貨證券的一份，基於移轉貨物所有權之意思，背書交付予第一後手；其後基於設定質權的意思，背書交付予第二後手。則第一後手取得貨物所有權，第二後手不能取得質權。因為當共同前手以載貨證券將貨物處分予第一後手之後，其餘的載貨證券均變成空券，共同前手已無任何權利，基於後手不能取得比前手為大的權利的理由，第二後手不能取得質權。

　　(C)順序一設定質權，順序二又設定質權，順序三則讓與所有權

　　共同前手先以載貨證券的一份，基於設定質權的意思，背書交付予第一後手，再以第二份載貨證券基於設定質權的意思，背書交付予第二後手，然後將剩餘的載貨證券以移轉所有權的意思，背書交付予第三後手。第一順位之質權，第二順位之質權的設定以及移轉所有權的行為都有效，因為共同前手於設定第一順位質權之後，尚保有所有權，所有權的權能包括「使用、收益及處分」，因此共同前手得設定第二順位質權。又共同前手設定第一順位質權及第二順位質權之後，仍保有貨物所有權，因此仍得以第三份載貨證券移轉所有權予第三後手。只是第一順位質權及第二順位質權均追及於所有權之所在，得對第三後手主張權利而已，第三後手變成物上保證人的地位。

(九)貨物寄存的義務

1.怠於受領、受貨人不明或拒絕受領貨物時的寄存

　　依海商法第 51 條規定：「受貨人怠於受領貨物時，運送人或船長得以受貨人之費用，將貨物寄存於港埠管理機關或合法經營之倉庫，並通知受貨人。」、「受貨人不明或受貨人拒絕受領貨物時，運送人或船長得依前項之規定辦理，並通知託運人及受貨人。」、「運送人對前二項貨物有下列情形之一者，得聲請法院裁定准予拍賣，於扣除運費或其他相關之必要費用後提存其價金之餘額：一、不能寄存於倉庫。二、有腐壞之虞。三、顯見其價值不足抵償運費及其他

相關之必要費用。」據上規定，有幾點說明：

⑴得寄存貨物的事由

　　A.受貨人怠於受領貨物

　　B.受貨人不明

　　C.受貨人拒絕受領貨物

⑵寄存的處所

　　A.港埠經營之倉庫

　　B.合法經營之倉庫

⑶寄存的通知

　　A.受貨人怠於受領貨物：應通知受貨人

　　B.受貨人不明或受貨人拒絕受領貨物：應通知託運人及受貨人

2.請求競合的寄存（參閱目的港交貨與非目的港的交貨或寄存，本書第230頁以下）

九、「強制責任期間」與「非強制責任期間」的規制

　　依照在運送人責任期間內是否容許當事人另訂免責、限制責任條款或其他減輕運送人責任的條款區分，可以分為「非強制責任期間」及「強制責任期間」，「強制責任期間」可能是運送責任期間的全部或一部分。

㈠強制責任期間

1.強制責任期間適用的運送類型

　　強制責任期間是指除了法定免責事由或法定的限制責任事由以外，法律禁止運送契約當事人以約定方式訂定免責事由或限制責任事由的期間。

　　在強制責任期間，只適用於交涉機會或交涉能力不對等的情形[209]。件貨運送契約，本質上是定型化契約（格式合同），通常是由運送人一方預先擬定或第三人擬定而由運送人選用，託運人並沒有「談判機會」（有時甚至在貨物裝上船

---

[209]　傭船契約，當事人的談判機會、談判能力相當，因此除了本質性的義務外——例如：船舶適航性義務、船舶適載性義務，這些義務都是航運所必須的，即使談判能力、談判機會相當，也不可以以約定減免——還是可以以約定減免。

舶之後才簽發載貨證券），也沒有「對等談判能力」，因此法律禁止運送人在法定免責事由及法定限制責任事由之外，另外再增加其他免責或限制責任的約定，以避免託運人遭受更大的不利益。海商法第 61 條規定：「以件貨運送為目的之運送契約或載貨證券記載條款、條件或約定，以減輕或免除運送人或船舶所有人，對於因過失或本章規定應履行之義務而不履行，致有貨物毀損、滅失或遲到之責任者，其條款、條件或約定不生效力。」旨意在此❷❶❶。

(1)分析海商法第 61 條，禁止約定免責約款或限制責任約款的類型有三：

　　A.件貨運送沒有簽發載貨證券。

　　B.件貨運送且簽發載貨證券。

　　C.傭船契約下簽發載貨證券。

(2)法律之所以強制禁止免責約款或限制責任約款，理由如下：

　　A.在件貨運送沒有簽發載貨證券情形，由於託運貨物數量很少，託運人沒有「談判機會」，更相對缺乏「談判能力」。

　　B.在件貨運送且簽發載貨證券情形，託運人與運送人的「談判機會」「談判能力」都嚴重地不對等，自然應該受到限制。

　　C.在航程傭船，運送人對傭船人簽發載貨證券情形，當事人的「談判能力」雖然相當，但是「談判機會」卻未必對等。

---

❷❶❶　中華人民共和國海商法第 44 條：「海上貨物運輸合同和作為合同憑證的提單或者其他運輸單證中的條款，違反本章規定的，無效。此類條款的無效，不影響該合同和提單或者其他運輸單證中其他條款的效力。將貨物的保險利益轉讓給承運人的條款或者類似條款，無效。」，第 45 條：「本法第 44 條的規定不影響承運人在本章規定的承運人責任和義務之外，增加其責任和義務。」

禁止在件貨運送契約中增訂免責條款或責任限制條款不是出諸於運送人的自我節制，而是出於歷史的因素：從歷史的原因看，海牙規則、海牙維斯比規則淵源於 1893 年的美國的哈特法 (The Harter Act)，哈特法案為何禁止運送人在法定免責條款或責任限制條款之外，另外增加約定的免責條款或約定的責任限制條款呢？主要原因是哈特法案起草當時，英國因為瓦特發明蒸汽機的原因，擁有龐大的運輸船隊，美國與英國之間的貿易，英國人擔當運送人的角色，美國人只是扮演託運人，為了避免運送人在提單上增加任何不利於託運人的條款，哈特法禁止運送人在法定免責或法定限制責任事由之外，另外再增加任何不利於託運人的條款。海牙規則、海牙維斯比規則直接承繼了此一立法。兩岸海商法也間接承繼了這個規定。

⑶傭船契約當事人間，假若沒有簽發載貨證券，談判機會與談判能力，基本
上對等，因此不適用海商法第 61 條的規定。但是這種傭船契約，通常是以
定型化契約條款為基礎簽訂的，因此必須注意下述兩點：

　A.定型化契約下，某特定條款無效的效果

基於定型化契約的理論，定型化契約中任何條款的無效，其他條款仍然有
效，該無效部分應該以「其他法律的相應規定」補充之❷ 。

　B.可以訂定「增加運送人義務」的條款

海牙規則、海牙維斯比規則禁止在件貨運送契約、載貨證券中訂立免責條
款或責任限制條款致使託運人更不利益，但若增訂條款加重運送人的義務或責
任，有利於託運人一方，則仍然有效。例如：放棄抗辯權條款、提高單位責任
條款都是提高運送人的義務或責任的約定，對於託運人有利，因此都有效。

2.強制責任期間的空間範圍

舊海商法第 93 條第 3 項：「卸載之貨物離船時，運送人或船長解除其運送
責任。」之規定，就是指「運送人或船長所負之海上運送人強制責任終了」。海
上強制責任期間的規定間接淵源自海牙規則，而海牙規則之適用期間僅限於「海
運階段」，即「**自貨物被裝載於船舶之時起，至貨物自船舶卸載之時止。**」❷ ，
一般稱為「**從吊到吊原則 (from tackle to tackle)**」。

「從吊到吊原則」指在裝貨時，若以船上之起吊機起吊貨物，海運階段從
船上起吊機鉤住貨物之時開始；若以岸上之起吊機起吊貨物，則海運階段從岸
上起吊機鉤住貨物且越過船舷之時開始。在卸載時，若以船上之起吊機起吊貨
物，則海運階段以貨物安全放置於岸邊碼頭之時止；若以陸上之起吊機吊起貨
物，則以貨物越過船舷之時為海運階段終止之時。所謂 "'tackle to tackle' means
when ship's tackle is hooked on, or if shore tackle is being used, when goods cross
the ship's side" 就是。

在海牙維斯比規則下的貨櫃運送，從工廠到港口的運送，屬於陸上運送階
段，不適用海牙維斯比規則或是海商法的規定。在此一運輸階段，不是強制責

---

❷　參閱德國民法第 306 條第 2 項。
❷　參閱海牙規則第 2 條、第 1 條第(b)項及第 1 條第(e)項；from the time when the goods are
　　loaded on to the time when they are discharged from the ship.

任期間，因此除非載貨證券有以約定的方式約定適用海牙維斯比規則或海商法，否則即應該適用其他法律的規定，而且得約定免責約款或責任限制約款，但還是受民法相關規定的規範。

海牙維斯比規則或海商法對於託運港之前的運送或存放，以及卸貨港以後的階段並不適用。但是在託運港到卸貨港之間，也就是海上運送契約期間，即使有卸載、儲存、或轉船等行為，由於這些行為都是與海上貨物運送有關的行為，因此都有海牙規則或海商法規定的適用，也屬於強制責任期間❷❸。

---

❷❸ MAYHEW FOODS LTD. v. OVERSEAS CONTAINERS LTD. [1984] 1 Lloyd's Rep. 317, Q.B.D. (Commercial Court)

在 1981 年 11 月 27 日，原告即託運人與被告即運送人訂立口頭契約，約定由被告以冷凍貨櫃運送原告所有之箱裝雞肉及火雞肉，航程是從英國的 Uckfield, Sussex 到沙烏地阿拉伯的 Jeddah 港。雙方約定貨物必須裝在零下 18 度的貨櫃內，由 "Benalder" 號船舶運送，被告的載貨證券曾出示於原告，也就是本案的託運人。載貨證券記載：「運送人的責任：多式聯運的運送人，就貨物以運送為目的，從收受貨物之時起到交付貨物之時止所發生的毀損或減失，必須負損害賠償責任。」

契約第 7 條約定貨物毀損或減失時毛重量每公斤 2 美元的責任上限。從原告在 Uckfield 的工廠收集雞肉、火雞肉箱子之後，在 12 月 3 日裝入了冷凍貨櫃。這些冷凍貨櫃被運到英國的 Shoreham 港，12 月 5 日冷凍貨櫃由 "Voline" 號船舶運達法國的 Le Havre 港（在法國西岸，靠近諾曼第），並於 12 月 6 日在該港卸下。

12 月 11 日或 12 日，貨櫃又被裝上 "Benalder" 號船舶並運往沙烏地阿拉伯的 Jeddah 港，抵達時是 12 月 21 日。此時才發現貨櫃所裝的貨物已經腐敗，貨櫃內的溫度原來應該是零下 18 度的，而發現當時的溫度是攝氏 2 度到攝氏 4 度。

本案被告承認應該負責，但是主張依載貨證券第 7 條之約定，尋求限制責任。

原告主張，運送必須遵照 1971 年海上貨物運送法的規定賠償，因為載貨證券的規定違背海上貨物運送法的規定，因此載貨證券第 7 條的約定是無效的。

被告極力主張載貨證券的約定在某些運送或儲存階段並不適用 1971 年的海上貨物運送法的規定，因此就這些運送階段或儲存階段，仍然適用載貨證券關於責任限制的約定，其理由有以下數點：

1. 在貨物裝上 "Benalder" 號船舶之前，因為在陸上運送階段，1971 年海上貨物運送法並不適用。

2. 即令從 Shoreham 到 Le Havre 的運送階段，該法可以適用，該法仍然不適用於貨物存放在 Le Havre 港的岸上而尚未裝上 "Benalder" 號船舶的階段，因為這是在儲存階段。

海上運送人之責任階段圖示如下：

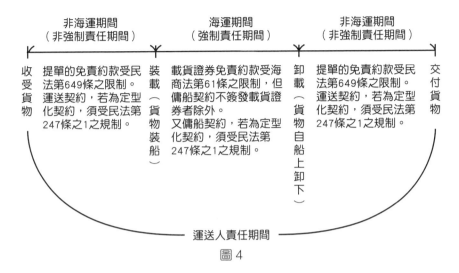

圖 4

3. 強制責任期間的擴大趨勢

隨著交運貨物從船上交貨、到港口交貨、再向內陸交貨發展，強制責任期間也逐漸擴大。1978 年的漢堡規則將海上運送人的強制責任期間擴大到「從裝

3. 在該法所不適用的階段，被告有權依載貨證券第 7 條約定主張限制責任。

4. 在 12 月 11 日或 12 日……從該日起 1971 年海上貨物運送法開始對本運送適用……
   貨物裝上 "Benalder" 號船舶之前，貨物就已經腐敗，因此雖然被告未盡冷凍的注意，
   原告並不會再受到進一步的損失（即沒有因果關係）。

本判決是由女王法院的商事法庭 BINGHAM, J. 做成。判決主文是載貨證券第 7 條因為
違背 1971 年的海上運送法而無效。原告勝訴。

理由：這是一個從 Uckfield 到 Jeddah 的貨物運送。該法對於內陸運送 (inland transport)
並不適用。但是契約清楚地約定適用於在聯合王國的託運，而且從託運開始，該法立
即適用。雙方當事人清楚地期待並且希望簽發載貨證券，而且一旦簽發載貨證券，載
貨證券就可以證明雙方較早訂立的契約。

該法對於託運港之前的運送或儲存，以及卸貨港以後的階段並不適用。但是在這兩個
港口之間，其運送契約就是海上運送契約，假若在海上運送的過程中，被告行使其契
約上的權利作貨物的卸載、儲存或轉船等行為，這些都是與海上貨物運送有關的行為。
該法自從貨物在 Shoreham 託運開始，一直到船舶在 Jeddah 港卸貨為止，均有其適用。
本案情形，貨物的毀損究竟是發生在貨櫃裝上 "Benalder" 之前或是之後，其實都沒有
關係，只要它發生在 Shoreham 託運之後即有適用。

載港收受貨物起到卸貨港交付貨物止」，所謂：「從港到港 (from harbor to harbor)」[214] 就是指漢堡規則的強制責任期間。猶有進者，到了多式聯運興起，依照 1980 年聯合國多式聯運公約，運送人的強制責任期間更進一步擴大到「從門戶到門戶 (from door to door)」。在強制責任期間的範圍內，不得有約定的免責事由或約定的限制責任事由。

德國舊商法第 606 條、第 662 條第 1 項也規定海上運送人的責任期間，自「收受貨物」起至「交付貨物」止，如果簽發載貨證券[215]，則關於貨物毀損滅失所致損失的約定免責約款，不論是免除責任或是限制責任，一律禁止。2012 年德國商法也做相同的規定，這些規定都與我國海商法區分「強制責任期間」與「非強制責任期間」不同。漢堡規則、德國舊商法、1980 年聯合國國際貨物多式聯運公約、2012 年德國商法的規定，較為簡單明瞭、以對貨物的「實際管領力」作為強制責任期間的標準，是強制責任期間發展的趨勢。

㈡非強制責任期間

運送人的「責任期間」始自「收受」貨物，對貨物有管領力開始，終於卸載貨物並「交付」貨物，對貨物喪失管領力時為止。依照海商法的規定分析，在「運送人責任期間」中，只有部分是屬於「強制責任期間」，其餘都是「任意責任期間」，換句話說，從貨物裝載 (loaded) 於船舶之時起，至貨物自船舶卸載 (discharged) 之時止，都是運送人的強制責任期間，在這期間，除了海商法所規定的免責事由以及責任限制事由以外，不得有任何約定的免責或責任限制事由，稱為「強制責任運送期間」；「運送人責任期間」扣除了「強制責任運送期間」以外的其餘運送期間，都是「非強制責任運送期間」。

在「非強制責任期間」，運送人得訂定免責約款或限制責任約款，也就是可以訂定約定免責約款。但是約定免責約款的訂定，仍然必須受到相關法律的限

---

[214] 漢堡規則第 4 條規定強制責任期間：Article 4 Period of responsibility

　1. The responsibility of the carrier for the goods under this Convention covers the period during which the carrier is in charge of the goods at the port of loading, during the carriage and at the port of discharge.

[215] 可以是收載載貨證券，也可以是裝船載貨證券。

制，因為依照海商法第 5 條規定：「海商事件，依本法之規定，本法無規定者，適用其他有關法律之規定。」，換句話說，**在非強制責任期間，運送契約若是以定型化條款為基礎訂定的，仍然必須受到民法第 247 條之 1 的規制❷**。

此外海上貨物運送的載貨證券相當於陸上貨物運送的提單，因此應該準用民法第 649 條：「運送人交與託運人之提單或其他文件上，有免除或限制運送人責任之記載者，除能證明託運人對於其責任之免除或限制明示同意外，不生效力。」之規定，在「非強制責任期間」運送人之約定免責約款須經託運人明示同意，始生效力。

在非強制責任期間，雖然應該受到民法第 649 條的規範，但是對於民法第 649 條的解讀，應該注意以下各點：

1.民法第 649 條並不禁止免責約款或限制責任約款，只是規定不論免責約款或是責任限制約款都必須得到託運人的「明示同意」而已。

2.民法第 649 條規定，「提單或其他文件」上的免責約款或責任限制約款，應該得到託運人的明示同意，所謂「其他文件」，性質上必須與「提單」類似。

3.民法第 649 條的「明示同意」，得以口頭意思表示為之，也得以書面意思表示為之，不以記載在載貨證券上為必要。

十、實際過失與擬制過失

㈠實際過失 (actual fault)

實際過失或稱為本人的過失，指運送人自己的故意或過失，是真正的 (real)、實質的 (substantial)、已經存在的 (presently existing) 故意或過失。在運送人為自然人時，該自然人的故意或過失就是「實際過失」；運送人為法人時，

---

❷ 民法第 247 條之 1：「依照當事人一方預定用於同類契約之條款而訂定之契約，為左列各款之約定，按其情形顯失公平者，該部分約定無效：

一、免除或減輕預定契約條款之當事人之責任者。

二、加重他方當事人之責任者。

三、使他方當事人拋棄權利或限制其行使權利者。

四、其他於他方當事人有重大不利益者。」

由於法人的行為，實際上須由自然人為之，則法人中何人的過失可被認定是法人的實際過失，實有澄清之必要。

關於此點，英國採**狹義說**，認為僅有主要營業所在地之主管人員之過失才是實際過失，例如：董事會 (board of directors)、共有船舶經理人 (managing officers) 等；美國、德國則採**廣義說**，舉凡董事會、共有船舶經理人、及其他在船舶上或陸地上有管理權限之職員。例如：船公司之高級職員 (senior officer)、總代理人 (general agent)、港口代表 (port representative)、高級受僱人 (senior employee) 及貨運承攬業者 (expediter, forwarder) 等，凡能代表公司行使職權者的過失均屬之。至於單純只是受僱人 (merely of an employee)、（裝放貨物之）技術化學家 (skilled chemist)、代理人 (agent)、碼頭工人 (stevedores)、船長 (master)、傭船人之代理人 (the charterer's agent) 的過失，都不構成運送人的實際過失。

(二)擬制過失 (constructive fault)

1.擬制過失的原則規定

擬制過失，英文字面的意思是「解釋上的過失」，就是指履行輔助人的過失（即船長、海員、引水人及其他運送人之受僱人的過失），而非運送人本人的故意過失，但由於運送人與履行輔助人間存在有僱傭契約關係，運送人對於受僱人的選任及監督有盡善良管理人注意的義務，因此當履行輔助人有故意或過失致生損害於他人時，基於立法政策，將「履行輔助人之故意過失」視為「運送人之故意過失」。

擬制過失之所以稱為「解釋性過失」，是因為擬制過失，性質上只是可能的 (possible)、理論的 (theoretical)、正像似的 (just as if)，是基於立法政策的擬制。運送人，對於因其本人的實際過失（運送人自己之故意或過失）所致之損害，固然必須負賠償責任；對於因其履行輔助人之故意或過失致生損害，原則上也應負賠償責任，民法第 224 條：「債務人之代理人或使用人，關於債之履行有故意或過失時，債務人應與自己之故意或過失負同一責任。但當事人另有訂定者，不在此限。」，就是法律將「履行輔助人的過失」擬制為（視為）「運送人的過失」的基本規定。

2.擬制過失的例外規定

⑴航行或船舶管理過失

民法關於擬制過失的規定，是建立在運送人對於其履行輔助人之選任及監督「應注意且能注意而不注意」的前提上，此一原則，在海牙規則、海牙維斯比規則制定時代（也就距今將近一百年的 1924 年代或 1968 年代），因為海上風險變幻，航行通訊困難，運送人執行選任及監督常常力有未逮，因此就「航海」及「船舶管理」做了例外的規定，也就是**運送人就其履行輔助人關於航海或船舶管理有故意過失，致其承運的貨物發生毀損滅失的損失，並不擬制為（視為）運送人的故意過失。**

海商法承襲海牙維斯比規則，也採取相同的立法。詳細地說，「船舶航行」及「船舶管理」，涉及專業技術領域，只須運送人所僱用的船長、海員等履行輔助人是領有合格資格證書之人，就很難指責運送人對於履行輔助人的「選任」有故意過失。船長海員受僱之後，就「航行」或「船舶管理」事宜，由於當時通訊困難，常非運送人所能隨時監督，即使因船長海員就海上航行或船舶管理有故意過失，釀成損害，亦難以歸咎於運送人的監督不周。因此，履行輔助人關於「航行」、「船舶管理」有過失，運送人並不負「擬制過失」的責任。海牙維斯比規則第 4 條第 2 項及各國立法例**⑰**，無不如此。

我國海商法第 69 條第 1 款關於「船長、海員、引水人或運送人之受僱人、於航行或管理船舶之行為而有過失」；以及下述的 「船舶火災」，都是民法第 224 條：「債務人之代理人或使用人，關於債之履行有故意或過失時，債務人應與自己之故意或過失，負同一責任。但當事人另有訂定者，不在此限。」的特別規定，應該優先適用。

⑵火 災

海商法第 69 條第 3 款規定 ：「非由於運送人本人之故意或過失所生之火災」所發生之毀損或滅失，運送人或船舶所有人不負賠償責任。此一規定也是承襲海牙規則而來。按海牙規則第 4 條第 2 項 b 款規定：「運送人或船舶所有人

---

⑰ 例如：德國商法（海商編）第 607 條第 2 項、日本國際海上貨物運送法第 3 條第 2 項、美國海上貨物運送法第 4 條第 2 項等。 1963 年海牙規則第 4 條第 2 項第 b 款 ： "fire, unless caused by the actual fault or privity of the carrier."

對於貨物因左列事由而發生之毀損滅失不負責任：a.……、b.火災，但由於運送人之實際過失或故意者❷⁸，不在此限」，英國、美國等均直接承襲同樣條文，不但條文文義相同，而且連條文結構也完全相同。

德國舊商法、日本國際海上貨物運送法因同屬於大陸法系的關係，為了與民法的規定相互銜接，乃將「航行」、「船舶管理」、「火災」三者合併，另外寫於同一條文，以大陸法系的法條形式出現❷⁹，但核其實質，與海牙規則的規定完全相同。

海牙規則與多數國家之立法例，關於火災發生所致貨物之損失，如同航行或船舶管理過失一般，都區分為「擬制過失」所引起與「實際過失」所引起兩類，運送人只就「實際過失」（運送人本人之故意過失）所致之損失負責，對於履行輔助人之故意過失（擬制過失）所致之損失，不負責任。主要的理由是因為海上火災，有其自成一脈的發展歷史，所謂「海上火災，至痛也，留在船上則燒死，跳到海裡則溺死」，海上保險之所以發展較早，也與海上火災的災難特殊有關。

據上所述，運送人原則上就其「實際過失」、「擬制過失」致其承載貨物毀損滅失，一律負損害賠償責任。但例外地，就「航行」「船舶管理」與「失火」三個原因所致之毀損滅失，運送人只就「實際過失」所致者，負賠償責任；只要是其履行輔助人的故意過失──「擬制過失」──所致者，不必負責。

十一、運送人的賠償責任──貨物損失及貨物價值的估計

㈠貨物損失的估計

海商法第 138 條規定：「貨物損害之計算，依其在到達港於完好狀態下所應

---

❷⁸ Actual fault or privity 舊海商法譯為「重大過失或故意」，現行海商法已經修正為「本人過失或故意」，其實 actual fault 是指「本人的過失」而言。在運送人為自然人時，何者為本人，比較容易認定；在運送人為法人時，究竟哪一層級的人的行為才是法人本人的行為，各國判例並不一致。

❷⁹ 參閱德國商法（海商編）第 607 條第 2 項、日本國際海上貨物運送法第 3 條第 1 項及第 2 項。

有之價值，與其受損狀態之價值比較定之。」十分簡單，2012 年德國商法就貨物損失的估計，分為滅失與毀損：

1. 貨物全部或部分滅失

運送人依本節（即 2012 年德國商法（海商編）第 498 條到第 512 條）的規定對於貨物的全部或部分滅失應負損害賠償責任者，其損失額的估計應參考若貨物準時抵達約定港口交付時應有的價值定之[220]。

2. 貨物物體上的毀損

運送人依本節（即 2012 年德國商法（海商編）第 498 條到第 512 條）的規定對於貨物物體上的毀損應負賠償責任者，其損失額的估計，應該依貨物毀損後在交付地及交付時的價值，與貨物不發生物體上毀損的狀況下，在交付地及交付時應有的價值的差額定之。減輕或修補貨物的必要費用視為與前段的差額相等[221]。此外，貨物發生滅失或毀損的情況，運送人另外還必須負擔估計損失的費用[222]。

(二)貨物價值的估計

貨物價值依相同種類、相同品質的現在市場價格定之，無現在市場價格者，依相同種類、相同品質貨物的通常價格定之。貨物在交付運送人運送前出賣者，出賣人記載在發票上的購買價格加上運送費用視為現在市場價格[223]。

貨物損失的估計以及貨物價值的估計，都必須扣除因貨物部分滅失、物體上的毀損而節省的關稅及其他費用，或因貨物全部滅失而節省的數額[224]。

十二、法定免責事由

運送人的法定免責事由，可以包括「全部免責事由」以及「一部免責事由」。全部免責事由是指因該事由的存在，運送人完全不必負賠償責任；一部免

---

[220] 2012 年德國商法（海商編）第 502 條第 1 項。
[221] 2012 年德國商法（海商編）第 502 條第 2 項。
[222] 2012 年德國商法（海商編）第 503 條。
[223] 2012 年德國商法（海商編）第 502 條第 3 項。
[224] 2012 年德國商法（海商編）第 502 條第 4 項。

責是指因該事由的存在，運送人只負一部分的責任，最常見的就是「每件責任限制」或稱為「單位責任限制」。

㈠全部免責事由

1.海商法第 69 條所列事由（第 2 個以下法定全部免責事由在第 271 頁以下）

　　海商法第 69 條列舉 17 種法定免責事由 ， 承襲美國 1963 年海上貨物運送條例而制定，其內容及形式大體上與海牙規則相同，與德國舊商法第 606 條、第 607 條及日本國際海上貨物運送法第 3 條至第 5 條之規定相比，條文形式雖異，實質內容則大致相同。海商法第 69 條的條文結構，可以圖示如下：

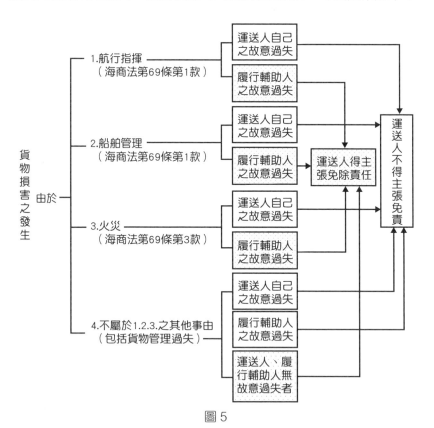

圖 5

⑴海商法第 69 條的適用範圍——針對承運的貨物

海商法第 69 條所列免責事由是針對「本船所承載之貨物」的毀損或滅失而規定的，惟其是針對本船承運的貨物，運送人與託運人之間才會有契約關係，也惟其有契約關係，才會有免責事由或單位責任限制事由可言。

海商法第 69 條來自海牙規則第 4 條第 2 項：「運送人或船舶對於以下事由所發生之毀損或滅失不負責任……」，而海牙規則是以規範自己承運的貨物的載貨證券為內容，條文中所謂「毀損」、「滅失」，都是指因運送契約而承運的貨物而言，因為僅於「契約關係」存在之前提下，才可能有免責約款或免責事由之適用。對與自己無契約關係之人，不可能預先訂立免責約款或責任限制事由。

又所謂「毀損或滅失」，必是指人身傷亡以外之損害，依照英文的語義，人身傷亡均用 「傷害或死亡 (injury or death)」， 只有物之損害才稱為 「毀損 (damage)」 或 「滅失 (loss)」。而且所謂 「毀損」、「滅失」 又必須是指「船舶承運的貨物」，不包括「船舶」自身，否則豈非發生「船舶」對「船舶之毀損」不負賠償責任的矛盾？

因此，下列毀損、滅失或人身傷亡，不適用海商法第 69 條所訂法定免責事由，也不適用海商法第 70 條關於單位責任限制的規定：

A.船長、海員及其他服務於船舶人員之傷害或死亡。

B.旅客之傷害或死亡。

C.船舶船體之毀損滅失。

D.他船承載之貨物。

E.船舶以外之物（例如：其他船舶、碼頭、燈塔、浮標等）之毀損或滅失。

⑵遲到可否免責的探討

海商法第 69 條第 1 款，只規定運送人就其履行輔助人的故意過失，致其承運的貨物的毀損滅失，可以免責，但是就其履行輔助人的故意過失，致生遲延的損害，是否也可以免責，沒有明文規定。運送人未於約定時間內，在約定之交貨地交付貨物，就是「遲延交貨」，簡稱為「遲到」。

遲到依照海牙規則、海牙維斯比規則的立法原意是運送人當然免責，不待規定而自明：海上航行本來就潛藏很多風險，在船舶無法定速航行、在沒有衛星導航的歲月，海上航行能夠平安抵達目的港，已經十分幸運，很難期待船舶

準時抵達目的港，因此不論 1924 年的海牙規則、或是 1968 年的海牙維斯比規則都沒有將「遲到」列為損害賠償的原因，也沒有將遲到載明為免責事由，立法原意是將遲到所致的損失，解釋上屬於「當然免責」的範圍，不待規定而自明。但是假若運送人在運送契約特別「約定」船舶將在某年某月某日準時抵達目的港，但實際上未能準時抵達者，則仍然必須負損害賠償責任，此時運送人負損害賠償責任的原因並非因為違背「海牙規則或海牙維斯比規則」所致，而是因為違背「運送契約的約定」所致。

　　但是依照漢堡規則的規定，遲到是損害賠償事由之一❷㉕：1978 年訂定漢堡規則時，造船技術進步，人造衛星上天，衛星導航技術廣泛採用，船舶不但可以安全航行，而且可以沿著預定航線定速航行，已經可以被期待準時抵達目的港，因此，遲到不應再是法定免責事由，而應該是發生損害賠償的原因。漢堡規則將運送人因貨物運送「遲到」所發生的責任，限於「遲到貨物應支付運費的兩倍半，且不得超過依照海上貨物運送契約應支付運費的總額」❷㉖。

　　海商法關於遲到的立法與中華人民共和國海商法在立法形式上雖然相同，但實務運作的結果，卻不相同。立法形式上，海商法第 69 條、中華人民共和國海商法第 51 條都沒有將「遲到」造成的損失，列為法定免責事由，是承繼海牙

---

❷㉕　Article 5 Basis of liability

　1. The carrier is liable for loss resulting from loss of or damage to the goods, as well as from delay in delivery, if the occurrence which caused the loss, damage or delay took place while the goods were in his charge as defined in article 4, unless the carrier proves that he, his servants or agents took all measures that could reasonably be required to avoid the occurrence and its consequences.

　2. Delay in delivery occurs when the goods have not been delivered at the port of discharge provided for in the contract of carriage by sea within the time expressly agreed upon or, in the absence of such agreement, within the time which it would be reasonable to require of a diligent carrier, having regard to the circumstances of the case.

❷㉖　Article 6 Limits of liability

　1.(b) The liability of the carrier for delay in delivery according to the provisions of article 5 is limited to an amount equivalent to two and a half times the freight payable for the goods delayed, but not exceeding the total freight payable under the contract of carriage of goods by sea.

維斯比規則的規定所致。但在臺灣，法院實務上，由於舊海商法第 113 條沒有將「遲到」列為法定免責事由，**最高法院裁判乃以「海商法沒有規定，關於貨物運送遲到，自應適用民法的規定」，以運送人有過失為條件，必須負損害賠償責任**。其損害賠償額，應依其應交付時目的地之價值計算之，亦即運送物因「遲到交付時之價值」較「應交付時之價值」為低，其差額始為損害額❷。最高法院這種從法律適用引出的觀點，導致履行輔助人關於「航海」「管理船舶」「火災」致貨物「毀損、滅失」者，可以免責，但是因履行輔助人關於「航海」「管理船舶」「火災」致貨物「遲到」者，反而必須負損害賠償責任的不合理現象。

從現行法解釋的觀點，海商法第 69 條應該解釋為：

A.因「運送人本人」的故意或過失，不論是「航海」「管理船舶」「船舶火災」或是「貨物管理」有故意或過失，導致貨物毀損、滅失，都不得免責。

B.因「履行輔助人」關於「航海」「管理船舶」「火災」致貨物「毀損、滅失」者，不論故意或過失，運送人都可以免責；但因「履行輔助人」關於「貨物管理」的故意或過失導致貨物毀損、滅失者，運送人則不得主張免責。

C.貨物運送「遲到」的情形，依照立法原意、運送人當然免責，但契約另有抵達目的港時間之約定而遲延者，仍應因為違反契約的約定而負擔損害賠償之責。

從立法的觀點，自從造船技術現代化，船體堅固、馬力提升，加上採用人造衛星導航之後，已經可以期待海上航行不遲到。因此**將遲到的損失列為損害賠償事由已經具有正當性，漢堡規則的立法例，可以作為立法的參考**。

(3)關於海商法第 69 條共 17 款之免責事由，分別解釋如下：

A.船長、海員、引水人、或運送人之受僱人，因航行或管理船舶之行為而有過失者❷❷

本款是承襲海牙維斯比規則第 4 條第 2 項第 a 款：「船長、海員、引水人、或服務於船舶之人員在駕駛上或船舶管理之行為、疏忽或過失」 (acts, neglect

---

❷ 海商法第 5 條適用民法第 638 條第 1 項規定，最高法院 91 年臺上字第 831 號民事判決。

❷ 海商法第 69 條第 1 款。

❷ 2012 年德國商法（海商編）已經刪除本款作為法定免責事由。

or default of the master, mariner, pilot or the servants of the carrier in the navigation or in the management of the ship) 而訂立❷。說明如下：

　　⑷「履行輔助人」含義的擴大

　　履行輔助人依照法條的規定，雖然是指「海員、引水人、或運送人之受僱人」，但是實務上不以此為限，凡是在功能上是扮演履行輔助人角色或駁船角色的船舶也屬之。例如：貨物因為分批進港的「駁船」航行過失所致，可以主張免責❷。

---

❷ 2012年德國商法（海商編）第607條：「（對於受僱人行為之責任）海上運送人對於自己所僱用者及船員之過失，一如自己之過失，應負同一責任。」、「損害之發生由於船舶之指揮、或船舶管理行為或火災所致者，海上運送人僅就自己之過失，負其責任。以貨載利益為主所為之處置，不屬於船舶處理行為。」；日本國際海上貨物運送法第3條：「運送人對於自己或其使用人就貨物之接受、裝載、堆存、運送、保管、卸貨及交貨，因怠於注意所生貨物之滅失或毀損或遲到，應負賠償責任。」、「前項規定，不適用於船長、海員、引水人及其他運送人之使用人關於航行或管理船舶之行為或船舶火災（基於運送人之故意或過失而發生者除外）所發生之損害。」的規定，形式雖異，實質內容則相同。

❷ SEVEN SEAS TRANSPORTATION LTD. v. PACIFICO UNION MARINA CORPN: THE "SATYA KAILASH" AND "OCEANIC AMITY" [1984] 1 Lloyd's Rep. 588, C.A.
"Satya Kailash" 號船舶自美國的港口載運穀物抵達印度的 Tuticorin 港，由於該船載貨太重，吃水很深，而港口航道較淺，因此船舶不能進入港口。該船所有人乃於1975年6月26日，訂立備船契約，租了一條船名為 "Oceanic Amity" 號的船舶，載運貨物，為期20~40天，以減輕其載重，方便該船進港。備船契約約定：16.在本備船期間，凡是因……不可抗力行為，敵人行為，火災……及海上，河川，機器，鍋爐，蒸汽航行的一切危險及意外，航行的誤差 (errors of navigation) 所生損失，雙方同意悉予除外，不必負責。24.雙方相互同意，依本備船契約而載運貨物進出美國時，該備船契約均應依照美國國會於1893年2月13日通過名為「關於船舶航行的……法」（按：即美國海上貨物運送法）所定的責任條件以及全部免責規定。此外，本備船契約還依照下述約款。該下述約款被引置訂立於載貨證券中：美國至上條款：本載貨證券的效力依1936年美國海上貨物運送法的規定，該法被視為訂入載貨證券中。
美國1936年海上貨物運送法第2條規定：「除第6條另有規定外，在一切的海上貨物運送契約，運送人就關於貨物的裝載、交付、堆存、運送、看守、照料以及卸貨應依以下規定負擔義務及責任，並享有權利及免責。」第4條第2項規定：「運送人及船舶

⒝航行過失

海商法第 69 條第 1 款的「航海」，就是指「船舶駕駛」。船舶駕駛過失，包括「船舶航行」以及「船舶停泊」的過失。船舶航行必須遵守避碰規則以及其他航行規則。

「航行過失」，指船舶駕駛上之過失 (negligence in navigation)，是船舶啟航之後，船長海員等關於駕駛上之判斷或操作發生錯誤，或應注意能注意而未注意而言。船舶航行，專指船舶啟航之後，在行動中或漂蕩中發生者而言。

航行過失的判斷，主要依據國際避碰規則 (The International Regulations for Preventing Collisions at Sea)，簡稱 COLREGS，於 1972 年由國際海事組織 (IMO) 制訂，歷經 1981 年、1987 年、1989 年、1993 年的修正。國際避碰規則的主要內容如下：

a.必須遵守國際避碰規則以及其他航運規則，但是國際避碰規則並不影響各航政主管機關針對特定港口、航道，所作的特殊規定（第 1 條⒜）。

b.**任何時候均應保持正常的瞭望** (keep a proper look-out by sight)（第 5 條）。

c.**以安全的速度航行** (proceed at a safe speed)（第 6 條）。

對於因為下述事由所致之毀損滅失均不負責：⒜由於運送人之船長、海員、引水人、或其他服務於船舶之人員關於航行或船舶管理有故意、過失或遲延者。」

在 1975 年 7 月 7 日及 7 月 14 日，由於 "Oceanic Amity" 船舶上人員航行的過失，有些貨物被 "Satya Kailash" 號船舶毀損。因此 "Satya Kailash" 的船舶所有人向 "Oceanic Amity" 的船舶所有人請求損害賠償。判決由上訴法院 OLIVER 及 ROBERT GOFF, L.J.J. 作成。判決主文是 "Oceanic Amity" 號船舶所有人勝訴。

判決理由指出：依照事實及證據證實，傭船契約的引置條款已經將 1936 年美國海上貨物運送法納為契約的一部分，其效力並不限於從其他港口到美國的航行或是從美國到其他港口的航行，該法第 4 條的規定對於依照雙方合意而訂立契約，並履行的海上冒險，均有其適用。本案 "Oceanic Amity" 號船舶是被承租，依照傭船契約載運穀物，以達到減輕原船舶載重的目的。從母船上裝載穀物是依照傭船契約應由 "Oceanic Amity" 履行的契約行為。實在沒有理由說：依照海上貨物運送法第 4 條的規定，得主張法定免責事由的利益，關於對 "Satya Kailash" 號船舶上貨物的毀損，"Oceanic Amity" 號的船舶所有人不得主張之。結論是："Oceanic Amity" 號船舶的船舶所有人得享有主張第 4 條第 2 項之船舶航行過失的免責規定。

d.竭盡一切可用的方法判斷是否有碰撞的危險 (use all available means to determine the risk of a collision) （第 7 條），**包括使用雷達、瞭望設備**等。

e.以積極地 (positive)、明顯地 (obvious)、及時地 (made in good time) 採取避碰措施（第 8 條），並且注意使用「良好的船藝 (good seamanship)」。

f.保持安全距離。

g.沿狹小航道航行時，必須保持右舷距離，小船不得阻礙只能在狹小航道航行的大船。小船不得橫越航道致阻礙只能在狹小航道航行的其他船舶（第 9 條）。

h.在擁擠的水域分道航行，船舶須沿著一個方向行駛，並且保持在航線的一側。

i.**追船必須避開被追船** (An overtaking vessel must keep out of the way of the vessel being overtaken) （第 13 條）。

j.在船舶對遇 (Head on situations) 的情形，各船必須向右轉向，各自從他船的左舷駛過（第 14 條）。

k.在交叉相遇 (Crossing situations) 的情形，有他船在本船右舷的船舶，必須讓他船先行（第 15 條）。

(C)船舶管理過失

船舶管理，是指運送人或船舶所有人對於「船舶應盡之照料及維護」。航行中船長、海員欠缺對於船舶應為照料及維護，即屬船舶管理過失，例如：

a.欠缺管理幫浦（抽水機，pump）之注意。

b.怠於清除甲板上之積水。

c.任令污水管阻塞。

d.怠於清理水倉或油庫。

e.怠於關閉放水管。

f.使用鍋爐失當，引發火災。

g.貨物因為船舶封艙不固而毀損滅失。

h.進水門半開，致海水進艙等等。

以上船舶管理過失所致的損失，以因運送人的「履行輔助人」的故意或過失為限，依照海商法第 69 條第 1 款的規定，運送人可以主張免責。

(D)以「功能測試法 (functional test)」區分「船舶管理」與「貨物管理」

　　船舶管理，指運送人對「船舶應盡之照料及維護，其目的為保持船舶之航行能力」，其內容例如：清理水管、水倉、油管、正確使用鍋爐等是。貨物管理為運送人及其履行輔助人對於「貨物應盡之保管義務」。貨物管理有過失，指運送人或船長海員對於託運貨物的照管未盡善良管理人之注意，例如：應冷藏之貨物而未冷藏、貨物堆放失當、輕重倒置致壓碎毀損承運貨物、貨艙通風不良致貨物腐敗等。

　　區別船舶管理與貨物管理的實益，在於運送人或船舶所有人關於船舶管理，僅於實際過失時，始負損害賠償責任，對於「擬制過失」，即由於履行輔助人——例如一般受僱人、技術化學家、碼頭工人、傭船人之代理人——等有過失，致貨物發生毀損滅失者，運送人不負責任。關於貨物管理，則不論運送人或船舶所有人本人存有實際過失，或是由於履行輔助人有過失，致運送人或船舶所有人有「擬制過失」，運送人或船舶所有人一律必須負賠償責任。

　　船舶管理與貨物管理，有時容易區分，有時不易辨別，當二者不易辨別時，應採取「功能測試法 (functional test)」作為認定標準。所謂「功能測試法」是指：行為（包括作為及不作為）的功能在於維護船舶安全、保障航行能力者，為船舶管理行為，該行為有故意過失，即為船舶管理過失；行為的功能在堆存及保管貨物，以避免貨物毀損、滅失或變質者為貨物管理行為，該行為有故意過失，就是貨物管理行為的過失。

　　例如：怠於維修船舶貨艙之冷凍系統的風扇，致風扇故障，冷凍空氣無法輸入貨艙，因而致貨物腐敗者，是為貨物管理有過失，因為冷凍系統、冷藏系統的運作，並非以維護船舶航行能力為其功能，而是以保障貨物新鮮為目的，避免高溫腐敗為其功能，怠於維修冷氣系統，從功能測試法判斷，屬於貨物管理過失。

　　再如：船舶於修繕中，船艙開啟而怠未使用帆布遮蓋，致雨水浸入、貨物受損者，此也是貨物管理過失，因為「是否使用帆布遮蓋」與貨物的保管有關，而與船舶安全無涉。又例如：船員怠於保持貨艙冷度致貨物潰爛，此為貨物管理過失，因為貨艙冷度是否適當與貨物是否能維持新鮮有關，而與船舶能否安全航行無關。

　　若行為之故意過失，與「船舶管理」、「貨物管理」都有關係，但無分軒輕

時，得認為是「船舶管理過失」，履行輔助人對此有過失時，得成為運送人免責之事由，例如：船舶冷氣兼供「冷藏船舶給養品」及「冷藏貨物」之用，前者（冷藏船舶給養品的功能）與船舶適航性有關，冷氣怠未維修致船舶適航性欠缺，應認為是船舶管理過失；後者（冷藏貨物功能）與貨物保鮮有關，冷氣設備怠未維修致貨物腐敗變質，應認為是貨物管理過失。該船舶冷氣設備疏忽，致同時未能「冷藏船舶給養品」與「冷藏貨物」時，應認為是船舶管理過失，運送人得依此主張免責❷❸❷。

B.海上或航路上之危險、災難或意外事故❷❸❸

本款承襲自海牙維斯比規則第 4 條第 2 項第 c 款：「海上或航路上之危難、危險及意外事故 (peril, dangers and accidents of the sea or other navigable waters)」而制定❷❸❹。其中「危難 (perils)」指嚴重且急迫的危險 (serious and immediate danger)；「危險 (dangers)」指遭受毀損或受傷的可能性；「意外事故 (accidents)」指發生在財產或人身的非預期或非故意的事故。

「海上或航路上之危險或意外事故」，包括一切存在於海洋及與海洋相通之航路上之危險或意外事故，稱為「海上危險 (perils of the sea)」。海上危險基本上有二個特點：

第一：危險或意外事故，須出於海上自然力，具有**猝然性**，而非人力所參與，亦非人力所能防止。

第二：危險或意外事故之發生，並非因人為疏忽致船舶配備不全所致。因此若為尋常風浪且出於自然力，但欠缺猝然性，而為人所能防止，就不是此處之「危險或意外事故」；又如因船舶配備不全，未能克服海上自然力之壓擠，該自然力亦並非所謂「危險或意外事故」。總之，海上或航路上之危險或意外事故，必須**危險或意外事故由於海洋自然力而發生，且非通常具有適航性之船舶所能抵禦者**，始足稱之。

---

❷❸❷ 海商法第 69 條第 2 款。

❷❸❸ 2012 年德國商法（海商編）第 499 條第 1 項第 1 款也將海洋以及其他可航行水域的危難、危險以及意外事故列入。

❷❸❹ 德國舊商法第 608 條第 1 項第 1 款、日本國際海上貨物運送法第 4 條第 2 項第 1 款之規定完全相同。

「海上危險」與「航行危險」須加以區別，海上危險具有猝然性，運送人防不勝防，例如：海上颱風或海嘯、海底火山爆發、海盜劫掠、船舶碰撞而運送人一方無過失者等；航行危險則例如船舶違反規定停泊，致船舶擱淺而貨物受損害等。海上或其他航路上之危險或意外事故之發生，既不可歸責於運送人，其因而致貨物毀損或滅失，運送人及船舶所有人均得主張免責；航行危險則否。

C.火　災⑳

⒜「火災」的意義

本款承襲海牙維斯比規則第 4 條第 2 項第 b 款：「因下列事項之一所發生，或所致之滅失、毀損，運送人或船舶不負賠償責任：一、……二、失火，但因實際過失或運送人知情者，不在此限……(Neither the carrier nor the ship shall be responsible for loss or damage arising or resulting from: ⒜ ... ⒝ fire, unless caused by the actual fault or privity of the carrier...)」而訂立的。

本條的「火災」，海牙規則稱為 "fire"，專指「燃燒結果損及貨物者」而言。若燃燒結果發生船舶損害，但未燒及貨物者，仍非本款所稱之失火。因火災發生為滅火發生貨物之損失㉖，也視為火災的損失，即「擬制損失」。

火災，如同航海過失及船舶管理過失一樣，若貨物的毀損滅失是因為運送人本人的過失（實際過失）所引起，運送人或船舶所有人不得據以主張免責，若由於履行輔助人之故意或過失所引起，運送人得據以主張免責㉗。

失火（或火災），除因「人之行為」而發生（因運送人或履行輔助人之故意或過失而發生）者外，尚有因「自然現象」造成的，例如：因雷電所致者。對於因自然現象造成之失火之貨損，運送人及船舶所有人亦得主張免責，此從海牙規則第 4 條第 2 項第 b 款：「失火，但因運送人實際過失或知情者，不在此限。」的規定可以推知，只有運送人本人之故意或過失致失火時，運送人才不得主張免責，其餘情形，包括「失火之由於自然現象」引發的，及失火之由於「履行輔助人故意過失」造成的，都在得主張免責之範圍內。以下圖解釋之：

⑳ 海商法第 69 條第 3 款。
㉖ 海牙規則第 4 條第 2 項第 b 款。例如因為救火而噴灑水柱，造成貨物毀損。
㉗ 德國商法（海商編）第 607 條第 2 項、日本國際海上貨物運送法第 3 條第 2 項，參閱保險法第 70 條第 2 項。

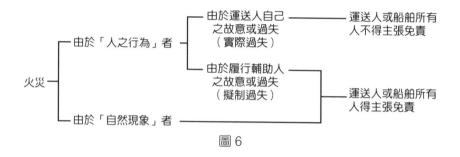

圖 6

運送人以失火作為免責事由，必須失火的發生，非由於依法必須負賠償責任之事由所引起。失火若是由於依法必須負賠償責任之事由所引起，例如：並非為救助或意圖救助海上人命、財產或其他正當理由而偏航 (deviation) ❷❸ 或變更航程 (change of voyage) 等，則運送人或船舶所有人不得以失火作為免責事由，但經證明無因果關係者，例如：證明失火與偏航間並無因果關係，不在此限。

⑵舉證責任

運送人主張因其履行輔助人之故意過失致失火作為免責事由者，須就以下兩點負舉證責任：

　a.船舶於發航前、發航時有適航性及適載性。

　b.失火係因為履行輔助人之故意或過失所引起。

⑶發展趨勢

漢堡規則（1978 年聯合國海上貨物運送公約）採取比海牙規則更有利於託運人或貨主之立法，貨物因火災而毀損滅失者，不論由於運送人自己之故意過失或由於履行輔助人之故意過失所致，運送人都不得主張免責，但因「自然現象」所致者仍可免責。又行使損害賠償請求權之人須就運送人之故意過失或履行輔助人之故意過失負舉證責任❷❹。其情形，以下圖說明之：

❷❸　參閱海商法第 115 條及海牙規則第 4 條第 4 項。
❷❹　參閱漢堡規則第 4 條第 4 項。

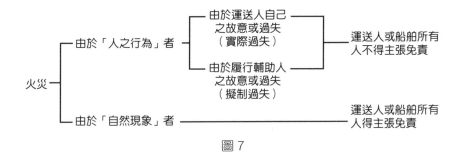

圖 7

D.天　災❷⓪

⒜「天災」一詞的意義

「天災」作為法定免責事由是承襲自海牙維斯比規則第 4 條第 2 項第 d 款：「不可抗力行為 (Act of God)」而來，與日本國際海上貨物運送法第 4 條第 2 項第 2 款之規定相同。天災相對於「人為 (Acts of Man)」而言，具有數點特色：

a.天災須出於自然力，無人類行為之介入。

b.天災須非人力所能抗拒。

c.天災不以非常或不可預料為條件。

因此，閃電 (lightning)、暴風雨（雪）(tempest)、龍捲風 (tornados)、地震 (earthquakes)、駭浪 (waves)、豪雨 (rain) 等均是天災。

⒝天災與人為之區別

損害究竟由於「天災」所發生，抑或由於「人為」所促成，應適用「客觀相當因果關係理論」加以判斷。析言之：

a.客觀上已有天災，但尚未造成貨物損害，嗣後加上「人為」因素，才釀成損害者，則「人為」為貨物損害之原因。例如：在濃霧中航行（天災），本尚未發生損害，但又因航行過失、船舶擱淺（人為），造成貨物損害，則「人為」為造成貨物損害之原因。

b.客觀上已有「人為」，但尚未造成損害，嗣後加上「天災」，始釀成貨物損害，則「天災」為造成損害之原因。例如：載貨之船舶同時拖帶他船，嗣拖船猝然停駛以避碰撞（人為），本來尚不致發生貨物損害，但因適有風浪激盪，被拖船舶向前撞擊（天災），致貨物發生損害，則「天災」為造成貨物損害之原因。

❷⓪　海商法第 69 條第 4 款。

E.戰　爭❷

本款「戰爭」作為法定免責事由是承襲自海牙維斯比規則第 4 條第 2 項第 e 款：「戰爭行為 (Act of War)」而來❷。**所謂「戰爭」，指國家與國家間、聯邦與聯邦間、統治者與統治者間，以軍事武力對抗的敵對行為，包括內戰在內。**戰爭不以斷絕邦交為必要，單純一個以軍隊攻擊另一軍隊者尚不能構成戰爭，戰爭必須有宣戰或其他與宣戰相當之行為始足稱之。因為戰爭，必須有主權 (a sovereign) 或準主權 (quasi-sovereign) 介入，方能構成。船舶是否供戰爭之用，不以「船舶所有權的歸屬」為區分標準，而**應以「船舶的使用目的」為區分標準**。因此國家軍艦之供戰爭用者，固然屬之；私人商船被徵用以運輸軍用物資、運送軍人或擔任救濟者，亦屬之。

戰爭，非因運送人之故意或過失而起，運送人對因戰爭所致貨物之毀損滅失不負責任。2012 年德國商法 （海商編） 將戰爭 (Kriegerischen)、敵對行為 (Ereignissen)、社會騷動 (Unruhen)、公共敵人的行為 ❷(Handlungen oeffentlicher Feinde)、 主權機關的處分行為 (Verfugungen von hoher Hand)❷以及檢疫限制 (Quantaenebeschraenkungen) 等基本上屬於國家的行為，歸納為同一款，都成為法定免責事由。

F.暴　動❷

本款是承襲自海牙維斯比規則第 4 條第 2 項第 k 款：「暴動及市民騷擾 (riot and civil commotions)」而來❷。所謂「暴動」，包括狹義之暴動 (riot) 及市民騷擾 (civil commotion)。所謂「狹義之暴動」，指引發暴力活動之非法聚集行為 (unlawful assembly which has developed to stage of violence)。 所謂 「市民騷擾」，指因多數人所引起的嚴重的、長久的騷擾、干擾及社會秩序之破壞，但未達到戰爭程度。

---

❷　海商法第 69 條第 5 款。2012 年德國商法（海商編）第 499 條第 1 項第 2 款。
❷　德國舊商法第 608 條第 2 款、日本國際海上貨物運送法第 4 條第 2 項第 3 款之規定相同。
❷　指臭名昭著的公眾敵人。
❷　例如：虜獲、封鎖等。
❷　海商法第 69 條第 6 款。
❷　德國舊商法第 608 條第 1 項第 2 款、日本國際海上貨物運送法第 4 條第 2 項第 3 款相同。

暴動既非因運送人之故意或過失所引起，運送人對於因暴動所致貨物之毀損滅失自不負責。

G.公共敵人之行為❷❹❼

本款是承襲自海牙維斯比規則第 4 條第 2 項第 f 款：「公共敵人之行為 (act of public enemies)」規定而來❷❹❽。公共敵人 (public enemy)，指與本國處於戰爭狀態之敵人或國家，但不包括強盜 (robbers)、盜賊 (thieves)、私人掠奪者 (private depredators) 或暴動之暴民 (riot and civil commotions) 等，亦不包括他國之敵人。

公共敵人之行為，非出諸於運送人之故意過失，由此所致貨物之毀損滅失，運送人應不負責。例如：船舶為避免敵國軍艦攻擊，在中立港口停泊，致貨物遲到者，運送人得依本款之規定，主張免責。

H.依法之拘捕、扣押、管制、徵用或沒收❷❹❾ ❷❺⓪

本款基本上是承襲海牙維斯比規則第 4 條第 2 項第 g 款：「國王，統治者或人民之拘捕或管制、依法沒收 (arrest or restraint of princes, rulers or people, or seizure under legal process)」稍加修改而制定❷❺❶。所謂「扣押」，是指法院基於司法權凍結人民自由處分其財產之行為。所謂「徵用」，是指國家使用公權力，在特定期間或不特定期間內剝奪人民使用財產權的行為，按：所有權的積極權能包括「使用」、「收益」及「處分」，政府的徵用並非使用公權力將私人所有權移轉予國家，而是使用公權力將所有權中之「使用權」移轉予國家，例如：戰時徵用私人所有之船舶就是。所謂「徵收」，是指以國家的公權力，剝奪私人的所有權，使該財產歸屬於國家所有。

---

❷❹❼ 海商法第 69 條第 7 款。

❷❹❽ 德國舊商法第 608 條第 1 項第 2 款。

❷❹❾ 海商法第 69 條第 8 款。

❷❺⓪ 2012 年德國商法（海商編）第 499 條第 1 項第 3 款：法院的查扣。

❷❺❶ 德國舊商法第 608 條第 2 款：「政府處分」及第 3 款：「法院扣押」，及日本國際海上貨物運送法第 4 條第 2 項第 5 款：「裁判上之查封……及其他依公權力之處分」相當。所謂「拘捕 (arrest)」，為依法剝奪全部人身自由的行為；所謂「管制 (restraint)」，為依法剝奪部分人身自由之行為。

　　徵收與徵用不同；在徵收，被徵收者完全喪失所有權；在徵用，被徵用者只在特定期間或不特定期間喪失使用權，但仍保有所有權。徵收，以徵收之補償金發放完成之時，為所有權移轉之時。

　　不論拘捕、扣押、管制、徵用或沒收，都是國家統治權的行使，非出於運送人的故意或過失，因此由於拘捕、扣押、管制、徵用或沒收所致貨物之毀損滅失，運送人自不負賠償責任。

　　I.檢疫限制❷

　　本款是承襲海牙維斯比規則第 4 條第 2 項第 h 款 ：「檢疫限制 (quarantine restrictions)」而訂定❸。所謂「檢疫限制」，指船舶若來自傳染病地區或瘟疫地區，目的港的主管機關得留置該船舶或命其停留於目的港附近之特定地點，例如：船舶非經許可不得靠岸，該船舶之船員或旅客也不得為登陸之行為。

　　檢疫限制乃基於杜防傳染病或瘟疫之擴大或蔓延所必須，是政府依法令之行為，其因而造成貨物之毀損滅失，運送人不負損害賠償責任。

　　J.罷工或其他勞動事故❹

　　本款是承襲自海牙維斯比規則第 4 條第 2 項第 j 款：「罷工、封閉、停工、勞動限制，不問其原因為何，亦不論其為全部性或為局部性 (strikes or lockouts or stoppage or restraint of labour from whatever cause, whether partial or general)」而訂定❺。

　　所謂「罷工 (strikes)」，是指勞工團體為了迫使雇主接受勞工所提出之增加工資或改善待遇之要求，所採取停止工作的行為。所謂「其他勞動事故」，包括封閉 (lockout)、停工 (stoppage)、勞動限制 (restraint of labour) 等。其中所謂「封

---

❷　海商法第 69 條第 9 款。

❸　德國舊商法第 608 條第 2 款：「依檢疫所為限制」及日本國際海上貨物運送法第 4 條第 2 項第 5 款：「檢疫上之限制」。

❹　海商法第 69 條第 10 款。2012 年德國商法（海商編）第 499 條第 1 項第 4 款，罷工、封廠或其他勞動限制。

❺　德國舊商法第 608 條第 4 款：「罷工、工作場所封閉、或其他勞動限制」，或日本國際海上貨物運送法第 4 條第 2 項第 7 款：「同盟罷工、怠業、工作處所之封鎖或其他爭議行為」。

閉」，是指封閉工作場所或封鎖工作處所之行為，封閉是雇主反擊勞工罷工之方法，雇主將工作場所關閉加鎖，迫使勞工停止罷工，接受其所訂之條件。所謂「停工」，是指由於雇主怠未給付報酬，導致勞工停止勞務之給付。所謂「勞動限制」，則是指出自外力的限制，使勞工之勞務給付不可能，例如：因為停電而起吊機不能運作。

因罷工或其他勞動事故而發生貨物毀損或滅失，並非由於運送人之故意或過失所致，因此運送人也不負損害賠償之責任。

K.救助或意圖救助海上人命或財產❷❺❻

本款是承襲海牙維斯比規則第 4 條第 2 項第 1 款：「救助或意圖救助海上之人命或財產 (saving or attempting to save life or property at sea)」而訂定❷❺❼。「船長於不甚危害其船舶、海員、旅客之範圍內，對於淹沒或其他危難之人，應盡力救助。」❷❺❽、「船舶碰撞後，各碰撞船舶之船長於不甚危害其船舶海員或旅客之範圍內，對於他船舶船長、海員及旅客，應盡力救助。」❷❺❾，此一救人義務為海商法上的公法上義務，若有違反，而符合刑法的處罰規定者，且應依照刑法的規定，論罪科刑。若運送人或船長為履行此一公法上的義務致貨物發生毀損滅失，自不負賠償責任。

須注意者，有下列諸點：

⑴「救助或意圖救助」之意義

救助 (salvage) 及意圖救助 (attempting to save)，應包括「救助」、「撈救」、「意圖救助」及「意圖撈救」四者。因為所謂「救助」，是指對於海難中之船舶施加援助，該船舶之船長海員尚未完全喪失對船舶之控制；而所謂「撈救 (towage)」，是指對於已喪失航行能力、船長海員喪失支配力之海難中船舶，施加援助。撈救的情況顯然較救助為嚴重，基於「舉輕明重」的法理，救助既然

❷❺❻ 海商法第 69 條第 11 款。
❷❺❼ 德國舊商法第 608 條第 6 款：「為救助或意圖救助海上之人命或財產之行為」之規定相同，而與日本國際海上貨物運送法第 4 條第 2 項第 8 款：「在海上救助人命或財產之行為，或因此所引起之變更預定航線或基於其他正當理由之變更預定航線」。
❷❺❽ 海商法第 102 條。
❷❺❾ 海商法第 109 條第 1 項。

在免責範圍，撈救就更應該成為免責事由，因此解釋上「**意圖救助**」、「**意圖撈救**」、「**實行救助**」、「**實行撈救**」四者都應該屬於免責事由。

⑧「變更航線」之免責

運送人或船長為救助或意圖救助人命或財產而「變更預定航線」，可否免責，依海商法第 69 條第 11 款之規定，只要是「救助或意圖救助海上人命或財產」之必要行為都在免責範圍內，則變更航線為客觀上、合理的必要行為，當亦在免責的範圍。日本國際海上貨物運送法甚至將「變更航線」明文化。

須注意者，所謂「變更航線」，指船舶脫離預定之航行線路而言。變更航線又分為兩種：一種係是偏離預定航線，但船長主觀上仍有回復原來航線，駛往原來預定之目的港，此稱為「偏航 (deviation)」。另一種為船舶偏離預定航線之後，運送人或船長主觀上已決定不回復原來航線，不駛向原定之目的港，而改駛往其他港口，以該其他港口作為新目的港，此稱為「變更航程 (change of voyage)」❷❻⓪。

L.包裝不固 ❷❻①

本款是承襲自海牙維斯比規則第 4 條第 2 項第 n 款：「包裝不完固 (insufficiency of packing)」而制定 ❷❻②。所謂「包裝不固」，係指包裝之狀況，就

---

❷❻⓪ 海商法僅規定「救助或意圖救助海上人命或財產」得作為免責事由。解釋上包括因「救助或意圖救助海上人命或財產而變更預定航線」均可作為免責事由，但並未如日本國際海上貨物運送法規定「基於其他正當理由之變更預定航線」亦得為免責事由，我國海商法是否應有相似之規定，依余所見，以不必規定為宜，因為日本國際海上貨物運送法之所以有此概括之立法，旨在涵蓋該款前段規定之不足，即該款前段只規定「救助海上人命或財產」，而未規定「意圖救助人命或財產」，因此以概括規定，彌補其不足。又「基於其他正當理由」一詞，在解釋上應受到同一條款前段列舉規定共同屬性之限制，即應受到「在海上救助人命或財產之行為」及「在海上救助人命或財產之行為所引起之變更預定航線」之共同屬性之限制，果爾，則「意圖救助海上人命或財產」自亦包括在其中。

❷❻① 海商法第 69 條第 12 款。

❷❻② 與日本國際海上貨物運送法第 4 條第 2 項第 10 款：「貨物包裝……之不完全」相同，德國商法並無規定，此乃因為「包裝不固」解釋上已可納入德國商法（海商編）第 608 條第 5 款：「託運人、所有人、或其代理人、代表人之作為或不作為」範圍內，因此加

貨物及載運工具言，不夠堅實強固之意。凡就「貨物及其運輸工具」而言，包裝不符所需，包裝不符目的、包裝不適合、包裝方法錯誤、包裝不完備等均屬之。

M.標誌不清或不符❷❻❸

本款是承襲自海牙維斯比規則第 4 條第 2 項第 o 款：「標誌之不完全或不適當 (insufficiency or inadequacy of marks)」而訂定❷❻❹。

N.因貨物之瑕疵、變質或病態所致分量、重量之耗損、毀損或滅失❷❻❺

本款是承襲自海牙維斯比規則第 4 條第 2 項第 m 款：「因貨物固有瑕疵、性質或缺點而發生之分量或重量之減少，或任何其他滅失或毀損 (wastage in bulk or weight or any other loss or damage arising from inherent defect, quality or vice of the goods)」而訂定❷❻❻。所謂「貨物之瑕疵」，專指貨物之固有瑕疵（即隱藏性瑕疵），須瑕疵存於貨物本身而非外顯，不易被發現，且與貨物之使用無關者。所謂「變質」，是指貨物依其性質，因暴露在自然環境中，引起物理或化學的變化，致性質發生改變而言。所謂「病態」，英文稱為 "vice"，是指貨物有缺陷或不完全之狀態。所謂「分量」，出自英文的 "bulk"，在運送乃指貨物不分開之整件、不經計算、不經磅秤、亦不經丈量，以整體或整個單位託運者。2012 年德國商法（海商編）第 499 條第 1 項第 6 款：「貨物的種類或性質致特別容易受損、特別是因破損、生鏽、受潮、蒸發、滲漏、或體積或重量的正常耗損所致。」，對於受損原因的類型，歸納較為完備。

以省略。

❷❻❸ 海商法第 69 條第 13 款。

❷❻❹ 日本國際海上貨物運送法第 4 條第 2 項第 10 款：「貨物包裝或標誌之不完全」之規定相同，德國舊商法關於貨物標誌不清或不符，亦無規定，因為解釋上，此亦可納入該國舊商法第 608 條第 5 款：「託運人、所有人、或其代理人、代表人之作為或不作為」之範圍內，因此加以省略。標誌不清或不符，包括標誌不完足 (incompetent)、不符合 (unfit)、不清晰 (unclear) 等，致無法辨識、辨識有困難或發生誤認等情況。

❷❻❺ 海商法第 69 條第 14 款。

❷❻❻ 德國舊商法第 608 條第 7 款：「由於貨物分量或重量之消耗、或由於隱藏瑕疵或貨物之特殊之固有性質或狀態」及日本國際海上貨物運送法第 4 條第 2 項第 9 款：「貨物之特殊性質或不外露之瑕疵」。

O.貨物所有人、託運人或其代理人之行為❷⁶⁷或不行為❷⁶⁸

本款是承襲自海牙維斯比規則第 4 條第 2 項第 i 款:「託運人、貨主、或其代理人、或代表人之作為或不作為 (act or omission of the shipper or owner of the goods, his agent or representative)」而訂定的❷⁶⁹。貨物既因託運人、貨物所有人、或其代理人或代表人之行為而發生毀損或滅失,運送人無故意或過失,因此不負損害賠償責任❷⁷⁰。2012 年德國商法 (海商編) 第 499 條第 1 項第 5 款也將「託運人、貨物代理人之作為或不作為,特別是託運人或貨物代理人貨物的包裝不固或貨物件數標誌不清」列為法定免責事由,該款將海牙維斯比規則運送人法定免責事由中的「包裝不固」、「標識不清」一起歸納為「託運人、貨物代理人作為或不作為」的內涵,立法技術較為簡練,法律邏輯較為嚴謹。

P.船舶雖經注意仍不能發現之隱有瑕疵❷⁷¹

本款承襲自海牙維斯比規則第 4 條第 2 項第 p 款 :「以相當之注意仍不能發現之隱藏性瑕疵 (latent defects not discoverable by due diligence)」而訂定,德國舊商法與日本國際海上貨物運送法都沒有相似之規定,其原因主要是本款規

---

❷⁶⁷ 此處之行為或不行為,應該修正為作為或不作為,因為法律用語的定義,行為一詞就包括作為及不作為。

❷⁶⁸ 海商法第 69 條第 15 款。

❷⁶⁹ 德國舊商法第 608 條第 5 款:「託運人、所有人、或其代理人、或代表人之作為或不作為」,及日本國際海上貨物運送法第 4 條第 2 項第 6 款:「託運人或貨物所有人或其使用人之行為」。

❷⁷⁰ 須注意者有三點:

第一:所謂「代理人」,解釋上包括貨運承攬業者 (forwarder)。

第二:依日本國際海上貨物運送法的規定,貨物因託運人或貨物所有人或其使用人之行為而發生毀損滅失,運送人均得免責,該立法採用「其使用人」一語,不但足以涵蓋「代理人」、「代表人」,且可及於「受僱人」、「無僱用關係之事實上使用人 (例如僕人)」等,立法技術似較完備。

第三:海商法規定「貨物所有人、託運人或其代理人之行為或不行為」致貨物毀損滅失者,運送人不負損害賠償責任,其中「行為與不行為」,可仿日本立法例修正為「行為」二字,或逕修正為「作為或不作為」,蓋法律上「行為」一詞,包括「作為」與「不作為」二者,無「不行為」之用語,法條中「不行為」一詞,有待斟酌。

❷⁷¹ 海商法第 69 條第 16 款。

定涉及船舶適航性問題，在德國舊商法第 559 條及日本國際海上貨物運送法第 5 條已有規定，無須重複規定。

海牙規則只規定「以相當之注意仍不能發現之隱藏性瑕疵」，並未指明係針對「船舶」，但由於以貨物隱有瑕疵作為法定免責事由，已於海牙規則第 4 條第 2 項第 m 款明定：「因貨物自身之瑕疵、性質、或本質上之缺點而發生之消耗、分量之減少、滅失或毀損 (wastage in bulk or weight or any loss or damage arising from inherent defect, quality or vice of the goods)」，因此海牙維斯比規則第 4 條第 2 項第 p 款「以相當注意仍不能發見之隱藏性瑕疵」當然是針對「船舶」規定，舊海商法第 113 條第 16 款於承襲海牙維斯比規則第 4 條第 2 項第 p 款之際，特加上「船舶」二字，以澄清適用上疑義。

海商法第 69 條第 16 款「船舶雖經注意仍不能發現之隱有瑕疵」作為法定免責理由，在立法上有重疊之嫌，可以刪除❷⁷²。

Q.其他非因運送人或船舶所有人本人之故意或過失及非因其代理人、受僱人之過失所致者❷⁷³

(A)法　源

---

❷⁷² 其得為刪除之理由有二：

第一：按運送人負有適航性及適載性義務（海商法第 106 條），而適航性義務內容之一即是「使船舶有安全航行之能力」，運送人關於「使船舶有安全航行之能力」之注意標準以是否盡善良管理人之注意義務為準，若船舶有「雖經注意仍不能發現之隱有瑕疵」，則運送人並無故意或過失，縱由於該隱藏性之瑕疵致貨物發生毀損滅失，運送人當然免責，此乃運送人關於船舶適航性義務、適載性義務之注意標準為「善良管理人之注意義務」所導致之當然結論。海商法第 69 條第 16 款以「船舶雖經注意仍不能發現之隱有瑕疵」作為免責事由之規定，顯然與海商法第 62 條關於船舶適航性、船舶適載性之規定重複，可以刪除。

第二：海商法關於貨物運送之規定，雖然承襲海牙規則而來，但在立法例上及民商法之體制上，我國海商法及民法，仍與德國、日本之有關法律較為接近，德國舊商法及日本國際海上貨物運送法所以不就「船舶雖經注意仍不能發現之隱有瑕疵」加以規定，並非該國立法上不得以此作為運送人之法定免責事由，而是德國商法及日本國際海上貨物運送法分別已有詳細規定（參閱德國舊商法第 559 條、日本國際海上貨物運送法第 5 條）。若於此再加規定，徒生體系上之紛亂及解釋上之困擾而已。

❷⁷³ 海商法第 69 條第 17 款。

　　本款是承襲自海牙維斯比規則第 4 條第 2 項第 q 款：「其他原因之非由於運送人有實際過失或故意，或非由於其代理人或使用人之錯誤或過失所致者……(any other cause arising without the actual fault or privity of the carrier, or without the fault or neglect of the agents or servants of the carrier...)。」而訂定的，與德國舊商法第 607 條：「對於受僱人行為之責任，海上運送人對於自己所僱用者及船員之過失，一如自己過失，應負同一責任。」、「損害之發生由於船舶之指揮，或其船舶處理行為（按：即船舶管理行為）或火災所致者，海上運送人僅就自己之過失，負其責任。以貨載利益為主所為之處置，不屬於船舶處理行為。」，及日本國際海上貨物運送法第 3 條：「運送人對於自己或其使用人就貨物之接受、裝載、堆存、運送、保管、卸貨及交貨，因怠於注意所生貨物之滅失或毀損或遲到，應負損害賠償責任」、「前項規定，不適用於船長、海員、引水人及其他運送人之使用人因關於航行、處理船舶之行為或船舶火災（基於運送人自己之故意或過失所發生者除外）所發生之損害。」之規定，乍然視之，似有不同，但解釋結果，卻是全然一致的。

⒝回歸民法第 224 條的規定

　　本款規定海上運送人就貨物管理有故意或過失，不論是運送人本人或其履行輔助人都不可以免責，其實是回歸民法第 224 條民事責任基本原則的規定。

　　前揭德國舊商法第 607 條及日本國際海上貨物運送法第 3 條，就是將海牙維斯比規則關於「航海」、「管理船舶」、「火災」、「貨物管理」有故意過失時，運送人得否免責的規定與民法關於「履行債務中，履行輔助人的故意過失視為本人的故意過失」的規定，進行整合性、銜接性的立法，也就是「原則上」雖然規定運送人就其履行輔助人的故意過失所致貨物的毀損滅失，必須負賠償責任，但是針對此一原則列出「三個例外」，即因履行輔助人關於「航海」、「管理船舶」、「火災」三個事由有過失所致貨物的毀損滅失，運送人可以主張免責。德國、日本上揭條文成功地將海牙維斯比規則蛻化為大陸法系的法條形式，是商法與民法成功銜接的立法例。

⒞以「貨物管理」為核心的其他概括條款

　　本款也稱為「其他除外條款 (catch all exceptions)」，承襲自海牙維斯比規則第 4 條第 2 項第 q 款而訂定。第 q 款在海商法為有名的「雜項條款」，意指凡是

不屬於海牙規則第 4 條第 2 項第 a 款至第 p 款的 「瑣碎事項」，一律納入第 q 款。第 q 款條文開宗明義使用 "any other cause（其他原因）" 一詞，「其他原因」乃指海牙規則第 4 條第 2 項第 a 款至第 p 款所列事由以外之其他事由，故本款亦稱為「**其他除外條款**」。

主要內容包括 「腐蝕 (rust)」、「滲出水氣 (sweat)」、「管線破裂 (bursting of pipes)」、「機器毀壞 (breakdown of machinery)」、「貨物管理 (cargo management)」等，其中最重要者為「貨物管理」，且以「貨物管理」為該款之重心，**海商法第 69 條第 17 款解釋上應該相同，即第 17 款所規範者應是指第 1 款至第 16 款所未規範的事項。**

2.託運人故意虛報貨物之性質或價值

海商法第 70 條第 1 項規定：「託運人於託運時，故意虛報貨物之性質或價值，運送人或船舶所有人對於其貨物之毀損或滅失，不負賠償責任。」，立法意旨是防止託運人以詐欺手段獲取不法之利益，其次才是減輕運送人的責任負擔。上述規定，分點說明如下：

⑴所謂「託運人故意虛報貨物之性質或價值」，是承襲自海牙規則及布魯塞爾議定書的 「性質或價值 (nature or value)」 而規定的。

⑵所謂 「託運人故意虛報貨物之價值」，包括託運人將貨物之價值 「以低報高」 及 「以高報低」 兩者而言。主要理由如下：

A.考量託運人虛報的動機

託運人之所以故意虛報貨物之價值，主要是為了逃避較高的運費及保險費，只有少數情形是為了獲得超出實際損害的賠償。因為海上貨物運送，發生毀損滅失的機率百不及一，「以低報高」圖得賠償，是以增加現實之運費或保險費負擔，冀求渺茫之賠償利得，智者所不為。反之，由於運費及保險費負擔，除以「重量」、「體積」、「件數」或「艙積」計算外，也有以貨物的「價值」計算或加計者，託運人為逃避較高運費及保險費，致「以高報低」之情形，居於多數，且以此種情形為常。若將海商法第 70 條「託運人故意虛報貨物價值」限於「以低報高」，將使本條立法功能大受限制。

B.斟酌海牙維斯比規則的原意

海牙維斯比規則第 4 條第 5 項第 4 款 ：「載貨證券所列貨物之性質或價值

如託運人故意虛報者，在任何情況下，運送人或船舶對於該貨物或與該貨物有關之滅失或損害不負責任 (Neither the carrier nor the ship shall be responsible in any event for loss or damage to, or in connection with, goods if the nature or value there of has been knowingly misstated by the shipper in the bill of lading)。」。

本款是海商法第 114 條的間接法源，該條明白規定，只要託運人故意虛報貨物性質、託運人故意虛報貨物價值，「在任何情形下 (in any event)」，運送人均不負責，並未限於「以低報高」之情形。布魯塞爾議定書第 2 條取代海牙規則第 4 條第 5 項，但布魯塞爾議定書第 2 條第 8 項之文字仍然承襲海牙規則第 4 條第 5 項第 4 款之前揭文字。

C.參考相關的立法例

從立法例言，日本國際海上貨物運送法第 13 條第 3 項第 4 項分別規定：「前項情形，於託運人故意通知，**顯著超過實際之價值時，運送人對於貨物之損害，不負賠償責任。**」、「第 2 項情形，託運人故意通知，**顯著低於實際之價值者，就貨物有關之損害，以其通知之價值視為貨物之價值。**」，就託運人「以低報高」、「以高報低」之情形，分別規定。但海商法第 114 條並無如日本國際海上貨物運送法第 13 條第 4 項之規定，設若不將「託運人故意虛報貨物價值」解釋成包括「以高報低」「以低報高」兩種情形，則「以高報低」之情形，將失去規範依據。

D.託運人故意虛報貨物性質 (nature) 逃避運費，與託運人故意虛報貨物價值 (value) 逃避運費，二者並無差異

依海商法學者 William Tetley 之見解，託運人故意虛報貨物性質，希冀減省運費，依海牙維斯比規則第 4 條第 5 項規定，運送人不負責任❷，則託運人將貨物價值「以高報低」，故意虛報貨物價值，亦應同此解釋。

⑶運送人「惡意」時不適用本免責之規定

運送人惡意，亦即**明知託運人「以低報高」而仍然承運時，若貨物發生毀損或滅失，運送人仍須負賠償責任**，日本國際海上貨物運送法第 13 條第 5 項「前 2 項規定，於運送人有惡意時，不適用之」之規定，可資參考。此時運送

---

❷ Marine Cargo Claims, William Tetley, 1983, pp. 212–213.

人仍須依貨物之實際損失額，負損害賠償責任。

⑷託運人故意虛報「貨物價值」時，運送人對「託運人及其他載貨證券持有人」均不負責

託運人故意虛報貨物價值時，運送人或船舶所有人對於其貨物之毀損或滅失，不負賠償責任，海商法第 70 條第 1 項定有明文。此一規定就運送人對抗持有載貨證券之託運人而言，並無疑義。但若運送人簽發載貨證券，而且該載貨證券經轉讓與託運人以外之善意第三人時，運送人可否對持有載貨證券之善意第三人主張不負責任，則不無疑義。關於此點，**以採「得對抗善意第三人」說為當**。因為運送人關於載貨證券的記載應向持有載貨證券之善意第三人負文義責任者，應只限於貨物「外觀得以觀察之載貨證券應記載項目」❷⁷⁵，不及於貨

---

❷⁷⁵ 海牙規則第 3 條第 4 項：「此項載貨證券，依照第 3 項第(a)(b)及(c)款所記載之貨物，為已經運送人收受之表面證據 (Such a bill of lading shall be prima facie evidence of the receipt by the carrier of the goods as therein described in accordance with paragraph 3 (a)(b) and (c))」 及布魯塞爾議定書第 1 條：「原文第 3 條第 4 項 （按：海牙規則第 3 條第 4 項） 增列下文： 但載貨證券已轉讓與善意第三人者， 不得提出反證 (In Article 3, paragraph 4 shall be added "however, proof to the contrary shall not be admissible when the bill of lading has been transferred to a party acting in good faith.")。」之規定可知，條文特別指明，賦給推定效力或文義效力的限於海牙規則 「第 3 條第 3 項第(a)(b)及(c)款所記載事項」，原因在於海牙規則第 3 條第 3 項第(a)(b)及(c)款所規定的事項，皆為「外觀可以觀察的事項」。

Schmitthoff 在所著 Schmitthoff's Export Trade 文中指出 ： "...the bill shall be conclusive evidence regarding those particulars in the hands of a third party acting in good faith （載貨證券在善意第三人手中時，關於這些事項，是終結證據）"，其中 「這些事項 (those particulars)」，係指海牙規則第 3 條第 4 項第(a)(b)及(c)款所列之事項，也就是運送人「外觀易於查核的貨物表徵」，至於「貨物價值 (value)」則不在其內。

William Tetley 在所著 *Marine Cargo Claims* 一書，更明確記載：「須指出者，運送人即使對於善意的受貨人亦免責，因此第 4 條第 5 項第 5 款 （按：關於貨物價值之虛偽陳述） 與第 3 條第 5 項 （按：關於載貨證券應記載事項） 不同，後者是關於載貨證券所載之『標誌』、『數目』、『數量』及 『重量』 之虛偽陳述，運送人不得以之對抗受貨之第三人 (It should be noted that the carrier is relieved from responsibility even as against an innocent consignee and thus art. 4 (5), fourth paragraph, is unlike art. 3 (5), where a

物外觀不易觀察之「貨物價值」一項❷⑦⑥。

3. 為救助或意圖救助海上人命、財產或因其他正當理由而偏航❷⑦⑦

(1)本條的法源

海商法第 71 條規定：「為救助或意圖救助海上人命、財產，或因其他正當理由偏航者，不得認為違反運送契約，其因而發生毀損或滅失時，船舶所有人或運送人不負賠償責任。」，本條間接承襲自海牙維斯比規則第 4 條第 4 項：「為救助或企圖救助海上人命或財產之偏航，或任何合理之偏航，不得視為對本公約或運送契約之侵犯或違反，對因此所致之任何滅失或損害，運送人不負責任。」規定❷⑦⑧。本條規定性質上為海商法第 69 條第 11 款因「救助或意圖救助海上人命或財產」而發生貨物毀損滅失，運送人或船舶所有人不負賠償責任的補強規定。2012 年德國商法（海商編）第 499 條第 1 項第 8 款規定：「因海上救助人命所採取的措施」列為法定免責原因，其意旨相同。

(2)適用本條的條件

適用本條須具備下列條件：

A.須「為救助或意圖救助海上人命」而偏航，或「為救助或意圖救助海上

---

misstatement as to the marks, number, quantity or weight in the bill of lading cannot be used against a third party consignee.)。」，明確指出若託運人虛報貨物價值，運送人據以作成載貨證券，該載貨證券轉讓與善意第三受貨人時，運送人仍得對抗該善意第三受貨人。

❷⑦⑥ 海商法第 54 條第 1 項第 3 款規定，載貨證券應載明依照託運人書面通知之貨物「名稱」、「件數」或「重量」或其包裝之「種類」、「個數」及「標誌」。該以上各項，都是外表肉眼可以觀察者，因此運送人有查核可能性，甚至當載貨證券轉入善意第三人之手時，必須就載貨證券上所記載的上述內容對善意第三人負文義責任。海牙維斯比規則第 3 條規定載貨證券之必須載明事項限於「外觀肉眼可見事項」。

海牙規則是海商法的重要法源，依照海牙規則的規定，載貨證券上關於「貨物價值」的記載，並沒有文義性，海牙規則的規定是解釋海商法的重要的參考。

❷⑦⑦ 海商法第 71 條。

❷⑦⑧ 海牙規則第 4 條第 4 項：Any deviation in saving or attempting to save life or property at sea or any reasonable deviation shall not be deemed to be an infringement or breach of this convention or of the contract of carriage, and the carrier shall not be liable for any loss or damage resulting therefrom. 英國 1971 年海上貨物運送法及 1936 年美國海上貨物運送法均有相同規定。

財產」而偏航，或「因其他之正當理由」而偏航

所謂「救助」，在海牙規則用 "saving" 一字，實際上包括「救助 (salvage)」及「撈救 (towage)」二種，指「客觀上已經有」實施救助或撈救之行為。所謂「意圖救助」，指主觀上有救助或撈救的意思，但「客觀上尚未」實施救助撈救的行為。所謂「因其他之正當理由而偏航」，指「由於救助或撈救海上人命或財產以外之原因而偏航」，例如因逃避海上危險，回復船舶之航行能力等是，但由於「裝貨 (loading)」、「卸貨 (unloading)」、「搭載旅客」或「旅客下船」等原因而偏航者，不得認為是「正當理由而偏航」。

B.須有偏航的事實

(A)偏航與變更航程之異同

偏航 (deviation) 與變更航程 (change of voyage) 二者合稱為「偏離航線」，但是偏航與變更航程不同，偏航是指船舶雖然偏離預定航線，但船長或運送人主觀上並未變更目的港，仍將駛向原來預定的目的港；變更航程則是指運送人或船長已決定放棄原來預定的目的港，另外改以新的港口為目的港。二者區別的實益是：依照倫敦協會保險條款 (ICC Clauses) 的規定，從變更航程的主觀意圖 (intention) 明顯 (manifest) 之時起，保險契約的效力即告終止，即使客觀上船舶仍在原來預定的地理航線上，亦同。惟凡因救助或意圖救助海上人命財產或其他正當理由而偏航，保險契約仍然有效。偏航之認定以船舶「客觀」偏離預定之地理上航線為準，不以運送人或船長主觀意圖為準。

偏航理論上可分故意偏航與非故意偏航，本條只指故意偏航但未變更目的港之情形。變更航程則只有「故意變更航程」一種，並無「非故意變更航程」。又變更航程可分為「只改變目的港」的變更航程，與「啟航港及目的港均改變」的變更航程。「偏航」、「變更航程」之情形可圖示如下：

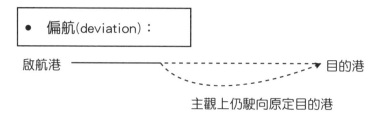

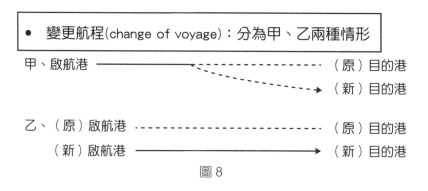

圖 8

(B)偏航的判斷

偏航，指船舶航行偏離預定的地理上航線。確定預定地理上航線的方法，首先依運送契約或載貨證券所記載的航線確定之；運送契約或載貨證券未記載者，依裝載港到卸貨港的通常航線定之 (the normal route of sailing between the port of loading and the port of discharge)。

C.偏航須有合理性

偏航是否合理並無統一判斷標準，一般認為應以「偏航是否兼顧運送契約當事人的利益、是否考慮保險業的利益、是否符合商業上最佳的利益及慣例等因素」，通盤考慮而為判斷。若偏航僅符合運送人一方之利益，例如：為讓登船「測試超高熱」之工程師下船而偏航，因只有涉及運送人一方之利益，不得認為是「合理之偏航」。

(3)合法偏航的效果

合法的偏航，不得認為違反運送契約，其因而發生貨物毀損或滅失者，船舶所有人或運送人不負賠償責任❷⁷⁹。又合法之偏航致貨物「遲到 (delay)」，基

---

❷⁷⁹ 海商法第 71 條。

於舉重明輕之法理，亦可免責。

(4)舉證責任

託運人、受貨人或其他載貨證券持有人，請求損害賠償時，必須就下列事實負舉證責任：

A.船舶航行偏離預定航線或契約約定之地理上航線

B.偏航係不合理的

C.貨物因偏航而毀損或滅失

由於航行資料都掌握於運送人處，損害賠償請求權人欲同時證明以上三者，事實上十分困難，因此損害賠償請求權人能同時證明以上三者，固然甚佳，**若不能同時證明以上三者，只要提出表面觀察所得之印象，使「合理可信」即可**（一般稱此為 prima facie case）。此後運送人欲主張免責者，須就以上三者之一之不存在負舉證責任。

(5)不合法偏航的效果

船舶不合法偏航者，運送人即違背運送契約，對於因偏航所致貨物之毀損、滅失或遲到，必須負損害賠償責任。但運送人證明「偏航」與「貨物之毀損、滅失或遲到」間欠缺因果關係（即縱令不偏航，毀損、滅失或遲到仍不免發生）者，運送人仍不負賠償責任。**運送人不合法偏航致貨物毀損滅失者，不僅必須負損害賠償責任，且不得主張每件責任限制 (the per-package limitation)，因為是重大過失行為所致。**

(6)關於所謂「準偏航 (quasi-deviation)」之釐清

早期美國某些法院鑑於「超載 (over-carriage)」、「誤交貨物 (misdelivery)」及「怠未使用防水帆布 (the failure to use tarpaulins)」引起之嚴重後果應課運送人法律責任，但美國 1936 年海上貨物運送法並無明文規定其法律效果，因此將「超載」、「誤交貨物」等以「偏航」的法律效果處理，稱為「準偏航」 ❷⃝，但備受批評。「超載」、「誤交貨物」、「怠未使用防水帆布」不宜引用「不合法的準

---

❷⃝ 惟此種見解，只是美國早期少數法院之觀點，備受後來之多數法院所抨擊。海商法學者如 William Tetley 氏亦指出，海牙維斯比規則所謂的偏航，專指地理上 (geographic) 者而言，美國少數法院之此種觀點，並非植基於海牙維斯比規則「偏航」之概念，十分危險。所幸上述少數見解，不但美國法院不再繼續採用，且世界各國亦無此相似見解。

偏航」作為運送人應負責任之依據，一般建議改採「契約之重大違反 (a fundamental breach of the contract)」為由，請求損害賠償。

4. 貨物未經運送人同意而裝載 ⑳

海商法第 72 條規定：「貨物未經船長或運送人之同意而裝載時，運送人或船舶所有人，對於其貨物之毀損或滅失，不負責任。」分點說明如下：

⑴本條的法源及法律體系位置

A. 本條的法源

本條乃間接承襲自海牙維斯比規則第 4 條第 3 項：「貨物具有易燃性、易爆性或危險性，如運送人、船長或運送人之代理人知悉其性質或特性即不同意予裝運者，得於卸載前任何時間、在任何地點，予以起陸，或予以毀滅，或使變為無害，而不負賠償責任。所有因此項貨物之裝運，直接或間接所生或所致之損害及費用，託運人並負賠償之責。若此類貨物，其性質係經知悉，經同意予以裝運者，但對於船舶或其貨載有危險時，運送人仍得於任何時點予以起陸，或予以毀滅，或使變為無害，運送人除係由於共同海損者外，亦不負賠償責任。」而訂定，1936 年美國海上貨物運送法及 1971 年英國海上貨物運送法附表之規定，與海牙規則上開規定之內容完全相同。

B. 本條法律體系的位置

本條規定本質上是海商法第 69 條第 15 款因「貨物所有人、託運人或其代理人之行為或不行為」而使貨物毀損滅失者，運送人或船舶所有人不負賠償責任之補強規定。因為「貨物未經船長或運送人之同意而裝載」乃是「託運人、貨物所有人或其代理人之行為或不行為」的一種具體狀態，前者概念可以納入後者概念之中。

⑵「貨物未經船長或運送人同意而裝載」的意義

貨物「未經船長或運送人同意而裝載」，不論是「危險貨物」，或是「非危險貨物」，也不論「船長或運送人不同意裝載而予裝載」，或是「船長或運送人若知悉其性質或特性即不同意裝載」，運送人或船舶所有人對於其貨物的毀損、滅失均不負賠償責任。

---

⑳　海商法第 72 條。

(3)危險貨物雖經船長或運送人同意而裝載，仍得處分等

　　貨物具有易燃性、易爆性或危險性者，雖經船長或運送人同意而裝載，為保障船貨之安全，運送人或船長仍得於任何地點予以起陸 (be landed at any place)、或予以毀滅 (destroyed) 或使變為無害 (rendered innocuous)，海商法雖無明文規定，但參考德國舊商法第 564 條第 5 項、海牙規則第 4 條第 6 項後段之規定，可作同一解釋。

5.在連續運送，連續運送人對於承運其他運輸階段的其他連續運送人關於航行、船舶管理或火災所致貨物毀損滅失的責任可以主張免責

(1)連續運送的意義及其法律關係

　　連續運送是指運送的全部或一部是由運送人以外的第三人履行的運送。連續運送，既然規定在海商法，自然必須包括「海上運送」，至於連續運送人是否參與實際運送、如果參與實際承運，其參與之運送階段究竟是在海運階段、陸上階段、甚至於銜接空中運送（例如：在阿拉斯加離島運送），則都可以成立。依照海商法的用語，連續運送的當事人為「載貨證券發給人」與「託運人」，載貨證券發給人以外實際履行特定運送階段的運送人為連續運送人，連續運送人實際上是載貨證券發給人的履行輔助人。

　　連續運送，1980 年聯合國國際貨物多式聯運公約、中華人民共和國海商法都稱之為「多式聯運」。依照公約用語，多式聯運契約的當事人分別稱為託運人與多式聯運經營人，至於與多式聯運經營人訂定契約，實際承運特定運送階段之人，稱為「實際運送人」，也就是海商法所稱的連續運送人。以下說明連續運送：

　　A.連續運送必須包括「海上運送」

　　海商法的連續運送必定包括海上貨物運送，此觀海商法第 75 條第 1 項「連續運送同時涉及海上運送及其他方法之運送者……」等語可知。海商法第 74 條之「載貨證券發給人與連續運送人」，其實就是中華人民共和國海商法之「運送人與實際運送人」，只是用語不同而已。

　　B.連續運送的法律關係架構

　　載貨證券發給人（即國際公約所稱的多式聯運經營人）與託運人才是海上貨物運送契約的當事人，連續運送人（即國際公約所稱的實際運送人）則是載貨證券發給人的履行輔助人，不是連續運送契約的主體。連續運送人所僱用船

長、海員等，又是連續運送人的履行輔助人，同時也就是載貨證券發給人之履行輔助人的履行輔助人。因此漢堡規則第 10 條第 1 項後段規定：「運送人，就實際運送人負責運送部分，就實際運送人、其受僱人或其代理人在僱傭範圍內的作為或不作為負責。」

C.得主張喜馬拉雅條款之人擴大及於「連續運送人的履行輔助人」

由於連續運送人是載貨證券發給人的履行輔助人，而連續運送人所僱用的船長、海員等又是載貨證券發給人之履行輔助人的履行輔助人，因此海商法關於運送人（載貨證券發給人）責任的一切規定，對於連續運送人、連續運送人的履行輔助人也都有其適用。連續運送人、連續運送人的履行輔助人都一樣可以引用喜馬拉雅條款的抗辯及責任限制❷。如對連續運送人的履行輔助人請求或訴訟時，該履行輔助人也可以引用運送人（載貨證券發給人或多式聯運經營人）所得主張的抗辯或責任限制❸，且對運送人、連續運送人、其履行輔助人所得請求賠償的總額不得超過法定或公約規定的責任限額。又經證明毀損、滅失或遲到是因為運送人、連續運送人或其履行輔助人故意 (with the intent to) 重大過失 (recklessly) 或明知滅失、毀損或遲到可能會發生所為的作為或不作為所致者，不得主張單位責任限制的利益❹。

D.載貨證券發給人、連續運送人與載貨證券持有人的關係

⑴外部關係

載貨證券發給人、連續運送人對載貨證券持有人的關係為外部關係。海商法第 74 條第 2 項規定：「前項發給人，對於貨物之各連續運送人之行為，應負保證之責。但各連續運送人，僅對於自己航程中所生之毀損滅失，及遲到負其責任」，換句話說，載貨證券發給人對於貨物的毀損、滅失或遲到必須全程負責；連續運送人則只就自己承運階段發生損失負責，對其他連續運送人承運階

---

❷ 2012 年德國商法（海商編）第 509 條第 3 項，實際運送得主張運送人依照件貨運送契約所得主張的抗辯及一切抗辯防禦事由。

❸ 2012 年德國商法（海商編）第 509 條第 5 項規定，對實際運送人的受僱人或對船公司的職員提出請求時，準用商法第 508 條的規定準用之。漢堡規則第 10 條第 2 項、第 7 條第 2 項。

❹ 漢堡規則第 8 條第 2 項。

段發生的損失，不負責任；連續運送人就自己承運階段發生的損失應該負責時，必須與載貨證券發給人連帶負責❷❽❺。

中華人民共和國海商法第 60 條規定：「承運人將貨物運輸或者部分運輸委託給實際承運人履行的，承運人仍然應當依照本章規定對全部運輸負責。對實際運送人承擔的運輸，承運人應當對實際承運人的行為或者實際承運人的受僱人、代理人在受僱或者受委託的範圍內的行為負責。」二者與漢堡規則第 10 條第 4 項：「在運送人以及實際運送人都必須負責的條件以及範圍內，應該負連帶責任」規定的內容都相同。2012 年德國商法（海商編）第 509 條第 1 項規定：「運送的全部或一部是由運送人以外的第三人履行者，則該第三人（實際運送人）就其運送過程中，貨物所發生的滅失或物體上的毀損，應該如同自己是運送人一樣，負賠償責任。」也有相同的規定。

中華人民共和國海商法第 60 條第 2 項還規定：「雖有前款規定，在海上運輸合同所包括的特定部分運輸由承運人以外的指定實際承運人履行的，合同可以同時約定，貨物在指定的實際承運人掌管期間發生的滅失、毀壞或者遲延交付，承運人不負賠償責任。」**就特定運送階段因實際運送人（連續運送人）故意過失所生之毀損滅失，例外地准許運送人（載貨證券發給人）約定不負賠償責任，此乃是參考漢堡規則第 11 條而來，海商法沒有相同規定，但應該採相同的解釋。**

與此相對，2012 年德國商法（海商編）第 509 條第 2 項規定：「運送人與託運人或受貨人任何有關加重其責任的約定，除非經實際運送人同意，對實際運送人不生效力。」，本規定雖然是契約拘束力相對性所使然，但是在連續運送中，明文規定，具有澄清作用，值得取法。

(B)內部關係

在載貨證券發給人與連續運送人（實際運送人）負連帶責任的情形，運送人於對外為賠償之後，對於連續運送人有內部的「求償權」，稱為內部關係。漢堡規則第 10 條第 6 項：「本條規定不妨礙運送人及實際運送人間之任何追償權利」，即為申明此意。

---

❷❽❺ 2012 年德國商法（海商編）第 509 條第 4 項。

⑵連續運送中，隱藏性損失與非隱藏性損失

　　A.依照海商法第 75 條第 2 項：「連續運送同時涉及海上運送及其他方法之
　　　運送時，其海上運送部分適用海商法的規定。貨物毀損滅失發生時間不
　　　明者，推定其發生於海上運送階段。」

　　對於能夠辨識毀損滅失的運送階段（非隱藏性損失），且能確定是發生在海
上運送階段者，直接規定「適用海商法的規定」，但是對於確定發生在海上運送
以外的其他運送階段者，如何適用法律則沒有規定，解釋上應該適用規範「各
該運送階段的法律」。對於毀損滅失不能辨識其發生的運送階段者（隱藏性的損
失），既然「推定發生在海上運送階段」，自然應該適用「海商法」❷⑧⑥。海商法
關於隱藏性損失，推定發生在海運階段，並進而適用理賠標準較低的海商法的
立法，明顯是基於保護海上運送人的立法政策。

　　B.關於多式聯運的規範

　　⑷聯合貨運單證統一規則

　　聯合貨運單證統一規則，是由國際商會 (ICC) 草擬的，性質上不是國際公
約，只能在「當事人合意採用」的基礎上才能適用，具體的方法是：將「聯合
貨運單證統一規則」記載在載貨證券上，並將聯合貨運單證統一規則推定為運
送契約內容的一部分。

　　訂定聯合貨運單證統一規則的目的，**主要的目的在透過「約定」為「隱藏
性損失」提供理賠的標準**；至於「非隱藏性損失」，則仍然依照規範該運送階段
的國際單式公約或國內法，也就是屬於海運階段者，仍然依照海牙維斯比規則
或海商法。由於「聯合貨運單據統一規則」制度設計在先，而且內容相對地有
利於航運界，因此，以之作為多式聯運的規範，廣為採用。

---

❷⑧⑥　依照中華人民共和國海商法的規定，隱藏性損失：應該適用各該運送階段的法律，即
　　　中華人民共和國海商法第 105 條：「貨物的滅失或者毀壞發生於多式聯運的某一運輸區
　　　段的，多式聯運經營人的賠償責任和責任限額，適用調整該運輸階段方式的有關法律
　　　規定。」隱藏性損失：應該適用海商法的規定。即依照中華人民共和國海商法第 106
　　　條：「貨物的滅失或者毀壞發生的運輸區段不能確定的，多式聯運經營人應當依照本章
　　　關於承運人賠償責任和責任限額的規定付賠償責任。」臺灣海商法與中華人民共和國
　　　海商法關於多式聯運經營人責任的規定，措詞雖然不同，內容極為相近。

　　1975 年國際商會聯合貨運單據統一規則 (Uniform Rule For A Combined Transport Document 1975) 針對隱藏性損失的理賠標準主要是：依照貨物交付時、交付地或應交付時、應交付地的現時商品交易所價格 (the current commodity exchange price)；無現時商品交易所價格者，則依現時市場價格 (the current market price)；二者均無時，參照同種類、同品質的正常價格 (the normal value of goods of the same kind and quality)❷❼；非隱藏性損失：依照規範該運送階段的國際單式公約或國內法❷❽。

　　1991 年 UNCTAD/ICC 的聯合貨運單據統一規則 (Uniform Rule For A Combined Transport Document 1991)，除了承襲海牙維斯比規則的法定免責事由──包括履行輔助人關於航海、管理船舶、火災──所致的損失外，關於單位責任限制，也承襲 1979 年修正載貨證券統一規定國際公約議定書❷❾，將布魯塞爾議定書以金法郎為單位改為以特別提款權為計算單位，即每件 666.67 SDR 或 2 SDR/kg，以較高者為準。

　　(B) 1980 年聯合國國際貨物多式聯運公約 (United Nations Convention on International Multimodal Transport of Goods, 1980)

　　1980 年聯合國國際貨物多式聯運公約，如同漢堡規則一樣，都是由聯合國貿易暨發展會議起草的，但一律採取推定過失責任❷❾⓪，與漢堡規則指原則上採推定過失責任者稍有差異❷❾❶，1980 年聯合國多式聯運公約採用每一件 920 SDR 或每公斤 2.75 SDR 的較高單位責任限制❷❾❷。

　　相對於海牙維斯比規則言，1980 年聯合國國際貨物多式聯運公約比較不利於運送人，不容易為航運大國所接受，再加上此公約在處理隱藏性損失、非隱

---

❷❼　1975 年聯合貨運單據統一規則第 11 條。

❷❽　1975 年聯合貨運單據統一規則第 13 條。

❷❾　這是海牙規則第二次修正，第一次是 1968 年的布魯塞爾議定書，簡稱維斯比規則，合稱海牙維斯比規則。

❷❾⓪　漢堡規則第 16 條第 1 項。

❷❾❶　1978 年的漢堡規則，也是由聯合國貿易暨發展會議起草，運送人就貨物因火災發生的損失，例外只負一般過失責任，其他負推定過失責任。

❷❾❷　參閱 1980 年多式聯運公約第 18 條第 1 項。

藏性損失的問題上，採取強勢的立法，也就是「不論隱藏性損失或是非隱藏性損失，其理賠標準，原則上都是依照該公約的規定」。不但如此，針對非隱藏性損失，還有「責任從高」的立法，也就是假若國際單式公約或國內法有較高的理賠標準，就依照較高的理賠標準理賠。簡單來說，**1980 年聯合國國際貨物多式聯運公約就是「以統一責任制」為原則，針對「非隱藏性損失」輔以「較高理賠標準」的網狀責任制**。說明如下：

a.不分隱藏性損失或非隱藏性損失，都採用推定過失責任，且「原則上」都以 1980 年聯合國多式聯運公約的標準理賠

第 16 條第 1 項：「如果貨物的毀損、滅失或遲到，是發生在第 14 條所界定的貨物在多式聯運經營人控管期間，多式聯運經營人除了能夠證明其本人、受僱人、代理人或第 15 條所指的任何其他人已採取一切可以被合理期待的措施，以避免事故以及結果的發生，多式聯運經營人對於貨物的毀損、滅失或遲到，應該負損害賠償責任。」、第 18 條第 1 項規定：「多式聯運經營人依第 16 條之規定應該對貨物的毀損或滅失所致的損失負責時，其賠償數額不得超過滅失或毀損貨物每件或其他每一託運單位 920 記帳單位，或是毛重每公斤 2.75 記帳單位，以較高者為準。」

b.非隱藏性損失，有較高的理賠規定者，應該依照較高的理賠標準理賠

第 19 條規定：「貨物之毀損或滅失發生在多式聯運的某一特定階段，而針對該階段可適用的某個國際公約或強制性國家法律所規定的責任，高於適用第 18 條第 1 項至第 3 項之責任限額時，多式聯運經營人對該毀損、滅失的責任限額，應該依照該公約或強制性國家法律予以確定。」例外針對非隱藏性損失，適用較高標準的理賠標準。

(C)評　論

在多式聯運的幾個不同制度中：

a.統一責任制

統一責任制以多式聯運的規定全面排除國際單式公約或國內法的適用，被接受的阻力較大；

b.網狀責任制

網狀責任制，就非隱藏性損失尊重既有的規範，採用規範該運送階段的單

式公約或國內法，原本就沒有阻力；針對隱藏性損失，或以法律規定「推定在海運階段發生損失」❷⓽❸ 適用海商法的規定❷⓽❹，或在契約約定「依照聯合貨運單證統一規則」的規定，用語儘管不同，結果基本上都適用海商法或海牙維斯比規則，不但沒有加重運送人責任，還因為隱藏性損失依照海商法的規定理賠的原因，責任反而獲得減輕，網狀責任制比較持平，因此廣受歡迎。但適用此一制度的前提是必須在載貨證券上約定。

　　c.修正統一責任制（或稱修正網狀責任制）

　　修正統一責任制與修正網狀責任制是一體的兩面，只是修正的起點或角度不同而已。例如：1980 年聯合國國際貨物多式聯運公約，原則上採統一責任制，例外針對非隱藏式損失，「在國內法或單式公約理賠標準比較高時，依照單式公約或國內法」，則不但採用統一責任制排除國內法或單式公約部分，會有阻力存在，且其「非隱藏性損失，若國內法或單式公約有較高理賠規定時，依照國內法或單式公約」 的從高理賠規定，對於運送人十分不利，因此修正網狀責任制，當然為航運大國所廣泛抵制，公約開放批准至今，只有十多個國家批准❷⓽❺。

6.關於法定全部免責事由的修正建議

　⑴增訂免責事由的借鑑

　　2012 年德國商法（海商編）將下列兩個事由也列為法定免責事由，值得參考： A.承運的標的物是活的動物❷⓽❻。B.因實行海難救助措施所致者。

　⑵針對運送人就「法定免責事由之發生有故意過失」之情形，限制其主張免責的權利❷⓽❼

　　海商法第 69 條所列的法定免責事由，歸納起來，主要是三類：「不可抗力」、「可歸責於託運方的事由」以及「雖盡善良管理人注意仍然不能避免的事由」，但是如果貨物處在不可抗力的境地為運送人所可以避免，竟疏忽而不避免，也就是貨物雖然因不可抗力而遭受損害，但貨物處於不可抗力的環境，運

❷⓽❸　海商法第 75 條第 2 項。
❷⓽❹　中華人民共和國海商法第 106 條。
❷⓽❺　從 1980 年通過，開放簽字至 2020 年 3 月只有 11 國批准。
❷⓽❻　2012 年德國海商法第 499 條第 1 項第 7 款。
❷⓽❼　2012 年德國海商法第 499 條第 1 項第 9 款。

送有故意過失，運送人是否可以免責，海商法沒有規定。2012 年德國商法（海商編）參考鹿特丹規則的規定，規定其不得免責。德國商法規定：「貨物的損失的發生為審慎的運送人盡善良管理人之注意所可以避免的，運送人不得主張第一句所列的免責事由」可以參考。

⑶增訂法定免責事由的舉證責任

運送人主張法定免責事由時，必須就法定免責事由的存在負舉證責任，但是**運送人的舉證，只要達到貨物的毀損滅失「就具體情況，可能由於法定免責事由之一所致** (given the circumstances, might have been due to one of the risks)」就可以，不必達到十分確信的地步，2012 年德國商法（海商編）第 499 條第 2 項規定：「若依具體情況，貨物的毀損可能因第 1 項第一句❷❾❽所列的免責事由之一所致，運送人貨物的毀損推定因該事由所致。上述規定於貨物裝載於不具適航性或適載性的船舶時，不適用之。」可資參考。

⑷增訂「需要特別保護貨物」的免責舉證責任的規定

有些貨物由於性質特殊，在運送過程中，「必須採取特別的保護措施」，才能保證貨物不被毀損、滅失、保證貨物的品質，此時，運送人若要主張法定的免責事由，必須先舉證證明其「已經正確採取保護措施」，此參考 2012 年德國商法（海商編）499 條第 3 項：「運送人依照件貨運送契約的約定，有提供保護措施，特別是，以防免過熱、過冷、溫度變化或其他類似效應者，則運送人只有視具體情況採取相應措施，特別是措施的選擇、維持、特定設備的使用、且有特別指示者，並已經遵循該指示，才可以主張第 1 項第 6 款❷❾❾的免責抗辯。」

⑸針對承運「有生命動物」的免責主張，須負「相關措施」的舉證責任

運送人承運的貨物為有生命的動物發生毀損滅失，運送人若要依照商法第 499 條第 1 項第 8 款的規定，主張法定免責抗辯，則必須證明「已就具體情況採取一切相關措施」、「有特別指示者，還必須舉證證明其已遵循該指示」。

⑹增訂「履行輔助人」的範圍

船長、海員受僱於船公司，就運送契約的履行言，船長海員是運送人的履

❷❾❽　即 2012 年德國商法（海商編）第 499 條第 1 項前段所列九種法定免責事由。

❷❾❾　2012 年德國商法（海商編）第 499 條第 1 項第 6 款：「貨物的種類或性質致使特別容易受損、特別是因破損、生鏽、受潮、蒸發、滲漏、或體積或重量的正常耗損所致。」

行輔助人，依照民法第 224 條規定：「債務人之代理人或使用人，關於債之履行有故意或過失時，債務人應與自己之故意或過失負同一責任。但當事人另有訂定者，不在此限。」船長海員履行債務有故意或過失，運送人應該與自己的故意或過失負同一責任；就侵權行為言，船長海員是受僱人，依民法第 188 條第 1 項：「受僱人因執行職務，不法侵害他人之權利者，由僱用人與行為人連帶負損害賠償責任。但選任受僱人及監督其職務之執行，已盡相當之注意或縱加以相當之注意而仍不免發生損害者，僱用人不負賠償責任。」運送人原則上就船長海員的侵權行為，必須負連帶賠償責任。

本來船長海員的債務不履行或侵權行為，可以分別適用民法的有關規定，就足以解決賠償問題，不需要在海商法另外重複規定，但是海上運送跨越地域很廣，作業過程複雜，需要他人提供服務的不以船長海員為限，基於其他法律關係提供服務者也很多，因此履行輔助人的範圍必須擴大，構成民法第 224 條的特別規定，始足以因應，2012 年德國商法（海商編）第 501 條規定：「運送人就其受僱人或船員的故意或過失，必須如同自己的故意或過失一般負相同責任。上述規定對於其他人提供服務供海上貨物運送之用而有錯誤或過失之情形者，亦適用之。」可以參考。

㈡單位責任限制：法定部分免責

單位責任限制，是指貨物發生毀損滅失時，若每一單位貨物的價值超過單位責任限制，運送人可以主張只以單位責任限制數額為上限，負賠償責任；若毀損滅失的貨物，每一單位貨物的價值不逾單位責任限制數額，則仍然依照實際損失額賠償。單位責任限制是損害賠償以填補十足損失為原則的例外。

責任限制分為「單位責任限制」與「責任總限制」。單位責任限制是運送人對「其承運的貨物」，依照貨物的件數或重量，主張其責任的上限；責任總限制則是運送人針對其「從事海上冒險發生的一切債務合計總額」，主張其責任的上限。二者雖然都以運送人「依法及依約不得免責」為前提，才會有主張的必要，雖然二者都是「部分免責」，但是責任總限制的原因很多❸⓿，單位責任限制只是

---

❸⓿ 參閱海商法第 21 條第 1 項。

責任總限制的一環而已，而這關係密切，主張單位責任限制之後，若「單位責任限制的總額」還超過「責任總限制數額」，運送人還可以進一步主張責任總限制，作為第二道防線。

1. 約定與法定並行的雙軌制

海商法第 70 條第 2 項規定：「除貨物之性質及價值於裝載前，已經託運人聲明並註明於載貨證券者外，運送人或船舶所有人對於貨物之毀損滅失，其賠償責任，以每件特別提款權 666.67 單位或每公斤特別提款權 2 單位計算所得之金額，兩者較高者為限。」，基本上承襲海牙維斯比規則規定的限額 ❸❶，可以有較高的約定，不得有較低的約定 ❸❷。**海上貨物運送，運送人關於單件貨物之責任限制採雙軌制度**——也就是「貨物之性質、價值於裝載前已經託運人聲明並註明於載貨證券者」，依照民法規定決定運送人的責任上限；在其他情形，則依照海商法的規定，決定運送人的責任上限。

2012 年德國商法（海商編）第 504 條規定：「依第 502 條及第 503 條之規定對於貨物的滅失或物體上的毀損所負的賠償責任限於每件或每單位 666.67 特別提款權或毛重每公斤 2 特別提款權的數額，且以較高者為準。貨物以貨櫃、墊板、或其他運輸工具為集裝貨物單位者，則附隨單證所記載運輸工具內的件數或單位視為前段的件數或單位數。附隨單證沒有記載者，該運輸單位視為 1 件或 1 單位。」，也採取雙軌制度，若託運人已經就貨物的性質、價值另外聲明者，適用民法損害賠償的規定，其他情形一律以商法的規定為準。又「（每

---

❸❶　1979 年 12 月 21 日的 1979 年修正載貨證券統一規定國際公約議定書第 2 條第 1 項規定："Unless the nature and value of such goods have been declared by the shipper before shipment and inserted in the bill of lading, neither the carrier nor the ship shall in any event be or become liable for any loss or damage to or in connection with the goods in an amount exceeding the equivalent of 666.67 units of account per package or unit or 2 units of account per kilo of gross weight of the goods lost or damaged, whichever is the higher."

❸❷　海上運送人所得主張的單位責任限制，海商法第 70 條第 2 項、第 4 項的規定與中華人民共和國海商法第 56 條第 1 項的規定內容相同，都是承襲海牙維斯比規則 1979 年修訂議定書第 4 條第 5 項而來，但是中華人民共和國海商法第 56 條第 1 項將「承運人與託運人已經另行約定高於本條規定的賠償限額的」也納入運送人不適用單位責任限制的範圍，堪稱特色。

件或每單位）貨物由數個貨物單位組成，且只有個別貨物單位滅失或物體上毀損者，則第 1 項的責任限制應依下列基礎計算之：⑴全部貨物都貶損價值者，依照全部貨物計算；⑵部分貨物貶值者，依照貶值部分的貨物計算。」**303**

上述每件或每單位 666.67 特別提款權或每公斤 2 特別提款權的單位責任限制，表面上是承襲自 1979 年修正載貨證券統一規定國際公約議定書第 2 條第 1 項，實際上起源於 1968 年的海牙維斯比規則，是由海牙規則每件單位責任險之 10,000 金法郎或每公斤 30 金法郎，依照 1 特別提款權等於 30 金法郎得換算比率計算而取得。

在實務上，理賠前必須以貨物交付日或當事人約定日為準依照特別提款權與本國貨幣的比率，先換算為本國貨幣，才能給付。 由於我國不是國際貨幣基金會的會員國，因此無法直接從國際貨幣基金會官方網站閱讀到特別提款權與新臺幣的兌換率，但是可以從國際貨幣基金會官方網站每週公布的「特別提款權與美金、歐元等的兌換率」、每日金融市場「美金、歐元等與新臺幣的兌換率」間接換算出特別提款權與新臺幣的兌換率。

2012 年德國商法（海商編）第 505 條規定：「本節（按指：第二節，第 498 條至第 512 條）所稱『記賬單位』是指國際貨幣基金會的特別提款權。記賬單位的數額應該依照貨物交付日或當事人約定日的歐元與特別提款權的兌換率換算成歐元。歐元相較於特別提款權的價值，是依照國際貨幣基金會於系爭日的操作及交易狀況計算之。」又鹿特丹規則第 59 條第 3 項規定「本條規定的數額必須依照判決日、仲裁日或當事人約定日的貨幣兌換率換算成國內貨幣數額。」

⑴託運人有特別聲明者──依民法關於損害賠償的規定

託運人就貨物之「性質 (nature)」及「價值 (value)」，在託運前已經聲明，並載明於載貨證券者為條件，適用民法關於損害賠償的規定**304**。所謂「**聲明**」，

---

303 2012 年德國商法（海商編）第 504 條。

304 依民法第 216 條：「損害賠償，除法律另有規定或契約另有訂定外，應以填補債權人所受損害及所失利益為限。」、「依通常情形或依已定之計劃、設備或其他特別情事，可得預期之利益，視為所失利益。」，而民法第 638 條：「運送物有喪失、毀損或遲到者，其損害賠償額，應依其應交付時目的地之價值計算之。」、「運費及其他費用，因運送物之喪失、毀損，無須支付者，應由前項賠償額中扣除之。」、「運送物之喪失、毀損

是一種意思通知，以託運人為意思通知為已足，不以運送人為同意的意思表示為必要。又託運人關於貨物之「性質」及「價值」應一併聲明，並須載明於載貨證券。

(2)託運人沒有特別聲明者——依海商法關於單位賠償的限制規定

託運人沒有特別聲明者，適用海商法關於單位責任限制的規定。海商法規定之「每件責任限制」，是針對貨物之「毀損」、「滅失」而定，海牙規則、布魯塞爾議定書，及 1979 年修正載貨證券統一規定國際公約議定書都使用「毀損 (damage)」及「滅失 (loss)」兩詞❸⓿❺，「遲到」不在其內。此乃因為「海上運送」，貨物「毀損」、「滅失」者，欲追溯毀損滅失時的貨物價值，事實上有所困難，故設「單件責任限制」，以杜爭議，並減輕運送人責任。

至於貨物「遲到」，依照海牙規則、海牙維斯比規則原意，為當然免責，但是當事人另外有某日抵達目的港的約定者，若船舶未能依約準時抵達，運送人仍然必須因為「違背契約的約定」（請注意：不是因為違背公約或法律的規定）而負損害賠償責任。**在我國，海商法未釐清運送人的遲到是否違背「期限約定」，也沒有規定遲到的損害賠償的計算方式，致使法院以「海商法未規定者應適用民法的規定」為由，採取「運送人一律必須就債務履行遲延負損害賠償責任，其損失是以貨物目的地『交付時之價值』與『應交付時之價值』的差額計算之」的裁判見解**，與海牙規則、海牙維斯比規則的初衷不符。直到漢堡規則以後，才針對遲到，有損害賠償的規定，依漢堡規則第 6 條第 1 項第 b 款的規定，運送人依照第 5 條規定對於遲延交付所複製損害賠償，僅限於等同遲延貨物運費的「二倍半」之額度，然不超過依照海上貨物運送契約應支付之運費總額。

2. 件數的計算

海商法第 70 條第 3 項規定：「前項所稱件數，係指貨物託運之包裝單位。

或遲到，係因運送人之故意或重大過失所致者，如有其他損害，託運人並得請求賠償。」即為前揭民法第 216 條：「……除法律另有規定……」情形之一種，故凡運送物之毀損滅失，因託運人特別聲明其性質及價值而應適用民法規定者，關於其損害賠償之計算，自應適用本條之規定。

❸⓿❺ 請參閱海牙規則第 4 條第 5 項、布魯塞爾議定書第 2 條第 1 項、1979 年修正載貨證券統一規定國際公約議定書第 2 條第 1 項。

其以貨櫃、墊板或其他方式併裝運送者，應以載貨證券所載其內之包裝單位為件數。但載貨證券未經載明者，以併裝單位為件數。其使用之貨櫃係由託運人提供者，貨櫃本身得作為 1 件計算。」❸⓿❻參照「當事人的主觀意思」來計算貨物的件數，而當事人的主觀意思，卻又必須從客觀標準來推測，因此實務上分成三類：

(1)有包裝的

依照容器、包裝紙、盒子、紙箱、或托盤來識別。

(2)沒有包裝的

依照海牙規則、海牙維斯比規則都是用「託運單位 (shipping unit)」的數目計算，而依照漢堡規則或 1980 年多式聯運公約則用「其他託運單位 (other shipping unit)」作為計算標準。

(3)貨櫃運送

以載貨證券所「記載貨櫃內貨物的件數」為件數，未記載者以 1 件計。貨櫃，依照海商法規定，若是由託運人提供則另外算 1 件；但是依照漢堡規則第 6 條第 2 項第 b 款及中華人民共和國海商法第 56 條第 3 項：「以非屬運送人所有或非由運送人提供為限，另外計算 1 件。」

實務上，記載於載貨證券文字內容強調之點，常作為判斷當事人對件數主觀意思的根據。例如：使用 "a container said to contain machinery（1 個據說堆裝機器的貨櫃）" 的文字只能算是 1 件；使用 "a container said to contain 99 bales of leather（1 個據說堆裝有 99 包皮革的貨櫃）" 的文字，其強調 1 件貨櫃的特性已經降低，凸顯 99 包貨物的意圖浮現，有平衡之勢，因此美國法院認為是 99 個貨物單位。但英國法院認為 "said to contain 99 bales of leather（據說堆裝有

---

❸⓿❻ 中華人民共和國海商法第 56 條第 2 項：「貨物用集裝箱、貨盤或者其類似裝運器具集裝者的，提單中載明裝在此類裝運器具中的貨物件數或者其他貨運單位數，視為前款所指貨物件數或者其他貨運單位數；未載明的，每一裝運器具視為 1 件或者 1 個單位。」，第 3 項：「裝運器具不屬於承運人所有或者非由承運人提供者，裝運器具本身應當視為 1 件或 1 個單位。」，兩岸除了貨櫃就「由託運人提供」或「運送人提供」另外計算 1 件有不同外，都是同樣參考海牙維斯比規則第 4 條第 5 項漢堡規則第 6 條第 2 項的規定而成。

99 包皮革）＂不過用以形容 container 而已，因此仍以 1 件計算；但使用 "99 bales of leather packed in a container（99 包皮革堆裝在 1 個貨櫃內）" 的文字，強調 99 件貨物之意圖十分明顯，在英國及美國都認為應以 99 件貨物計算。

3.限制的數額

每件特別提款權 666.67 單位或每公斤特別提款權 2 單位計算所得之金額，兩者較高者為準❸。經過「1979 年 SDR 修訂議定書修正的海牙維斯比規則」之所以將運送人得每件責任限制定為 666.67 特別提款權或是每公斤 2 特別提款權是用每件 10,000 金法郎除以 15 換算成 666.67 特別提款權，或每公斤 30 金法郎除以 15 換算成 2 特別提款權而來。

4.對託運人、受貨人或第三人，不論基於契約關係或侵權行為關係的請求，都可以主張的法定免責抗辯或單位責任限制抗辯

⑴託運人或受貨人對運送人的請求

貨物在運送過程中，貨物發生毀損滅失而運送人必須負損害賠償責任時，託運人或受貨人對運送人的請求權基礎，可以基於「契約的請求權」，也可以基於「侵權行為的請求權」，請求權的行使，可視情況而定，不論如何，運送人只要針對基於「契約的請求權」可以主張法定免責抗辯或單位責任限制抗辯，若針對基於「侵權行為的請求權」，也可以主張法定免責抗辯或單位責任限制抗辯。

---

❸ 各個公約所規定每件責任限額並不一致。

　A.海牙規則、海牙維斯比規則：每件 666.67 特別提款權或每公斤 2 特別提款權，以加高者為準。（第 4 條第 5 項 1979 年 SDR 議定書修正）布魯塞爾議定書第 2 條第 1 項規定：「除託運人於裝船前已將貨物之性質與價值聲明並載於載貨證券者外，運送人或船舶對於貨物或與之有關之滅失或毀損之責任，在任何情況下，應就每 1 件或每 1 單位，按不超過相當於 10,000 法郎 (francs)，或每公斤毛重，按不超過相當 30 法郎之金額為限，擇其較高限額適用之。」

　B.漢堡規則：每件 835 特別提款權，或每公斤 2.5 特別提款權，以較高者為準（第 6 條第 1 項）。

　C.1980 年聯合國國際貨物多式聯運公約：每件 920 特別提款權，或每公斤 2.75 特別提款權，以較高者為準（第 18 條第 3 項）。

　D.2008 年鹿特丹規則：每件 875 特別提款權，或每公斤 3 特別提款權，以較高者為準（第 61 條）。

2012 年德國商法（海商編）第 506 條第 1 項：「本節以及件貨運送契約的免責及限制責任的規定，對於因貨物的滅失或物體上的毀損，託運人或受貨人對運送人基於非契約關係的請求亦得主張之。」可以作為參考。

⑵第三人對運送人的請求

依照 2012 年德國商法（海商編）第 506 條第 2 項的規定，運送人對於第三人因貨物滅失或物體上的毀損之「非基於契約的請求（基於侵權行為的請求）」，除了有下列情形之一外，亦得依商法第 506 條第 1 項的規定，主張免責或單位責任限制。但有下列情形之一者，不得主張抗辯：

A.為違背本節規定（從第 498 條到第 512 條）的約定致不利於託運人者

B.第三人未同意貨物運送，且運送人也注意到託運人無託運的權利或因重大過失而未注意到者

C.貨物在交付運送前，在第三人占有中即已滅失者，或其他第三人已自該第三人取得占有權利者❸

5.故意或重大過失所致損失，不得主張單位責任限制

海商法第 70 條第 4 項規定：「由於運送人或船舶所有人之故意或重大過失所發生之毀損或滅失，運送人或船舶所有人不得主張第 2 項責任限制之利益。」是依照布魯塞爾議定書第 2 條第 5 項規定：「經證明貨物之毀損，是因為運送人以造成損害之故意或重大過失，或明知貨物可能毀損而仍然作為或不作為所造成者，運送人及船舶皆不得主張第 2 條的責任限制（按：即每件責任限制）。」❸訂定，布魯塞爾議定書所謂「故意」，不但包括「直接故意（本條前段）」，還包括「間接故意（本條後段）」可資參考，我國雖無明文規定，但應採相同的解釋。

2012 年德國商法（海商編）第 507 條規定：「依本節（從 498 條到 512 條）或依件貨運送契約關於免責及責任限制的規定，於下列情形不適用之：⑴損失

---

❸ 2012 年德國商法（海商編）第 506 條第 2 項。

❸ 海牙維斯比規則第 2 條第 5 項規定： "Neither the carrier nor the ship shall be entitled to the benefit of the limitation of liability provided for in this paragraph if it is proved that the damage resulted from an act or omission of the carrier done with intent to cause damage, or recklessly and with knowledge that damage would probably result."

因運送人致使故意損失而發生、明知損失可能發生而仍執意妄為的作為或不作為所致者。或(2)運送人已經承諾託運人或貨物代理人將貨物堆裝在甲板下面，而毀損的發生是因為貨物堆裝在甲板上面所致者。」與我國海商法的規定大致相同，但德國商法將常見的故意或重大過失類型化，具有參考價值。

運送人或船舶所有人「故意或重大過失」致使貨物發生毀損滅失時，不得主張單位責任限制。所謂「故意或重大過失」的事例如下：

(1)不合理的偏航 (deviation)

不合理的偏航，是重大違背運送契約的行為，因此不得以約款免除責任，除非偏航是為了救助海上人命、財產或其他合理偏航，否則將喪失主張單位責任限制的權利❿。

(2)不合法的甲板運送

依照海牙維斯比規則第 4 條第 5 項第(5)款 ：「如經證明損害的發生是因為運送人故意造成的，或是輕率且明知可能發生損害的作為或不作為所引起，運送人或船舶都不得享有本款責任限制的利益。」的規定，不合法的甲板運送，不得主張單位責任限制，**不合法的甲板運送就是「輕率且明知可能發生損害的作為或不作為」的一種，因此不得主張責任限制。**

甲板運送中，除了合法甲板運送，都是「不合法的甲板運送」。所謂「合法的甲板運送」，依照海商法第 73 條但書的規定，包括「經託運人之同意並載明於運送契約」、「航運種類」以及「商業習慣」所許者⓫。

漢堡規則第 9 條規定：「經託運人同意而將貨物放在艙面的情況，必須記載在載貨證券上，否則運送人必須就曾經獲得託運人同意負舉證責任，而且即令已經舉證經過同意，也不能對抗善意取得載貨證券的第三人——包括受貨人。」⓬、

---

❿　參閱海牙維斯比規則第 4 條第 5 項第(5)款、第 4 條第(4)款、漢堡規則第 8 條。

⓫　中華人民共和國海商法第 53 條規定：「承運人在艙面上裝載貨物，應當同托運人達成協議，或者符合航運慣例，或者符合有關法律、法規的規定」、「承運人依照前款規定將貨物裝載在艙面上，對由於此種裝載的特殊風險造成的貨物滅失或者損壞，不負賠償責任」、「承運人違反本條第 1 款規定將貨物裝載在艙面上，致使貨物遭受滅失或者損壞的，應當負賠償責任。」

⓬　漢堡規則第 9 條第 2 項。

「違法的艙面運送，運送人的作為或不作為，不得主張單位責任限制。」❸

　　依照漢堡規則的規定，經過託運人同意的甲板運送，必須「記載在載貨證券上」，才算合法的甲板運送。若運送人經託運人同意將貨物放在甲板上，但是卻沒有記載在載貨證券上，則只是「相對合法的甲板運送」，也就是對於已經同意的託運人而言，仍然是合法的；但是對於善意第三人而言，仍然是不合法的甲板運送。必須注意的是：公信原則只保護「交易（法律行為）」的「善意」第三人，若是「惡意取得載貨證券的第三人」，或是「非法律行為（例如：繼承）」的第三人，其取得載貨證券，都不受公信原則的保護，換句話說，即使沒有記載在載貨證券上，對之仍然是合法的甲板運送。

6.實際損失低於單位責任限制時，仍然只能以「實際損失」為準

　　若載貨證券所記載貨物的估計價值，「低於」每件的責任限制數額，仍應依實際價值為準，以貫徹填補損害的精神。規定單位責任限制的目的，在於在無法查證貨物價值或貨物價值太高時，規定運送人責任的上限，以避免運送人承擔過高的責任。無論如何，單位責任制度的規定必須受到「損害賠償以填補損失為原則」的限制，因此載貨證券上如已載明貨物的品名、重量、體積、數量等，而依各該記載之內容計算的客觀價值「低於」依每件責任限制計算的數額時，仍應依照「實際價值」為準，不復有單位責任限制規定之適用，以符合損害賠償的精神。

7.可有「較高的單位責任限制約定」，但不得有「較低的單位責任限制約定」

　　關於海上運送人所得主張的單位責任限制，海商法第 70 條第 2 項、第 4 項的規定與中華人民共和國海商法第 56 條第 1 項的規定內容相同，都是承襲海牙維斯比規則 1979 年修正議定書第 4 條第 5 項而來。海商法就當事人是否可以有較高的每件責任限制約定，雖然沒有規定，但是依照公約的意旨，應該採肯定見解為是❹。

---

❸　漢堡規則第 9 條第 4 項、第 8 條。

❹　中華人民共和國海商法第 56 條第 1 項將「承運人與託運人已經另行約定高於本條規定的賠償限額的」也納入運送人不適用單位責任限制的範圍，可為參考。

㈢喜馬拉雅條款與喜馬拉雅條款的法制化

1.喜馬拉雅條款的意義

「喜馬拉雅條款」是指依照載貨證券上的約定，運送人所得主張的免責事由及責任限制事由，運送人的履行輔助人，包括船長、海員等，都可以援引為抗辯他人請求的免責事由或責任限制事由的條款。

海牙規則或海牙維斯比規則就運送人承運貨物的毀損滅失的損失，有很多免責或責任限制的規定，但是**可以主張免責抗辯或責任限制抗辯的主體只限於「運送人」，不包括運送人的履行輔助人（船長、海員、引水人等）**，因此實務上發生一種十分不公平的現象，也就是損害賠償請求權人以債務不履行或侵權行為請求運送人賠償時，運送人可以依海牙規則或海牙維斯比規則的規定，主張免責或限制責任，但是當損害賠償請求權人以侵權行為為理由轉而請求履行輔助人損害賠償時，履行輔助人卻無權援引免責或責任限制事由作為抗辯，反而必須負擔無限的賠償責任。其結果，發生資力雄厚的雇主（運送人）可以免責或只負有限責任，資力薄弱的受僱人（履行輔助人）卻反而必須負擔無限賠償責任的不合理現象，此在喜馬拉雅號郵輪的賠償案件❸⓵⓹，最為凸顯，受到上

---

❸⓵⓹ 1955 年英國 Peninsular & Oriental steam ship Navigation Company（簡稱 P&O 公司）之喜馬拉雅 (S.S. Himalaya) 客輪於碼頭停留期間，旅客 Rose M. Adler 夫人下舷梯時，因舷梯突然傾斜，致摔落碼頭，跌成重傷。Adler 夫人因船票（旅客運送契約）有「免責條款」，所以不向公司控告，乃以侵權行為為由，請求該船舶的船長 Capt. Dickson 和大副等損害賠償。本案經英國上訴法院判決認為船票中關於履行輔助人得享有運送人免責的約定，若經當事人同意即為有效，但此案當事人並無明示或默示同意主張免責條款者包含「船長」，故船長無法援用船票中有關運送人之免責條款。即免責條款僅就運送人約定而已，基於「契約當事人原則」非契約之當事人無法主張該契約上之權利，其免責效力不及於其僱傭人，故判決船長 Capt. Dickson 應依侵權行為對 Adler 夫人負損害賠償責任。本案敗訴之船長送支付 6,000 英鎊之損害賠償。此判決引起航運界之恐慌，紛紛在「載貨證券」和「船票」載入：「凡是運送人可得以主張之責任限制、免責條款或抗辯，其代理人、受僱人及使用人之過失所致人員傷亡或貨物毀損、滅失均適用。」由於履行輔助人可援用免責規定之條款，係受喜馬拉雅輪案件之影響，因此稱為「喜馬拉雅條款」。

訴法院關於「得以在船票上記載約款的方式，賦予履行輔助人以援引運送人的免責條款抗辯權」判決的啟示，各船公司紛紛在載貨證券上記載：「運送人所得主張之免責、責任限制或其他抗辯，其代理人、受僱人及使用人亦得援引之。」之類的文字，一般稱為「喜馬拉雅條款」。喜馬拉雅條款經廣為採用，長期採用之後，就形成慣例，並進一步蛻換成國際公約或國內法的條文，稱為喜馬拉雅條款的法制化。

2.喜馬拉雅條款的法制化

⑴國際公約的規定

A.漢堡規則

1978 年，漢堡規則正式將喜馬拉雅條款以公約條文的形式出現，漢堡規則第 7 條第 2 項規定：「如果訴訟是對承運人的受僱人或代理人提起，而該受僱人或代理人能證明他是在受僱職務範圍內行事的，則有權利援用承運人根據本公約有權主張的抗辯和責任限制」❸❶❻。

B.鹿特丹規則

2008 年的鹿特丹規則將喜馬拉雅條款條文化，使「履行輔助人」可以援引運送人所得主張的免責抗辯或責任限制抗辯，而且還將「援引的主體」進一步擴大到「獨立承攬人」。鹿特丹規則第 19 條規定：「符合下列條件的，海運履約方（按：包括履行輔助人以及獨立承攬人）必須承擔本公約對承運人規定的義務和賠償責任，且有權享有本公約對承運人規定的抗辯和責任限制：⑷海運履約方在一締約國為運送而接收了貨物或在一締約國交付了貨物，或在一締約國某一港口履行了與貨物有關的各種活動；並且⑻造成滅失、毀壞或遲延交付的事件發生在：1.貨物到達船舶裝船港至貨物離開船舶卸船港的期間內；2.貨物

喜馬拉雅條款始自 Adler v. Dickson 一案，直到美國聯邦最高法院於 1959 年 Robert C. Hcrd & Co., Inc. v. Krawill Machinery Corp. 一案及英國 1961 年 Midland Silicones, Ltd. v. Scrutton, Ltd. 二案判決後，才廣被採用。

❸❶❻ 此處中文條文是按照漢堡規則中文本的文字，英文本是：If such action is brought against a servant or agent of the carrier, such servant or agent, if he proves that he acted within the scope of his employment, is entitled to avail himself of the defences and limits of liability which the carrier is entitled to invoke under this Convention.

在海運履約方掌管期間；或 3.在海運履約方參與履行之運送契約所載任何活動的其他任何時間內。」❸⓵❼

　　所謂「履約方」是指「承運人以外,履行或承諾履行承運人在運輸合同下有關貨物接受、裝載、操作、積載、運輸、卸載或交付的任何義務的人,但以該人直接或間接在承運人的要求、監督或控制下行事為限」(依照中文本原文)❸⓵❽。

　　⑵海商法

　　海商法第 76 條:「本節有關運送人因貨物滅失、毀損或遲到對託運人或其他第三人所得主張之抗辯及責任限制之規定,對❸⓵❾運送人之代理人或受僱人亦得主張之。但經證明貨物之滅失、毀損或遲到,係因代理人或受僱人故意或重大過失所致者,不在此限。」、「前項之規定,對從事商港區域內之裝卸、搬運、保管、看守、儲存、理貨、穩固、墊艙者,亦適用之。」本條第 1 項是運送人主張的免責、責任限制或抗辯事由,「履行輔助人」也可以主張,是喜馬拉雅條

---

❸⓵❼　鹿特丹規則第 19 條第 1 項。英文本為:　1. A maritime performing party is subject to the obligations and liabilities imposed on the carrier under this Convention and is entitled to the carrier's defences and limits of liability as provided for in this Convention if:

(a) The maritime performing party received the goods for carriage in a Contracting State, or delivered them in a Contracting State, or performed its activities with respect to the goods in a port in a Contracting State; and

(b) The occurrence that caused the loss, damage or delay took place:

(i) during the period between the arrival of the goods at the port of loading of the ship and their departure from the port of discharge from the ship;

(ii) while the maritime performing party had custody of the goods; or

(iii) at any other time to the extent that it was participating in the performance of any of the activities contemplated by the contract of carriage.

❸⓵❽　鹿特丹規則第 1 條第 6 款(a),英文本為:　6.(a) "Performing party" means a person other than the carrier that performs or undertakes to perform any of the carrier's obligations under a contract of carriage with respect to the receipt, loading, handling, stowage, carriage, care, unloading or delivery of the goods, to the extent that such person acts, either directly or indirectly, at the carrier's request or under the carrier's supervision or control. 「承運人」就是運送人,「運輸合同」就是運送契約。

❸⓵❾　此字應為多餘,宜予刪除。

款的國內法化；本條第 2 項規定，運送人所得主張的免責、責任限制與抗辯，「獨立承攬人」也可主張。

不過，參照鹿特丹規則的精神，**可以援引喜馬拉雅條款規定的獨立承攬人應該採「限縮解釋」，即必須限於「直接或間接在承運人的要求、監督或控制下行事者」**。又法條雖然規定因「代理人或受僱人」故意或重大過失所致者，不得主張喜馬拉雅條款，但是得主張的主體應該擴大化，包括「運送人及其他債務人」為是，此參考 2012 年德國商法（海商編）第 508 條（詳下述）使用「債務人」一詞可知。

⑶德國商法

2012 年德國商法（海商編）第 508 條第 1 項：「就貨物的滅失或物體上的毀損，基於非契約關係向運送人的受僱人請求者，受僱人亦得主張依照本節（即商法第 408 條至第 512 條）或關於件貨運送契約之規定所得主張之免責或責任限制。上述規定，於對船員所為的請求亦適用之。」、「債務因債務人的故意或明知損失可能發生而執意妄為所致者，不得主張前項規定的免責或責任限制抗辯權」、「運送人與第 1 項所述之人（按：指應負責任的受僱人及船員）對於貨物的滅失或物體上的毀損都應負賠償責任時，應該負連帶賠償責任。」，德國商法關於喜馬拉雅條款國內法化，將船員也納入可以主張喜馬拉雅條款的主體，並且將「運送人與應負責任的受僱人、船員的連帶責任」明文化，堪稱特點。

十三、貨物毀損滅失的保留

㈠毀損滅失的保留的方法

海商法第 56 條規定：「貨物一經有受領權利人受領，推定運送人已依照載貨證券之記載，交清貨物。但有下列情事之一者，不在此限：

一、提貨前或當時，受領權利人已將毀損滅失情形，以書面通知運送人者。

二、提貨前或當時，毀損滅失經共同檢定，作成公證報告書者。

三、毀損滅失不顯著而於提貨後 3 日內，以書面通知運送人者。

四、在收貨證件上註明者。」海商法關於貨物毀損滅失事實的保留，與海牙規則大致相同，其方法有四：

1.提貨前或提貨當時，受領權利人「將毀損滅失之情形以書面通知運送人」

本款規定實際上是承襲自海牙維斯比規則第 3 條第 6 項第 1 目前段，解釋上受領權利人應通知者，包括「毀損或滅失」之事實及「毀損或滅失之大概性質」。受通知人為運送人，但解釋上應包括運送人的代理人，例如：卸貨港之代理人。本款解釋上是針對貨物毀損或滅失外表明顯可見的情形而規定的。

2012 年德國商法（海商編）第 510 條第 1 項也規定：「貨物的滅失或物體上的毀損外表明顯者，若受貨人或託運人未於提領貨物時就該滅失或物體上毀損通知運送人者，則推定貨物已全部在沒有毀損的狀態下交付。前述通知應該以充分明確的用語說明滅失或物體上毀損狀況。」德國商法對於提貨當時的通知，放寬通知的方式，即：關於在交付貨物時為貨物滅失或物體上毀損的通知者，該通知以向交付貨物之人為之即已足❸❷⓪。德國商法沒有必須書面通知的規定。

2.提貨前或當時，毀損滅失「經共同檢定，作成公證報告書」者

本條規定是承襲自海牙維斯比規則第 3 條第 6 項第 3 目而訂定。依照海牙維斯比規則，只要貨物是共同檢查就可以，無需書面通知，但是我國海商法則必須作成公證報告書❸❷①。本款解釋上也是針對貨物毀損或滅失外表明顯可見的情形而規定的。

3.毀損滅失不顯著者，於「提貨後 3 日內以書面通知運送人」

本款係承襲自海牙維斯比規則第 3 條第 6 項第 1 目後段而訂定。受通知人除了運送人以外，運送人的代理人亦可❸❷②❸❷③。2012 年德國商法（海商編）第

---

❸❷⓪ 2012 年德國商法（海商編）第 510 條第 4 項。

❸❷① 海牙規則第 3 條第 6 項第 3 目： The notice in writing need not be given if the state of the goods has at the time of their receipt been the subject of joint survey or inspection.

❸❷② 中華人民共和國海商法第 81 條第 2 項規定：「貨物滅失或者毀壞的情況非屬顯而易見的，在貨物交付的次日起連續 7 日內，集裝箱貨物交付的次日起連續 15 日內，收貨人未提書面通知的，適用前款的規定」，也就是「視為承運人已經按照運輸單證的記載交付以及貨物狀況良好的初步證據。」

❸❷③ 漢堡規則第 19 條第 2 款：「於滅失或毀損不顯著之情形下，如於貨物交付給受貨人之日後連續 15 日內未為書面通知者，本條第 1 項之規定應同樣適用。(Where the loss or damage is not apparent, the provisions of paragraph 1 of this article apply correspondingly if

510 條第 2 項規定：「第 1 項推定的規定，對於貨物的滅失或物體上的毀損不明顯且未於交付後 3 日內以書面通知者，亦適用之。」，德國商法進一步規定，通知應該以書面方式為之。為了符合前揭 3 日的期限，書面通知應該及時發出❸❷❹。

4.在「收貨證件上註明毀損或滅失」

本款係承襲自海牙維斯比規則第 3 條第 6 項第 2 目而訂定，主要是針對貨物在受領時運送人已會同受領人共同檢驗之情形，若於「收貨證件（例如收據）」上註明貨物毀損滅失者，亦與書面通知有同一效力❸❷❺。本款解釋上也是針對貨物毀損或滅失外表明顯可見的情形而規定的。

貨物一經有受領權利人受領，若受領權利人未依上述規定為保留，則「推定」運送人已依照載貨證券之記載，交清貨物。既然只是「推定」，當然可以舉證推翻，只是舉證責任的負擔落在貨物受領權利人而已。

㈡連續運送下，貨物受領保留的行使

連續運送的情況下，受領權利人行使保留的意思應該向何人行使？雖然海商法第 56 條第 1 款、第 3 款的文字，通知的對象是「載貨證券發給人（運送人）」，但是在載貨證券發給人（運送人）將運送的全部或一部委請連續運送人（即實際運送人）運送的情形，由於在中間港或目的港實際交貨的人是連續運送人（實際運送人），只有連續運送人（實際運送人）才可能與收貨人「共同檢定」❸❷❻，因此解釋上，實際運送人也可以是通知的對象。

notice in writing is not given within 15 consecutive days after the day when the goods were handed over to the consignee.)」將通知期限定為「15 日」的規定，海商法的規定對運送人最有利；中華人民共和國海商法的規定介二者之間；漢堡規則的規定，對於運送人最不利。

❸❷❹ 2012 年德國商法（海商編）第 510 條第 3 項。

❸❷❺ 中華人民共和國海商法第 81 條第 1 項：「承運人向收貨人交付貨物時，收貨人未將貨物滅失或者毀壞的情況書面通知承運人的，此項交付視為承運人已經按照運輸單證的記載交付及貨物情況良好的初步證據。」，兩岸海商法規定的簡繁不一，但是中華人民共和國海商法第 81 條「書面通知」一詞，解釋上其實已經足以涵蓋我國海商法第 56 條第 1、2、4 款所列「書面通知」、「公證報告」、「收貨證件上註明」三種的保留方法。

❸❷❻ 海商法第 56 條第 3 款。

　　此外，海商法第 56 條第 1 款：「提貨前或當時，受領權利人已將毀損滅失情形，以書面通知運送人者」、第 3 款：「毀損滅失不顯著而於提貨後 3 日內，以書面通知運送人者」，自然是以載貨證券發給人（運送人）為通知對象。中華人民共和國海商法第 85 條規定：「貨物由實際運送人交付的，收貨人依照本法第 81 條的規定向實際運送人提交的書面通知，與向承運人提交書面通知具有同等效力；向承運人提交的書面通知，與向實際承運人提交書面通知具有同等效力」有相同的規定，漢堡規則第 19 條第 6 項也有相同意旨的規定。

(三)未為毀損滅失保留的效果

　　有受領權利人未依海商法第 56 條第 1 項所列四種方式之一為貨物有毀損或滅失事實之保留者，依照海商法，就發生「推定」運送人已依照載貨證券之記載，交清貨物的效力❸❷❼。

　　海商法關於未為保留的效力與海牙維斯比規則相同，海牙維斯比規則的規定，可以作為解釋海商法相關規定的參考。依海牙維斯比規則，有受領權利人未依海牙規則第 3 條第 6 項第 1 目、第 2 目之規定為貨物有毀損或滅失之保留者，即「推定」運送人已依照載貨證券之記載，交付貨物❸❷❽。因此有受領權利人未為貨物有毀損或滅失之保留者，僅發生「推定」運送人已依載貨證券之記載交付貨物的效力，受領權利人若主張其所受領之貨物與載貨證券之記載不符者，應負反證責任。換句話說，受領權利人未為保留，並不「終極地」喪失其基於貨物毀損或滅失之損害賠償請求權，只是**必須舉證證明貨物於受領時的狀況確實與載貨證券的記載不同，才可以請求賠償**；若未能證明此一事實，就無法請求損害賠償而已。

(四)關於交付遲延的保留

　　貨物交付遲延的通知期限，海商法沒有規定，中華人民共和國海商法第 82 條：「承運人自向受貨人交付貨物的次日起連續 60 日內，未收到收貨人就貨物

---

❸❷❼　中華人民共和國海商法第 81 條「初步證據」，其實也是推定的意思，因此兩岸海商法就此點的規定是相同的。

❸❷❽　海牙規則第 3 條第 6 項第 1 目用「表面證據」一詞，實即「推定」之意。

因遲延交付造成經濟損失而提交的書面通知的，不負賠償責任。」，與漢堡規則第 19 條第 5 項：「對於遲延交付所造成的損失，除貨物交付給受貨人之日起連續 60 日內給予運送人書面通知外，否則無須給予賠償。」相近，鹿特丹規則第 21 條也規定：「除非遲延所致之損失自貨物交付日起連續 21 天內，已經以書面通知運送人，運送人不負賠償責任」都有保留期限的規定。

須注意者，貨物發生「毀損滅失」時，若未依照海商法 56 條第 1 項規定為通知或未依中華人民共和國海商法第 81 條的規定為通知，其法律效果並不是喪失請求權，而是「負擔舉證責任」，即必須證明運送人所交付的貨物與載貨證券的記載不符，然後才可以請求運送人損害賠償，發生舉證責任移轉的不利益。但是「遲延」而未依限通知時，依照漢堡規則或中華人民共和國海商法第 82 條的規定，假若收貨人沒有在規定的 60 日內通知運送人，就會發生「喪失請求權」的法律效果❽，也就是發生「視為」未遲延。

(五)推定全損

貨物應該在約定期間應交付而未交付者，有可能是遲延，也有可能是滅失，假若確定是遲延，就會發生遲延的損害賠償；假若確定是滅失，則會發生滅失的損害賠償。但是假若貨物到底是遲延或是滅失不明確時，究竟應該如何處理？應有解決的機制，不宜令受貨人長期等候，致法律關係長期懸而不決，因此有「推定全損」的規定。

所謂「推定全損」是指貨物超過約定期間未交付，再經過法定的寬容期間仍然沒有交付，依照常情，推定貨物全部滅失。必須注意的，既然只是「依照常情，推定貨物全部滅失」，當然有「存在常情以外事實」的可能，因此應該容許「主張存在常情以外事實」之人舉證推翻。

2012 年德國商法（海商編）第 511 條規定：「貨物逾約定交付期間的兩倍仍未交付者，得認為貨物全損請求賠償，但該交付期間的兩倍，不得少於 30

❽ 漢堡規則第 19 條第 5 款：「除非在貨物交付予收貨人後的連續 60 天內將遲延以書面通知運送人，運送人對於遲延所生的損失不負責任 (No compensation shall be payable for loss resulting from delay in delivery unless a notice has been given in writing to the carrier within 60 consecutive days after the day when the goods were handed over to the consignee.)。」

天；跨國運送者，不得少於 60 天。前段規定對於運送人因行使留置權或因共同海損分擔求償行使留置權而未交付貨物義務之情形，不適用之。」、「因貨物的滅失而可以請求賠償之人，於受領賠償之時，得請求一旦發現貨物，立即被通知」。「請求權人於接獲發現貨物的通知後 1 個月內，得返還賠償金扣除適當賠償費用後的餘額，同時請求交付貨物，但不影響其給付運費的義務及毀損的賠償的請求權。」、「貨物於賠償金給付後被發現，請求權人並未要求發現貨物的通知，或是雖然被通知發現貨物，但請求權人並未要求交付貨物者，則運送人有權自由處分該貨物。」規定十分詳細，堪為參考。

十四、請求權時效

㈠受領權利人對運送人的請求權時效

海商法第 56 條第 2 項：「貨物之全部或一部毀損、滅失者，自貨物受領之日或自應受領之日起，1 年內未起訴者，運送人或船舶所有人解除其責任。」，是承襲自海牙維斯比規則第 3 條第 6 項第 3 目：「依第 6 項規定，在所有情形，除了訴訟於貨物交付或應交付之日起 1 年內提起外，運送人或船舶應解除所有關於滅失或毀損之責任。」的規定而訂定，本條適用於貨物的全部滅失或一部滅失（毀損）情形在內[330]。

所謂「貨物受領之日」，是針對「貨物已交付」而有毀損滅失之情事而規定的。所謂「自應受領之日」，是針對「貨物未依載貨證券之記載而有短交、未交或拒交」之情事而規定的[331]。所謂「1 年」，是請求權的時效期間，關於其消滅

---

[330] 最高法院 88 年臺上字第 751 號判例，又最高法院 91 年臺上字第 711 號判決：「修正前海商法第 100 條第 2 項（修正後為第 56 條第 2 項，但內容已加以修正）規定：『受領權利人之損害賠償請求權，自貨物受領之日或自應受領之日起 1 年內，不行使而消滅。』，未限制於貨物毀損或一部滅失時始有其適用，故於貨物全部滅失之情形，亦在適用之列（參見本院 88 年臺上字第 751 號判例）。」

[331] 海商法與中華人民共和國海商法就收貨人向運送人或船舶所有人的請求權時效期間都是「自貨物受領之日或自應受領之日起 1 年」，1 年期間是針對行使請求權的限制，性質上是「消滅時效」的規定。臺灣海商法 56 條第 2 項的規定，是承襲海牙維斯比規則

時效、時效不完成、或時效中斷，應適用民法關於時效的規定，有些國家（例如德國）有「時效停止進行」的制度，在該國也有「時效停止進行」規定的適用。

又受領權利人之損害賠償請求權，自貨物受領之日或自應受領之日起 1 年內，不提起訴訟請求而消滅者，不但對運送人不得行使毀損滅失賠償請求權，對於船舶所有人也不得主張海事優先權（若該損失依照海商法規定，為海事優先權所擔保❷），此觀海牙規則規定「運送人」及「船舶」均解除責任，可以知悉，若非如此，則債權人即使其債權已經消滅時效，仍然可以拍賣海事優先的標的物（包括：船舶）受償，消滅時效制度對運送人而言，將缺乏實益。

民事請求權一般的行使方法，可以以訴訟以外的方式請求，也可以提起訴訟的方式請求，而且是以訴訟外的方式請求為原則，以提起訴訟的方式請求為例外；關於貨物毀損、滅失、遲到所生損害賠償的請求，也是如此。**惟若要避免消滅時效的發生，則應該自貨物交付或應交付而未交付之日起 1 年內「提起訴訟」**，否則將發生消滅時效的效果，之所以如此，表面上是繼受自國際公約的規定，實質上則是海上貨物運送，不但是「商事事件」，而且常常是「跨越國際」的商事事件，只有規定短期內，且以「提起訴訟」的方式請求，才能迫令權利人儘快行使權利，避免懸而未決。

第 3 條第 6 項：「除第 6 條之 1 另有規定外，運送人及船舶關於貨物的責任，完全解除，除非於貨物交付或應交付之日起 1 年內提出訴訟 (Subject to paragraph 6bis the carrier and the ship shall in any event be discharged from all liability whatsoever in respect of the goods, unless suit is brought within one year of their delivery or of the date when they should have been delivered. This period, may however, be extended if the parties so agree after the cause of action has arisen)」中「除非於貨物交付或應交付之日起 1 年內提出訴訟 (unless suit is brought within one year of their delivery or of the date when they should have been delivered.)」而來；中華人民共和國海商法第 257 條第 1 項的規定，則是承襲漢堡規則第 20 條：「本公約運送貨物之任何訴訟，如未於 2 年期間內提起司法或仲裁程序，即消滅時效 (Any action relating to carriage of goods under this Convention is time-barred if judicial or arbitral proceedings have not been instituted within a period of two years.)」的規定而來。

❷ 依照公約的規定，各國可以本於主權，在公約所規定的海事優先權之外，另外訂定海事優先權，其中最常見的就是擔保運送人違背運送契約的損害賠償之海事優先權。

本條 1 年短期請求權時效所適用的主體究竟是只指「沒有託運人身分的載貨證券持有人」，或是兼指「有託運人身分的載貨證券持有人」以及「沒有託運人身分的載貨證券持有人」在內，**最高法院有裁判的見解似專指「沒有託運人身分的載貨證券持有人」❸❸❸，對於兼具「託運人」及「載貨證券持有人」身分的載貨證券持有人，其請求權時效，應該適用一般時效的規定。**但是此種見解，將導致運送人對具有託運人身分的載貨證券持有人的請求權，享有較長的消滅時效期間，運送人即使可以對「不具託運人身分的載貨證券持有人」行使消滅時效抗辯權，仍然無法擺脫與海牙規則、海牙維斯比規則等公約的規定意旨不符，應不可採。

㈡運送人基於責任保險對保險人的請求權時效

在民事賠償實務上，經常發生「應負責任之人」（例如：運送契約的運送人或商品買賣的商品製作人，以責任保險而言，就是責任保險的被保險人）在賠償被害人（例如：貨物運送的貨主或商品買賣的消費者）之後，依照法律或依契約得向第三人（例如：運送人責任險的保險人或商品責任險的保險人）請求的求償關係。實務上，損害發生後，被害人向「應負責任之人（責任保險的被保險人）」行使請求權的時間，可能很快，也可能慢，只要在時效完成前都是合法的，假若被害人向「應負責任之人（責任保險的被保險人）」行使請求權的時間很慢，或被害人與「應負責任之人（責任保險的被保險人）」的訴訟或和解過程過分冗長，待判決確定或和解達成時，「應負責任之人（例如：責任保險的被

---

❸❸❸ 最高法院 92 年臺上字第 1205 號：「查修正前海商法第 100 條第 2 項固規定：『受領權利人之損害賠償請求權，自貨物受領之日或自應受領之日起 1 年內，不行使而消滅。』，惟原審既認定上訴人為系爭貨物之託運人兼載貨證券持有人，則上訴人即兼具託運人及受領權利人之身分。其於起訴時，並以託運人之身分依運送契約之債務不履行關係為請求。果爾，上訴人本於託運人之地位所得主張之損害賠償請求權，是否有上開 1 年時效規定之適用？非無探討之餘地。」又最高法院 93 年臺上字第 2394 號：「修正前海商法第 100 條第 2 項規定之 1 年時效，係指海運貨物之受領權利人對於因貨物毀損、滅失所生之損害賠償請求權而言，不包括一般債務不履行之損害賠償請求權在內。」

保險人）」對第三人（例如：責任保險的保險人）的請求權有可能早已消滅時效，發生不合理現象。為了解決這種不合理現象，各國解決這個問題的方法可以歸為三類：

1.德國適用民法關於「時效停止進行」的規定

德國民法關於時效停止進行的規定，原來規定在德國民法第 852 條第 2 項：「在對侵權行為產生的損害賠償談判過程中，損害賠償請求權的消滅時效在這段期間，停止進行。」2008 年德國民法修正，改規定在民法第 202 條至第 205 條，其中第 203 條規定：「在債務人與債權人之間，關於請求權或使請求權成立的情況的磋商正在進行者，消滅時效停止進行，直到任何一方拒絕磋商為止。消滅時效最早在停止狀況結束後 3 個月完成。」

德國民法第 205 條規定：「依債務人與債權人的契約，債務人有權暫時拒絕履行給付者，消滅時效就停止（Die Verjährung ist gehemmt, solange der Schuldner auf Grund einer Vereinbarung mit dem Gläubiger vorübergehend zur Verweigerung der Leistung berechtigt ist 或 Limitation is suspended for as long as the obligor, under an agreement with the obligee, is temporarily entitled to refuse performance.）。」典型的例子就是責任保險，在責任保險的被保險人對被害人損害賠償的責任確定前，保險人對於被保險人的保險給付，可以暫時拒絕履行的，因此被保險人對保險人的保險給付請求權的時效，也就應該暫時停止進行。

2.準用保險法第 65 條第 3 款「從被保險人受第三人請求之日」起算

保險法第 65 條規定：「由保險契約所生之權利，自得為請求之日起，經過 2 年不行使而消滅。有左列各款情形之一者，其期限之起算，依各該款之規定：……三、要保人或被保險人對於保險人之請求，係由於第三人之請求而生者，自要保人或被保險人受請求之日起算。」

依該規定，要保人或被保險人對保險人基於責任保險契約請求權的時效起算點是「自要保人或被保險人受（第三人）請求之日」起算，此種規定方式，雖然可以延後消滅時效的起算點，減少消滅時效完成的機會，但是「假若要保人或被保險人受第三人請求的過程太長（例如：法院裁判的時間太長或和解的時間太長）」，依然沒有根本解決問題。

3. 以「第三人對被保險人的請求權確定時或起訴狀送達日」為向保險人請求權的起算點

中華人民共和國海商法第 257 條第 1 項後段規定：「被認定為負有責任的人向第三人提起追償請求的，時效期間為 90 日，自追償請求人解決原賠償請求之日起或者收到對其本人提起訴訟的法院的起訴狀副本之日起算。」此一規定是承襲自漢堡規則第 20 條第 5 項：「被認定應負責任之人，即使各項規定的訴訟期間屆滿之後，仍然可以對負有賠償義務之人提起追償訴訟，但此項訴訟須於提起訴訟地國家法律許可之期限內提起。所許可之期限不得少於 90 日，自提起此項追償訴訟之人已解決求償請求或對其本人所提起的訴訟傳票送達之日起算。」而訂定。

中華人民共和國海商法第 257 條第 1 項後段的規定，不但消滅時效的起算點是自「追償請求人解決原賠償請求之日起或者收到對其本人提起訴訟的法院的起訴狀副本之日」起算，而且將消滅時效期間規定為「90 日」。

在鹿特丹規則也有關於追償訴訟的規定，鹿特丹規則第 64 條規定：「應負責任之人，得於第 62 條所規定的期間屆滿後，提起追償訴訟，但該追償訴訟提起的時間須在下列期間之較後者之內：

⒜提起訴訟管轄地所適用之法律所許可的期間，或

⒝自提起追償訴訟之人解決原請求之日或自收到向其起訴的文書送達之日起 90 天內，以較早者為準。」

以上三者，第一種方式通盤可行，但是必須以民法訂有「時效停止進行」制度為前提，否則就失去依據。第二種方式（也就是保險法第 65 條第 3 款的規定）雖然一定程度緩和了欠缺「停止時效」制度的缺點，但是並沒有根本解決問題，因為責任保險被保險人對保險人的保險金請求權既然從「要保人或被保險人受請求之日」起算，若該請求的訴訟或和解過程超過 2 年的時效期間，則仍然可能發生責任保險被保險人對第三人的責任確定時，被保險人對保險人的請求權早已經消滅時效的情況。因此，在沒有「時效停止進行」制度的國家，從保障責任保險被保險人權益的觀點，漢堡規則、鹿特丹規則以及中華人民共和國海商法所用的第三種立法方式，較為可取。

㈢對光船承租人或經確認為運送人的訴訟

鹿特丹規則第 65 條規定：「對光船承租人或依第 37 條第 2 項之規定確認為運送人之訴訟，得於第 62 條❸所定期間屆滿後提起之，但必須在下列期間之較後者之內：⒜提起訴訟管轄地所適用之法律所許可的期間；或⒝自運送人確認起，或登記所有人或光船承租人依第 37 條第 2 項❸的規定推翻其為運送人的推定之日起 90 天內。」

十五、未為貨物毀損滅失的保留與保險人的代位權行使

海商法第 151 條規定：「要保人或被保險人，自接到貨物之日起，1 個月內不將貨物所受損害通知保險人或其代理人時，視為無損害。」；但依海商法第 56 條第 1 項第 1 款、第 3 款的規定，有以下情形之一者，「推定」運送人已依照載貨證券之記載，交清貨物：

1.貨物一經有受領權利人受領，若其毀損滅失顯著而受領權利人未於提貨前或當時，將毀損滅失情形，以書面通知運送人者

---

❸ 鹿特丹規則第 62 條：「兩年時效期間期滿後，不得就為範本公約下的一項義務所生的索賠或者爭議提起司法程序或者仲裁程序。」、「本條第 1 項述及的時效期間，自承運人交付貨物之日起算，未交付貨物或者交付了部分貨物的，資本應交付貨物最後之日起算。時效期間的起算日不包括在該期間內。」、「即使本條第 1 項規定的時效期間期滿，一方當事人仍然可以提出索賠作為抗辯，或者以此抵銷對方當事人提出的索賠(Notwithstanding the expiration of the period set out in paragraph 1 of this article, one party may rely on its claim as a defence or for the purpose of set-off against a claim asserted by the other party)。」

❸ 鹿特丹規則第 37 條第 2 項：「合同事項中未按第 36 條第 2 項第⒝款載明任何人為運送人，但和同事項載明貨物已經裝上指定船舶的，推定該船舶得登記所有人為承運人，除非改登記所有人能夠證明運輸貨物時該船舶處於光船租賃之中，且能夠指出該光船承租人及其地址。在這種情況下，推定該光船承租人為承運人。或者，船舶的登記所有人可以通過指出承運人及其地址，推翻將其當作承運人的推定。光船承租人可以按照同樣方式推翻將其作為承運人的任何推定。」

2.貨物經有受領權利人受領，若其毀損滅失不顯著而受領權利人未於提貨後 3 日內，以書面通知運送人者

依照海商法第 151 條的規定，受領權利人只要「自接到貨物之日起，1 個月內」將貨物受到損害之事實通知保險人，保險人即有向被保險人給付保險金的義務，且依保險法第 53 條第 1 項：「被保險人因保險人應負保險責任之損失發生，而對於第三人有損失賠償請求權者，保險人得於給付賠償金額後，代位行使被保險人對於第三人之請求權；但其所請求之數額，以不逾賠償金額為限。」的規定，保險人於保險理賠之後，如果符合行使代位權的規定，可以向運送人行使代位權。

若因受領權利人的故意或過失，怠未依照海商法第 56 條第 1 項第 1 款或第 3 款規定為「貨物有毀損滅失的保留通知」，致受到「運送人已經依照載貨證券的約定交清貨物之推定」發生舉證移轉，除非保險人能夠提出反證，證明貨物確實有毀損、滅失或其他尚未交清的情事，否則其代位權將無法實現。

為了解決此一困難，保險人在理賠作業上，除了要求索賠人提出貨物毀損滅失的公證書外，也可以在保險契約約定：「被保險人對於保險人理賠後對運送人代位權的行使有協助義務。受領權利人於受領貨物時怠於為保留的書面通知致保險人行使代位權有困難者，在受領權利人協助保險人舉證證明貨物有毀損、滅失或其他未交清之情事前，保險人得拒絕為保險給付。」以濟其窮。

肆｜航程傭船

一、航程傭船的意義及航程傭船契約的訂定

㈠航程傭船的意義

航程傭船（計程租船或航次租船）是指運送人與傭船人（託運人）約定運送人以特定船舶的全部船艙、特定部分船艙或船舶的特定部分，一次或多次地將託運貨物運往目的港，交付予受貨人，並向傭船人收取運費的契約❸❸❻。航程傭船，又稱為「計程租船」，將「航程傭船」列為船舶租賃的一種，但是航程傭船本質上是「件貨運送契約的擴大化或極大化」，除了因為承運貨物數量龐大，以及使用全部船艙或特定船艙所衍生的規定外，海商法很多關於件貨運送契約的規定在航程傭船都可以準用。

2012 年德國商法 （海商編） 第 527 條規定：「第 481 條至第 511 條及第 513 條至第 525 條的規定於航程傭船準用之，但第 528 條至第 535 條另有規定者，從其規定。」，德國商法（海商編）所謂「第 481 條至第 511 條及第 513 條至第 525 條」都是關於件貨運送託運人、運送人權利義務的規定，而所謂「第 528 條至第 535 條的規定」，則是針對航程傭船承運貨物數量龐大的特色所做的特別規定，主要內容有「船舶必須停泊在約定碼頭，以備裝貨」、「運送人必須發出裝載準備通知」、「裝卸義務人」、「裝載期間」、「卸載通知」以及「裝卸遲滯費用」等規定。

---

❸❻ 參閱 2012 年德國商法（海商編）第 527 條第 1 項。

㈡航程傭船契約的訂定

　　依照海商法的規定，航程傭船契約是要式契約❸❸，運送契約存在於船舶所有人與傭船人（即 CIF、CFR 的出賣人、FOB 的買受人）之間。依照海商法第 39 條的規定：「以船舶之全部或一部供運送為目的之運送契約，應以書面為之。」、第 40 條：「前條（傭船）運送契約應載明下列事項：

　　一、當事人姓名或名稱，及其住所、事務所或營業所。

　　二、船名及對船舶之說明。

　　三、貨物之種類及數量。

　　四、契約期限或航程事項。

　　五、運費。」

　　實務上航程傭船契約經常以「定型化航程傭船條款」為基礎訂立。定型化航程傭船條款中，最新、最廣泛被採用的是「1994 年金康定型化航程傭船契約 (GENCON)」❸❸，是國際標準的契約範本。金康定型化航程傭船契約最早在 1922 年由船舶所有人組織波羅的海國際航運公會 (BIMCO) 公布，歷經 1976 年、1994 年兩度修正。

二、運送人的義務

㈠將船舶停泊在約定或依約指定的裝載碼頭的義務

　　航程傭船，因為承運的貨物數量龐大，當事人必須在航程傭船契約約定或依約指定的裝載港以及裝載碼頭，以便運送人將船舶駛往約定或指定的港口、碼頭候載；傭船人（託運人）也將貨物運往約定或指定的港口、碼頭待裝。

　　2012 年德國商法（海商編）第 528 條第 1 項規定：「為了貨物裝載及堆放，運送人必須將船舶停泊於航程傭船契約所約定的裝載碼頭或依照航程傭船契約的約定由傭船人（託運人）所指定的碼頭。」、第 2 項：「航程傭船契約未約定

---

❸❸　德國的航程傭船契約不是要式契約，2012 年德國商法（海商編）第 527 條後段只規定：契約當事人均得請求航程傭船契約以書面為之。

❸❸　中華人民共和國稱為金康格式統一航次租船合同 (Uniform General Charter)。

裝載及堆放碼頭，而由傭船人（託運人）於傭船契約訂定後指定裝載及堆放碼頭者，傭船人（託運人）應該謹慎小心選擇裝載及堆放碼頭。」堪為參考。

㈡裝貨準備完成之通知義務

船舶一停泊於「裝載碼頭且裝船及堆放準備完成」時，運送人應即向傭船人（託運人）發出裝船準備完成的通知。但若傭船人（託運人）有碼頭指定權但尚未指定裝載碼頭，則船舶「一進入」裝載港，運送人應即對傭船人（託運人）發出裝載準備完成的通知❸，以催促傭船人立刻指定裝載碼頭。運送人的裝載準備完成通知應於裝貨碼頭的慣常辦公時間內為之。裝載準備完成通知於裝載港所在地慣常辦公時間外為之者，則該通知「視為」於該地下一個慣常辦公時間開始時到達❹。

㈢簽發載貨證券義務

1.載貨證券簽發的對象

航程傭船契約如同件貨運送一樣，簽發載貨是應託運人的請求而簽發，若簽發載貨證券，簽發的對象必須視交易條件而定。在 CIF、CFR 的買賣契約，出賣人就是託運人，也同時就是發貨人，因此運送人應該將載貨證券簽發給出賣人；在 FOB 的買賣契約，買受人是託運人，理論上應該將載貨證券簽發給買受人，但是直接簽發給買受人，會發生出賣人在受領價金或承兌之前，對「貨物」完全失控的狀態，因此實務上將載貨證券簽發給「經過買受人授權的發貨人（出口商）」或是「依照公約的規定，與買受人一樣被視為託運人的發貨人（出口商）」❺，而不直接簽發給買受人。

---

❸ 2012 年德國商法（海商編）第 529 條第 1 項後段參照。
❹ 2012 年德國商法（海商編）第 529 條第 2 項參照。
❺ 在 FOB 的交易，託運人雖然是買受人（進口商），但是運送人不可以將載貨證券直接簽發給買受人，因為假若運送人將載貨證券直接簽發給買受人（進口商），將會造成出賣人（出口商）在獲得買賣價金前或在進口商承兌前，因為未持有載貨證券而失去對貨物的掌控。反之，買受人卻可能在還沒有給付價金或還沒有承兌前就取得載貨證券，就可以持載貨證券請領貨物，其結果對出口商十分不利。

附帶說明，在 FOB 交易的通常情形，買受人並不是發貨人，發貨人常常是運送契約的第三人（出口商）。但是例外狀況，有時買受人會到產地採購，然後自行託運，指定目的港的自己為受貨人，此時發貨人、受貨人、買受人都是同一人，運送人將載貨證券簽發給發貨人，實際上就是簽發給買受人自己。例如：臺灣的紡織商人，到澳大利亞購買羊毛，委託長榮海運運回臺灣，指定自己為受貨人就是。

2.航程傭船下，載貨證券與傭船契約的關係

1994 年金康定型化航程傭船契約第 60 條第 2 項規定：「以船舶之全部或一部供運送為目的之運送契約另行簽發載貨證券者，運送人與託運人以外載貨證券持有人間之關係，依載貨證券之記載」，此乃針對航程傭船簽發載貨證券時，運送人與傭船人、運送人與持有載貨證券的善意第三人的法律關係而規定的。傭船契約另行簽發載貨證券時，運送人與傭船人（託運人）的關係，應依照傭船契約的記載，即使簽發了載貨證券，該載貨證券在傭船契約當事人間，也只有「推定」的效力，沒有「視為（確定）」的效力。

但是，該載貨證券是可以流通的（即：空白載貨證券及指定載貨證券），而且已經因「法律行為（交易）」而讓與善意第三人時，該第三人因為無從知悉航程傭船契約的內容，因此運送人與第三人的法律關係，必須依照載貨證券的記載定之，依照海商法的相關規定，也可以獲得相同的結論。

⑴當事人間載貨證券有「推定」傭船契約效力

海商法第 40 條規定，傭船契約是要式契約，必須訂立書面契約，契約才成立，當事人的權利義務應該依照航程傭船契約的約定，**載貨證券的記載只具有「推定」航程傭船契約的效力。**

⑵載貨證券對善意第三人而言具有「視為」效力

船舶所有人所簽發的載貨證券，假若是指定式載貨證券或空白載貨證券，該載貨證券就可能透過「背書交付」或「交付」而讓與第三人，而該第三人在「受讓之時」若是善意，就成為「持有載貨證券的善意第三人」。船舶所有人與持有載貨證券的善意第三人間的法律關係，應該依照載貨證券的文義，定其權利義務，此時載貨證券具有「視為」的效力。

法律有個重要的精神，就是保護交易（法律行為）的善意第三人，簡稱為

「保護交易的安全」。若第三人是惡意的，或第三人之持有載貨證券是透過「繼承（不是法律行為或不是交易）」取得的，則該第三人就不是交易的善意第三人，而是惡意或繼承的第三人，不是交易安全的保護對象。

因此，**在航程傭船契約的當事人間以航程傭船契約為準，採真實主義，以保護靜的安全；但是對於交易的善意第三人，則以載貨證券的記載為準，以保護動的安全❸❷**。

⑶載貨證券的引置條款

A.引置條款的含義

航程傭船下簽發的載貨證券，經常記載有「**引置條款 (incorporate clause)**」，**將航程傭船契約引置為載貨證券內容的一部分**。 incorporate clause 之所以譯為「引置條款」，取其將航程傭船契約「引導置入」於載貨證券之意，在中華人民共和國，稱為「併入條款」，取其將航程傭船契約（航次租船）契約內容併入於提單之意。

B.載貨證券有引置條款時，運送人與第三人法律關係的決定

載貨證券載有引置條款時，船舶所有人與傭船人的法律關係固然應該依照航程傭船契約來決定；船舶所有人與善意第三人（即：傭船人以外的善意提單持有人）的法律關係，原本應該只依照載貨證券（提單）決定者，也因為載貨證券載「引置條款」的關係，已經將航程傭船契約引置為載貨證券的內容，因此船舶所有人與善意第三人的關係，也應依「航程傭船契約」的內容決定之。

引置條款若要發生引置效力，使被引置的契約或約定成為載貨證券的一部分，因而對善意第三人發生拘束力，必須滿足兩個條件：

---

❸❷ 中華人民共和國海商法第95條：「對按照航次租船合同運輸的貨物簽發的提單，提單持有人不是承租人的，承運人與該提單持有人之間的權利、義務關係適用提單的規定。但是提單中載明適用航次租船合同條款的，適用該航次租船合同的條款」，條文所謂「提單持有人不是承租人的」應該縮限解釋，只限於提單持有人是從交易過程中取得，而且必須是善意的，至於因為繼承取得，或是惡意的，都不在此列。又條文中「但是提單中載明適用航次租船合同條款的，適用該航次租船合同的條款」，必須在時間及場所上有閱讀可能性，才有其適用。

㈠載貨證券的引置條款本身「必須足夠鮮明」，足以提醒其他載貨證券持
　有人的注意

載貨證券內有引置條款，將航程傭船契約或約定引置為載貨證券的一部分
時，該引置條款本身必須十分鮮明，足以提醒傭船人以外持有載貨證券的第三
人，因閱讀載貨證券，而能夠知悉「航程傭船契約或約定已經構成載貨證券內
容的一部分」，因此也將受到航程傭船內容的拘束。

㈡善意第三人（受讓載貨證券的善意第三人）必須「隨時有閱讀航程傭
　船契約或約定的機會或可能性」

㈣船舶適航性義務、適載性義務及不偏航義務

航程傭船本質上是件貨運送的擴大化或極大化，因此件貨運送契約中關於
適航性、適載性❹以及不偏航義務的規定，也準用於航程傭船，不但應該準用，
而且由於這些義務是「本質性的義務 (fundamental liability)」，涉及安全航行及
安全載貨的核心問題，因此即使在航程傭船，契約雙方當事人的「談判機會」、
「談判能力」彼此相當，也不可以透過個別談判排除上述義務，否則就規避了
航程傭船契約的本質。在航程傭船，船舶所有人應該負責僱用船長、海員等、
負責提供燃料補給品、並負責決定航程❹。

2012 年德國商法參照漢堡規則，規定航程傭船的運送人應負擔並維持船舶
適航性與適載性❹。但是我國海商法，仍然承襲海牙維斯比規則，規定運送人
對於船舶發航後突然喪失航行能力所致承運貨物的損失，可以免責。

三、傭船人（託運人）的義務

由於航程傭船本質上是件貨運送的擴大化或極大化，航程傭船的傭船人，
其法律地位就如同件貨運送的託運人，但是航程傭船承運的貨物數量龐大，由
此衍生很多航程傭船下，運送人與傭船人（託運人）的特殊義務。以下列舉託
運人的主要特殊義務：

---

❹ 2012 年德國商法（海商編）第 531 條第 1 項後段。
❹ 參閱中華人民共和國海商法第 47 條、第 49 條、第 97 條。
❹ 2012 年德國商法（海商編）第 531 條第 1 項後段。

㈠裝卸期間及裝卸滯期費的負擔

由於航程傭船承運的貨物數量十分龐大，裝卸十分費時，所以會有裝卸期間與裝卸滯期費負擔的問題。

「裝卸期間」的計算，依海商法的規定「裝卸期間自前項通知送達之翌日起算❸⁴⁶，期間內不工作休假日及裝卸不可能之日不算入。但超過合理裝卸期間者，船舶所有人得按超過之日期，請求合理之補償。」❸⁴⁷、「前項超過裝卸期間，休假日及裝卸不可能之日亦算入之」。2012 年德國商法（海商編）第 530 條第 4 項規定：「除非另有約定，否則裝載期間以及滯期費應為依照具體情況的合理期間。計算裝載期間以及滯期費時，日期應該連續計算，包括星期日以及假日。但因運送人所應承擔的風險致無法為裝載及堆放者，應予扣除。」基本上相似。

裝卸超過約定的或慣常的裝卸期間，將會增加運送人碼頭租金等的負擔，傭船人若有裝卸義務，且遲滯是可歸責於託運人，自應由託運人負擔滯期費。依照 2012 年德國商法，運送人的船舶等候期間超過當事人約定的裝載期間或非因其所應承受風險的理由而發生裝載滯期費，運送人得請求合理的滯期費。又船舶抵達卸貨碼頭後，受貨人依德國商法第 494 條第 1 項之規定請求交付貨物時，若受貨人受積欠滯期費數額之通知，亦有支付滯期費的義務❸⁴⁸。

㈡貨物的裝載及堆放義務人

航程傭船所承運的貨物數量龐大，「除非當事人另有約定，或是依照具體情況或航運慣例的要求，否則應該由託運人負責裝貨、堆貨❸⁴⁹，由受貨人負責卸貨❸⁵⁰」。不唯如此，運送人還沒有重新裝貨的權利❸⁵¹。傭船人（託運人）裝載及堆放時，應該盡善良管理人的注意，否則對運送人因此所受的損害（例如：船舶受損、船舶傾覆等），應該負賠償責任。

---

❸⁴⁶　海商法第 52 條第 2 項前段，2012 年德國商法（海商編）第 530 條第 1 項。
❸⁴⁷　海商法第 52 條第 2 項後段。
❸⁴⁸　2012 年德國商法（海商編）第 530 條第 3 項。
❸⁴⁹　參閱 2012 年德國商法（海商編）第 531 條第 1 項。
❸⁵⁰　參閱 2012 年德國商法（海商編）第 534 條第 1 項。
❸⁵¹　參閱 2012 年德國商法（海商編）第 531 條第 2 項。

四、航程傭船契約的解除

海上貨物運送契約的解除，以「是否經過當事人合意」為標準區分，可分為「有法定或約定原因的解除」與「無法定或約定原因的解除」：

㈠有法定或約定原因的解除

1. 船舶欠缺適航性或適載性的解除

海商法第 42 條：「運送人所供給之船舶有瑕疵，不能達運送契約之目的時，託運人得解除契約」，這是因法定原因發生而可以解除。猶如前述，在航程傭船，運送人有船舶適航性及船舶適載性的義務，所謂「運送人」就是「傭船人的相對人」，也就是將特定船舶的全部船艙、特定部分船艙或特定部分「出租」[352] 予傭船人之人。所謂「船舶有瑕疵，不能達運送之目的」，是指船舶欠缺適航性致欠缺安全航行於特定航程的能力，或船舶欠缺適載性致不適合承運所託運的貨物而言。託運人本於本條的原因解除契約，其尚未給付運費者，固然沒有給付運費的義務；其已經給付運費者，則可以請求返還運費。此外，貨物已裝船者，得請求在裝載港將貨物卸船（回復原狀），若因此而發生損害，例如：改託其他船舶運送，致運費較為昂貴、遲延抵達目的港、發生遲延給付之損害等，並得請求損害賠償[353]。

2. 裝貨遲延的解除

運送契約訂有交船或裝載之期限者，若因可歸責於運送人之事由而遲延履行，託運人得依民法之規定，定相當期限催告其履行，如於期限內不履行時，得解除契約[354]，其依契約之性質或當事人之意思表示，非於一定時期為給付不能達其契約之目的，而運送人一方不按照時期交船或裝載者，託運人得不定相當期間催告，逕行解除運送契約[355]。

---

[352] 這裡所謂「出租」只是沿襲法條用語，實際上，航程傭船只是貨物託運的一種形式，本質上是件貨運送契約的擴大化或極大化。

[353] 民法第 259 條、第 260 條。

[354] 民法第 254 條。

[355] 民法第 255 條參照。

3. 其他運送人違背運送契約的解除

運送人違背運送契約的其他約定，符合約定解約事由，託運人得行使解除契約的權利。

(二)無法定或約定原因的解除

傭船契約，除了船舶是於一定時期內供運送或為數次繼續航行所訂立之運送契約者外❸❺❻，得為任意解除。傭船契約之任意解除可分為兩種：

1. 全部傭船契約的任意解除

海商法第 43 條規定：「以船舶之全部供運送時，託運人於發航前得解除契約，但應支付運費三分之一。如託運人已裝載貨物之全部或一部者，並應負擔裝卸之費用。」也就是在全部傭船契約的情形，傭船人（託運人）只要支付運費三分之一及負擔裝卸費用，就可以任意解除契約。除了一部傭船契約的解除外，其他的一部傭船人也都解除契約時，該船舶亦無須為履行傭船契約而航行，與全部傭船契約的任意解除者無異，因此海商法第 44 條第 2 項規定：「前項情形（按：指一部傭船契約任意解除情形），託運人皆為契約之解除者，各託運人僅負前條（按：指海商法第 43 條，即全部傭船契約之任意解除）所規定之責任。」，也就是傭船人只負支付運費三分之一及負擔裝卸費用的責任。

2. 一部傭船契約的任意解除

海商法第 44 條第 1 項規定：「以船舶之一部供運送時，託運人於發航前，非支付其運費之全部，不得解除契約，如託運人已裝載貨物之全部或一部者，並應負擔裝卸費用，及賠償加於其他貨載之損害。」，因為一部傭船契約，某一託運人解除契約後，該承運船舶為履行其他傭船契約，仍須按照既定航程開航，加上啟航在即，臨時攬貨不易，其空出之船艙，常常空而不用，因此必須給付全部運費方可解約。

若已裝載貨物之全部或一部者（按：這裡所謂「全部或一部」，是指該解除契約的託運人所託運貨物之全部或一部），並應負擔裝卸費用。此外，數個一部

---

❸❺❻ 海商法第 45 條：「前二條之規定，對船舶於一定時期內供運送或為數次繼續航行所訂立之契約，不適用之。」

傭船契約的貨物，通常分屬不同人所有，若在貨物已全部或一部裝載後，某傭船人解除契約，則必須進行卸載，而貨物之卸載，除可能造成其他貨物碰損外，尚可能發生遲延開航，因此應賠償加於其他貨載之損害。

㈢德國商法的借鑑

2012年德國商法（海商編）關於傭船契約有下列重要規定，值得借鑑：

1. 傭船人（託運人）得請求運送人「只承運部分貨物」

2012年德國商法（海商編）第533條第1項：「傭船人（託運人）得於任何時間請求運送人只承運部分貨物。傭船人（託運人）行使此一權利時，運送人有權請求全部運費、可能發生的滯期費以及因為貨物裝載不完全而生的任何費用 ❺❼。依照航程傭船契約的約定，運送人有權使用該船舶承運他人貨物以替代未裝載堆放之貨物，且運送人已行使該權利者，則運送人因承運他人貨物所得之運費應自全部運費中扣除。運送人因貨物裝載不完全而喪失運費之擔保者（按：例如運送人就積欠的運費，對承運的貨物，可以主張留置權。若貨物裝載不完全，將使留置權的標的物（貨物）減少，而留置權的標的物減少又將使運費的擔保不足），得請求另外提供其他擔保。貨物因為運送人應承擔的風險導致貨物未能全部託運者，運送人僅就實際裝載部分得為第2句至第4句的請求。」

2. 貨物逾期未完成裝載、堆放或交付運送，運送人得只就已經裝載的部分貨物為運送

2012年德國商法（海商編）第533條第2項：「傭船人（託運人）未能於裝載期間加上約定的延滯期間內完成貨物之全部或一部的裝載及堆放者，或是傭船人（託運人）依約雖然沒有裝載及堆放貨物的義務，而全部或一部貨物未能及時交付以供運送者，則運送人得訂定裝載、堆放或交付貨物以供運送的合理期限。超過該合理期限者，運送人除得就已裝載及堆放，或已經交付以供運送部分為運送外，還可以依第1項第2句至第4句為請求。第490條第4項之規定準用之。」

---

❺❼ 所謂「因為貨物裝載不完全而生的任何費用」，例如：空出的空間，必須另外以保麗龍塞住；必須用網網住，以免貨物崩塌或滑動。

3. 貨物逾期未完成裝載、堆放或交付運送，運送人得終止契約

2012 年德國商法（海商編）第 533 條第 3 項：「傭船人（託運人）未能於裝載期間加上約定的延滯期間內完成貨物全部或一部的裝載及堆放者，或是在傭船人（託運人）依約沒有裝載及堆放貨物義務的情形，全部或一部貨物未能及時交付以供運送者，則運送人得依 490 條的規定終止契約，並依 489 條第 2 項以及第 532 條第 2 項之規定請求運費及延滯費。」

4. 貨物明顯無法依約裝載、堆放或交付運送，運送人得提前終止契約

2012 年德國商法（海商編）第 533 條第 4 項：「貨物明顯無法依約裝載、堆放或交付運送時，運送人得在裝載期間加上約定的延滯期間還沒有屆滿前，終止航程傭船契約。」

5. 裝載相關規定對卸載的準用

傭船運送承運數量龐大的貨物，需要傭船人（託運人）預為準備，因此運送人必須為裝載準備完成通知、當事人必須有裝載期間的約定等等，同樣地，卸貨時也需要受貨人預為準備，因此運送人必須為卸貨準備完成通知、當事人必須約定卸載期間等等，因此海商法關於裝船過程的規定，很大程度可以準用在卸載過程。

2012 年德國商法（海商編）第 534 條第 1 項規定：「第 528 條至第 531 條關於裝貨港、裝貨碼頭、裝船準備完成的通知、裝載期間、貨物的裝載及堆放的規定，對於卸載港、卸載碼頭、卸貨準備完成、卸載期間以及貨物之卸載準用之。但不論第 530 條第 3 項第 2 句如何規定，受貨人應支付超過卸貨期間的延滯費，即使在受領貨物的交付時，未被告知積欠的延滯費數額，亦同。」、第 2 項：「運送人不知受貨人者，卸貨準備完成的通知應於貨物的預定卸貨地以慣行的公告方式為之。」

五、航程傭船的運送過程

㈠預備航程（預備航次）

1.「預備航程條款（預備航次條款）」的意義

所謂「預備航程 (preliminary voyage)」，中華人民共和國海商法稱為「預備航次」，是指本航程的前階航程，從前一個運送契約的卸貨港到為履行本航程傭

船契約而駛抵裝貨港的航行。規範此一航行的條款稱為「預備航程條款」。1994
年金康航程租船（航程傭船契約）所稱的「預備航程條款」就是指規範船舶從
前一運送契約的卸貨港到本航程傭船的約定裝貨港、地點或是其附近可以安全
停泊處所的條款。航程傭船契約中關於船舶所有人（出租人）的權利義務的規
定，對於預備航程也有其適用。

2.預備航程條款的主要內容

⑴受載期限 (laydays)

也就是船舶預定到達裝貨港或地點，並且裝船準備完成的日期。

⑵得解除契約日 (canceling date)

規定假若船舶未能於某約定日期前抵達約定的裝貨港、碼頭或其他地點，
並完成貨物裝船準備，傭船人（承租人）得解除契約的定型化條款，1922 年、
1976 年及 1994 年金康航程租約 (Gencon Charter As Revised 1922, 1976 and
1994) 就有類似規定。

㈡船舶抵達裝貨港

在航程傭船，船舶所有人必須在受載期前，將船舶駛抵指定港口。航程傭
船有「受載期限」的約定時，若船舶在約定的期限前抵達，傭船人（承租人）
並無開始裝貨的義務；若船舶超過受載期限才抵達指定港口，傭船人（承租人）
有解除契約的權利，傭船契約經常以 「受載期限與解除契約 (Laydays and
Cancelling)」標示，簡稱 Laycan ❸❸❸。

㈢裝　貨

1.傭船人應告知各批貨物的不同目的港

在航程傭船，若所託運的貨物分別在兩個或兩個以上的港口卸貨時，傭船

---

❸❸❸ Laydays refers to the time when a ship must present itself to the charterer. If the ship arrives
before the laydays specified, the charterer does not have to take control or start loading
(depending on the type of charter). If the ship arrives after the Laydays then the contract can
be cancelled, hence Laydays are often presented as the term Laydays and Cancelling and can
be shortened to Laycan.

人應該將準備在第一個、第二個卸貨港卸載的貨物正確地告知船長，以便船長在指揮安排貨物的堆積位置時，能夠兼顧到卸貨的方便性以及卸貨後船舶的適航平衡 (seaworthy trim)，否則傭船人必須負擔因此發生的倒艙費或貨物整理費 (cargo reconditioning expenses)、卸載費以及重裝費。

2.裝貨義務人的約定

猶如前述，航程傭船，原則上由傭船人（託運人）或受貨人分別負責裝船或卸船，但當事人另有約定者，從其約定，例如：約定「出租人（運送人）負擔裝船費用，但是不負擔卸載費用」，英文稱為：liner in, free out；反之，若約定「出租人（運送人）不負擔裝船費用，但負擔卸載費用」，英文則稱為：free in, liner out。

3.傭船人裝貨的注意事項

航程傭船，如果依照的約定或依照法律的規定應該由傭船人負擔裝船義務，常常會牽涉下列問題：

⑴裝船期間從船舶到達開始起算

航程傭船契約，若約定在特定碼頭由傭船人裝貨，必須在船舶到達之後，才可以裝貨，因此除非船舶是已經停泊在碼頭，否則該船舶還不得稱之為「到達船舶」，裝船期間也就不能開始起算。又船舶因為氣候或是港口壅塞等原因導致船舶無法靠近碼頭的損失，應該由船舶所有人（運送人）負擔。

⑵貨物的危險負擔原則上在貨物越過船舷時移轉

貨物的危險負擔，依照信用狀統一慣例的規定，以貨物放置到船舶時為準。另外，若所託運的貨物是石油，則以「銜接船舶固定性管線」為界限，裝船時，石油在「銜接船舶固定性管線」前所發生的損失，其危險由傭船人負擔。

⑶在港口固定船舶的費用由船舶所有人（運送人）負擔

船舶所有人必須提供船舶繫纜、解纜，及銜接、中斷裝卸貨物管線的必要設備及工具，其費用應由船舶所有人（運送人）負擔。任何為使該船舶固定於指定碼頭以便裝貨之目的，而僱用拖船所生的費用均應該由船舶所有人負擔。船舶所有人有義務將船舶駛往指定的碼頭，提供船舶設備，以供在該碼頭繫纜泊船之用，並接受貨物的裝船。傭船人有義務在指定碼頭，裝載貨物。因此，裝船是一個應該由雙方當事人配合完成的工作。

(4)停泊在港口的船舶受航政主管機關（航港局）命令而移往安全處所的費用
由船舶所有人（運送人）負擔

若由於氣候的原因，航港局下令船舶駛往安全港灣所發生的費用，應該由
船舶所有人負擔。因為船舶移動的命令是航港局所下的，是港口主管機關行政
權的行使，對船公司言，有不可抗力的性質。

4. 滿艙滿載與短載損失

(1)滿艙滿載

在航程傭船契約，常有傭船人應該提供「滿艙滿載 (full and complete)」貨
物的約定。傭船人（承租人）若違反滿艙滿載義務，仍然必須支付全部租金（實
際上是運費）。

傭船人所給付的對價性質上是運費。不論是全部傭船或一部傭船，通常是
依照「全部或一部艙位與運費率」計算運費。若實際裝船的數量少於船舶的承
載能力，就發生短裝或虧艙，此時，傭船人仍然必須支付全部運費，假若運費
已經給付，運送人（出租人）也不會退還短裝造成的虧艙費，但當事人另有協
議者，從其協議。

(2)短載損失

與「短裝或虧艙」相反的是短載損失，也就是船舶所有人（所謂「出租
人」）所提供船舶的裝載數量，未能達到依約應該提供的數量，致使傭船人因貨
物不能全部及時裝船，因而發生違背契約、貨物退還、倉儲費用以及運回費用
等損失，船舶所有人必須對傭船人負損害賠償責任。

5. 裝載期間

裝載期間 (laytime) 指在航程傭船中，裝船時間的合計或卸載時間的合計的
簡稱，通常以多少天，或是每天貨物裝船多少噸或卸載貨物多少噸表示之❸❺❾。
裝載期間的長短，由當事人約定；當事人無約定者，裝載期間從各地之習慣（即
依裝載港之習慣）。依照修正前德國商法，「裝載期間，當事人無約定者，依裝
載港之規定；裝載港無規定者，依地方之既存習慣；無地方既存習慣者，依具

---

❸❺❾ Time allowed by the shipowner in a voyage charter to carry out the cargo loading and/or
discharging operations; laytime may be expressed as a certain number of days or number of
tons of cargo loaded/unloaded per day.

體情況之合理期間為裝載期間。」此一規定較為完備，可資參考❸❻⓪。

　　裝載期間，休假日不算入，遇有裝卸不可能之日亦不算入。當事人有「遲滯期間」之約定者，運送人有停留到遲滯期間過後的義務。在裝載期間內，即使傭船人（託運人）開始裝船較遲（例如：自 10 月 1 日起 5 天為裝載期間，但託運人到 10 月 3 日才開始裝貨），除契約另有約定外，運送人不得僅以此為理由請求損害賠償（因為開始裝船較慢，但是完成裝船仍然可能在期間內），但裝載期間過後（即在遲滯期間），運送人得按其超過之日期，請求相當損害賠償，但是原則上非待遲滯期間屆滿，船舶不得逕行離去。

6.滯期費

　　在裝卸免責的傭船契約❸❻①，非可歸責於船舶所有人的原因而傭船人沒有在裝卸期間內完成裝卸工作，就會發生滯期費 (demurrage)，傭船人應該對船舶所有人（出租人）負賠償責任。遲滯期間之計算，休假日亦算入之，又雖遇有不可抗力致裝貨不可能者，亦算入之❸❻②。

7.速遣費

　　速遣費是指傭船人（承租人）在約定的裝卸期間之前完成裝船或卸載工作，船舶所有人（出租人）可以及早駛離碼頭，以節省之碼頭租金等。船舶所有人須依照約定給付速遣費予傭船人（承租人），以避免不當利益。在航程傭船，經

---

❸❻⓪ 參閱舊德國商法第 568 條第 1 項。

❸❻① 此所謂「裝卸免責」是指對航程傭船的運送人（出租人）而言，免除負擔裝卸責任。

❸❻② 海商法第 52 條第 3 項後段。當事人有遲滯期間之約定者，運送人有義務停留等候到裝載期間及遲滯期間經過之義務，但若運送人以「裝載須於特定日期前完成」為條件者，不論貨物因何種原因不能準時裝貨，運送人均無停泊船舶等候之義務。德國商法規定：運送人於等候義務期間（裝載期間及遲滯期間）過後，託運人裝載尚未完成者，運送人得選擇下列三種權利之一：

(1)解除契約：運送人得依照法律關於解除契約之規定，解除運送契約。

(2)基於一部裝船的規定，請求運費及損害賠償：運送人得選擇將船舶啟航，不繼續裝貨，並基於「一部裝船」之規定，請求運費及賠償等。

(3)繼續裝貨，但請求船舶遲滯費用 (demurrage)：船舶所有人於等候義務期間屆滿後，得選擇不立即開航，等待繼續裝貨，並依超過之日數，請求相當損害賠償，此即遲滯費用。

常將滯期費與速遣費同時規定，稱為滯期費與速遣費條款 (demurrage/dispatch money clause)。

㈣運　送

海上運送人有依照約定航線或習慣航線航行的義務，非有正當理由不得偏航，且無論如何不得改變航程。至於確定預定航線的方法，首先是以運送契約或載貨證券所記載的航線判斷，若是運送契約或載貨證券沒有記載，則依照裝載港到卸貨港的通常航線定之。

1. 非有正當理由不得偏航

Deviation，在臺灣稱為「偏航」，在中國稱為「繞航」。船舶是否偏航以船舶航行是否偏離預定的地理航線為斷。偏航與變更航程 (change of voyage) 合稱為「變更航線」，二者的不同是：「偏航」是指船舶雖然偏離約定航線或習慣航線而為航行，但是並沒有要變更目的港，具有正當理由的偏航，即使承運的貨物因此發生損害，運送人也可以免責；「變更航程」則指變更目的港，變更航程可能導致航線完全變更，風險也完全不同，保險公司不敢承保，其已經訂立的保險契約，在「變更航程的意思明顯化」時，契約就終止效力。

⑴正當理由的偏航

對於貨物因正當理由的偏航所造成的損失，運送人不負賠償責任。海商法第 71 條：「為救助或意圖救助海上人命、財產、或因其他正當理由偏航者，不得認為違反運送契約，其因而發生毀損或滅失時，船舶所有人或運送人不負賠償責任」。這是承襲自海牙維斯比規則第 4 條第 4 項：「為救助或企圖救助海上人命或財產的任何偏航，或任何合理的偏航，都不得被視為違反本公約或運送契約，因此所致之任何滅失或毀損，運送人不負賠償責任」而來。

⑵「因正當理由而偏航」的認定標準

偏航是否有正當理由，一般以是否「兼顧運送人、託運人、保險人的利益」為考量標準。若只是為了一方的利益，不得認定是因正當理由而偏航，例如：為了讓船上的工程師下船而偏航、為了在某港口添加優質廉價煤炭而偏航都是不合理偏航。但是在航程傭船契約中，訂有「防護及補償協會添加燃料條款（P&I Bunkering Clause 或 P&I Bunker Deviation Clause）」時，依此條款，船舶

所有人可以命令船舶駛往特定港口添加燃料，不會構成偏航或違背運送契約，此為例外。

　　(3)在載貨證券上記載自由偏航條款的效力

　　載貨證券上記載有「自由偏航條款 (liberty to deviation)」效力如何？從字義上解釋，船舶似乎可以任意偏離約定或習慣航線，但是因為「自由偏航條款」是訂在載貨證券，而載貨證券本質上是定型化契約，因此法院對於「自由偏航條款」都從嚴規制，即載貨證券訂有自由偏航條款，運送人還是只能掛靠契約約定的港口，而且必須依序掛靠。

2. 不得變更航程

　　變更航程，即使啟航港相同，只要目的港不同，航線就會完全不同，風險也會完全不同，因此倫敦保險人協會協會貨物保險契約 (Institute Cargo Clauses) 都約定在 **「變更航程的意圖明顯化 (manifestation of intention to change the voyage)」** 時，保險契約的效力就立即終止，即使船舶客觀上還是在預定航線或習慣航線上，亦同。

(五)卸　貨

1. 卸載港的選定

　　卸貨港通常依照契約的約定。若傭船契約的卸貨港條款約定傭船人（承租人）有選擇權，而傭船人未依約行使選擇權時，船長應該如何處置？海商法沒有規定，解釋上應該適用民法的規定，但在中華人民共和國海商法有另外明確規定。分別說明如下：

　　(1)臺灣海商法

　　海商法沒有明確規定，應該適用民法關於「選擇之債」的規定，民法第210條第1項：「選擇權訂有行使期間者，如於該期間內不行使時，其選擇權移屬於他方當事人。」、第2項：「選擇權未定有行使期間者，債權至清償期時，無選擇權之一方當事人，得定相當期限催告他方當事人行使其選擇權，如他方當事人不於所定期限內行使選擇權者，其選擇權移屬於為催告之當事人。」、第3項：「由第三人為選擇者，如第三人不能或不欲選擇時，選擇權屬於債務人。」

　　至於選擇權的行使方法，應該依照民法第209條：「債權人或債務人有選擇

權者，應向他方當事人以意思表示為之。」、「由第三人為選擇者，應向債權人及債務人以意思表示為之。」的規定辦理。據上所述，航程傭船契約有卸貨港條款且約定由傭船人行使選擇權時，若傭船人未依約行使選擇權，則選擇權應該移屬於船舶所有人（運送人），而船長是船舶所有人（運送人）的法定代理人，因此有權在約定的數個卸貨港中，選擇卸貨港。

(2)中華人民共和國海商法

中華人民共和國海商法明確規定，可以在數個約定卸貨港中選擇其一：中華人民共和國海商法規定船長可以從數個約定的卸貨港中選擇一個港口卸貨。中華人民共和國海商法第 101 條：「出租人應當在合同約定的卸貨港卸貨。合同訂有承租人選擇卸貨港條款的，在承租人未按合同約定及時通知確定的卸貨港時，船長可以從約定的選卸港中自行選定一港卸貨。承租人未按照合同約定及時通知確定的卸貨港，致使出租人遭受損失的，應當負賠償責任。出租人未按照合同約定，擅自選定港口卸貨致使承租人遭受損失的，應當負賠償責任。」

2. 卸載通知

在傭船運送的情形，海商法第 52 條第 1 項規定：「以船舶之全部或一部供運送者，運送人非於船舶完成裝貨或卸貨準備時，不得簽發裝貨或卸貨準備完成通知書。」因為傭船契約的船舶所承載之貨物為數龐大，有必要事先通知受貨人，以便安排倉庫或運輸工具。

3. 卸載費用的負擔

傭船契約的卸載費用，慣例上由當事人自行約定。若約定由託運人負擔，實際上進行卸貨的仍然是受貨人，此點必須由託運人與受貨人透過約定安排。

4. 卸載期間的起算與卸載期間的長短

在航程傭船，卸載期間的起算，依照海商法第 52 條：「以船舶之全部或一部供運送者，運送人非於船舶完成裝貨或卸貨準備時，不得簽發裝貨或卸貨準備完成通知書。」、「裝卸期間自前項通知**送達之翌日**起算，期間內不工作休假日或裝卸不可能之日不算入之。但超過合理裝卸期間者，船舶所有人得按超過之日期，請求合理之補償。」的規定，卸載期間的起算，是從運送人卸載準備完成，簽發卸貨通知，且卸貨通知送達的翌日起算。德國舊商法關於卸載期間的起算，則一律從「通知之翌日」起算❸，而非從通知「送達之翌日」，比較二

者，我國的規定較為合理可行。

海商法關於「卸載期間」的長短沒有明確的規定，但是從海商法第 52 條第 2 項但書：「……但超過合理裝卸期間者，船舶所有人得按超過之日期，請求合理之補償。」規定觀之，似以「合理期間」為卸載期間。關於卸載期間的確定，本質上是私法契約的範圍，應該容許當事人自行約定。即當事人若有約定，應從當事人之約定；當事人無約定時，則從各地之習慣。當事人既無約定，又無地方習慣時，則以合理期間為準。德國舊商法也規定：「當事人有約定者，從當事人之約定；當事人無約定者，從地方法令；契約既未約定又無地方法令者，則依地方之既存習慣；若地方既存習慣亦欠缺者，則依該具體狀況下之『合理期間』為卸載期間」，也採取相同的觀點❸❹。

卸載期間，休假日不算入❸❺，卸載不可能之日亦不算入，但「超過卸載期間」（即在遲滯期間），休假日及因不可抗力而卸貨不可能之日，均算入之❸❻。

在實務上，曾經有傭船契約約定：「……為了計算裝船期間，每一條駁船所用的裝船期間應該加總成為一個單獨數字，並以此單獨數字與全部駁船可用的卸貨總時數相比較，計算出節省的時數或超過的時數。假若全部駁船停留延誤時數超出在加爾各達全部駁船可以停留的合計時數，傭船人就其超過部分，應該每日給付 3,000 美元，其不足 1 天者，依比例計算。……」，法院認為此一約款的真正意思是：「工作計時表應該涵蓋卸貨的四條駁船的時數。其計算方法是每一天每一條駁船用了多少卸貨時間，並且將各條駁船所使用的卸貨時間合計起來，當契約所約定的 19 天卸貨時間，因為一條、數條或全部駁船的卸貨時數所用完時，四條駁船即均陷於延滯狀態。」❸❼。

---

❸❸ 德國舊商法第 594 條第 2 項。

❸❹ 參閱 2012 年德國商法（海商編）第 595 條第 1 項。

❸❺ 海商法第 52 條第 2 項。

❸❻ 海商法第 52 條第 3 項。

❸❼ MOVOLDS REDERI A/S V. FOOD CORPORATION OF INDIA: THE "KING THERAS" [1984] 1 Lloyd's Rep. 1, C.A.

依照 1974 年 5 月 23 日所訂立的傭船契約，"King Theras" 號的船舶所有人，將該船舶出租於傭船人，以航程傭船方式，從美國的海灣運送小麥到印度的加爾各達 (Calcutta)，

備船契約約定：

36.在加爾各達卸貨港，貨物將在沒有危險又不另付費用的條件下，被卸到乾燥的貨物駁船 (the dry cargo lightening vessals)。然後以每一個工作天持續 24 小時、1,000 噸的速度卸貨。但是週六下午、週日及假日不計，即使使用駁船卸貨，亦同。

38.在卸貨港或處所，對於每一條駁船而言，時間的計算是從每週的工作天下午 4 時以前，收到船長給備船人或其代理人的卸船準備完成書面通知後 24 小時起算……任何在加爾各達碼頭的等待，若是由於駁船長度超過 515 英尺的原因所發生，都不計入裝船期間。在加爾各達，假若船舶由於港口壅塞的原因以致於無法發出卸船準備完成通知時，期間的計算，是從發出並且收到船舶已抵達 Sandheads 外海的通知的第二個工作天上午 8 時開始起算。在 Sandheads 外海期間，除非船舶已經是在延滯期間，否則週日、週六 12 時起至週一上午 8 時止之期間不予計入。

43.在加爾各達港外，母船卸貨給駁船所用的期間不計入延滯或調度派遣期間。為了計算裝船期間，每一條駁船所用的裝船期間應該加起來，成為一個單獨數字，並以此單獨數字與全部駁船可用的卸貨總時數相比較，計算出節省的時數或超過的時數。假若全部駁船停留延誤時數超出在加爾各達全部駁船可以停留的合計時數，備船人就其超過部分，應該每日給付 3,000 美元，其不足 1 天者，依比例計算。

有 19,860.723 噸的小麥從美國灣的 Pascagoula 港，啟運往印度，在加爾各達港有四條駁船擔任卸貨駁運。全部可以卸貨時間是 19 天 20 小時又 39 分。船舶所有人主張卸貨期間超出 69 天，並且請求延滯費 203,000 美元。備船人承認船舶的確發生一些延滯費，但只願意給付 48,000 美元。船舶所有人主張工作計時表應該涵蓋卸貨到四條駁船的時數。其計算方法是每一天每一條駁船用了多少卸貨時間，並且將各條駁船所使用的卸貨時間合計起來，當契約所約定的 19 天卸貨時間，因為一條、數條或全部駁船的卸貨時數所用完時，四條駁船即均陷於延滯狀態。

備船人主張下列二者之一：

一、每一條駁船所使用的確實卸貨時數應該依照工作計時表加以確認，四條駁船的卸貨時數合計是 36 天 15 分鐘，因此本案備船人只需就 16 天 3 小時 36 分鐘的延緩負擔延滯費用。或

二、適當的方法是以船舶上的貨物數量為基礎，針對每一條駁船計算可用的時間，並將每一條駁船的節省或超出的時間合計，再依照第 43 條的約定，計算四條駁船總共節省或超出的卸貨時間。

法院判決：本案是由上訴法院的 Sir John Donaldson, M.R.，May 及 Dillon, L.JJ. 所作成。船舶所有人應獲得勝訴判決。因為比起備船人所建議的兩種計算方法，船舶所有人所建議的計算方式較能正確地反映備船契約的約定，也較能符合推定的契約當事人真意。

值得注意的是：本約款明顯是出自談判機會、談判能力相當的航程傭船契約，且約款可能是個別商議契約，因此法院採文義解釋，沒有作有利於船舶所有人或傭船人的解釋。

5.卸貨逾期的損害賠償

在約定由傭船人負責卸載的情形，若超過卸載期間才完成卸載，除當事人另有約定外，運送人得按其超過卸載期間之日數（即依遲滯期間之日數），請求相當之賠償。賠償之數額，若契約已有約定者，從契約之約定；若契約未約定者，應依公平方法定之。在確定損害賠償數額時，應特別考慮該具體遲滯狀況下船長海員的薪資、船公司的維護成本及運送人在遲滯期間運費的損失等❸❻❽。又若契約只約定遲滯費用，則該遲滯費用視為遲滯期間之損害賠償額。2012 年德國商法規定，卸貨超過卸貨期間的損害賠償，若是可歸責於受貨人，則延滯費用應該由受貨人負擔❸❻❾。

㈥因不可抗力而無法在裝貨港裝貨或在目的港卸貨的處置

航程傭船的運送，若因不可抗力而無法在目的港卸貨時，其處理方式多依照契約的約定，典型的規定例如：

1. 1994 年金康定型化航程傭船契約第 18 條規定

卸貨港結冰時，航程傭船的傭船人可以選擇等到恢復通航，但應支付船舶所有人滯期費，也可以選擇要求運送人將船舶駛往附近的安全港口卸貨❸❼❶。

2.冰凍條款的規定

⑴裝貨港

A.當船舶準備從啟航港口開航時、在航程途中的任何時候、在船舶抵達時因冰凍而不能進入裝貨港、或在船舶抵達裝貨港之後發生冰凍，船長因擔心船舶被凍結而決定不裝運貨物離港，本傭船契約因此失效。

B.在裝貨過程中，船長因擔心船舶被凍結而認為離港更有利時，可以載運

本案不得上訴。
❸❻❽ 參閱 2012 年德國商法（海商編）第 594 條第 6 項、第 572 條。
❸❻❾ 參閱 2012 年德國商法（海商編）第 535 條第 1 項。
❸❼❶ 參閱中華人民共和國海商法第 91 條。

已裝船的貨物離港，並且可為船舶所有人的利益而將承運貨物的船舶駛往任何其他港口甚至包括卸貨港在內的任何其他港口。根據本航程傭船契約已裝船的任何部分貨物，在不增加受貨人額外費用的條件下，由船舶所有人轉運至目的港並承擔費用，但運費仍應支付，此運費按交付的貨物數量計算（若為整筆運費，則按比例計付），所有其他條件按航程傭船契約。

C. 如裝貨港不止一個，並且其中一個或數個因冰凍而關閉，船長或船舶所有人可選擇在不凍港裝載部分貨物，並按 B 款（參考前面 B 款）規定，為其自身利益而在其他地點攬載貨物，或者，當傭船人不同意在不凍港裝滿貨物時，宣布本航程傭船契約失效。

D. 本冰凍條款不適用於春季。

⑵卸貨港

A. 如船舶因冰凍（春季除外）而不能抵達卸貨港，受貨人可選擇使船舶等候至恢復通航，但應給付滯期費，或指示船舶駛往另一「安全能立即駛入」、「並能安全卸貨」、「沒有因冰凍而滯留風險」的港口。這種指示應該在船長或船舶所有人向航程傭船傭船人發出船舶不能抵達目的港的通知後 48 小時內作出。

B. 卸貨期間，船長若擔心船舶被凍結而認為離港更為有利時，可以決定載運船上貨物離港，並駛往能駛入並能安全卸貨的最近的港口。

C. 在此種港口交貨時，載貨證券上的所有條件均應適用，船舶應按其在原目的港卸貨一樣，收取相同運費，但如到替代港口的距離超過 100 海浬，則在替代港口交付貨物的運費應按比例增加。

六、航程傭船下，運送人關於貨物毀損、滅失或遲到的免責

㈠現行法的規定

海商法就貨物的毀損、滅失或遲到的責任，並沒有區分「件貨運送契約」或「航程傭船契約」，在件貨運送約定免責或限制責任的禁止規定，也準用於航程傭船運送，二者同樣嚴格。

1. 貨物因運送人本人的故意或過失而毀損滅失者，一律不得免責

　　貨物因為運送人本人❸❼的故意或過失而毀損、滅失或遲到所致者，不論其故意或過失是關於「航海」、「管理船舶」、「火災」或是「貨物管理」都一律不得免責。

2. 貨物因船長、海員等履行輔助人之「航海」、「管理船舶」或「火災」的故意或過失而毀損滅失者，都可免責；遲到者，依照海牙維斯比規則雖可免責，但當事人另有約定船舶抵達日期而遲到者，仍會因「違背契約的約定」而必須負損害賠償責任

　　依照海商法的規定，貨物因為船長、海員等履行輔助人之「航行」、「管理船舶」或「火災」致貨物毀損、滅失者，運送人都得主張免責；若是履行輔助人關於「貨物管理」有故意或過失致貨物毀損、滅失者，運送人、履行輔助人都不得主張免責。

　　至於因履行輔助人的故意或過失致貨物遲到者，運送人得否免責，則可分下列不同國際公約說明之：

　　⑴因遲到所致之損害，依照「海牙規則」或「海牙維斯比規則」的立法原意，運送人當然免責，不待規定而自明

❸❼　「運送人本人」「履行輔助人」範圍的認定：運送人如果是自然人，則本人的範圍很容易確定，但是運送人如果是法人，則到底法人內部哪一層級人員的故意過失可以算是法人的故意過失？哪一層級人員的故意過失算是履行輔助人的故意過失？各國法院的裁判見解並不一致，英國採取比較嚴格的認定標準，只有主要營業所所在地的主管人員的故意或過失，例如：董事會 (board of directors)、共有船舶的經理人 (managing officer) 才是運送人本人的故意或過失；美國、德國採取比較廣義的見解，不但董事會、共有船舶的經理人的行為是屬於本人的行為，其他在船舶或陸地上有管理權限的高級職員的故意或過失，也算是運送人本人的故意或過失，例如：船公司的資深職員 (senior officer)、總代理 (general agent)、港口代表 (port representative)、資深受僱人 (senior employee)、貨運承攬業者 (expediter, forwarder) 等，凡是可以代表船公司行使職權的人的行為，都是船公司本人的行為，至於單純的受僱人 (merely of an employee)、裝卸貨物的技術化學家 (skilled chemist)、碼頭工人 (stevedores)、船長 (master)、承租人的代理人 (the charterers' agent) 的行為，則不得認為是船公司本人的行為。從民法的觀點，法人的代表人的行為，應該是法人本人的行為，所謂法人的代表人包括董事、監察人、清算人以及重整人。

海上航行本來就潛藏很多風險,在船舶尚無法定速航行、也沒有衛星導航的時代,海上航行能夠平安抵達目的港,已經十分幸運,很難期待船舶準時抵達目的港,因此不論 1924 年的海牙規則、或是 1968 年的海牙維斯比規則都沒有將「遲到」列為損害賠償的原因,也沒有將遲到載明為免責事由,立法原意是:「遲到所致的損失,當然免責」,不待規定而自明。

但若運送人在運送契約特別「約定」船舶將在某年某月某日準時抵達目的港,但實際上未能準時抵達者,則仍然必須負損害賠償責任,此時運送人負擔損害賠償責任的發生,並非因為違背「海牙規則或海牙維斯比規則」所致,而是因為違背「運送契約的約定」所致。在當事人沒有船舶在特定日期抵達貨物目的港約定的情況,船舶因履行輔助人的過失致遲到者,運送人及履行輔助人都可以免責。

在海商法繼受漢堡規則將「遲到」列為損害賠償原因之前,關於遲到的損失,法院實務上以「海商法未規定者,適用民法的規定」為理由,依照民法關於「債務履行遲延損害賠償」的規定,定損害賠償責任及賠償金額。海商法經歷次修正,有些條文繼受自漢堡規則,規定運送人就貨物運送遲延所生的損失,亦應該負賠償責任❸❼❷;有些則仍維持海牙維斯比規則,就遲到所生的損失,沒有賠償的規定。因此海商法關於「遲到」的規定,條文內容並不一致❸❼❸。

⑵遲到依照漢堡規則的規定,是損害賠償事由之一

1978 年訂定漢堡規則時,造船技術進步,可以定速航行,人造衛星上天,導航技術廣泛採用,船舶不但可以安全航行,而且可以沿著預定航線定速航行,萬里遠航,仍然可以被期待準時抵達目的港,因此,遲到不應再是法定免責事由,而是發生損害賠償的原因。國際公約的發展趨勢是「運送人對遲到所致之損害,應該負損害賠償責任」,但是只負「有限責任」,通常是運費的兩倍或兩倍半。海商法的某些條文也已經將貨物運送遲到所生的損失列為損害賠償的事由,只是就損失的計算,還沒有周延的規定,有待參照國際公約的規定增訂條文而已。

---

❸❼❷ 參閱海商法第 76 條。
❸❼❸ 例如:海商法第 69 條關於法定免責事由的規定,並沒有「遲到」的規定;然而第 76 條關於喜馬拉雅條款(履行輔助人援引運送人抗辯權)的規定,卻有「遲到」的規定。

㈡航程傭船免責條款及責任限制條款的放寬與限制

航程傭船實質上是件貨運送的擴大化或極大化，所不同的只是航程傭船的契約當事人，談判機會、談判能力彼此相當，也因此，航程傭船契約關於毀損、滅失或遲到免責約款的有效性，應該往契約自由原則的方向移動，但是仍然受到三層基本的限制：

1. 適用法律關於定型化契約條款的限制規定

航程傭船契約若是基於定型化條款而訂立，則航程傭船契約應該有定型化契約理論的適用，應該受到法律關於定型化契約規制的限制，也就是適用民法第 247 條之 1 的規定。

2. 受到民法基於維護契約本質之強制或禁止規定的限制

航程傭船契約是契約的一種，不可以違背民法的強制規定或禁止規定。例如：故意或重大過失的責任不得預先免除。

3. 維護航行安全、載貨安全的本質性義務不得排除的限制

「船舶適航性」、「船舶適載性」、「不得變更航程」等都是維護航行安全、載貨安全本質性義務（重大義務），即使依當事人自由的意思，也不可以免除這些「本質性的義務」，致使海上貨物運送的目的無法達成，有豁免這些義務之約定者，該約定者無效。

📖 習題

一、選擇題

1. 下列關於規範海上貨物運送的國際公約關於運送人責任的敘述，何者正確？

　(A)海牙規則、海牙維斯比規則採「不真正過失責任制」；漢堡規則採「原則上推定過失責任」；鹿特丹規則採「推定過失責任制」。

　(B)海牙規則、海牙維斯比規則採「不真正過失責任制」；漢堡規則及鹿特丹規則採「推定過失責任制」。

　(C)海牙規則、海牙維斯比規則採「不真正過失責任制」；漢堡規則及鹿特丹規則採「原則上推定過失責任」。

　(D)海牙規則、海牙維斯比規則採「不真正過失責任制」；漢堡規則及鹿特丹規則採「推定過失責任制」。

2. 下列關於海運單據與海上貨物運送契約證明關係的敘述，何者正確？

　(A)只有提單（載貨證券 bill of lading）具有推定海上貨物運送契約的效力。

　(B)提單以及海上貨運單 (waybill) 都具有推定海上貨物運送契約的效力。

　(C)提單、海上貨運單以及電子單據 (electric documents) 都具有推定海上貨物運送契約的效力。

　(D)提單、海上貨運單、電子單據就是海上貨物運送契約。

3. 下列關於載貨證券解釋方法的敘述，何者正確？

　(A)先前的口頭約定一律優先於後簽發的載貨證券。

　(B)先前的口頭約定原則上優先於後簽發的載貨證券。

　(C)後簽發的載貨證券一律優先於先前的口頭約定。

　(D)後簽發的載貨證券原則上優先於先前的口頭約定。

4. 下列分別在光船租賃、期間傭船、航程傭船下，關於海員僱用的敘述，何者正確？

　(A)不論光船租賃、期間傭船或是航程傭船，船長、海員的雇主都是船舶所有人。

⒝在光船租賃，船長、海員的雇主為船舶所有人；在期間傭船及航程傭船，船長、海員的雇主為傭船人。

⒞在光船租賃，船長、海員的雇主為船舶承租人；在期間傭船及航程傭船，船長、海員的雇主為船舶所有人。

⒟在光船租賃及期間傭船，船長、海員的雇主均為船舶所有人；在航程傭船，船長、海員的雇主為傭船人。

5.下列在船舶租賃、期間傭船與航程傭船下，關於提供燃料義務的敘述，何者正確？

⒜在船舶租賃由承租人提供、在期間傭船由傭船人提供，但是在航程傭船則由船舶所有人提供。

⒝在船舶租賃及期間傭船由船舶所有人提供提供，但是在航程傭船則由傭船人提供。

⒞在船舶租賃由船舶所有人提供、在期間傭船由傭船人提供，但是在航程傭船仍然由船舶所有人提供。

⒟在船舶租賃由承租人提供、但是在期間傭船、航程傭船則由船舶所有人提供。

6.在船舶租賃、期間傭船與航程傭船下，下列關於船舶的占有及支配權歸屬的敘述，何者正確？

⒜在船舶租賃，船舶由承租人直接占有，也由承租人支配；在期間傭船，船舶由出租人（船舶所有人）直接占有，傭船人不占有船舶，但對於船舶的航程有支配權；在航程傭船，船舶由出租人直接占有，傭船人既不占有船舶，也無權支配船舶的航程。

⒝在船舶租賃，船舶的直接占有、航程支配權均屬於船舶所有人；在期間傭船、航程傭船，船舶的直接占有、航程支配權都屬於傭船人。

⒞在船舶租賃，船舶的直接占有、航程支配權都屬於承租人；在期間傭船、航程傭船，船舶的占有、支配權都屬於船舶所有人。

⒟在船舶租賃，船舶的直接占有、航程支配權都屬於承租人；在期間傭船，船舶的直接占有、航程支配權都屬於傭船人；在航程傭船，船舶的直接占

有、航程支配權分別屬於傭船人、船舶所有人。

7.下列關於船舶租賃、期間傭船、航程傭船中，承租人或傭船人所支付對價之法律性質的敘述，何者正確？

(A)船舶租賃承租人所給付的對價性質上是租金，期間傭船傭船人給付的對價性質上也是租金，航程傭船傭船人給付的對價性質上則是運費。

(B)船舶租賃承租人、期間傭船傭船人、航程傭船傭船人給付對價性質上都是租金。

(C)船舶租賃承租人、期間傭船傭船人、航程傭船傭船人給付對價性質上都是運費。

(D)船舶租賃承租人所給付對價性質上是租金，期間傭船傭船人給付對價性質上是運費，航程傭船傭船人給付對價性質上則是租金。

8.在船舶租賃、期間傭船與航程傭船情形，下列關於船舶占有的敘述何者正確？

(A)在船舶租賃，承租人為直接占有人，船舶所有人為間接占有人；在期間傭船、航程傭船的直接占有人都是船舶所有人。

(B)在船舶租賃，承租人為直接占有人，船舶所有人為間接占有人；在期間傭船、航程傭船的占有人都是傭船人。

(C)在船舶租賃、期間傭船、航程傭船的占有人都是船舶所有人。

(D)在船舶租賃、期間傭船、航程傭船的占有人都分別是承租人或傭船人。

9.下列關於海上運送以客體為區分標準的敘述，何者正確？

(A)只限於旅客運送。

(B)只限於貨物運送。

(C)只限於船舶拖帶（海上拖航）。

(D)包括旅客運送、貨物運送與船舶拖帶。

10.下列關於船舶所有權的移轉對件貨運送契約、期間傭船與航程傭船影響的敘述，何者正確？

(A)件貨運送契約訂立後，運送人將船舶所有權雖然讓與第三人，受讓人並不承擔運送人對託運人的債務；期間傭船與航程傭船訂立後，船舶所有權讓與第三人者，受讓人應當承擔船舶所有人對於承租人（傭船人）的債務。

(B)件貨運送契約、期間傭船、航程傭船訂立後，船舶所有權讓與第三人，受讓人都不承擔船舶所有人對託運人或承租人的債務。

(C)件貨運送契約、期間傭船與航程傭船訂立後，船舶所有權讓與第三人，受讓人都承擔船舶讓與人（運送人）對託運人的債務。

(D)件貨運送契約訂立後，船舶所有權讓與第三人，受讓人應承擔讓與人對託運人的債務；期間傭船與航程傭船訂立後，船舶所有權讓與第三人，受讓人都不承擔船舶讓與人（船舶所有人）對於傭船人的債務。

11.下列有關海牙規則、海牙維斯比規則關於運送人就其履行輔助人關於承運貨物的毀損、滅失所生責任的敘述，何者正確？

(A)採無過失責任制。

(B)採一般過失責任制。

(C)採推定過失責任制。

(D)採推定過失責任制為原則，但貨物之毀損滅失因履行輔助人關於航行、船舶管理或火災故意過失所致者，仍然不予賠償（不真正過失責任）。

12.依照海商法的規定，下列關於船舶適航性內容的敘述，何者正確？

(A)船舶適航性的內容只包括「使船舶有安全航行的能力」。

(B)船舶適航性的內容只包括「配備船舶相當海員、設備及供應」。

(C)船舶適航性的內容包括「使船舶有安全航行的能力」以及「配備船舶相當海員、設備及供應」。

(D)船舶適航性的內容包括「使船舶有安全航行的能力」、「配備船舶相當海員、設備及供應」以及「使貨艙、冷藏室及其他供載運貨物部分適合於受載、運送、與保存」。

13.依照海商法規定，關於船舶是否具備適航性的判斷時點，下列敘述，何者正確？

(A)適航性以發航前為判斷時點，運送人對於突然喪失適航性所生的損失，不負責任。

(B)適航性以發航時為判斷時點，運送人對於發航後突然喪失航行能力所生的損失，不負責任。

(C)適航性以發航前及發航時為判斷時點，運送人對於發航後突然喪失航行能力所生的損失，不負責任。

(D)適航性以發航前為判斷時點，運送人對於發航時、發航後突然喪失航行能力所生的損失是否必須負責，必須視運送人或其履行輔助人有無過失而定。

14.依照海商法的規定，下列關於運送人或船舶所有人船舶適載性義務的敘述，何者正確？

(A)發航前、發航時船舶必須具有適載性，就船舶發航後突然喪失適載性所致貨物的毀損滅失，一律必須負損害賠償責任。

(B)發航前船舶必須具有適載性，就船舶發航時、發航後突然喪失適載性所致貨物的毀損滅失，一律必須負損害賠償責任。

(C)發航前、發航時船舶都必須具有適載性，但就船舶發航後突然喪失適載性所致貨物的毀損滅失，以有過失為限，必須負損害賠償責任。

(D)發航前、發航時船舶必須具有適載性，就船舶發航後突然喪失適載性所致貨物的毀損滅失，不必負損害賠償責任。

15.國際海上貨物運送四個公約關於運送人的強制義務期間的規定，下列敘述，何者正確？

(A)海牙規則、海牙維斯比規則的強制責任期間都是從貨物裝載上船舶到貨物自船舶卸載的期間；漢堡規則運送人的責任期間是從裝貨港到卸貨港由運送人掌控貨物的期間；鹿特丹規則，運送人的責任期間是從運送人或履行輔助人為運送的目的而收受貨物時起，至交付貨物時止。

(B)海牙規則、海牙維斯比規則的強制責任期間都是從裝載港經過運輸途中到卸貨港由運送人掌控貨物的期間；漢堡規則運送人的責任期間是貨物裝載上船舶到貨物自船舶卸載的期間；鹿特丹規則，運送人的責任期間是從運

送人或履行輔助人為運送的目的而收受貨物時起，至交付貨物時止。

(C)海牙規則、海牙維斯比規則運送人強制責任期間都是從貨物裝載上船舶到貨物自船舶卸載的期間；漢堡規則是從裝貨港到卸貨港由運送人掌控貨物的期間；鹿特丹規則，運送人的責任期間是從貨物裝上船舶到交付貨物時止。

(D)海牙規則、海牙維斯比規則都是從貨物裝載上船舶到貨物自船舶卸載的期間；漢堡規則運送人的責任期間是從裝貨港到卸貨港交付貨物的期間；鹿特丹規則，運送人的責任期間是從運送人或履行輔助人為運送的目的而收受貨物時起，至交付貨物時止。

16.關於海上件貨貨物運送契約、航程傭船契約的訂定方式，下列敘述，何者正確？

(A)件貨運送契約為不要式契約，當事人若要求書面，該書面也只具有證明的效力；航程傭船的訂立是書面（要式）契約，電報、電傳或傳真也具有書面契約的效力。

(B)件貨運送契約、航程傭船都是書面（要式）契約，電報、電傳或傳真也具有書面的效力。

(C)件貨運送契約、航程傭船都是不要式契約，當事人若要求書面，該書面只具有證明的效力。

(D)件貨運送契約為書面（要式）契約，電報、電傳或傳真也具有書面的效力；航程傭船為不要式契約，當事人若要求書面，該書面只具有證明的效力。

17.下列關於件貨運送契約在法定權利義務之外另外約定增加或減少權利義務條款效力的敘述，何者正確？

(A)以減輕或免除運送人或船舶所有人對於因過失，致有貨物毀損、滅失或遲到之責任的約定，以及增加運送人義務或加重運送人責任的約定，都有效力。

(B)以減輕或免除運送人或船舶所有人關於因過失，致有貨物毀損、滅失或遲到之責任的約定者，該約定無效，但其餘條款仍然有效；增加運送人義務或加重運送人責任的約定，有效。

(C)以減輕或免除運送人或船舶所有人對於因過失，致有貨物毀損、滅失或遲到之責任的約定，有效；增加運送人義務或加重運送人責任的約定，無效。

(D)以減輕或免除運送人或船舶所有人對於因過失，致有貨物毀損、滅失或遲到之責任的約定，以及增加運送人義務或加重運送人責任的約定，均無效，其餘條款仍然有效。

18.以下關於在載貨證券中記載下列條款法律效力的敘述，何者正確？
　(A)船舶自由繞行條款，有效；運送人放棄抗辯權條款、提高單位責任限制條款，無效。
　(B)船舶自由繞行條款，無效；運送人放棄抗辯權條款、提高單位責任限制條款，有效。
　(C)船舶自由繞行條款、運送人放棄抗辯權條款、提高單位責任限制條款，都有效。
　(D)船舶自由繞行條款、運送人放棄抗辯權條款、提高單位責任限制條款，都無效。

19.下列關於海上貨物運送人本人或其履行輔助人關於貨物管理所負責任的敘述，何者正確？
　(A)故意責任。
　(B)重大過失責任。
　(C)具體輕過失責任。
　(D)抽象輕過失責任。

20.依照漢堡規則的規定及海商法相關裁判，下列關於海上運送人運送遲延責任的敘述，何者正確？
　(A)運送人因故意或過失而遲延交付者，應負損害賠償責任。
　(B)運送人遲延交付者，一律不負損害賠償責任。
　(C)運送人遲延交付者，一律負損害賠償責任。
　(D)運送人遲延交付者，以貨物發生毀損滅失為限，應該負損害賠償責任。

21.依照海商法的規定，下列關於貨物滅失損害賠償額及其限制的敘述，何者正確？

⒜貨物滅失的賠償額為貨物裝船時的價值、加運費、保險費扣除減免費用；賠償限制，除貨物之性質及價值於裝載前已經託運人聲明並註明於載貨證券外，為每件 666.67 特別提款權，或是每公斤 2 特別提款權，以較高者為準。

⒝貨物滅失的賠償額為貨物裝船時的價值、加運費、保險費扣除減免費用；賠償限制，為每件 920 特別提款權，或是每公斤 2.75 特別提款權，以較高者為準。

⒞貨物滅失的賠償額為貨物裝船時的價值、加運費、保險費扣除減免費用；賠償限制，除貨物之性質及價值於裝載前已經託運人聲明並註明於載貨證券外，為每件 835 特別提款權，或是每公斤 2.5 特別提款權，以較高者為準。

⒟貨物滅失的賠償額為貨物裝船時的價值、加運費、保險費扣除減免費用；賠償限制，除貨物之性質及價值於裝載前已經託運人聲明並註明於載貨證券外，為每件 875 特別提款權，或是每公斤 3 特別提款權，以較高者為準。

22. 下列關於貨物發生部分毀損損害賠償額以及賠償限制的敘述，何者正確？

⒜貨物毀損的賠償額的估計，依照「運送人貨物受領前後實際價值的差額或是貨物的修繕費用」計算；賠償限制，除貨物之性質及價值於裝載前已經託運人聲明並註明於載貨證券外，為每件 666.67 特別提款權，或是每公斤 2 特別提款權，以較高者為準。

⒝貨物毀損的賠償額的估計，依照「運送人貨物受領前後實際價值的差額或是貨物的修繕費用。」計算；賠償限制，除貨物之性質及價值於裝載前已經託運人聲明並註明於載貨證券外，為每件 835 特別提款權，或是每公斤 2.5 特別提款權，以較高者為準。

⒞貨物毀損的賠償額的估計，依照「運送人貨物受領前後實際價值的差額或是貨物的修繕費用」計算；賠償限制，除貨物之性質及價值於裝載前已經託運人聲明並註明於載貨證券外，為每件 920 特別提款權，或是每公斤 2.75 特別提款權，以較高者為準。

⒟貨物毀損的賠償額的估計，依照「運送人貨物受領前後實際價值的差額或是貨物的修繕費用」計算；賠償限制，除貨物之性質及價值於裝載前已經

託運人聲明並註明於載貨證券外,為每件 875 特別提款權,或是每公斤 3 特別提款權,以較高者為準。

23. 依照海商法的規定以及裁判實務,下列關於貨物運送遲延損害賠償額以及賠償限制的敘述,何者正確?
    (A)實務上,以期限內給付與遲延給付之差額為損害賠償額;海商法就遲延的損害額沒有限制規定。
    (B)以期限內給付與遲延給付之差額為損害賠償額;海商法就遲延的損害額不得超過運費的兩倍半。
    (C)以期限內給付與遲延給付之差額為損害賠償額;海商法就遲延的損害額,不得超過運費的兩倍半,且不得超過總運費。
    (D)以期限內給付與遲延給付之差額為損害賠償額;海商法就遲延的損害額不得超過運費的兩倍半,且不得超過總運費,而且還不得超過貨物毀損滅失的單位責任限制。

24. 依照海商法規定,海上貨物運送人對於下列原因所致貨物毀損滅失得否免責的敘述,何者正確?
    (A)因運送人本人關於航行、管理船舶、火災過失所致貨物的毀損滅失不得免責;因履行輔助人關於航行、管理船舶、火災過失所致貨物的毀損滅失,可以免責。
    (B)因運送人本人以及履行輔助人關於航行、管理船舶、火災過失所致貨物的毀損滅失都不得免責。
    (C)因運送人本人以及履行輔助人關於航行、管理船舶、火災過失所致貨物的毀損滅失都可以免責。
    (D)因運送人本人關於航行、管理船舶、火災過失所致貨物的毀損滅失可以免責;因履行輔助人關於航行、管理船舶、火災過失所致貨物的毀損滅失,不得免責。

25. 下列關於海上貨物運送人違反貨物管理義務致生損失的敘述,何者正確?

(A)海上運送人本人有過失時，得免責；海上運送人之履行輔助人有過失時，不得免責。

(B)海上運送人本人有過失時，不得免責；海上運送人之履行輔助人有過失時，得免責。

(C)海上運送人本人或其履行輔助人有過失時，都不得免責。

(D)不論海上運送人本人或是其履行輔助人有過失時，都可以免責。

26.貨物性質上需要冷凍，但是船舶於發航後，因為冷凍風扇停止運轉，無法將冷凍空氣輸入船艙，致船艙冷度不足、貨物腐敗時，下列關於運送人得否主張免責的敘述，何者正確？

(A)因履行輔助人的過失而風扇停止運轉時，運送人得主張免責。

(B)因運送人本人或履行輔助人的過失而風扇停止運轉時，運送人均得主張免責。

(C)因運送人本人或履行輔助人的過失而風扇停止運轉時，運送人都不得主張免責。

(D)因運送人本人的過失而風扇停止運轉時，運送人得主張免責。

27.貨物因為船艙封艙不固，海水滲入，遭受損害時，下列關於海上貨物運送人得否免責的敘述，何者正確？

(A)因為船艙封艙不固，是貨物管理過失，以非因運送人或其履行輔助人的過失為限，才可以免責。

(B)因為封艙不固是管理船舶的過失，以非因運送人或其履行輔助人的過失為限，可以免責。

(C)因為封艙不固是船舶管理過失，以運送人之履行輔助人的故意或過失為限，可以免責。

(D)船舶封艙不固是貨物管理的過失，以運送人的履行輔助人的故意或過失為限，可以主張免責。

28.船舶進港前冷凍風扇已經故障，船艙溫度已經升高，但是進港之後，仍然裝載需要冷凍的牛肉，該牛肉因此而腐敗。下列關於運送人得否免責的敘述，

何者正確？

(A)因為管理船舶有過失，因此不得免責。

(B)以運送人之履行輔助人關於貨物管理無過失為限，可以免責。

(C)以運送人之履行輔助人關於管理船舶無過失為限，可以免責。

(D)因為船舶不具有適載性，因此不得免責。

29.船舶進港前冷凍風扇已經故障，船艙溫度已經升高，但是進港之後，仍然裝載可以常溫保存的貨物，該批貨物在目的港，在沒有遮雨設施下，冒雨卸載，致遭毀損。下列關於運送人得否免責的敘述，何者正確？

(A)船舶欠缺適載性，因此不得免責。

(B)船舶具有適載性，因此可以免責。

(C)船舶雖然具有適載性，但是貨物管理有過失，因此不得免責。

(D)船舶欠缺適載性，貨物管理又有過失，因此不得免責。

30.下列關於船舶欠缺適航性時，運送人對於貨物的毀損滅失是否可以免責的敘述，何者正確？

(A)只要船舶欠缺適航性，不論運送人有無過失，也不問適航性的欠缺與貨物的毀損滅失是否有因果關係，運送人都必須負損害賠償責任。

(B)對於船舶欠缺適航性，運送人須有故意或過失，且適航性的欠缺與貨物的毀損滅失有因果關係時，運送人才負損害賠償責任。

(C)只要船舶欠缺適航性，不論運送人有無故意過失，運送人都必須負損害賠償責任，但適航性的欠缺與貨物的毀損滅失必須有因果關係。

(D)對於船舶欠缺適航性，只要運送人有故意過失，不問適航性的欠缺與貨物的毀損滅失是否有因果關係，運送人都必須負損害賠償責任。

31.依照海商法的規定，下列關於海上運送人主張單位責任限制的敘述，何者較為正確？

(A)除貨物之性質及價值於裝載前，已經託運人聲明並註明於載貨證券者外，對於貨物的毀損或滅失的賠償責任，以每件特別提款權 666.67 單位或每

公斤特別提款權 2 單位計算所得之金額，兩者較高者為限，但運送人或船舶所有人有故意或重大過失者，不得主張。

(B)對於貨物的毀損或滅失的賠償責任，以每件特別提款權 666.67 單位或每公斤特別提款權 2 單位計算所得之金額，兩者較高者為限，但運送人或船舶所有人有故意或重大過失者，不得主張。

(C)除貨物之性質及價值於裝載前，已經託運人聲明並註明於載貨證券者外，對於貨物的毀損或滅失的賠償責任，以每件特別提款權 666.67 單位或每公斤特別提款權 2 單位計算所得之金額，兩者較高者為限，不論運送人是否有故意或重大過失。

(D)除貨物之性質及價值於裝載前，已經託運人聲明並註明於載貨證券者外，對於貨物的毀損或滅失的賠償責任，以每件特別提款權 835 單位或每公斤特別提款權 2.5 單位計算所得之金額，兩者較高者為限，但運送人或船舶所有人有故意或重大過失者，不得主張。

32.在貨櫃運輸的情形下，依照海商法的規定，海上運送人主張單位責任限制時，下列關於以「件」或「單位」為計算基礎的敘述，何者較為正確？

(A)有包裝時，依照包裝容器的數目；未包裝時，依照「單位 (unit)」或「其他託運單位 (other shipping unit)」計算；貨櫃運送則以載貨證券所記載貨櫃內貨物件數為準，未記載件數時，視為一件，又貨櫃由託運人提供者，另計一件。

(B)依照包裝容器的數目；貨櫃運送則以載貨證券所記載貨櫃內貨物件數為準，未記載件數時，視為一件；又貨櫃由託運人提供者，另計一件。

(C)依照「單位 (unit)」或「其他貨運單位 (other shipping unit)」計算；貨櫃運送則以載貨證券所記載貨櫃內貨物件數為準，未記載件數時，視為一件；又貨櫃由託運人提供者，另計一件。

(D)有包裝時，依照包裝容器的數目；未包裝時，依照「單位 (unit)」或「其他貨運單位 (other shipping unit)」計算；貨櫃運送則以載貨證券所記載貨櫃內貨物件數為準。

33.依照海商法的規定,下列關於連續運送下發生貨物毀損或滅失時,載貨證券的發給人(運送人)與連續運送人(實際運送人)法律責任的敘述,何者正確?

(A)連續運送人應負賠償責任時,載貨證券發給人應該與該連續運送人負連帶責任,但其他運送階段的連續運送人無需負責。載貨證券發給人於理賠之後,對於該連續運送人有求償權。

(B)特定運送階段的連續運送人應負賠償責任時,僅該連續運送人負賠償責任,載貨證券發給人以及其他連續運送人都無需負責。

(C)特定運送階段發生貨物毀損滅失時,載貨證券發給人應單獨負賠償責任,載貨證券發給人於理賠之後,對於該連續運送人有求償權。

(D)特定運送階段的連續運送人應負賠償責任時,載貨證券發給人應該與該連續運送人負連帶責任,其他運送階段的連續運送人無需負責。載貨證券發給人於理賠之後,對於該連續運送人無求償權。

34.依海商法規定,下列關於連續運送同時涉及海上運送及其他方式運送,而貨物發生毀損或滅失時,運送人所應該適用法律的敘述,何者正確?

(A)連續運送同時涉及海上運送及其他方法之運送時,其海上運送部分適用海商法的規定。貨物毀損滅失發生的運送期間不明者,推定其發生於海上運送階段。

(B)連續運送同時涉及海上運送及其他方法之運送時,若能夠辨別發生毀損滅失的運輸階段,則適用發生毀損滅失運送階段的法律或單式公約。貨物毀損滅失發生的運送期間不明者,適用聯合貨運單據統一規則。

(C)連續運送同時涉及海上運送及其他方法之運送時,若貨物發生毀損滅失,一律適用1980年聯合國多式聯運公約的規定,但是能夠辨別毀損滅失的運送階段,而規範該運送階段的國內法或單式公約的理賠標準較高時,依照該國內法或單式公約的規定。

(D)連續運送同時涉及海上運送及其他方法之運送時,海上運送部分適用海商法的規定。貨物毀損滅失發生運送期間不明者,依照當事人的約定。

35.下列關於運送人就其履行輔助人的故意或過失致貨物毀損滅失的損失得否免

責的敘述，何者正確？

(A)關於航海、管理船舶、火災、貨物管理的故意或過失所致貨物損失都不得免責。

(B)關於航海的故意或過失所致貨物的損失，可以免責，因管理船舶、火災、貨物管理過失所致貨物的損失，不得免責。

(C)關於航行、管理船舶、火災過失所致貨物毀損滅失的損失，得主張免責；關於貨物管理過失所致的損失，不得主張免責。

(D)關於航行、管理船舶、火災、貨物管理的故意或過失所致的損失都可以免責。

36.下列關於件貨運送下，載貨證券（提單）法律性質的敘述，何者正確？

(A)載貨證券就是運送契約。

(B)載貨證券是海上運送契約的證明、是運送人接受貨物或貨物裝船的證明、只有載貨證券持有人得請求交付貨物。

(C)載貨證券的內容在運送契約當事人間，有文義效力。

(D)運送人與持有載貨證券的善意第三人間，載貨證券內容具有推定效力。

37.下列關於載貨證券可否移轉的敘述，何者正確？

(A)載貨證券如果沒有記載禁止背書轉讓，都是可以轉讓。

(B)載貨證券如果沒有記載可以背書轉讓，都是不可轉讓。

(C)載貨證券如果是記名式的，就不得轉讓；如果是空白式或指定式（指示式）就可以轉讓。

(D)載貨證券如果是記名式且載明禁止背書轉讓，才不得轉讓；如果是空白式或指定式就可以轉讓。

38.託運人的託運單記載不實，運送人根據託運單做成載貨證券時，下列關於託運人、運送人與善意受讓載貨證券第三人的法律關係之敘述，何者正確？

(A)運送人得以託運人託運單的記載錯誤為理由，對抗善意第三人。

(B)運送人不得以託運人託運單記載錯誤為理由，對抗善意第三人。

(C)運送人不得以託運人託運單記載錯誤為理由，對抗第三人。

(D)運送人得以託運人託運單記載錯誤為理由，對抗第三人。

39.下列關於運送人應該交付貨物對象的敘述，何者正確？

(A)應該將貨物交付給收貨人。

(B)應該將貨物交給載貨證券的持有人。

(C)應該將貨物交給載貨證券上受指示之人。

(D)在記名提單，應該將貨物交給提單所記載的收貨人；在指示式提單應該交付給收貨人或其指定之人；在不記名提單，應該將貨物交付給提單的持有人。

40.下列關於有權簽發載貨證券之人以及簽發載貨證券時間的敘述，何者正確？

(A)必須在貨物裝船之後，且只有運送人本人可以簽發。

(B)必須在接受貨物或貨物裝船之後，只有運送人本人可以簽發。

(C)必須在接受貨物或貨物裝船之後，只有運送人本人或是船長可以簽發。

(D)必須在接受貨物或貨物裝船之後，運送人本人、船長或是經運送人授權的代理人都可以簽發。

41.下列關於載貨證券所記載裝船日期的敘述，何者較為正確？

(A)載貨證券所記載的裝船日，以所記載之日期為裝船日；未記載裝船日期者，以載貨證券的簽發日視為貨物的裝船日。貨物裝船日是判斷貨物裝船日是否符合買賣契約、信用狀要求的標準。

(B)載貨證券所記載的裝船日，推定為貨物的裝船日，並且以載貨證券所記載的裝船日，判斷貨物裝船日是否符合買賣契約、信用狀要求的標準。

(C)不論載貨證券所記載的裝船日為何，一律以載貨證券的簽發日為裝船日，並且以載貨證券的簽發日，作為判斷貨物裝船日是否符合買賣契約、信用狀要求的標準。

(D)載貨證券所記載的裝船日，視為貨物裝船日，並且以載貨證券所記載的裝船日，判斷貨物裝船日是否符合買賣契約、信用狀要求的標準。

42.下列關於運送人簽發一式數份載貨證券情形下，運送人合法交付貨物的敘述，

何者正確？

(A)一式數份載貨證券的效力都相同，但是在目的港，只要一份提示並且獲得交付貨物，其他各份載貨證券對於運送人就都無效。

(B)一式數份載貨證券的效力，依照載貨證券的編號，定其順序的先後。但是在目的港，只要一份提示並且獲得交付貨物，其他各份載貨證券對於運送人就都無效。

(C)一式數份載貨證券的效力都相同，但是在目的港，其中一份提示並且獲得交付貨物，以運送人善意為限，其他各份載貨證券對於運送人就都無效。

(D)一式數份載貨證券的效力，依照簽發先後的不同，定其順序的先後，但在目的港，只要一份提示且獲得交付貨物，其他各份載貨證券就都無效。

43.依照海商法的規定，在 FOB 條件下的買賣契約中，下列關於運送人簽發載貨證券對象的敘述，何者正確？

(A)出口商（發貨人、出賣人）或其授權的代理人。

(B)經進口商（託運人、買受人）授權的代理人或依慣例進口商的代理人。

(C)出口商或進口商，或是經出口商授權的代理人。

(D)出口商及進口商，或是經進口商授權的代理人。

44.依照海上貨物運送實務，下列關於載貨證券受貨人記載方式的敘述，何者正確？

(A)只有記名載貨證券一種。

(B)只有記名載貨證券與指示載貨證券兩種。

(C)可以有記名載貨證券、指示載貨證券以及空白載貨證券三類。

(D)只可以指示載貨證券以及空白載貨證券。

45.根據海商法的規定，下列關於載貨證券貨物記載的敘述，何者正確？

(A)必須同時記載貨物名稱、件數或重量，或其包裝之種類、個數及標誌。否則無效。

(B)必須記載貨物名稱、件數或重量，或其包裝之種類、個數及標誌的任何一個。否則無效。

(C)記載貨物名稱、件數或重量，或其包裝之種類、個數及標誌的一個或數個均可。以達到能夠辨識載貨證券所標示的貨物為已足。

(D)必須同時記載貨物名稱、件數或重量。否則無效。

46. 依照海商法的規定，下列關於運送人就貨物情況在載貨證券上為批註以及批註效力的敘述，何者正確？

(A)若所收貨物之實際狀況有顯著跡象，疑其不相符合或無法核對時，運送人或船長都可以在載貨證券上載明其事由或不予載明。運送人為批註後，就批註部分，不發生推定運送契約內容的效力。

(B)只有確認所收貨物之實際狀況與實際不符時，運送人或船長才可以在載貨證券上載明其事由或不予載明。運送人為批註後，就批註部分，發生推定運送契約的效力。

(C)只要所收貨物無法核對時，運送人或船長都可以在載貨證券上載明其事由或不予載明。運送人為批註後，就批註部分，不發生視為運送契約的效力。

(D)只要所收貨物合理懷疑不符時，運送人或船長都可以在載貨證券上載明其事由或不予載明。運送人為批註後，就批註部分，發生視為運送契約的效力。

47. 下列關於海上貨運單 (waybill) 的敘述，何者正確？

(A)是運送人已經收受貨物的證明，是貨物已經裝船的證明；是物權證券；在運送契約當事人間，具有推定運送契約內容的效力，但是對於當事人以外的善意第三人，具有文義效力。海上貨運單不得轉讓。

(B)是運送人已經收受貨物的證明，也是貨物已經裝船的證明，但不是物權證券。在運送契約當事人間，有推定運送契約內容的效力，但對於當事人以外的善意第三人，就具有文義效力。海上貨運單不得轉讓。

(C)是運送人已經收受貨物的證明，也是貨物已經裝船的證明，是物權證券。在運送契約當事人間，具有推定運送契約內容的效力，但是對於當事人以外的善意第三人，就有文義效力。海上貨運單得轉讓。

(D)是物權證券；是運送人已經收受貨物的證明，是貨物已經裝船的證明、在運送契約當事人間，具有推定運送契約內容的效力，對於當事人以外的善

意第三人，也有推定效力。海上貨運單不得轉讓。

48.依照海商法規定，在貨物毀損滅失顯著的情形，下列關於貨物交付給受領權
　利人受領效力的敘述，何者正確？
　(A)除在提貨前或提貨當時，受領權利人已將毀損滅失情形，以書面通知運送
　　人；或提貨前或提貨當時，毀損滅失經共同檢定，作成公證報告；或在收
　　貨證件上註明毀損或滅失者外，視為已依照載貨證券的記載，交清貨物。
　(B)除在提貨前或提貨當時，受領權利人已將毀損滅失情形，以書面通知運送
　　人；或提貨前或提貨當時毀損滅失經共同檢定，作成公證報告，或在收貨
　　證件上註明毀損或滅失者外，推定已依照載貨證券的記載，交清貨物。
　(C)除在提貨前或提貨當時，受領權利人已將毀損滅失情形，以書面通知運送
　　人，或在收貨證件上註明毀損或滅失者外，視為已依照載貨證券的記載，
　　交清貨物。
　(D)除在提貨前或提貨當時，受領權利人已將毀損滅失情形，作成公證報告，
　　或在收貨證件上註明毀損或滅失者外，視為已依照載貨證券的記載，交清
　　貨物。

49.依照海商法的規定，在貨物毀損滅失不顯著的情況，下列關於受領權利人發
　出毀損滅失通知期限以及怠於發出通知法律效果的敘述，何者正確？
　(A)受領人應該於提貨後 3 日內，以書面通知運送人，否則視為無損失。
　(B)受領人應該於提貨後 3 日內，以書面通知運送人，否則視為依照載貨證券
　　的記載，交付貨物。
　(C)受領人應該於提貨後 3 日內，以書面通知運送人，否則推定無損失。
　(D)受領人應該於提貨後 3 日內，以書面通知運送人，否則推定依照載貨證券
　　的記載，交付貨物。

50.在運送人委託實際運送人運送的情形，下列關於受貨人有關貨物毀損滅失通
　知對象的敘述，何者正確？
　(A)只可以向運送人發出通知。

(B)只可以向實際運送人發出通知。

(C)可以向運送人或實際運送人發出通知。

(D)應該向運送人以及實際運送人發出通知。

51.貨物發生毀損滅失或交付遲延情形，而受貨人未依規定通知者，下列關於受貨人得否在消滅時效期間屆滿前向運送人行使請求權的敘述，何者正確？

(A)在貨物發生毀損滅失時，受貨人若未依規定通知，受貨人必須舉證證明運送人所交付之貨物與載貨證券的記載內容不符，才可以請求損害賠償；但在貨物交付遲延的情形，受貨人若未依規定通知，將立即喪失向運送人請求損害賠償的權利。

(B)在貨物發生毀損滅失以及交付遲延時，受貨人若未依規定通知，受貨人必須舉證證明運送人所交付之貨物與載貨證券的記載內容不符，才可以請求損害賠償。

(C)在貨物發生毀損滅失以及交付遲延時，受貨人若未依規定通知，受貨人都立即喪失向運送人請求損害賠償的權利。

(D)在貨物發生毀損滅失時，受貨人若未依規定通知，將立即喪失請求權；在貨物交付遲延的情形，受貨人必須舉證證明運送人所交付之貨物與載貨證券的記載內容不符，才可以請求損害賠償。

52.若海商法沒有特別規定，依照民法的規定，託運人積欠運送人的運費、共同海損的分擔額、滯期費、墊付費用，在尚未全部清償或提供足夠擔保之前，下列關於運送人為保障其債權對於貨物所得行使之權利的敘述，何者正確？

(A)運送人就其占有屬於託運人之貨物，得主張留置權。

(B)運送人就占有之貨物，都可以主張留置權。

(C)運送人以非故意或重大過失為限，貨物不論是否屬於貨物所有人所有，也不論是否已經交付給運送人，都可以主張留置權。

(D)貨物只要已經交付給運送人，運送人都可以行使留置權；但對於非託運人所有之貨物，以運送人無故意或重大過失為限，始得行使留置權。

53.在件貨運送契約情形，貨物裝船後，託運人如果要求解除運送契約，下列敘述，何者正確？

　(A)託運人仍得解除運送契約，但是應該支付其運費的全部，並應負擔因裝卸所增加之費用及賠償加於其他貨載之損害。

　(B)託運人仍得解除運送契約，但是應該支付其運費的一半，並應負擔因裝卸所增加之費用及賠償加於其他貨載之損害。

　(C)託運人仍得解除運送契約，但是應該支付其運費的三分之一，並應負擔因裝卸所增加之費用及賠償加於其他貨載之損害。

　(D)託運人得解除運送契約，但應該支付其運費的全部，惟無須賠償其他任何損失。

54.下列關於件貨運送，因為不可抗力或其他不可歸責於當事人之事由，致運送契約不能履行，當事人在開航前解除運送契約法律效果的敘述，何者正確？

　(A)若貨物尚未裝船，當事人都可以解除契約，互不負損害賠償責任，運費已經給付者，應該返還給託運人；若貨物已經裝船，託運人應該負擔裝卸費用，已經簽發載貨證券者，託運人並應該返還載貨證券。

　(B)若貨物尚未裝船，當事人都可以解除契約，互不負損害賠償責任，運費已經給付者，應該返還給託運人；若貨物已經裝船，運送人應該負擔裝卸費用，已經簽發載貨證券者，託運人並應該返還載貨證券。

　(C)若貨物尚未裝船，當事人都可以解除契約，互不負損害賠償責任，運費已經給付者，應該返還給託運人；若貨物已經裝船，託運人與運送人應共同分擔裝卸費用，已經簽發載貨證券者，託運人並應該返還載貨證券。

　(D)若貨物尚未裝船，當事人都可以解除契約，互負損害賠償責任，運費已經給付者，無須返還給託運人；若貨物已經裝船，運送人應該負擔裝卸費用，已經簽發載貨證券者，託運人應該返還載貨證券。

55.在航程傭船契約，因不可抗力或其他不可歸責於當事人的原因，而貨物無法在目的港卸貨時，若當事人沒有特別約定，下列關於運送人對貨物處置方法的敘述，何者正確？

(A)應該將貨物運回裝載港，其費用由運送人與託運人分擔。

(B)應該將貨物運回裝載港，其費用由運送人負擔。

(C)應該將貨物運回裝載港，其費用由託運人負擔。

(D)傭船人得負擔滯期費而要求船長等候恢復通航，亦得選擇要求船長將貨物運往附近安全港口或地點卸貨。

56.下列關於航程傭船情況下，船舶適航性、適載性以及不繞航義務的敘述，何者正確？

(A)船舶所有人（出租人）有船舶適航性、適載性以及不繞航的義務。

(B)傭船人（承租人）有船舶適航性、適載性以及不繞航的義務。

(C)船舶所有人（出租人）以及傭船人（承租人）都有船舶適航性、適載性以及不繞航的義務。

(D)船舶所有人（出租人）有船舶適航性、適載性義務，但傭船人有不繞航的義務。

57.航程傭船，應該由船舶所有人或其法定代理人船長簽發載貨證券。下列關於載貨證券在船舶所有人與傭船人間、船舶所有人與持有載貨證券的善意第三人間效力的敘述，何者正確？

(A)在船舶所有人與傭船人間，依照航程傭船契約，載貨證券只有推定傭船契約內容的效力；在船舶所有人與持有載貨證券的善意第三人間，則依照載貨證券的記載，載貨證券的內容有視為的效力。若載貨證券有引置條款，將傭船契約引置為載貨證券內容之一部分者，以引置條款足夠鮮明，且傭船契約有閱讀可能性為條件，仍適用航程傭船契約。

(B)在船舶所有人與傭船人間、船舶所有人與持有載貨證券的善意第三人間，都依照載貨證券。

(C)在船舶所有人與傭船人間、船舶所有人與持有載貨證券的善意第三人間，都依照傭船契約。

(D)在船舶所有人與傭船人間，依照載貨證券；在船舶所有人與持有載貨證券的善意第三人間，載貨證券有推定效力，但是載貨證券有引置條款，將傭

船契約引置為載貨證券內容之一部者，仍適用航程傭船契約。

58. 下列關於在件貨運送契約與傭船契約，運送人分別得否任意更換船舶的敘述，何者正確？

(A)在件貨運送契約，運送人得任意更換船舶；在期間傭船、航程傭船，船舶所有人不得任意更換船舶。

(B)在件貨運送契約、期間傭船、航程傭船，運送人或船舶所有人（出租人）都不得任意更換船舶。

(C)在件貨運送契約、期間傭船、航程傭船，運送人或船舶所有人都可以任意更換船舶。

(D)在件貨運送契約，運送人不得任意更換船舶；在期間傭船、航程傭船，船舶所有人均得任意更換船舶。

59. 依照海運習慣，在航程傭船，若傭船契約的卸貨港條款約定傭船人有選擇卸貨港的權利，而傭船人未依約行使選擇權時，下列關於船長應該如何處置之敘述，何者正確？

(A)船長應該在貨物的目的港卸貨。

(B)船長得在任何港口卸貨。

(C)船長應該等候傭船人的指示。

(D)船長得在約定數個卸貨港中，選擇一個卸貨港卸貨。

60. 在實務上，航程傭船契約經常訂有預備航次條款 (preliminary voyage clause)。下列關於預備航次條款的敘述，何者較為正確？

(A)指規範船舶從前一運送契約的卸貨港到本航程傭船契約約定的裝貨港、地點或是其附近可以安全停泊處所的條款。航程傭船（航次租船）契約中關於船舶所有人（出租人）的權利義務規定，對於預備航次也有其適用。預備航次條款經常包括：

　a.受載期 (laydays)：規定船舶預定到達裝貨港或地點，並且裝船準備完成的日期。

　b.解除契約日 (canceling date)：規定船舶若未能於某約定日期前抵達裝貨港、碼頭或其他地點，並完成貨物裝船準備，傭船人（承租人）得解除契約。

(B)指規範船舶在本航次船舶所有人（出租人）的權利義務的契約條款。預備航次條款只記載受載期 (laydays)。

(C)指規範船舶本航次船舶所有人（出租人）的權利義務，主要是解除契約日 (canceling date)：規定假若船舶未能於某約定日期前抵達裝貨港、碼頭或其他地點，並完成貨物裝船準備，傭船人（承租人）得解除契約。

(D)指規範船舶從前一運送契約的卸貨港到本航次租船約定的裝貨港、地點或是其附近可以安全停泊處所的條款，航次租船契約中，船舶所有人（出租人）的權利義務規定，對於預備航次也有適用。

61.在航程傭船契約，常有傭船人應該提供滿艙滿載 (full and complete) 貨物的約定。下列關於傭船人（承租人）違反滿艙滿載義務法律效果的敘述，何者正確？

(A)傭船人（承租人）所提供的貨物少於應提供數量，應該支付虧艙費。

(B)傭船人（承租人）所提供的貨物少於應提供數量，應該賠償船舶所有人（出租人）短裝損失 (damage for short lift)。

(C)傭船人（承租人）應該加倍給付租金。

(D)傭船人（承租人）應該加倍給付運費。

62.在航程傭船（計程傭船或航次租船），若所託運的貨物分別在兩個港口卸貨時。下列關於傭船人（承租人）在貨物裝船時的告知義務以及違背告知義務之法律效果的敘述，何者正確？

(A)傭船人（承租人）無事先告知貨物目的港的義務，因此不發生違背告知義務以及損害賠償問題。

(B)傭船人（承租人）應該告知船長不同卸貨港的各批貨物，違反者，必須償付船舶所有人（出租人）為使船舶適航平衡的一切費用（包括：倒艙費或貨物整理費 (cargo reconditioning expenses)、卸載費以及重裝費）。

(C)傭船人（承租人）有事先告知的義務，但是違反時，不發生損害賠償責任。

(D)傭船人（承租人）應該將在第一卸貨港卸貨的貨物，告知船長，違反時，將發生賠償出租人延滯費用。

63.下列關於航程傭船契約中 F.I.O.S.T. 的解釋，何者正確？

(A)船舶所有人（運送人）裝船免責、卸載免責、堆存免責、平艙免責。

(B)傭船人（託運人）裝船免責、卸載免責、堆存免責、平艙免責。

(C)船舶所有人（運送人）及傭船人（託運人）裝船免責、卸載免責、堆存免責、平艙免責。

(D)船舶所有人（運送人）或傭船人（託運人）裝船免責、卸載免責、堆存免責、平艙免責。

64.在航程傭船契約，常常有受載期限 (laydays) 與裝卸期間 (laytime)，下列關於二者含義的敘述，何者正確？

(A)受載期限是指船舶預期到達裝貨港或裝船地點,並且完成裝船準備的日期；裝卸期間是指裝船或卸載時間的合計，通常以多少小時或多少天計算。

(B)受載期限是指船舶應該到達貨物目的港的日期；裝卸期間是指裝船或卸載時間的合計，通常以多少小時或多少天計算。

(C)受載期限是指船舶預期到達裝貨港或裝船地點；裝卸期間是指裝船或卸載時間的合計，通常以多少小時或多少天計算。

(D)受載期限是指船舶預期到達貨物目的港並且完成卸載的時間；裝卸期間是指裝船或卸載時間的合計，通常以多少小時或多少天計算。

65.下列關於航程傭船簽發載貨證券效力的敘述，何者正確？

(A)在船舶所有人（出租人）與傭船人（承租人）之關係，應依照航程傭船契約，載貨證券在當事人間，只具有推定效力；船舶所有人（出租人）與持有載貨證券的善意第三人之關係，則依照載貨證券的內容，此時載貨證券具有文義性，但有引置條款，將傭船契約引置為載貨證券內容的約定者，傭船契約對善意第三人也有拘束力。

⒝出租人與承租人、出租人與持有載貨證券的善意第三人之關係，都一律依照載貨證券，但有引置條款，將航次租船契約引置為載貨證券內容的約定者，從其約定。

⒞出租人與承租人、出租人與善意第三人的關係，都依照航次租船契約的約定。

⒟出租人與承租人、出租人與持有載貨證券的善意第三人之間，載貨證券都只具有推定的效力。

66.在航程傭船簽發載貨證券的情形下，下列關於在載貨證券訂有引置條款 (incorporate clause) 將航程傭船契約引置為載貨證券內容的效力之敘述，何者正確？

⒜以引置條款足夠鮮明，且方便閱讀到航程傭船契約為條件，有效。

⒝無效。

⒞效力未定。

⒟得撤銷。

67.依海商法的規定，在航程傭船，下列關於船舶所有人（運送人）就其承運貨物的毀損、滅失或遲到是否可以免責的敘述，何者為正確？

⒜不論因船舶所有人（出租人）或是其船長海員等履行輔助人關於航海、管理船舶、火災或是貨物管理都不得免責。

⒝不論因船舶所有人（出租人）或是其船長海員等履行輔助人關於航海、管理船舶、火災或是貨物管理都可以免責。

⒞若是因船舶所有人（出租人）的故意或過失，不論是關於航海、管理船舶、火災或是貨物管理都不得免責；若是因船長、海員等履行輔助人的故意或過失所致者，以關於航海、管理船舶或火災為限，可以免責，若是關於貨物管理，仍然不得免責。

⒟因船舶所有人（出租人）的故意或過失，不論是關於航海、管理船舶、火災或是貨物管理都可以免責；但是因船長、海員等履行輔助人的故意或過失所致者，以關於航海、管理船舶或火災為限，可以免責，若是關於貨物管理，不得免責。

68.下列關於船舶繞航（偏航）法律效果的敘述，何者正確？

　(A)船舶繞航為重大違約行為，因此造成的損失，運送人不得免責。

　(B)船舶繞航所發生的損失，運送人得主張免責。

　(C)船舶繞航造成的損失，以有正當理由為限，運送人得主張免責。

　(D)船舶繞航造成的損失，以運送人沒有重大過失為限，運送人得主張免責。

69.責任終止條款 (cesser clause) 是指航程傭船的傭船人的責任在貨物裝船，並

　且預付運費、虧艙費、空艙費以及裝船港的船舶滯期費之後，責任就終了的

　條款。下列關於航程傭船載有傭船人責任終止條款適用於何種貿易條件的敘

　述，何者為正確？

　(A)只適用在 FOB 條件下的海上運送。

　(B)只適用在 CIF 條件下的海上運送。

　(C)只適用在 CFR 條件下的海上運送。

　(D)適用在 CIF 及 CFR 條件下的海上運送。

70.下列關於期間傭船的敘述，何者為正確？

　(A)船舶所有人（出租人）負責僱用船長海員等、維持船舶適航性及適載性、

　　　並且占有船舶；傭船人（承租人）因營運需要得指揮船長、調度船舶，但

　　　有義務提供燃料、給付租金。

　(B)傭船人（承租人）負責僱用船長海員等、維持船舶適航性及適載性、並且

　　　占有船舶；船舶所有人（出租人）因營運需要得指揮船長、調度船舶，但

　　　有義務提供燃料、負擔租金。

　(C)船舶所有人（出租人）負責僱用船長海員等、維持船舶適航性及適載性；

　　　傭船人（承租人）因營運需要得指揮船長、調度船舶、占有船舶，但有義

　　　務提供燃料、負擔給付運費。

　(D)傭船人（承租人）負責僱用船長海員等、維持船舶適航性及適載性；船舶

　　　所有人（出租人）有權就營運向船長調度船舶、占有船舶，收取運費；有

　　　義務提供燃料。

71.在期間傭船情況下，下列關於船舶所有人（出租人）、傭船人（承租人）權利義務的敘述，何者為正確？

(A)船舶所有人（出租人）負責配備船長海員、負責船舶航行和內部事務、負擔船舶固定費用、負責船員工資、伙食及其他相關費用；傭船人（承租人）負責船舶調度和營運、負擔額外營運費用。

(B)傭船人（承租人）負責配備船長海員、負責船舶航行和內部事務、負擔船舶固定費用、負責船員工資、伙食及其他相關費用；船舶所有人（出租人）負責船舶調度和營運、負擔額外營運費用。

(C)船舶所有人（出租人）負責配備船長海員、負責船舶航行和內部事務、負擔船舶固定費用、負責船員工資；傭船人（承租人）負擔伙食及其他相關費用、負責船舶調度和營運、負擔額外營運費用。

(D)傭船人（承租人）負責配備船長海員、負責船舶航行和內部事務、負擔船舶固定費用、負責船員工資；船舶所有人（出租人）負擔伙食及其他相關費用、負責船舶調度和營運、負擔額外營運費用。

72.以下關於期間傭船的船速索賠與燃料索賠的敘述，何者為正確？

(A)燃料索賠是指船舶附帶的燃料不足約定數額的賠償；船速索賠是指船舶的船速不如契約約定的索賠。

(B)燃料索賠是指船舶的實際耗量大於約定數額時，傭船人（承租人）向船舶所有人（出租人）的索賠；船速索賠是指船舶的船速不如契約的約定時，傭船人（承租人）向船舶所有人（出租人）的索賠。

(C)燃料索賠是指船舶附帶的燃料不足法定數額的賠償；船速索賠是指船舶的船速不如法定的索賠。

(D)燃料索賠是指船舶燃料的實際耗量大於約定數額時，傭船人（承租人）對船舶所有人（出租人）的索賠；船速索賠是指船舶的船速大於契約的約定，船舶所有人（出租人）對傭船人（承租人）的請求。

73.下列關於期間傭船契約租期的敘述，何者正確？

(A)期間傭船只有固定期間，沒有寬限期。

(B)期間傭船可以是確定期間、也可以是不確定期間，但是多有約定寬限期，即使沒有約定，法院也以裁判承認寬限期。

(C)期間傭船都是確定期間，但是多有約定寬限期，即使沒有約定，法院也以裁判承認寬限期。

(D)期間傭船可以是確定期間、也可以不確定期間，但是多有約定寬限期，若是沒有約定，就必須在期限內還船。

74.在期間傭船，傭船人（承租人）有在安全航行區域及安全港口調度航行的義務，下列關於安全航行區域及安全港口航行意義的敘述，何者正確？

(A)限於政治的安全。

(B)限於地理上的安全。

(C)包括政治的安全以及地理的安全。

(D)政治的安全或地理的安全。

75.在期間傭船，傭船人（承租人）若未依約給付租金，船舶所有人（出租人）得解除租約。下列關於解除期間傭船契約之後，船舶所有人（出租人）得行使之權利之敘述，何者較為正確？

(A)損害賠償請求權。

(B)損害賠償請求權，為使損害賠償債權獲得清償，如果有傭船人（承租人）的財產放置在船上，可以行使留置權；如果承租人對第三人有債權，可以行使權利質權。

(C)留置權。

(D)權利質權。

76.依照期間傭船實務，下列關於傭船人（承租人）得停止給付租金法律效果的敘述，何者正確？

(A)因可歸責於傭船人（承租人）之原因，致使傭船人（承租人）不能使用船舶的時間，傭船人（承租人）可以停止給付租金。

(B)因可歸責於船舶所有人（出租人）之原因，致使傭船人（承租人）不能使

用船舶的時間，傭船人（承租人）可以停止給付租金。

(C)因不可歸責於傭船人（承租人）之原因，致使傭船人（承租人）不能使用
船舶的時間，傭船人（承租人）可以停止給付租金。

(D)因不可歸責於船舶所有人（出租人）之原因，致使傭船人（承租人）不能
使用船舶的時間，傭船人（承租人）可以停止給付租金。

77.在定期傭船的情況下，下列關於船長接受指揮的敘述，何者正確？

(A)關於船舶的營運，由傭船人（承租人）指揮；關於船舶安全、船舶內部的
管理由船舶所有人（出租人）或船長負責。

(B)關於船舶的營運，由船舶所有人（出租人）指揮；關於船舶安全、船舶內
部的管理由傭船人（承租人）或船長負責。

(C)關於船舶的營運，船舶安全、船舶內部的管理都由船舶所有人（出租人）
或船長負責。

(D)關於船舶的營運，船舶安全、船舶內部的管理都由傭船人（承租人）或船
長負責。

78.下列關於光船租賃契約與期間傭船（定期租船）差異的敘述，何者正確？

(A)光船租賃的承租人必須僱用船長海員，必須提供燃料補給品、必須決定航
程；但是期間傭船（定期租船）的傭船人（承租人）無須僱用船長海員、
無須提供補給品，只需提供燃料，決定航程。

(B)期間傭船（定期租船）的傭船人（承租人）必須僱用船長海員，必須提供
燃料補給品、必須決定航程；但是光船租賃的承租人無須僱用船長海員、
只需提供燃料，無需提供補給品，但必須決定航程。

(C)光船租賃以及期間傭船（定期租船）的承租人都必須僱用船長海員，必須
提供燃料補給品、必須決定航程。

(D)光船租賃與期間傭船（定期租船）的傭船人（承租人）都無須僱用船長海
員、只需提供燃料，無需提供補給品，必須決定航程。

79.下列關於光船租賃契約與期間傭船下，若承租權已經登記，傭船人（承租人）

租賃權對於船舶的受讓人是否繼續存在的敘述，何者正確？

(A)在光船租賃，承租人的租賃權對於船舶的受讓人繼續存在；在期間傭船，承租人的租賃權對於船舶的受讓人，並不繼續存在。

(B)在期間傭船，傭船人（承租人）的租賃權對於船舶的受讓人繼續存在；在光船租賃，承租人的租賃權對於船舶的受讓人，並不繼續存在。

(C)在光船租賃以及期間傭船，承租人或傭船人（承租人）的租賃權對於船舶的受讓人都繼續存在。

(D)在光船租賃以及期間傭船，承租人或傭船人（承租人）的租賃權對於船舶的受讓人都不繼續存在。

80.在光船租賃附加租購條款的情形下，下列關於船舶所有權移轉時間以及危險負擔移轉時間的敘述，何者為正確？

(A)船舶所有權在租期屆滿，而承租人選擇購買、依約給付租購費、且經航政主管機關或駐外有權機構蓋印證明後移轉，危險負擔在讓與人與受讓人讓與合意時移轉。

(B)船舶所有權在租期屆滿時，而承租人選擇購買、依約給付租購費後移轉，危險負擔在讓與人與受讓人讓與合意時移轉。

(C)船舶所有權在租期屆滿時移轉所有權，危險負擔在讓與合意時，移轉給買受人。

(D)船舶所有權在租期屆滿時移轉所有權，危險負擔在交付船舶時，移轉給買受人。

參考答案

1. ACDCA	6. AAADA	11. DCCCA	16. ABBDA
21. AAAAC	26. CCDCB	31. AAAAC	36. BCBDD
41. AABCC	46. ABBDC	51. ADAAD	56. AAADA
61. ABAAA	66. ACCDA	71. ABBCB	76. CAACA

二、問答題

1. 試說明件貨運送契約與航程傭船契約的意義以及法律性質的差異。

2. 我國海商法關於件貨運送契約的立法，究竟承襲哪個國際公約？採取哪種責任制度？

3. 試比較海牙維斯比規則、漢堡規則與鹿特丹規則關於海上貨物運送人責任規定的差別。

4. 依照海牙維斯比規則或海商法的規定，何謂「實際過失 (actual fault)」？何謂「擬制過失 (constructive fault)」？二者區別的實益何在？

5. 運送人就運送遲延所生的損失，是否必須負損害賠償責任？試就海商法的規定、海牙維斯比規則、漢堡規則、鹿特丹規則的規定以及法院的裁判見解分別說明，並且評論之。

6. 何謂運送人的履行輔助人？何謂喜馬拉雅條款？履行輔助人得否援引喜馬拉雅條款？試引海商法的相關規定以對。

7. 託運人關於「貨物必須記載事項的通知」，必須對運送人負無過失責任，但關於「必須記載事項的通知以外的其他事項」的通知，以有過失為限，對運送人或船舶所有人負賠償責任，其立法理由何在？試說明之。

8. 件貨運送的過程中，關於貨物停運或變更處分權是屬於託運人或屬於受貨人，試分不同情況說明之。

9. 何謂運送人的留置權？在連續運送中，前後連續運送人關於留置權的行使有何限制？

10. 海上貨物運送人關於貨物的照管義務，應該盡的注意義務為何？運送人就其履行輔助人違反貨物照管義務所生貨物的毀損滅失得否主張免責？得否主張單位責任限制？得否主張責任總限制？

11. 何謂合法的甲板運送？若經過託運人同意，將貨物裝載在甲板上，但未記載在載貨證券，該甲板運送是否為合法的甲板運送？

12. 何謂船舶的適航性義務？何謂船舶的適載性義務？關於必須具備適航性、適載性的期間，海商法、海牙維斯比規則、漢堡規則各有何不同規定？

13. 試說明載貨證券、海運貨運單的意義、性質以及二者的區別。

14. 何謂載貨證券的保留？船長在載貨證券上為保留的事由有幾？載貨證券上為

保留記載之法律效力為何？

15.在載貨證券上記載 「據稱條款」，例如 ： 在載貨證券上記載 「據稱有 500 包」、"said to contain..."、"said to be..." 等文字，其法律效力如何？試舉法院的見解以對。

16.解釋名詞：

⑴收載載貨證券與裝船載貨證券。

⑵記名載貨證券、指定載貨證券與空白載貨證券。

⑶無保留載貨證券與附保留載貨證券。

17.試說明載貨證券與票據的主要不同。

18.運送人簽發一式多份載貨證券時，運送人應該將貨物交付予何人，才可以免責？試分在目的港、非目的港說明之。又在目的港，若貨物交付一部分之後，又有其他人持載貨證券提示時，就其餘尚未交付部分，運送人應該如何處理？

19.試說明運送人對主張載貨證券權利之人的免責抗辯權、單位責任限制與責任總限制的內容。又上述抗辯權，實際運送人、實際運送人之受僱人得否主張？

20.何謂 「強制責任期間」？何謂 「非強制責任期間」？海牙維斯比規則、漢堡規則、1980 年聯合國多式聯運公約關於運送人強制責任期間的規定各有何不同規定？

21.何謂實際過失 (actual fault)？何謂擬制過失 (constructive fault)？依照海商法的規定，運送人就其履行輔助人關於航行、船舶管理、船舶火災所致貨物的毀損滅失，應否負損害賠償責任？

22.海上貨物運送遲到，運送人得否主張免責？請依照海牙維斯比規則、漢堡規則的規定說明之。又關於運送遲到，我國法院的實務見解如何？試說明並評論之。

23.船舶的冷凍壓縮機故障，船艙溫度升高，致承載的生鮮食品發生腐敗，運送人得否主張免責？

24.船舶發生火災，致承載的貨物發生毀損滅失，運送人得否主張免責？試舉海牙維斯比規則、漢堡規則、鹿特丹規則的不同規定以及海商法的規定以對。

25.海牙維斯比規則第 4 條第 1 項 Q 款：「其他非因運送人或船舶所有人本人之故意或過失及非因其代理人、受僱人之過失所致者」 的核心內容是什麼？該

款與船舶管理過失的內容有何不同？二者的區別實益何在？

26. 何謂偏航 (deviation)？何謂改變航程 (change of voyage)？二者區別的實益何在？

27. 何謂單位責任限制？海商法關於單位責任限制的規定內容為何？運送人主張單位責任限制有無限制？運送人主張單位責任限制之後，是否仍得主張責任總限制？

28. 運送人主張單位責任限制時，如何計算貨物的件數？

29. 貨物實際的損失若小於單位責任限制的數額時，運送人究竟應該依照實際損失理賠，或是依照單位責任限制數額理賠？

30. 在多式聯運過程中，若貨物發生毀損滅失，其隱藏性損失與非隱藏性損失，各應如何理賠？試舉海商法的規定、1975 年國際商會聯合貨運單證統一規則的規定回答之。

31. 何謂喜馬拉雅條款？海商法有無喜馬拉雅條款法制化的具體規定？

32. 運送人就其運送責任向保險公司投保責任險者，其對保險人的請求權時效，何時開始進行？現行立法有何缺點？應該如何修正？

33. 何謂航程傭船？航程傭船契約與件貨運送契約的區別實益何在？航程傭船、件貨運送與期間傭船，給付價金的法律性質有無不同？

34. 航程傭船下，貨物的裝卸義務應該由何人負擔？

35. 請說明航程傭船下，裝卸貨物超過約定期間如何計算？其法律如何？

第二章

旅客運送

壹｜旅客運送的意義

一、旅客運送的定義

旅客運送，是指運送人以船舶為運送工具，載運旅客及其行李前往目的港，而旅客有給付票價義務的海上運送的契約❶。

㈠旅客運送是以旅客及其行李為運送客體

旅客運送的客體有單純為「旅客」者，有為「旅客及其行李」者。海商法的旅客運送得只以「旅客」為客體，若運送旅客時，旅客帶有行李，則以「旅客及其行李」為客體，行李運送是為了配合旅客運送需要所為的附帶服務，並不是旅客運送的要件。

㈡旅客運送的過程必須包括海上運送階段

海商法上的旅客運送過程必須包括「海上運送階段」，至其究竟是純粹的海上運送階段，或只是全部運送過程的其中一個階段而已，則非所問。

二、旅客運送相關名詞的定義

1974 年旅客及行李海上運送雅典公約❷，其後歷經 「1976 年附加議定

---

❶ 2012 年德國商法（海商編）第 536 條第 1 項。雖然旅客運送的法條已經有責任限制的規定，但是海上運送人責任總限制的規定仍然適用，參閱德國商法（海商編）第 536 條第 1 項末段以及第 611 條至 617 條。

❷ Athens Convention relating to the Carriage of Passengers and their Luggage by Sea, 1974. 該公約在 1987 年 4 月 28 日生效。

書」❸、「1990 年附加議定書❹」、「2002 年附加議定書❺」的修正及補充。在解釋時必須合併觀察一齊解釋❻。依 1974 年旅客及行李海上運送雅典公約的規定：

1. 運送人

指由運送人本人或其代理人訂立運送契約而承擔運送義務之人❼。至於運送契約之履行，究竟由其親自履行，或是透過履行運送人履行，則非所問❽。

2. 履行運送人 (performing carrier)

指運送人以外實際上履行全部或一部運送之人，可以是船舶所有人、傭船人或船舶經營人 (operator of a ship)❾。

3. 運送契約

指由運送人或其代理人與旅客訂立，以旅客及其行李為運送標的物的海上運送約定❿。

4. 船　舶

指海上航行的船舶 (a seagoing vessel)，但不包括氣墊船 (an air-cushion vehicle) 在內⓫。

---

❸ 1976 年附加議定書主要是以「計算單位 (the unit of account) 或特別提款權 (the Special Drawing Right (SDR))」來替代「金法郎 (franc)」。

❹ 本附加議定書的主要目的是提高賠償金額，在人身傷亡為 175,000 SDR（224,000 美元），艙房行李每件 1,800 SDR（2,300 美元），車輛每輛 10,000 SDR（12,800 美元）。

❺ 本附加議定書的主要目的有二：第一是規定為船舶上旅客的死亡或傷害強制投保責任保險，且以運送人對旅客所負的責任是嚴格責任為基礎。第二是提高責任限制，對於每一個旅客的死亡或傷害的賠償上限是 250,000 SDR（325,000 美元），此外，該附加議定書還提供了其他機制，例如透過現有制度或環境污染損害賠償等，以協助旅客求償。

❻ Protocol to the Athens Convention relating to the Carriage of Passengers and their Luggage by Sea, 1974, London, November 19, 1976.

❼ 2012 年德國商法（海商編）第 537 條第 1 項第 1 款。

❽ 海商法修正草案第 80 條第 1 款對運送人的定義為：指本人或委託他人以本人名義訂立海上旅客運送契約之人。

❾ 2002 年旅客及行李海上運送雅典公約第 1 條第 1 款第(b)目。

❿ 2002 年旅客及行李海上運送雅典公約第 1 條第 4 款。

⓫ 2002 年旅客及行李海上運送雅典公約第 1 條第 3 款。

5.旅　客

指任何依運送契約以船舶運送之人 ❷，或任何經運送人同意，伴同依貨物運送契約運送之車輛或有生命之動物而被以船舶運送之人，但該載運的車輛或有生命的動物之運送契約不適用本公約之規定 ❸。

6.行　李

指依「旅客運送契約」由運送人運送的物品或車輛，但依傭船契約、載貨證券或主要是關於貨物運送的其他契約而運送的物品、車輛或有生命的動物應予除外 ❹。

7.艙房行李（cabin luggage，自帶行李）

指旅客放置於其艙房或其他由旅客占有、看管或控制下的行李，艙房行李還包括旅客放置在其車輛內或車輛上的行李 ❺。

8.行李的毀損滅失

包括裝載行李的毀損滅失或應於裝載行李的船舶到達後之合理期間內交付而未交還予旅客所發生的金錢上之損失，但不包括因為勞工抗爭 (labour disputes) 所致的遲延 ❻。

9.運送期間

關於旅客以及其艙內行李，運送期間包括旅客及／或其行李在船上、登船、下船 (on board the ship or in the course of embarkation or disembarkation) 的期間。又票價包括從陸地到船舶或從船舶到陸地間的水上運送費用，或其由運送人備船以供旅客上下船之用者，尚包括由陸地到船舶以及由船舶到陸地的期間。但不論如何，關於旅客，所謂運送，並不包括旅客在目的港碼頭（a marine terminal ❼，按：指目的港的碼頭）、中間海運站 (station)、碼頭或其他港口設施

---

❷　2012 年德國商法（海商編）第 537 條第 1 項第 2 款。

❸　2002 年旅客及行李海上運送雅典公約第 1 條第 4 款。

❹　2012 年德國商法（海商編）第 537 條第 1 項第 3 款。2002 年旅客及行李海上運送雅典公約第 1 條第 5 款。

❺　2012 年德國商法（海商編）第 537 條第 1 項第 4 款。2002 年旅客及行李海上運送雅典公約第 1 條第 6 款。

❻　2002 年旅客及行李海上運送雅典公約第 1 條第 7 款。

等候的期間。關於艙房行李，所謂運送，尚包括旅客在目的港碼頭、中間海運站、碼頭或其他港口設施期間，貨物交付運送人或其受僱人占有而尚未返還交付予旅客的期間❶❽。

10.國際運送

指依運送契約的約定，啟航港與目的港分別坐落在不同的兩個國家，或雖坐落在同一國家，但依運送契約或預定航線 (the scheduled itinerary)，有一停泊的中間港 (an intermediate port) 是坐落在他國境內者而言❶❾。

11.船運事故 (shipping accident)

船運事故指發生沉船 (shipwreck, schiffbruch)、傾覆、船舶碰撞、船舶擱淺、船舶爆炸、船舶火災或船舶瑕疵❷⓪。

12.船舶瑕疵 (defect in the ship)

船舶瑕疵指船舶的任何部分或供下列用途的設備有任何功能異常、喪失功能或不符合相關安全規則的規定之情事❷❶：

1.旅客逃生、疏散、登船或下船的設備。
2.用於推進、操舵、安全航行、停泊（繫纜）、拋錨、停靠或離開泊位或錨地、淹水後的損害控管的設備。
3.救生啟動設備。

---

❶❼ Terminal 是由 teminate 一字演變而來，有最後終點站的意思，如同捷運站的最後一站；至於 station 雖然也是車站，但只是暫停的車站而已。

❶❽ 1974 年旅客及行李海上運送雅典公約第 1 條第 8 項，2002 年旅客及行李海上運送雅典公約第 1 條第 8 款。

❶❾ 2002 年旅客及行李海上運送雅典公約第 1 條第 9 款。

❷⓪ 2012 年德國商法（海商編）第 537 條第 1 項第 5 款。

❷❶ 2012 年德國商法（海商編）第 537 條第 1 項第 6 款。

貳｜旅客運送契約的解除與終止

一、旅客行使解除權

㈠無法定解除原因的解除

　　旅客於發航 24 小時前，得給付票價十分之二，解除契約❷。

㈡有法定解除原因的解除

　　1.運送人或船長違背運送契約：運送人或船長應依船票所載，運送旅客至目的港。運送人或船長違反上述規定時，旅客得解除契約，如有損害，並得請求賠償❸。

　　2.旅客因死亡疾病等事由而解除契約：旅客於發航前因死亡、疾病或其他基於本身不得已之事由，不能或拒絕乘船者，運送人得請求票價十分之一❹。

　　3.船舶不依約發航：船舶不於預定之日發航者，旅客得解除契約❺。

二、運送人行使解除權

　　海商法第 85 條：「旅客在船舶發航或航程中不依時登船，或船長依職權實行緊急處分迫令旅客離船，仍應給付全部票價。」為法定原因，運送人得解除契約。

---

❷　海商法第 84 條前段、海商法修正草案第 88 條前段。
❸　海商法第 83 條、海商法修正草案第 87 條。
❹　海商法第 84 條後段、海商法修正草案第 88 條後段。
❺　海商法第 86 條、海商法修正草案第 90 條。

三、旅客運送契約的終止

　　海商法第 87 條：「旅客在航程中自願上陸時，仍負擔全部票價，其因疾病上陸或死亡時，僅按其已運送之航程負擔票價。」本條是規定運送契約已經履行一部分，旅客自願上陸或因病、死亡等而運送契約向將來終止。

參｜旅客的權利義務

一、給付票價的義務

旅客的義務，最主要的就是給付票價的義務。

二、依照指示離船的義務

船舶抵達目的港後，旅客有依船長之指示即行離船的義務。

三、行李毀損滅失遲到的通知義務

行李若有毀損滅失或遲延，而旅客要保留請求權時，旅客負有通知義務。按行李一經旅客領取，除非旅客另有保留的通知，否則就「推定」旅客已收受完整無損之行李。旅客通知的發表方法如下：一、自帶行李明顯損壞者，應於離船時，以書面或其他電子記錄方式通知運送人。二、自帶行李以外之其他行李明顯損壞者，應該於行李交還時，以書面通知運送人者。三、行李之損壞不明顯或滅失者，應於離船之日或交還之日或本應交還之日起 15 日內，以書面通知運送人者。如受領行李時，已對行李狀況進行聯合檢驗或檢查，則無需提交書面通知❷❻。

2012 年德國商法關於旅客行李毀損滅失通知義務的主要規定如下：

1.限定期間內通知、通知的免除以及未於限定期間內通知的法律效果

旅客就其行李的滅失或物體上的毀損，未於限定時間內通知者，推定其收受的行李沒有毀損。但行李的狀況在收受時是由雙方共同檢驗或檢查者，則無

---

❷❻ 參閱 2002 年雅典公約第 15 條以及 2012 年德國商法（海商編）第 549 條。

須通知❷。通知在下列時限內發出者，視為在限定時間內通知：

　⑴艙房行李（自帶行李）的外觀有明顯的物體上的毀損者，應於離船時。

　⑵艙房行李以外的其他行李，外觀有明顯的物體上的毀損者，應於行李返還
　　旅客時。

　⑶行李的物體上的毀損外觀上不明顯：行李應該返還旅客之日後 15 日內❷。

2.通知之方式

　　貨物物體上的毀損之通知，應以書面為之。為符合相關時限的規定，該通
知只要在時限內寄發即可❷。

---

❷　2012 年德國商法（海商編）第 549 條第 1 項。

❷　2012 年德國商法（海商編）第 549 條第 2 項。

❷　2012 年德國商法（海商編）第 549 條第 3 項。

肆｜運送人的權利義務

一、運送人的權利

㈠收取票款的權利

運送人最重要的權利，就是依照契約收取票款的權利。

㈡運送人的留置權

為保全運費的請求權，運送人對於旅客的行李（包括託運行李以及艙房行李）有留置權。留置權只有在行李為運送人扣留或寄存的情況下，才持續有效[30]。

二、運送人的義務

㈠依約運送旅客及行李的義務

海商法第 83 條：「運送人或船長應依船票所載，運送旅客至目的港。」、「運送人或船長違反前項規定時，旅客得解除契約，如有損害，並得請求賠償。」這是運送人最主要的義務。

㈡船舶因「不可抗力不能繼續航行」時，將旅客送抵目的港的義務

船舶因不可抗力不能繼續航行時，運送人或船長應設法將旅客運送至目的港[31]。

---

[30] 2012 年德國商法（海商編）第 552 條。

㈢「目的港發生天災等事由」時,將旅客送至最近港口或送返乘船港的義務

海商法第 89 條規定:「旅客之目的港如發生天災、戰亂、瘟疫,或其他特殊事故致船舶不能進港卸客者,運送人或船長得依旅客之意願,將其送至最近之港口或送返乘船港。」

㈣船舶修繕時,以同等級船舶完成航程的義務

海商法第 90 條:「運送人或船長在航行中為船舶修繕時,應以同等級船舶完成其航程,旅客在候船期間並應無償供給膳宿。」

㈤交付「託運行李」的義務

旅客的行李,分為「託運行李」與「艙房行李(自帶行李)」,其中艙房行李(包括:汽車以及其內的行李)都一直在旅客的管領下,船舶到達目的港,當然由旅客自行攜帶或駕駛下船,不發生運送人交付問題;但是「託運行李」則在運送人管領下,運送人有交付的義務。

---

❸ 海商法第 88 條、海商法修正草案第 92 條。

伍│ 運送人的責任基礎

一、海商法的規定

海商法關於運送人就旅客運送的法律責任基礎，並沒有明文規定，只是在第 79 條規定：「旅客之運送，除本節規定外，準用本章第 1 節之規定」，所謂「本章第 1 節之規定」就是海上貨物運送的規定，也就是「不真正的推定過失責任」。其實，旅客運送與貨物運送的「客體」完全不同，海上貨物運送的國際公約法源與海上旅客運送的國際公約法源也不一樣，應該不得準用。海商法關於旅客運送責任基礎的規定，明顯是過分簡單。

海商法關於運送人是否必須就其履行輔助人履行債務有過失所致的損害，負賠償責任，沒有特別規定，應該適用民法第 224 條：「債務人之代理人或使用人，關於債之履行有故意或過失時，債務人應與自己之故意或過失負同一責任。但當事人另有訂定者，不在此限。」的規定，**即受僱人（船長、海員等）履行債務有過失，應「視為」運送人的過失**。但是海上旅客運送，提供服務所涉及之人，十分廣泛，不以與運送人有僱傭關係者為限，該提供服務之人有過失時，可否視為運送人的過失，應該明確規定。

2012 年德國商法（海商編）第 540 條規定：「運送人對於其受僱人、船長海員在僱傭職務範圍內的故意過失所生的責任，必須如同自己的故意過失一般，負賠償責任。上述規定對於任何運送人利用其所提供之服務以履行債務之人的故意或過失，亦適用之。」可以為參考。

二、國際公約及外國立法例

以下分別就雅典公約、德國商法的規定，分別介紹如下：

㈠ 1974 年旅客及行李海上運送雅典公約之 2002 年議定書❸

1974 年旅客及行李海上運送雅典公約之 2002 年議定書第 3 條第 1 項：「運送人，對於在運送期間，因運送人、其受僱人或代理人在職務範圍內的過失或過錯所致航運事故致生旅客的傷亡或行李毀損滅失的損失，負損害賠償責任。」、第 2 項：「請求權人就致使毀損滅失的航運事故是在運送過程中發生以及毀損滅失範圍的大小負舉證責任。」、第 3 項：「除非另有反證，旅客的死傷或艙房行李（自帶行李）的毀損滅失因船舶沉沒、船舶碰撞、船舶擱淺、爆炸、火災或船舶瑕疵而引起或有關時，推定是運送人、其受僱人或代理人在職務範圍內有過失或過錯。對於其他導致行李毀損滅失的損失，不管導致毀損滅失的意外事故性質如何，除非另有反證，都推定上述過失或過錯的存在。其他情形，請求人必須就過失或過錯負舉證責任。」雅典規則關於旅客運送人的責任，可以略述如下：

1. 因「航運事故（船舶沉沒、船舶碰撞、船舶擱淺、爆炸、火災或船舶瑕疵）」所致的死傷、毀損滅失，運送人應負「推定過失責任」。
2. 因「其他事故」所致的死傷、毀損滅失，運送人應負「一般過失責任」。

㈡ 2012 年德國商法（海商編）

1. 關於旅客死傷的責任

依照 2012 年德國商法，運送人對旅客的死亡或傷害，原則上負過失責任，即運送人對於旅客運送過程中旅客因事故所致死傷的損害，以該事故的發生是因運送人「故意或過失」所致者為限，必須負損害賠償責任。若導致損失的事故為船運事故 (shipping accident)，就「推定」運送人有過失❸。

---

❸　2002 年議定書是修正 1974 年旅客及行李海上運送雅典公約。
❸　2012 年德國商法（海商編）第 538 條第 1 項。

所謂「旅客運送過程期間」是指：從旅客在船上期間，包括登船中以及下船中，若旅客由陸地經由水路運送抵達船舶者，也包括水路運送期間，下船亦同❸❹，但以票價包括水路運送部分或是用於附帶水路運送的船❸❺ ❸❻。又所謂「旅客運送過程期間」，不包括旅客在海運碼頭、海運站、碼頭或其他港口設施的期間❸❼。所謂「船運事故」指發生「沉船 (Schiffbruch, shipwreck)、傾覆、船舶碰撞、船舶擱淺、船舶爆炸、船舶火災或船舶瑕疵」❸❽。

德國商法，雖然旅客運送人負故意過失責任，但是有「限額無過失責任」與「免責」的特別規定：

(1)負「限額」的無過失責任

對於運送過程中，運送人對於「旅客因事故所致傷亡」的損害，即使事故的發生運送人沒有任何故意或過失，也應負不超過 250,000 計算單位的損害賠償責任。

(2)免　責

事故係因公共敵人、戰爭行為、內戰、市民騷亂、或其他極其例外、不可逃避的不可抗拒自然災害。

2.關於車輛或旅客行李的責任

運送人對於旅客艙房行李或行李因海上運送過程中的事故所致的滅失或物體上的毀損所生的損失，以該事故係因運送人的「**故意或過失**」所致為限，負損害賠償責任。艙房行李的滅失或物體上的毀損因船運事故所致者，或其他行李滅失或物體上毀損者，推定運送人有故意或過失❸❾。運送人上述規定的責任（即第 1 項規定）還擴大到承運或應承運行李的船舶抵達後的一段合理期間。但因勞工爭議所致的行李交付遲延，應予排除❹❶。

---

❸❹　海商法修正草案第 81 條第 1 項也相同。
❸❺　2012 年德國商法（海商編）第 538 條第 3 項第 2 款。
❸❻　海商法修正草案第 81 條第 2 項也相同。
❸❼　2012 年德國商法（海商編）第 538 條第 3 項末段。
❸❽　2012 年德國商法（海商編）第 537 條第 5 項。
❸❾　2012 年德國商法（海商編）第 539 條第 1 項。
❹❶　2012 年德國商法（海商編）第 539 條第 2 項。

　　不論如何，運送人就金錢、有價證券、黃金、白銀、貴重寶石、珠寶、藝術品或其他價值昂貴物品滅失或物體上的毀損，或對於上述價值昂貴物品的返還遲延都不負責任，但為安全保管而將昂貴物品交給運送保管者除外❹。

　　又所謂「艙房行李」與「艙房行李以外的其他行李（託運行李）」的運送期間是指：

⑴艙房行李（自帶行李）

　　艙房行李指旅客自帶行李，除旅客放在車輛上或車輛內的行李外（按：此部分應該與車輛相同），包括艙房行李在船上、輸送上船、輸送下船的期間。行李是由陸地經由水路運送抵達船舶者，也包括水路運送期間，下船亦同，但以票價包括水路運送費用或是用於附帶水路運送的船舶是由運送人交予旅客支配為限。又艙房行李還包括旅客在海運碼頭、海運站、碼頭或任何其他港口設施上、設施內，交付給運送人或其受僱人，而尚未返還旅客的行李❷。

⑵艙房行李以外的其他行李（託運行李）

　　包括運送人從岸上或船上接受行李開始到交付返還行李止的行李❸。

----

❹　2012 年德國商法（海商編）第 539 條第 3 項。
❷　2012 年德國商法（海商編）第 539 條第 4 項第 1 款。
❸　2012 年德國商法（海商編）第 539 條第 4 項第 2 款。

陸｜運送人的責任限制

　　旅客運送人原則上只負有限責任，而且是以每一次旅客運送作為責任限制的計算基礎。但運送人主張限制責任，必須舉證證明旅客的死亡傷害或其行李的毀損滅失不是因為運送人或其履行輔助人的故意或重大過失引起才可以。

　　2002 年雅典公約第 13 條第 1 項：「如果經證實損失是因為運送人故意或重大過失的作為或不作為所致者，運送人不得主張本公約第 7 條（按：指人身傷亡的責任限制）、第 8 條（按：指行李毀損滅失的責任限制）及第 10 條第 1 項（按：指運送人與旅客以書面明示約定高於公約所規定的人身傷亡、行李毀損滅失的責任限制）的責任限制。」、第 2 項：「因為運送人的受僱人、代理人或履約運送人的故意（意圖促使損失發生）或重大過失（預見損失可能發生而仍然輕忽大意）的作為或不作為所引起，受僱人、代理人或履約運送人不得主張前揭規定的責任限制。」

　　2012 年德國商法（海商編）第 545 條也規定，運送人對於因其故意或預見損失可能發生仍然輕率妄為地作為或不作為（按：重大過失）所致的損失，不得主張第 541 條（按：指德國商法關於旅客死傷的責任限制）或第 542 條（按：指德國商法關於行李實體毀損滅失或遲延交付損害賠償的責任限制）規定的責任限制，也不得依照旅客運送及行李的運送契約的約定主張責任限制。

一、人身死傷之責任限制

㈠ 1974 年旅客及行李海上運送雅典公約之 2002 年附加議定書

　　依 1974 年旅客及行李海上運送雅典公約歷經多次附加議定書的修正[44]，主要除了責任限制數額及以「特別提款權」取代金法郎外，還調高責任限制數額，

依照 2002 年附加議定書規定：

1.因「船舶事故（列舉事由）」所致損失的限制及其例外

所謂「船舶事故（列舉事由）」是指「戰爭、敵對行為、內戰、叛亂、暴動或其他因異常的、不可避免的、不可抗拒的本質所生的意外」及「完全因為第三人基於促使事故發生之意圖所發生的事故」❹❺。

(1)原則：每人 250,000 特別提款權。

(2)例外：若損失超過每人 250,000 特別提款權，除非運送人能證明其就導致損失的「列舉事故（或稱船舶事故）」的發生，並無任何過失、疏忽，否則仍然必須理賠❹❻。

2.非因「船舶事故（或列舉事故）」所致的損害

非因船舶事故所致旅客傷亡所生的損害，如該損失是因運送人的過失或疏忽所致者，運送人應賠償之，過失或疏忽的舉證責任由請求權人負擔❹❼，運送人對每一個旅客傷亡每一事故為 400,000 特別提款權❹❽。

(二) 2012 年德國商法（海商編）

2012 年德國商法關於海上旅客運送之運送人的責任限制，是承襲自「1974 年旅客及行李海上運送雅典公約之 2002 年修正議定書」，依照可否歸因於「船舶事故」為標準，設定高低不等的兩類責任限制，除對於「船舶事故的內容」增加內涵外，責任限制數額與國際公約一樣。

1.非因「船舶事故（或列舉事故）」所致的損害

運送人對每位旅客的死亡或人身傷害的責任額每次事故以不超過 400,000 計算單位為限。賠償金以分期給付為之者，分期付款總額不得超過上述數額❹❾。

---

❹❹ 第一次是 1974 年雅典公約之 1976 年修正議定書；第二次是 1974 年雅典公約之 1990 年修正議定書；第三次是 1974 年雅典公約之 2002 年修正議定書。

❹❺ 1974 年雅典公約之 2002 年議定書第 4 條第 1 項前段。

❹❻ 1974 年雅典公約之 2002 年議定書第 4 條第 1 項後段。

❹❼ 1974 年雅典公約之 2002 年議定書第 4 條第 2 項。

❹❽ 1974 年雅典公約之 2002 年議定書第 4 條第 1 項。

❹❾ 2012 年德國商法（海商編）第 541 條第 1 項、1974 年雅典公約之 2002 年議定書第 6 條。

2.因「船舶事故（或列舉事故）」所致的損害

旅客的死亡或身體傷害因下列事由（按：即船舶事故）而發生者，每位旅客每次事故的賠償數額以不逾 250,000 計算單位為限❺。在此情況，若死亡或身體傷害者不只一人，則應先以每位旅客每次事故 250,000 計算單位計算所得之賠償額，再與每次事故每一船舶 340 百萬計算單位賠償限額比較，而以較低者為準，且該較低賠償額應該依各請求權人的請求比例分配，作一次給付、非經常性給付或分期給付❺。

⑴因戰爭、內戰、革命、叛變、暴動以及因為上述事故所致的內亂、以及交戰方的行為或對交戰方的行為所致者。

⑵因捕獲、查封、逮捕、限制處分、拘留以及任何因上述事由而發生、為上述事由的圖謀所致者。

⑶因被棄置的水雷、魚雷、炸彈或其他被棄置的戰爭武器所致者。

⑷因恐怖分子、惡意之人、基於政治動機之人的攻擊行為，以及因上述打擊行為的防禦行為、因針對上述攻擊行為的打擊行為所致者。

⑸因沒收或徵收所致者。

2012 年德國商法的上述規定，有下列數點值得注意：

⑴關於賠償限制乃承襲 2002 年議定書的規定，分為「非船舶事故（一般死傷）」與「船舶事故」的死傷，分別規定高低不等的責任限制數額。

⑵2012 年德國商法所規定的「船舶事故」的內涵比 2002 年議定書「船舶事故」的內涵為多。

應注意，利息以及法院的裁判費用應該另列補償，不受第 538 條（按：指運送人對旅客人身傷亡的賠償的責任）、第 541 條（按：運送人對旅客傷亡的責任限制）、第 542 條（按：指運送人對行李滅失、毀損或遲延返還的賠償責任限制）的限制❺。

---

❺ 2012 年德國商法（海商編）第 541 條第 2 項、1974 年雅典公約 2002 年議定書第 4 條。
❺ 2012 年德國商法（海商編）第 541 條第 3 項、1974 年雅典公約 2002 年議定書第 4 條。
❺ 2012 年德國商法（海商編）第 543 條。

二、行李、車輛毀損或滅失的責任限制

㈠公約的限制

1.艙房行李

依 1974 年雅典公約之 2002 年議定書第 7 條第 1 項第 1 款：「運送人就艙房行李毀損或滅失之責任，每一旅客每一次運送以不逾 2,250 計算單位 (SDR) 為限。」

2.車輛（包括車內行李）

依 1974 年雅典公約之 2002 年議定書第 7 條第 1 項第 2 款：「運送人就車輛——包括所有存放在車內及車上之行李——之毀損或滅失之責任，每一車輛每次運送以不逾 12,700 計算單位 (SDR) 為限。」

3.其他行李（託運行李）

依 1974 年雅典公約之 2002 年議定書第 7 條第 1 項第 3 款規定：「運送人就本條第 1 項及第 2 項以外之行李之毀損或滅失之責任，每一旅客每次運送以不逾 3,375 計算單位 (SDR) 為限。」

4.旅客自負額的約定

依 1974 年雅典公約之 1976 年附加議定書第 2 條第 2 項第 4 款規定：「運送人與旅客得約定運送人在車輛毀損時（由旅客自行負擔）不逾 330 計算單位 (SDR) 之扣減額，以及其他行李毀損或滅失每一旅客（自行負擔）不逾 149 計算單位 (SDR) 之扣減額，該扣減額自毀損或滅失中扣減。」

㈡德國商法（海商編）

1.一般艙房行李（自帶行李）

運送人對艙房行李的滅失或物體上的毀損、遲延返還的責任以每次運送、每位旅客 2,250 計算單位 (SDR) 為限 ❸。

---

❸ 2012 年德國商法（海商編）第 542 條第 1 項。

2. 車輛及車輛上的行李

運送人對車輛及車輛內、上的行李的滅失、物體上的毀損、或遲延返還，以每位旅客、每次運送 12,700 計算單位 (SDR) 為限❺❹。

3. 其他行李（託運行李）

除了艙房行李、車輛及車輛上的行李以外的其他行李，運送人對該其他行李的滅失、物體上的毀損或遲延返還的賠償責任，每位旅客每次運送以 3,375 計算單位 (SDR) 為限❺❺。

4. 貴重物品的特別規定

貴重物品，除了已經交由運送人安全保管者外，運送人與旅客就毀損部分得約定免責。但無論如何，就車輛的物體上毀損部分的免責，不得逾 330 計算單位 (SDR)；就其他行李的滅失、物體上毀損或遲延返還的免責，不得逾 149 計算單位 (SDR)❺❻。

上述情況，運送人就旅客對於動力設備或其他特定設備的滅失或毀損所造成的動能的減損，應賠償相關設備的更換價值或適當的修繕費用❺❼。利息及法院的裁判費用應該另外補償，不受第 538 條（按：指運送人對旅客人身傷亡的賠償責任）、第 541 條（按：指對旅客傷亡的責任限制）、第 542 條（按：指對行李滅失、毀損或遲延返還的責任限制）的限制。

德國商法關於旅客運送，運送人責任限制數額的規定，完全是繼受自 1974 年雅典公約 2002 年議定書的相關規定。

---

❺❹ 2012 年德國商法（海商編）第 542 條第 2 項。
❺❺ 2012 年德國商法（海商編）第 542 條第 3 項。
❺❻ 2012 年德國商法（海商編）第 542 條第 4 項。
❺❼ 2012 年德國商法（海商編）第 542 條第 5 項。

柒｜金法郎、特別提款權的換算

一、金法郎或計算單位均應分別換算成審理案件之法庭地國的通用貨幣

　　1974 年雅典公約之 1976 年附加議定書第 2 條第 3 項關於「計算單位」換算之規定，是將國際貨幣基金會的特別提款權換算為審理該案件的國家在判決之日或當事人同意之日的貨幣價值 (the value of that currency on the date of the judgment or the date agreed upon by the parties)。

二、非國際貨幣基金會會員國採用「金錢單位」

　　非國際貨幣基金會成員國，且該國法律又禁止上揭特別提款權與該國貨幣換算之有關規定者，得於批准 (ratification)、接受 (accession) 或其後任何時間，宣告本公約所訂的責任限制於其領土內依下列定之：

1. 關於第 7 條第 1 項之情形（按：指關於旅客死亡或傷害，每次運送之責任限制），700,000 金錢單位 (monetary unit)，金錢單位指 65.5 毫克純度千分之九百之黃金，至於金錢單位換算成國家貨幣之標準，須依該國之法律定之；以下均同。

2. 關於第 8 條第 1 項之情形（按：指運送人對艙房行李毀損滅失，每位旅客每次運送之責任限制），12,500 金錢單位。

3. 關於第 8 條第 2 項之情形（按：指運送人對於車輛之毀損或滅失，包括車輛內或車輛上行李），每一車輛每一運送之責任以不逾 50,000 金錢單位。

4. 關於第 8 條第 3 項之情形（按：指運送人對於旅客、車輛以外其他行李毀損或滅失，每位旅客每次運送之責任限制），18,000 金錢單位。

5.關於第 8 條第 4 項之情形（按：指旅客與運送人約定運送人責任有扣減額之情形），其扣減額在車輛毀損時，以不逾 1,750 金錢單位為限；在其他行李毀損滅失時，以不逾 200 金錢單位為限❺❽。

運送人與旅客得以明示及書面方式約定較高於前述之責任限制。又前述之責任限制並不包括毀損部分之利益及法律費用 (legal cost)❺❾。

三、德國商法的換算規定

2012 年德國商法的責任限制數額用「計算單位」表達，所謂「計算單位」就是國際貨幣基金會的特別提款權，實際操作上，必須先將特別提款權換算成歐元，特別提款權換算成歐元的比率，依照判決日國際貨幣基金會公布的比率為準❻⓪。

---

❺❽ 1976 年附加議定書第 2 條第 3 項第 2 款。
❺❾ 1974 年雅典公約第 10 條。
❻⓪ 2012 年德國商法（海商編）第 544 條。

捌｜履行輔助人引用運送人的免責抗辯權及限制責任抗辯權——喜馬拉雅條款法制化

喜馬拉雅條款被吸納為國際公約，並進一步國內法化之後，不但運送人的受僱人可以主張運送人所得主張的免責抗辯或限制責任抗辯，實際運送人（履約運送人）❻①及其受僱人也可以主張。但因故意或重大過失（預見損失可能發生仍然輕率妄為地作為或不作為）所致的損失，不得主張❻②。

一、2002 年雅典公約關於喜馬拉雅條款法制化的規定

2002 年雅典公約第 11 條：「因本公約規定之損失而向運送人或履約運送人的受僱人或代理人提起訴訟請求者，該受僱人或代理人若能證明其在受僱範圍內行事，有權援引運送人或履約運送人依照本公約所得主張的抗辯或責任限制。」

2002 年雅典公約還規定「總額限制」。所謂「總額限制」，就是請求權人向運送人、履約運送人、其受僱人或代理人請求的合計總額，不得超過責任限額。第 12 條規定：「在第 7 條及第 8 條責任限制可以有效適用的情形，該責任限制適用於因旅客傷亡或行李的毀損滅失全部發生可以請求數額的總額。」、「於運送是由履約運送人執行的情形，自運送人、履約運送人及其受僱人、代理人在其受僱範圍內所得請求的金額的合計不得超過依照本公約規定可以自運送人或履約運送人請求的最高數額。上述之任何人且均無須對其適用限額的超過部分負責。」、「在運送人或履約運送人之受僱人或代理人依本公約第 11 條的規定得主張第 7 條及第 8 條的責任限制時，自運送人或履約運送人得請求的數額與自受僱人或代理人請求的數額的合計，不得超過該責任限制。」

---

❻① 例如：多式聯運過程中，與多式聯運經營人訂立契約，負責某一運送階段的運送人。
❻② 2012 年德國商法（海商編）第 547 條第 2 項。

二、2012 年德國商法的規定

㈠連續運送人（實際運送人、履約運送人）

運送的全部或一部由運送人以外之第三人履行者，該第三人（實際運送人）就其承運期間旅客的死亡或身體傷害、行李的滅失、物體上的毀損或遲延返還所生的損失，必須猶如自己是運送人一般，負賠償責任。實際運送人應負賠償責任時，應與運送人連帶負責❻❸。運送人就其責任與旅客另有較高之約定者，非經實際運送人書面同意，對實際運送人不生效力❻❹。運送人依據旅客及行李運送契約所得主張的任何或全部之免責或抗辯，實際運送人亦得主張之❻❺。

㈡運送人、連續運送人（實際運送人、履約運送人）的受僱人

因旅客死亡或身體傷害、貨物滅失、物體上毀損或返還遲延而請求運送人或實際運送人的受僱人損害賠償者，該受僱人得主張運送人或實際運送人所得主張的免責或責任限制抗辯，但以受僱人在「**僱傭契約範圍內的行為**」為限。上述規定，於向船員請求時亦適用之❻❻。須注意者，若運送人或實際運送人的受僱人，就旅客的死亡或身體傷害、行李的滅失、物體上的毀損或返還遲延必須付賠償責任，則應與運送人或實際運送人「連帶負責」❻❼。

---

❻❸ 2012 年德國商法（海商編）第 546 條第 3 項。
❻❹ 2012 年德國商法（海商編）第 546 條第 1 項。
❻❺ 2012 年德國商法（海商編）第 546 條第 2 項。
❻❻ 2012 年德國商法（海商編）第 547 條第 1 項。
❻❼ 2012 年德國商法（海商編）第 547 條第 3 項。海商法修正草案第 98 條第 1 項：「旅客傷亡、行李毀損滅失及遲到之損失，係向運送人或履行運送人之受僱人或代理人提出請求，該受僱人或代理人有權主張運送人或履行運送人可得主張之抗辯及責任限制。但以該受僱人或代理人係於其受僱或代理範圍內執行職務為限。」、第 2 項：「由運送人或履行運送人之受僱人或代理人故意或重大過失所致之旅客傷亡、行李毀損或滅失及遲到，運送人或履行運送人之受僱人或代理人不得主張第 1 項單位限制責任之利益。」、第 3 項：「運送人對於自身或履行運送人之受僱人或代理人所造成之損害，應負連帶責任。」本條第 1 項就是喜馬拉雅條款的法制化；第 2 項規定主張喜馬拉雅條

玖│任意約定的禁止

旅客運送不但旅客與運送人的談判地位不平等，而且主要涉及人身法益的保障，因此：

一、2002 年雅典公約

2002 年雅典公約禁止在航運事故發生前任何免責、降低責任限制數額或改變舉證責任的約定，致不利於旅客的約定，違反者，該約定無效。2002 年雅典公約第 18 條：「任何在旅客死傷或行李毀損滅失的事故發生前所訂定的任何約定，不論是免除運送人對旅客的責任，或除了第 8 條第 4 項規定的情形外，另為低於本公約規定的責任限制的約定，以及改變原來應該由運送人負擔的舉證責任或是任何具有限制行使第 17 條第 1 項（訴訟管轄）選擇權效果的約定，都自始無效。但該無效的約款不會使運送契約也歸於無效，運送契約應依本公約之規定行之。」

二、2012 年德國商法

除依第 542 條第 4 項約定外（按：指針對貴重物品的約定），任何針對運送人因旅客死亡或身體傷害、旅客行李滅失、物體上的毀損或返還遲延賠償責任的免責或限制責任的約定，只要該約定是在導致旅客死亡或身體傷害、旅客行李滅失、物體上的毀損或返還遲延的事故發生前所訂定，都不生效力❻❽。

款的消極要件，也就是受僱人或代理人援引運送人或履約運送人所得主張的責任限制或抗辯權，必須旅客傷亡或行李的毀損滅失非出於其故意或重大過失為條件。

❻❽ 2012 年德國商法（海商編）第 551 條。

三、海商法修正草案

　　海商法修正草案第 99 條：「旅客傷亡或其自帶行李毀損或滅失之事故發生前所達成之任何契約條款，如旨在減輕或免除運送人依本節應承擔之責任及責任限制，及轉換運送人或履行運送人之舉證責任，或限制訴訟管轄之選擇權，均屬無效。但該無效之條款不應使運送契約無效，運送契約仍受本節規定之拘束。」師承雅典公約的規定，須注意者有二：

　　1.公約或法律都只禁止事故前預先為免責、降低責任限制、改變舉證責任、限制法院管轄權選擇權的行使的約定。

　　2.公約與法律都只禁止不利於旅客的約定，若是有利於旅客的約定，即使在事故發生前，仍然有效。

拾｜請求權時效

一、2002 年雅典公約的規定

第 16 條第 1 項：「任何因為旅客死傷或行李毀損滅失所致損失的訴訟，經兩年不行使而消滅」、第 2 項：「上述期限的限制，依以下規定計算之：

(a)在人身傷害情形，自旅客離船之日起算；

(b)在運送中死亡情形，自該旅客本來應該離船之日起算；在運送中發生傷害而於離船之後死亡者，自死亡之日起算，但以此期間自旅客離船之日起不逾 3 年為限。

(c)在行李毀損滅失情形，自旅客離船之日或旅客應離船之日起算，以較遲者為準。」

二、德國商法的規定

德國商法的規定，旅客運送中，旅客的死亡或身體傷害、行李的滅失、物體上的毀損或返還遲延所生損害，對運送人或連續運送人（實際運送人）的請求，只可以依照本節（按：指商法第 536 條至 552 條關於旅客運送的規定）的規定，行使請求權[69]。

旅客運送因旅客死亡或身體傷害、或行李的滅失、物體上的毀損或返還遲延的損害賠償請求權，除非於下列時限之一內向法院起訴請求，否則消滅時效：

1.自請求權人知悉之日或於通常情況應該知悉死亡或身體傷害、行李的滅失、物體上的毀損或返還遲延之日起 3 年內；

2.自離船或應該離船之日起，以較晚者為準，5 年內[70]。

---

[69] 2012 年德國商法（海商編）第 548 條。

三、海商法修正草案

海商法修正草案第 100 條：「旅客傷亡、行李毀損滅失、交付遲延之損害賠償請求權，因 2 年間不行使而消滅。

前項時效期間起算，依下列規定：

一、對人身傷害，自旅客離船之日起算。

二、運送途中旅客死亡者，自該旅客本應離船之日起算；運送途中旅客人身傷害並導致旅客於離船後死亡，自死亡之日起算，但該期限不得超過自離船之日起 3 年。

三、對於行李毀損滅失或交付遲延，自離船之日或本應離船之日起算，以較遲者為準。」

比較雅典公約以及德國商法的規定，修正草案除了增加「遲延交付」的規定有待斟酌外，基本上與 2002 年雅典公約相同。

---

❼⓿ 2012 年德國商法（海商編）第 550 條。

📖 習 題

一、選擇題

1. 下列關於旅客運送中，運送人行使留置權的敘述，何者正確？
   (A)運送人就其債權，對旅客、艙房行李（自帶行李）、車輛以及其他行李（託運行李）都可以行使留置權。
   (B)運送人就其債權，對艙房行李（自帶行李）、車輛以及其他行李（託運行李）都可以行使留置權。
   (C)運送人就其債權，對車輛以及其他行李（託運行李）都可以行使留置權。
   (D)運送人只有對託運行李、扣留行李可以行使留置權。

2. 下列關於旅客運送，若沒有特別聲明，運送人就旅客行李責任限制高低的敘述，何者正確？
   (A)託運行李賠償限制較高，艙房行李賠償限制較低。
   (B)託運行李賠償限制較低，艙房行李賠償限制較高。
   (C)託運行李與艙房行李賠償限制一樣高。
   (D)必須視行李的實際價值來決定。

   參考答案
   1. DA

二、問答題

1. 請說明經 2002 年附加議定書修正補充之 1974 年雅典公約關於人身死傷、艙房行李、車輛、其他行李（託運行李）的責任限制的規定。

2. 請說明最新國際公約關於海上運送中，旅客傷亡以及行李毀損滅失損害賠償請求權消滅時效的規定。

第三章

船舶拖帶

壹｜船舶拖帶的意義與船舶拖帶契約

一、船舶拖帶的意義

船舶拖帶是指一船提供動力予他船，協助他船完成航行或進出港灣的行為。拖船與被拖船所訂定以拖帶船舶為內容的契約，稱為船舶拖帶契約 (towage contract)，簡稱船舶拖帶。提供動力的船舶為「拖船 (tug, tug boat)」，利用拖船提供動力為航行或進出港灣的船舶稱為「被拖船 (tow)」。船舶拖帶若是以完成拖帶為條件給付報酬者，性質上是承攬契約；船舶拖帶若是依照拖船提供勞務時間的長短計算報酬的，性質上就是僱傭契約。

船舶拖帶實際上是海上貨物運送的特殊形式，只是載運的方法是以拖帶方式為之，被「載運」的客體多是船舶或其他鑽油平臺，而且船舶或其他鑽油平臺是浮在海面被拖帶，而非放在船艙或甲板上運送而已。

二、船舶拖帶契約

海商法修正草案第 115 條第 1 項：「船舶拖帶，指被拖物所有人將被拖物交付拖帶人，由拖帶人以拖船進行拖帶作業，而由被拖物所有人支付拖帶費之契約。」、第 2 項：「前項所稱拖船，指適合從事拖帶作業之任何船舶；被拖物，指足以在海上浮動而被拖帶之物；拖帶，指拖移、拉離、推動、固定、護航或其他協助被拖物之作為。」，草案對於船舶拖帶，堪稱完整。說明如下：

(一)拖帶是運送契約的特殊形式

　　船舶拖帶係一種特殊的運送契約,以拖帶人與被拖物所有人為契約當事人;性質上是有償契約,拖帶人負有以拖船採用拖帶方式將被拖物拖帶至目的地,被拖物所有人則負有支付拖帶費於拖帶人之義務,兩者互為對價❶。

1.拖船 (Tug)

　　指適合從事拖帶作業之任何船舶,凡具備拖帶適航能力之船舶均足當之,不以嚴格船級分類上之拖船為限,軍事艦艇、公務船舶或小船均可。

2.拖帶 (Towage)

　　包括拖移 (moving and towing)、 拉離 (pulling away)、 推動 (push)、 固定 (standing)、 護航 (escorting) 或其他協助被拖物之各種作為。 不以拖帶行駛為限❷。

3.拖帶費

　　指被拖物所有人支付拖帶人之報酬。不包括返還拖帶人的代墊費用(例如港口費、引水費、運河通行費、因應港務機構要求須有其他拖船協助而支出之費用等是)。拖帶費有以總額計算 (Lump Sum) 者,有以日計算 (Daily Hire) 者,其以總額計算者,於契約終止之情形,或因可歸責於被拖物所有人之事由而遲延到達目的地之情形,都可能發生拖帶費退補問題,因此規定關於拖帶費及其支付、退補方式應載明於契約。其他必要費用,例如燃料費及其支付、退補方式❸。

(二)拖帶契約的內容

　　海商法修正草案第 116 條:「船舶拖帶契約,應以書面為之,並記載下列事項:
一、當事人姓名或名稱,及其住所、事務所或營業所。
二、拖船與被拖物之名稱、尺寸、拖船之馬力。
三、起拖地與起拖時間、目的地與拖帶完成時間。

---

❶　參閱海商法修正草案第 115 條修正理由第 1 點,但刪除作者認為不正確部分。
❷　參閱海商法修正草案第 115 條修正理由第 2 點,但刪除不必要部分。
❸　海商法修正草案第 116 條第 5 點,酌作文字修正。

四、指揮控制權之歸屬。

五、拖帶費與其他必要費用及其支付、退補方式。

起拖時間與拖帶完成時間，未記載者，推定以拖帶準備完成時起算至拖船與被拖物連結解離時止。

指揮控制權之歸屬，未記載者，依慣例定之，無慣例時，推定由拖帶人指揮控制。」說明如下：

1.必須訂定書面契約

船舶拖帶契約，涉及拖帶人與被拖物所有人之各項權利義務，以及對第三人之賠償責任，為免日後爭議，規定應以書面為之，並應記載一定事項。雖港內拖帶，屬例行性港勤服務者居多，然定型化之書面契約，經過規制，符合現代交易快速、權利義務明確、公平合理的要求。又港內拖帶當事人除可依電子簽章法，使用電子簽約方式之外，亦可於一定期間（例如每 1 年或 3 年、5 年等）簽訂一次總括契約之方式為之，簽約技術並無問題，為使當事人權利義務關係明確，避免滋生爭議，明定船舶拖帶契約應以書面為之❹。

2.關於起拖時間與拖帶完成時間的約定與補充規定

關於起拖時間與拖帶完成時間，未記載者，宜有明確時點為依據，本條第 2 項作補充規定，以拖帶準備完成時起，算至拖船與被拖物連結解離時止，以為補充❺。

3.關於指揮權原則的約定及補充規定

拖帶作業之指揮控制權歸屬，係認定過失之主要依據，當事人應於契約載明，未為記載者宜先依慣例定之。所謂「慣例」指「進出港灣拖帶，慣例上指揮權在拖船；海上協助動力拖帶，指揮權在被拖船」。若無慣例，則因拖帶人為拖帶作業之實施者，且拖帶動力係出於拖船，推定由拖帶人指揮控制❻。

三、拖船的適航性與被拖船的適合被拖帶性

海牙維斯比規則關於船舶適航性、適載性的「時點」，對於船舶拖帶一樣

---

❹　海商法修正草案第 116 條第 2 點，酌作文字修正。
❺　海商法修正草案第 116 條第 3 點，酌作文字修正。
❻　海商法修正草案第 116 條第 4 點，酌作文字修正。

「適用」，但是適航性、適載性的「內容」，則只能「準用」而已，船舶拖帶另外還必須具備其他條件，例如：拖船必須適合於拖帶、配備拖航索具等。

海商法修正草案在參考波羅的海國際航運公會拖帶契約的範本之餘，還進一步擴大拖帶人關於船舶適航性的範圍，包括規定「起航時起到航行完成時止」，並且規定被拖物所有人的告知義務以及被拖物的適拖條件。海商法修正草案第 117 條第 1 項：「拖帶人應使拖船，於起拖時起至拖帶完成時止，具備適航能力。」、第 2 項：「被拖物所有人應使被拖物，於起拖時起至拖帶完成時止，具備適拖條件，並向拖帶人告知被拖物之情狀、提供適合被拖帶之證明及其他必要文件。」增訂本條的理由如下：

㈠拖船的適航能力

猶如前述，船舶拖帶是海上貨物運送的特殊形式，被拖帶的船舶航行於水中，沒有被裝載在拖船上，因此關於海上貨物運送的船舶必須具備適航性與適載性的規定，在船舶拖帶，性質上縮限於拖船必須具有適航性，不須具備適載性。

拖船之適航能力，是指拖船應具備符合拖帶目的所需之馬力、技術、船員、供應、設備與屬具而言。海商法修正草案第 117 條第 1 項是參考波羅的海國際航運公會 (The Baltic and International Maritime Council－BIMCO) 拖帶契約範本 TOWCON 2008 第 19 條（TOWHIRE 2008 第 17 條）規定：「拖帶人負有盡合理注意使其拖船，於起拖地，具備適航能力 (Seaworthiness of the Tug) 及各方面可供拖帶之義務，但不負其他擔保責任。」修正條文考量適航能力屬專業技術，本於拖帶人負有完成拖帶之責任，以及相較於被拖物所有人應使被拖物，於起拖時起至拖帶完成時止，具備拖帶條件，顯不相當，拖帶人理應「全程提供具備適航能力」之拖船，不以起拖時為限❼。

㈡被拖船的適拖條件

參考 TOWCON 2008 第 18 條（TOWHIRE 2008 第 16 條）規定，被拖物所有人關於被拖物適拖條件 (Tow-worthiness of the Tow)，主要包括：

---

❼　海商法修正草案第 117 條第 2 點，酌作文字修正。

1. 於起拖時，盡合理注意確保被拖物自起拖地至目的地，在各方面均適合被拖帶。

2. 於拖船到達起拖地時，已準備就緒，並裝妥信號等設備及拖帶所需之照明。

3. 於拖船到達起拖地時 ， 將合格之檢驗人員或機構 (a recognised Marine Surveyors or Survey Organization) 所出具之適合被拖帶證明，交付拖船所有人或拖船船長，但在拖帶人認為被拖物在各方面已準備妥當而適合被拖帶前，拖帶人不負實施拖帶之義務。惟拖帶人不得不合理撤回其承諾。

4. 拖帶人對於被拖物所為檢查，不得視為拖帶人同意被拖物之情況，也不得解釋為拖帶人拋棄其對被拖帶物所有人關於被拖物適拖條件及提供適合被拖帶證明的請求權。

被拖物之情狀，關係拖帶人作業方式之決定及實施，理應由被拖物所有人告知拖帶人；又除適合拖帶之證明外，被拖物所有人亦有提供被拖物在航程上所需之其他必要文件之義務❽。 被拖物之適拖條件 (Tow-worthiness of the Tow)，應依被拖物之形狀 (shapes)、信號 (signals)、壓艙 (ballast)、照明 (lights) 等情形個案認定之，並無一致之標準❾❿。

---

❽ *海商法修正草案第 117 條第 3 點，酌作文字修正。*

❾ *海商法修正草案第 117 條第 4 點，酌作文字修正。*

❿ *應注意，海商法修正草案第 123 條規定「自備拖船拖帶駁船而載運貨物者，適用貨物運送之規定。」修正理由主要有二：*

    1.運送人自備拖船拖帶駁船而載運貨物以經營運送之情形，係屬貨物運送類型之一，應適用一般貨物運送之規定。

    2.運送人以駁船裝載貨物，約由拖帶人拖帶之方式經營運送業務者，駁船及其上之貨物一體為被拖物，於貨物因拖帶而生損害時，應適用第 120 條之規定以為解決，無另為規定之必要。

貳｜船舶拖帶的客體

　　船舶拖帶的客體，解釋上不包括引擎已經故障 (a breakdown of a ship's engines)、喪失控制力的被拖船在內。船舶拖帶的客體，海商法修正草案稱為「被拖物 (Tow)」，指性質上可能在海上浮動而被拖帶之物，包括有動力及無動力之各種船舶及其他浮動物體（例如浮動之船塢、鑽油平臺、海上旅館等是）及其上載之物品，均屬之。被拖物所有人，則指船舶所有人、經船舶所有人授權之人或其他被拖物之所有人而言❶。船舶拖帶的客體依照拖帶的功能區分，可以區分為四類：

　　1.無動力駁船的拖帶 (the towage of a craft without motive power)：例如港口駁船拖帶 (the towage of barges in a harbour)。

　　2.引擎動力船舶的拖帶 (the towage of ship with motive power)：由於引擎動力之船舶，動力太大，可能危及船塢、碼頭或港口之小型駁船，因此進出港口時，必須關閉引擎，由其他船舶拖帶。

　　3.大型船舶的拖帶：又此種大型船舶在狹小港灣航行、停泊或啟航時，亦常需要利用船舶拖帶，以維護安全。

　　4.鑽油船舶的拖帶 (the towage of drilling rigs)：由於海床採油日益頻仍，利用船舶拖帶的方法，自船塢將鑽油船舶拖帶至海洋特定鑽勘位置，也十分普遍。

---

❶　參閱海商法修正草案第 115 條修正理由第 3 點，但略作損益。

參 | 船舶拖帶的範圍

　　海商法的船舶拖帶只有平時的船舶拖帶，不包括海難救助的拖帶。平時的拖帶契約，包括「進出港灣的拖帶」以及「海上航行的拖帶」。因為平時的船舶拖帶，拖帶人（承拖方）與被拖物所有人有較為平等的談判機會與談判地位，因此拖帶契約中若是訂有免責條款、補償條款，其有效性可以從寬認定。

　　被拖帶的船舶若引擎已故障，或是已經陷於危難之中，此種拖帶並不屬「船舶拖帶」的範圍，而是屬於「海難救助」或「船舶救助或撈救」的範圍。因為海難救助的船舶拖帶，被拖帶的船舶情況危急，實際上已處於需要被救助或被撈救的狀態，因此在法律適用上，不適用船舶拖帶的規定，而應「適用救助、撈救的法律 (governed by the law of salvage)」，所以必須區別被拖帶船舶的引擎是否「已經故障或已經陷於危難中」。

　　實務上就船舶拖帶之所以採用定型化契約之方式 (a standard form towages contract)，是因為平時的船舶拖帶，引擎沒有故障，情況並不危急，且契約當事人都是商人，彼此有相當對等的談判地位，拖帶契約免責約款的有效性應該從寬認定；但在海難的船舶拖帶，由於被救助或被撈救的船舶處於高度危急狀態，毫無談判的地位及機會，因此必須適用規範危急性之法律 (emergency law)——即有關救助或撈救之公約或內國法——規範彼此的權利義務。契約中的免責約款的有效性也應嚴格規制。

肆│指揮權原則

一、指揮權原則

　　船舶拖帶過程中不法侵害第三人權利時，關於責任的判斷是遵照「指揮權原則」，原則上由具有駕駛指揮地位的拖船或被拖船負責。指揮權原則是在釐清拖船所有人與被拖帶物所有人內部最終責任負擔之用的。

二、指揮權的分配

　　進出港灣，必須對於港灣形勢、港口航道、港口航行規定十分熟悉的船舶引導，拖船是港灣所在地的船舶，對於港灣航道最為熟悉，因此通常進出港灣，由拖船指揮。在公海航行，通常借重拖船的動力，指揮權通常落在瞭望視野良好的被拖船。不過，這只是一般作業慣例，具體拖帶，有時會有例外。

三、指揮權原則與拖船、被拖船的過失

　　船舶拖帶過程中侵害第三人時，通常固然由具有指揮權的船舶負責，但是並非被拖船，當然不必負責，因為船舶拖帶要能夠安全，不但必須發號司令的指揮船沒有過失，而且還要被指揮船舶的聽令配合，因此，可能拖船、被拖船都有過失，且過失比例未必相等。

伍| 拖帶契約的解除或終止

一、起拖前拖帶契約的解除

起拖前，被拖船舶所有人得解除契約，但應補償他方約定的終止費
(termination fee)⓬。如已掛上鏈帶者，更須依約補償拖帶人其他支出。

二、起拖後拖帶契約的終止

起拖後，得依下列規定終止契約：

1. 因不可歸責於雙方當事人之事由，致契約不能繼續履行時，雙方得終止
   契約，並互不負賠償責任。
2. 因可歸責於拖帶人之事由致契約不能履行時，被拖物所有人得終止契約，
   並得請求終止後所生損害之賠償。

⓬ 參閱 TOWCON 2008d 第 22 條第(a)項。

陸 | 拖船、被拖船與第三人的關係——外部關係

　　船舶拖帶過程中侵害第三人，會發生拖帶人（承拖方）、被拖方與第三人（被害人）間的外部損害賠償關係，以及拖帶人（承拖方）與被拖方的內部求償關係。就外部關係言，海商法與中華人民共和國海商法的規定不同：

1. 海商法：在單獨拖帶，原則上由拖船負責；在共同或連接拖帶，原則上由數拖船連帶負責。
2. 中華人民共和國海商法：在單獨拖帶，由承拖方與被拖方連帶負責；在共同拖帶或連接拖帶，由數承拖方與被拖方連帶負責。

柒| 拖船與被拖物所有人的關係——內部關係

一、法定的內部求償關係——因對外賠償第三人之後，依海商法規定的內部求償權

在共同拖帶或連接拖帶的情形，拖船對被害人的賠償超過其過失比例者，對於其他船舶，就其過失範圍，有求償權。

海商法第 93 條：「共同或連接之拖船，因航行所生之損害，對被害人負連帶責任。但他拖船對於加害之拖船有求償權。」，條文中「他拖船」是指因為連帶責任的規定，對受害人已為賠償的拖船；所謂「他拖船」必須是「無過失」，或「雖有過失，但其賠償數額逾越依其過失比例計算應負擔數額」的船舶；所謂「加害之拖船」，指「有過失但並未依連帶責任規定向被害人為賠償」或「雖已依連帶責任規定向被害人為賠償，但其所為賠償數額不及依其過失比例計算應負擔數額」的拖船；條文中「過失比例」的決定，主要必須斟酌「指揮權的行使」以及「被指揮的配合作業」。

拖船向其他拖船求償，須該拖船對被害人的賠償數額逾越依其過失比例計算應負擔的數額或該拖船全無過失者。

拖船與被拖船連帶對外向第三人為賠償之後，就轉為內部關係，為了解決內部關係，必須依照「指揮權原則」的分配與受指揮船舶的配合義務確定過失究竟是在拖船，在被拖船或是在二者（包括過失比例），在共同拖帶或連接拖帶情形，如果過失在拖船，還必須進一步確定過失究竟在哪條拖船。無過失船舶或有過失但賠償超過其過失比例的船舶，對於被拖船或其他拖船在其過失比例內，有內部的求償權。

二、約定的補償關係——因對外賠償第三人之後，依拖帶契約補償條款的補償

補償關係是依照拖帶契約約定進行補償的法律關係。船舶拖帶具有一定的危險性，以小噸位的拖船拖帶大噸位的被拖船，繃緊鋼線，加足馬力，是常見風險原因之一；進出狹小港灣，容易發生碰撞，是常見風險原因之二，其他潛在風險甚多，因此拖船所有人多於其提供之「定型化船舶拖帶契約約款」中訂定「補償約款」，作為將損失轉嫁給被拖船，或向被拖船求償的依據。

拖船若在船舶拖帶過程中，因故意過失致生損害於第三人（例如第三人的船舶、生命、碼頭、船塢等）應對第三人負損害賠償責任、且已履行損害賠償責任後，常常依據拖船契約中補償條款 (indemnity clauses) 的約定，對被拖船行使補償請求權，不論該被拖船是否有過失。在整個法律關係架構呈現對外關係上，是先由拖船對第三人負損害賠償責任；但是一俟拖船履行對第三人的賠償責任後，外部關係即轉換為內部關係，由拖船依拖帶契約的約定向被拖船行使補償請求權。

三、完成拖帶的義務

拖帶船舶有盡力完成拖帶的義務，必要時，還可以代理被拖物所有人與第三人訂定救助契約，被拖帶船舶與拖船無故脫離時，拖帶人有盡力接回拖帶纜繩完成拖帶之義務，不得請求救助報酬。被拖船舶發生危難，有獲得其他救助之必要時，拖帶人有權代理被拖物所有人以合理條款接受其他船舶或人員之救助。但情況允許時，應即徵求被拖物所有人意見。

四、損害賠償責任

在船舶拖帶，有可能因拖船的過失，致生損害於被拖船，拖船必須負損害賠償責任；也有可能因被拖船的故意過失，致生損害於拖船，被拖船必須對拖船負損害賠償責任。

五、拖帶契約的免責約定

拖船與被拖船之間，訂立有船舶拖帶契約。船舶拖帶契約為有償契約，因此拖船必須盡善良管理人的注意及技術 (with reasonable care and skill)，且拖帶行為須於合理期間內 (within a reasonable time) 為之。

拖船怠於履行上開義務致生被拖船損害時，應負「債務不履行」損害賠償責任。此種責任得否在拖船契約中以約款事先約定加以免除或限制，海商法並無規定，依民法第 222 條：「故意或重大過失之責任，不得預先免除。」的規定，若拖船之過失為輕過失（包括具體輕過失及抽象輕過失），理論上仍得於拖船契約中以約款免除或限制。拖船契約通常為定型化契約，則在船舶拖帶契約中即使訂立「輕過失免責約款」，該約款未必當然有效，仍應適用定型化契約的理論，以判斷該免責約款的效力。

惟判斷時，必須注意拖船所有人與被拖船所有人同樣都是商人 (business man)，雙方交涉機會、交涉能力相當的事實，雖然定型化契約約款由拖船所有人提供，其免責約款的有效性可以從寬認定。在英國通常採用聯合王國船舶拖帶及其他服務定型化約款❸，該契約約款已經事先經過公平交易廳 (the Office of Fair Trading) 的審查。

在拖船對於被拖船同時發生債務不履行以及侵權行為責任時，拖船所有人對被拖船所有人究竟如何負責，應依民法理論解決之，即在債務不履行責任與侵權行為責任同時發生時，有「法條競合說」與「請求權競合說」，**最高法院目前見解採請求權競合說**。被拖船所有人得就「債務不履行的損害賠償請求權」與「侵權行為的損害賠償請求權」擇一行使；至於拖船所有人被請求時，是否必須負賠償義務，則視船舶拖帶契約中是否具有效的免責約款而定。

---

❸ The UK Standard Conditions for Towing and other Services (UKSTC).

捌 | 喜馬拉雅條款在船舶拖帶的法制化

　　原於旅客運送契約，擴大到貨物運送契約，再被蛻化為國際公約，最後被吸納為國內法的喜馬拉雅條款，在船舶拖帶，也一樣可以適用契約或法令所賦予拖帶人或被拖帶人。換句話說，拖船所有人得行使抗辯、免責、責任限制之權利，於其相互間及具有下列關係之人，關於本次船舶拖帶所生對第三人之賠償責任，亦得主張之。但第三人原依法得主張較有利責任限制最高額之權利，不受影響：

　　1.拖船或被拖船之承租人、次承租人、營運人，及其船長、海員、職員。

　　2.母公司、子公司，及其董事、職員、使用人、代理人。

　　3.其他為本次拖帶契約提供服務者及其使用人、代理人。

　　在船舶拖帶，拖船與被拖船因拖帶而連結成一體，因拖帶致第三人受損害時，除拖帶人與被拖船所有人，得相互援引契約或法令所賦予對方之抗辯 (defences)、免責 (exemptions)、責任限制 (limitations of liabilities) 之權利，以對抗第三人之請求外，與拖帶人或被拖船所有人具有一定關係之法人組織或人員，關於本次拖帶契約所生對第三人之責任，受賠償請求時，亦得援引主張之。此項規定是喜馬拉雅條款的擴大。

　　所謂免責，除了包括免除責任、限制責任、時效抗辯之外，應該還包括實質上任何達到免責效果的約定或措施，例如：除外 (exceptions)、豁免 (immunities)、補償 (indemnities)、特權 (privileges)、條件 (conditions) 等權利。又被拖船的噸位通常大於拖船，適用喜馬拉雅條款之結果，被拖船如援引拖船之責任限制額度，以對抗第三人之請求，對第三人並不公平。因此應該規定「但第三人原依法得主張較有利責任限制最高額之權利，不受影響」，以平衡第三人權益。

玖│船舶拖帶規定的缺點

一、過失認定忽視指揮權原則

　　海商法將過失原則上都歸於拖船，此觀海商法第 92 條規定：「拖船與被拖船如不屬於同一人時，其損害賠償制責任，應由拖船所有人負擔。但契約另有訂定者，不在此限。」可知本條規定將損害賠償責任，原則上都劃歸拖船負擔，是建立在「船舶拖帶由拖船指揮」的前提上，但是這個假設的前提與船舶拖帶實務：「進出港灣，原則上由拖船指揮；在公海航行，原則上由被拖船指揮」不符合，更何況即使指揮權在拖船，在拖帶過程中，還必須被拖船無過失配合，否則拖帶工作無法順利完成。

二、違背債權相對性原則

　　依照海商法第 92 條但書「但契約另有訂定者，不在此限」的解釋，拖船人與被拖船人可以利用拖帶契約的約定，拘束被害第三人，改變第三人行使損害賠償的對象，這一點嚴重違背債權相對性原則。假若指揮權屬於拖船，過失在拖船，則侵權行為責任在拖船，豈可利用拖船與被拖船彼此內部的約定拘束外部的第三人（被害人），改變對被害人損害賠償請求權的行使對象。債權相對性一旦被破壞，不但侵權行為人的一方可以借拖帶契約的約定，逃脫損害賠償責任，而且受害第三人也可能求償無門或機會減少。

拾｜修正的方向

　　海商法關於船舶拖帶應該以連帶責任強化對第三人的理賠，以指揮權原則釐清拖帶方與被拖方的權利義務。船舶拖帶過程中，對於第三人而言拖船與被拖船有一體性；從被害人的角度拖船與被拖船是一體的，很難期待被害人先確認拖船或被拖船過失的有無以及過失的比例，然後再行使損害賠償請求權。為了保護被害人的利益，不論拖帶人或被拖帶人（承拖方或被拖方）有無過失或過失比例，都應該對被害人負連帶責任。被害人無須先確定拖帶人（承拖人）或被拖帶人（被拖人）過失的有無或過失比例，就可以向拖帶人或被拖帶人為全部或一部的求償。

　　外部賠償之後，就轉化為內部的求償關係，也就是必須依照指揮權原則，確定過失的有無以及過失的比例。對外理賠超過其過失比例之人，對其他有過失的共同拖帶人、連接拖帶人有求償權，被拖帶人在其過失比例的範圍內，有被求償的義務。

習題

一、選擇題

1. 下列關於在平時船舶拖帶契約中訂立免責條款、補償條款與在海難救助的拖帶契約中訂立免責條款、補償條款效力的敘述，何者正確？
   (A)一般船舶拖帶契約的免責條款、補償條款的有效性，應該從寬認定；海難救助拖船契約的免責條款、補償條款的有效性，應該從嚴認定。
   (B)一般船舶拖帶契約的免責條款、補償條款的有效性，應該從嚴認定；海難救助拖船契約的免責條款、補償條款的有效性，應該從寬認定。
   (C)一般船舶拖帶契約與海難救助船舶拖帶契約的免責條款、補償條款都無效。
   (D)一般船舶拖帶契約與海難救助拖船契約的免責條款、補償條款都有效。

2. 下列關於船舶拖帶過程中，依通常慣例行使拖帶指揮權的敘述，何者正確？
   (A)進出港灣，由拖船指揮；在公海航行，由被拖船指揮。
   (B)進出港灣，由被拖船指揮；在公海航行，由拖船指揮。
   (C)進出港灣，由拖船與被拖船共同指揮；在公海航行，由被拖船指揮。
   (D)進出港灣，由拖船指揮；在公海航行，由拖船與被拖船共同指揮。

3. 依照海商法的規定，下列關於判斷拖船的適拖性與被拖物的適被拖性時點的敘述，何者正確？
   (A)起拖前。
   (B)起拖時。
   (C)起拖前及起拖時。
   (D)起拖前、起拖時及起拖後。

4. 下列關於拖帶人得否對於被拖物主張擔保物權的敘述，何者正確？
   (A)以已經訂立拖帶契約為條件，對於積欠的拖航費用及其他合理費用，可以主張質權。
   (B)以已經鉤上拖帶繩索為條件，對於積欠的拖航費用及其他合理費用，可以

主張留置權。

(C)以已經鉤上拖帶繩索為條件，對於積欠的拖航費用及其他合理費用，可以主張質權。

(D)以已經訂立拖帶契約為條件，對於積欠的拖航費用及其他合理費用，可以主張留置權。

5.在船舶拖帶過程侵害第三人時，下列關於被害人行使損害賠償請求權以及拖帶人（承拖人）、被拖船所有人求償權的敘述，何者正確？

(A)依照指揮權原則，被害人只得向有指揮權的船舶請求損害賠償。

(B)被害人得請求拖帶人（承拖人）、被拖方負連帶損害賠償；拖帶人（承拖人）與被拖方則原則上依指揮權原則決定有無過失或過失比例，對被害人的賠償額超過其過失比例之一方，對於他方有求償權。

(C)被害人得請求拖帶人（承拖人）、被拖方負連帶損害賠償；但承拖人或被拖人能證明其無過失者，不在此限。

(D)被害人只得請求拖帶人（承拖人）單獨或與被拖人連帶負責，但契約另有約定者不在此限。

> **參考答案**
>
> 1. AACB
> 5.海商法 D；中華人民共和國海商法 B

二、問答題

1.請說明平時船舶拖帶與海難救助的船舶拖帶中，訂定免責條款或限制責任條款，其有效性認定寬嚴的異同？

2.在船舶拖帶中，何謂指揮權原則？指揮權原則在港灣拖帶與公海拖帶有無差異？

3.因船舶拖帶致拖船、被拖船以外的第三人發生損失，拖船與被拖船應該如何負擔損害賠償責任？試依海商法、中華人民共和國海商法的規定分別說明，並評論之。

4.船舶拖帶契約經常約定免責條款與補償條款，試分別說明二者的不同意義，並且評論其有效性。

5.海商法關於船舶拖帶的規定，有何缺點？應該如何修正為是？

第四編
海上企業活動危險

第一章

船舶碰撞

立「船舶碰撞雙方過失條款」的必要

二、採分割比例責任制為主，分割平均責任制為輔的制度，不需訂定「船舶碰撞雙方過失條款」

陸、交叉責任制與單一責任制

一、單一責任制 (Single Liability)

二、交叉責任制 (Cross Liability)

柒、船體無直接碰撞的損害賠償責任

捌、請求權時效

壹│船舶碰撞的意義

　　海上航行危險很多，船舶碰撞是最主要的危險。船舶碰撞涉及的問題主要包括：船舶碰撞的意義？因碰撞而侵害第三人的人身或財產時，數碰撞船舶如何對受害人負賠償責任、內部如何分擔？因碰撞而船舶本身受損時，彼此如何負賠償責任？相關船體險、責任險如何理賠？

　　船舶碰撞是指海商法上的船舶與海商法上的船舶，或海商法上的船舶與非海商法上的船舶，在海洋或與海相通的河川、湖泊發生直接或間接物體上碰撞，致生人員的死傷或財物的毀損或滅失。

一、直接碰撞與間接碰撞

　　船舶碰撞包括直接碰撞與間接碰撞❶。直接碰撞指二艘或二艘以上的船舶，在水面或水中相互為物體的接觸，致發生損害而言；間接碰撞指船舶因某一操作的作為或不作為，或未遵守航行法規，雖然船舶之間並沒有直接的物體上接觸，但仍然導致船體或船舶上人或貨的傷亡、滅失或毀損而言。若是船舶與船

---

❶ 主要的國際公約都包括間接碰撞，並以「即使並未實際發生碰撞」文字方式，將間接船舶碰撞納入船舶碰撞範圍：

　(1) 1910 年碰撞公約第 13 條：「船舶因操船的作為或不作為、或未遵守法規，致他船或任何船舶上之貨物或人員受有損害者，即使碰撞並未實際發生，本公約對於該損害賠償亦擴大適用之。」

　(2) 1952 年海船碰撞民事管轄若干規定國際公約第 4 條：「船舶因操船的作為或不作為，或未遵守法規，致他船或任何船舶上之貨物或人員受有損害者，即使碰撞未實際發生，本公約對於該損害賠償訴訟亦適用之。」

　(3) 1987 年里斯本規則定義：碰撞指涉及兩艘或更多的船舶造成毀損或滅失的事故，即使沒有發生實際碰觸。

舶之間沒有直接的物體上的接觸，而是透過波浪媒介造成損害，例如：浪損，是間接碰撞，也是海商法上船舶碰撞的一種❷。

　　間接碰撞的典型模式如下：甲船因駕駛不當，激起巨浪，導致乙船碰觸丙船，若乙船沒有過失，就是甲船對丙船的間接碰撞；又如：甲船因駕駛不當，激起巨浪，導致乙船碰觸丙船，若乙船有過失，則甲船對丙船構成間接碰撞，乙船對丙船則構成直接碰撞，此時「間接碰撞」與「直接碰撞」同時存在。甲船所有人與乙船所有人應該對丙船所有人負連帶損害賠償責任。

　　船舶碰撞的物體須為二艘或二艘以上的船舶，不包括其他物體或碼頭❸。碰撞的船舶不以都是海商法上的船舶為必要，但至少其中一方必須是海商法上的船舶，碰撞的他方即使並非海商法的船舶──例如：專用於公務的船舶、軍事建制的船舶、總噸位未滿 20 噸的動力船舶或未滿 50 噸的非動力船舶（即小船）──仍然屬於船舶碰撞，分析如下：

1.必須為船舶與船舶的碰撞

2.碰撞時至少一方是海商法上的船舶，且具有航行能力

❷　中華人民共和國海商法第 170 條規定：「船舶因操縱不當或者不遵守航行規章，雖然實際上沒有同其他船舶發生碰撞，但是使其他船舶以及船上的人員、貨物或者其他財產遭受損失的，適用本章的規定」，依據本條規定，「船舶因操縱不當或者不遵守航行規章」間接碰撞的損失，視為船舶碰撞，也依照海商法關於船舶碰撞的規定處理。

❸　1910 年關於船舶碰撞統一規定國際公約所規範的船舶碰撞只限於 「海船與海船 (between sea-going vessels)」以及「海船與內河航運船舶 (sea-going vessels and vessels of inland navigation)」的碰撞，不包括海船與碼頭的碰撞。

　　船舶與碼頭的碰撞應該適用民法的規定：我國海商法，就船舶與港口碼頭的碰撞，是否適用海商法關於船舶碰撞的規定，沒有明文規定，但是從海商法第 3 條船舶與小船、公務船舶、軍事艦艇的碰撞，也納入海商法關於船舶碰撞規定的適用範圍，對於船舶與港口碼頭則沒有規定來看，依照「明示其一，排斥其他」的解釋原則，應該解釋為不適用海商法，而應適用民法關於侵權行為的規定為是。

　　但是海商法上的船舶與碼頭發生碰撞，乃是對於碼頭的侵權行為，其所發生的損害賠償責任，船舶所有人得主張海商法第 21 條的船舶所有人責任限制，無需負擔無限責任。中華人民共和國海商法沒有規定，實務上適用民法的規定：中華人民共和國海商法對於船舶與燈塔、燈船、防波堤、碼頭的碰撞是否適用海商法的規定，也沒有明文，一般採取否定見解，認為應該適用民法以及最高人民法院關於審理船舶碰撞和觸碰案件財產損害賠償的規定。

碰撞時至少一方必須是海商法上的船舶，且具有航行能力，若碰撞之各方都沒有航行能力，例如：失去航行能力的船舶與平底起重機碰撞，就不適用船舶碰撞的規定。

海商法上的船舶與海商法上的船舶相碰撞，固然適用海商法關於船舶碰撞的規定；即使海商法上的船舶與非海商法上的船舶（例如：軍艦、公務船舶）相碰撞，也適用關於船舶碰撞之規定❹，此觀海商法第 3 條：「下列船舶除因碰撞外，不適用本法之規定：一、船舶法所稱之小船。二、軍事建制之艦艇。三、專用於公務之船舶。四、第一條規定以外之其他船舶」，及第 1 條：「本法稱船舶者，謂在海上航行，或在與海相通之水面或水中航行之船舶。」可知。

碰撞船舶皆非海商法上的船舶時，不適用海商法關於船舶碰撞的規定❺。德國商法上碰撞的船舶，只要航行於海上即可，沒有區分大船或小船，也沒有區分營業用船舶與非營業的公務船、軍艦，參照 2012 年德國商法（海商編）第 570 條：「海上航行船舶與海上航行的船舶間發生碰撞，致使其他船舶、本船、他船上的人員及財產的損失時，以碰撞發生是因船舶所有人或第 480 條所列人員（按：指船員、引水人等）有錯誤或過失為限，船舶所有人應負賠償責任。」

---

❹ 此與 1910 年船舶碰撞統一規定國際公約所規範者，不包括軍艦或專用於公務之政府船舶者不同。參閱 Article 11 This Convention does not apply to ships of war or to Government ships appropriated exclusively to a public service.（本公約不適用於軍用船舶或專門用於公務的政府船舶。）

❺ 非海商法上船舶與非海商法上船舶的碰撞應適用民法的規定：關於海商法第 3 條的小船、軍事建制之艦艇、專用於公務之船舶之間的碰撞，包括相同種類、不同種類的，是否適用海商法關於船舶碰撞的規定，還是只適用民法關於侵權行為、與有過失的規定，則仍應該釐清。

海商法上的船舶由於航行地域的限制，不可能與「內湖、內河」航行的船舶發生碰撞。若是「內湖、內河航行的船舶」與「內湖、內河的船舶」發生碰撞，則是侵權行為、與有過失的問題，應該依照民法的規定解決。至於在與海相通的水面或水中，發生非海商法上船舶與非海商法上船舶的碰撞，例如：軍艦與軍艦、軍艦與公務船舶的碰撞、公務船與公務船的碰撞、小船與小船的碰撞等，因為碰撞的任何一方都不是海船（Sea-going vessel），依照 1910 年關於船舶碰撞統一規定國際公約的規範意旨——必須碰撞雙方都是海船，或是海船與內河航行的船舶——自不應適用海商法關於船舶碰撞的規定，而應該適用民法侵權行為的規定。

二、碰撞必須是在海洋或與海相通的河川、湖泊

　　海商法上的船舶碰撞並沒有地點限制，但須是在海洋或與海相通的河川、湖泊，至於碰撞究竟是發生在水面或水中，亦非所問，此觀海商法第 94 條：「船舶之碰撞不論發生於何地，皆依本章之規定處理之。」的規定自明。

　　純粹在內湖或內河發生的船舶碰撞，不適用海商法關於船舶碰撞的規定。此參酌 1910 年船舶碰撞統一規定國際公約第 1 條：「海船與海船或海船與內河船舶發生碰撞，致使有關船舶或船上人身、財物遭受損害時，不論碰撞發生在任何水域，對這種損害的賠償，都應按下列規定辦理。」❻ 的文字可以知悉，因為依照公約的規定，**船舶碰撞只適用於「海船與海船」以及「海船與內河船舶」的碰撞，不及於「內河船舶與內河船舶」的碰撞**。2012 年德國商法（海商編）第 572 條規定：「本節的規定（按：指第 570 條至 573 條），對於在內水航行船舶間之碰撞，準用之。」德國商法關於船舶碰撞的規定，其適用範圍與我國海商法的範圍稍有差異。

三、碰撞的結果必須導致一方或雙方發生損害

　　海商法關於船舶碰撞的規定，目的在解決船舶碰撞的賠償問題，若是沒有損害，就沒有賠償，惟其碰撞的結果導致一方或雙方發生損害，才有適用海商法關於船舶碰撞相關規定之可言。但這裡所謂的「損害」是否只限於船舶、船舶上的貨物、船舶上的人員，海商法並沒有明文規定，1910 年船舶碰撞統一規定國際公約及德國商法都只指船本身的毀損滅失、船上人員的傷亡以及船上貨物的毀損滅失❼，不包括其他損失，若有其他損失，例如：港口碼頭受損、燈塔受損、浮標受損等，則不適用船舶碰撞的規定，而應適用民法關於侵權行為的的規定。海商法應採相同的解釋。

---

❻　本條可以翻譯為：海船與海船間，或海船與內河航行之船舶間，發生碰撞時，不論發生於何種水域，其船舶或船上財物人身所受損害之賠償，應依下列規定處理之。

❼　參閱 1910 年船舶碰撞統一規定國際公約第 1 條，2012 年德國商法（海商編）第 734 條、第 736 條第 2 項。

貳│國際海上避碰規則與其他航行安全規則

　　船舶違反航行安全規範時，為有過失。航行安全規範包括國際避碰規則 (The International Regulation for Preventing Collision, Colregs)、其他相關航行規則 (the other navigable rules)，以及各港口的航行規範共同組成。在此僅就國際避碰規則、其他相關航行規則，摘要說明，至於各港口的航行規範，因為港口情況不同，具體規定也有差異，於此省略。

一、國際避碰規則

　　國際避碰規則主要內容包括：

　　1.國內航政主管機關關於港口的避碰規定，優先於國際避碰規則。

　　2.任何時候都應該運用一切方法避免船舶碰撞的發生。

　　3.應該積極地、及早地運用良好的船藝，避免船舶碰撞。

　　4.兩船在狹小水道平行對航時，各沿右邊行駛。

　　5.兩船正對面航行時，各自沿順時鐘方向航行。

　　6.兩船交叉航行時，右舷前方有船舶者應該停駛，讓前方船舶優先通過。

　　7.超船時，必須從被超船的左側超越。

二、其他相關航行規則

1. 1981 年海上人命安全公約 (SOLAS)

　　本公約曾經修正，主要內容有四：

　　⑴船長必須保證在船舶來往高密度區、低能見度區或其他危險情況，不採用自動駕駛。但能於 30 秒鐘內改換為人工駕駛 (manual control of the ship's steering) 者，不在此限。

(2)在船舶進入任何船舶來往高密度區、低能見度區或其他航海危險情況有發生之虞之區域前，船長應立即安排瞭望員 (the officer of the watch) 及舵手 (helmsman)，以備隨時接替人工駕駛。

(3)從自動駕駛改變為人工駕駛，或由人工駕駛改變為自動駕駛，應由瞭望員為之，或由其監督，無瞭望員時由船長為之。

(4)船長必須確保在連續 24 小時自動駕駛之後，測試人工駕駛之齒輪：在進入任何船舶來往高密度區、低能見度區域或其他航海危險情況區域之前，測試人工駕駛之齒輪 (the manual steering gear)。

2. **1978 年海員標準、訓練、認證及值勤公約 (the Convention on Standards and Training, Certification and Watchkeeping for Seafarers (STCW) 1978)❽**

3. **國際燈號規則 (the International Code of Signal)❾**

4. **航海警示服務 (navigational warning services)❿**

---

❽ 此一公約之目的，在於建立國際認可之最低標準、訓練、認證以及值勤規範。該公約規定甲板部門、引擎部門及無線電部門的標準。並且有二章涉及關於油輪 (tankers) 的特別要求與救生艇 (survival craft) 之性能。該公約亦規定船舶編制之員額，包括船長、職員及其等級。

❾ 此規則最早於 1855 年由英國貿易局 (the British Board of Trade) 起草，有 700 個以上燈號，歷經多次更易，1947 年國際電傳聯盟無線電管理會議 (the Administrative Radio Conference of the International Telecommunication Union (ITU)) 建議國際海事組織 (IMO) 重新修正，1964 年，IMO 完成修正，使每一燈號各具有清楚涵意。其後又經 1973 年、1974 年、1980 年之補充。

❿ 船長須以可能方法獲得最新航海有關訊息，其中一種方法是航海電傳 (NAVTEX)。最早，在哥丁堡 (Gothenburg) 設瑞典海岸無線電臺 (the Swedish Coast Radio Station)，於 1977 年開始作業，其後廣被使用，1979 年，波羅地海國家 (the Baltic countries) 同意建立航海電傳網路 (a NAVTEX Network)，提供波羅地海地區航海資訊服務。
航海電傳服務十分簡易，即船上備有接收機 (receiver)，1 天 24 小時對準世界海洋電傳頻道 (the worldwide NAVTEX 518 KHz)。接收器能夠隨時接收有關特定地區的訊息並自動打字出來。其資訊範圍及於自海岸起 200～400 海浬內之航海資訊，包括預警 (warning)、天氣及其他安全資訊。全世界劃成十六個航海區域 (NAVAREAS)，各國負責傳遞其所在區域之資訊。資訊以英文提供，輔以聯合國所訂官方語言。十六個航海

5.航海浮標及殘餘船骸標誌❶
6.海洋資料蒐集系統 (Ocean Data Acquisition System (ODAS))❷

區內之各個國家，應指定國內協調人 (a national coordinator)，負責蒐集及發送該國所在海岸地區航海資料，並送給世界性航海區域協調人 (the NAVAREA Coordinator)。

❶　1.航海浮標

浮標開始時係以木材作成，後來改以金屬或鋼材作成。浮標上置有燈光，早期用瓦斯管引導瓦斯在燈罩內燃燒，現在已改用電燈，且已不用靜電池作為電線，而是採用風發電或浪發電。海潮發電 (current power)，雖經嘗試，但目前尚未成功。

浮標之顏色，原來甚為分歧，自 1936 年起，國際間即有統一浮標顏色之倡議，1957 年 7 月 1 日成立國際燈塔機構協會 (the International Association of Lighthorne Authorities (IALA))，以促進海上航行安全為主旨。IALA 於 1976 年決定採用系統 A (system A) 浮標顏色，即基本上紅色浮標用於港口，綠色浮標用在船舶右舷 (starboard)，逐漸為歐洲、非洲、波斯灣、某些亞洲、澳洲國家所接受。但仍有一些國家不接受，因此 IALA 繼續努力，於 1982 年 4 月 15 日發展出「系統 B (system B)」，系統 B 有北美、中美、南美、日本、南韓、菲律賓等國家接受，其主要不同在於港口及船舶右舷之浮標顏色，系統 B 船舶右舷紅色，港口採綠色。其他情形，系統 A 與系統 B 有共同特色。但由於全面重新更換浮標，成本太高，目前尚無統一趨勢。鑑於目前「系統 A」與「系統 B」係併行採用，若因浮標顏色之誤認，而發生船舶碰撞時，是否屬於過失，不無疑義。論者有謂，適格的海員必須認識兩套系統的浮標顏色，但由於國際公約及國內法均未規定海員須同時認識系統 A 與系統 B 之浮標顏色，因此較為中庸之見解應該是海員僅就其本國所採系統之浮標顏色有誤認時，才被認為有過失。

　2.殘餘船骸

The Hydrographer of HM Navy 保有已知西北歐洲海域殘遺船骸之完整記錄達 1 萬 4 千多艘。其中 3 千艘為有害沉船，西北歐洲海面所以有如上多艘沉船，主要原因為海上交通頻仍，加上氣候惡劣，戰爭較多的緣故。在全球各地海洋，仍有許多沉船殘骸，對於航行安全有害，加以其高度及位置又無完全的記錄，因此殘遺船骸一經發現，應即標誌，直到該殘骸被完全摧毀、碎裂或以其他適當方法處置為止。

❷　海洋資料蒐集系統，是以船舶、平臺、有測距儀之浮標 (telemetering buoys) 及無測距儀之浮標 (non-telemetering buoys) 上裝設海洋資料站，負責蒐集海洋資料的系統。

海洋資料蒐集系統 (ODAS)，可安置在領海，亦可安置於公海。安置於領海者，須得主權國之同意，安置於大陸棚 (the continental shelf) 者，亦同。海洋資料蒐集系統安置於公海者，無須獲得任何國家之同意，因為依照 1982 年聯合國海洋公約 (the UN Convention on the Law of the Sea, 1982) 第 87 條之規定，公海對所有國家開放，不論其

7. 航海圖 (navigational chart)⑬
8. 船舶航行服務 (Vessel Traffic Services (VTS))⑭
9. 深海導航 (deep sea pilotage)⑮
10. 海難搜尋及救助 (maritime search and rescue)⑯
11. 衛星導航 (satellite navigation)⑰

為海岸國或內陸國，公海自由之行使依本公約及其他國際法之規定為之。

科學探測海洋之自由為公海自由之一種，為聯合國海洋公約所規定，因此無須獲得其他國家同意。

⑬ 航海圖，係記載海洋深度、海岸、疏浚航道等資料，提供航海消息之文書。以英國所製作者，最為完整精確，其第一份航海圖製作於 1823 年。目前英國所作航海圖，在英國及世界各國均廣為採用。

⑭ 船舶航行服務 (VTS)，一方面固然使沿海國家得以監視航行船舶，使勿越界；另一方面亦得提供資訊，便利航行，例如：航海事項、氣象事項、拖帶、舢板、文件、檢查、修繕等船舶服務中心可以提供之服務。

⑮ 深海導航，指僱用駕駛員或領航員在海岸以外之水域航行。深海導航並非強制的，而是任意的。

⑯ 1979 年拯救及救助公約 (Convention on Save and Rescue (SAR), 1979) （按：該公約於 1985 年 6 月 22 日生效）之主旨在於拯救陷於海難中之人命。此一公約，對人命之救助方法，包括海、空之救助，均有規定，但須沿海國之合作，才有效果。

⑰ 1962 年蘇聯發射人造衛星進入太空，其後各國進行太空競賽。人造衛星除被作為軍事用途之外，亦用於和平用途，衛星導航即為其中之一。衛星導航乃將地面所蒐集之資料，發射到人造衛星，再由人造衛星傳遞到航行中之船舶，引導其航行。國際航海衛星組織 (the International Maritime Satellite Organization (INMARSAT))，職司衛星導航工作，主要工作包括海難或危急時提供警告及安置工作、協助蒐集及救助行動、發出安全及危急電訊、報導船舶位置、引導船舶航行、提供警告與氣象資料等。

參｜船舶航行過失的判斷

一、航政主管機關的特殊避碰規則優先於國際避碰規則

避碰規則的內容，包括國際的避碰規則❶以及地方的避碰規則，但是地方避碰規則是由各國政府或航政主管機關，針對各國或個別港口的特殊需要而訂立，比較符合具體需要，應該優先適用。依照 1972 年國際避碰規則第 1 條第(b)款「國際避碰規則的任何規定，並不影響當地主管機關為與公海相通，可供海船航行的錨泊區、港口、河流、湖泊或內陸水道所制定的特殊規則的施行，但該規則應該盡量與本規則相符合。」的規定，地方的避碰規則應優先獲得尊重，以維護船舶進出港口的具體安全。

二、判斷的標準

㈠駕駛是否有過失

判定船舶駕駛是否有過失，從碰撞過程可分成幾個不同的階段判斷：船舶相遇階段 (head-on situation)、有碰撞危險階段 (risk of collision)、緊迫情況階段 (close-quarters situation)、有立即危險階段 (immediate danger)、以及發生碰撞階段 (collision)。判斷駕駛是否有過失，下列各點最為重要：

1.船員充足及具備良好船藝

評估每一個航行階段是否有過失，必須檢視船舶的海員是否充足適格以及是否盡善良管理人的注意（也就是所謂良好船藝 (good seamanship)）。

---

❶　1972 年國際海上避碰規則經 1981、1987、1993、2001 年修正補充。

2. 狹小水道必須靠右舷或河邊水道航行

避碰規則第 5 條規定:「所有動力船舶在狹小水道沿著水道航行時,在水道是安全可行駛時,必須沿著該船右舷的水道或河道的旁邊航行。」是否越過航道中線、是否航道錯誤,是判斷航行有無過失的重要考慮因素。若是在航道的轉彎處,還必須注意減低船舶航行速度,否則就是有過失❶❾。

---

❶❾ THE "TOLUCA" [1984] 1 Lloyd's Rep. 131, C.A.

曼谷坐落在 Mae Chao Phrya 河口上方 25 英里的河邊,船舶凡是可以通過河口的攔阻設施的,也就都可以進入曼谷港。為了使船舶能夠順利通行,該河挖掘了泥濘的河床,形成一條長達 18 英里的航道。向上航行的船舶,首先從入口浮標附近開始,沿著 34 度線方向,航行 5 公里。在船舶沿著河道的方向航行時,有 A 及 B 兩座燈塔作為引導,這兩座燈塔是沿著船舶方向,在河道中央。在第五個浮標處,河道線朝著 18 度方向,延續達 3 公里,在這個階段,有 C 及 D 兩座燈塔引導航行。從第八個浮標起,河道線沿著 30 度方向,延續達 3 公里,有 E 及 F 兩座燈塔引導。

1974 年 4 月 10 日,原告的船舶 "Visahakit 1" 號,從 Sriacha 載運著 5,068.68 噸的石油化學產品航向曼谷,被告的船舶 "Toluca" 號則從曼谷載運著一些貨物往外航行,該船的船身長度超過依規定可以進入曼谷港船身長度上限 3 英尺。

當時視線絕佳,有一支燈塔的燈閃爍著,潮水接近高水潮位。由於地方主管機關並未另外訂定河道航行規則,任何航行於該河道的船舶必須遵守 1965 年國際避碰規則,該規則第 5 條規定:「在狹小水道,所有的動力船舶在沿著水道航行時,在水道是安全可行駛時,必須沿著該船右舷的水道或河道的旁邊航行」。

在第五個浮標——第五個浮標標明河道轉彎——往海洋的方向,兩船發生碰撞,在碰撞時兩船的中心線是 38 度,主要的碰撞處是 "Visahakit 1" 號的船尾。原告主張,"Toluca" 號在河道的轉彎處未向右舷方向轉彎,仍然繼續朝約 198 度方向航行,穿越航道,一直到與河道東側的 "Vishakit 1" 號船舶碰撞為止,被告則主張:「"Visahakit 1" 號船舶航行錯誤的水道,在最後一刻,該船發現錯誤,在回到其右舷的河道時,試圖越過 "Toluca" 號船舶的前面。

判決:上訴法院 WALLER 及 SLADE, L.JJ. 及 SIR DAVID CAIRNS 做成。

主文:原告勝訴,"Toluca" 號船舶單獨必須為船舶碰撞負過失責任。

理由:被告所提出的潮水力量及方向的數字,以及 A 號燈塔及 B 號燈塔的攔阻,均不能支持 "Visahakit 1" 號在任何時間有越過河道中線,航錯河道的假設。"Toluca" 號無權期待 "Visahakit 1" 號船舶會停下來等待 "Toluca" 號船舶轉彎。"Toluca" 號船舶在接近河道彎處疏於注意其速度以及在河道彎處沒有減速是有過失的,只要 "Toluca" 號船

3.能見度低時，啟動輔助設備

能見度低時，船舶移動應該格外謹慎。其對於碰撞的發生有無過失，有一些因素必須考量：是否使用雷達以輔助航行資訊的不足、在見到他船時，是否發出右滿舵 (hard-a-starboard) 的命令等等。

㈡管理船舶是否不當

由於有管理船舶義務的人包括船舶所有人以及船長海員，因此判斷管理船舶是否有過失，應該同時判斷船舶所有人及船長海員管理船舶是否有過失，船舶管理的內容，主要涵蓋船員資格、船舶設備、船舶適航性等，船舶所有人以及船長海員必須以合理的謹慎以及良好的技能管理船舶，才達到善良管理人的注意標準。

㈢是否符合海運國家長期形成的特殊習慣

所謂「特殊習慣」，多由裁判堆壘而形成，通常是屬於某個國家、某個州、某個地區的。其中主要的包括：

1.最後機會原則 (the last opportunity rule)

若因某人的過失行為致有發生事故的危險，另一個人明顯地有最後機會可以防免事故的發生而放任不防免者，該另外一人對該事故的發生，亦應負過失責任，或是負完全的責任。

2.賓夕凡尼亞原則 (Pennsylvania Rule)

船舶在碰撞發生時若違背航行規則，推定其有過失。換句話說，在碰撞發生時，船舶若違背避碰規定，就可以合理地「推定」該船的過失是發生事故的唯一或共同原因，此時舉證責任移轉到該船，該船必須證明的不只是該船的過失「可能不是其中一個原因或可能不是唯一原因」，而是必須證明該船的過失「自始至終都不是原因」才能免責。

3.是否符合地方以及國際避碰規則

船舶航行必須遵照國際及地方航行避碰規則。關於航道的避碰規則，由於

能如同 "Visahakit 1" 號船舶一樣，保持在其航道航行，碰撞的意外是可以避免的。

各港口的狀況不同，因此港口的主管機關有特別規定者，從其規定。**港口主管機關沒有特別規定者，才適用 1972 年國際海上避碰規則。**

㈣是否符合特殊作業的規範

1.沉 船

　　船舶所有人得知其船舶沉沒後，應該在合理期間內對沉船作出清晰醒目的標示，直到沉船被打撈完成為止。其間若有沉船轉讓或保險委付，繼受人或保險人必須維持標示的存在，而且必須是鮮明且清晰，也直到打撈完成為止。沉船所有人得知沉船之後，還必須通知港口航政主管機關，航政主管機關應該發布航海通告或航海警告，以提醒航行船舶注意，並且加上標示。航政主管機關未及時發佈航海通告或未及時加上標示而發生船舶碰撞者，在制定有國家賠償法的國家，除了民事損害賠償責任以外，還會發生國家賠償的責任以及行政責任；在沒有制定國家賠償法的國家，除了發生民事損害賠償責任以外，也還會有行政責任。惟無論如何，民事損害賠償與國家損害賠償（若有）的合計總額不得超過實際損害額。

2.船舶拖帶

　　船舶拖帶時可能發生船舶碰撞。船舶拖帶，在進出港口，原則上由拖船指揮；在公海航行，原則上由被拖船指揮[20]，但是法國則剛好相反。船舶拖帶，責任的判斷原則上必須依照「指揮權原則」。船舶拖帶不是公共運送，不適用公共運送的法理，但是船舶拖帶是有償行為，有指揮權的船舶，應該盡善良管理人的注意，也就是合理的注意以及技能，或是審慎航海者的合理謹慎和船藝。

3.引 水

　　引水分為任意引水與強制引水。多數國家，不論任意引水或是強制引水，都將**引水人當作運送人的履行輔助人**，因為引水人的過失造成船舶碰撞，與船長駕駛過失一樣，對於所承運貨物的毀損滅失，固然可以免責（如果依照海牙維斯比規則），對於本船海員的死傷、他船船體以及他船貨物的損害，他船海員

---

[20] 國際海商法 (*International Maritime and Admiralty*)，William Tetley，中譯本，張永堅等譯，150、176 頁，法律出版社，2005 年。

的死傷則必須負損害賠償責任。但是少數國家，例如：德國，引水人具有公務員資格，在強制引水情形，被認定是公務員執行公務發生侵權行為，因此引水人的過失發生船舶碰撞所致的損失，都可以依照國家損害賠償法請求損害賠償。惟損害賠償的數額，原則上是填補損失❷。

4. 救　助

　　當已經發生海難，救助船舶前往救助時，因救助船舶的過失，與被救助船舶發生碰撞，致被救助船舶發生損害，必須對被救助船舶負損害賠償責任。因救助而發生船舶碰撞，實務上雖然極為罕見，但是仍然有發生可能，例如：船舶陷於海難之中，需要救助，救助船舶在救助過程中有過失，致生損害於被救助船舶，此時應該減少救助報酬或負損害賠償責任。

5. 與停泊船舶碰撞

　　與停泊船舶碰撞時，判斷停泊船舶是否有過失，必須考量船舶的停泊位置是否不當，而判斷拋錨船舶停泊位置是否不當，主要是以是否影響航道交通為斷，而航政主管機關的是否同意或是否曾命令更換停泊位置，又成為重要判斷是否影響航道交通的因素。又停泊船舶見到他船移動時是否連續發出三聲喇叭，以盡良好海員之注意等，也是判斷有無過失的因素❷。

---

❷ 俄羅斯聯邦航運商法典第 104 條規定賠償限額為應支付引航費的 10 倍；波蘭海商法則規定為引航費用的 20 倍。

❷ THE "ST. LOUIS" [1984] 2 Lloyd's Rep. 174, Q.B.D. (Admiralty Court)
1981 年 12 月 2 日，原告所有的 "Kwai" 號船舶載運著 40,277 噸的石油精，從吉達開往鹿特丹。該船停泊在 Algecias 灣，以便做卸貨檢查及人員下船檢查工作。被告的船舶 "St. Louis" 則是載滿貨櫃，離開 Algecias 灣的港口，正要駛往塞得港。發生碰撞時，"Kwai" 號船舶是在拋錨狀態，船首朝著 231 度的方位。當 "St. Louis" 號船舶碰撞 "Kwai" 號船舶，並因而導致本身的上層前方甲板遭受毀損的一刻，"St. Louis" 號船舶正緩緩地朝右舷的方向轉動，而且船首接近朝著 140 度方向。在發生碰撞之前，"St. Louis" 號正發動引擎向後退，前後達約兩分鐘，船速已經減為一節，即每小時 1 海浬。發生船舶碰撞的主要原因是 "St. Louis" 號船舶的瞭望臺視線極端不良，而且達到無可救藥地步。假若該船能夠對雷達螢幕所提供的資訊加以審慎的注意，"St. Louis" 號船舶也有足夠的時間與 "Kwai" 號保持距離。
判決：女王法院海事法庭 SHEEN, J. 做成。

　　船舶違背航行避碰規則與船舶碰撞必須有客觀相當因果關係，才負碰撞責任，因為違背航行避碰規則，就被「推定」有過失，因此船舶所有人主張不負碰撞責任，就必須舉證證明「違背航行避碰規則」與「船舶發生碰撞」之間沒有因果關係。

主文：碰撞完全歸因於 "St. Louis" 一方的過失。

理由：在 "St. Louis" 號船舶第一次發現 "Kwai" 號船舶時，"Kwai" 號船舶是在拋錨狀態。雖然 "Kwai" 號船舶所拋錨的位置並非領航人所指定的位置，但是其停泊並沒有任何不當，否則哪有可能在拋錨以後的 12 天被許可繼續停泊在同一位置。假若 "Kwai" 號船舶的停泊位置有任何不適當，或是會干擾到其他船舶的港口使用，港口的主管機關一定會命令該船舶改停泊其他位置。

碰撞前 13 分鐘，從 "St. Louis" 號船舶的能見度，只有船舶橋樑水平的高度，只有支撐船舶橋樑的電纜長度 2～3 倍的距離，既然船舶要往船橋前方移動一條電纜的距離，船舶甲板上的人員應該特別注意雷達資訊的搜尋。在發生碰撞之前的 7 分鐘，"Kwai" 號船舶靜靜地停泊在水中，其船身的部分恰恰在 "St. Louis" 號船舶的正前方。假若透過雷達設備所提供的資訊，在船橋上的人能善加利用，將不會發生船舶碰撞，又船長於看到 "Kwai" 號船舶時，沒有發出 hard-a-starboard 的命令也有過失。此處有一問題，即 "Kwai" 號船舶是否連續發出三聲喇叭，以盡良好海員之注意，但是即令已經發出喇叭的訊號，從概率的觀點，既然 "St. Louis" 船舶上人員對於可資利用的資訊完全疏於注意，其結果對於 "St. Louis" 號之航行將不會有不同。不論如何，"Kwai" 號船舶之未發出喇叭聲響若也是發生碰撞的原因，其可歸責之原因亦只占 10%。

肆 | 船舶碰撞的歸責類型

一、碰撞是因不可抗力或不可歸責於船舶的事由發生者：自行負擔

　　船舶碰撞因不可抗力或不可歸責於船舶的事由而發生者，應由船舶所有人各自自行負擔，海商法第 95 條：「碰撞係因不可抗力而發生者，被害人不得請求損害賠償。」定有明文。1910 年船舶碰撞統一規定國際公約第 2 條：「如果碰撞的發生是出於意外，或者出於不可抗力，或者碰撞原因不明，其損害應由遭受者自行承擔。」、「即使在發生碰撞時，有關的船舶或其中之一是處於錨泊（或以其他方式繫泊）狀態，本條規定亦得適用。」 ❷❸，德國舊商法第 734 條：「船舶碰撞如因偶然事故或天災所致，或原因不明時，因此所致船舶或船內人與物之損害，不發生賠償請求權。」也都同此規定；所不同者：1910 年船舶碰撞統一規定國際公約及德國商法還分別將「碰撞原因不明」或「偶然事故」所發生的損害，也劃歸船舶所有人自行負擔，較為周延，堪為海商法的修法參考，在未修正前，可以採相同的解釋。

　　所謂「不可抗力」，指損害的發生是由於天災或其他人力所不能避免的事由而發生者而言，也就是雙方都盡其注意及預防的義務，盡其航行的善良管理人注意，且無任何其他過失，但損害仍然發生。當事人主張損害由於不可抗力而發生者，須就此點負舉證責任。當事人雙方或一方有過失，發生損害之後，若

---

❷❸ 也可翻譯為：「設碰撞由於意外事故、不可抗力，或其碰撞原因不明時，其損害由被害人自負之。」、「相撞船舶，或其中之任一船舶，於事故發生時，縱在停泊（或其他定著狀態）中者，本條規定仍適用之。」

又介入自然力，而發生更大損害者，仍非不可抗力所致的損失，例如：甲船與乙船因過失互撞，發生損失，船舶失去適航性，又因海上巨浪衝擊，致撞及丙船發生損失，仍非不可抗力。

二、碰撞是因一方的過失所致者：由過失一方負責

碰撞若是由一方過失所致者，由該有過失一方負責，此觀海商法第 96 條：「碰撞係因一船舶之過失所致，由該船舶負損害賠償責任。」可知。1910 年船舶碰撞統一規定國際公約第 3 條：「碰撞由於一船舶之過失所致者，損害賠償由該有過失之船舶負責之。」，德國舊商法第 735 條：「因一方船員過失所致之碰撞，該船舶所有人負損害賠償義務。」也都採相同的立法。須注意者，條文所謂「船舶之過失」，是指該船運送人、船長、海員的過失而言。

引水人之過失是否視為船舶之過失，有不同立法：依海商法第 98 條：「前2 條責任，不因碰撞係由引水人之過失所致而免除。」的規定，船舶碰撞若因引水人的過失所致，不論是因「強制引水」，或是因「任意引水」，加害船舶都必須負賠償責任，此與 1910 年船舶碰撞統一規定國際公約第 5 條：「以上各條規定，適用於由於引航員的過失而發生的碰撞，即使是依法強制引航，亦得適用」 ❷⁴ 的規定相同。但德國舊商法第 737 條規定：「船舶在強制引水人指導之下，因引水人過失碰撞者，船舶所有人不負責任。但因船員未履行其義務者，不在此限」，與我國、國際公約的規定都不相同，因為在德國，引水人是公務員，強制引水是公法上的行為，引水人的引水有過失，是公法上的侵權行為，應該由國家一招國家賠償法賠償。

依照海商法的規定，只要碰撞是因一方過失所致者，即由該有過失的船舶負責，即使有過失的船舶先碰撞另一無過失的船舶，再由該無過失的船舶碰撞另一無過失的船舶，亦然。

---

❷⁴ 該條也可翻譯為「前列各條規定之責任，於因引水人過失所致之碰撞事件亦適用之，縱引水人之僱備由於法律強制者，亦同。」

三、碰撞是因雙方的過失而發生者：因人身或財產受侵害之不同，而分別採連帶比例責任制與分割比例責任制

因受侵害法益是人身權或財產權之不同，而分別負「連帶比例責任制」與「分割比例責任制」——對受害第三人的責任。船舶碰撞因雙方過失所致者，其責任的分配，體例上有「連帶平均責任制」、「連帶比例責任制」與「分割比例責任制」。

1. 連帶平均責任制

連帶平均責任制，是不問船舶碰撞過失比例之大小，對外一律負連帶責任，但是內部則依照平均法則，依照船舶的數目平均分攤。

2. 連帶比例責任制

連帶比例責任制，是指碰撞船舶對外負連帶責任，內部依照過失比例分攤其責任。1910 年船舶碰撞統一規定國際公約關於船舶碰撞發生「人身死傷」的損害賠償，即採此制❷⑤。

3. 分割比例責任制

分割比例責任制，是指依照船舶碰撞過失大小之比例，各自分攤碰撞船舶應分攤的責任，不負連帶責任，正因為對外是依照過失比例各自獨立負責，因此不會發生內部求償問題。1910 年船舶碰撞統一規定國際公約關於船舶碰撞發生「財產毀損滅失」的賠償即採此制❷⑥。若無法鑑定船舶碰撞過失比例的大小，則推定過失相等，採「分割平均責任制」。

---

❷⑤ 2012 年德國商法（海商編）第 736 條第 2 項規定：「因船內發生生命死亡傷害，或碰及健康之損害，雖碰撞由於雙方過失所致，此等船舶所有人對被害人負連帶債務人之責任。但其相互間之關係，對於此類損害仍適用第 1 項之規定。」，也就是關於人身死傷之責任，則採「連帶比例責任制」為主，只有在不能分辨過失比例時才採取「連帶平均責任制」。

❷⑥ 德國舊商法第 736 條：「碰撞由於關係船舶雙方船員之過失所致者，此等船舶所有人對於船舶或其內裝載貨物所受之損害，各依過失輕重，負比例賠償義務，無法定其輕重比例或過失相等時，由此等船舶所有人負平均分攤之賠償義務。」明顯採「分割比例責任制」為主、「分割平均責任制」為輔。日本國際海上貨物運送法第 797 條：「船舶因雙方船員之過失碰撞者，如不能判定雙方過失之輕重時，其因碰撞所生之損害，由各船舶所有人平均負擔之。」也採取相同的立法。

　　在以上制度中，海商法承襲國際公約的規定，就財物的毀損滅失與人身的死傷分別規定：

㈠物之毀損——以「分割比例責任制」為主，以「分割平均責任制」為輔

　　依照海商法的規定，因物之損害，碰撞之船舶對第三人負損害賠償責任時，採分割比例責任制，也就是船舶碰撞各依過失程度的比例，決定各自責任的範圍，並分別（分割）就其應負之責任對被害之第三人負損害賠償責任。若碰撞之各船舶都有過失，但其過失輕重無法辨別時，就平均負擔責任，如果是兩艘船舶相互碰撞，則以每艘船舶過失比例都百分之五十，並各自對被害之第三人負損害賠償責任。

　　海商法第 97 條：「碰撞之各船舶有共同過失時，各依其過失程度之比例負其責任，不能判定其過失之輕重時，雙方平均負其責任。」與 1910 年船舶碰撞統一規定公約第 4 條第 1 項、第 2 項：「兩艘或兩艘以上之船舶均有過失者，各依過失程度之比例，負其責任。但按其情形，如不能判定各船舶之過失程度，或其過失顯屬相等者，責任平均負擔之。」、「對於船舶（按：指無過失的其他船舶）或其貨載，或對於船員、旅客、或其他船上人員之物件或其他財物所生之損害，由有過失之船舶依前項比例負擔之。雖對第三人亦不負多於此項比例之責任。」的規定，基本上相同。船舶航行，多投保有貨物險、責任險與船體險，分別說明如下：

1.貨物險與分割比例責任制或分割平均責任制

　　就共同侵權行為的損害賠償責任而言，分割比例責任制為民法第 185 條：「數人共同不法侵害他人之權利者，連帶負損害賠償責任。」，及司法院 66 年 6 月 1 日 (66) 院臺參字第 0578 號令例變字第 1 號：「民事上之共同侵害行為，與刑事上之共同正犯，其構成要件並不完全相同，共同侵權行為人間不以意思聯絡為必要，數人因過失不法侵害他人之權利，與各行為人之過失均為其所生損害之共同原因，即所謂行為關連共同，亦足成立共同侵權行為。」的特別規定。

　　換句話說，碰撞的各船舶，雖然對被害之第三人（貨主），構成民法上的共同侵權行為，依照民法的規定，碰撞船舶原本必須對被害之第三人負連帶賠償

責任，但由於海商法有分割比例責任制的特別規定，自應優先於民法共同侵權行為之規定而適用。

⑴貨　物

船舶碰撞，就船舶自身的損失不構成共同侵權行為，只有就「船舶以外財產」的損失才會構成共同侵權行為。就「船舶以外的財產」的損失言，有可能是「承運貨物」的損失，也有可能是「承運貨物以外的財產損失」；就「承運貨物」的損失，構成沒有意思聯絡的共同侵權行為，依照民法的規定，本來應該負連帶損害賠償責任，但是由於海商法另有特別規定，因此碰撞各船只依照各自過失比例分別負責，而承運船舶就其承運貨物在承運船舶過失比例範圍內，依照海商法第 69 條第 1 款的規定，可以免責（屬於航行過失），承保貨物險的保險人為保險理賠之後，對承運貨物的運送人，不得主張代位權，只可以對他船運送人在他船過失比例的範圍內行使代位權。

⑵貨物以外的財產

就「承運貨物以外財產的損失」，由碰撞船舶依照各自的過失比例分別負賠償責任，若該「承運貨物以外財產」已經投保損失險，則保險人於理賠之後，自得分別向碰撞船舶在各自過失比例範圍內行使代位權。

2.船體險與碰撞船舶的損失

「船舶碰撞所致船舶」的損失，是侵權行為「與有過失」問題，與連帶責任無關，各該碰撞船舶若已投保責任險，則涉及碰撞船舶對他船的侵權行為債務，究應先抵銷之後，再向其保險人請求保險給付？或是不抵銷，各自向其保險人請求保險給付問題，即下述「單一責任制」或「交叉責任制」的問題。

就財產損失，海商法採取「依各自過失比例分別賠償制」，承襲 1910 年國際碰撞公約就碰撞所造成財物的損失而來，但與海牙規則、海牙維斯比規則關於「貨物因履行輔助人關於航行的故意過失所致毀損滅失可以免責」的規定只是偶發性的契合❷，並非為配合海牙規則、海牙維斯比規則的不真正過失責任

---

❷　船舶碰撞就財產上的損失，國際碰撞公約之所以採「依過失比例單獨賠償制（分割比例責任制）」，與海牙規則、海牙維斯比規則並沒有因果關係，因為海牙規則是 1924 年通過的，海牙維斯比規則是 1968 年通過的，而國際碰撞公約早在 1910 年就制定了，彼此的內容沒有因果關係。

制而訂定，1910 年國際碰撞公約制定在先，海牙規則、海牙維斯比規則制定在後，沒有制定在先者配合制定在後者的問題。無論如何，「依各自過失比例分別賠償制」 的優點之一就是可以避免 「船舶碰撞雙方過失條款 (Both to Blame Collision Clause)」 循環請求的繁瑣。

換言之，1910 年的國際碰撞公約關於財產損失，採取「依過失比例單獨賠償制」，與海牙規則或海牙維斯比規則的法定免責規定——運送人就其履行輔助人關於航海、管理船舶、火災的過失，致貨物發生毀損滅失可以免責——不謀而合，貨物保險人於理賠貨主之後行使代位權時，將只限於對他船請求，而且只限於其「過失比例範圍內」請求，可以避開連帶比例責任制或連帶平均責任制所帶來請求與補償的繁瑣。(詳細請參考船舶碰撞雙方過失條款)

2012 年德國商法就船舶碰撞所致財產的損失，也是採用分割比例責任制，德國商法規定：「數船舶的船舶所有人 (die Reeder) 涉及船舶碰撞者，都應負賠償責任。各別船舶所有人的賠償範圍應依該船舶所有人與他船舶所有人的錯誤或過失比例定之。無法判斷彼此的錯誤或過失比例時，船舶所有人的責任比例應該平均定之。」就是以「分割比例責任制為原則」，以「分割平均責任制為輔助」的具體規範❷❽。

㈡人的死傷——以「連帶比例責任制」為主，以「連帶平均責任制」為輔

各國海商法對於船舶碰撞而發生人的死亡傷害情形，各碰撞船舶內部責任雖依照過失比例定之，對外採連帶責任制，簡稱連帶比例責任制；只有在無法辨別過失比例時，才採平均過失比例，簡稱連帶平均責任制。海商法第 97 條第 2 項規定：「有過失之各船舶， 對於因死亡或傷害所生之損害， 應負連帶責任。」採取連帶比例責任，但過失比例無法確定時如何負責，解釋上有過失各船對於被害的第三人，應負「連帶平均責任制」，以提高被害人的求償機會。

1910 年船舶碰撞統一規定國際公約第 4 條第 3 項：「對於因死亡或身體傷害所生之損害，有過失之船舶應對第三人負連帶責任。但一船已為賠償之數額，

---

❷❽　2012 年德國商法（海商編）第 571 條第 1 項。

超過本條第 1 項最後應負之數額時，其向同有過失之他船請求分擔之權利不受影響。」，德國舊商法第 736 條第 2 項：「因船內發生生命之死亡、傷害，或礙及健康之損害，雖碰撞由於雙方過失所致，此等船舶所有人對被害人負連帶債務人之責任。但其相互間之關係，對於此類損害仍適用第 1 項之規定。」等立法及公約，均明定船舶碰撞致第三人死傷時，有過失之船舶對於被害之第三人應負連帶責任，但其內部各自分擔額仍以過失比例為計算基礎，若逾越分擔額而對外賠償者，得對他船行使求償權。德國舊商法就船舶碰撞致船舶人員死亡或傷害，也是採取連帶比例責任制為主，連帶平均責任制為輔❷⑨。

❷⑨ 2012 年德國商法（海商編）第 571 條第 2 項。

伍| 船舶碰撞雙方過失條款的發生

一、採連帶比例責任制為主、連帶平均責任制為輔的制度，有訂立「船舶碰撞雙方過失條款」的必要

在連帶比例責任制或連帶平均責任制情形下，若海上貨物運送採海牙規則或海牙維斯比規則，則載貨證券有訂立「船舶碰撞雙方過失條款 (Both to Blame Collision Clause)」的必要，不如此就會陷入循環請求，導致法定免責條款缺乏實益。透過「船舶碰撞雙方過失條款」的約定，由託運人彌補運送人被第三人請求致喪失依海牙規則或海牙維斯比規則本可以享有的免責權益。

在「連帶比例責任制」或「連帶平均責任制」下，貨物因為承運船舶與他船雙方的過失而碰撞致生損害時，碰撞船舶的運送人必須連帶對貨物所有人負損害賠償責任。當承保貨物損失險的保險人理賠貨主之後，原來貨主對於碰撞船舶的運送人的損害賠償請求權就會移轉給保險人，此時因為按照海牙規則或海牙維斯比規則的規定，運送人對於其履行輔助人關於「航海、船舶管理或船舶火災」的過失所致貨物的損失，可以免責，因此保險人的代位權不會對承運貨物的運送人主張，只會對共同侵權的他船主張，該他船甚至於因為連帶責任的關係，必須對保險人為全部理賠，他船在理賠之後再轉身向承運貨物的運送人，依照過失比例進行內部求償，由於運送人依照海牙規則或海牙維斯比規則所得主張的免責抗辯只有對「託運人」或「貨主」為之，不得對他船運送人主張，因此運送人只得對他船依照過失比例分擔理賠。其結果，承運貨物的運送人本來依照海牙規則或海牙維斯比規則享有免責權益，經過一個循環請求以後，反而不得享有。

為了解決這個問題，**在船舶碰撞採取連帶比例責任制或連帶平均責任制、**

且貨物運送承襲海牙規則或海牙維斯比規則的國家，海上運送契約或載貨證券經常載有船舶碰撞雙方過失條款 (Both to Blame Collision Clause)，依該條款，若承運貨物的船舶與他船發生碰撞，因雙方都有過失，承運貨物的運送人必須依其過失比例賠償他船時，貨物所有人也必須依照運送契約船舶碰撞雙方過失條款的約定補償承運貨物的運送人。

　　美國並沒有簽署 1910 年避碰公約，因此關於船舶碰撞發生財物損失的賠償，一直採用連帶比例責任制為主，連帶平均責任制為輔的制度。在 1936 年美國接受海牙規則，因此發生循環請求的矛盾，有待船舶碰撞雙方過失條款，解決不合理的現象。到了 1975 年，美國接受「分割比例責任制為主，分割平均責任制」為輔的制度，仰賴船舶碰撞雙方過失條款的需要，相形較少。

　　連帶比例責任制為主，連帶平均責任制為輔的制度下，必須借助船舶碰撞雙方過失條款，可以從下面的求償過程深入了解：

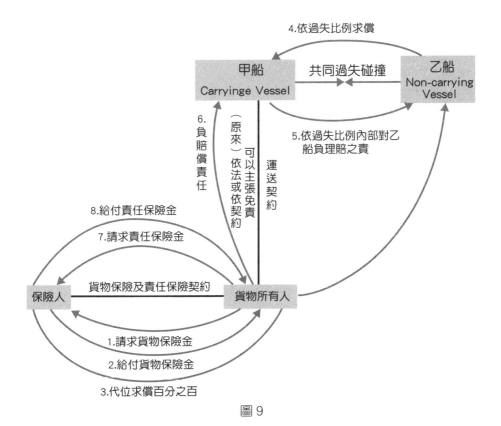

圖 9

在上圖中：運送人因其船長、海員及其他受僱人的過失致貨物毀損或滅失者，依法或依契約可以完全免責。

1. 貨物所有人向貨物保險人請求保險金之給付。

2. 貨物保險人因保險事故發生對貨物所有人為保險理賠。

3. 貨物保險人代位貨物所有人對發生船舶碰撞之他船 (non-carrying vessel) 基於共同侵權行為對外應負連帶責任的理由，行使百分之百求償權。

4. 該其他載運貨物的船舶，依據船舶碰撞雙方過失比例條款行使內部分擔求償權。

5. 承運船舶依照過失比例分擔賠償。

上述求償的結果，原來運送人依法可以對貨物所有人主張免責者，因為循環請求的結果，反而不得免責，因此當事人在貨物運送契約增訂定「船舶碰撞雙方過失條款」。

6. 貨主依照船舶碰撞雙方過失條款的約定，賠償承運船舶。

7. 貨主為了填補其因船舶碰撞雙方過失條款而賠償運送人的損失，在投保貨物損失險的同時，加保責任保險。一旦貨主受到運送人依據船舶碰撞雙方過失條款的約定的賠償請求，責任險的保險事故就發生。貨主在理賠運送人後，可以對保險人行使保險給付請求權。

8. 保險人依照責任保險契約的約定，為保險理賠。

實務上，「船舶碰撞雙方過失條款」如下述：「如本船與另一船發生碰撞，其原因是由於他船之過失以及本船船長、海員、引水人、或運送人所僱之人員因駕駛上或船舶管理上之任何作為、疏忽或過失所致者，於他船或非載貨之船舶 (non-carrying ship) 或其他船舶所有人對本船貨主負有滅失、損失或其他責任，業經賠償或應為賠償 ❸⓿，而以此項損失或責任列作其損失額之一部，在本船的過失比例範圍內，轉向本船或運送人請求扣抵或償還時 ❸①，本船貨主應就本船或運送人對他船或非載貨船舶賠償或扣抵之金額，償還本船或運送人 ❸②。」

---

❸⓿ 本段文字雖是規定他船船舶所有人對本船貨物所有人之賠償，但實際上常為保險人對他船所有人或非載貨船舶行使代位權，由他船所有人還向保險人給付。

❸① 本段就是他船或非載貨船舶於賠償保險人之後，依照過失比例（在連帶比例責任制）或平均（在連帶平均責任制）計算，對本船（載貨船舶）進行內部求償。

透過此種約款，貨物的損失最終仍由貨物所有人承擔損失。

　　為避免貨物所有人因為「船舶碰撞雙方過失條款」，而負擔向運送人補償的損失，英國倫敦保險人協會貨物保險基本條款進一步設計「責任保險」的約定，也就是當貨物所有人基於「船舶碰撞雙方過失條款」的約定，必須賠償運送人或船舶所有人時，由保險人向貨物所有人負保險給付的責任。倫敦保險人協會基本條款第 3 條規定：「本保險並擴及對被保險人依運送契約船舶碰撞雙方過失條款下所應負擔之責任額內，依本保險單之規定予以理賠。」、「船舶所有人（運送人）依船舶碰撞雙方過失條款（向被保險人）為請求時，被保險人應立即通知保險人，保險人得以自己之成本及費用，為被保險人對該賠償之請求提出抗辯。」

　　以上英國運送契約中「船舶碰撞雙方過失條款」的補償約定及倫敦保險人協會基本條款之責任險理賠情形，可以下例說明之：

　　1.甲乙兩船相撞，兩船各有百分之五十之過失。

　　2.甲船的貨物損失 8 萬英鎊。

　　3.甲船受損，貨物所有人曾投保全險（貨物險、船體險及責任險）。

　　4.甲船運送人與貨物所有人的運送契約定有船舶碰撞雙方過失條款。

表 4

	被保險人	運送人（甲船）（船舶所有人）	相撞船舶（乙船）	貨物保險之保險人
A.貨物損失	80,000 (−)			
B.保險金	80,000 (+)			80,000 (−)
C.保險人行使代位求償權			80,000 (−)	80,000 (+)
D.相撞船舶(乙船)		40,000 (−)	40,000 (+)	
E.運送人（甲船）對被保險人（貨物所有人）依船舶碰撞雙方過失條款行使請求權	40,000 (−)	40,000 (+)		

❸ 本段就是運送人為了彌補原本依照海牙規則第 4 條第 2 項的規定可以主張免責的權利，卻因為連帶比例責任制或連帶平均責任制而被他船或非載貨船舶內部求償而喪失免責權利的不利益，特別訂定貨主對運送人或載貨船舶的賠償約定。

合計	− 40,000	0	− 40,000	0
	被保險人	運送人（甲船）（船舶所有人）	相撞船舶（乙船）	貨物保險之保險人
F.貨物保險之保險人基於協會基本條款(B)(C)(D)第 3 條向被保險人理賠（責任險）	40,000 (+)			40,000 (−)
合計	0	0	− 40,000	− 40,000

二、採分割比例責任制為主，分割平均責任制為輔的制度，不需訂定「船舶碰撞雙方過失條款」

　　船舶碰撞以「分割比例責任制為主，分割平均責任制為輔」時，即使海上貨物運送採取海牙規則或海牙維斯比規則，也不需要訂定船舶碰撞雙方過失條款，更不需要另外加保責任險。海商法關於船舶碰撞採「分割比例責任制為主，分割平均責任制為輔」，此觀海商法第 97 條第 1 項：「碰撞之各船舶有共同過失時，各依其過失程度之比例負其責任，不能判定其過失之輕重時，雙方平均負其責任。」的規定可知。

　　依照此一規定，保險人於理賠貨物所有人之後，雖然可以代貨物所有人之位向碰撞船舶（他船）的船舶所有人請求賠償，但該他船所有人對於保險人的代位請求，只在其過失比例負責即可，無須依連帶責任關係負全部責任。因此不會發生他船向承運貨物的船舶所有人進行內部求償的問題，也因此託運人與運送人沒有訂立「船舶碰撞雙方過失條款」的必要，託運人也無須就此種約款所發生的返還責任投保責任保險。但實務上，因為很多的船公司，有些直接向英國、美國的保險公司或勞依茲協會投保保險，另外有些船公司雖然向國內的保險公司投保，但國內保險公司在承保之後又轉向倫敦、慕尼黑、蘇黎世、紐約等再保險人尋求再保險，因此仍有了解，甚至適用「船舶碰撞雙方過失條款」的必要。

陸| 交叉責任制與單一責任制

　　船舶通常投保船體險及責任險。船舶碰撞，除非因故意所致，就船體險部分，保險人即應該依約理賠，但是就責任險部分，究竟是碰撞船舶就各自遭受的損失、過失比例計算互負的賠償金額先「互相抵銷」，再就抵銷後的餘額，理賠對方，然後向承保責任險的保險人請求保險給付；或是碰撞船舶就各自遭受的損失、過失比例計算互負的賠償金額「不互相抵銷」，直接賠償對方船舶，再各自向其承保責任險的保險人請求保險理賠。簡介「單一責任制」與「交叉責任制」的理論如下：

一、單一責任制 (Single Liability)

　　由碰撞船舶雙方依照損失額及過失比例計算彼此應給付對方的數額，適用民法關於抵銷的規定抵銷之後，由負擔賠償額較大之一方給付予負擔賠償額較小之一方，然後由賠償額較大的一方就「抵銷後之差額」請求承保責任險的保險人為保險給付。

　　例如：兩船相碰，甲船損失 20 萬，乙船損失 10 萬，假定雙方之過失比例各為百分之五十，則甲船應付乙船 5 萬元，乙船應付甲船 10 萬元，乙是賠償額較大的一方，抵銷後的差額為 5 萬元，乙可以就抵銷之後的差額 5 萬元向承保其責任險的保險公司請求保險理賠。

二、交叉責任制 (Cross Liability)

　　交叉責任制是碰撞雙方，依各自船舶的損失及過失比例計算彼此應給付他方之賠償額，不先行使抵銷權，雙方逕行互為請求，再就賠償金額分別向各自的責任險保險人請求保險給付的制度。

　　例如：甲乙兩船彼此碰撞，過失比例各為百分之五十，甲船損失 100 萬元，乙船損失 50 萬元，則甲船應賠償乙船 25 萬元，乙船應賠償甲船 50 萬元，互不抵銷，全數互相給付，甲、乙再各就其理賠對方的金額 25 萬元、50 萬元，分別向其承保責任險的保險人請求保險給付。

　　比較交叉責任制與單一責任制，在交叉責任制下，責任保險的保險人理賠比較多。因為單一責任制的保險人，在可以抵銷的範圍內，形同免除責任保險的理賠責任，由碰撞船舶自行吸收，保險人的實際理賠比較少，無法貫徹責任保險的宗旨。反之，在交叉責任制，以碰撞船舶彼此的實際賠償金額，作為責任險的理賠基礎，比較能夠體現責任保險的實益。

　　此外，責任險與船體險息息相關，船舶碰撞之後，承保船體險的保險人於理賠了其承保的船舶之後，在他船過失應負賠償責任的範圍內，對他船可以行使代位權，只有交叉責任制，才可以維護代位權的行使，單一責任制將全部或一部侵害了代位權的請求。根據以上理由，**為了保障承保船體險的保險人的代位權，為了體現責任險的保險實益，以採交叉責任制為恰當。**

柒｜船體無直接碰撞的損害賠償責任

　　廣義的船舶碰撞，包括船舶間物體上的直接碰觸以及沒有物體上的直接碰觸但間接波及的；狹義的「船舶碰撞」，專指船舶間有直接物體碰觸而言，不及於間接波及者。採廣義船舶碰撞的立法，直接援引前述的規範就可以解決碰撞理賠問題；採狹義船舶碰撞的立法，就間接波及者，必須另外立法，才能解決問題。2012 年德國商法就是典型的事例，德國商法（海商編）第 572 條規定，船舶，因駕駛上的作為或不作為、或是不遵守航行規則，致他船、船上人員或財務發生損失，雖然沒有碰撞，也適用第 570 條及第 571 條的規定（按：就是因一方過失發生船舶碰撞，及各方都有過失的船舶碰撞），明確將船舶碰撞限於直接碰撞，但是間接碰撞適用直接碰撞的規定。

捌 請求權時效

　　關於船舶碰撞的請求權，自碰撞之日起算，因 2 年間不行使而消滅❸❸。因碰撞而發生的海事優先權，「自其債權發生之日起，經 1 年而消滅」❸❹。海事優先權因除斥期間屆滿而消滅之後，被海事優先權擔保的債權（即因碰撞而發生之債權）仍然存在，只是淪為普通債權（無擔保但有強制力之債權）而已。債權人自該債權之請求權消滅時效完成前，仍得對債務人（加害船舶之船舶所有人）為強制請求，且該請求權適用民法關於消滅時效的規定，2 年的請求權時效因「請求」、「起訴」或債務人之「承認」而中斷，使時效重新進行❸❺。又民法關於時效不完成之事由❸❻，於船舶碰撞所生之債權亦適用之。

---

❸❸　海商法第 99 條。
❸❹　海商法第 24 條第 1 項第 2 款、第 4 款、第 31 條。
❸❺　民法第 129 條至第 138 條。
❸❻　民法第 139 條至第 143 條。

習題

一、選擇題

1. 下列關於船舶碰撞損失的範圍之敘述，何者正確？
   - (A)限於船舶與船舶直接碰撞所生的損失。
   - (B)包括船舶與船舶直接或間接碰撞所生的損失。
   - (C)包括船舶與船舶、船舶與其他物體直接碰撞所生的損失。
   - (D)包括船舶與船舶、船舶與其他物體直接、間接碰撞所生的損失。

2. 下列關於船舶與船舶碰撞是否適用海商法關於船舶碰撞的規定之敘述，何者正確？
   - (A)海商法上的船舶與海商法上的船舶碰撞、海商法上船舶與非海商法上船舶碰撞都適用海商法的規定。
   - (B)海商法上的船舶與海商法上的船舶碰撞、海商法上船舶與非海商法上船舶碰撞、以及非海商法上的船舶與非海商法上的船舶碰撞都適用海商法的規定。
   - (C)海商法上的船舶與海商法上的船舶碰撞、海商法上船舶與非海商法上船舶碰撞原則上都適用海商法的規定，但是海商法上船舶與軍事艦艇、政府公務船舶、或軍事艦艇、政府公務船舶之間的碰撞除外。
   - (D)只有海商法上的船舶與海商法上的船舶碰撞才適用海商法的規定。

3. 船舶與港口碼頭碰撞發生損失時，下列關於法律適用的敘述，何者正確？
   - (A)一律適用海商法關於船舶碰撞的規定。
   - (B)關於碰撞適用民法關於侵權行為的規定，但關於責任上限則適用船舶所有人責任總限制的規定。
   - (C)適用海商法關於船舶碰撞的規定或是適用民法關於侵權行為的規定應由法院決定。
   - (D)適用海商法關於船舶碰撞的規定或是適用民法關於侵權行為的規定應由當事人選定。

4. 下列關於船舶碰撞發生財產上損失時，損害賠償的敘述，何者正確？

(A)不論貨物的損失或是船舶的損失，都依照各船的過失比例各自負損害賠償責任，不能證明其過失比例時，推定為均等。但運送人就其承運的貨物，在過失比例的範圍內，可以主張免責。

(B)就船舶的損失，依照過失比例負賠償責任；就貨物的損失，連帶負損害賠償責任，但是在賠償貨主之後，就超過部分，對於其他船舶，在其過失比例範圍內，有求償權。

(C)就船舶以及貨物的損失，都負連帶損害賠償責任，但是在賠償貨主之後，就超過部分，對於其他船舶，在其過失比例範圍內，有求償權。

(D)就船舶的損失及貨物的損失，都負連帶損害賠償責任，但是在賠償貨主之後，就超過部分，對於其他船舶，沒有求償權。

5. 船舶碰撞，致旅客或船員死傷時，依照海商法的規定，下列關於碰撞船舶損害賠償責任的敘述，何者正確？

(A)有過失的各船舶所有人對被害人必須負連帶損害賠償責任，但是船舶所有人理賠超過依其過失比例計算應負之數額，對他船所有人，在其過失比例應負責任的範圍內，有求償權。

(B)有過失的各船舶所有人對被害人依其過失比例各自負責。

(C)有過失的各船舶所有人對被害人必須平均負連帶損害賠償責任。

(D)有過失的各船舶所有人對於被害人必須負連帶損害賠償責任，但是船舶所有人理賠超過依平均計算應負之數額，對於他船所有人，在平均應負責任的範圍內，有求償權。

6. 下列關於發生船舶碰撞時，判定各船過失有無應該斟酌因素的敘述，何者最為正確？

(A)船舶駕駛是否符合避碰規定。

(B)船舶駕駛是否符合避碰規定及管理船舶是否符合避碰規定。

(C)船舶駕駛是否符合避碰規定、管理船舶是否符合避碰規定以及是否符合特殊的習慣。

(D)船舶駕駛是否符合避碰規定、管理船舶是否符合避碰規定、是否符合特殊的習慣以及是否斟酌特殊作業的規定。

参考答案

1. BABAA　　　　　　　6. D

二、問答題

1. 試說明船舶碰撞的構成要件。海商法上的船舶與非海商法上的船舶發生碰撞、非海商法上的船舶與非海商法上的船舶發生碰撞，是否都適用海商法關於船舶碰撞的規定？

2. 海商法上的船舶與非海商法上的船舶因雙方的過失，發生碰撞，致一方船舶發生毀損。請問：如何請求損害賠償？

3. 海商法上的船舶與海商法上的船舶因雙方的過失，發生碰撞，致第三人死亡。請問：如何請求損害賠償？

4. 海商法上的船舶與海商法上的船舶因雙方的過失，發生碰撞，致第三人的船舶被毀損。請問：如何請求損害賠償？

5. 海商法上的船舶與海商法上的船舶因雙方駕駛上的過失，發生碰撞，致其中一船承運的貨物發生毀損。請問：如何請求損害賠償？

6. 海商法上的船舶與海商法上的船舶因雙方的過失，發生碰撞，致第三人發生傷亡、第三人的財產被毀損。碰撞船舶對人的死傷、財產的毀損滅失各應該如何賠償？其與民法關於共同侵權行為損害賠償責任的規定，有何異同？

7. 何謂船舶碰撞共同過失條款 (Both to Blame Collision Clause)，在海上貨物運送承襲海牙維斯比規則，且在海商法的船舶碰撞責任制度下，有無引用該條款的必要？試說明之。

8. 何謂單一責任制？何謂交叉責任制？從立法精神而言，應該採何種責任制為是？

第二章

海難救助

壹 | 海難救助的意義

海難救助是在可航水域或其他任何水域中，對於陷於危險中的人員、船舶或任何其他財產、或環境提供援助的行為。說明如下：

一、救助主體為船舶所有人及施救人

施救的主體是船舶所有人及施救人。所謂「船舶所有人」是指船體的所有權人，船舶被作為救助工具，對於海難救助有所貢獻，因此船舶所有人是救助主體之一。所謂「施救人」是指船長、海員，旅客、陸地上人員（例如：泊港之船舶著火，岸上之人灌水施救亦屬之），只要是實際參與救助工作均屬之，即使施救船舶與被救助船舶屬於同一自然人或同一公司所有，施救船舶的船長、海員等也可以為施救的主體。

二、須是「現在」存在的海難

所謂「海難救助」，限於對現在正遭遇海難的人、船舶、船舶上財物或環境，施加救援，使其脫離危險而言。如果危險已因事過境遷，不復存在，則遇難之人、船舶、其上財物或環境將不致繼續發生損害，即無「危險」可得脫離，自無海商法有關「海難救助」規定之適用❶。

三、須存在於「可航行的水域或其他任何水域中」

為救助客體的船舶或其他財物，必須存在於「可航行的水域或其他任何水域中」(in navigable waters or in any other waters whatsoever)。所謂「可航行的水

---

❶ 最高法院 92 年臺上字第 2478 號民事判決。

域」是指海洋而言。所謂「其他任何水域中」一般是指與海洋相通的河川或湖泊而言。至於「財物」，依照 1989 年海難救助公約第 1 條第(c)款的定義，限於「任何非永久性且故意附著於海岸之財物」。準此，浮船塢既然固定在海岸，就不是海難救助的標的物❷。

　　2012 年德國商法（海商編）規定，所謂「船舶」，包括：浮動設備 (floating equipment) 或浮動結構體 (floating structure)。所謂「財產或財物」包括遇險運費的請求 (a jeopardized claim to freight)。但是(1)任何故意、永久地固定在海岸的物體；(2)任何用於開發、探勘或開採海底礦石資源的固定的或浮動的平臺、以及任何可移動的離岸鑽油平臺都不屬於上述財產或財物的範圍❸。

四、被救助的客體必須現在陷於淹沒或危險中不能自救

　　被救助的客體包括人員、船舶、其他財物或環境，必須現在正陷於危險之中，而且達到不能自救的程度。換句話說，「人員」必須是陷於淹沒或其他危難中之人，例如：海員、旅客；「船舶」必須是現在正陷於危難中的船隻、艇筏或任何能夠航行的構造物；「其他財物」必須是現在正陷於危難中的「不是永久性且非故意附著於海岸線的任何財產，包括陷於危險中的運費 (“Property” means any property not permanently and intentionally attached to the shoreline and includes freight at risk.)」。

五、被救助的客體必須不是軍用或公務用船舶

　　被救助的船舶若是供軍用或公務用時，基於主權豁免原則，原則上不適用公約的規定。1989 年海難救助公約第 4 條規定：「除非該國另外有規定，否則依照一般公認國際法上國家主權豁免原則，該公約對於救助時屬於國家所有或營運的軍艦或公務船舶不適用之。」，又第 5 條規定：「公務船舶不適用公約關於海難救助的規定，但是公務船舶實施海難救助時應獲得的報酬，仍然適用該公約關於救助報酬及補償的規定。」海商法雖然沒有將「軍事用途或公務用途

---

❷　參閱中華人民共和國海商法第 172 條第 2 款關於財產的規定。

❸　2012 年德國商法（海商編）第 574 條第 2 項。

的船舶加以排除」的規定，但是解釋上參考公約旨意，「軍事用途或公務用途船舶」的海難救助，應不適用海商法的規定。中華人民共和國海商法也將海難救助的船舶限於該法第 3 條所稱的船舶，也就是「指海船和其他海上移動式裝置，但是用於軍事的、政府公務的船舶和 20 總噸以下的小型艦艇除外」，即被救助的船舶也只限於「非用於軍事的或非政府公務的船艇」。

六、施救人對於海難的發生須沒有可歸責性，才可以請求報酬

海難救助分為一般海難救助與船舶碰撞的海難救助。一般海難救助是指施救人對於被救助人、船舶、其他財物或環境之陷於淹沒或危險，並沒有可歸責性所為的救助❹。船舶碰撞的海難救助是指被救助人、船舶、其他財物或環境之陷於淹沒或危險是因為施救人所引起的❺。施救人只有就「一般海難救助」可以請求報酬，就「船舶碰撞的海難救助」不得請求報酬，不但法理上應該如此，觀「一般海難救助」規定於海商法第 102 條，隨即於第 103 條至第 108 條規定報酬之請求及分配，而「船舶碰撞之海難救助」則規定於海商法第 109 條，而該條之後並無報酬的規定，亦可以知之。

---

❹ 海商法第 102 條。
❺ 海商法第 109 條。

貳| 救助人與被救助人的義務

一、救助人的義務

㈠善良管理人的注意義務

救助人對其所救助的船舶或其他財產所有人負謹慎實施救助作業的義務。

㈡尋求他人參與救助的義務

情況合理需要時,應該尋求其他救助人參與救助。

㈢接受他人介入救助的義務

對於危難船舶或其他財產的船長、船舶所有人或其他財產所有人合理要求其他救助人介入所生的干擾有接受的義務❻,不得為獲得較多救助報酬而拒絕其他救助人的介入救助。

㈣避免及減輕環境損害的義務

救助人在對危難船舶或其他財產的所有人實施救助作業時,負有避免及減輕環境損害的義務❼。所謂「環境損害」,是指對人類的身體健康、海洋生物、及海岸、內水或其鄰接區域資源,因污染、感染、火災、爆炸或其他類似的意外所致的重大毀損❽。

---

❻ 2012 年德國商法(海商編)第 574 條第 3 項。

❼ 2012 年德國商法(海商編)第 575 條第 1 項前段。

❽ 2012 年德國商法(海商編)第 575 條第 2 項。

以上都出自 1989 年海難救助國際公約第 8 條第 1 項的下列規定：「第 1 項施救人對於危難中的船舶或其他財產所有人負有下列義務：

(a)以審慎注意 (with due care) 實施救助作業。

(b)在履行(a)款所規定義務時，應審慎注意防止或減輕對環境的損害。

(c)依據狀況的合理需要，請求其他救助人的協助；以及

(d)應陷於危難中之船舶或其他財物所有人的合理請求，接受其他施救人參與；但經發現該請求不合理者，其應得報酬之數額應不受影響。」

補充如下：

1.「審慎的注意 (with due care)」的標準

理論上，專業之施救人或收取報酬之施救人，應盡善良管理人之注意義務（負抽象輕過失責任），至於非專業或純粹無因管理之施救人，則應盡與處理自己事務同一之注意義務（負具體輕過失責任）。

2.環境救助必須施救人與被施救人合作

環境救助為 1989 年海難救助國際公約之重要規定，明定施救人與被救助之船舶或其他財物之所有人都負有注意防止或減輕環境損害之義務。

3.施救人主動尋求他救助人協助救助的義務

救助報酬係來自所救存之船舶或其他財物之價值，施救人越多，可分得之報酬即相對越少。為了避免施救人可能因考量救助報酬之多寡，而排斥他人之協助，造成受難船舶或其他財物更大之損害、發生更多之救助報酬或更多之特別補償支出，參考 1989 年海難救助國際公約第 8 條第 1 項第(c)款之規定，增訂第 2 款，明定於情況需要時，**施救人負有主動尋求他施救人協助救助之義務**。

4.接受合理請求，許可其他施救人參與救助的義務

救助報酬係來自所救存之船舶或其他財物之價值，施救人越多，可分得之報酬即相對越少，施救人除可能不願主動尋求他施救人協助之外，於被救助之船舶或其他財物之所有人或船長提出接受他施救人協助之要求時，亦可能發生無故拒絕之情事。

1989 年海難救助國際公約第 8 條第 1 項第(c)款規定，經受難船舶或其他財物之所有人或船長的合理請求時，施救人應接受他施救人之協助。同時為免被救助之船舶或其他財物之所有人因情勢急迫而提出不合理之要求，損及施救人

之報酬數額；但書規定，被救助之船舶或其他財物之所有人所提增加施救人之要求，經認定不合理者，施救人之報酬不受影響，以資平衡。

二、被施救人的義務

㈠對救助人的救助作業有合作的義務

危難船舶的船長、船舶所有人，或其他財產的所有人對於救助人在救助過程中採取的救助作業，有合作的義務。

㈡接受船舶或其他財物返還的義務

船舶或其他財產一經救助而放置於安全處所，船長、船舶所有人或其他財產所有人經救助人的請求，應即接受船舶或其他財物的返還❾。

㈢避免及減輕環境損害的義務

危難船舶的船長、船舶所有人，或危險中的其他財產所有人，配合救助人的救助措施，也有避免及減輕環境損害的義務❿。

---

❾　2012 年德國商法（海商編）第 574 條第 4 項。
❿　2012 年德國商法（海商編）第 575 條第 1 項後段。

參 救助義務的雙軌制

關於海難救助，國際公約及各國立法例，都因救助客體是財產或人身的不同，而分別採取強制救助義務與自願救助制度兩種制度：

一、對人的救助採「強制救助義務」

海商法第 102 條規定：「船長於不甚危害其船舶、海員、旅客之範圍內，對於淹沒或其他危難之人應盡力救助。」此與 1989 年國際救難公約第 10 條第 1 項規定：「只要不至於對其船舶及船上人員造成嚴重危險，每個船長都有義務援救在海上有喪生危險的任何人員。」相同，都規定救助義務人是「船長」，救助義務具有強制性，船長違背此一義務者，將受到刑事處罰。

單純對受淹沒或其他危險之人施以海難救助，是船長公法上義務的履行，是人道主義的體現，不得請求報酬。說明如下：

(一)對人的海難救助為公法上的義務

對陷於海難之人施加救助是公法上的義務，違反者，應該受到刑事處罰。對人的救助義務，因海難之發生有無可歸責性而不同：

1.一般海難

一般之海難，海商法規定：船長於不甚危害其船舶、海員、旅客之範圍內，對於淹沒或其他危難之人，應盡力救助❶。

2.船舶碰撞之海難

海商法規定，船舶碰撞後，各碰撞船舶之船長，於不甚危害其船舶海員或旅客之範圍內，應盡力救助他船舶船長、海員及旅客❷。

---

❶　海商法第 102 條。

　　違反上述救助義務者，應依照刑法第 294 條：「對於無自助能力之人，依法令或契約應扶助、養育或保護，而遺棄之，或不為其生存所必要之扶助、養育或保護者，處 6 月以上 5 年以下有期徒刑。」、「因而致人於死者，處無期徒刑或 7 年以上有期徒刑；致重傷者，處 3 年以上 10 年以下有期徒刑。」之規定，負刑事責任。

㈡單純對人施以救助，不得請求報酬

　　單純救助受海難之人員，不得請求報酬❸，只是履行公法上之義務及道德上的義務而已。但於實行施救中救人者，對於船舶及財物之救助報酬，有參加分配之權❹，其立法理由在避免因為圖獲得報酬，重財輕人，對漂浮之船舶財物奮力救助，對奄奄一息之船長海員旅客反而視若無睹，法律奉生命為無價、為神聖者，卻因為曲高和寡，反置生命於無助、於危難，此非立法者之本意。

　　2012 年德國商法（海商編）第 583 條也規定：「不得向受救助而生存之人請求補償，也不得請求任何救助報酬或特別補償金。」儘管有前述規定，在救助作業中，任何採取救人行動的救助人，有權就依照本節規定（即第 574 條至 584 條）救助船舶、其他財產或防止、減輕環境污染的救助報酬，請求分配部分合理的救助報酬。在救助人依照第 580 條的規定❺不得請求救助報酬或減少救助報酬時，則救助人得直接向獲救船舶所有人或其他獲救財產所有人，就其本可以從救助報酬請求分配部分合理報酬的減少部分，行使請求權❻，第 576 條❼規定準用之。

---

❷　海商法第 109 條。

❸　1989 年國際海難救助公約第 16 條規定、臺灣海商法第 108 條、中華人民共和國海商法第 185 條都有相同的規定。

❹　海商法第 107 條。

❺　依照 2012 年的德國商法（海商編）第 580 條：「在因為救助人的故意詐欺或過失導致有救助措施的必要或救助更為困難，或救助人涉及詐欺或其他惡意行為所致者，救助報酬得全部或部分剝奪。」、「救助人有前項情形之一者或因過失未能避免或減輕環境損害者，亦得剝奪特別補償的全部或一部。」

❻　2012 年德國商法（海商編）第 583 條第 2 項。

❼　2012 年德國商法（海商編）第 576 條第 1 項：「救助報酬的規定，及時救助船舶與被救

二、對船舶、其他財物或環境的救助採「自願救助制度」

　　海商法對於陷於事變或危險中的船舶、其他財物或環境，採「自願救助的制度」。海商法並沒有規定船長對於海難中的其他船舶、其他財物或環境有救助義務，只是規定若對船舶或其他財物施加救助而有成果，則可以請求報酬；若對環境施加救助，即使救助沒有成果，仍然可以請求必要費用，其救助環境有成果者，甚至可以加倍請求。此觀海商法第 103 條第 1 項規定：「對於船舶或船舶上財物是以救助而有效果者，得按其效果請求相當之報酬。」以及其他相關規定（詳後述），可以知悉。

　　助船舶屬於同一人所有，也可以請求。」、第 2 項：「救助報酬包括救助措施的補償，但是不包括：應該支付政府機關的成本或費用、關稅以及其他稅負、倉庫費用、保管費、估價費以及拍賣費。」、第 3 項：「被救助船舶所有人與被救助其他財產所有人應該依照船舶價值於其他財產價值比例分擔救助報酬以及救助費用。」

肆│ 海難救助的類型

海難救助，從是否因契約義務引起區分，有兩個不同類型：

一、無契約義務的救助：無因管理

未受委任，並無義務，而為他人管理事務者，為無因管理。海難救助多基於無因管理。其要點如下：

㈠須未受委任，並無義務

施救者與受救者之間不存在有任何委任、僱傭、承攬等私法契約或私法上之義務，才能成立無因管理的救助撈救。所謂「並無義務」是指「沒有私法上的義務」而言。海商法就陷於淹沒或其他危險的「人員」，規定船長有公法上的救助義務，但是就「陷於淹沒或其他危險之船舶或其他財產」沒有規定救助義務。多數情形，對「陷於淹沒或其他危險之船舶或其他財產」施加救助，性質上都是無因管理。

㈡須以「有利於受救者的方法」為救助撈救

施救者，必須以有利於處在淹沒或其他危險中之受救者的方法提供救助撈救，例如：供應糧食、提供給養品、施行拖帶、協助航行、幫助拋錨、代為呼救、提供護航、從事引水、拍發電訊、提供資訊、發放信號、代為抽水、提供打撈、彈壓叛變、奪回被擄船舶等。只要是有利於受救者的方法，無因管理所採取的行為不以唯一途徑為必要。

㈢原則上須不違反受救者的意思

無因管理，必須不違背「依本人明示或可得推知之意思為管理」，例如：陷於淹沒或其他危難之船舶，已發出求救信號；或對陷於淹沒或其他危難之船舶施加救助而受救者無反對的意思表示等，無因管理才可以成立。若是施救人「違反本人明示或可得推知之意思為管理」，例如：被救助之船舶已發出拒絕救助之信號而仍予救助是，則不得成立無因管理。

二、有契約義務的救助：救助契約

㈠得以明示或默示訂定救助契約

救助契約，是施救者與受救者雙方達成救助的合意。契約之訂立，得以明示或默示為之。前者如：船舶或貨物於船舶遇到危難而有喪失之虞，發出電訊，求救於他船而允予報酬是；後者如：船舶或貨物遇難，他船駛往救助，接受其救助而不為反對之表示是。又原來本於無因管理之救助撈救，若經受救者承認，適用關於委任之規定❶⑧。

㈡船長訂立救助契約的法定代理權

1989年海難救助國際公約第6條第2項規定：「船長有權代理該船舶之所有人訂立海難救助契約。船長或船舶所有人有權代理該船舶所承運的貨物之所有人訂立此項契約。」因此發生海難時，船長就船舶、貨物的救助，有分別代理船舶所有人、貨物所有人簽訂救助契約的法定代理權❶⑨。德國商法將法定代理權分為：⑴船舶所有人、船長依法代理船上財產所有人：受難船舶的所有人

---

❶⑧ 民法第 178 條。

❶⑨ 中華人民共和國海商法第 175 條第 2 項規定：「遇險船舶的船長有權代表船舶所有人訂立救助合同。遇險船舶的船長或者船舶所有人有權代表船上財產所有人訂立救助合同」，此一代理權的取得是依照法律的規定，不是意定授權。又代表與本人的人格結為一體，代理與本人是兩人的關係，因此 1989 年海難救助國際公約的 "on behalf of" 一詞似譯為「代理」為是。

以及船長都有權代理「船上財產所有人」訂定海難救助契約；⑵船長依法代理船舶所有人：船長有權代理「船舶所有人」訂立海難救助契約⑳。

以上代理權的取得都是依照法律的規定取得的，是法定代理權。

㈢救助契約三種類型

1.僱傭契約

雙方約定，施救者一方於一定期間或不定期間內，受被救助者指示，為被救助的船舶提供服務，而受救者允為給付報酬的契約㉑。在僱傭契約情形，施救者（受僱人）須聽從受救者（僱傭人）之指示，施救者只要依契約提供勞務，即可獲得報酬，不以救助或撈救有效果為條件。

2.委任契約

委任契約，指受救者一方（委任人）委託施救者（受任人）從事救助撈救事務，而施救者一方（受任人）允為救助撈救的契約㉒。無因管理的救助撈救，經受救者承認者亦適用委任之規定。基於委任契約之救助，施救者只要盡善良管理人之注意，關於救助工作之進行，有自主權，不必依受救者（委任人）之指示，此點與本於僱傭契約所為之救助不同。但依委任契約而為救助者，施救者（受任人）之報酬依契約之約定，不以完成救助之工作為請求報酬之條件，此點與僱傭契約相同，但與承攬契約有異。

3.承攬契約

依承攬契約而為救助者，是指當事人約定，施救人一方（承攬人）為受救者一方（定作人）完成一定的救助工作，受救者一方（定作人）俟救助的工作完成，始給付報酬的契約㉓。救助契約，約定救助無效時，定作人一方不予承攬人報酬者，即所謂："No Cure, No Pay"，為承攬契約的一種。因為此種契約，實際上是以「完成約定的救助」為條件的契約。本於承攬契約的救助，施救者（承攬人）須完成約定的救助工作，始得請求給付報酬，此點與僱傭契約、委

⑳ 2012年德國商法（海商編）第584條第1項。

㉑ 參閱民法第482條。

㉒ 參閱民法第528條。

㉓ 參閱民法第490條。

任契約不同；但從其救助工作是否須依照契約相對人的指示一點而論，則介於委任契約與僱傭契約之間。

㈣救助契約的撤銷或無效

訂立救助契約通常是以預先擬妥的定型化條款為基礎，且被救助船舶處在緊急狀況、救助船舶與被救助船舶的交涉能力及交涉機會並不平衡的情況下訂立的，因此任何免責條款或限制責任條款，都應該受到最嚴格的規制。

1.國際公約的規定：得宣告無效或修正

1989 年海難救助國際公約第 7 條規定：「海難救助契約或其任何條款，有下列情況之一者，得使之無效或修正：一、契約之訂立是在不當的影響下或在危險的影響下訂立，而且其約定不公平者；二、依契約約定之給付，較實際提供的服務過多或過少者。」 公約的原文使用 「得使之無效或修正 (maybe annulled or modified)」，顯然不是 「當然無效或是當然修正」，而是**必須經過法院判決或經過仲裁庭宣告為無效或修正**。

2.德國法下的救濟：得宣告無效

海難救助契約是屬於緊急法的範圍，換句話說，待救助的一方正陷於海難的危急狀態，而救助一方是處在安全狀態，兩邊的談判地位並不平等，因此 2012 年德國商法（海商編）第 584 條第 2 項規定：「救助契約或救助契約的任何條款有下列情況之一時，法院得因聲請而宣告其無效：⑴契約的訂立係因不當影響的結果或因危險的影響所致，且其契約條款不公平者。或⑵依照契約所為的報酬給付相較於實際提供的服務太多或太少者。」

3.海商法下的救濟

⑴以「暴利行為」為理由，聲請法院撤銷

民法第 74 條規定：「法律行為，係乘他人之急迫、輕率或無經驗，使其為財產上之給付，或為給付之約定，依當時情形顯失公平者，法院得因利害關係人之聲請，撤銷其法律行為，或減輕其給付。」、「前項聲請，應於法律行為後一年內為之。」船舶陷於淹沒或其他危險時，情勢急迫，其所訂立的救助契約，若有約定報酬而數額過高顯失公平者，將構成暴利行為，受救者得依上述規定，聲請法院撤銷該救助契約，但應於救助撈救契約成立後一年內為之❷。

⑵以定型化契約顯失公平為理由，請求法院「確認」救助契約無效

民法第 247 條之 1：「依照當事人一方預定用於同類契約之條款而訂立之契約，為左列之約定，按其情形顯失公平者，該部分約定無效：一、免除或減輕預定契約條款之當事人之責任者。二、加重他方當事人之責任者。三、使他方當事人拋棄權利或限制其行使權利者。四、其他於他方當事人有重大不利益者。」救助契約若為定型化契約而顯失公平者，依本條規定應自始無效。當事人對於條款是否因為不公平而淪於無效有爭執者，可以提起「確認之訴」，請求法院確認。

因為救助契約是以「定型化條款」為基礎訂立的，為了維持交易的安定性，不適用「法律行為一部無效，原則上全部無效」的原則，而是適用「定型化契約一部無效，原則上只有該部分無效」「無效部分以法律的一般相應規定補充之」的原則❷⁵。

三、區別無因管理與救助契約的實益

海難救助，從救助的類型區分，有基於「無因管理」及基於「契約」兩種類型，二者區別的實益主要見諸報酬計算的不同。

㉔　民法第 74 條第 2 項。

㉕　中華人民共和國海商法第 176 條規定：「有下列情形之一，經一方當事人起訴或者雙方當事人協議仲裁的，受理法院或者仲裁機構可以判決或者裁決變更救助合同：一、合同在不正當的或者危險情況的影響下訂立，合同條款顯失公平的。二、根據合同支付的救助款項明顯過高或者低於實際提供的救助服務的。」本條規定承襲 1989 年國際海難救助公約第 7 條的規定而來，在承襲之際，為了闡明公約規定的含義，還加上「經一方當事人起訴或者雙方當事人協議仲裁的，受理法院或者仲裁機構可以判決或者裁決變更救助合同經一方當事人起訴或者雙方當事人協議仲裁的，受理法院或者仲裁機構可以判決或者裁決變更救助合同」一段，規定救助契約某個條款的無效或是救助契約無效，必須經過法院判決或仲裁庭裁決，不是自始當然無效的，這點在立法上堪稱進步，但是本條第 2 款「低於」似應修正為「過低」才契合法理，且符合公約第 7 條合同的廢止和修改，如有以下情況，可以廢止或修改合同或其任何條款：

⒜在脅迫或危險情況影響下簽訂的合同，且其條款不公平；或

⒝合同項下的支付款項同實際提供的服務大不相稱，過高或過低。

㈠基於「無因管理」的海難救助，其報酬應依法律規定決定

　　海難救助，從被救助的船舶或貨物是否會污染環境區分。會污染環境的船舶、貨物，例如：油輪載運原油；不會污染環境，例如：貨輪載運黃豆。近幾十年來，環境保護的意識提升，為了鼓勵海難救助，避免海洋污染，1989 年國際海難救助公約對於提供海難救助，以避免或減少海洋污染的，依照救助有效果與救助無效果分別給予不同的補償，這個規定也分別被吸納為各國的海商法，臺灣海商法、中華人民共和國海商法都有明文規定。

　　因此，海難救助，只要是出於避免或減輕船舶或貨物的污染的目的，即使是沒有效果，也可以行使補償請求權。具體說明如下：

　　1.不會污染的標的物：依民法規定，採取「無效果，無報酬」的原則，即救助有成果才可以請求報酬，救助無效果，就不得請求報酬。

　　2.會污染的標的物：依照海商法關於救助環境的規定。

㈡基於「契約」的海難救助

　　依照其是否附加條件，又分為兩種：

1. 不附「無效果，無報酬」（即僱傭契約或委任契約）

　　依照「僱傭契約或委任契約」的海難救助，這種救助的履行，指揮權落在被救助的一方，通常依照救助人所投入的人力、物力按照時間計算報酬，不論有無成果。

2. 附有「無效果，無報酬」（即承攬契約）

　　英國勞依茲救助定型化契約都記載有此類條件，也就是基於「承攬契約」的救助，通常是「無效果，無報酬」。

伍| 救助報酬的請求：基於無因管理的救助

一、海商法上的報酬請求權人

海難救助之報酬請求權，其可能的權利人包括以下幾種：

1. 對他船船舶、貨物、行李或環境施以救助之人

對他船船舶、貨物、行李或環境施以救助之人，不論為船長、海員或其他服務於船舶之人員（例如：醫師、廚師、工役等）都可以請求報酬。但是對本船的救助不得請求報酬，因為船長、海員就本船之危險施以救助撈救者，乃其職務內之義務，不得再請求報酬。旅客對本船之危險施以救助撈救，旨在自救救人，亦不應發生報酬請求權。但旅客離船之後，復對原搭載船舶施以撈救者，即可請求報酬。海商法第 104 條規定：「拖船對於被拖船施以救助者，得請求報酬。但以非為履行該拖船契約者為限。」因此，**以拖船對被拖船施加救助而有成果者，也可以為海難救助之報酬請求權人。**

2. 船舶所有人

海難救助，通常必須有「人」有「船」，相輔相成，才能奏功，除自岸上灌救之救助等少數情形外，「有人無船」或「有船無人」，都不能達到救助撈救之目的。因此不但施加救助撈救之船長、海員、其他服務於船舶之人員及旅客得請求報酬；即使被用以救助撈救之船舶之所有人也可以請求報酬。所謂「船舶所有人」，一般指船舶所有權人，但在船舶租賃情形，若該承租人已占有船舶，對船舶有使用收益權，實質上居於船舶所有人之地位，則該承租人得請求分配報酬。

3. 其　他

例如：從陸地上對淹沒或受危險之船舶、貨物、行李提供救助撈救之人。

二、請求報酬及補償的條件

㈠積極條件

1.救助船舶或船舶上貨物而有效果：成果報酬請求權

　　海難救助必須救助船舶或船舶上的財物而有效果，始得請求報酬，海商法第 103 條第 1 項規定：「對於船舶或船舶上財物施以救助而有效果者，得按其效果請求相當之報酬。」所謂「船舶」，包括船體以及其必要之設備及屬具。所謂「船舶上財物」，例如：貨物、行李、運費、票價、漂浮物 (flotsam)、拋棄物 (jettison) 等。又水上飛機及其貨載，亦得為救助之標的物。非船舶或船舶上之貨載者，例如：浮橋、水底電纜、油管等，不得為救助之標的物。被救助客體，不論船舶、貨載或行李，固以在海面者居多，但發生在港口、岸邊者，亦不乏其例，例如：碼頭邊之船舶是。

　　⑴對財物的救助，採「**有效果，有報酬**」；對環境的救助，例外採「**救助無效果，仍可以請求補償**」

　　　對財物的救助，採取「有效果，有報酬」、「無效果，無報酬」。但法律有時基於政策考量，針對環境的救助，另訂有「救助無效果亦得請求補償」。例如：為鼓勵救助環境，1989 年海難救助國際公約第 14 條特別補償制度。

　　⑵救助報酬的範圍

　　　救助報酬不包括各項利息 (any interest) 及法律費用 (legal costs)，且救助報酬總額不得超過獲救船舶及其他財物價值之總額，並應由獲救船舶或其他財物依個別價值所占獲救總價值之比例分擔。所謂「救助報酬總額不得超過獲救船舶或其他財物價值之總額」，即救助報酬僅以救助所獲得之效果為限。

2.救助有損害環境之虞的船舶或貨物：補償報酬請求權

　　關於環境救助，採取「雖然救助沒有效果，仍然可以請求補償；若救助有效果，則可以請求加倍補償」的原則，海商法第 103 條第 2 項規定：「施救人所施救之船舶或船上貨物，有損害環境之虞者，施救人得向船舶所有人請求與實際支出費用同額之報酬。其救助行為對於船舶或船舶上貨物所造成環境之損害已有效防止或減輕者，得向船舶所有人請求與實際支出同額或不超過其費用一

倍之報酬。」也就是國際公約的「特別補償」，與 1989 年國際救助公約第 14 條的規定相似❷⑥。

㈡消極條件——施救者對於事變或危險的發生必須無可歸責性

海商法上的海難救助，必須施救者對於事變或危險的發生沒有可歸責性。只有救助情況的發生或救助困難的增加，非因施救人的故意、過失、詐欺或不誠實行為所致，也就是沒有可歸責性時，才可以依照規定請求報酬。若是對於事變的發生或危險的增加有可歸責性，則不但不可以請求報酬，而且還必須負擔損害賠償責任。

三、禁止救助報酬與特別補償金重複請求

㈠禁止重複請求

針對會污染環境的船舶、貨物或其他財物施行救助，若救助的結果，既救

---

❷⑥ 茲附上公約中文譯文如下：「

1. 如一船或其船上貨物對環境構成了損害威脅，救助人對其進行救助作業，但根據第 13 條所獲得的報酬少於按本條可得的特別補償，其有權按本條規定從該船舶所有人處獲得相當於其所花費用的特別補償。

2. 在第 1 款所述情況下，如果救助人因其救助作業防止或減輕了環境損害，船舶所有人根據第 1 款應向救助人支付的特別補償可另行增加，其最大增加額可達救助人所發生費用的百分之三十。然而，如果法院或仲裁庭認為公平、合理，並且考慮到第 13 條第 1 款中所列的有關因素，可將此項特別補償進一步增加，但是，在任何情況下，其增加總額不得超過救助人所發生費用的百分之百。

3. 救助人所花費用，就第 1 款和第 2 款而言，係指救助人在救助作業中合理支出的現付費用和在救助作業中實際並合理使用設備和人員的公平費率。同時應考慮第 13 條第 1 款(h)(i)(j)項規定的標準。

4. 在任何情況下，本規定的全部特別補償，只有在其高於救助人根據第 13 條獲得的報酬時方予支付。

5. 如果由於救助人疏忽而未能防止或減輕環境損害，可全部或部分地剝奪其根據本條規定應得的特別補償。

6. 本條的任何規定不影響船舶所有人的任何追償權。」

助了船舶、貨物或其他財產，又避免或減輕環境被侵害，將會同時發生「救助報酬請求權」以及「高於支出費用的特別補償金請求權」，此種情形，就重複金額部分不可以重複請求，以免施救人獲得不當的利益，因此 1989 年海難救助國際公約第 14 條第 4 項規定：「依本條應該給付的全部特別補償金以特別補償金大於施救人依本公約第 13 條規定所得請求之報酬為前提，且以其差額為限。」中華人民共和國海商法第 182 條第 4 項規定：「在任何情況下，本條規定的全部特別補償，只有在超過救助方依照第 180 條規定能夠獲得救助報酬時，方可支付，支付金額為特別補償超過救助報酬的差額部分。」 海商法第 182 條第 3 項：「施救人同時有前二項報酬請求權者，前項報酬應自第 1 項可得請求之報酬中扣除之。」文字雖然不同，結果完全一樣。

㈡四種狀況組合

海難的發生會污染海洋環境，對船舶或貨物為海難救助，一方面固然是救助船舶貨物，另一方面也同時是救助環境，避免污染。此時有可能發生四種不同狀況組合：

1.雖然避免或減輕環境污染，但救助船舶貨物或其他財產沒有成果

例如：原油已經流入海面，拋下油繩，避免污染擴大，但是沒有撈起原油。此時因為減輕環境污染，會發生「高於支出費用的特別補償金」請求權，但是因為沒有撈起原油，救助沒有效果，因此 「不會發生救助報酬請求權」，結論是：只可以行使「高於支出費用的特別補償金」（按：海商法規定為相當於支出費用，但最多不超過一倍）。

2.未避免或減輕環境污染，救助船舶貨物或其他財產也沒有成果

例如：化學物質已經流入海中，沒有達到避免或減輕環境污染的目的，救助船舶貨物也沒有效果。此時雖然化學物質流入海洋，未能避免減輕環境的污染，但是仍然發生「相當於支出費用的特別補償金」；此外，由於未能撈起化學物質，救助沒有成果，因此不發生救助報酬請求權。結論是：只可行使「相當於支出費用的特別補償金」。

3.雖未避免或減輕環境污染，但救助船舶貨物或其他財產有成果

例如：撈起殘餘船舶，但是毒性化學物質已經流入海中。此時雖然避免減

輕環境污染沒有效果，但是仍然可以請求「相當於支出費用的特別補償金」；另外，就撈起殘餘船舶，救助有成果，也發生「救助報酬請求權」。二者只能選擇較高者行使。

2012 年德國商法（海商編）第 578 條第 1 項規定：「救助人，對有損害環境之虞的船舶或其貨物施行救助者，得在救助報酬以外另向船舶所有人請求特別補償金的超出差額，即使救助船舶與被救助船舶同屬於一人所有，亦同。」，就是針對救助環境沒有效果，但救助財產有成果的規定。該條第 2 項規定：「前述特別補償金應該相當於救助人的實支費用，也就是救助人在實施救助作業中發生的合理費用以及所有投入救助的設備及人員的合理比率，在評估設備及人員數量的合理性時，第 577 條第 1 項第 8 款至第 10 款所列因素，應予考量（按：即提供服務的及時性、用於救助作業的船舶及其他設備之可用性及使用情況以及救助設備的備用狀況、效能及設備的價值）。」

4.既避免或減輕環境污染，且救助船舶貨物或其他財產也有成果

例如：撈起桶裝的毒性化學物質（貨物），既避免環境污染，也保存救助了船舶、貨物。此時就避免環境污染言，會發生「高於支出費用的特別補償金」；就撈起毒性化學物質一點，又是救助有成果，會發生「救助報酬請求權」，二者可以選擇較高者行使。

2012 年德國商法（海商編）第 578 條第 3 項規定：「救助人的救助作業已經發生預防或減輕環境損害的作用（第 575 條第 2 項）時，前項應支付救助人的特別補償金得提高百分之三十。但考量第 577 條第 1 項第 2 段所列的因素（按：就是救助報酬的考量因素）後，特別補償金得提升至百分之百，不受前段百分之三十的限制。」❷⁷，也是就「高於支出費用的特別補償金」與「救助報酬請求權」兩者，取其高者行使。

---

❷⁷　2012 年德國商法（海商編）第 576 條第 3 項。

四、救助報酬請求的禁止、減少或拒絕

(一)不得請求救助報酬

1.救助措施未達約定標準

　　救助人所採用的救助措施，若未符合或未超過履行危險發生前所訂契約的合理期待的審慎、適當程度，不得請求任何救助報酬❷❽。

2.違背所有人或船長的拒絕意思

　　救助人，違背船舶所有人、船長或其他陷於危險中的財產的所有人——不論是否在船上——的明示及合理拒絕，而施行救助者，不得依海商法的規定，請求海難救助的報酬❷❾。

(二)救助報酬的減少或拒絕

　　因救助人的錯誤或過失，或因救助人的詐欺或惡意而有救助的需要或使救助更加困難者，其救助報酬請求權得予減少或拒絕❸❿。救助人有上述得減少或拒絕救助報酬之情事，或因救助人的過失致未採取避免或減輕環境損害之措施者，其特別補償金應予減少或拒絕❸❶。

五、對同一所有人所有之其他船舶或對被拖帶船施加救助

　　海難救助，只要是對「淹沒或其他危險之船舶或貨物施加救助」，都可以構成，不論「救助或撈救之船舶」與「被救助撈救之船舶」是否屬於不同人所有、同一人所有或是共有，均得請求報酬，海商法第 104 條：「屬於同一所有人之船舶救助，仍得請求報酬。」、「拖船對於被拖船施以救助者，得請求報酬。但以非為履行該拖船契約者為限。」，此與 1910 年海上救助及撈救統一規定公約第 5 條：「屬於同一所有人之船舶相互間之救助，亦應給付報酬。」的規定基本上

---

❷❽ 2012 年德國商法（海商編）第 579 條第 1 項。
❷❾ 2012 年德國商法（海商編）第 579 條第 2 項。
❸❿ 2012 年德國商法（海商編）第 580 條第 1 項。
❸❶ 2012 年德國商法（海商編）第 580 條第 2 項。

相同，2012 年德國商法（海商編）也有相同的規定❸，之所以如此，是因為二船的船員不同，且貨物所有人也相異之故。

六、軍艦或專供公務使用的船舶不得因救助而主張報酬

軍艦及公務船舶，是專作國防或公務之用，並非海商法上的船舶，即使施加救助撈救，亦不適用海商法關於救助撈救之規定❸，此與 1910 年海上救助及撈救統一規定公約第 5 條：「公務船舶雖然不適用公約關於海難救助的規定，但是公務船舶實施海難救助時應獲得的報酬，仍然適用該公約關於救助報酬及補償的規定。」不同。

---

❸　2012 年德國商法（海商編）第 576 條第 1 項。
❸　海商法第 3 條。

陸| 船舶及其他獲救財產價值的估計

　　船舶和其他財產的獲救價值，海商法沒有規定，中華人民共和國海商法規定：「船舶和其他財產獲救後的估計價值或者實際出賣的收入，扣除有關稅款和海關、檢疫、檢驗費用以及進行卸載、保管、估價、出賣而產生的費用後的價值」，但「不包括船員的獲救的私人物品和旅客的獲救的自帶行李的價值」[34]。

　　2012 年德國商法（海商編）第 576 條第 2 項規定：「救助報酬應該包括救助措施所生的費用，但下列費用應不計入救助報酬：繳納予政府機關的任何成本及費用、任何關稅及其他應繳款項、倉儲費用、保管費用、鑑價費用以及救助財產的出賣費用。」有相同的規定，可以參考。

---

[34] 中華人民共和國海商法第 82 條第 1 項。

柒 ┃ 報酬數額的決定及分配

　　除了當事人就救助報酬的數額已經事先確定❸——即依照委任契約、承攬契約或僱傭契約的約定，已經事先確定——否則就必須斟酌下列因素，確定救助報酬的數額。在決定救助報酬額時，有兩點必須注意：(1)救助報酬額的水準，必須從寬，足以激勵未來的救助者；(2)斟酌救助報酬因素的權重，不是依照公約列舉因素的先後順序。不論如何，救助報酬額，不包括利息、救助成本、得請求的法律費用，總請求額不得超過船舶及其他財產的價值❸。

一、決定救助報酬數額的因素

　　決定救助報酬數額的因素，依 1910 年海上救助及撈救統一規定公約之規定，主要如下：

1.施救者施救所冒危險的性質及程度❸

　　包括施救人或其設備的責任風險及其他風險❸。凡施救人施救所冒之危險愈高者，犧牲代價亦可能較高，因此報酬應從高估計；反之，所冒危險愈低者，所付代價一般愈少，報酬應從低估計。

2.施救者所耗費的時間、費用及所遭受的損害❸

---

❸　2012 年德國商法（海商編）第 577 條第 1 項。

❸　2012 年德國商法（海商編）第 577 條第 2 項。

❸　1910 年海上救助及撈救統一規定公約第 8 條第 1 項 a 款前段，1989 年國際救助公約第 13 條第 1 項第(d)款。2012 年德國商法（海商編）第 577 條第 1 項第 4 款。

❸　1989 年國際救助公約第 13 條第 1 項第(g)款。1910 年海上救助及撈救統一規定公約第 8 條第 1 項 a 款中段，1989 年國際救助公約第 13 條第 1 項第(f)款。

❸　1910 年海上救助及撈救統一規定公約第 8 條第 1 項第 a 款中段，1989 年國際救助公約

包括施救者所花的時間、費用及損失。凡施救者為救助所花費之時間愈長、費用愈多、損害愈大、責任愈重、及所處之危險愈鉅者，報酬應從高估計；反之，所花時間愈短、費用愈少、損害愈輕、責任愈低，及所處之危險愈小者，報酬應從低估計。

3.獲救船舶和其他財產的價值❹

所謂獲救財產之價格，指因救助撈救而獲得保全之船舶、貨物及行李之價值。凡獲救財產之價格愈高者，其報酬應從高估計；反之，若獲救財產之價格愈低，報酬亦應相應調低。

4.救助人或其救助設備曝露的潛在危險或其他危險

5.處在危險中財產的價值❹

施救者為施救助撈救，致其處於危險中財產之價值愈高者，報酬應從高估計；反之，報酬應從低估計。

6.救助人在防止或減輕對環境損害方面的技能和努力❹

7.施救人獲得成功的程度❹

8.施救人在救助船舶、其他財產及人命方面的技能及努力❹

9.提供服務的及時性❹

10.用於救助作業的船舶及其他設備之可用性及使用情況❹

第 13 條第 1 項第(f)款。

❹ 1910 年海上救助及撈救統一規定公約第 8 條第 1 項第 b 款，1989 年國際救助公約第 13 條第 1 項第(a)款。2012 年德國商法（海商編）第 577 條第 1 項第 1 款。

❹ 1910 年海上救助及撈救統一規定公約第 8 條第 1 項第 a 款後段。

❹ 2012 年德國商法（海商編）第 577 條第 1 項第 2 款。

❹ 1989 年國際救助公約第 13 條第 1 項第(b)(c)款。2012 年德國商法（海商編）第 577 條第 1 項第 3 款。

❹ 1989 年國際救助公約第 13 條第 1 項第(f)款。

❹ 1989 年國際救助公約第 13 條第 1 項第(h)款。2012 年德國商法（海商編）第 577 條第 1 項第 5 款、第 8 款。

❹ 1989 年國際救助公約第 13 條第 1 項第(i)款。2012 年德國商法（海商編）第 577 條第 1 項第 9 款。

11.救助設備的備用狀況、效能及設備的價值❼
12.其　他

二、報酬的分配

關於報酬的分配，分成兩個階段：

㈠組際分配

組際分配是以參與救助的船舶、船長及海員為一組，與其他參與救助的船舶、船長、海員為另一組，進行組與組之間的分配。若參與救助的有三組以上，也是由所有參與救助的各組先進行組際分配。

2012 年德國商法（海商編）規定，數個救助人合作參與救助作業者，各救助人均得請求救助報酬的一部。各救助人就救助報酬可以獲得的比例，依第 577 條第 1 項所列因素（即：斟酌救助報酬分配的 10 個因素）定之。第 581 條規定（即：船舶所有人分得報酬的三分之二，船長六分之一，其他服務於船舶之人員六分之一的規定）依然適用❽。又儘管有前面的規定，假若救助人，應危難船舶的所有人或其他陷於危險財產所有人的請求，接受其他救助人的介入救助，但事後證實該介入救助是不合理時，得請求全部的救助報酬❾。

實際分配作業如下：
1.程序上：由當事人「協議」定之，協議不成時，得提付仲裁或請求法院裁判之❿。
2.實體上：應參酌前揭「決定救助報酬數額的因素」，茲不贅言。

㈡組內分配

完成組際分配後，必須進一步進行組內分配。所謂「組內分配」，是指本組

---

❼　1989 年國際救助公約第 13 條第 1 項第(j)款。2012 年德國商法（海商編）第 577 條第 1 項第 10 款。

❽　2012 年德國商法（海商編）第 582 條第 1 項。

❾　2012 年德國商法（海商編）第 582 條第 2 項。

❿　海商法第 105 條、第 106 條。

所獲分配之報酬，進行本組船舶所有人、船長、及其他施救人間內部的分配。依 1910 年海上救助及撈救統一規定公約第 6 條第 3 項規定：「施救船之所有人、船長及其他施救人相互間報酬之分配，依該船舶所懸國旗國法律定之。」海商法第 106 條規定：「前條規定，於施救人與船舶間，及施救人間之分配報酬之比例準用之。」依此規定，組內分配可分為下列二個階段：

第一、船舶所有人與施救人間。

第二、施救人與施救人間。

海商法並未規定船舶所有人與施救人間、施救人與施救人間之報酬比例，只規定在此二階段，程序上「由當事人協議定之，協議不成時，得提付仲裁或請求法院裁判之。」至於決定報酬比例之實質考慮因素，與前揭「決定救助報酬數額的因素」相同，於茲從略。各國關於組內分配之規定，並不相同，舉例言之：

1. 日　本

以輪船施救者，船舶所有人得三分之二；以帆船施救者，船舶所有人得二分之一，餘額由船長得半數，海員共得半數❺。

2. 美　國

船舶所有人得四分之一至二分之一；船長得八分之一至三分之一；海員就其餘分配之❺。

3. 德　國

船舶或其貨物的全部或一部獲救助有成果時，救助報酬或特別補償金應該由船舶所有人、船長與其他服務於船舶之人員按比例分配。分配的方法是：就補償船舶所有人因船舶遭受的損害以及補償發生的費用後的餘額，船舶所有人分配三分之二，船長與其他服務於船舶之人員各得六分之一❺。

關於分配於其他服務船舶之人員的六分之一，究竟如何分配，2012 年德國商法（海商編）規定，應該分配予其他服務船舶之人員的部分，應該依照個別船員的技術與努力的比例定之。船長應該依照分配表分配，分配表必須列出各

---

❺　日本商法第 805 條第 1 項。

❺　參閱 47 Am. Jurisprudence §38.

❺　2012 年德國商法（海商編）第 581 條第 1 項。

有權分配者所分得的數額。其他服務於船舶的人員，在航程結束前，應該獲得
分配表的通知❺❹。德國商法還規定：任何與前述規定不同的約定，致不利於船
舶所有人、船長或其他服務於船舶之人員的約定，都無效❺❺。上述規定（即商
法第 581 條第 1 項至第 3 項的規定） 對於海軍救撈船或拖船的救助 ， 不適用
之❺❻。

❺❹ 2012 年德國商法（海商編）第 581 條第 2 項。
❺❺ 2012 年德國商法（海商編）第 581 條第 3 項。
❺❻ 2012 年德國商法（海商編）第 581 條第 4 項。

捌 救助報酬的分擔

　　被救助船舶所有人與其他財產所有人，就救助報酬，應該依照船舶價值與其他財產價值的比例，計算各自的分擔額❺❼。財產屬於數人所有者，各所有人應就財產分擔額中，依照各自財產價值比例，計算各自的分擔額。

---

❺❼ 2012 年德國商法（海商編）第 586 條第 3 項。

玖｜救助債權的擔保

一、擔保的種類

㈠海事優先權

　　救助報酬債權的債權人，為了保障救助報酬、特別補償金或救助費用的補償的債權，依照海商法關於海事優先權的規定，也就是海商法第 24 條第 1 項第 3 款或 2012 年德國商法（海商編）第 596 條第 1 項第 4 款的規定，對於獲救船舶有海事優先權❺❽。

㈡留置權

　　救助報酬的債權人，為了保障其救助報酬債權及救助費用的補償債權，對於船舶以外的其他獲救財產，以其為該其他獲救財產的唯一占有人為限，對該其他獲救財產有留置權❺❾。依照德國商法，對船舶以外其他財產的留置權，從債權請求權發生之日起 1 年而消滅❻⓪，但是債權人在留置權 1 年的除斥期間前，已經扣押該船舶以外其他財產者，留置權因 1 年經過而消滅❻①。救助報酬的債權人，就以船舶以外之其他財產為標的物的海事優先權的實行，可以依照強制執行法的規定執行之。若為留置權標的物的貨物尚未提領，訴訟得向船長提起，任何對船長訴訟的判決對於該貨物所有人，亦生效力❻②。

---

❺❽　海商法第 24 條第 1 項第 3 款、2012 年德國商法（海商編）第 585 條第 1 項。

❺❾　2012 年德國商法（海商編）第 585 條第 2 項。

❻⓪　2012 年德國商法（海商編）第 586 條第 3 項。

❻①　2012 年德國商法（海商編）第 586 條第 3 項、第 600 條第 2 項。

關於留置權所擔保的債權，其受清償的順位，有下列說明：

1. 留置權的順位

德國商法規定，依照商法第 585 條第 2 項存在於「其他財產（按救助標的物中，除了船舶以外的其他財產，以下同）」的留置權，有數個存在同一財產上時，後發生的留置權優先於先發生的留置權。任何留置權是同一時間發生者，位次相同❻❸；商法第 603 條之規定準用之。換句話說：

(1)依照德國商法第 585 條第 2 項發生的對「其他財產」的留置權，應該優先於一切存在於該其他財產的其他擔保物權。

(2)關於數個留置權同時存在「其他財產」上時，後發生的留置權反而優先於先發生的留置權。對「其他財產」救助的留置權同一時間發生的，其順位也相同。

(3)救助報酬、特別補償金以及救助費用補償的請求，應該視為救助措施的終止日❻❹。

2. 不得主張海事優先權或留置權的情形

債權人在下列情況下，不得主張上述「船舶」的海事優先權或「其他財物（獲救貨物）」的留置權：

(1)對於救助報酬債權人的債權之本金及利息，已經提供足額擔保者❻❺。

(2)獲救船舶或其他財產為國家所有、獲救船舶由國家經營、或獲救船舶或其他財產從事非營利用途且施行救助作業時，依照國際法的一般原則，可以享有主權豁免權者❻❻。

(3)獲救貨物是由國家捐贈的人道救濟貨物，但以國家同意支付救助服務的費用為限❻❼。

---

❻❷ 2012 年德國商法（海商編）第 586 條第 4 項。

❻❸ 2012 年德國商法（海商編）第 586 條第 2 項。

❻❹ 2012 年德國商法（海商編）第 586 條第 2 項、第 596 條、第 603 條。

❻❺ 2012 年德國商法（海商編）第 585 條第 3 項第 1 款。

❻❻ 2012 年德國商法（海商編）第 585 條第 3 項第 2 款。

❻❼ 2012 年德國商法（海商編）第 585 條第 3 項第 3 款。

二、擔保的提供

海商法就救助債權的擔保沒有規定，德國商法（海商編）的規定可以作為參考。依據德國商法的相關規定，救助人就救助報酬債權、特別補償債權、包括本金及利息，得請求債務人提供十足擔保。但救助對象的船舶屬於國家所有、由國家經營、非用於營業用途、以及施行救助作業時，該船舶依照國際法的一般原則，享有國家豁免權者，前段關於提供擔保的規定，不適用之❻❽。

在遵照前述前提下，獲救船舶所有人在貨物被提領前，應盡最大努力確保貨物所有人對救助人的請求提供十足的擔保，擔保範圍包括本金及利息❻❾。獲救船舶所有人及其他獲救貨物所有人，除非獲得救助人明示同意，在救助人的請求獲得清償或救助人的債權獲得十足擔保前，不得離開完成救助後最先到達港或到達地❼⓪。船長違背前述規定（即第 587 條第 3 項的規定）而將獲救貨物交付者，對於救助人因此所受的損害，應為其過失負損害賠償責任。船長受船舶所有人或船舶營運人的指示而為之者，上述規定亦適用之❼❶。

---

❻❽ 2012 年德國商法（海商編）第 587 條第 1 項。
❻❾ 2012 年德國商法（海商編）第 587 條第 2 項。
❼⓪ 2012 年德國商法（海商編）第 587 條第 3 項。
❼❶ 2012 年德國商法（海商編）第 587 條第 4 項。

拾｜棄船、漂流物、沉沒品

　　棄船、漂流物、沉沒品合稱為「棄物」。所謂「棄船」，指船舶所有人客觀上喪失占有而不能回復，但主觀上並無拋棄所有權的意思。所謂「漂流物」，係指在水上的遺失物及因水流至水邊的遺失物。所謂「沉沒品」，指沉入於水底之物，不論棄船、漂流物或沉沒品都還是有主物，因此撈救此者不得主張無主物先占而取得所有權。**以上三者的原占有人，必須主觀上沒有拋棄所有權的意思，但是客觀上已無法占有或喪失占有而無法回復占有，才能構成**，若只是一時喪失占有，但仍可回復占有，只是尚在打撈以期回復者，則尚非喪失占有，不能構成棄船、漂流物或沉沒品，若有他人撈救得予拒絕。撈救棄物的法律效果有二：

1.依海商法請求相當之報酬

　　撈救棄物（棄船、漂流物、沉沒品）者，得按其效果，請求相當之報酬❼❷，且就該報酬得主張海事優先權❼❸，拍賣該海事優先權的標的物❼❹，就其價金優先受償❼❺，亦得主張留置權❼❻。

2.依關於拾得遺失物請求報酬之規定

　　救助的標的物若為「漂流物」或「沉沒品」，亦得適用關於拾得遺失物之規定，進行招領❼❼，或拍賣而存其價金❼❽，或取得所有權❼❾。

---

❼❷　海商法第 103 條第 1 項。

❼❸　海商法第 24 條第 1 項第 3 款。

❼❹　海商法第 27 條第 1 款。

❼❺　海商法第 24 條第 2 項。

❼❻　民法第 928 條。

❼❼　民法第 803 條。

❼❽　民法第 806 條。

❼❾　民法第 807 條。

拾壹｜消滅時效

　　關於救助的報酬，常常同時發生「成果報酬請求權」、「海事優先權」甚至留置權。關於「成果報酬請求權」，依照海商法第 103 條第 4 項規定：「施救人之報酬請求權，自救助完成日起 2 年間不行使而消滅。」，是採取短期時效，因為海難救助之債權不適合長期懸而未決，因此有短期時效的規定 ❽⓿。

　　關於救助而發生之海事優先權，海商法第 32 條規定：「第 24 條第 1 項海事優先權自其債權發生之日起，經 1 年而消滅。……」，採取短期除斥期間的規定。成果報酬請求權是主權利，海事優先權是擔保物權，是從權利，主權利的消滅時效期間與從權利的除斥期間是各自獨立的 ❽❶，從權利即使因除斥期間屆滿而消滅，主權利的消滅時效若尚未屆滿，該債權依然是具有強制性的債權，只是變成沒有擔保的債權而已。

　　至於對獲救「其他財物」的留置權，由於海商法沒有特別規定，就目前的法律體系言，應該適用民法第 145 條的規定，只要債權人持續占有該「其他財產」，留置權就繼續存在，債權人依然可以拍賣留置物，就拍賣的價金優先受償。但是依照公約意旨，海難救助的報酬請求權「消滅時效期間只有 2 年」，明顯是為了儘速了結救助報酬的權利義務，因此解釋上應該是：被擔保的報酬請求權（主權利）既然已經消滅時效，留置權（從權利）也應該消滅，才符合公約短期時效的意旨，此一規定應構成民法第 145 條的特別規定。

---

❽⓿　1910 年海上救助及撈救統一規定公約第 10 條第 1 項：「救助報酬之請求權，自救助行為完成之日起，經過 2 年間不行使而消滅。」、第 2 項：「前項時效之停止及中斷事由，依受訴法院適用之法律。」，日本商法亦規定時效期間為 1 年（日本商法第 814 條）。

❽❶　參閱民法第 145 條及第 880 條。

拾貳 ｜ 主權豁免

　　關於主權豁免，海商法沒有規定。**基於國家主權豁免 (sovereign immunity) 的國際法原則，海難救助所生的請求，須經所屬國的同意，才可以對國有非商業的貨物，為保全程序或強制執行**，1989 年海難救助國際公約第 25 條：「非經所屬國同意，不得以本公約之任何規定，作為法律或對物訴訟程序中，對救助作業時依普遍承認之國家主權豁免國際法原則受到保護之國有非商業貨物，為扣押、假扣押或扣留之依據。」的規定，可以作為參考。

　　又關於海難救助所生的請求，可以對國家捐贈的慈善貨物，為保全程序或強制執行。但捐贈國已同意支付救助報酬或特別補償者，不在此限。因為國家捐贈的慈善貨物，既然已經捐贈，權利已經移轉，就不再適用國家主權豁免之原則，關於海難救助所生之請求，自得對之為保全程序或強制執行，1989 年海難救助國際公約第 26 條：「如慈善貨物之捐贈國已同意支付該慈善貨物應分擔之救助報酬或特別補償，即不得以本公約之規定作為對該慈善貨物為扣押、假扣押或扣留之依據。」的規定，可以作為參考。

📖 習題

一、選擇題

1. 下列關於對其他船舶的海難救助是否適用海商法關於海難救助的規定的敘述，何者正確？
   (A)一律適用海商法關於海難救助的規定。
   (B)一律適用海商法關於海難救助的規定，但是被救助船舶以非公務用途之船舶為限。
   (C)一律適用海商法關於海難救助的規定，但是被救助船舶以非軍事用途之船舶為限。
   (D)一律適用海商法關於海難救助的規定，但是被救助船舶以非公務用途、非軍事用途的船舶為限。

2. 下列關於對於在修繕之浮船塢著火而為救助，是否適用海商法關於海難救助之規定的敘述，何者正確？
   (A)適用，因為浮船塢是財產。
   (B)適用，因為船舶是財產，可以作為海難救助的標的物。
   (C)不適用，因為浮船塢是暫時地固定在海岸。
   (D)不適用，因為浮船塢是永久性且故意附著在海岸的設施。

3. 船舶陷於海難中，下列關於其船長訂立救助契約的代理權的敘述，何者正確？
   (A)陷於海難之船舶的船長就船舶的救助依法有代理船舶所有人訂立救助契約的代理權，但就船舶所承載的貨物，並無代理貨物所有人訂立救助契約的法定代理權。
   (B)陷於海難之船舶的船長就船舶的救助依法並無代理船舶所有人訂立救助契約的代理權，但就船舶所承載的貨物，則有代理貨物所有人訂立救助契約的法定代理權。
   (C)陷於海難之船舶的船長，就船舶以及船舶所承載的貨物，分別有代理船舶所有人、貨物所有人訂立救助契約的法定代理權。

(D)陷於海難之船舶的船長就船舶及船舶所承載的貨物，均無代理船舶所有人、貨物所有人訂立救助契約的法定代理權。

4. 下列關於救助契約或救助契約免責條款顯失公平效力的敘述，何者正確？
(A)得依利害關係人的聲請，撤銷其法律行為或減輕其給付，也可確認該契約或該免責條款為無效。
(B)受理爭議的法院或者仲裁機構可以判決或者裁定變更救助契約。
(C)得解除。
(D)得撤銷。

5. 下列關於海難救助救助報酬的敘述，何者較為正確？
(A)救助取得效果者，可以請求報酬；無成果者，不得請求報酬。
(B)救助取得效果者，可以請求報酬，報酬不得超過船舶及其他獲救財產的價值；無成果者，不得請求報酬。
(C)救助取得效果者，可以請求報酬，報酬不得超過船舶及其他獲救財產的價值；無成果者，不得請求報酬，但是契約另有約定者，不在此限。
(D)救助取得效果者，可以請求報酬，報酬不得超過船舶及其他獲救財產的價值；無成果者，不得請求報酬，但是契約另有約定或法律另有規定者，不在此限。

6. 下列關於對於構成環境污染的船舶或貨物進行救助而有效果，救助人可以請求救助報酬及特別補償的敘述，何者正確？
(A)只可請求特別補償請求權。
(B)可以就救助報酬請求權與特別補償請求權都行使請求。
(C)只得行使救助報酬請求權。
(D)可以就救助報酬請求權與特別補償請求權中，較高者行使。

7. 下列關於對人為救助是否得請求報酬的敘述，何者較為正確？
(A)不得請求報酬。

⒝得請求報酬。

⒞原則上不得請求報酬，但是海難救助中，救助船舶、貨物或其他財物有成果者，得參與分配。

⒟原則上的請求報酬，但是就救助而有過失致傷害被救助人者，不得請求報酬。

參考答案

1.海商法沒有限制 A；國際公約及中華人民共和國海商法 D

2. DC

4.海商法 A；中華人民共和國海商法 B

5. D　　　　　　　　　　　6. DC

二、問答題

1.請說明海難救助的積極要件與消極要件。

2.海商法關於海難救助中，對人的救助與對物的救助的義務以及報酬，採取不同的規定，試說明之。

3.海難救助中，救助人之所以參加救助，有些是依照契約約定的，有些是本於無因管理的，試說明二者關於救助報酬效果的差異。

4.參與海難救助報酬分配的請求權人有哪些？

5.海難救助的報酬如何決定？試舉分配主要評估因素三則以及決定分配的方法以對。

6.海難救助過程中，救助財物同時又救助環境時，如何決定救助報酬？試分救助財物有效果且救助環境有效果、救助財物有效果但救助環境沒有效果、救助財物沒有效果但救助環境有效果、救助財物救助環境都沒有效果四種情況說明之。

第三章

共同海損

柒、理算方法

　　一、程序方面
　　二、實體方面
　　三、分擔義務人之委棄權

捌、共同海損債權的擔保

　　一、海事優先權的擔保
　　二、留置權的擔保

玖、共同海損的和解

拾、消滅時效

壹 ┃ 緒 說

　　船舶載運貨物，共同從事海上冒險，可能遭遇的危險很多，以危險所威脅的對象而言，有些只對「船舶」存在，有些只對「貨物」存在，有些則同時對「船舶及貨物」存在。危險若只對船舶存在，船長雖然應該採取措置，以避免危險，但其因採取措置所發生的損失或費用，應該只由船舶所有人負擔，不應該要求貨物所有人參與分擔。同理，危險若只對貨物存在，船長雖然也應該採取措置以避免危險，但其因採取措置所發生的損失或費用，只應該僅由貨物所有人負擔，不應該要求船舶所有人參與分擔。

　　以上兩種情況，損失都只由船方或貨方負擔損失的情況，稱為單獨海損(particular average)。例如：空船航行中，船舶遇到颱風，該自然風險只威脅到船舶，則船長、海員即使為了避免船舶滅頂而支付拖船費用，這個特別費用應該由船舶所有人自行吸收，不應該也無理由要求貨物所有人參與分擔。又例如：船舶承運的貨物，遭受搶劫，該危險只有針對貨物，即使船長僱用槍手避免洗劫，該費用也只能由貨主承擔，不應該要求船舶所有人參與分擔。

　　但是危險若同時對「船舶及貨物」存在，且依其情況，若犧牲船舶及／或貨物的全部或一部，可以保全其他部分時，從總體觀點，自然應該處分船舶及／或貨物的全部或一部以保全其他部分，不應該船貨都不處分，但坐令船貨全部滅頂，此時處分船舶或處分財產所發生的損失，不應該由被處分船舶或貨物所有人自行吸收，而應該由因此被保全的各財產所有人以及被處分的財產所有人全體參與分擔，才符合事理之平，共同海損的概念就是建立在這個基礎上。

貳｜共同海損的意義

　　共同海損是由「共同海損行為」以及「共同海損分擔」兩部分組成的。「共同海損行為」依照 2004 年約克安特威普規則 A 第 1 項的規定，是指「當，而且只有當為了保存共同海事冒險中的財產免於危險的共同安全的目的，而故意地、合理地處分或發生的非常犧牲或非常費用才是共同海損行為 (There is a general average act when, and only when, any extraordinary sacrifice or expenditure is intentionally and reasonably made or incurred for the common safety for the purpose of preserving from peril the property involved in a common maritime adventure)」。

　　「共同海損分擔」依照 2004 年約克安特威普規則 A 第 2 項的規定，是「共同海損的犧牲及費用，應由各分擔人依後開的規定負擔之 (General average sacrifices and expenditures shall be borne by the different contributing interests on the basis hereinafter provided.)」。所謂「後開的規定」是指約克安特威普規則關於共同海損分擔的規定，海商法第 111 條：「共同海損以各被保存財產價值與共同海損總額之比例，由各利害關係人分擔之。因共同海損行為所犧牲而獲共同海損補償之財產，亦應參與分擔。」，中華人民共和國海商法第 199 條第 1 款：「共同海損應當由受益方按照各自的分擔價值的比例分攤。」以上規定都繼受約克安特威普規則「共同海損分擔」規定。

參｜約克安特威普規則及立法例

一、淵　源

　　共同海損制度，最早由希臘人 (Greeks)，甚至腓尼基人 (Phoenicians) 所創設。共同海損制度最早見諸羅地海法 (the Law of the Rhodians)。其後，羅地海法被納入羅馬優帝法學摘要 (the Digest of the Roman Emperor Justinian)。羅馬優帝法學摘要又輾轉納入亞勒倫判例法 (Judgment of Oleron)、維斯比法 (Visby)，最後歸納入路易十四的海商條例 (Ordonnance of LOUIS XIV, 1681)，成為現代法的部分。共同海損制度與 Mr. Justice Grier 在 Barnard v. Adams 一案所提出「共同海損」三個要件，大致相同：

1.須有船貨共同危險 (a common danger)

　　即須有船舶、貨物都面臨共同的危險。該危險，除故意犧牲船及／或貨的一部以保全剩餘部分外，緊急而且明顯不可避免該共同危險。

2.須有故意的投棄 (a voluntary jettison)

　　必須故意投棄船舶與貨物共同體的某些部分 (some portion of the joint concern)，以避免該緊急危險 (this imminent peril, periculi imminentis evitandi causa)，也就是將存在於船貨共同體整體的危險移轉到共同體中的特定部分。

3.為避免共同危險所為的努力，必須有成效，也就是處分船舶及／或貨物的一部之後，必須因此有所保存

二、約克安特威普規則及外國立法例

㈠約克安特威普規則

1.約克安特威普規則的形成暨修正經過

　　共同海損，雖然早已廣泛存在於各國的國內法，但是各國法律的規定並不一致，影響共同海損的理算及賠償，為此，各國船舶所有人、商人、保險人、海損理算人，發動統一共同海損規則運動。近年的主要過程如下：

　　⑴1860 年英國葛來斯哥 (Glasgow) 召集會議，通過共同海損原則 11 條。

　　⑵1864 年在英國約克 (York)，繼續開會，依照前述 11 條原則，成立約克規則 (York Rules 1864)。

　　⑶1877 年在比利時安特威普舉行會議，將約克規則擴大為 1877 年約克安特威普規則 (York-Antwerp Rules 1877)。

　　⑷1890 年在英國利物浦 (Liverpool) 集會，修訂成為 1890 年約克安特威普規則 (York-Antwerp Rules 1890)，全部計 18 條。

　　⑸1893 年又在比利時安特威普集會，增加 1 條，全部計 19 條。

　　⑹1907 年在倫敦開研討會，1911 年在巴黎繼續集會研討，1924 年在瑞典斯德哥爾摩行正式會議，制定 1924 年約克安特威普規則 (York-Antwerp Rules 1924)。

　　⑺1950 年在丹麥首都哥本哈根舉行會議，修訂為 1950 年之約克安特威普規則。

　　⑻1974 年在漢堡修正為 1974 年約克安特威普規則。

　　1974 年約克安特威普規則 A 規定：「在，而且只有在，基於共同安全的原因，為使同一海上冒險的財產免於危險，故意而且合理地為特殊之犧牲或發生特殊之費用時，才是共同海損行為 (There is a general average act, when, and only when, any extraordinary sacrifice or expenditure is intentionally and reasonably made or incurred for the common safety for the purpose of preserving from peril property involved in common maritime adventure.)。」定義更加完備。1974 年的約克安特威普規則已經生效。

　　1974 年約克安特威普規則於 1990 年、1994 年、2004 年數度修正，修正原因之一是：不滿共同海損的理算都由海運的強權國家提出，不能照顧到海運弱國的利益；修正原因之二是：共同海損的理算程式過分複雜。參與修訂的國際海法委員會代表建議 2004 年約克安特威普規則從 2004 年 12 月 31 日起適用❶。目前，呈現不同年次版本的約克安特威普規則，分別被不同國家採用的狀態。

2. 約克安特威普規則的實質拘束力

　　約克安特威普規則並不是國際公約，不具有國際法或國內法的地位或拘束力。但是由於約克安特威普規則宣示的法律衡平理念，符合公平正義原則，因此廣泛被採用。被採用的途徑有二：

　(1)透過國內立法，將約克安特威普規則，制定為國內法並實質地賦予法律效力。

　(2)將約克安特威普規則訂立於傭船契約或載貨證券作為契約條款 (put into operation as contractual terms in charterparties and bill of lading) 或在載貨證券上訂立「引置條款」，約定發生共同海損時，引用約克安特威普規則，作為理算分擔額的依據。

3. 約克安特威普規則的主要內容

　　1974 年的約克安特威普規則分為前後兩部分。前面部分包括：「解釋規則」與「一般原則規定」。「解釋規則」有七個條文，分別為規則 A (Rule A) 至規則 G (Rule G)；「一般原則規定」有 23 個條文，是針對不同情況的具體規定，條文分別以規則 1 (Rule I) 至規則 23 (Rule XXIII) 冠之。

　　以英文字母規則 A 至規則 G 冠號的條文與以阿拉伯數字規則 1 (Rule 1) 至規則 23 (Rule 23) 冠號的條文彼此關係如何，應先說明。即某一海損符合阿拉伯數字規則 1 至規則 23 所列情形之一，但並未符合英文字母規則 A 至規則

---

❶　"The delegates representing the National Associations of Maritime Law of the States listed hereunder

　　1. having noted with approval the amendments which have been made to the York-Antwerp Rules 1994;

　　2. propose that the new text be referred to as the York-Antwerp Rules 2004;

　　3. recommend that the York-Antwerp Rules 2004 should be applied in the adjustment of claims in General Average as soon as practicable after 31 December 2004."

G 所冠之條文時，是否亦屬於共同海損。依照 1950 年約克安特威普規則的規定：「除冠數字（按：指阿拉伯數字第 1 條至第 23 條）之規則另有規定外，共同海損應依冠字母之規則（按：指以英文字母 A 至 G 冠號之條文）之規定理算之 (Except as provided by the numbered rules, general average shall be adjusted according to the lettered rules.)。」

換言之，符合冠阿拉伯數字規則之規定者，應從其規定，只有海損在阿拉伯數字沒有規定時，才適用冠以英文字母規則之規定。2004 年約克安特威普規則在解釋規則 (Rule of Interpretation) 序言第 2 項：「**除至上規則❷及數字規則另有規定外，共同海損應依文字規則理算之。**」亦開宗明義宣示此一關係。

㈡外國立法例

各國關於共同海損的定義，介紹如下：

1.德　國

為避免船舶、燃料及貨物的共同危險，依船長的命令，對船舶、燃料或貨物的一個或數個故意處分或自願犧牲所生的一切損害，及因船長為相同目的而發生的一切費用，該一切損害及一切費用應該由冒險各方（各利害關係人）共同負擔❸。所謂「冒險各方」是指：在實施共同海損時，船舶所有人、燃料所有人、承擔貨物風險之人或託運運費的請求權人❹。

2.日　本

船長為避免船舶以及貨載共同危險之目的，就船舶或貨物有所處分，因而發生損害及費用者，為共同海損❺。

3.英　國

稱共同海損者，謂在共同航海冒險中，為保全遭受危險的財產，於危險存在之際，故意且合理地為非常之犧牲或支出非常之費用❻。

---

❷　2004 年約克安特威普規則的至上規則 (Rule Paramount) 規定：除非合理處分或發生的犧牲或費用，無論如何不得為任何補償。

❸　2012 年德國商法（海商編）第 588 條第 1 項。

❹　2012 年德國商法（海商編）第 588 條第 2 項。

❺　日本商法第 788 條。

❻　1906 年英國海上保險法，Marine Insurance Act, 1906, S. 66 ⑵.

肆| 共同海損責任分擔的學說

共同海損所發生的特殊犧牲或發生的費用，何以必須由被保全之財產主體及被犧牲的財產主體，比例分擔？其學理基礎何在？有不同的學說：

一、契約說

依契約說，運送人與託運人於訂立運送契約時，即存在有以下的默示合意：即航行中，船舶與貨物面臨共同危險時，若運送人之代理人（船長）為犧牲託運人貨物之處分時，獲得保全之其他貨物所有人以及船舶所有人，同意對託運人依比例給予補償。反之，若船長為犧牲船舶或他人託運貨物之處分，使託運人之貨物獲得保全時，該託運人亦同意對船舶所有人或其他貨物之所有人依比例予以補償。

二、共同危險體說

共同危險體說主張，船舶與貨物在海上航行，同舟一命，構成一個面臨相同危險的共同體。船舶、貨物之所有人，對於「船舶及貨物」形成類似共有關係，若共有物發生毀損滅失時，應由共有人依應有部分比例分擔損失。同理，船舶及貨物遇到共同危險時，船長對船舶及貨物之一部分為處分以保全其他共同體時，該被處分而犧牲的部分，自應由共同危險體之各所有人依其財產價值比例分擔。

三、代表說及代理說

依代表說及代理說，運送契約中有下列默示合意：運送中之貨物及船舶遇到共同危險時，船長一方面得「代表」船舶所有人或貨物所有人對船舶或貨物

為事實處分，以保全其他部分；另一方面也可以「代理」被保全貨物之所有人或船舶之所有人，依比例分擔被處分貨物所有人或船舶所有人之損失。

四、衡平說

船舶及貨物在航海中遇到共同危險時，與其不投棄、不處分而終至船舶貨物俱告滅頂，不若犧牲一部分，保全其他部分。但是航海冒險，福禍與共，應力求衡平，既不可使為共同利益或安全而被合理犧牲之人，獨自蒙受損失，亦不可使因他人之犧牲而獲得保全之人，獨自享有保全之利益。

以上四說，雖然都可以部分說明共同海損中，分擔損失的法理，但是其中「契約說」、「代表說及代理說」，都建立在託運人與運送人間存在有「意思表示」為理論基礎，若當事人既無意思表示，法律又無擬制規定，則「契約說」及「代表說及代理說」，就難以成立。事實上，託運人於託運貨物時，多無共同海損之預見及認識，更遑論有明示或默示的意思表示，因此以當事人的「意思表示」為基礎的「契約說」或「代表說及代理說」，與實際不符。又不論從共同海損的歷史，或從現行法的規定，都沒有擬制當事人意思表示的法律條文，因此「契約說」及「代表說及代理說」實在欠缺依據。

共同危險體說，將「船舶及貨物」在航海期間，視為一個共同體，並利用共有物一部分滅失，共有人應依應有部分比例分擔損失的觀念，解釋共同海損分擔損失的理論，頗有創意，簡單明瞭，符合從來船舶與貨物在海上航行是一種共同冒險 (joint venture) 之觀念，但是船舶與貨物共同冒險，並不等於船舶與貨物成為共有物，此說有思考上跳躍的現象。

比較諸說，衡平說比較符合事理。法律所追求者為公平而已，犧牲他人保全自己，固然有失公平；犧牲自己保全他人，亦非公正之道。**衡平說既能達到「利益均霑，損失同受」，又能使損益之分擔恰如其分，符合公平原則，較為可採。**

伍｜共同海損行為

一、積極要件

㈠須有船貨真實的「共同危險 (common danger)」

1.必須是船貨面臨「共同危險」

　　必須是船舶、貨物或其他財物在同一航程中，遇到共同的危險，換句話說，該危險必須同時威脅到船舶、貨物或其他財物，而非只威脅到其中特定的一個。在面臨共同危險，若不斷然對船舶、貨物或其他財物採取處分措施或支出額外費用，船舶、貨物或其他財物將有全部滅失的危險。

2.危險必須是「真實的 (real peril)」

　　共同危險，不論是自然災害、意外事故或是其他特殊情況，都必須是客觀、真實存在的危險。主觀推斷的危險固然不是客觀、真實的危險，海市蜃樓的危險也不是客觀、真實的危險。共同海損的危險只要是客觀的、真實的、共同的就符合危險的標準，不問是否急迫，也不問危險發生的原因，因此：

　⑴危險不以具有「急迫性」為必要

　　危險只要具有共同性就可以，不以具有急迫性為必要，換句話說，共同海損的危險不需為急迫的危險 (immediate danger)，例如：風和日麗的航行中，船舶的主機發生故障，若不修復，一旦天氣變化，風浪增強，船貨就有同遭滅頂的危險，此時有共同危險、且是真實的危險，但是還沒有急迫危險，若因此而支出拖帶費用，仍然可以列入共同海損的特殊犧牲。

　⑵危險即使因為共同冒險的一方、第三人或自然事故所致，都可以成為共同
　　海損的危險❼

㈡必須有「故意的」處分行為或其他措置

1.必須是「故意的」處分或措置

共同海損的成立，既然是為了避免或減輕船舶、貨物或其他財物的滅失或毀損為目的而採取的處分或其他措施，則處分行為或其他措施行為，必然是出於「故意的」。所謂「處分」，是指對於船舶、貨物或其他財物施以非正常用途的處置。例如：拋棄貨物、切割船體等等。所謂「其他措置」指除了針對船舶、貨物或其他財物施以處分以外的措施，因而發生營業費用以外的費用，例如：僱用其他船舶，進行拖帶等是。

2.「船長或海員」的故意處分或其他措置，都可以構成共同海損

通常情形，處分或其他措置的發動者固然是「船長」，但是為了因實際需要（例如：船長一時生病，無法下達處分或措置的命令），進行處分或其他措置的主體有擴大到「船員」的必要，2004年約克安特威普規則、海商法、中華人民共和國海商法對於處分或其他措置的主體沒有限制的規定❽。修正前的海商法，共同海損的發動只限於船長，但是修正之後，已經刪除船長二字，明顯是為了擴大發動共同海損的主體範圍，使得船長以及海員都可以作為共同海損的發動者。

3.處分的方法必須具有合「目的性」，處分的程度必須具有「合理性」

船長海員所為之處分，「方法上」必須符合目的性，「程度上」必須具有合理性。所謂「方法上符合目的性」，指依照危機的性質，所採取的預防方法是可以避免該危險的，例如：為了逃避敵艦追逐，投棄全部或部分貨物，以減輕負荷，加速逃離危險海域，該方法即具有合目的性；反之，為逃避敵艦追逐，卻使用船上的噴水設備，使貨物遭到水損，該方法就不具有合目的性。

所謂「程度上具有合理性」，是指船長海員所為之故意處分，必須「恰如其分」，例如：依照危險的程度，只要投棄一部分的貨物，就可以增加浮力，脫離危險，就無須投棄全部貨物，致增加損失。但是共同海損，情況緊急，因此關

---

❼　參閱2012年德國商法（海商編）第589條第1項。

❽　2004年約克安特威普規則A，海商法第110條，中華人民共和國海商法第193條。

於「處分方法上符合目的性」以及「處分程度上具有合理性」都應該從寬認定，以免船長海員畏縮不前，貽誤海損處分之時機。**一般而言，船長若以相當之注意，經審慎考慮，盡其航海技術之能事，法律即推定船長的處分具有「方法之合目的性」以及「程度之合理性」。**

船長之處分若「方法不具合目的性」「程度不具合理性」，不權衡輕重，恣意為乖張處分或措置者，因其處分或措置所生之損害或負擔，應由船長、海員及船舶所有人負責❾，不得列入共同海損之損失。

㈢共同海損處分或其他措置的結果必須「獲致其他財產的保全」

1.必須有其他財物獲得保全

船長海員為共同海損處分或其他措置的結果，必須有其他財物獲得保全，否則就無法論及損害的分擔。假若處分或其他措置的結果，船舶及貨物仍然全部滅失，其犧牲或特殊費用仍應各自承擔，不得列入共同海損之損失，請求利害關係人分擔。

2.犧牲或費用負擔的發生，必須與其他財物的保全有「直接的因果關係」

「共同海損的犧牲及／或費用的發生」不但必須與「其他船貨的保全」有因果關係，而且該因果關係必須具有「直接性」，只有**共同海損行為直接結果(the direct consequence) 導致的船舶貨物的滅失、毀損或發生的費用負擔才可以列入共同海損的損失**。若僅生「間接性」的損害，不得列入共同海損，例如：船舶或貨物，因共同海損致抵達目的港遲延或喪失預期利潤所生的損失，都不得列入共同海損❿。

二、共同海損的消極要件及發展

1924 年約克安特威普規則及 1950 年約克安特威普規則均規定：「共同海損之分擔權，雖發生犧牲或費用之事故是由同一航海中當事人一方之過失所致者，亦不生影響；但本規定不妨礙對該有過失之一方行使求償權。」1974 年約克安

---

❾ 船舶所有人是船長海員的雇主，應負連帶損害賠償。參閱民法第 188 條責任。
❿ 參閱 1974 年約克安特威普規則 C。

特威普規則 D 規定：「請求共同海損之權利，雖發生犧牲或費用之事故係由於該（航海）冒險之當事人一方之過失所致者，亦不影響。但本規定不妨礙對該當事人，關於該過失，行使求償或主張抗辯之權利。」

2012 年德國商法（海商編）第 589 條第 1 項規定：「共同海損的規則，即使立即危險的發生是因為共同冒險之一方或第三方的錯誤或過失所致，仍然應予適用。但無論如何，有錯誤或過失的共同冒險一方，對於其所受的損害，不得請求海損分攤。又，立即危險的發生係因共同冒險之一方之錯誤或過失所致者，該一方對於應該連帶參與分攤海損損失及海損費用的各方所受的損失，應該負損害賠償責任。」**⑪**

海商法參考 1974 年約克安特威普規則，於第 115 條規定：「共同海損，因利害關係人之過失所致者，各利害關係人仍應分攤之。但不影響其他關係人對過失之負責人之賠償請求權。」**⑫**可析為「海損分攤」及「海損求償」二部分：

1.海損分攤

共同海損雖然因利害關係人之過失所致者，各利害關係人仍應分攤之。

2.海損求償

各利害關係人分攤共同海損的犧牲或費用之後，對於「有過失」的負責人得行使求償權。

1974 年約克安特威普規則以及海商法之所以有此一規定，主要原因是為了鼓勵船長海員在船貨遇到共同危險時勇於處分、共同海損理算的方便、及增加保險索賠機會。舉例說明如下：

⑴船舶隱有瑕疵

船舶存在雖經注意仍不能發現之隱有瑕疵**⑬**，該瑕疵成為船舶貨物的共同危險時，船長海員可以進行共同海損處分，但是因為船舶所有人沒有過失，因此利害關係人在分攤之後不得對船舶所有人求償。亦即：

---

⑪ 2012 年德國商法（海商編）第 589 條第 2 項。

⑫ 中華人民共和國海商法第 197 條：「引起共同海損特殊犧牲、特殊費用的事故，可能是由航程中一方的過失造成的，不影響該方要求分攤共同海損的權利。但是，非過失方或者過失方可以就此項過失提出賠償請求或者進行抗辯。」

⑬ 海商法第 69 條第 16 款。

A.就「海損分擔」而言：因船舶隱有瑕疵，發生共同危險者，船長為處分所生之犧牲及費用，得列為共同海損，各利害關係人應分擔之。

B.就「海損求償」而言：貨物所有人於分擔海損損失之後，不得對船舶所有人行使海損求償，因為船舶所有人或運送人沒有過失。

⑵貨物隱有瑕疵

因貨物之隱有瑕疵，有只危及該貨物本身者，也有同時危及「船舶及貨物」者。在前者，船長處分貨物所發生之損失，不得列入共同海損。在後者，船長處分貨物所發生之損失，得列入共同海損。

實務上，煤炭因空氣潮濕、通風不良，醞釀高熱，發生火災乃自然之事，非意外事故，因此保險不理賠；但船舶通風不良，是運送人的履行輔助人關於「貨物管理」有過失所致，運送人不得主張免責，惟仍適用共同海損，只是對過失一方有求償權而已。亦即：

A.海損分擔：因煤炭的性質加上管理有過失，醞釀高熱導致火災，成為船舶及貨物的共同危險，船長處分貨物所發生之損失，得列入共同海損，請求利害關係人，分擔損失。

B.海損求償：由於貨物所有人就貨物隱有瑕疵的沒有過失，共同海損的利害關係人在分擔之後，對貨物所有人雖不得行使賠償請求權，但對運送人則得以「貨物管理」有過失為由主張求償權。

⑶船舶喪失航行能力

A.海損分擔：在船舶喪失航行能力，導致「船舶及貨物」發生共同危險之情形，不論航行能力之喪失是在「發航前或發航時」就發生，或是在「發航後」才突然喪失，船長海員為避免共同風險而處分船舶貨物，致其他船舶貨物獲得保全者，該處分所生的損失可以列為共同海損的損失，由全部利害關係人分擔。

B.海損求償：海損分擔之後，貨物所有人得否對船舶所有人行使海損求償權，必須視喪失航行能力是在何時發生而定。若航行能力在船舶「發航前或發航時」已經欠缺者，分擔海損的貨物所有人得對船舶所有人行使賠償請求權；反之，若航行能力是在「發航之後才突然喪失」，船舶所有人並無過失，貨物所有人就沒有賠償請求權❹。

⑷偏航 (deviation)

因偏航而船舶及貨物都面臨共同危險時，船長為保全船舶及貨物，而處分船舶貨物，其因處分所發生的損失，仍可納入共同海損之損失，但是應該視偏航是否有法定免責事由而決定賠償請求權的有無。至於法定免責事由的有無，則必須視偏航是否為了救助或意圖救助人命、財產或其他正當理由而定，凡是為了救助或意圖救助海上人命、財產或因其他正當理由而偏航者，不得認為違反運送契約，其因而發生毀損或滅失時，船舶所有人或運送人不負賠償責任❶。偏航之目的，若僅是為了購買便宜煤炭、或僅是為了裝卸貨物或乘客者，則應視同「不合理偏航」，因此，貨物所有人於分擔共同海損損失後，得向運送人或船舶所有人行使求償權。析言之：

A.海損分擔：不論偏航是否有正當理由，只要船舶及貨物都面臨共同危險，船長或海員處分船舶貨物而發生犧牲，該犧牲都可以納入共同海損，由全體利害關係人分擔。

B.海損求償：利害關係人分擔共同海損之後，得否向船舶所有人行使賠償請求權，必須視船舶所有人的偏航是否有正當理由而定，即：

⑴偏航有正當理由者：為救助或意圖救助海上人命、財產或因其他正當理由偏航者，不得認為違反運送契約，其因而發生毀損或滅失時，船舶所有人或運送人不負賠償責任。因此貨物所有人於分擔共同海損後，不得對船舶所有人行使賠償請求權。

⑵偏航無正當理由者：若偏航並非為意圖救助海上人命、財產或因其他正當理由者，因此貨物所有人於分擔共同海損後，得對運送人或船舶所有人行使賠償請求權❶。

⑸因航行、管理船舶或船舶火災之行為有過失

因船長、海員、引水人或運送人之受僱人（以下簡稱履行輔助人），就航行或管理船舶、船舶火災有過失而發生貨物之毀損或滅失，運送人或船舶所有人

---

❶ 海商法第 62 條。

❶ 海商法第 71 條。

❶ 海商法第 71 條及 1936 年美國海上貨物運送法第 1 章第 4 節第 4 條、海牙規則第 4 條第 3 項反面解釋。

不負賠償責任❶；相對地，因運送人本人，就航行、管理船舶、船舶火災有過失而發生貨物之毀損或滅失者，運送人或船舶所有人應負賠償責任。因此雖然不論運送人或其履行輔助人就航行、管理船舶、船舶火災有過失，致船舶及貨物面臨共同危險，船長海員為船舶貨物的安全，雖然都可以進行共同海損處分及分擔，但是分擔之後，是否可以對運送人行使賠償請求權，仍然必須視運送人是否可以免責而定，也就是：

    A.海損分擔：只要是船貨的共同危險，不論是因為航行過失或船舶管理過失所引起，也不問是發航前、發航時，或是發航後所引起，更不問是運送人，或是其履行輔助人所引起，都可以進行海損行為，並且計算海損分擔。

    B.海損求償：在海損分擔之後，得否行使賠償請求權，必須視航行、船舶管理或船舶火災究竟是因為運送人本人的故意過失所致者，或是因履行輔助人的故意過失所致而定，如果因「運送人本人」的故意過失所致，當然可以行使賠償請求權；反之，如果因為「履行輔助人」的故意過失所致者，則不得行使賠償請求權。

---

❶ 海商法第 69 條第 1 款。

陸│ 共同海損分擔：共同海損的理算

一、法律之適用

海商法已以立法方式將 1974 年約克安特威普規則吸收轉化為國內法，因此關於共同海損之處理，依法必須適用我國法律時，固然必須依照海商法關於共同海損的規定，但海商法的規定比較簡略，其需要解釋及補充之處，可以依照 1974 年的約克安特威普規則的規定。約克安特威普規則並不是國際公約，沒有直接的拘束力，實務上，可以在運送契約或載貨證券中約定適用約克安特威普規則，以解決海損理算問題。

二、共同海損的分擔比例

海商法第 111 條規定：「共同海損由保存財產價值與共同海損總額之比例，由各利害關係人分擔之。因共同海損行為所犧牲而獲共同海損補償之財產，亦應參與分擔。」，為了說明方便，本書將應該被分擔的財產，稱為「共同海損總額」；將應該參與分擔的財產，稱為「共同海損分擔總額」。共同海損總額與共同海損分擔總額的比例稱為「共同海損的分擔比例」，其計算公式詳見本書第535 頁。

㈠共同海損總額：應該被分擔財產的總額

共同海損總額是「共同海損的財產犧牲」以及「共同海損的費用犧牲」的合計。所謂「共同海損的財產犧牲」，就是因故意處分而被犧牲、且可以列入共同海損者。所謂「共同海損的費用犧牲」，是指為保全船舶、貨物，或船舶及貨物之目的而發生營業外的特殊費用（措置費用）。分述如下：

1.共同海損的財產犧牲及價值估計

估計的基準應該以航程終了時，市場價值為準，2012 年德國商法（海商編）第 590 條第 1 項：「自願犧牲之船舶、屬具、燃料以及貨物的一部之海損，其估價應該以航程終了當時該財產應有的市場價值估計之。」、第 2 項：「第 1 項所列財產（按：即船舶、屬具、燃料及貨物）的物體上毀損的海損，其估計應以航程終了時該財產的市場價值與該財產若沒有毀損狀況下在航程終了時應有的市場賣價的差額計之。財產於共同海損後，已經修復者，則該財產的修繕費用，推定為減損價值。」、第 3 項：「運費損失的海損，應為運送人因共同海損而無法收取的數額。」、第 4 項：「自願犧牲或毀損財產，在航程開始前，已經訂有買賣契約者，出賣人發票所載買賣價金，推定為該財產的現在市場價值。」也有規定可供參考。分述如下：

⑴船舶的處分

1974 年約克安特威普規則就不同處分標的物、不同的處分方法有詳細規定。列舉主要內容如下：

A.擦損鑿洞

為撲滅同時危及「船舶與貨物」的火災，採取擦損或鑿洞，灌入海水，使船舶、貨物遭受損壞（包括將著火的船舶擱淺或鑿洞所造成的損壞）都可以納入共同海損的財產犧牲，但在進行共同海損前所發生的任何煙熏或熱烤的損壞不得列入共同海損受到補償⓲。

B.切割的毀損

船舶貨物遇到共同危險，船長海員為了「船舶與貨物」的共同安全而切割船舶者，其因切割造成的損失得列作「共同海損的財產犧牲」。但因切割的對象，若為共同危險發生前已毀損部分、已沖裂部分或因意外事故而已失效部分，則不得列為「共同海損的財產犧牲」⓳。

⓲ 1974 年約克安特威普規則第 3 條：「以水或其他方法，包括將燃燒中之船舶搶灘或鑿洞，以撲滅船舶火災，致船舶之毀損，得列入共同海損，但對於煙或熱所致之毀損，不論如何，不予賠償 (Damage done to a ship and cargo, or either of them, by water or otherwise, including damage by beaching or scuttling a burning ship, in extinguishing a fire on board the ship, shall be made good as general average; except that no compensation shall be made for damage by smoke or heat however caused.)。」

C. 自願搶灘的擦損

船舶為共同安全而故意搶灘者，不論船舶最後是否搶灘成功，其所造成的滅失或毀損都可以列入「共同海損的財產犧牲」❷。

D. 機器、鍋爐因重浮而生的毀損

機器、鍋爐為船舶的一部分。在船舶擱淺，且船貨處在共同危險的情形下，為了避免船貨被敵人擄獲的共同危險，船長海員採取重浮措施，其因重浮致船舶機器及鍋爐發生毀損者，得列為「共同海損的財產犧牲」。但船舶已經浮起時，因發動推進器或鍋爐所發生的毀損或滅失，在任何情況，都不得列作「共同海損的財產犧牲」❷。

E. 船體或給養品的燃燒

船體或給養品若因船舶貨物的共同安全而被當作燃料燃燒，得否列入「共同海損的財產犧牲」，海商法沒有規定，依 1974 年約克安特威普規則第 9 條：「船體以及給養品，或是二者之一，在危險時期，基於共同安全的目的，作為燃料而為必要之燃燒，以啟航時已備有足夠燃料為限，得列入共同海損。但依估計已經消耗燃料之數量，以船舶最後離開之港口離開日之價格計算，應從共同海損中扣除。」❷採肯定見解，關於此一問題，應該採取相同見解。

---

❶ 1974 年約克安特威普規則第 4 條：「因切除由於意外事故而實際上已經毀損的船舶殘留部分所造成的損失，不得作為共同海損受到補償 (Loss or damage sustained by cutting away wreck or parts of the ship which have been previously carried away or are effectively lost by accident shall not be made good as general average.)。」

❷ 1974 年約克安特威普規則第 5 條：「不論船舶是否勢將擱淺，如果為了共同安全該船有意擱淺，因此所造成的損失應作為共同海損 (When a ship is intentionally run on shore for the common safety, whether or not she might have been driven on shore, the consequent loss or damage shall be allowed in general average.)。」

❸ 1974 年約克安特威普規則第 8 條：「船舶擱淺時，作為共同海損行為而卸載貨物、船用燃料、物料時，其減輕負載、租用駁船和重新裝載的額外費用和因此所造成的損失，都應作為共同海損 (When a ship is ashore and cargo and ship's fuel and stores or any of them are discharged as a general average act, the extra cost of lightening, lighter hire and reshipping if incurred and the loss or damage sustained thereby, shall be admitted as general average.)。」

F.「必要之設備及屬具」的投棄（船舶之一部分）

「必要設備及屬具」為航行上所必要者，例如：桅桿、機器、鍋爐、鐵錨、救生艇等，在法律上皆視為船舶的一部分，若因船舶貨物有共同危險致被處分，皆應視為船舶被處分，列為「共同海損的財產犧牲」，且不因是否記載於設備屬具目錄而有異。反之，若設備、屬具並非航行上及營業上所必須者，例如：傢俱、娛樂設備等，在法律上不構成船舶之一部，其因船舶及貨物遭遇共同危險而被處分（投棄），以已登記於目錄者為限，始得列為「共同海損的財產犧牲」，若未登記於目錄，不得請求利害關係人分擔損失。

G.「非必要之設備、屬具」的投棄

「非必要設備或屬具」的投棄，應視其是否記載於目錄來決定是否列入「共同海損的財產犧牲」。但若被撈救，一律列入「參加分擔的保存財產」，成為「共同海損分擔財產」的一部分，參與分擔損失。海商法第 117 條規定：「……未記載於目錄之設備屬具，經投棄者，不認為共同海損。但經撈救者，仍應分擔共同海損。」❷❸訂有明文。

⑵貨物的處分

貨物的處分包括貨物的投棄、貨物的毀損❷❹、貨物的燃燒❷❺、貨物被水漬

---

❷❷ 約克安特威普規則第 9 條：「在遭遇危險時，為了共同安全的需要，作為燃料燒掉的船用材料、物料，應作為共同海損，但只限於船上原已備足燃料的情況；其本應消耗的燃料的估計數量，應按該船最後駛離的港口和離港日的價格計價，從共同海損中扣除 (Ship's materials and stores, or any of them, necessarily burnt for fuel for the common safety at a time of peril, shall be admitted as general average, when and only when an ample supply of fuel had been provided; but the estimated quantity of fuel that would have been consumed, calculated at the price current at the ship's last port of departure at the date of her leaving, shall be credited to the general average.)。」

❷❸ 海商法第 117 條。

❷❹ 貨物、燃料和物料在搬移、卸載、儲存、重新裝載或積載中造成的損害或滅失，「當，並且只有當 (When, and only when)」，這些措施各自的費用作為共同海損時，才能作為共同海損受到補償。換句話說，可以列入「共同海損的財產犧牲」。

❷❺ 貨物，在危險時期，基於共同安全之目的，被作為燃燒而為必要之犧牲，以船舶發航時，備有足夠燃料為條件，得列入「共同海損的財產犧牲」，但依估計已經被消耗之數

污染或其他處置所毀損❷❻。貨物被投棄，以及為了船貨的共同安全，便利實施貨物的投棄，而開啟船舶小門或其他洞口，使海水流進入，因此對船舶及貨物，或二者之一造成毀損者，得列為共同海損❷❼。

被投棄之貨物得否列為「共同海損的財產犧牲」，須視情況而定：

　A.列入共同海損財產犧牲者：船艙內貨物之投棄，一律得列入「共同海損的財產犧牲」

　B.不列入共同海損財產犧牲者

　㈠不合法甲板裝貨的投棄

裝載於甲板上之貨物經投棄者，不列入「共同海損的財產犧牲」。但其裝載為航運習慣所許者，不在此限。海商法第 116 條：「未依航運習慣裝載之貨物經投棄者，不認為共同海損犧牲。但經撈救者，仍應分擔共同海損。」，此與 1974 年約克安特威普規則 1：「除非貨物依被承認之商業習慣為裝運，該貨物之投棄不得列為共同海損。(No jettison of cargo shall be made good as general average, unless such cargo is carried in accordance with the recognized custom of the trade.)」的規定相同。因此：

　a.甲板裝載為航運習慣所許可者

甲板裝載為航運習慣所許可，經投棄者，得列為「共同海損的財產犧牲」。為配合海商法第 73 條：「運送人或船長如將貨物裝載於甲板上，致生毀損或滅失時，應負賠償責任。但經託運人之同意並載明於運送契約❷❽或航運種類或商業習慣所許者，不在此限。」，解釋上應包括「經託運人之同意並載明於運送契

量，以船舶最後離開之港口離開日期之價格計算，應從「共同海損的財產犧牲」中扣除，參閱海商法第 118 條。

❷❻ 在撲滅船上火災過程中，由於水或其他原因，包括將著火船舶擱淺或鑿沉，致使船舶和貨物或其中之一遭受的損害，應作為共同海損（即：獲共同海損補償的犧牲財產）受到補償，但對煙熏和受熱所致的損害，不管是怎樣造成的，均不予補償。

❷❼ 1974 年約克安特威普規則第 2 條。

❷❽ 此處的「運送契約」應該是「載貨證券」之誤，因為在絕對多數情形，運送人與託運人之間，雖有運送契約，但是此種運送契約多以口頭約定的方式存在，絕少有書面契約，既然沒有書面契約，又如何能夠在運送契約上載明？何況為了保護載貨證券的後手，更有註明於載貨證券的必要。

約或航運種類或商業習慣所許者」，該貨物因共同海損被投棄者，得列入「共同海損的財產犧牲」。

　　b.甲板裝載為航運習慣所不許可者

　　甲板裝載為航運習慣所不許可而被投棄者，不得列入「共同海損的財產犧牲」。又貨物「未經託運人之同意並載明於載貨證券」或未為「商業習慣所許者」，而放置在甲板上經投棄者，解釋上也不得列入「共同海損的財產犧牲」，此時貨物所有人只得向違規甲板運送的運送人或船長請求損害賠償。但甲板裝載為航運習慣所不許可，於投棄後經撈救者，仍應分擔共同海損❷，列入「參與分擔的保存財產」。

　　⒝無載貨證券亦無船長收據之貨物的投棄

　　貨物，多有簽發載貨證券或船長收據，資為收受及裝船的證明。貨物而未簽發載貨證券，畢竟少數，從理賠經濟以及避免糾紛的觀點，經犧牲者，不認為共同海損，但是經撈救而保全者，仍應該參與分擔，海商法第 117 條規定：「無載貨證券亦無船長收據之貨物，或未記載於目錄之設備屬具，經犧牲者不認為共同海損，但經撈救者，仍應分擔共同海損。」旨意在此。船舶載運貨物在海上航行，遇有共同危險，船長海員等緊急處分貨物或屬具時，每每因為投棄貨物或屬具太多，投棄時間倉偬，無法先予登記然後投棄，因此有賴託運人、貨物所有人或船舶所有人提出載貨證券船長收據或目錄，以憑稽考，否則其損失即不列作共同海損，也就是不列入「共同海損的財產犧牲」。

　　所謂「載貨證券」，解釋上應只指裝船載貨證券。又所謂「收據」，不但包括載有「收據」字樣之書證，且包括任何在契約上之批註、在運送檔案上之附註，以及其他任何足以證明貨物已經船長收到且裝船之書證均屬之。收載載貨證券若是經船長簽字，且能證明貨物已經裝船，解釋上可以轉換為裝船載貨證券；其不符合轉換為裝船載貨證券者，解釋上也可作為「船長收據」的一種。

　　無載貨證券或無船長收據的貨物被投棄，或未記載於目錄的設備屬具經犧牲者，雖不得主張列為「共同海損的財產犧牲」，請求利害關係人參與分擔，但若其經撈救，仍應列入「參與分擔的保存財產」。

---

❷　海商法第 116 條第 2 項。

(C)貨幣或有價證券等的投棄

海商法第 118 條規定：「貨幣、有價證券或其他貴重物品，經犧牲者，除已報明船長者外，不認為共同海損之犧牲。但經撈救者，仍應分擔共同海損。」因為貨幣、有價證券或其他貴重物品，價值昂貴，但容易遺失、滅失或私藏，而是否遺失、滅失或私藏，又舉證困難，因此若因共同海損而被投棄，除已報明船長者外，不得列入「共同海損的財產犧牲」，例如將貨幣、有價證券或貴重物品，隱藏在其他貨物內或行李內，未向船長報明者，不得列入「共同海損的財產犧牲」。貨幣、有價證券或其他貴重物品之被投棄者，若未經報明船長，雖不得認為共同海損，但被撈救者，仍應列入「參與分擔的保存財產」❸⓿。

(D)「不實聲明之貨物」經投棄者不列入

海商法第 119 條：「貨物之性質，於託運時故意為不實之聲明，經犧牲者，不認為共同海損。但經保存者，應按其實在價值分擔之。貨物之價值，於託運時為不實之聲明，使聲明價值與實在價值不同者，其共同海損犧牲之補償額以金額低者為準，分擔價值以金額高者為準。」

(3)運費的處分

運費因貨載之毀損或滅失，致減少或全無者，該減少或全無的運費，應該列入「共同海損的財產犧牲」。但運送人因此減省之費用，應扣除之❸❶。此參考 1974 年約克安特威普規則第 15 條：「因為貨物毀損或滅失而損失之運費得列入共同海損，不論由於共同海損行為而發生，或由於貨物之毀損或滅失得列入共同海損而發生。（損失運費） 由粗運費 (gross freight) 中扣除運費所有人為賺取

---

❸⓿　約克安特威普規則第 15 條：「如果共同海損行為造成貨物損失，或者貨物損失已作為共同海損受到補償，則由於貨物損失所引起的運費損失，也應作為共同海損受到補償。(Loss of freight arising from damage to or loss of cargo shall be made good as general average, either when caused by a general average act, or when the damage to or loss of cargo is so made good.)。」、「損失的運費總額，應扣減其所有人為獲得此項運費本應支付但由於犧牲的結果而未支付的費用。(Deduction shall be made from the amount of gross freight lost, of the charges which the owner thereof would have incurred to earn such freight, but has, in consequence of the sacrifice, not incurred.)。」海商法第 120 條第 2 項、第 118 條。

❸❶　海商法第 113 條第 3 款。

該運費時本應發生，但由於犧牲之結果致未發生之費用。」可知❸。

⑷船上所備的糧食、武器等

海商法第 120 條規定：「船上所備糧食、武器、船員之衣物、薪津、郵件及無載貨證券之旅客行李、私人物品皆不分擔共同海損。」、「前項物品如被犧牲，其損失應由各關係人分擔之。」依本條規定，船上所備糧食、武器、海員之衣物、薪津及旅客之行李於海損中被投棄者，應列入「共同海損的財產犧牲」，其損害應由各關係人分擔之❸，但因船舶或其他貨物之被處分而獲得保全者，則不列入「參與分擔的保存財產」，分擔海損❸，之所以如此，乃因為這些物品一般重量較小，而且是為維持海員或旅客個人生活所必需，為保障海員、促進航海發展，故有此例外。

⑸共同海損財產犧牲的價值估計

A.船舶價值的估計

海商法第 113 條第 1 項第 1 款規定：「共同海損犧牲之補償額，應以各財產於航程終止時地或放棄共同航程時地之實際淨值為準，依下列規定計算之：一、船舶以實際必要之合理修繕或設備材料之更換費用為準。未經修繕或更換者，以該損失所造成之合理貶值，但不能超過估計之修繕或更換費用。……」

B.貨物價值的估計

海商法第 113 條第 1 項第 2 款規定：「共同海損犧牲之補償額，應以各財產於航程終止時地或放棄共同航程時地之實際淨值為準，依下列規定計算之：……二、貨物以送交最後受貨人商業發票價格計算所受之損害為準，如無商業發票者，

---

❸ 約克安特威普規則第 15 條：「如果共同海損行為造成貨物損失，或者貨物損失已作為共同海損受到補償，則由於貨物損失所引起的運費損失，也應作為共同海損受到補償 (Loss of freight arising from damage to or loss of cargo shall be made good as general average, either when caused by a general average act, or when the damage to or loss of cargo is so made good.)。」、「損失的運費總額，應扣減其所有人為獲得此項運費本應支付但由於犧牲的結果而未支付的費用 (Deduction shall be made from the amount of gross freight lost, of the charges which the owner thereof would have incurred to earn such freight, but has, in consequence of the sacrifice, not incurred.)。」

❸ 海商法第 120 條第 2 項。

❸ 海商法第 120 條第 1 項。

以裝船時地之價值為準，並均包括應支付之運費及保險費在內。受損貨物如被出售者，以出售淨值與前述所訂商業發票或裝船時地貨物淨值之差額為準。」

2004 年約克安特威普規則第 16 條：「貨物被犧牲而遭受毀損或滅失，得列入共同海損之數額，應以貨物卸載時之價值為基礎，並以送交受貨人的商業發票，或若無商業發票，則以裝船價值為基礎確定之。卸載時之價值並應包括保險費及運費，但運費是由貨物以外其他關係人承擔風險者除外。」、「如受損貨物被出售，且就受損金額為達成協議時，則得列入共同海損之損失應該以出售淨所得與依照本條前項計算的完好淨值的差額。」值得注意的是，第 1 項適用的對象包括貨物的毀損以及滅失，而得列入共同海損的損失是比較「卸載時之價值」與「商業發票或裝船價值加上運費、保險費」的差額❸❺。

C.運費價值的估計

得列入「運費共同海損犧牲的金額」是運送人因為共同海損行為處分貨物後，不能受到運費造成的損失。貨物的損失是主要損失，運費損失只是從屬於主要損失的從損失。貨物損失既然可以列入共同海損損失，運費的損失也自然可以列入共同海損損失。運送人為了賺取運費，通常必須支付裝卸費、墊艙費等，若貨物因共同海損行為而被處分，運送人雖然因此短收運費，但是也因此節省裝卸費、墊艙費的支出，因此可以扣除。

海商法第 113 條第 1 項第 3 款規定：「共同海損犧牲之補償額，應以各財產於航程終止時地或放棄共同航程時地之實際淨值為準，依下列規定計算之：……三、運費以貨載之毀損或滅失致減少或全無者為準。但運送人因此減省之費用，應扣除之。」❸❻

D.武器糧食價值的估計

---

❸❺ 中華人民共和國海商法第 198 條：「貨物共同海損犧牲的金額，貨物滅失的，按照貨物在裝船時的價值加保險費以及運費，減除由於犧牲無需支付的運費計算。發生毀損者，在就毀壞程度達成協議之前出售的，按照貨物在裝載時的價值加保險費加運費，與出售貨物淨得的差額計算。」

❸❻ 中華人民共和國海商法第 198 條：「運費共同海損犧牲的金額，按照貨物遭受犧牲造成的運費的損失金額，減除為取得這筆運費本應支付，但是由於犧牲無須支付的營運費用計算。」

如何估計武器糧食等的價值，海商法沒有規定。理論上，糧食得以啟航港的價值扣除已經消耗的部分估計之；武器則以購置價格依折舊年限計算之。

2. 共同海損的費用犧牲

海商法第 114 條第 1 項：「下列費用為共同海損費用：

一、為保存共同危險中全體財產所生之港埠、貨物處理、船員工資及船舶維護所必需之燃、物料費用。

二、船舶發生共同海損後，為繼續共同航程所需之額外費用。

三、為共同海損所墊付現金百分之二之報酬。

四、自共同海損發生之日起至共同海損實際收付日止，應行收付金額所生之利息。」

第 2 項：「為替代前項第 1 款、第 2 款共同海損費用所生之其他費用，視為共同海損之費用。但替代費用不得超過原共同海損費用。」

上述規定是繼受 1974 年約克安特威普規則第 6 條等而來。共同海損的費用犧牲，就是因共同海損而發生的營業費用以外的特殊費用，必須由利害關係人分擔，但是不參與分擔因共同海損的財產犧牲。共同海損的費用犧牲主要如下：

⑴船舶拖帶費

航行中突遇海嘯，船身進水，船舶及貨物均有沉沒之危險，船長為避免共同危險，僱用他船拖帶，因此支出之拖帶費得列作「共同海損的費用犧牲」。

⑵救助報酬費

航海冒險之當事人，所發生救助性質之費用，不論是基於何種契約而發生，只要救助行為之施行，係為保全處於共同航海冒險之財產免於危險之目的，得列為「共同海損的費用犧牲」❸。

---

❸ 1974 年約克安特威普規則第 6 條第 1 項：「不論是根據契約進行的救助或其他救助，航程中各有關方所支付的救助費用，都應作為共同海損，但以使同一航海冒險中的財產脫離共同危險而進行的救助為限 (Expenditure incurred by the parties to the adventure on account of salvage, whether under contract or otherwise, shall be allowed in general average to the extent that the salvage operations were undertaken for the purpose of preserving from peril the property involved in the common maritime adventure.)。」

⑶增加船舶浮力而發生的貨物裝卸費

　　船舶擱淺，船貨處於被擄獲之危險，船長為避免危險，增加船舶浮力，將船上貨物卸下，其所支出的卸載費用，得列為「共同海損的費用犧牲」。1974年約克安特威普規則第 8 條：「船舶已經擱淺，而貨物及船舶之燃料、給養品或其中任何一個，因為共同海損行為被卸載，該為減輕的費用、為減輕而僱用的費用與因此所致之毀損滅失，得列為共同海損。」 ❸❽ 可供參考。

⑷臨時修繕費

　　船舶因海上事變、船艙進水而有沉沒危險，非加修繕即無法保全貨物完成航行，乃於附近港口為臨時修繕，其修繕費用係為避免船舶貨物沉沒而支出，得列作「共同海損的費用犧牲」。**修繕費用得列為「共同海損的費用犧牲」者，以「回復安全航行所必須者」為限**；其他修繕費用，與保全船舶及貨物無直接關係者，則屬於單獨海損範圍，不得列為「共同海損的費用犧牲」。1974 年約克安特威普規則第 14 條規定：「船舶在裝載港、中間港 (port of call)、避難港，基於共同安全之目的，或因共同海損所致之犧牲而為臨時修繕時，修繕之費用得列入共同海損。」 ❸❾ 可供參考。

---

❸❽　1974 年約克安特威普規則第 8 條：「船舶擱淺時，作為共同海損行為而卸載貨物、船用燃料、物料時，其減輕負載、租用駁船和重新裝載的額外費用和因此所造成的損失，都應作為共同海損 (When a ship is ashore and cargo and ship's fuel and stores or any of them are discharged as a general average act, the extra cost of lightening, lighter hire and reshipping if incurred and the loss or damage sustained thereby, shall be admitted as general average.)。」

❸❾　1974 年約克安特威普規則第 14 條：「如果船舶為了共同安全或因共同海損犧牲遭受損壞，而在裝貨、停靠或避難港進行臨時修理，此項修理費用應作為共同海損 (Where temporary repairs are effected to a ship at a port of loading, call or refuge, for the common safety, or of damage caused by general average sacrifice, the cost of such repairs shall be admitted as general average.)。如果為了完成航程而對意外損壞進行臨時修理，不論對於其他有關方有無節省，此項修理費用應作為共同海損，但以因此所節省的共同海損費用為率限 (Where temporary repairs of accidental damage are effected in order to enable the adventure to be completed, the cost of such repairs shall be admitted as general average without regard to the saving, if any, to other interest, but only up to the saving in expense which would have been incurred and allowed in general average if such repairs had not been effected there.) 作為共同海損的臨時修理費用，不作 『以新換舊』 的扣減。(No

　　基於使航海冒險能夠完成之目的，就意外事故所致之毀損為臨時修繕時，該修繕之費用——只要沒有臨時修繕將會發生毀損，而該毀損得列入「共同海損的財產犧牲」範圍——得列入「共同海損的費用犧牲」。

　　修繕若有「以新換舊」情形，是否須扣減折舊部分，海商法沒有明文規定，依 1974 年約克安特威普規則第 13 條規定：「修繕得列入共同海損者，除船齡已逾 15 年者得扣除三分之一者外，在舊材料或零件以新材料或零件替換之情形，不得以新換舊為理由，加以扣減。扣減之計算應依船舶興建完成當年 12 月 31 日起，至共同海損行為日止計算船齡，但隔熱 (insulation)、救生船或其他之類似船舶 (life and similar boats)、通訊設備 (communications)、航海儀器以及裝備 (navigational apparatus and equipment)、機器及鍋爐，其扣減應自各該部分裝置時起算。」❹扣減是自新材料或零件完成，準備裝置在船舶之時起算。關於補

---

deductions "new for old" shall be made from the cost of temporary repairs allowable as general average.)。」

❹　約克安特威普規則第 13 條：「屬於共同海損的修理，用新材料或部件更換舊材料或部件時，如果船齡不超過 15 年，不作『以新換舊』的扣減，否則應扣減三分之一。是否扣減，應按船舶建成之年的 12 月 31 日起，計算至共同海損行為之日為止的船齡確定，但絕緣設備、救生艇和類似小艇、通訊和航海儀器和設備、機器和鍋爐，應按各自的使用年數確定 (Repairs to be allowed in general average shall not be subject to deductions in respect of "new for old" where old material or parts are replaced by new unless the ship is over fifteen years old in which case there shall be a deduction of one third. The deductions shall be regulated by the age of the ship from 31 December of the year of completion of construction to the date of the general average act, except for insulation, life and similar boats, communications and navigational apparatus and equipment, machinery and boilers for which the deductions shall be regulated by the age of the particular parts to which they apply.)。扣減的數額，應只按新材料或新部件製成，並準備安裝到船時的價值計算 (The deductions shall be made only from the cost of the new material or parts when finished and ready to be installed in the ship.)。食物、物料、錨和錨鏈不作扣減 (No deduction shall be made in respect of provisions, stores, anchors and chain cables.)。乾塢、船臺和移泊費用全部作為共同海損 (Drydock and slipway dues and costs of shifting the ship shall be allowed in full.)。船底刷洗、油漆或塗層的費用，不應作為共同海損，但如在共同海損行為之日以前的 12 個月內曾經油漆或塗層，則油漆或塗層費用的半數，應作為共同海

給品 (provisions)、給養品 (stores)、錨以及有線電纜 (chain cables) 不得主張扣減。

⑸船底著色或油漆

船舶因共同海損的結果,船底受損需要著色或油漆者,該著色或油漆費用不得列入共同海損,但底部於共同海損行為之日前 12 個月內為著色或油漆者,著色或油漆費用的二分之一得列入「共同海損的費用犧牲」。

⑹避難港費用

船舶由於意外事故、犧牲或其他特殊狀況,有必要進入避難港或避難地,或必須返回裝載港或裝載地者,以避免船舶貨物的共同危險者,其進入該港口或地點之費用,得列入「共同海損的費用犧牲」。又船舶由於進入或返回該港口或地點之結果,必須載運原來之貨物或原來貨物之一部分離開該港口或地方所發生之費用,亦得列入「共同海損的費用犧牲」。

在避難港或避難地之船舶,由於第一避難港或避難地修繕不能之原因,必須移往其他港口或地點時,此一原則之規定對於第二港口或地點亦適用之,猶如第二港口是避難港或避難地一般,且該移動之費用,包括臨時修繕費用及拖帶費用,都可以列入「共同海損的費用犧牲」,約克安特威普規則第 11 條之規定對於因此一移動所致航海之延長者適用之。

貨物、燃料或給養品在裝載港或裝載地、中間港或中間地、避難港或避難地裝船或卸載之費用,若裝船或卸載是為共同安全所必要,或為使因為犧牲或意外事故所致船舶之毀損能夠被修繕所必要時,且該修繕又為從事安全航行所必要者,除船舶之毀損係在裝載港或裝載地、中間港或中間地發現,且在航行中之意外或其他非常狀況與該毀損並無關係者外,亦得列入「共同海損的費用犧牲」。

⑺為共同安全,貨物、燃料或給養品重新裝船或卸載之費用

在航海期間,純為貨物轉換位置重新堆載之目的而發生者,不得列作「共同海損的費用犧牲」,相對地,重新裝載是為共同安全之目的者,不在此限。又當貨物、燃料或給養品之裝載費或卸載費得列入「共同海損的費用犧牲」時,

---

損 (The costs of cleaning, painting or coating of bottom shall not be allowed in general average unless the bottom has been painted or coated within the twelve months preceding the date of the general average act in which case one half of such costs shall be allowed.)。」

該貨物、燃料以及給養品之倉儲費用，包括：其合理之保險費、重新裝載費用以及堆放費用，亦得列入「共同海損的費用犧牲」。但船舶被沒收或不依原定航程航行時，倉儲費用得列入「共同海損的費用犧牲」者，限於至船舶被沒收之日止，或放棄航程之日止；沒收或放棄航程發生在貨物卸載完成之前者，至貨物卸載完成之日止❹。

❹ 1974 年約克安特威普規則第 10 條：「(a)船舶因遭遇意外事故、犧牲或其他特殊情況，為了共同安全必須駛入避難港、避難地或駛回裝貨港、裝貨地時，其駛入這種港口或地點的費用，應作為共同海損；該船裝載原裝貨物或其一部分從上述港口或地點重新駛出時的相應費用，也應作為共同海損 ((a) When a ship shall have entered a port or place of refuge or shall have returned to her port or place of loading in consequence of accident, sacrifice or other extraordinary circumstances, which render that necessary for the common safety, the expenses of entering such port or place shall be admitted as general average; and when she shall have sailed thence with her original cargo, or part of it, the corresponding expenses of leaving such port or place consequent upon such entry or return shall likewise be admitted as general average.)。船舶在某一避難港或避難地不能進行修理而須轉移到另一港口或地點時，此第二港口或地點應視作避難港或避難地，適用本條的規定，此項轉移費用包括臨時修理和拖帶費用，應作為共同海損。因此項轉移而引起的航程延長，適用規則第 11 條的規定 (When a ship is at any port or place of refuge and is necessarily removed to another port or place because repairs cannot be carried out in the first port or place, the provisions of this Rule shall be applied to the second port or place as if it were a port or place of refuge and the cost of such removal including temporary repairs and towage shall be admitted as general average. The provisions of Rule XI shall be applied to the prolongation of the voyage occasioned by such removal.)。

(b)在裝貨、停靠或避難港口或地點卸載或在船上搬移貨物、燃料或物料的費用，應作為共同海損，如果這種搬移或卸載是共同安全所必需，或者是為了使船舶因犧牲或意外事故所遭受的損壞得以修理，而此項修理又是安全地完成航程所必需的。但如果在裝貨或停靠港口或地點發現的損壞，不是與本航程中發生的任何意外事故或其他特殊情況有關，應予除外 ((b) The cost of handling on board or discharging cargo, fuel or stores whether at a port or place of loading, call or refuge, shall be admitted as general average, when the handling or discharge was necessary for the common safety or to enable damage to the ship caused by sacrifice or accident to be repaired if the repairs were necessary for the safe prosecution of the voyage, except in cases where the damage to the ship is discovered at

⑻避難或修繕期間的薪資、贍養費、燃料及給養品

在船舶進入避難港或避難地，或返回裝載港、裝載地之延長航行期間，船長、職員及海員合理發生的薪資與贍養費、消耗之燃料及給養品，以依規則第10條之規定進入該港口或地點所生之費用得列為共同海損之費用犧牲為限，得列作「共同海損的費用犧牲」。

船舶由於意外事故、犧牲或其他特殊狀況導致基於共同安全之目的，或該修繕對於實施安全航行有必要，而為使由於犧牲或意外事故所致船舶之毀損得以被修繕，有必要進入或停留於任何港口或地點者，船長、職員及海員，在該港口或地點，直到船舶應該或已經得進行其航行止之額外停留期間所合理發生之薪資及贍養費，得列作「共同海損的費用犧牲」。

假若船舶之毀損在裝載港、裝載地或中間港、中間地發現，而在航行中共同危險的意外或其他非常狀況與該毀損「並無關係」時，在被發現的毀損的修繕額外期間，船長、職員及海員之薪資與贍養費、消耗之燃料及給養品不得列

a port or place of loading or call without any accident or other extraordinary circumstances connected with such damage having taken place during the voyage.)。只是為了重新積載在航程中移動的貨物而產生的卸載，或在船上搬移貨物、燃料或物料的費用，不得作為共同海損，除非該項重新積載是共同安全所必需的 (The cost of handling on board or discharging cargo, fuel or stores shall not be admissible as general average when incurred solely for the purpose of restowage due to shifting during the voyage unless such restowage is necessary for the common safety.)。

⒞當貨物、燃料或物料的搬移或卸載費用應作為共同海損時，此項貨物、燃料或物料的儲存費，包括合理支付的保險費，以及重裝和積載費用，也應作為共同海損 ((c) Whenever the cost of handling or discharging cargo, fuel or stores is admissible as general average, the costs of storage, including insurance if reasonably incurred, reloading and stowing of such cargo, fuel or stores shall likewise be admitted as general average.)。但是，如果船舶不值得修理或不繼續原定航程，作為共同海損的儲存費，只應計算至船舶報廢或放棄航程之日為止；如果船舶在貨物卸載完畢以前報廢或放棄航程，則應計算至貨物卸載完畢之日為止 (But when the ship is condemned or does not proceed on her original voyage storage expenses shall be admitted as general average only up to the date of the ship's condemnation or of the abandonment of the voyage or up to the date of completion of discharge of cargo if the condemnation or abandonment takes place before that date.)。」

作「共同海損的費用犧牲」，即令修繕是為安全進行航行所必需者，亦同。

　　船舶被沒收 (condemned) 或放棄原定航程時，船長、職員及海員之薪資與贍養費、消耗之燃料以及給養品只至船舶被沒收之日止，或至放棄原定航程日止，沒收或放棄航程發生在貨物卸載完成日之前者，至貨物卸載完成日止，得列為「共同海損的費用犧牲」。

　　在停留額外期間所消耗之燃料及給養品得列入「共同海損的費用犧牲」，但在修繕費用不得列作「共同海損的費用犧牲」期間所發生之消耗者，該在修繕之停留額外期間所消耗的燃料及給養品亦不列入「共同海損的費用犧牲」。

　　在停留之額外期間所發生之港口費用，亦得列入「共同海損的費用犧牲」，但該費用在修繕不得列作「共同海損的費用犧牲」之期間發生者除外。基於本規則以及其他規則之目的，薪資應該包括一切向船長、職員、海員之給付或利益之給與，不論該給付係因為依法律規定船舶所有人應盡之義務或是依僱傭契約之約定或條件而發生。

　　為維護船舶或修繕而給予船長、職員或海員的逾時津貼（按：指薪金、贍養費），不得列作「共同海損的費用犧牲」。該逾時津貼只於若無逾時（工作）將發生費用──該費用得列為「共同海損的費用犧牲」──因逾時（工作）而該費用獲得減省之部分，得列作「共同海損的費用犧牲」。

　(9)替代性費用

　　替代任何得列入「共同海損的費用犧牲」之任何特殊費用，視為「共同海損的費用犧牲」，以被節省之「共同海損的費用犧牲」為限，得列入「共同海損的費用犧牲」，無須考慮其他利益獲得保全之狀況❷。

　　以上所有列入「共同海損費用犧牲」的費用，因為是以幣值表示，因此不涉及價值估計問題。

---

❷　1974 年約克安特威普規則 F：「凡為代替一項原可作為共同海損的費用而支付的額外費用，應作為共同海損，無需考慮對於其他有關方有無節省，但其數額不得超過被代替的共同海損費用 (Any extra expense incurred in place of another expense which would have been allowable as general average shall be deemed to be general average and so allowed without regard to the saving, if any, to other interests, but only up to the amount of the general average expense avoided.)。」

㈡參與分擔的總額

　　參與分擔的總額包括「參與分擔的保存財產」以及「共同海損的犧牲財產」。2012 年德國商法（海商編）第 591 條第 1 項：「冒險各方（按：指共同海損時的船舶所有人、燃料所有人、應承擔貨物滅失風險的冒險一方、以及運費的請求權人❸）除了船員與旅客外，必須參與分擔海損。」、第 2 項：「共同海損的參與分擔額，必須依照各共同冒險財產的價值。船舶價值、燃料價值、與全部貨物的（保存）部分在航程終了時的現在市場價值，再加上共同海損財產因物體上的毀損及自願犧牲而可獲計算海損分擔部分。參與分擔的運費價值以航程終了時可請求的總運費，加上因共同海損行為其運費無法收取而可獲計算的海損分擔。」規定內容相同。說明其範圍及價值如下：

1.「參與分擔的保存財產」的範圍

　　「參與分擔的保存財產」是指「應該參與分擔的保存財產」，換句話說，並不是一切保存的財產都必須參與分擔，只可以說，原則上因共同海損的處分行為而獲得保全的財產——包括船舶、貨物、運費——都應該分擔損失，但是有例外：船員的糧食、武器等，不參與分擔。特別指出者，參與分擔的保存財產還包括下列財產：

　⑴經撈救之「未依航運習慣裝載之投棄貨物」

　　海商法第 116 條：「未依航運習慣裝載之貨物經投棄者，不認為共同海損犧牲。但經撈救者，仍應分擔共同海損。」

　⑵經撈救之「無載貨證券、收據之貨物」

　　海商法第 117 條：「無載貨證券亦無船長收據之貨物，或未記載於目錄之設備屬具，經犧牲者，不認為共同海損。但經撈救者，仍應分擔共同海損。」

　⑶經撈救之「貨幣、或有價證券等」

　　海商法第 118 條：「貨幣、有價證券或其他貴重物品者，經犧牲者，除已報明船長者外，不認為共同海損犧牲。但經撈救者，仍應分擔共同海損。」

---

❸　參閱 2012 年德國商法（海商編）第 588 條第 2 項。

⑷經撈救之「不實聲明之貨物」

海商法第 119 條：「貨物之性質，於託運時故意為不實之聲明，經犧牲者，不認為共同海損。但經保存者，應按其實在價值分擔之。」、「貨物之價值，於託運時為不實之聲明，使聲明價值與實在價值不同者，其共同海損犧牲之補償額以金額低者為準，分擔價值以金額高者為準。」

例外，保存財產而不參與分擔的是：船上糧食、武器等被撈救而保存者，也不參與分擔，海商法第 120 條規定：「船上所備糧食、武器、船員之衣物、薪津、郵件及無載貨證券之旅客行李、私人物品皆不分擔共同海損。前項物品如被犧牲，其損失應由各關係人分擔之。」

2. 「參與分擔的保存財產」的價值

海商法第 111 條：「共同海損以各被保存財產價值與共同海損總額之比例，由各利害關係人分擔之。因共同海損行為所犧牲而獲共同海損補償之財產，亦應參與分擔。」第 112 條：「前條各被保存財產之分擔價值，應以航程終止地或放棄共同航程時地財產之實際淨值為準，依下列規定計算之：

一、**船舶以到達時地之價格為準**。如船舶於航程中已修復者，應扣除在該航程中共同海損之犧牲額及其他非共同海損之損害額。但不得低於其實際所餘殘值。

二、**貨物以送交最後受貨人之商業發票所載價格為準**，如無商業發票者，以裝船時地之價值為準，並均包括應支付之運費及保險費在內。

三、**運費以到付運費之應收額，扣除非共同海損費用為準**。」、「前項各類之實際淨值，均應另加計共同海損之補償額。」說明如下：

⑴參與分擔的保存船舶價值

海商法第 112 條第 1 項第 1 款：「船舶以到達時地之價格為準。如船舶於航行中已修復者，應扣除在該航程中共同海損之犧牲額及其他非共同海損之損害額，但不得低於其實際所餘殘值。」❹

---

❹ 中華人民共和國海商法第 199 條第 1 款：「按照船舶在航程終止時的完好價值，減除不屬於共同海損的損失金額計算，或者按照船舶在航程終止時的實際價值……」計算。

⑵參與分擔的保存貨物價值

貨物分擔價值就是貨方必須參與分擔共同海損損失的數額。貨方必須參與分擔共同海損的,除了保存的貨物以外,還包括被處分的貨物。因此貨物全部的應該參與分擔數額就相當於貨物的保存價值加上貨物被處分的犧牲價值(也就是貨物的共同海損的補償額)。

被保存貨物的價值,依照海商法第 112 條第 1 項第 2 款規定:「貨物以送交最後受貨人之商業發票所載價格為準,如無商業發票者,以裝船時地之價值為準,並均包括應支付之運費及保險費在內。」

貨物的被處分的犧牲價值(海損犧牲的補償額),依照海商法第 113 條第 2 款:「共同海損犧牲之補償額,應以各財產於航程終止時地或放棄共同航程時地之實際淨值為準,……二、貨物以送交最後受貨人商業發票價格計算所受之損害為準,如無商業發票者,以裝船時地之價值為準,並均包括應支付之運費及保險費在內。受損貨物如被出售者,以出售淨值與前述所訂商業發票或裝船時地貨物淨值之差額為準」計算之❹❺。

⑶參與分擔的運費價值

海商法第 112 條第 1 項第 3 款:「運費以到付運費之應收額,扣除非共同海損費用為準。」❹❻

3.參與分擔之「共同海損的財產犧牲(但不包括被犧牲的武器糧食等)」

參與分擔之「共同海損的財產犧牲」是指「應該參與分擔的共同海損財產犧牲」。原則上所有因共同海損被處分的財產都應該參與分擔,但例外地,海員的糧食武器等,雖然因共同海損而被處分,卻不必參與分擔。

應參與分擔的「共同海損的財產犧牲」大致與得列入「共同海損的財產犧

---

❹❺ 中華人民共和國海商法第 199 條第 2 款:「按照貨物在裝船時的價值加保險費加運費,減除不屬於共同海損的損失金額和承運人承擔風險的運費計算。貨物在抵達目的港以前出售的,按照出售淨得金額……」計算。所以貨物的分攤價值,應該另外加上貨物的共同海損損失額。

❹❻ 中華人民共和國海商法第 199 條第 3 款:「按照承運人承擔風險並於航程終止時有權收取的運費,減除為取得該項運費而在共同海損事故發生後,為完成本航程所支付的營運費用……」計算。運費的分攤價值應該另外加上運費的共同海損損失。

牲」相同，都包括被處分的船舶、貨物、減少或全無的運費，但是有一點不同，也就依照海商法第 120 條第 1 項規定：「船上所備糧食、武器、船員之衣物、薪津、郵件及無載貨證券之旅客行李、私人物品皆不分擔共同海損。」船上所備糧食、武器、船員之衣物、薪資、郵件及無載貨證券之旅客行李不論是否被處分，都不列入分母之「共同海損的財產犧牲」，也就是不參與分擔海損；但是依照第 2 項「前項物品如被犧牲，其損失應由各關係人分擔之」的規定，船上所備糧食、武器、船員之衣物、薪資、郵件及無載貨證券之旅客行李若被處分，都可以列入分子之「共同海損的財產犧牲」，換句話說，這些武器糧食等處分的損失，可以列入共同海損的損失範圍，以海損理算、獲得補償。此點前面已經說明，此處只是再強調。

柒｜理算方法

一、程序方面

共同海損之計算，由全體利害關係人協議定之，協議不成時，得提付仲裁或請求法院裁判之[47]。仲裁人之判斷與法院的確定判決有同一效力[48]，但是仲裁判斷，須聲請法院為執行裁定之後，才可以作為執行名義。

二、實體方面

㈠計算共同海損的分擔比例

共同海損的理算，第一步就是計算「共同海損的分擔比例」。**共同海損分擔比例必須以「共同海損總額」除以「共同海損參與分擔總額」之數額定之。**

所謂「共同海損總額」包括兩部分，一是「共同海損的財產犧牲」，另一是「共同海損的費用犧牲」。詳細細目，那些項目可以列入，各該項目應該如何估

---

[47] 海商法第 121 條。

[48] 仲裁法第 37 條：「仲裁人之判斷，於當事人間，與法院之確定判決，有同一效力。」、「仲裁判斷，須聲請法院為執行裁定後，方得為強制執行。但合於下列規定之一，並經當事人雙方以書面約定仲裁判斷無須法院裁定即得為強制執行者，得逕為強制執行：一、以給付金錢或其他代替物或有價證券之一定數量為標的者。二、以給付特定之動產為標的者。」、「前項強制執行之規定，除當事人外，對於下列之人，就該仲裁判斷之法律關係，亦有效力：一、仲裁程序開始後為當事人之繼受人及為當事人或其繼受人占有請求之標的物者。二、為他人而為當事人者之該他人及仲裁程序開始後為該他人之繼受人，及為該他人或其繼受人占有請求之標的物者。」

計價值，請參考前述（陸、二、㈠）。所謂「共同海損參與分擔總額」包括「參與分擔的保存財產」以及「共同海損的財產犧牲（但是不包括被處分的武器糧食等）」，哪些項目可以列入「參與分擔的保存財產」，各該項目的價值如何估計，亦請參考前述（陸、二、㈡）。

共同海損的分擔比例＝

$$\frac{共同海損總額＝（共同海損的財產犧牲）＋（共同海損的費用犧牲）}{共同海損參與分擔總額＝（參與分擔的保存財產）＋\left(\begin{array}{l}共同海損的財產犧牲，但是\\不包括被處分的武器糧食等\end{array}\right)}$$

㈡計算各自分擔金額

所有「參與分擔的保存財產」以及「共同海損的財產犧牲」的每一個項目，除了被保存的海員的糧食武器等不列入參與分擔的保存財產，以及被處分的海員的武器糧食等雖列入共同海損的犧牲財產，但不參與分擔外❹，都必須參與分擔。分述如下：

1.參與分擔的保存財產

⑴保存船舶的分擔金額：保存船舶的價值❺×共同海損的分擔比例

⑵保存貨物的分擔金額：保存貨物的價值❺❶×共同海損的分擔比例

⑶保存運費的分擔金額：保存運費的價值❺❷×共同海損的分擔比例

---

❹ 依照本書關於參與分擔的保存財產、參與分擔的財產犧牲的意義，無需有此一除外，此一例外甚至有邏輯矛盾，所以不避矛盾，再度指出，意在提醒讀者。

❺ 也就是海商法第 112 條第 1 項「各被保存財產之分擔價值」的船舶部分。海商法第 112 條：「前條各被保存財產之分擔價值，應以航程終止地或放棄共同航程時地財產之實際淨值為準，依下列規定計算之：一、船舶以到達時地之價格為準。如船舶於航程中已修復者，應扣除在該航程中共同海損之犧牲額及其他非共同海損之損害額。但不得低於其實際所餘殘值。二、……。三、……。」、「前項各類之實際淨值，均應另加計共同海損之補償額。」

❺❶ 也就是海商法第 112 條第 1 項「各被保存財產之分擔價值」的貨物部分。海商法第 112 條：「前條各被保存財產之分擔價值，應以航程終止地或放棄共同航程時地財產之實際淨值為準，依下列規定計算之：一、……。二、貨物以送交最後受貨人之商業發票所載價格為準，如無商業發票者，以裝船時地之價值為準，並均包括應支付之運費及保險費在內。三、……。」、「前項各類之實際淨值，均應另加計共同海損之補償額。」

船上所備糧食、武器、船員之衣物、薪津、郵件及無載貨證券之行李、私人物品皆不分擔共同海損❸，因此即使被保存，也不必參與分擔，因此無需計算其分擔額。

2. 共同海損的財產犧牲

　　⑴犧牲船舶的分擔金額：犧牲船舶的補償額❺ × 共同海損的分擔比例

　　⑵犧牲貨物的分擔金額：犧牲貨物的補償額❺ × 共同海損的分擔比例

　　⑶犧牲運費的分擔金額：犧牲運費的補償額❺ × 共同海損的分擔比例

　　船上所備糧食、武器、船員之衣物、薪津、郵件及無載貨證券之行李、私人物品皆不分擔共同海損❺，因此即使被拋棄，可以列入「共同海損的財產犧

---

❺ 也就是海商法第 112 條第 1 項「各被保存財產之分擔價值」的運費部分，海商法第 112 條：「前條各被保存財產之分擔價值，應以航程終止地或放棄共同航程時地財產之實際淨值為準，依下列規定計算之：一、……。二、……。三、運費以到付運費之應收額，扣除非共同海損費用為準。（第 1 項）前項各類之實際淨值，均應另加計共同海損之補償額。」

❸ 海商法第 120 條。

❺ 所謂「犧牲船舶的補償額」是指因共同海損發生，船舶被故意處分發生毀損滅失而得受共同海損補償部分，依海商法第 113 條規定：「共同海損犧牲之補償額，應以各財產於航程終止時地或放棄共同航程時地之實際淨值為準，依下列規定計算之：一、船舶以實際必要之合理修繕或設備材料之更換費用為準。未經修繕或更換者，以該損失所造成之合理貶值，但不能超過估計之修繕或更換費用。二、……。三、……。」

❺ 所謂「犧牲貨物的補償額」是指因共同海損發生，貨物被故意處分發生毀損滅失而得受共同海損補償部分。依海商法第 113 條：「共同海損犧牲之補償額，應以各財產於航程終止時地或放棄共同航程時地之實際淨值為準，依下列規定計算之：一、……。二、貨物以送交最後受貨人商業發票價格計算所受之損害為準，如無商業發票者，以裝船時地之價值為準，並均包括應支付之運費及保險費在內。受損貨物如被出售者，以出售淨值與前述所訂商業發票或裝船時地貨物淨值之差額為準。三、……。」

❺ 所謂「犧牲運費的補償額」是指因共同海損發生，運費被故意處分致減少或全無而得受共同海損補償部分。依海商法第 113 條：「共同海損犧牲之補償額，應以各財產於航程終止時地或放棄共同航程時地之實際淨值為準，依下列規定計算之：一、……。二、……。三、運費以貨載之毀損或滅失致減少或全無者為準。但運送人因此減省之費用，應扣除之。」

❺ 海商法第 120 條。

性」而被補償，但也不參與分擔，因此無需計算其分擔額。應注意者有兩點：

第一、共同海損費用犧牲不參與分擔，因此無需計算其分擔額。

第二、利害關係人於受領分擔額之後，復得其船舶或貨物之全部或一部者，應將其所受領之分擔額返還關係人。但得將其所受之損害及復得之費用扣除之。

三、分擔義務人之委棄權

海商法第 124 條規定：「應負分擔義務之人，得委棄其存留物而免分擔海損之責」，此為分擔義務人之委棄權。委棄，是負分擔義務之人，在共同海損發生時，從內心萌發出將全部存留物納入共同海損保存財產，成為海損理算中保存財產的一部分，方便海損理算，而獲得免除分擔海損義務法律效果的意思通知。委棄是「準法律行為」❸的一種。

---

❸　將客觀事實通知他方，而發生法律規定的法律效果，是準法律行為的一種。一般稱之為觀念通知或事實通知。

捌 | 共同海損債權的擔保

共同海損債權有海事優先權及留置權二個保障：

一、海事優先權的擔保

共同海損債權人之債權受海事優先權之擔保，依海商法第 24 條第 1 項規定：「下列各款為海事優先權擔保之債權，有優先受償之權：……。三、救助之報酬、清除沉船費用及船舶共同海損分擔額之賠償請求。」該海事優先權的客體是海商法第 27 條所列之海事優先權標的物，其中最重要的就是船舶❺❾。海事優先權存在的除斥期間，依海商法第 32 條：「第 24 條第 1 項海事優先權自其債權發生之日起，經 1 年而消滅。但第 24 條第 1 項第 1 款之賠償，自離職之日起算。」

德國商法也規定：「依第 596 條第 1 項第 4 款之規定，得請求共同海損分擔之人，為擔保其對船舶所有人及運費債權人基於共同海損的分配債權，對於船舶得主張海事優先權。」❻⓿、「得請求共同海損分擔補償的債權人，為了保障其分擔補償的債權，對於應分擔的燃料及貨物有海事優先權。」❻❶、「因擔保共同海損分擔債權而對燃料以及貨物的海事優先權，優先於存在該燃料及貨物的其他海事優先權，即使該其他海事優先權較早發生，亦同。」❻❷、「同一燃料或貨

---

❺❾　海商法第 27 條規定：「依第 24 條之規定，得優先受償之標的如下：一、船舶、船舶設備及屬具或其殘餘物。二、在發生優先債權之航行期內之運費。三、船舶所有人因本次航行中船舶所受損害，或運費損失應得之賠償。四、船舶所有人因共同海損應得之賠償。五、船舶所有人在航行完成前，為施行救助所應得之報酬。」

❻⓿　2012 年德國商法（海商編）第 593 條。

❻❶　2012 年德國商法（海商編）第 594 條第 1 項。

❻❷　2012 年德國商法（海商編）第 594 條第 2 項。

物上存在有數個為擔保共同海損分擔債權的海事優先權❻或存在有擔保救助債權的數個海事優先權❻時，則擔保後發生債權的海事優先權應優先於擔保先發生債權的海事優先權❻。擔保同時發生債權的海事優先權，其優先位次相同，依債權額比例受償。此之債權發生日，在共同海損債權，應該以實施共同海損之日為準；在救助報酬、特別補償金以及救助費用，應該以救助行為終了日為準。」❻、「對燃料及貨物的海事優先權自其所擔保的債權發生之日起為 1 年。債權人在除斥期間未屆滿前已經扣押海事優先權標的物（燃料及貨物）者，若該燃料或貨物在撤銷扣押前被強制拍賣，該海事優先權就不因其間經過而消滅❻。上述規定，對於債權人為實行海事優先權而於期間內提出強制拍賣程序者，亦適用之。」❻、「船舶所有人應代理各有權從共同海損分配的債權人行使海事優先權❻。在共同海損分擔理算完成前或提供擔保前，船長不得將海事優先權標的物交付他人，違反者，對於因其錯誤或過失所致海事優先權人的損害，應負賠償責任，即使船長是受船舶所有人之命令而為之者，亦同。」

二、留置權的擔保

運送人或船長對於未清償分擔額之貨物所有人，得留置其貨物。但提供擔保者，不在此限。在共同海損處分的標的物為船舶而貨物獲得保存的情形，因處分而直接發生損害及費用的共同海損債權人（船舶所有人），在貨物所有人未清償分擔額以前，對於未清償分擔額之貨物所有人，得留置其貨物。但提供擔保者，不在此限❼。

行使留置權之目的，一方面在給予貨物所有人心理上壓力，另一方面在就

❻　2012 年德國商法（海商編）第 594 條第 1 項。
❻　2012 年德國商法（海商編）第 585 條第 2 項前段。
❻　2012 年德國商法（海商編）第 585 條第 2 項中段。
❻　2012 年德國商法（海商編）第 585 條第 2 項後段、第 603 條。
❻　2012 年德國商法（海商編）第 594 條第 3 項、第 600 條第 2 項。
❻　2012 年德國商法（海商編）第 594 條第 3 項、第 600 條第 2 項後段。
❻　2012 年德國商法（海商編）第 594 條第 4 項。
❼　海商法第 122 條。

留置貨物所賣得之價金優先受償。留置權，以占有留置物為存在要件。共同海損之債權，於債權人占有留置物之期間，其債權不但是強制性之債權，而且是優先受償債權❼。

---

❼　參閱民法第 145 條、第 928 條。

玖｜ 共同海損的和解

　　德國商法還有關於共同海損和解的規定。參與冒險的各方有權於目的地，或無法抵達目的地者，在航程終了港，請求共同海損的和解。在燃料或貨物被故意處分或自願犧牲的情形，船舶所有人應該在前揭港口，立即請求共同海損和解。船舶所有人未請求共同海損和解致參與共同冒險一方損害者，須負損害賠償的責任❷。在德國，共同海損的理算，必須由持有執照的理算師或法院所指定的共同海損理算人為之❸。冒險各方應該提供理算人其所持有的一切理算所需文件❹。

---

❷　2012 年德國商法（海商編）第 595 條第 1 項。
❸　2012 年德國商法（海商編）第 595 條第 2 項。
❹　2012 年德國商法（海商編）第 595 條第 3 項。

拾｜消滅時效

海商法第 125 條：「因共同海損所生之債權，自計算確定之日起，經過 1 年不行使而消滅。」，換句話說，共同海損的債權，消滅時效期間為 1 年。由於依照海商法的規定，共同海損債權的消滅時效期間與海事優先權的除斥期間都是 1 年，而且其起算點❼都相同，因此當共同海損債權消滅時效時，海事優先權的除斥期間也剛好屆滿，二者同時消滅。此觀海商法第 125 條規定：「因共同海損所生之債權，自計算確定之日起，經過 1 年不行使而消滅。」及海商法第 32 條：「第 24 條第 1 項海事優先權自其債權發生之日起，經 1 年而消滅。但第 24 條第 1 項第 1 款之賠償，自離職之日起算。」之規定可知。

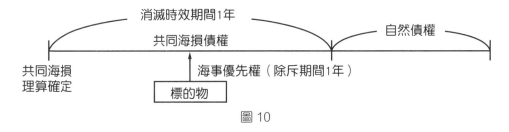

圖 10

共同海損債權罹於消滅時效後，雖然海事優先權也因除斥期間屆滿而消滅，但是若共同海損處分標的物是船舶，共同海損的分擔債務人是貨物所有人，則在貨物所有人清償分擔債務之前，船舶所有人（即共同海損的債權人）若占有

---

❼ 海商法第 125 條的共同海損債權消滅時效自「計算確定之日」起算與海商法第 32 條的海事優先權除斥期間自「其債權發生之日」起算，解釋上二者的起算點應該是相同。因為共同海損，須經理算，債權才確定發生，才確定其債務人，參酌民法 197 條：「因侵權行為所生之損害賠償請求權，自請求權人知有損害及賠償義務人時起，……」規定的精神，可以知之。

貨物，仍然可以就留置之貨物取償。依海商法第 5 條：「海商事件，依本法之規定，本法無規定者，適用其他法律之規定。」，以及民法第 145 條第 1 項：「以抵押權、質權或留置權擔保之請求權，雖經時效消滅，債權人仍得就其抵押物、質物或留置物取償。」之規定，共同海損債權人仍得就其留置之貨物取償，但若有不足，就其未獲清償部分，不得對共同海損債務人強制請求。

習題

一、選擇題

1.下列關於共同海損的敘述，何者比較正確？

(A)共同海損是指在同一海上航程，船舶、貨物和其他財產遭遇共同危險，船長或海員為了共同安全，故意地、合理地採取措施所直接造成的特殊犧牲及／或發生特殊費用，而由受益的利害關係人，依照規定的比例分擔的制度。

(B)共同海損是指船舶、貨物和其他財產遭遇到共同危險，船長或海員為了共同安全，故意地採取措施所直接造成的特殊犧牲、發生的特殊費用，而由受益的利害關係人，依照規定比例分擔的制度。

(C)共同海損是指在同一海上航程，船舶、貨物和其他財產遭遇到危險，船長或海員為了共同安全，採取措施所直接造成的特殊犧牲，發生的特殊費用，而由受益的利害關係人，依照規定比例分擔的制度。

(D)共同海損是指在同一海上航程，船舶、貨物和其他財產遭遇到共同危險，船長或海員為了共同安全，故意地、合理地採取措施所直接造成的特殊犧牲，發生的特殊費用。

2.下列關於因共同海損處分所發生的損失而可以列入被分擔損失的敘述，何者為正確？

(A)只有船舶。

(B)只有貨物。

(C)只有船舶及貨物。

(D)船舶、貨物及其他財產。

3.因船舶通風不良，承載的煤炭醞釀高熱起火，船貨面臨同遭焚毀的危險。下列關於船長下令鑿破船殼，引水救火所生的損失，是否可以列入共同海損的敘述，何者正確？

(A)不得列入共同海損。

(B)可以列入共同海損，無過失一方對於有過失一方沒有求償權。

⒞可以列入共同海損，無過失一方對於有過失一方有抗辯權。

⒟可以列入共同海損，但是任何有關該項過失所得行使之求償或抗辯，不受影響。

4. 在船舶因共同海損處分後經修繕或更換情形，下列關於船舶共同海損損失金額估計的敘述，何者較為正確？

⒜為修繕或更換該毀損或滅失的實際合理成本。

⒝為修繕或更換該毀損或滅失的實際合理成本，但應扣除以新換舊的扣減額。

⒞已修繕或更換者，為修繕或更換該毀損或滅失的實際合理成本。未經修繕或更換者，為因該毀損或滅失所造成的合理折舊，但以不超過所估計的修繕費用為限。

⒟已修繕或更換者，為修繕或更換該毀損或滅失的實際合理成本，但應扣除以新換舊的扣減額。未經修繕或更換者，為因該毀損或滅失所造成的合理折舊，但以不超過所估計的修繕費用為限。

5. 下列關於貨物的共同海損損失金額的敘述，何者正確？

⒜以「發票價值或裝船價值」與「卸載時之價值」的差額。

⒝以「發票價值或裝船價值加運費、保險費」與「卸載時之價值」的差額。

⒞以「發票價值或裝船價值加運費、保險費」與「卸載時之價值加運費、保險費」的差額。

⒟以「發票價值或裝船價值」與「卸載時之價值加運費、保險費」的差額。

6. 下列關於「運費共同海損犧牲的金額」的敘述，何者正確？

⒜因共同海損而處分貨物，造成運費的損失，都可以列入共同海損的損失。

⒝因共同海損而處分貨物，造成運費的損失，不得列入共同海損的損失。

⒞因共同海損而處分貨物，造成運費的損失，得列入共同海損的損失，但是應該扣除因此減省的費用。

⒟因共同海損而處分貨物，造成運費的損失，得列入共同海損的損失，但是得列入共同海損者，以因此節省的燃料費為限。

7.下列關於船舶分擔價值的敘述，何者正確？

　(A)船舶的分擔價值就是共同海損行為後，船舶的殘餘價值。

　(B)船舶的分擔價值原則上就是共同海損行為後，船舶的殘餘價值（被保存財產的分擔價值）加上船舶的共同海損損失（共同海損補償額）。

　(C)船舶的分擔價值就是船舶的共同海損損失。

　(D)船舶的分擔價值就是共同海損的特殊費用。

8.下列關於貨物分擔價值的敘述，何者正確？

　(A)貨物的分擔價值就是貨物的殘餘價值。

　(B)貨物的分擔價值就是貨物的共同海損損失（貨物的共同海損補償額）。

　(C)貨物的分擔價值原則上就是貨物的殘餘價值加上貨物的共同海損損失。

　(D)貨物的分擔價值就是共同海損的特殊費用。

9.下列關於運費分擔價值的敘述，何者正確？

　(A)運費的分擔價值就是運費殘餘價值。

　(B)運費的分擔價值就是運費的共同海損損失。

　(C)運費的分擔價值是由運費殘留價值與運費的共同海損損失組成。

　(D)運費的分擔價值是運費殘留價值與運費的共同海損損失的差額。

參考答案

　1. ADDDB　　　　　　　　6. CBCC

二、問答題

1.試說明共同海損 (general average) 與特定海損 (particular average) 的不同。

2.試述共同海損的積極要件與消極要件。

3.共同海損是否以被處分財產之所有人沒有故意、過失為前提？試舉相關的約克安特威普規則 (The York-Antwerp Rules) 以及海商法的規定以對。

4.船舶、貨物、運費、武器及糧食因共同海損而被處分時，是否都可以列為共同海損的財產犧牲，由參與共同冒險者，大家分擔？其被保存或被犧牲者是否都應該參與分擔海損的損失？

5.試簡要說明共同海損的理算方法。

第五編
海上風險的總限制與
分化機制

第一章

海上風險的總限制
——船舶所有人責任限制一般規定❶

---

❶ 基本上贊成更換名稱為「海事求償責任限制」，但為與單位責任限制區別，建議修正為「海事求償責任總限制」，理由有二：

　1. 表明總限制是海上運送人的最高責任限制，即使在貨物運送，運送人在主張「單位責任限制」之後，還可以再主張「海事求償責任總限制」。

　2. 「單位責任限制」屬於「海上貨物運送」章一環，而「海事求償責任總限制」涵蓋的範圍更廣，主張貨物單位責任限制若還有不足，固然還可以主張責任總限制，其他事由所發生的責任，也可以主張責任總限制。

本章就船舶污染發生的船舶所有人責任限制，只是依照體例作一般說明，詳細的立法建議另闢第二章，名為海上風險的總限制——關於船舶污染的責任限制特別規定。

壹｜船舶所有人責任限制的意義

　　船舶所有人責任限制，是指船舶所有人從事海上活動所發生的一切債務，包括：違約債務、侵權行為債務、無因管理債務、公法上債務——合計總額的最高限制。船舶所有人責任限制又稱為「船舶所有人責任總限制」。

　　「船舶所有人責任總限制」與「單位責任限制」彼此不同，但是卻密切相關。單位責任限制，只是運送人就其承運貨物的責任限制，適用的範圍很小，船舶所有人如果依照每件 666.67 特別提款權或每公斤 2 特別提款權（以較高者為準）計算的數額，超過海商法關於船舶所有人責任限制的數額，則運送人在主張單位責任限制之後，還可以進一步主張船舶所有人責任總限制。船舶所有人責任總限制的範圍比較大，可以主張船舶所有人責任總限制的債務除了承運貨物的責任外，還包括旅客發生的債務、對其他財產及人員的侵權行為的債務、無因管理的債務、公法上的債務等等，針對船舶所有人責任總限制，海商法參照相關國際公約，設有責任最高限額的規定❷。

---

❷　參閱海商法第 21 條。

貳｜船舶所有人責任限制的理由

一、傳統理由：鼓勵航海冒險

傳統船舶所有人責任限制的理由包括：經營船舶，從事海上航行必須甘冒海上風險，而海上風險為海上冒險的有關各方（包括船舶所有人、貨主、旅客）所共知，不應只由船舶所有人獨自負擔，否則會減少航海冒險的意願；且海上冒險所遇到的風險——包括船長海員的行為、船舶碰撞、颶風海嘯等海上危險——常非船舶所有人能控制，若一律劃歸船舶所有人承擔也不公平。

二、現代理由：擴大經濟規模，以合理控管保險費

隨著海上保險制度廣為採納以及造船技術的日新月異，傳統船舶所有人責任限制的理由發生變化，現代船舶所有人責任限制的正當性，建立在保險費的議價能力上。化解潛在風險所需保險費的高低與經濟效益 (economic efficiencies) 及經濟規模 (economics of scale) 的大小息息相關，海上冒險的各方若是各自承擔風險、投保保險，則因規模太小，缺乏議價能力，不符合經濟效益。為了符合經濟效益，一方面必須將風險劃歸船舶所有人，由船舶所有人一方購買保險，透過談判能力的提高，降低保險費的負擔；另一方面，建立船舶所有人責任限制，在法定事由下負有限責任，以避免因負擔無限責任，造成保險費負擔過重。

參 │ 船舶所有人責任限制適用的船舶及主張的主體

一、船舶所有人責任限制適用的船舶

得主張船舶所有人責任限制的船舶必須是「海船以及所有用於湖泊、河川、內陸航行的船舶 (all vessel used on lakes and rivers or inland navigation)，包括運河船舶、平底船 (barges)、駁船 (lighters) 在內。」，且限於「商業用途的船舶」——即利用船舶謀取利潤——始足稱之，因此私人遊艇之以娛樂為目的者，應該被排除。此與美國包括商業用途及娛樂用途者不同：在美國，船舶構造上必須是用於運輸目的，不論是用於娛樂 (pleasure craft)，或是用於商業 (commercial purposes) 用途都包括在內。

二、船舶所有人責任限制主張的主體

海商法第 21 條第 2 項關於船舶所有人責任限制主體「船舶所有人」的定義，是承襲自 1976 年海事求償責任限制公約第 1 條第 2 項的規定而來。依照該公約的規定，可以主張船舶所有人責任限制的人包括下列主體：

1. 船舶所有權人 (Owner)

指「己船運送」情形下，以自己所有的船舶經營運送的所有人而言。

2. 船舶承租人、期間傭船人 (Charterer)

船舶承租人包括光船租賃的承租人以及連人帶船一併出租的期間傭船（計期傭船）承租人，但是並不包括航程傭船（航次租船）的承租人。光船租賃的承租人，承租船舶之後，自己僱用船長海員，自己提供燃料補給品，自己決定航程，對外締結運送契約成為運送人；同樣的，期間傭船的承租人，雖然自己不用僱用船長海員，但是卻必須提供燃料補給品，自己決定航程，對貨物的託

運人而言，也是運送人，二者都有主張船舶所有人責任限制的必要。

航程傭船是件貨運送契約的擴大化或極大化，航程傭船的傭船人（承租人）其實是貨物的託運人，只是其所託運的貨物數量較為龐大，因此透過傭船契約獲得全部或部分船艙的使用權而已。航程傭船的傭船人既不僱用船長海員、也不提供燃料補給品，更不決定航程，對外並沒有成為運送人，並沒有主張船舶所有人責任限制的必要。關於此點，也有認為航程傭船人（航次租船的承租人）也可以主張船舶所有人責任限制的不同見解❸。

3. 經理人 (Manager)

指經運送人或船公司授權，代理運送人或船公司對外為交易行為，對內管理事務之人。

4. 營運人 (Operator)

「營運人」一詞，是從公約 "Operator" 一字的翻譯，其實就是實際操作船舶之人。例如：船長、海員等。船長海員等履行輔助人因為貨物保管過失（以海牙維斯比規則為例），可能被以侵權行為為由訴請賠償，因此也有主張船舶所有人責任限制的必要，營運人之所以有權主張船舶所有人責任限制，其實是喜馬拉雅條款被吸納為國際公約的結果。

5. 救助人 (Salvors)

救助人，是指直接提供救助服務之人，不論是否在救助船舶上，都可能因過失法呢日須負侵權行為責任。因救助人的過失侵害被救助人或被救助人的船舶時，救助人也可以主張船舶所有人責任限制。

6. 責任保險的保險人 (liability insurer)

海上責任保險的保險人，就其被保險人對於第三人應該負損害賠償責任（不論是因為侵權行為或債務不履行），而該責任依照公約（例如：依照 1992 年油污民事責任公約）或海商法的規定可以主張船舶所有人責任限制時，責任保險的保險人對該第三人的請求也可以主張船舶所有人責任限制的抗辯，特別是針對第三人本於直接訴權的請求。同理，防護及補償協會 (The Protection and Indemnity Club) 亦得主張船舶所有人的責任限制❹。

---

❸　海商法專論，司玉琢，522 頁，中國人民大學出版社，2007 年。

❹ 在美國，由於保險單約定保險人所負理賠責任以不逾船舶所有人之責任為限，因此防護及補償協會可以主張船舶所有人責任限制。路易斯安娜州以及波多黎各一度曾經採取否定見解，但是自從 1986 年 Crown Zellerbach Corp. v. Irgram Industries 一案後，也改採肯定見解。

肆｜船舶所有人責任限制制度的發展

國際公約關於船舶所有人責任限制的發展，主要分為三個階段：

一、船價主義為主，金額主義為輔階段

1924 年海船所有人責任限制統一公約。船舶所有人責任原則上限於船舶、運費及附屬費用❺，例外為關於人的死傷，若船舶價值按噸位計算，不足每噸 8 英鎊，應該補足到每噸 8 英鎊❻。

二、等比例遞增的金額主義階段

1957 年海船所有人責任限制國際公約、1979 年海船所有人責任限制國際公約附加議定書都採用等比例遞增的金額主義。前一公約與後一公約的關係，主要是將前一公約的每噸 3,100 金法郎（發生人的死亡傷害時，用於賠償人的死傷）、2,100 金法郎（同時發生人身死亡傷害及財產的毀損滅失時，優先賠償人身死傷部分）、1,000 金法郎（用於賠償財產上的損失以及人身損失尚未獲得賠償的不足部分） 分別依照後一公約制定時金法郎與特別提款權❼以 15 比 1 的兌換比例，分別換算為 206.67 SDR、140 SDR、66.67 SDR。

---

❺ 1924 年船舶所有人責任限制統一公約第 1 條。

❻ 1924 年船舶所有人責任限制統一公約第 7 條。

❼ 金法郎、特別提款權的意義：所謂金法郎是指純度 900/1,000，重量 65.5 毫克的黃金。所謂「1 毫克」就是一千分之一公克。所謂「計算單位」其實就是特別提款權，對於國際貨幣基金會 (IMF) 的會員國言，稱為特別提款權，對於國際貨幣基金會成員國以外的其他國家，就稱為計算單位 (unit)。SDR 所代表的幣值是變動的，由國際貨幣基金會依照各國進出口狀況等因素調整公布，可以從網頁或新聞報紙查悉或換算獲得。

三、非等比例遞增的金額主義階段

1976 年海事求償責任限制公約採非等比例遞增的金額主義。海商法的「船舶所有人責任限制事由」繼受本公約，只是立法有瑕疵，詳細情況另述。

海商法關於「船舶所有人責任限制的數額」的規定，原則上維持 1924 年船舶所有人責任限制統一公約「船價主義」，輔以 1979 年海事所有人責任限制國際公約附加議定書的「金額主義」（稍微降低）的立法❽。

海商法關於船舶所有人責任限制的事由與數額，法源多元，體系紊亂，不但不能發生責任限制的功能，即使發生責任限制的功能，亦只發生鼓勵使用老船、使用低噸位船舶的效果，不利海運發展。從國際競爭力的觀點，1976 年海事求償責任限制公約，採取「運送人責任非等比例遞增制」，對於使用噸位高、性能好的運送人有利，宜以 1976 年海事求償公約為藍本。1976 年海事求償責任限制公約後來有 1996 年附加議定書，2012 年有修正。

2012 年德國商法關於船舶所有人責任限制的規定，不論責任限制的事由或是責任限制的數額，基本上都承襲 1976 年海事求償責任限制公約，當然也承襲了 1996 年附加議定書以及 2012 年修正的規定，只是在立法技巧上法典化的調整而已❾。

---

❽　參閱 1976 年海事求償責任限制公約第 6 條、第 7 條，詳細參考船舶所有人責任限制數額。

❾　2012 年德國商法（海商編）第 611 條第 1 項，海事求償的責任限制，依照 1996 年 5 月 2 日修正議定書修正的 1976 年 11 月 19 日海事求償之責任限制公約。關於燃油污染的責任限制，也適用 2001 年燃料污染民事責任國際公約的燃料污染損害責任。

伍 得主張船舶所有人責任限制的債務

一、依公約規定得主張責任限制的債務

海商法關於船舶所有人責任限制的規定是承襲 1976 年海事求償責任限制公約第 2 條第 1 項的規定而來。1976 年海事求償責任限制公約第 2 條第 1 項的責任限制事由有六類債務：

㈠侵害人身或財產而直接、間接造成的損失

關於在船上或因船舶操作或救助行為而直接或間接造成人的死亡或傷害、財產的毀損或滅失（包括：港口設施、水道或航行輔助設備），所提起的請求 ❿ (claims in respect of loss of life or personal injury or loss of or damage to property (including damage to harbour works, basins and waterways and aids to navigation), occurring on board or in direct connexion with the operation of the ship or with salvage operations, and consequential loss resulting therefrom)。

㈡因旅客運送、行李運送、貨物運送遲到所發生的損失

因海上貨物運送、旅客或其行李運送遲延所生損失的請求 (claims in respect of loss resulting from delay in the carriage by sea of cargo, passengers or their luggage)。

---

❿ 海商法修正草案第 157 條第 1 項第 1 款：「在船上、操作船舶或救助工作直接所致人身傷亡或財物毀損滅失之損害賠償請求。」列為第一個責任限制事由。

㈢因操作船舶或救助侵害契約權利以外其他權利所生的損失

因操作船舶或施行救助直接侵害契約權利以外其他權利所生的損失（按：就是指沒有契約關係的侵權行為，不包括原本有契約關係，但是因違背契約發生侵權行為與債務不履行競合的情況）（claims in respect of other loss resulting from infringement of rights other than contractual rights, occurring in direct connexion with the operation of the ship or salvage operations），本款「其他損失」受到三重限制：

1. 必須是本條第 1 款、第 2 款以外的損失。
2. 必須因「船舶操作或施行救助」所直接引起。
3. 所侵害的權利必須是「契約權利以外的其他權利」，亦即沒有契約關係，且排除違約行為，例如：因船舶操作不當而在運河擱淺，致使他船不能夠通過該運河，必須繞道遠航，其所生的燃料，海員薪資等損失。

㈣為除去沉船等無因管理所生的債務

本款的債務包括對已經沉沒、毀壞、擱淺、拋棄之船舶的重新浮起、移除、摧毀、使之變為無害所生的債務 (claims in respect of the raising, removal, destruction or the rendering harmless of a ship which is sunk, wrecked, stranded or abandoned, including anything that is or has been on board such ship) 提供勞務，基於「無因管理」所生的債務，德國商法規定，本款是 1976 年海事求償責任限制公約第 2 條第 1 項第 4 款的債務，該公約規定限於「沒有契約關係」的債務，也就是基於「無因管理」而發生的債務，為什麼因契約關係發生的債務就不可以主張船舶所有人責任限制呢？法律有最高的原則「誠實信用原則」，誠實信用原則派下還有一個原則就是「禁反言原則」，不可以一面訂定契約，請求相對人清除沉船，另一方面卻對相對人的請求，主張船舶所有人責任限制。

德國商法規定，對已經沉沒、毀壞、擱淺、拋棄的船舶，包括任何在船上或一直在船上的物品的浮起、移除、摧毀、或使之變為無害的費用，除另有「不論其請求權的基礎為何都應適用其他另訂的限制的約定」外，都仍然適用 1976 年的海事求償責任限制公約 ❶，所謂「不論其請求權基礎為何」是指不論債權

人是基於契約，基於侵權行為或基於其他法律關係行使請求權而言。

㈤為除去落海貨物等無因管理所生的債務

本款債務是指對船上貨物的移出、摧毀或使之變為無害所生的債務 (claims in respect of the removal, destruction or the rendering harmless of the cargo of the ship)❷。本款債務也只限於因無因管理所發生的債務，不包括因契約而發生的債務，立法理由與前款相同。

㈥對於得主張船舶所有人責任限制之債務為無因管理所生的債務 ❸

應負責任以外之第三人，為避免或減輕應負責任之人依據本公約之規定本來就可以主張限制責任的損失，而採取措施所致及所增加的損失之索賠 (claims of a person other than the person liable in respect of measures taken in order to avert or minimize loss for which the person liable may limit his liability in accordance with this Convention, and further loss caused by such measures)，船舶所有人針對此一求償，也可以主張責任限制。例如：甲船因航行過失，撞上乙船，丙船前往救助以減少乙船的損失，因而避免或減輕甲船的損害賠償責任。由於甲船對於乙船的損害賠償債務，屬於依公約第 2 條第 1 項第 1 款的規定可以主張船舶所有人責任限制的債務，因此丙船在救助之後，若依照無因管理向甲行使請求權，甲也可以對丙船主張船舶所有人責任限制之抗辯。

依公約第 2 條第 2 項規定，第 1 種到第 3 種的債務，不論債權人提出請求的基礎是契約或是其他任何請求權 (under a contract or otherwise)，船舶所有人都可以主張責任總限制；但是公約第 4 種到第 6 種債務，船舶所有人對於債權人基於「契約」的請求，不得主張責任總限制，主要理由是因為：第 4 種到第 6 種債務包括除去沉船、落海物或救助的債務，可以因「契約」（例如：僱用、

委任或承攬）而發生，也可能是因「無因管理」而發生。在因「契約」而發生的情況，船舶所有人如果一方面與他人訂立契約，約定他人進行或完成打撈沉船、承諾在進行或打撈落海物、救助完成之後，給付若干報酬，但是當他方履行或完成打撈沉船、打撈落海物、救助之後，向船舶所有人依約請求給付報酬時，船舶所有人卻主張船舶所有人責任總限制，作為抗辯，此一抗辯，將違背「禁反言原則」與「誠實信用原則」，因此第 4 至第 6 種債務只有因「無因管理」而發生者，船舶所有人始得對之主張船舶所有人責任限制。

二、海商法之規定及其缺點

㈠海商法關於「得主張船舶所有人責任限制的債務」之規定

海商法第 21 條第 1 項規定，船舶所有人對下列事項所負之責任，以本次航行之船舶價值、運費及其他附屬費為限：

1. 在船上、操作船舶或救助工作直接所致人身傷亡或財物毀損滅失之損害賠償。
2. 操作船舶或救助工作所致權益侵害之損害賠償。但不包括因契約關係所生之損害賠償。
3. 沉船或落海之打撈移除所生之債務。但不包括依契約之報酬或給付。
4. 為避免或減輕前二款責任所負之債務。

㈡海商法規定的缺點

海商法繼受 1976 年海事求償責任限制公約第 2 條第 1 項所列六類，主張船舶所有人責任限制的債務時，有「遺漏」、「不清楚」以及「誤解」的缺點：

1.遺漏將「遲到」列為限制責任事由

例如：依照公約第 2 條第 1 項第 2 款的規定，旅客運送、貨物運送、行李運送遲延所發生的債務，運送人都可以主張船舶所有人責任限制，但是海商法就「遲到」卻漏未規定❶。

---

❶ 依照公約第 2 條第 1 項第 2 款：「claims in respect of loss resulting from delay in the

2.限制責任事由含義「不清楚」❶

海商法第 21 條第 1 項第 2 款:「船舶操作或救助工作所致權益侵害之損害賠償。但不包括因契約關係所生之損害賠償。」含義為何,並不清楚,按照公約第 2 條第 1 項第 3 款的規定,是指「因船舶操作或施行救助直接相關,而侵害(託運)契約以外的其他權利致生損失」,有二點說明:

A.所謂「侵害(託運)契約以外的其他權利致生損失」是侵害的權利或違反的義務,並不是因「契約」而發生,而是屬於「其他原因(例如:無因管理)」而發生。所謂「其他權利」就是「公約第 a 款、第 b 款以外的其他損失」,即非因「侵害生命、身體或財產」、「遲延」所造成的損失,例如:「無因管理的救助之報酬」、「因為船舶擱淺運河,其他船舶必須繞道航行所發生的損失」。

B.所謂「直接相關」將損失限於直接有關,不包括間接相關的部分。

3.現行海商法在繼受國際公約時,對於公約條文發生翻譯錯誤

依照公約第 1 條第 2 項 6 款:「claims of a person other than the person liable in respect of measures taken in order to avert or minimize loss for which the person liable may limit his liability in accordance with this Convention, and further loss caused by such measures(應負責任以外之第三人,因避免或減輕應負責任之人依據本公約之規定本來就可以主張限制責任的損失,而採取措施所致及所增加的損失之索賠)」的規定,船舶所有人可以對應負責任以外第三人的求償,主張限制責任,但是海商法在繼受時,明顯翻譯錯誤,致有海商法第 21 條第 1 項第 4 款「避免或減輕前二款所負之債務」的文字。

---

carriage by sea of cargo, passengers or their luggage(關於承載貨物、旅客或其行李遲到所發生的損失)」的規定,「遲到」也可以主張責任總限制,但海商法對此漏未規定。

❶ 依照公約第 2 條第 2 項第 3 款:「claims in respect of other loss resulting from infringement of rights other than contractual rights, occurring in direct connexion with the operation of the ship or salvage operations(海商法翻譯為:船舶操作或救助工作所致權益侵害之損害賠償,但不包括因契約關係所生之損害賠償)」,中文翻譯表面上沒有錯誤,但是不知其含義如何,實際上本款典型的事例是:因船舶操作或救助工作阻礙運河通行,致使其他船舶必須繞道航行造成的損失。法條文字,似宜改寫,以利了解。

海商法第 21 條第 1 項第 4 款的規定，發生兩個錯誤：

⑴擴大了船舶所有人可以對之主張限制責任的主體

依據海商法第 21 條第 1 項第 4 款的字面解釋，船舶所有人可以對之主張責任限制的是「任何人」，但是依照公約，船舶所有人可以對之主張責任限制的，只限於「應負責任以外之第三人」。

⑵限縮了船舶所有人可以對第三人主張責任限制的事由

依據海商法第 21 條第 1 項第 4 款「避免或減輕前二款所負之債務」的文字解釋，船舶所有人可以對第三人主張責任限制的事由，將只限於海商法第 21 條第 1 項第 2 款（即：船舶操作或救助工作所致權益侵害之損害賠償。但不包括因契約關係所生之損害賠償）及第 3 款（即：沉船或落海之打撈移除所生之債務。但不包括依契約之報酬或給付），不及於海商法第 21 條第 1 項第 1 款（即：在船上、操作船舶或救助工作直接所致人身傷亡或財物毀損滅失之損害賠償），更不及於公約第 2 條第 1 項 2 款規定的「遲到」。由於翻譯的疏漏，海商法繼受發生的錯誤，亟待修正。

陸| 船舶所有人責任限額

一、海商法：船價主義為主，金額主義為輔

㈠船價主義為主

海商法的船舶所有人限制，原則上依著海商法第 21 條第 1 項：「船舶所有人對於下列事項所負之責任，以本次航行之船舶價值、運費及其他附屬費用為限：……」的規定，其內容分別為：

1. 船舶價值

指發生事故之後，船舶航行終了時的價值，但不包括船舶所有人投保船體險的保險金。在船舶拖帶的情形，只限於在拖帶過程中，處於主動 (active) 而有過失船舶，不包括被動 (passive)、沒有過失的船舶。

2. 運費只限於得收取的運費

只限於「得收取」的運費 (freight pending) 包括：貨物運送的運費以及旅客運送的票價，不論是否已經收取，但是不得收取或應該退還者，應該扣除或不予計入。

3. 附屬費用

主要是指船舶被侵害時，船舶所有人對第三人的損害賠償請求權。

㈡金額主義為輔

所謂「金額主義為輔」是指依照船價主義計算所得的金額若低於一定標準，則船舶所有人必須補足其差額，以海商法言，金額主義為輔是指人身死傷賠償、財產損失賠償，低於海商法關於依船舶登記噸數規定的特別提款數額計算金額

時，船舶所有人應補足到最低標準，形成理賠金額的一部分。

海商法第 21 條第 4 項規定：「第 1 項責任限制數額如低於下列標準者，船舶所有人應補足之：

一、對財物損害之賠償，以船舶登記總噸，每一總噸為國際貨幣基金，特別提款權 54 計算單位，計算其數額。

二、對人身傷亡之賠償，以船舶登記總噸，每一總噸特別提款權 162 計算單位計算其數額。

三、前二款同時發生者，以船舶登記總噸，每一總噸特別提款權 162 計算單位計算其數額。但人身傷亡應優先以船舶登記總噸，每一總噸特別提款權 108 計算單位計算之數額內賠償，如此數額不足以全部清償時，其不足額再與財物之毀損滅失，共同在現存之責任限制數額內比例分配之。

四、船舶登記總噸不足 300 噸者，以 300 噸計算。」

船舶所有人責任限制，是以船價主義為主；只有在船價過低的例外情形，才依照該條第 4 項規定，須補足最低金額，因此稱為以金額主義為輔。

1979 年船舶所有人責任限制公約附加議定書，有較高於上開海商法的規定，該公約附加議定書針對財產、人身分別有按船舶登記噸數每噸 66.67 特別提款權、206.67 特別提款權計算數額的限制；若同時發生人身傷亡及財產損失，也是以每噸 206.67 特別提款權為限制，只是每噸 206.67 特別提款權中的 140 特別提款權計算的數額優先用於賠償人身損失。若按每噸 140 特別提款權計算的數額不足以賠償人身的全部損失，則人身賠償的不足部分應該與財產損害，立於平等的地位，就剩餘的、按照船舶噸數每噸 66.67 特別提款權計算之數額，比例受償。

比較海商法與國際公約的規定，海商法所規定的輔助性金額主義略低於 1979 年船舶所有人責任限制公約附加議定書的標準，應該注意❶❻。

---

❶❻ 美國則以人身傷亡每毛噸 420 美元為最低標準，不足時，應該補足之。只限於「海船 (seagoing vessels)」，不包括遊艇 (pleasure yachts)、拖船 (tugs)、被拖船 (towboats)、漁船等。

二、1976 年海事求償責任限制公約、1996 年議定書、2012 年的修正

㈠關於人身傷亡與財產損害

1. 人命財產的一般限制 ❶

---

❶　LIMITS OF LIABILITY Article 6 The general limits:

1. The limits of liability for claims other than those mentioned in Article 7, arising on any distinct occasion, shall be calculated as follows:

(a) in respect of claims for loss of life or personal injury,

(i) 333,000 Units of Account for a ship with a tonnage not exceeding 500 tons,

(ii) for a ship with a tonnage in excess thereof, the following amount in addition to that mentioned in (i):

for each ton from 501 to 3,000 tons, 500 Units of Account;

for each ton from 3,001 to 30,000 tons, 333 Units of Account;

for each ton from 30,001 to 70,000 tons, 250 Units of Account; and

for each ton in excess of 70,000 tons, 167 Units of Account,

(b) in respect of any other claims,

(i) 167,000 Units of Account for a ship with a tonnage not exceeding 500 tons,

(ii) for a ship with a tonnage in excess thereof the following amount in addition to that mentioned in (i):

for each ton from 501 to 30,000 tons, 167 Units of Account;

for each ton from 30,001 to 70,000 tons, 125 Units of Account; and

for each ton in excess of 70,000 tons, 83 Units of Account.

2. Where the amount calculated in accordance with paragraph 1 (a) is insufficient to pay the claims mentioned therein in full, the amount calculated in accordance with paragraph 1 (b) shall be available for payment of the unpaid balance of claims under paragraph 1 (a) and such unpaid balance shall rank rateably with claims mentioned under paragraph 1 (b).

3. However, without prejudice to the right of claims for loss of life or personal injury according to paragraph 2, a State Party may provide in its national law that claims in respect of damage to harbour works, basins and waterways and aids to navigation shall have such priority over other claims under paragraph 1 (b) as is provided by that law.

第 6 條規定：

第 1 項：除第 7 條所述的索賠外，對任何某一特定場合產生的各種索賠的責任限制，應按下列規定計算：

1.有關人身傷亡的索賠

(1)噸位不超過 500 噸的船舶，為 333,000 計算單位；

(2)噸位超過 500 噸的船舶，除第(1)目外，應增加下列金額：

自 501 噸至 3,000 噸，每噸為 500 計算單位；

自 3,001 噸至 30,000 噸，每噸為 333 計算單位；

自 30,001 噸至 70,000 噸，每噸為 250 計算單位；

超過 70,000 噸，每噸為 167 計算單位。

2.有關任何其他索賠

(1)噸位不超過 500 噸的船舶，為 167,000 計算單位；

(2)噸位超過 500 噸的船舶，除第(1)目外，應增加下列金額：

自 501 噸至 30,000 噸，每噸為 167 計算單位；

自 30,001 噸至 70,000 噸，每噸為 125 計算單位；

超過 70,000 噸，每噸為 83 計算單位。

第 2 項：當依照前項第(a)款計算的金額不足以支付該項所述的全部索賠，則依照前項第 2 款計算的金額，應用於支付前項第 1 款下所未支付的差額，而該未付差額應與前項第(b)款下的索賠按並列比例受償。

第 3 項：但是，在不影響按第 2 項提出的人身傷亡的索賠權利的情況下，訂約方可在國內法中規定，有關對港口工程、港池、水道和助航設施的損害提出的索賠，應依該法規定具有較第 1 項第 2 款所定的「有關任何其他索賠」優先受償的權利。

---

4. The limits of liability for any salvor not operating from any ship or for any salvor operating solely on the ship to, or in respect of which he is rendering salvage services, shall be calculated according to a tonnage of 1,500 tons.

5. For the purpose of this Convention the ship's tonnage shall be the gross tonnage calculated in accordance with the tonnage measurement rules contained in Annex I of the International Convention on Tonnage Measurement of Ships, 1969.

第4項：對不從任何船舶進行救助的人（按：指從陸地或空中救助）、對任何從船上救助的人、或只對船舶施行救助作業的人，對其的責任限制應按1,500噸計算。

第5項：在本公約中，船舶噸位應為根據1969年國際船舶噸位丈量公約附1中所包含的噸位丈量規則計算的總噸位。」

2.船上旅客死傷責任限制的特別規定 ⓲

對於在任何一個特定場合發生的船上旅客人身傷亡的索賠，船舶所有人的責任限制為46,666計算單位，乘以船舶證書上規定的該船載客定額所得的數額，但不得超過25,000,000計算單位。

本條中「船上旅客人身傷亡的索賠」，是指該船所載運的下列任何人提出的或代其提出的任何此種索賠，即：⒜根據旅客運送契約載運的人；或⒝經承運人同意，隨船照料貨物運送契約載明的車輛或活動物的人 ⓳。

㈡ 1996 年附加議定書 (Protocol of 1996 to amend the Convention on Limitation of Liability for Maritime Claims) 及 2012 年修正 (2012 Amendments)

1.關於人身死傷賠償的責任限制

第3條第1項第1款：「根據本附加議定書第3條的規定，1976年海船求

⓲ Article 7 The limit for passenger claims:

  1. In respect of claims arising on any distinct occasion for loss of life or personal injury to passengers of a ship, the limit of liability of the shipowner thereof shall be an amount of 46,666 Units of Account multiplied by the number of passengers which the ship is authorized to carry according to the ship's certificate, but not exceeding 25 million Units of Account.

  2. For the purpose of this Article "claims for loss of life or personal injury to passengers of a ship" shall mean any such claims brought by or on behalf of any person carried in that ship:

  ⒜ under a contract of passenger carriage, or

  ⒝ who, with the consent of the carrier, is accompanying a vehicle or live animals which are covered by a contract for the carriage of goods.

⓳ 1976 年海事求償責任限制公約第 7 條。

償責任限制公約第 6 條第 1 項的規定的限制，應該為下列規定取代：

⑴船舶總噸數不超過 2,000 噸者，人身傷亡的賠償責任限制為 302 萬特別提款權（從原來 200 萬特別提款權調高❷）；

⑵總噸數超過 2,000 噸的船舶，其每噸調高的情況如下：

　　a.從 2,001 噸到 30,000 噸，每噸 1208 SDR（從每噸 800 SDR 調高）

　　b.從 30,001 噸到 70,000 噸，每噸 906 SDR（從每噸 600 SDR 調高）

　　c.超過 70,000 噸，每噸 604 SDR（從每噸 400 SDR 調高）。」

2.關於財產毀損滅失賠償的責任限制

　　第 3 條第 1 項第 3 款：

⑴船舶總噸數不超過 2,000 噸者，財產毀損滅失的賠償責任限制為 151 萬特別提款權（從原來 100 萬特別提款權調高）；

⑵總噸數超過 2,000 噸的船舶，其每噸調高的情況如下：

　　A.從 2,001 噸到 30,000 噸，每噸 604 SDR（從每噸 400 SDR 調高）

　　B.從 30,001 噸到 70,000 噸，每噸 453 SDR（從每噸 300 SDR 調高）

　　C.超過 70,000 噸，每噸 302 SDR（從每噸 200 SDR 調高）

3.關於客輪的死傷得特別規定

⑴1996 年附加議定書

　　下列規定取代公約第 7 條第 1 項：「對於客輪任一事件所致人命死傷的求償，船舶所有人的責任限制金額為該船舶證書可搭載乘以 175,000 單位的總額。」

⑵2012 年的修正

　　對於在任何一個特定場合發生的船上旅客人身傷亡的索賠，船舶所有人的責任限制為 46,666 計算單位，乘以船舶證書上規定的該船載客定額所得的數額，但不得超過 25,000,000 計算單位。

三、德國商法關於船舶所有人責任限制的規定

　　2012 年德國商法關於船舶所有人責任限制，採用 1976 年 11 月 19 日海船求償責任限制公約 1996 年 5 月 2 日修正議定書，且經 2012 年修正的責任限

---

❷　2012 年修正 1996 年的附加議定書，1976 年海事求償責任限制公約。

制，這個責任限制規定也適用於依據 2001 年燃油污染民事責任公約的燃油污染責任 (The International Convention of 2001 on Civil Liability for Bunker Oil Polution)㉑，其他相關規定：

㈠油污染損害得限制責任㉒

「油污染損害 (pollution damage)」依照 1992 年油污染損害民事責任公約的規定可以主張責任限制者，該「油污染損害」應適用該公約的規定㉓，不適用該公約的規定者，若符合 1976 年海事求償責任限制公約得限制責任規定，1976 年海事求償責任限制公約第 1 條所列之人，仍可以依公約的規定主張限制責任㉔。

㈡不得主張責任限制

1.海員薪資救助僱用費用

1976 年海事求償責任限制公約第 3 條第 5 款所列的債務，以該勞務契約應適用德國法為限，不得主張限制責任。所謂「第 3 條第 5 款所列的債務」就是海員勞務契約的債務，該款規定：「職責與船舶或救助作業有關的船舶所有人或救助人的受僱人員的索賠，包括他們的繼承人、家屬或有權提出索賠的其他人員所提出的索賠，如果按照船舶所有人或救助人同上述受僱人員之間的服務合同所適用的法律，船舶所有人或救助人無權對此種索賠限制其責任，或者根據此種法律，僅允許以高於本公約第 6 條規定的金額限制其責任。」㉕

2.法律費用——因提起訴訟或訴訟抗辯所生費用的求償㉖

㉑ 2012 年德國商法（海商編）第 611 條第 1 項。
㉒ 關於船舶污染，在這裡為了介紹德國法制作簡要敘述，詳細關於船舶油品污染的立法建議，將於下一章說明。
㉓ 2012 年德國商法（海商編）第 611 條第 2 項。
㉔ 2012 年德國商法（海商編）第 611 條第 3 項。
㉕ 本條文是公約的中文本，文中的「合同」二字就是「契約」。
㉖ 2012 年德國商法（海商編）第 611 條第 4 項第 2 款。

㈢移除殘骸的債務適用另一責任限制

德國商法第 612 條第 1 項規定：「海事求償責任限制公約對於下列事項的求償，亦有適用，但應適用另一獨立的責任限制，且不分其請求權的基礎為何：

⑴關於沉船、殘骸、擱淺或棄船起浮、移除、摧毀或使之變無害的費用之補償請求。

⑵關於船上貨物移除、摧毀或使之變無害的費用之補償請求。」

第 2 項規定：「本條第 1 項的責任限制應依 1976 年海事求償責任限制公約第 6 條第 1 項第 2 款❷之規定計算其限制數額。該責任限制數額對於本條第 1 項有關的全部請求，以該請求是因同一事件而發生，且提出請求之人為 1976 年海事求償責任限制公約 9 條第 1 項第 1 款、第 2 款及第 3 款之人❷為限，都適用之。」該責任限額只用於滿足本條第 1 項所列的求償。1976 年海事求償責任限制公約第 6 條第 2 項及第 3 項的規定，不適用之。

㈣關於小船

船舶噸位不超過 250 噸者，其責任限制之計算應依照海事求償責任限制公

---

❷ 1976 年海事求償責任限制公約第 6 條第 1 項第 2 款：有關任何其他索賠：
⑴噸位不超過 500 噸的船舶，為 167,000 計算單位；
⑵噸位超過 500 噸的船舶，除第⑴目外，應增加下列金額：
自 501 噸至 30,000 噸，每噸為 167 計算單位；
自 30,001 噸至 70,000 噸，每噸為 125 計算單位；
超過 70,000 噸，每噸為 83 計算單位。

❷ 1976 年海事求償責任限制公約第 9 條第 1 項第 1 款、第 2 款、第 3 款：
1.根據第 6 條確定的責任限額，應適用於任何一個特定場合生產的下列各項索賠的總額：
⑴對第 1 條第 2 款所指的任何人，以及行為、疏忽或過失由他或他們負責的任何人提出的索賠；
⑵對從一艘船舶提供救助服務的該船所有人，以及從這艘船舶進行救助的救助人和行為、疏忽或過失由他或他們負責的任何人提出的索賠；
⑶對不是從一艘船舶進行救助的救助人，或者只是在被救助船上進行救助的救助人，以及行為、疏忽或過失由他或他們負責的任何人提出的索賠。

約第 6 條第 1 項第 2 款之規定，適用 2,000 噸船舶責任限制的半額❷❾。

因為德國商法（海商編）第 611 條第 1 項規定，德國海事求償責任的限制，適用經 1996 年 5 月 2 日修正議定書修正之 1976 年 11 月 19 日之海事求償責任限制公約。

㈤港口、水道損害賠償在責任限制範圍內優先受償

在不損及 1976 年海事求償責任限制公約第 6 條第 2 項❸⓿ （也就是德國商法第 611 條第 1 項第 1 段）有關人命傷亡求償所規定的權利的條件下，任何關於港口設施、船塢水道、航行輔助設施的損害的求償，應該優先於 1976 年海事求償責任限制公約第 6 條第 1 項第 2 款❸❶所規定其他之求償❸❷。

㈥關於引水人

海事求償責任限制公約第 6 條第 1 項第 1 款及第 2 款❸❸所規定的責任限制，亦適用於對服務於船舶上之引水人的求償，但被引水的船舶超過 2,000 噸者，引水人得主張其責任限制以 2,000 噸為限；1976 年海事求償責任限制公約第 7 條第 1 項所規定之責任限制，亦適用於對服務於船舶上之引水人的求償，但被引水船舶登記證書得載運旅客超過 12 名者，引水人得主張責任制以 12 名計❸❹。引水人未於被引水船舶上工作者，對於 1976 年海事求償責任限制公約第 2 條所列債權請求，也就是德國商法第 611 條第 1 項、第 3 項及第 4 項、612 條至 614 條、及第 617 條的請求，也可以主張責任限制，但應該適用各該債權有

---

❷❾ 2012 年德國商法（海商編）第 613 條。

❸⓿ 2012 年海事求償責任限制公約第 6 條第 2 項：「當依照第 1 款第 1 項計算的金額不足以支付該項所述的全部索賠，則依照第 1 款第 2 項計算的金額，應用於支付第 1 款第 1 項下所未支付的差額，而該未付差額應與第 1 款第 2 項下的索賠按比例並列。」

❸❶ 1976 年海事求償責任限制公約第 6 條第 1 項第 2 款是指財產的責任限制。

❸❷ 2012 年德國商法（海商編）第 614 條。

❸❸ 1976 年海船求償責任限制公約第 6 條第 1 項分別規定人身傷亡的責任限制（第 1 項第 1 款）與其他請求的責任限制（第 1 項第 2 款）。

❸❹ 2012 年德國商法（海商編）第 615 條第 1 項、第 2 項。

關的責任限制❸。但其中依照德國商法第 615 條第 1 項、第 2 項計算的責任限制，應該專用於對引水人求償的責任限制。

四、海事責任限制基金的設置

依照 1976 年海事求償責任限制國際公約的規定❸：「被認定應負責任的任何人，可在提出責任限制請求訴訟的任何締約國法院或其他主管機關，設置基金。此項基金應為按照第 6 條及第 7 條之規定適用於對該應負責之人提出請求的金額，加上從事故發生引起責任之日起至基金設置之日止的利息。」，此項基金僅可以用於支付援用責任限制的請求。1976 年海事求償責任限制國際公約就責任基金之設立及分配程序並未明文規定，依公約第 10 條第 3 項規定，委由各締約國國內法訂定。

未設置責任限制基金不影響主張責任限制的權利，也就是即使責任限制基金尚未設立，仍然可以援引責任限制。但締約國得在其國內法規定，當向法院提起訴訟請求，而該請求得被主張責任限制時，該應負責任之人只有已經按照本公約的規定設置責任限制基金，或是在援用責任限制時設立該項基金，才有援用責任限制的權利。

---

❸ 2012 年德國商法（海商編）第 615 條第 4 項。

❸ 參考該公約第 11 條。

柒 | 船舶所有人責任限制的例外

一、海商法的規定

依照海商法第 22 條規定：「前條責任限制之規定，於下列情形不適用之：

一、本於船舶所有人本人之故意或過失所生之債務。

二、本於船長、海員及其他服務船舶之人員之僱用契約所生之債務。

三、救助報酬及共同海損分擔額。

四、船舶運送毒性化學物質或油污所生損害之賠償。

五、船舶運送核子物質或廢料發生核子事故所生損害之賠償。

六、核能動力船舶所生核子損害之賠償。」

二、1976 年海事求償責任限制公約的規定

依照 1976 年海事求償責任限制公約的規定，應該分為兩類：

㈠不得主張責任限制之行為

公約第 4 條規定不得主張責任總限制，所謂「不得主張責任總限制」是指無權主張責任總限制、禁止主張責任總限制。

公約第 4 條規定：「任何人，對於經證實損失是因其自己故意或預見該損失可能發生而仍輕忽大意，而作為或不作為所致之索賠，無權主張責任限制 (A person liable shall not be entitled to limit his liability if it is proved that the loss resulted from his personal act or omission, committed with the intent to cause such loss, or recklessly and with knowledge that such loss would probable result.)。」說明如下：

1.只有因本人「故意或重大過失」所生債務，才不得主張責任限制

依照公約規定不得主張責任限制者，不但必須有「故意或重大過失 (with the intent to cause such loss, or recklessly and with knowledge that such loss would probable result)」，還必須是船舶所有人（運送人）本人的作為或不作為 (his personal act or omission)，也就是運送人實際知情 (actual knowledge) 或只要透過合理的詢問或檢查，就能夠知悉且應該已經知悉 (could have and should have) 相關需要的資訊。是否已經且應該知悉的判斷，通常需要個案經過「合理人的測試 (a reasonable man test)」認定，即「在具體情況下，船舶所有人（運送人）或其代理人合理的會為一定作為 (acted reasonably under the circumstances)」，海商法將公約「重大過失」誤譯為「過失」，增加船舶所有人（運送人）必須負無限責任的機會，不利於海運事業的發展。

2.不得主張責任限制的實務

⑴關於船舶維修或人員訓練有故意或過失（應為重大過失）

也就是設備的維修 (the maintenance of equipment)、海員的訓練 (the training of the crews)、未依照頒布的維修以及安全的規定執行、檢查。

⑵船舶所有人親自訂約的債務除外原則

船舶所有人責任限制有一個例外，就是**船舶所有人本人訂約的債務除外原則 (the test of personal contract exception)」**，這個原則是禁反言原則的轄下或分支，是誠實信用原則的體現。所謂「船舶所有人本人訂約的債務除外原則」，是指船舶所有人就其親自訂立的契約所發生的債務，不可以主張船舶所有人責任限制。其基本命題是：船舶所有人不可以一方面承諾履行在其控制下（力所能及）的債務或義務，另一方面卻針對其履行過失所生責任，轉過身來主張船舶所有人責任限制 (a shipowner should not be able promise an undertaking or performance that was within his personal control and then turn around and limit liability when his performance was faulty.)。

海商法第 21 條第 1 項第 2 款：「船舶操作或救助工作所致權益侵害之損害賠償，但不包括因契約關係所生之損害賠償。」、第 3 款：「沉船或落海之打撈移除所生之債務。但不包括依契約之報酬或給付。」此為排除契約債務之原因。所謂「船舶所有人本人訂約的債務」，例如：

A.船舶所有人本人訂立船舶租賃契約或傭船契約時，就船舶之適航性或適載性有明示或默示之表示者，不得就船舶欠缺適航性或適載性所生債務主張船舶所有人責任限制。

B.船舶所有人本人訂立船舶拖帶契約者，就船舶拖帶契約所生的債務，不得主張船舶所有人責任限制。

C.船舶所有人本人訂立船舶修繕契約 (contract of repairs) 者，就船舶修繕契約所生的債務，不得主張船舶所有人責任限制。

D.船舶所有人本人訂定船舶抵押權契約 (a ship mortgage contract) 者，就船舶抵押權所擔保的債務，不得主張船舶所有人責任限制。

E.船舶所有人本人訂定船舶供給契約 (a contract of supplies) 者，就船舶供給契約所生的債務，不得主張船舶所有人責任限制。

F.船舶所有人本人訂定船舶服務契約 (a contract of services) 者，就船舶服務契約所生的債務，不得主張船舶所有人責任限制。

以上船舶所有人本人訂約的債務除外原則，必須具備兩個條件：⒜必須是船舶所有人本人訂定的契約；⒝該債務依約應該由船舶所有人本人履行，而非委由（在其控制範圍外之）代理人或受僱人履行者 (Whether the obligations was one the shipowner was personally bound to perform, rather than one contemplated he would delegate to his agents or servants.)。

因此由船舶所有人本人訂立的拖帶契約，由於預期是由船長、海員去履行，船舶所有人對於船長海員履行拖帶債務有過失所生之賠償責任，還是可以主張船舶所有人責任限制，海商法第 21 條第 1 項第 2 款及第 3 款規定，兩條但書所排除的契約債務，都應該以「預期由船舶所有人本人履行」者為限。

3.所謂「船舶所有人（運送人）本人」的認定

「船舶所有人（運送人）本人」的含義，因運送人的組織是船公司或合夥人而不同：

⑴**船公司**：不以有代表權的董事、監事為限，即使營運代理人 (managing agent)、高級職員 (officer)、執行監督工作的受僱人 (supervising employee) 也包括在內。

⑵**合夥人**：依照合夥人個人是否知情，具體認定。

4.舉證責任的分配

關於船舶所有人責任限制的舉證，分為兩個階段：

⑴究竟什麼過失行為或欠缺適航性導致事故的發生？(美國：由索賠人舉證)。

⑵船舶所有人對於過失行為或欠缺適航性是否知情或應該知情？(美國：由船舶所有人舉證)。

㈡不適用船舶所有人責任限制之行為

公約第 3 條❸如下：「本公約的規定不適用於：

1.有關救助或共同海損分擔的索賠；

2.有關 1969 年 11 月 29 日簽訂的國際油污損害民事責任公約，或實施中的該公約任何修正案或議定書中規定的油污損害的索賠；

3.限制或禁止核損害責任限制的任何國際公約或國內法所約束的索賠；

4.對核動力船舶所有人提出的核損害的索賠；

5.職責與船舶或救助作業有關的船舶所有人或救助人的受僱人，包括其繼承人、家屬或其他有權提出索賠之人，所提出的索賠，但以按照船舶所有人或救助人與上述受僱人間的服務契約所適用的法律，船舶所有人或

---

❸ The rules of this Convention shall not apply to:

(a) claims for salvage or contribution in general average;

(b) claims for oil pollution damage within the meaning of the International Convention on Civil Liability for Oil Pollution Damage, dated 29 November 1969 or of any amendment or Protocol thereto which is in force;

(c) claims subject to any international convention or national legislation governing or prohibiting limitation of liability for nuclear damage;

(d) claims against the shipowner of a nuclear ship for nuclear damage;

(e) claims by servants of the shipowner or salvor whose duties are connected with the ship or the salvage operations, including claims of their heirs, dependants or other persons entitled to make such claims, if under the law governing the contract of service between the shipowner or salvor and such servants the shipowner or salvor is not entitled to limit his liability in respect of such claims, or if he is by such law only permitted to limit his liability to an amount greater than that provided for in Article 6.

救助人無權對此種索賠主張限制責任，或者根據此一法律，僅允許以高於本公約第 6 條規定的金額限制責任者為限。」說明如下：

1. 救助之報酬、特別補償或共同海損之分擔額

1976 年海事求償責任限制公約 1996 年議定書第 2 條規定，救助報酬、特別補償或共同海損分擔不可以主張船舶所有人責任限制，因為主張責任總限制，不但損害救助、共同海損的意願，而且使得救助報酬或共同海損的分擔，必須重新理算，影響理賠程序的進行。

2. 船舶運送毒性化學物質或油污所生損害之賠償

油污染之所以不適用本公約的規定，乃因在本公約制定之前，已經有「1969 年 11 月 29 日油污染民事責任國際公約」，該公約在 1975 年 6 月 22 日生效，已經有限制責任的規定。依照該公約第 5 條第 1 項的規定：「在本公約適用的範圍內，船舶所有人有權限制其賠償責任。對每一事故之計算，依照船舶噸位，每噸不超過 2,000 金法郎為限，無論如何，其合計總額不超過 210 百萬金法郎。」在 1969 年油污染民事責任國際公約 1984 年議定書（1984 年 5 月 25 日倫敦）第 6 條第 1 項：「1969 年責任公約第 5 條修正如下：1. 第 1 項文字以下文取代：1. 船舶所有人就任一事件依下列方法計算之合計數額依照本公約規定限制其責任：(1)不超過 5,000 噸位單位之船舶為 300 萬計算單位；(2)超過上述噸位之船舶，除了第(a)款所述數額外，另外每增加一噸位單位，應增加 420 計算單位。」

德國商法規定，1992 年油污染民事責任國際公約 (the 1992 international convention on civil liability for oil pollution damage) 所稱的油污染責任得予限制❸❽，若有 1992 年油污染民事責任國際公約的請求被提起，但又不適用該 1992 年油污染民事責任國際公約時，1976 年海事求償責任限制公約第 1 條所指定之人，仍得主張海事求償責任限制公約的相應規定限制其責任❸❾。

船舶油污的責任限制，涉及 1992 年油污染民事責任公約規定的國內法化，內容很多，而且因為還沒有制定為法律，因此於下一章以立法建議的方式，介紹公約主要規定。

---

❸❽　2012 年德國商法（海商編）第 611 條第 2 項。
❸❾　2012 年德國商法（海商編）第 611 條第 2 項前段。

3.船舶運送核子物質或廢料發生核子事故所生損害之賠償

公約之所以將海上船舶運送核子物質所發生之民事責任排除在船舶所有人責任總限制之外，是因為已經有 「1971 年海上運送核子物質民事責任公約 (Convention relating to Civil Liability in the Field of Maritime Carriage of Nuclear Material, Brussels, 17 December 1971)」 的規定，該公約在 1975 年 7 月 15 日生效。1971 年海上運送核子物質民事責任公約規定如下：

第 1 條：「任何依海上運送應適用的國際公約或國內法的規定，對於核子事故所生之損害，被主張必須負賠償責任之人，於下列情形下，應免除其責任：(a)如果依照巴黎公約或維也納公約的規定，核子裝置營運人對於損害應負賠償責任者。或(b)依照規範該賠償責任的國內法的規定，核子裝置營運人對於該損害應該負賠償責任者，但以該國內法的規定對於可能遭受該損害之人，在各方面都有利於巴黎公約或維也納公約之規定為限。」

第 2 條：「第 1 條所規定之免責，對於下列核子事故所致之損害，亦適用之：(a)對於核子裝置本身，或對於在該場所之任何已用於或將用於與核子裝置有關財產之損害，或(b)對核子事故發生時，載運核子物質的運送工具所造成的損害，但以對該損害，核子裝置營運人的賠償責任，依照巴黎公約、維也納公約或在第 1 條第(b)款情形，依照國內法的規定，已經被排除者為限。

第 1 項之規定，無論如何，不影響任何有意促使損害發生而故意作為或不作為之人的賠償責任。」

4.核能動力船舶所生核子損害之賠償

公約之所以將核子船舶的核子損害，排除在本公約適用的範圍外，是因為早在本公約制定之前，已經有 「1962 年核子船舶營運人責任公約」，該公約已經有責任總限制的規定。依照該公約第 3 條第 1 項：「營運人關於每一核子船舶每一核子事故的責任限制為 15 億金法郎，即使核子事故的發生是因為經營人的過失或知情，亦同。上述限制既不包括利息，也不包括法院就依本公約所提賠償訴訟裁定的訴訟費用。」

5.本於船長、海員及其他服務船舶之人員僱傭契約所生之債務

船舶所有人或救助人之受僱人，以其職責與船舶或救助之操作有關為限，包括其繼承人、家屬或其他有權提出請求之人所為之索賠，而依照規範船舶所

有人或救助人與其受僱人間之勞務契約之法律，船舶所有人或救助人就該索賠或不得主張限制責任，或依照法律只可以就超過第 6 條所規定數額限制其責任者❹❹。

三、海商法應該配合修正

海商法第 22 條在繼受 1976 年海事求償責任限制公約的第 3 條與第 4 條時，誤將第 3 條「不適用本公約的規定」與第 4 條「不得主張責任總限制」混為一談，同時都規定在海商法第 22 條，產生很大的錯誤。

1976 年海事求償責任限制公約第 3 條規定「不適用本公約的規定」，並非禁止主張責任總限制，而是「是否需主張責任總限制」、「是否得主張責任總限制」、及「如可以主張責任總限制，總限制之數額為若干」，都不適用本公約規定，應該依照具體狀況另外適用其他公約或法律的規定。

---

❹ 2012 年德國商法（海商編）第 611 條第 4 項第 1 款規定：依照海事求償責任限制公約第 3 條第 5 款（按：依照公約為不適用海事求償責任限制公約的規定）的請求權，若該服務契約必須適用德國法律，就不得主張責任限制。第 2 款規定：提起訴訟以及訴訟防禦的費用，也不得主張責任限制。

❹ 2012 年德國商法（海商編）第 611 條第 2 項規定：海事求償責任限制公約以及 1992 年油污染民事責任公約所不規定的部分，德國商法第 612 條至第 617 條之規定，仍適用之。

📖 習題

一、選擇題

1. 下列關於船舶所有人責任限制理由的敘述，何者正確？
   (A)傳統是為了公平，現在是為了經濟效益。
   (B)傳統是為了經濟效益，現在是為了公平。
   (C)傳統與現在都是為了公平。
   (D)傳統與現在都是為了經濟效益。

2. 依照海商法規定，下列關於得主張船舶所有人責任限制之人的敘述，何者最為正確？
   (A)只有船舶所有權人。
   (B)只有船舶承租人。
   (C)只有船舶經理人。
   (D)包括船舶所有權人、光船承租人、期間傭船人、經理人及營運人。

3. 下列關於主張船舶所有人責任限制的客體（船舶）的敘述，何者正確？
   (A)包括商業用途的船舶。
   (B)包括商業用途船舶以及娛樂用途船舶。
   (C)包括商業用途船舶以及軍事用途船舶。
   (D)包括商業用途、娛樂用途及軍事用途船舶。

4. 下列關於我國現行海商法船舶所有人責任限制制度的敘述，何者正確？
   (A)以船價主義為主，以金額主義為輔。
   (B)採船價主義。
   (C)採等比例遞增的金額主義。
   (D)採非等比例遞增的金額主義。

5. 根據海商法規定，下列何者屬於船舶所有人責任限制事由？

⒜在船上發生的、或是因操作船舶、救助作業直接所致生命、身體的死傷或財產的毀損滅失（包括港口工程、港池、航道以及航行輔助設備），以及因此所致間接性損失的債務。

⒝本於船舶所有人本人的故意或過失所生的債務。

⒞本於船長、海員及其他服務船舶人員之僱傭契約所生的債務。

⒟因救助報酬及共同海損所生的債務。

6.依照海商法規定，下列關於船舶運送毒性化學物質或油污所生損害賠償的請求得否主張船舶所有人責任限制的敘述，何者為正確？

⒜不得主張船舶所有人責任限制。

⒝得主張船舶所有人責任限制。

⒞應該適用 1969 年 11 月 29 日國際油污染民事責任公約及其任何有效的修訂或議定書含義下之油污染損害之賠償。

⒟依照民法負損害賠償責任。

7.下列關於海商法第 22 條第 1 款 「本於船舶所有人之故意或過失所生之債務」，船舶所有人不得主張船舶所有人責任限制的規定，其舉證責任如何分配的敘述，何者正確？

⒜應由船舶所有人證明發生事故的原因，並且證明其對於原因不知情，也無從知情。

⒝應由請求權人證明發生事故的原因，並證明船舶所有人實際知情或可得知情。

⒞應由請求權人證明發生事故的原因，由船舶所有人證明其實際上不知情，也無從知情。

⒟應由船舶所有人證明發生事故的原因，由請求權人證明船舶所有人實際知情或可得知情。

8.在船價主義下，下列關於形成責任限制基金的敘述，何者正確？

⒜船舶價值、運費及附屬費用。

(B)船舶價值。

(C)船舶價值及運費。

(D)船舶價值、運費、附屬費以及保險金。

9.下列關於補充性基金 (the supplement fund) 的敘述，何者正確？

(A)補充性基金專用補足人身死傷的賠償限額，只有海船所有人有此義務。

(B)補充性基金專用補足人身死傷、財產毀損滅失的賠償限額，只有海船所有人有此義務。

(C)補充性基金專用補足人身死傷的賠償限額，各種船舶所有人都有此義務。

(D)補充性基金專用補足財產毀損滅失的賠償限額，只有海船所有人有此義務。

10.船舶所有人就下列債務，何者可以主張船舶責任限制？

(A)對於履行船舶操作或救助工作契約所生債務。

(B)對於打撈沉船或落海打撈契約所生債務。

(C)對於船舶所有人因為船舶疏於維修、溫度過高，貨物腐敗所生債務。

(D)對於無因管理打撈沉船或打撈落海物所生之債務。

參考答案

1. AD　　　　　　3. A；美國法 B　　　4. AA

6.依據海商法 A；依據 1976 年海事求償責任限制公約 C

7. CABD

二、問答題

1.何人得主張船舶所有人責任限制？試列舉並說明之。

2.責任保險的保險人得否主張船舶所有人責任限制？試說明其理由。

3.試述我國海商法關於船舶所有人責任限制所採取的立法主義，並從發展航運事業的觀點論述海商法應該採用的立法主義。

4.請列舉船舶所有人主張責任限制的事由，並舉例說明之。

5.海上貨物運送中，運送人因貨物管理有過失而主張單位責任限制之後，若主張船舶所有人責任限制還有實益，得否進一步主張船舶所有人責任限制？

6.請說明 1976 年海事求償責任限制公約及其 1996 年附加議定書基本精神。

7.根據海商法規定，何種情形不得主張船舶所有人責任限制？

8.依 1976 年海事求償責任限制公約的規定，關於船舶所有人責任限制的例外，有些行為是不得主張責任限制，有些行為是不適用船舶所有人責任限制，試分別說明之。

第二章

海上風險的總限制
——關於船舶污染的責任限制特別規定

目次

柒、船舶污染損害賠償的責任限制

一、主張責任限制的前提——須非故意或重大過失

二、責任限制的雙軌制

三、有毒有害物質的污染及人身傷亡的優先受償權

捌、責任限制基金的設置

一、責任限制基金的設置

二、自行防止或減輕油污的合理費用可以參加責任限制基金的分配

三、基金的設置可以準用船舶所有人責任限制基金的設置

玖、投保責任保險或提供擔保

一、應該投保責任保險或提供擔保的船舶

二、損害賠償請求權人對責任保險人或就提供污染擔保之人的直接訴權

拾、消滅時效

壹 | 緒 說

　　船舶污染的原因包括船舶油類污染損害、燃油污染損害及有毒有害物質污染損害等❶。船舶污染所生的損害賠償，得否主張責任限制，目前只有海商法第 22 條第 4 款的規定——船舶運送毒性化學物質或油污所生損害之賠償不適用海商法第 21 條的船舶所有人責任限制——針對船舶污染，海洋污染防治法雖然有若干規範，但是只限於無過失責任主義的規定，其他配套並不完備。

　　船舶油污的責任限制，本質上是船舶所有人責任限制的一環，應該是海商法關於船舶所有人責任限制就「油污染」的特別規定，由於「目前還沒有完備立法」，本章著重於船舶污染，特別是 1992 年油污染民事責任公約以及其修正規定的國內法化問題，性質上是立法的建議，作為承接前章「海上風險的總限制——船舶所有人責任限制一般規定」的特別規定。

---

❶　海商法修正草案第 11 章第 2 點。

貳| 主要法源

一、國內法

海洋污染防治法：本法於民國 89 年公布實施，民國 103 年修正。立法的目的是防治海洋污染，保護海洋環境，維護海洋生態，確保國民健康及永續利用海洋資源。偏重公法性質，民事賠償的色彩淡薄。

二、國際公約

1. 1969 年油污損害賠償民事責任國際公約 (International Convention on Civil Liability for Oil Pollution Damage 1969) 及其 1992 年議定書 （以下簡稱 1992 油污公約）與該公約 2000 年之修正（以下簡稱 2000 油污公約）。

2. 2001 年燃油油污損害賠償民事責任國際公約 (International Convention on Civil Liability for Bunker Oil Pollution Damage 2001)（以下簡稱 2001 燃油公約）。

3. 1996 年海上運送有毒有害物質損害責任及賠償國際公約 (International Convention on Liability and Compensation for Damage in Connection with the Carriage of Hazardous and Noxious Substances by Sea 1996)（以下簡稱 1996 有毒有害物質公約），其後修正補充，稱為 1996 年海上運送有毒有害物質損害責任及賠償國際公約及其 2010 年議定書。

參｜適用範圍

　　要了解船舶污染與責任限制，須先界定船舶污染的範圍，而要了解船舶污染的範圍，必須先比較海洋污染防治法與國際相關公約的規定：

一、海洋污染防治法的規定

　　本法適用於中華民國管轄之潮間帶、內水、領海、鄰接區、專屬經濟海域及大陸礁層上覆水域❷。

　　於前項所定範圍外海域排放有害物質，致造成前項範圍內污染者，亦適用本法之規定❸。

二、國際公約的規定

　　1969 年油污公約及其 1992 年議定書第 3 條規定：「1969 年責任公約第 2 條以下列條文取代之：本公約僅適用於：

　　⑴於下列區域所發生的污染損害：

　　　⑴締約國的領土，包括領海；以及

　　　⑵締約國依照國際法的規定所設置的專屬經濟區；締約國尚未設置專屬經濟區者，則為該國依照國際法所確定並與其領海相銜接比鄰之區域外，自該國測量其領海寬度之基線算起，外延不超過 200 海浬。

　　⑵為預防或減輕該船舶污染損害而於任何地點採取的預防措施。」

　　2001 年燃油公約第 2 條、1996 年有毒有害物質公約及其 2010 年議定書第 3 條也有相同規定。

---

❷　海洋污染防治法第 2 條第 1 項。

❸　海洋污染防治法第 2 條第 2 項。

　　比較海洋污染防治法與前揭國際公約的規定，各國際公約適用範圍只包括領土及專屬經濟海域，海洋污染防治法適用範圍雖然相對寬廣，還是應該將大陸礁層上覆水域亦納入適用範圍。船舶污染損害之適用範圍，應該包括：發生於我國領土、專屬經濟海域及大陸礁層上覆水域之船舶污染損害賠償事件以及前述範圍外海域之船舶污染，而最終造成前述範圍內污染損害之情形。

肆┃名詞定義

　　船舶污染，涉及很多專有名詞，各專有名詞有特定的定義：

1. 油　輪

　　為運送散裝油類貨物而建造或改裝的船舶或海上航行載具 (sea-borne craft)。其他「可以供載運油類及其他貨物的船舶」，只有在其實際運送散裝油類貨物時，以及該運送後之任何航程期間，才「視為」油輪❹，但經證明船上已無該散裝油類貨物之殘餘者除外。

2. 船舶所有人

　　船舶登記簿上記載為船舶所有人之人，如未登記者，則為擁有該船舶之人。如船舶為國家所有而為公司所營運者，以該公司在該國登記為營運人為前提，該公司「視為船舶所有人」。油輪以外其他船舶之燃油污染損害賠償時，指船舶所有權人、船舶承租人、船舶經理人及營運人❺❻。

3. 油　類

　　作為貨物被運送或於燃料艙內之持久性碳氫礦物油❼，指任何持久性碳氫礦物油 (hydrocarbon mineral oil)，例如：原油、燃料油、重柴油及潤滑油，且不論該油類是在船上作為貨物被載運或在該船的燃料艙內。

4. 燃　油

　　供用於船舶操作或推動之碳氫礦物油❽。包括：用於或意圖用於船舶操作

---

❹　1992 油污公約第 1 條第 1 款船舶定義。
❺　1996 有毒有害物質公約第 1 條第 3 款。
❻　2001 燃油公約第 1 條第 3 款。
❼　1992 油污公約第 1 條第 5 款。
❽　2001 燃油公約第 1 條第 5 款。

或推動之任何碳氫礦物油及其任何殘餘物。不但包括使船舶產生動力之燃料油，而且還包括船上機具所需之柴油及潤滑油等。

5. 有毒有害物質

散裝油類外，作為船上貨物運送具有毒性或危害性之物品❾。有毒有害物質 (Hazardous and noxious substances) 依 1996 年有毒有害物質公約及其議定書規定分成七類，詳細請參考公約的規定。

6. 污染損害❿

⑴從船舶溢出或排放之油類、燃油及有毒有害物質之污染所致該船舶以外之財產毀損或滅失或人身傷亡。但關於環境損害之補償，除侵害環境所喪失的利益外，應限於已採取或將採取之合理復原措施之費用。

⑵防止措施之費用及因防止措施所致之毀損或滅失。

7. 防止措施 (Preventive measures)

於事故發生後，為避免或減輕污染損害，由任何人所採取之合理措施⓫。

8. 事故 (Incident)

導致發生污染損害或與污染損害具嚴重急迫威脅之任何事故 (any occurrence)，或因同一原因所引起的連續事故 (series of occurrences)⓬。

---

❾ 1996 有毒有害物質公約第 1 條第 5 款。

❿ 1992 油污公約第 1 條第 6 款、2001 燃油公約第 1 條第 9 款及 1996 有毒有害物質公約第 1 條第 6 款。

⓫ 1992 油污公約第 1 條第 7 款、2001 燃油公約第 1 條第 7 款及 1996 有毒有害物質公約第 1 條第 7 款。

⓬ 1992 油污公約第 1 條第 8 款、2001 燃油公約第 1 條第 8 款及 1996 有毒有害物質公約第 1 條第 8 款。

伍 損害賠償的責任主體

一、責任主體

㈠船舶所有人

污染損害事件發生時的船舶所有人，應該對其船舶所致之污染損害，負損害賠償責任。

㈡連串事故的責任主體

污染損害係因一連串事故所致時，應由最早發生事故之船舶所有人負責❸。

二、禁止請求損害賠償及其例外

㈠禁止請求損害賠償

除了污染損害係因其故意或重大過失所致者外❹，不得對下列人行使損害賠償請求權：

　　1.船員、船舶所有人之使用人或代理人。

　　2.引水人或船員以外其他對船舶提供服務之人 (any other person who, without being a member of the crew, performs services for the ship)❺。

---

❸　1992 油污公約第 3 條第 1 項、2001 燃油公約第 3 條第 1 項、1996 有毒有害物質公約第 7 條第 1 項。

❹　1992 油污公約第 3 條第 4 項、1996 有毒有害物質公約第 7 條第 5 項及日本船舶油濁損害賠償保障法第 3 條第 4 項。

3. 任何船舶租賃之承租人、傭船人、船舶經理人或營運人 (any charterer (howsoever described, including a bareboat charterer), manager or operator of the ship)，但油輪以外之船舶燃油污染損害除外。

4. 經船舶所有人同意或依有關主管機關之命令進行海難救助之人。

5. 採取防止措施之人。

6. 前面所揭示之人的使用人或代理人。

㈡禁止請求之例外

船舶所有人對第三人的求償權，不受影響 ❶。

---

❶ 英文部分是作者另外加入。

❶ 1992 油污公約第 3 條第 5 項、2001 燃油公約第 3 條第 6 項、1996 有毒有害物質公約第 7 條第 5 項。

陸｜船舶污染賠償義務人的責任 ──無過失責任及免責事由

　　從立法觀點，船舶污染賠償義務人，原則上應該負無過失責任，只於例外情況可以免責：

一、原則上負無過失責任

　　海洋污染防治法第 33 條第 1 項：「船舶對海域污染產生之損害，船舶所有人應負賠償責任。」船舶對海域污染產生之損害，船舶所有人應負賠償責任，採無過失責任主義。

二、例外──免責事由[17]

　　參考國際公約，立法上應該將下列事項，列為免責事由：
1. 戰爭行為、敵對行為、內戰、暴動或極其例外的、必然的且不可抗力性質的自然現象 (an act of war, hostilities, civil war, insurrection or a natural phenomenon of an exceptional, inevitable and irresistible character)。
2. 該污染損害完全因第三人以故意促使損害發生的意圖的作為或不作為所致者 (the damage was wholly caused by an act or omission done with the intent to cause damage by a third party)。
3. 該污染損害的發生完全因負有維護燈塔或其他航行輔助設施義務的政府或其他主管機關於執行職務時的過失或錯誤行為所致者。
4. 因被害人的故意過失所致：污染損害之全部或一部係因被害人之故意或過失所致，得免除對被害人之全部或一部之賠償責任[18]。

---

[17] 2001 燃油公約第 3 條第 1 項及第 3 項、1996 有毒有害物質公約第 7 條第 1 項及第 2 項。

三、對外負連帶賠償責任，內部依過失比例分擔

　　二艘以上船舶造成污染損害時，是對環境權的共同侵害，所有相關船舶所有人，除依前條規定得主張免責事由外，應對污染損害的受害人負連帶賠償責任。在造成污染的船舶內部間，應該依照污染程度比例分擔，無法鑑定污染程度的比例時，推定相同比例。對外理賠超出其污染比例者，對於其他船舶，在該其他船舶應該分擔的比例範圍內，有內部的求償權。

---

❽　1992 油污公約第 2 條第 3 項、2001 燃油公約第 3 條第 4 項、1996 有毒有害物質公約第 7 條第 3 項。

柒｜船舶污染損害賠償的責任限制

一、主張責任限制的前提──須非故意或重大過失

　　船舶所有人對於船舶污染損害賠償請求，得依法主張責任限制。但污染損害係因船舶所有人本人之故意或重大過失所致者，不在此限，1992 年油污公約第 5 條第 2 項：「船舶所有人若被證明污染係因其本人故意促使損失發生，或因預見結果可能發生而仍然輕忽大意者（重大過失），不得主張本公約規定的責任限制 (The owner shall not be entitled to limit his liability under this Convention if it is proved that the pollution damage resulted from his personal act or omission, committed with the intent to cause such damage, or recklessly and with knowledge that such damage would probably result.)。」規定而來。

二、責任限制的雙軌制

㈠油輪以外船舶的燃油污染──適用船舶所有人責任限制

　　油輪以外其他船舶的燃油污染，由於 2001 年燃油公約並無特別規定，仍然必須適用海商法第 21 條以下各條的責任限制，也就是船舶所有人的責任限制。2001 年燃油公約第 6 條規定：「本公約不影響船舶所有人、提供保險或其他財務擔保之人依據可適用的國家或國際制度有關之責任限制規定所得主張的權利，例如 1976 年海事求償責任限制國際公約及其修正 (Nothing in this Convention shall affect the right of the shipowner and the person or persons providing insurance or other financial security to limit liability under any applicable national or international regime, such as the Convention on Limitation of Liability for Maritime Claims, 1976, as amended.)。」本條明定油輪以外之燃油污染損害，其船舶所有人得依本法關於船舶所有人責任限制的規定，主張其責任限制。

㈡油輪的燃油污染

船舶所有人對於油輪之油類或燃油之油污損害賠償請求，得主張以下數額之責任限制：

1. 船舶登記總噸未逾 5,000 之油輪以特別提款權 451 萬單位計算。
2. 船舶登記總噸逾 5,000 之油輪，除前款金額外，逾 5,000 部分每增 1 總噸另加計特別提款權 631 單位計算；但該總額於任何情況下不應逾特別提款權 8,977 萬單位計算所得之金額[19]。

三、有毒有害物質的污染及人身傷亡的優先受償權

船舶所有人對於有毒有害物質污染損害賠償請求，得主張以下數額之責任限制：

1. 船舶登記總噸未逾 2,000 之船舶以特別提款權 1,000 萬計算單位。
2. 船舶登記總噸逾 2,000 之船舶，除前款金額外，2,001 至 5 萬部分，每噸加計特別提款權 1,500 計算單位，逾 5 萬部分，每噸加計特別提款權 360 計算單位；但該總額於任何情況下不應逾特別提款權 1 億計算單位計算所得之金額[20]。

為了使人身傷亡的受害人獲得優先受償，海商法修正草案第 173 條第 5 項規定：「有毒有害物質所致人身傷亡之賠償請求，除其累計金額逾前項總額之三分之二外，應優先於其他賠償請求[21]。」

---

[19] 2000 油污公約主要修正 1992 油污公約之船舶所有人所得主張責任限制之數額。2000 油污公約規定油輪之油類或燃油污染損害之船舶所有人所得主張責任限制之數額。

[20] 1996 有毒有害物質公約第 9 條第 1 項。

[21] 1996 有毒有害物質公約第 11 條。

捌│責任限制基金的設置

一、責任限制基金的設置

㈠主張責任限制時應強制設置基金

　　船舶所有人主張污染損害責任限制時，應設立相當於其責任限額的基金。基金的設立得由提存總額現金、銀行擔保或其他擔保代之。基金設立後，污染損害賠償請求權人不得對船舶所有人之其他財產行使任何之請求❷。關於基金的設置，公約的主要規定如下：

1.設置的處所及金額

　　船舶所有人，如果要主張 1996 年有毒物質公約第 9 條第 3 項的責任限制，已經起訴者，必須在依第 38 條之規定提起訴訟的締約國法院或主管機關提出與第 1 項規定相當的責任限制金額設置責任限制基金；還沒有提起訴訟者，可以在任何可以依據第 38 條之規定提起訴訟的締約國法院或主管機關，提出與第 1 項規定相當的責任限制金額，設置責任限制基金。基金的設置得以提存現金，或依基金設置締約國法律的規定，可以接受，且法院或其他主管機關也認定適當的銀行擔保或其他擔保的方式為之。

2.設置基金的法律效果

　　船舶所有人，於事故發生後，依照第 9 條的規定設置責任限制基金者：

　⑴任何因事故的發生遭受損失而有求償權之人，都無權對船舶所有人的其他財產行使任何權利。且

---

❷　1996 年有毒有害物質公約第 9 條第 3 項。

⑵任何締約國的法院或其他主管機關都應該下令釋放因該事故所生損失的請求而被扣押、且屬於所有人的船舶或其他財產，並應解除因避免假扣押而提供的財產或其他擔保**㉓**。

㈡保險人或擔保人得任意設置基金

保險人或提供擔保之人有權設立基金，即使船舶所有人無權主張責任限制時，亦可設立。其效力與船舶所有人設立之基金相同，但不影響請求權人對於船舶所有人的權利。此參考 1996 年有毒有害物質公約第 9 條第 11 項：「保險人或提供財務擔保的其他人有權依本條的規定設置責任限制基金，其設立條件與設立效力與船舶所有人相同。即使依照第 2 項的規定船舶所有人不得主張責任限制（按：因為故意或重大過失而不得主張責任限制），保險人或其他提供財務擔保之人仍然可以設立基金，但在此情形，基金的設置不影響任何請求人對船舶所有人的請求權利。」

二、自行防止或減輕油污的合理費用可以參加責任限制基金的分配

船舶所有人為防止或減輕污染損害所自願花費的合理費用或自願之合理犧牲的求償，與其他求償人對基金具有同等的求償權。船東自行除污的部分，得參與責任限制基金的分配，是在責任限制下，比較公平的設計，因為如不得參與分配，則船舶所有人將不自行清除，待他人清除之後，再對其主張責任限制，反滋不利，故船舶所有人自行採取損害防止措施的合理費用，與其他請求權人享有相同地位的權利。

三、基金的設置可以準用船舶所有人責任限制基金的設置

船舶污染損害責任限制基金之設立及分配程序，可以準用船舶所有人責任限制基金設立及分配的規定。因為船舶污染損害責任限制與船舶所有人責任限制性質相同，而船舶所有人責任限制基金之設立及分配規定，另以法律定之。因此將來船舶污染損害責任限制基金設立及分配亦可準用該法律。

㉓　1996 年有毒有害物質公約第 10 條第 1 項。

玖| 投保責任保險或提供擔保

一、應該投保責任保險或提供擔保的船舶

為了保障船舶海洋污染的受害人的請求權，除了單靠國內相關法律及國際公約，應該規定下列船舶應對船舶污染損害，投保責任保險或提供擔保：

　　1.載運第 170 條第 3 款規定油類貨物，總噸位 150 以上之油輪。

　　2.載運第 170 條第 5 款規定之有毒有害物質，總噸位 150 以上之船舶。

　　3.前二款以外，總噸位 400 以上之船舶。

前揭保險或擔保數額，應不低於法律規定的責任限額規定❷，以上規定船舶所有權人就船舶污染損害有投保責任險或提供擔保的義務，且該保險金額及提供擔保之數額，不得低於責任限制的數額。

二、損害賠償請求權人對責任保險人或提供污染擔保人的直接訴權

為了方便請求權人的求償，應該建立請求權人對船舶污染責任的保險人或提供污染擔保者有直接訴權。但不論船舶所有人是否主張責任限制，責任保險人或擔保人都可主張責任限制。此外，保險人還可以主張船舶所有人所得主張的抗辯權。2001 燃油公約第 7 條第 10 項前段：「因油污損害的請求得直接向保險人或其他因登記之污染損失而提供財務擔保之人為之 (Any claim for compensation for pollution damage may be brought directly against the insurer or other person providing financial security for the registered owner's liability for pollution damage)。」可以作為參考。

---

❷　1992 油污公約第 7 條第 1 項、2001 燃油公約第 7 條第 1 項、1996 有毒有害物質公約第 12 條第 1 項。

拾| 消滅時效

關於船舶污染，受害人的請求權時效，可以參照相關國際公約，規定為：污染損害賠償請求權，因 3 年間不行使而消滅。但自事故發生之日起，或事故係由連續事故所致者，自最初事故發生之日起，逾 6 年者亦同 ㉕。

㉕ 1992 年油污染民事責任國際公約第 8 條。

📖 習題

一、選擇題

1. 下列關於對污染損害應該負責主體的敘述，何者最正確？
   (A) 船舶所有人。
   (B) 船舶所有人及有故意過失的船長海員。
   (C) 船舶所有人及有故意過失的使用人或代理人。
   (D) 船舶所有人及有故意、重大過失的船長、海員、船舶所有人的使用人或代理人。

2. 下列關於船舶所有人就船舶污染得否主張責任限制規定的敘述，何者正確？
   (A) 一律可以主張。
   (B) 一律不得主張。
   (C) 以沒有故意過失為限，才可以主張。
   (D) 以沒有故意或重大過失為限，才可以主張。

   參考答案

   1. DD

二、問答題

1. 海商法關於燃油污染採無過失責任主義為原則，但有免責事由，試說明之。
2. 船舶所有人就燃油污染的責任限制內容如何？請分油輪以外的燃油污染與油輪之燃油污染分別說明。
3. 燃油污染的責任限制基金有強制設置者，有任意設置者，試分別說明之。
4. 自行防止或減輕油污的合理費用是否可以參加責任限制基金的分配？試說明其立法理由。

第三章

海上風險的分化機制——海上保險

壹｜海上保險的意義

　　海上保險，是約定要保人交付保險費予保險人，保險人依照保險契約的約定對於保險標的物因海上一切事變及災害所生的毀損、滅失或費用，或被保險人對第三人的責任，除契約另有約定外，負賠償責任的契約。海上保險是財產保險的一種，只是因為其內容與海上運送有關，性質特殊（例如：原則上是概括保險），所以規定在海商法，關於海上保險，海商法海上保險一章無規定者，適用保險法的規定❶。茲將海上保險的意義析述如下❷：

一、當事人

　　海上保險契約的當事人為要保人與保險人。

㈠要保人

　　海上保險契約的要保人是指與保險人（保險公司）訂立契約，而有繳納保險費義務之人。要保人，在貨物保險，常常為貨物所有人或託運人；在船體保險，經常為船舶所有人；在責任保險，經常為運送人（可能為船舶所有人、光船承租人或期間傭船）。海上保險的要保人，在多數情形，與被保險人是同一人，所以要保人與被保險人常常混用，但是嚴格說，要保人與被保險人法律定性還是不同，要保人是契約當事人，被保險人是保險金的給付對象，在多數情況，二者雖然同為一人，但也可分屬不同之人，例如：在船舶抵押的情形，要保人是船舶所有人，也就是抵押人，被保險人則是抵押權人，二者不同。

---

❶　海商法第 126 條。
❷　海商法第 169 條，保險法第 83 條。

㈡保險人

海上保險契約中，要保人的他方當事人就是保險人。保險人，一般是保險公司，英國還有勞依茲保險人 (Lloyd's underwriter)。保險公司是指承保海上保險的公司，性質上是獨立的保險人；勞依茲保險人則是英國勞依茲保險人協會的會員，要保人透過保險經紀人的安排，針對特定保險的需要，組成保險組合 (Syndicate)，以承保海上保險。

海上保險契約是財產保險，是有償契約，要保人負有繳交保險費的義務。保險契約若約定要保人不必繳納保險費，則是賭博行為，為法律所禁止。保險契約雖然必須有保險費的約定，但繳納保險費是否為保險契約的生效條件，必須視契約的約定而定，若保險人同意保險契約先生效，保險費可以延緩繳納，依照契約自由原則，該約定仍然可以生效。

保險人於保險契約生效時，負有承擔風險的義務，在保險事故發生後，負有依約為保險給付的義務。保險人的理賠義務，以保險金額為上限。

二、利害關係人——被保險人

要保人與保險人為契約當事人，要保人通常就是被保險人，在保險事故發生時，可以以被保險人的身分請求保險給付。但是在極少數情況，被保險人與要保人為不同之人，被保險人是保險契約當事人以外的第三人，保險契約的訂立、保險契約效力的維持、保險事故的發生等都與其有利害關係，因此被保險人就是利害關係人，例如：要保人與保險人訂立火災保險契約，以抵押物為保險標的物，指定抵押權人（債權人）銀行為被保險人，就是適例。

三、保險事故

㈠原則上承保一切事故——概括保險為原則

依保險法第 83 條規定：「海上保險人對於保險標的物，除契約另有規定外，因海上一切事變及災害所生之毀損、滅失及費用，負賠償之責。」又依海商法第 129 條：「保險人對於保險標的物，除契約另有規定外，因海上一切事變

及災害所生之毀損滅失及費用，負賠償責任。」海上保險的保險事故，除契約另有約定外，涵蓋範圍及於「因海上一切事變及災害所生之毀損、滅失及費用」。戰爭所致之損害，除契約有除外不保的約定外，保險人亦負賠償責任❸。實務上，概括保險也未必是百分之百承保，實際上仍然有除外不保的情況，多以「除外不保項目」列舉的方式呈現。

㈡保險事故在沒有溯及條款時，原則上限於保險契約訂定後發生

保險契約，假若沒有訂定「溯及條款」，則其所承保的保險事故原則上只限於訂約之後發生者。所謂溯及條款，就是保險契約以雙方當事人都善意為條件，其效力可以回溯到過去的某一時點，從那個時點開始發生的保險事故，即使發生在訂約之前，也在保險契約承保的範圍內，保險人也有理賠的義務。

假若保險契約訂立時，保險事故已經發生，其法律效果如何？

1.我國海商法的規定

依照保險法第 51 條：「保險契約訂立時，保險標的之危險已發生或已消滅者，其契約無效；但為當事人雙方所不知者，不在此限。」、「訂約時，僅要保人知危險已發生者，保險人不受契約之拘束。」、「訂約時，僅保險人知危險已消滅者，要保人不受契約之約束。」規定❹，分述如下：

---

❸ 海商法第 126 條，保險法第 32 條。

❹ 分析如下：

　⑴訂約時保險事故已經發生：

　A.要保人知情。

　　a.保險人知情：理論上不會發生，即使訂立保險契約，仍然無效。

　　b.保險人不知情：保險人不受拘束。

　B.要保人不知情。

　　a.保險人知情：理論上不會發生。

　　b.保險人不知情：適用 lost or not lost clause。

　⑵保險事故已經消滅：

　A.保險人知情。

　　a.要保人知情：理論上不會發生，即使訂立，保險契約仍然無效。

　　b.要保人不知情：要保人不受拘束。

⑴雙方「都知悉」保險事故已經發生或確定不會發生

在要保人與保險人於訂約時都知悉保險事故已發生，或保險人與要保人於訂約時都知悉保險事故已消滅時，保險契約無效，不發生保險理賠，已經收取的保險費應該依照不當得利退還。

⑵雙方「都不知」保險事故不會發生

要保人與保險人都不知訂約時保險事故已經消滅❺，保險契約無效，因為保險事故客觀上不會發生，因此保險契約無效，已經收受的保險費應該退還。

⑶雙方都不知道保險事故已經發生

假若保險契約訂有溯及條款 (lost or not lost clause)，也就是不論客觀上保險事故是否已經發生，只要當事人在訂立契約時是善意，保險公司都會依約予保險理賠條款，則保險人有保險理賠的義務。

⑷只有一方知情

A.保險人知情——要保人不受拘束

若「要保人於訂約時不知保險事故已不會發生，但保險人於訂約時知保險事故不會發生」者，保險人意在圖得保險費，解釋上，要保人不受拘束，理論上要保人（被保險人）得主張保險契約有效，給付保險費，保險人須給付保險金；亦得主張保險契約無效，請求返還保險費，而不請求保險金，即要保人有選擇權，但是因為保險事故確定不會發生，要保人或被保險人確定沒有損失。在財產保險以填補損失為目的的宗旨下，被保險人不得請求保險金，保險人也不得請求保險成了唯一的選擇，因此保險法第 24 條第 2 項規定：「保險契約因第 51 條第 3 項之情事而要保人不受拘束時，保險人不得請求保險費及償還費用，其已收受者，應返還之。」成了唯一的效果規定。

B.保險人不知情。

　a.要保人知情：理論上不會發生。

　b.要保人不知情：保險事故不發生，不發生保險理賠，已經收取的保險費應該依照不當得利退還。

❺　例如：出口商投保貨物損失險時，承運貨物的船舶已經抵達目的港，交付給受貨人，受貨人對於貨物的完整，沒有任何保留。

B.要保人知情

在「被保險人於訂約時知悉保險事故已發生，但保險人於訂約時不知保險事故已發生」時，保險人不受拘束，理論上保險人得主張保險契約無效，而不負給付保險金之責任，但應退還已收受之保險費；或亦得主張保險契約有效，收受保險費，且應給付保險金。即保險人有選擇權，但衡諸實際，保險人斷不可能選擇收取數額較少的保險費，給付數額較大的保險金，故保險法第24條第1項規定：「保險契約因第51條第2項之情事，而保險人不受拘束時，保險人得請求償還費用。其已收受之保險費，無須返還。」成為唯一選擇。

2.英國海上保險法的規定

⑴保險契約訂有「溯及條款（滅失與否皆予理賠條款 lost or not lost clause）」者

保險契約訂有「溯及條款」，且當事人都是善意時，若嗣後證實訂約時保險事故已經發生了，保險人有保險賠償義務；反之，若嗣後證實保險事故已經不會發生了，保險人就已經收取保險費，得不予退還，其還未收取保險費者，保險人得繼續收取。

⑵保險契約未訂有「滅失與否皆予理賠條款」者

A.當事人都惡意時

訂立保險契約時，當事人雙方都知悉保險事故已經發生，或都知悉保險事故不會發生者，保險契約無效，解釋上，保險人不負賠償義務，已經收取保險費者，保險費應該退還，尚未收取者，不得收取。

B.僅一方當事人惡意時

訂立保險契約時，僅當事人一方知悉或應該知悉者，分為兩種情形：

㈠僅保險人知悉或應該知悉者：此種情況，都發生在保險事故確定不會發生的情形。法律效果有二：

a.保險人不負賠償責任。

b.保險人不得請求保險費及償還費用，其已經收取的，應退還之。

㈡僅被保險人知悉或應該知悉者：此種情況，都發生在保險事故已經發生的情形。法律效果有二：

a.保險人不負賠償責任。

b.保險人得請求償還費用，其已收取之保險費，無須退還。

3.中華人民共和國海商法的規定

中華人民共和國海商法第 224 條:「訂立合同時,被保險人已經知道或者應當知道保險標的已經因發生保險事故而遭受損失的,保險人不負賠償責任,但是有權收取保險費;保險人已經知道或者應當知道保險標的已經不可能因發生保險事故而遭受損失的,被保險人有權收回已經支付的保險費。」

㈢保險事故的歸責事由

海商法第 131 條規定:「因要保人或被保險人或其代理人之故意或重大過失所致之損失,保險人不負賠償責任。」因此保險事故的發生,須非因要保人或被保險人或其代理人之故意或重大過失而發生,保險人才負保險給付的責任。本條與保險法第 29 條第 2 項:「保險人對於由要保人或被保險人之過失所致之損害,負賠償責任。但出於要保人或被保險人之故意者,不在此限。」之規定相比有下列差異:

1. 海商法第 131 條不但將要保人或被保險人的「故意或重大過失」列為保險人的法定免責事由,也將「代理人的故意或重大過失」列為保險人免責事由。
2. 保險法第 29 條不但將「重大過失」納在承保範圍內,而且將代理人的「故意或重大過失」也納在承保範圍內。

從貫徹民法第 222 條:「故意或重大過失之責任,不得預先免除。」的精神,保險理賠又具有實質上免除責任效能的觀點,海商法將「重大過失」,列為保險人免責的事由,其立法是正確的,1908 年德國保險契約法也採相同的立法,就這一點言,保險法將「重大過失」列入承保範圍,反而不恰當。相對地,由於代理人所能代理的只限於「法律行為」,不得代理「事實行為」、「侵權行為」、「債務不履行行為」,因此保險法將「代理人的故意或重大過失」仍列入承保範圍,堪稱妥適,而海商法將「代理人的故意或重大過失」列為保險人免責事由,即有不妥。

四、保險標的

海上保險的保險標的,在空間上,原則固然以發生在海上為常,但是得延

展加保至內陸、內河、湖泊或內陸水道；在承保事故的種類上，通常採用概括保險，承保任何發生在海上的保險事故，惟實務上，當事人通常會透過約定，將某些事故排除在外，列為除外不保事項。

㈠空間範圍原則上包括海上，但得以加保方式擴大

由於運送實務，已經由海上延伸到內河、內湖、甚至於到內陸，因此保險實務上也從海上擴及到陸上、內河、湖泊或內陸水道的危險，海商法第127條規定：「凡與海上航行有關而可能發生危險之財產權益，皆得為海上保險之標的。」、「海上保險契約，得約定延展加保至陸上、內河、湖泊或內陸水道之危險。」中華人民共和國海商法第216條也有明文規定。

㈡以概括保險為原則

海商法採概括保險為原則：海商法第129條規定：「保險人對於保險標的物，除契約另有規定外，因海上一切事變及災害所生之毀損滅失及費用，負賠償責任」即採取概括保險為原則，但容許當事人以契約排除某些事故❻。因此海上保險原則上承保所有的海上危險，例如：海難、火災、戰爭、海盜、捕獲、扣留、拘禁、扣押、拋棄、船長海員的惡意破壞行為以及其他類似行為都可以納入承保範圍。海商法第127條第1項也規定：「凡與海上航行有關而可能發生危險之財產權益，皆得為海上保險之標的。」原則上是概括保險。海上保險的標的一般分為船體、貨物、責任、運費及利潤五類❼。

---

❻ 中華人民共和國海商法採概括保險為原則。中華人民共和國海商法第216條規定：「海上保險合同，是指保險人按照約定，對被保險人遭受保險事故造成保險標的的損失和產生的責任負責賠償，而由被保險人支付保險費的合同。」、「前款所稱保險事故，是指保險人與被保險人約定的任何海上事故，包括與海上航行有關的發生於內河或者陸上的事故。」，第217條規定海上保險合同的內容，主要包括下列各項：「六、保險責任和除外責任」顯然也是以概括保險為原則，輔以某些除外不保事項。

❼ 中華人民共和國海商法第218條第1項列舉7款，其中船舶（第1款）、貨物（第2款）、船舶營運收入，包括運費、租金、旅客票款（第3款）、對第三人的責任（第6款）四者與通常的分類相同，但該項另外規定「貨物預期利潤」（第4款）、「船員薪資和其他報酬」（第5款）、「由於發生保險事故可能受到損失的其他財產和產生的責任、

1.船體的損失

保險給付以填補船體之損失為目的者，稱為船體險 (hull insurance)。

2.貨物的損失

保險給付以填補貨物之損失為目的者，稱為貨物險 (cargo insurance)。

3.責任的損失

保險給付以填補被保險人對於第三人依法或依契約應負賠償責任而受賠償之請求之損失為目的者，為責任險 (liability insurance)。

4.運費的損失

保險給付以填補運費之損失為目的，稱為運費保險 (freight insurance)。

5.利潤的損失

保險給付以填補利潤之損失為目的，稱為利潤保險 (profit insurance)。

五、因果關係

船舶、貨物之損失，或責任之發生，必須因保險契約所承保之保險事故所引起，二者間存有客觀相當因果關係。

費用」（第 7 款），內容較為詳細。

貳｜保險契約的訂立、法律性質、保險單及讓與

　　由於海上保險實務，要保人在向國內的保險公司投保之後，國內的保險公司，除了一些是向中央在保險公司投保再保險之外，其他多數分保給英國、瑞士、德國或紐約的保險公司，而以英國占有最高比例。英國的保險制度比較特殊，保險人分為獨立保險人或獨立保險公司 (independent company) 與勞依茲保險人 (underwriters of Lloyd's) 的雙軌系統，有特別介紹的必要。以下先介紹國內的制度，再介紹英國的制度。

一、保險契約的訂立

　　保險契約由投保人與保險人訂定。當事人得授權代理人代理訂約。若既無法定代理權，又沒有經過本人授權，而以代理人的名義訂立契約，就是無權代理，其法律效果是：效力未定，除非符合表見代理的規定，必須等待本人承認才能對本人生效。

　　保險法第 45 條：「要保人得不經委任，為他人之利益訂立保險契約。受益人有疑義時，推定要保人為自己之利益而訂立。」本條前段實際上是規定要保人得未受委任，以自己為要保人，以他人為被保險人（財產保險）或受益人（人身保險），也就是本於無因管理，為他人的利益訂立契約，此種保險，只要符合其他法律規定（例如必須有保險利益），自當有效。

㈠契約當事人

1.我　　國

　　保險契約的當事人為要保人與保險人。要保人，得為自然人或法人，有繳交保險費的義務。保險人之資格以專門從事保險之股份有限公司或合作社者為

限❽。保險契約訂立生效後，保險人有承擔危險的義務，而於保險事故發生後，有為保險給付的義務。

2.英　國

英國保險人有勞依茲保險人協會的會員（以下簡稱：勞依茲保險人）以及海上保險保險公司兩種。勞依茲保險人不直接接受要保人的要保，只接受經由保險經紀人提出的要保，要保人如欲為保險之要約，只得透過經紀人為之。

海上保險公司，就海上保險而言，與勞依茲保險人處於競爭地位。要保人得直接與海上保險保險公司訂立保險契約，也可以透過保險經紀人與保險公司訂立保險契約。

㈡訂約過程──要約與承諾

1.我　國

要保人填具要保申請書，說明投保之標的以及其他有關事項，並交付予保險人，在法律上構成要約。保險人若同意承保，在法律上構成承諾。要約與承諾合致，保險契約即告成立。保險人若拒絕要約，要約立即失效。保險人雖為承諾但附有條件者，則附有條件之承諾視為新要約，必須原要保人另為承諾的表示，契約才能成立，例如：保險人於承諾時，在承諾書上加註：「本保險契約須繳納保險費之後才生效力」就是常見的適例❾。

2.英　國

⑴投保程序

要保人，得直接向海上保險保險公司洽訂保險，或透過保險經紀人向勞依茲保險人為之。

欲向勞依茲保險人投保時，要保人須在保險經紀人備妥之表格 (form)，填寫必須記載事項 (the required particulars)，交予保險經紀人。保險經紀人在授權範圍內，除了可以決定保險費率 (the rates of premium) 外，並應於硬型紙卡

---

❽　保險法第 136 條第 1 項：「保險業之組織，以股份有限公司或合作社為限。但依其他法律規定或經主管機關核准設立者，不在此限。非保險業不得兼營保險或類似保險之業務。」

❾　民法第 160 條第 2 項：「將邀約擴張、限制或為其他變更而承諾者，視為拒絕原要約而為新要約。」

(slip) 上以慣常之簡寫方式記載該種保險的必要事項，然後將該硬型紙卡送交勞依茲保險人，填寫其願意承保的保險金額。保險經紀人在訂約過程中，是要保人的代理人，保險經紀人將硬型紙卡送交勞依茲保險人之行為構成要約 (offer)，而勞依茲保險人在硬型紙卡上簽寫承保金額及保險人名稱之行為，稱為 "writing a line"，構成承諾，二者構成一個契約。此種硬型紙卡輪流供多數勞依茲保險人簽寫承保金額，直到要保人所欲投保的保險金額全部用罄為止。

在勞依茲保險人承保情形，保險經紀人每視保險金額的大小，選定適當的數個勞依茲保險人 (underwriter)，組成一個組合 (syndicate)，而挑選其中對此種保險最有經驗的保險人為領銜保險人 (leader)，保險經紀人會先將該硬型紙卡送請領銜保險人簽寫，該領銜保險人簽寫承保金額及保險費率之後，其他保險人基於對領銜保險人專業知識的信賴，亦多樂於跟進簽保，保險作業易於完成。

若保險組合的所有保險人簽寫完畢，而保險金額猶未獲全數承保，保險經紀人不得自行將各保險人承保金額比例擴大，以期達到保險金額相同數目之目的，而應該透過其他保險經紀人，另覓其他保險人參與承保。反之，若勞依茲保險人組合的所有保險人填寫的保險金額總額逾越要保人的保險金額者　（即 over-placing），則各保險人所承保的保險金額應該比例減少，使各保險人承保保險金額之總數與要保人所欲投保的保險金額相等。但保險經紀人不得將已經簽字承保的保險人自硬型紙卡的名單上刪除。

(2)要保人、保險人與保險經紀人的法律關係

A.要保人與保險經紀人

就契約的訂立過程言，保險經紀人是要保人（被保險人）的代理人，由於保險經紀人財務及經驗較值得信賴，勞依茲會員的保險人不直接接受要保人的要約，只接受以保險經紀人為代理人而提出的要約。

保險經紀人有代理保險人向要保人收取保險費等的權利及義務，要保人怠不給付保險費時，保險經紀人得留置保險人交給保險經紀人的保險單。

B.保險經紀人與保險人

保險經紀人與保險人的關係就是：保險經紀人代理要保人與保險人訂立契約的關係。實務上，保險人不直接向要保人收取保險費，而是向保險經紀人收取；保險經紀人則是向要保人收取保險費，並向保險人收取佣金。

C.要保人與保險人

要保人與保險人為保險契約的當事人。其法律關係有二：一是保險事故發生時，保險人應給付保險金予要保人或被保險人；二是保險人有退還保險費情事時，應將保險費退還予要保人。

二、保險契約的法律性質

㈠保險契約是不要式契約

契約，依照是否以「履行一定方式」為成立要件，可以區分為要式契約與不要式契約。要式契約「履行一定方式」，主要是書面，其他還有拍賣的「拍板行為」、結婚的「登記」等等。至於必須「履行一定方式」義務的由來，有法律規定以及契約約定兩種。

法律規定要式行為的原因是為了貫徹立法政策，因此在完成履行法律規定的一定方式前，原則上契約就「不成立」[10]；契約所以約定法律行為必須履行一定方式，主要原因是保留證據，與立法政策無關，未履行約定的方式，只是「推定契約不成立」，當事人還是可以證明雙方意思表示合致，證明契約成立[11]。契約，以不要式契約為原則，以要式契約為例外。海上保險契約的成立，法律既然沒有規定必履行一定方式，應該是不要式契約。

1.保險法

由於海商法就海上保險契約沒有規定是否以訂立書面文字為必要，因此必須適用保險法，保險法第 43 條規定：「保險契約，應以保險單或暫保單為之。」但是學說上多主張本條規定只具有訓示的性質，沒有強制規定的效力，因此基於保險法授權，由主管機關頒布的保險法施行細則第 4 條第 1 項規定：「依本法第 43 條規定簽發保險單或暫保單，須與交付保險費全部或一部同時為

---

[10] 例如：不動產的移轉或設定（民法第 760 條）、兩願離婚（民法第 1050 條）、收養子女（民法第 1079 條第 1 項）等。但如果法律另外有轉換效力的規定時，則轉換成其他效力，例如：民法第 422 條規定不動產之租賃契約，其期限逾 1 年者，應以字據訂立之，未以字據訂立者，視為不定期限之租賃。

[11] 民法第 166 條。

之。」、第 2 項：「財產保險之要保人在保險人簽發保險單或暫保單前，先交付保險費而發生應予賠償之保險事故時，保險人應負保險責任。」、第 3 項：「人壽保險人於同意承保前，得預收相當於第一期保險費之金額。保險人應負之保險責任，以保險人同意承保時，溯自預收相當於第一期保險費金額時開始。」依此規定，即使保險單或暫保單還沒有簽發，只要符合上述規定，不但保險契約成立，也發生效力，保險人有為保險給付的義務。

2. 中華人民共和國海商法

依照中華人民共和國海商法第 221 條：「被保險人提出保險要求，經保險人同意承保，並就海上保險合同的條款達成協議後，合同成立。保險人應當及時向被保險人簽發保險單或者其他保險單證，並在保險單或者其他單證中載明當事人雙方約定的合同內容。」，保險契約在「保險人同意承保，並就海上保險合同的條款達成協議時」已成立，不以簽發保險單或暫保單為成立要件。

㈡保險契約是諾成契約

契約依是否以交付標的物為成立要件，可以分為要物契約與諾成契約。

各國法制雖然直接間接繼受自羅馬法，但是關於無償的消費借貸、消費寄託、金錢借貸等無償行為，到底採取要物契約說（在標的物交付之前，契約不成立，因此不會發生權利義務）以此避免貸款人、出借人、寄託人、贈與人的義務負擔；還是採取諾成契約說，但是賦予貸款人、出借人、寄託人、贈與人以反悔權，以避免或減輕過度的義務負擔，有不同法制。

民法繼受外國法制時，沒有深入考慮，直到今天，消費借貸、寄託契約究竟要一律維持要物契約理論，或是在有償的情況（例如：有利息的消費借貸、有對價的消費寄託）改採取諾成契約，在無償情形（例如：沒有利息的消費借貸、沒有對價的消費寄託）維持要物契約，依然有不同見解❷，但無論如何，保險契約是有償契約，在立法政策上，有償契約的成立不需要特別降低當事人一方的義務，沒有採用要物契約理論的必要，也沒有採取諾成契約同時賦予反悔權的必要。因此保險契約是諾成契約，且無需賦予反悔權。

---

❷ 參閱借款合同：諾成契約還是要物契約——以合同法第 210 條為中心，張谷副教授，北京大學。

三、保險單

保險法第 43 條規定：「保險契約，應以保險單或暫保單為之。」學者有以此為保險契約為要式契約之論據，認為保險契約若未至保險人簽發保險單或暫保單之程度，保險契約不能成立。通說認為保險契約於當事人要約承諾之意思表示合致時，保險契約即已成立，保險單或暫保單只是具有證明保險契約成立的效力而已，非保險契約之成立要件。

海上保險為保險之一種，自應記載保險法第 55 條的保險共同基本條款：

1. 當事人之姓名及住所。
2. 保險之標的物。
3. 保險事故之種類。
4. 保險責任開始之日時及保險期間。
5. 保險金額。
6. 保險費。
7. 無效及失權之原因。
8. 訂約之年月日。

四、保險標的物移轉與保險契約讓與

㈠保險契約讓與的必要性

保險標的物讓與他人時，保險契約有隨保險標的物移轉與他人的必要，此在海上保險中的船體保險、貨物保險最為明顯。

㈡保險契約的讓與內容包括「債權讓與」及「債務承擔」

債權讓與，依照民法第 297 條第 1 項：「債權之讓與，非經讓與人或受讓人通知債務人，對債務人不生效力。但法律另有規定者，不在此限。」的規定，固然不須要經過債務人同意，只是非通知債務人不得對抗債務人而已。

債務承擔，依照民法第 301 條：「第三人與債務人訂立契約承擔其債務者，非經債權人承認，對於債權人不生效力。」的規定，必須經債權人承認，才能

對債權人生效。之所以如此，主要原因是債務承擔人的清償能力未必比原來的債務人強，為了保護債權人，才規定「非經債權人承認，對於債權人不生效力」。但是，假若債務承擔並不減輕債務的清償能力，也就是並存的債務承擔，原來的債務人仍然是債務人，只是新增加受讓人為承擔人，提升了債務的清償能力，對債權人債權的實現，只有積極的幫助，沒有消極的消滅，因此不需要經過債權人的承認，也可以立即生效。

(三)保險法就保險契約因法律行為而讓與的規定，不符合法理

保險法第 18 條：「被保險人死亡或保險標的物所有權移轉時，保險契約除另有訂定外，仍為繼承人或受讓人而存在。」此一規定，在保險標的物因「繼承」而移轉的情形，因為繼承人概括繼承被繼承人的權利義務（包括保險契約），因此堪稱妥適。但是就保險標的物因「法律行為」而移轉，保險契約若因標的物的移轉而隨同移轉，則因違背「債權讓與」必須通知債務人才可以對債務人生效❸、「債務承擔」必須獲得債權人同意，才能生效的法理❹。

(四)中華人民共和國海商法關於貨物或船舶因法律行為而移轉，採用不同法律規定

中華人民共和國海商法關於貨物或船舶因法律行為而移轉，採用貨物保險契約法定債權讓與（即：並存債務承擔制）；關於船舶因法律行為而移轉，則船舶保險契約採意定讓與理論（即：不採並存債務承擔），適用民法關於債權讓與與債務承擔的規定。

中華人民共和國海商法第 229 條規定：「海上貨物運輸保險合同可以由被保險人背書或者以其他方式轉讓，合同的權利、義務隨之轉移。合同轉讓時尚未支付保險費的，被保險人和合同受讓人負連帶支付責任」，在指示提單或空白提單，持有人可以主觀上「讓與貨物所有權的意思」，配合「背書及交付提單」或

---

❸ 民法第 297 條：「債權之讓與，非經讓與人或受讓人通知債務人，對於債務人不生效力。但法律另有規定者，不在此限。」、「受讓人將讓與人所立之讓與字據提示於債務人者，與通知有同一之效力。」
❹ 民法第 301 條：「第三人與債務人訂立契約承擔其債務者，非經債權人承認，對於債權人不生效力。」

「交付提單」的行為，將貨物所有權讓與他人。貨物所有權讓與他人時，以該貨物為保險標的物的保險契約只得隨同移轉，構成「法定的債權讓與」與「法定的債務承擔」，本條末段規定「合同轉讓時尚未支付保險費的，被保險人和合同受讓人負連帶支付責任」以保護保險費的債權人（保險人）。但是本條就保險契約債權讓與的通知義務，沒有規定，似有遺漏。

此外，中華人民共和國海商法第230條：「因船舶轉讓而轉讓保險合同的，應當取得保險人同意。未經保險人同意，船舶保險合同從船舶轉讓時起解除；船舶轉讓發生在航次之中的，船舶保險合同至航次終了時解除。」、「合同解除後，保險人應當將自合同解除之日起至保險期間屆滿之日止的保險費退還被保險人。」 在船舶保險，回歸保險契約主體變更涉及 「債權讓與」 與 「債務承擔」，因此非經債權人（保險人）同意，對債權人（保險人）不生效力的民法基本原則。本條所謂「解除」從該條「合同解除後，保險人應當將自合同解除之日起至保險期間屆滿之日止的保險費退還被保險人。」的規定，即「維持以前的效力，只向將來失效」的效力，應該是「終止」的意思，參照該法英文翻譯使用 "terminate" 一字，亦可證明「解除」二字實際上為「終止」之誤。

㈤德國關於保險契約的移轉採用民法關於「債權讓與」與「債務承擔」的規定

2012年德國保險契約法關於保險標的物因法律行為而讓與，有數個重要規定：
1. 保險契約隨同保險標的物的讓與而移轉
保險契約法第95條規定第1項：「被保險人讓與保險標的物時，受讓人取得讓與人在所有權期間因保險契約發生的權利義務。」以無縫接軌地發揮保險契約的保障功能。
2. 保護債權人（保險人）原則
就讓與前積欠的保險費，讓與人與受讓人對保險人負連帶債務，以保護債權人（保險人）。保險契約法第95條第2項：「讓與人與受讓人就讓與前發生的保險費對保險人連帶負責。」另外維持債務承擔必須經債權人同意，以保護保險人的保險費債權，保險契約法第95條第3項：「保險人在知悉讓與前，讓與對其不生效力。」

3.維護契約當事人選擇的自由

　　契約自由原則的原則之一，就是選擇當事人的自由，保險契約法第 96 條第 1 項：「保險人得對受讓人定 1 個月之通知後，終止契約。對受讓人終止契約之權利，自保險人知悉讓與之後 1 個月不行使而消滅。」、第 2 項：「受讓人得終止保險契約，且立即生效或是在現在的保險期間屆滿時生效。受讓人的保險契約終止權自購買標的物後 1 個月不行使而消滅，其不知有保險契約者，自知悉之時起算 1 個月。」、第 3 項：「在保險契約依照第 1 項或第 2 項規定而終止時，讓與人應負擔保險費，受讓人不負保險費責任。」

4.保護善意行為原則

　　保險契約法第 97 條：「讓與人或受讓人應該及時將讓與事實通知保險人。讓與之事實未及時通知保險人者，保險人從應該受讓與通知而未受通知之日起 1 個月後所發生的保險事故，不負理賠責任。」、「雖有前項後段的規定，保險人若於其應受讓與事實之通知而未受通知之時已經知悉讓與之事實，對於發生之保險事故仍然必須負理賠義務。保險事故於保險人終止保險契約之期限屆滿但未終止保險契約之後發生者，亦同。」

參│海上保險契約的種類

一、以期間或航程區分

(一)期間保險 (Time Policy)

　　保險契約效力的起訖點，若是從特定時日到另一特定時日者，稱為期間保險。船舶保險通常採期間保險。

(二)航程保險 (Voyage Policy)

　　保險契約效力的起訖點，若是從特定地點到另一特定地點的一次或數次航行者，稱為航程保險。貨物保險通常採航程保險。又船舶保險在例外情形，也有採航程保險者，例如：船舶的處女航，船舶所有人，以其訂購的船舶為標的物投保航程保險，航程是從船舶建造地的港口到船舶所有人所在地的港口，例如：自鹿特丹到基隆港；再如：高雄的某拆船業者，在中東科威特標購廢船一艘，要駛返高雄，以便拆解，因此就該船投保航程保險，航程是從科威特到高雄港。

二、以訂約時保險標的物是否已確定區分

　　貨物保險，以訂立保險契約時，承保標的物是否已經確定或尚未確定區分，其保險單可分為：

(一)關閉保險 (a closed policy)

　　訂立貨物保險契約時，若承保的貨物已經確定，其所訂立的保險契約屬於關閉保險，此種保險多用於一次裝船的運送。

㈡開口保險 (an open policy)

訂立契約時，若承保的貨物尚未確定，須待訂約以後確定者，其所訂立的契約屬於開口保險，開口保險又稱為預約保險。之所以採用開口保險的方式訂立保險契約，其目的就是為了簡化訂約的程序及節省訂約的費用。開口保險保險單的承保範圍涵蓋特定期間內分批裝運貨物的危險事故。但每次裝貨時，要保人必須將貨物的數量、航線、以及船舶名稱通知保險人，構成一個契約。須注意者，每批貨物都各自為單獨保險契約的保險標的物，分別計算保險費，因此開口保險，是以一張保險預約單，證明數個保險標的物不同、保險費不同、而且契約數目是數個的保險預約。

三、以保險標的區分

㈠船體保險 (hull insurance)

以船舶及屬具的毀損或滅失為保險事故的保險，稱為船體保險❶❺。以船舶為海上保險的標的物所簽發的保險單，稱為船舶保險單。由於海上保險多直接向英國投保，或是在其國內投保之後，原保險公司再向英國的保險人投保再保險，因此應該簡單介紹英國的船體保險。

英國是船舶保險大國，海上保險的保險人分為獨立保險公司以及勞依茲協會兩類。獨立保險公司是指倫敦國際保險協會 (International Underwriting Association of London, I.U.A.) 會員的保險公司，以 「公司海上保險單 (Companys Marine Policy)」 為基礎單獨、直接接受投保。勞依茲協會有很多會員，透過保險經紀人安排聯保組合 (Syndicate)，1983 年經過修正的協會船體保險，稱為 「協會航程條款 —— 船體 1/10/83 (Institute Time Clauses-Hulls 1/10/83)」。實務上以「協會定時條款——船體」或「協會航程條款——船體」搭配「新海上保險單格式 (the new marine policy form, MAR91)」進行投保。最新版本是 1995 年版 ， 分別是 「協會定期船體保險條款 (Institute Time Clauses

---

❶❺　參閱保險法第 127 條、第 134 條。

Hulls (1/11/95))」 及 「協會航次船體保險條款 (Institute Voyage Clauses Hulls (1/11/95))」。船舶保險以保險期間區分又可以分為期間保險單以及航程保險單。

㈡貨物保險 (Cargo insurance)

以貨物在運送過程中毀損或滅失為危險事故的保險稱為貨物保險。依照海商法第 135 條規定：「貨物之保險以裝載時、地之貨物價格、裝載費、稅捐、應付之運費及保險費，為保險價額。」，貨物保險單是以貨物為保險標的物簽發的保險單。英國勞依茲保險人協會以 「1982 年的協會貨物保險條款 (Institute Cargo Clauses) A、B、C 三式」，搭配「新海上保險單格式 MAR91」接受投保。其中 A 式承保範圍最廣，接近全險；B 式承保範圍次之；C 式承保範圍最小。1982 年協會貨物保險條款在 2009 年有新版本。

㈢運費保險 (Freight insurance Policy)

以運費的損失為保險事故的保險稱為運費保險❶⑥。依照海商法第 137 條規定：「運費之保險，僅得以運送人如未經交付貨物即不得收取之運費為之，並以被保險人應收取之運費及保險費為保險價額。」、「前項保險，得包括船舶之租金及依運送契約可得之收益。」

運費保險單是保險人承保到付運費保險所簽發的保險單。英國勞依茲協會，運費保險依保險期間計算方式的不同分為 「協會期間運費保險條款 (Institute Time Freight Clauses 1/10/1983)」 與 「協會航程運費保險條款 (Institute Voyage Freight Clauses 1/10/1983)」，也都必須搭配「新海上保險單格式 MAR91」訂約。

㈣應有利得保險

以貨物到達時應有之佣金、費用或其他利得的獲得或喪失為危險事故的保險稱為應有利得保險。海商法第 136 條規定：「貨物到達時應有之佣金、費用或其他利得之保險以保險時之實際金額，為保險價額。」

---

❶⑥　參閱保險法第 137 條。

㈤責任保險

責任保險是保險人於船舶所有人對第三人，依法應負賠償責任，而受賠償之請求時，負保險理賠責任的契約❶。船舶所有人就承運的貨物對貨主固然會發生侵權行為或債務不履行的損害賠償責任、對第三人也可能因侵權行為負損害賠償責任，不論為侵權行為責任或是債務不履行責任，均得投保責任險，以分化風險。實務上，保險人為提高被保險人之注意，使被保險人不至於因為已經投保責任保險而輕忽大意，一般只承保責任額的一定比例，其不承保部分由被保險人自行承擔，並且依照承保比例、自行負擔的比例分擔損失。在英國，船舶所有人員另外組織防護及補償協會 （Protection and Indemnity Club， 簡稱 P&I Club），該協會功能之一就是承保保險人責任險所不承保的自負額部分❶。

---

❶ 保險法第 90 條參照。

❶ 以上五者，為海上保險之主要項目，此外尚有 「費用支出保險 (disbursement insurance)」，於船舶之價值及運費已為充分保險之後，得再就保險總額加保百分之十至百分之十五之金額，以防船舶全部損失時，作為發生額外損失之補償。此種保險，無明顯的保險利益，雖然於全部損失時，保險人每願依約為保險給付，但從保險法理論言，仍應否認其效力。

在保險實務上，有「保險單本身證明保險利益 (policy proof of interest)」或稱為「免證明保險利益之保險單」，但法院仍否定其效力。按免除證明保險利益之保險單 （policy proof of interest，簡稱 P.P.I.），旨在免除被保險人證明保險利益之義務。海上保險之保險事故發生時，被保險人須證明其保險利益，始得請求保險人理賠，惟因某些保險利益，例如：貨物增加價值、船長支出費用、預期利潤等概念模糊，證明困難，其結果使被保險人不願提出證據證明其有保險利益而索賠，影響所及，減低被保險人之投保意願，為克服此一問題，特有「保險單本身證明保險利益」之設計，以免除被保險人證明保險利益之義務。 免除證明保險利益之保險單 (P.P.I.) 與無保險利益之保險單相同，皆為賭博契約，同屬無效，被保險人與保險人皆不得因此享受權利，亦不因此負擔義務。

實務上，有保險經紀人將「免除證明保險利益之保險單」以別針別在保險單上，而不像其他附加保險文件貼黏於保險單上，其目的在隨時除去 「免除證明保險利益之保險單」，使保險契約發生效力，但此種作法，法院並不肯定其效力，主要理由是「原已無效之保險單 （契約）」，不因任何後來之行為（即除去免除證明保險利益之保險單之所

㈥防護及補償保險單

防護及補償保險單是防護及補償協會簽發的保險單。保險單的功能之一就是承保海上運送人對於第三人賠償責任。海上運送人就其從事海上活動對於第三人所負的賠償責任向勞依茲協會會員組合 (Syndicate) 或是保險公司投保責任保險，但是不論勞依茲保險會員組合或是保險公司，其責任險通常都只承保四分之三，因此其餘的四分之一責任，若不願意自己承擔，還要轉嫁風險，就只得另外向防護及補償協會參與互保。

防護及補償協會，又稱為保賠協會，是由船東組成的互助團體。防護及補償協會提供的保障範圍，包括對因人身傷亡的賠償請求（包括海員死傷疾病、裝卸工死傷、旅客或其他第三人死傷）、對乘客的責任（包括私人物品的滅失）、人身救助、船舶碰撞責任、貨物以外財產的毀損滅失、環境污染、船舶拖帶責任、船舶殘骸的移除、貨物賠償責任、貨物就共同海損或海難救助的分擔、救助費用、罰金、法律費用等等。

四、以投保時是否已經估定保險標的物價值作為保險價額區分

保險價額與保險金額不同，保險價額是保險事故發生時保險標的物的價值；保險金額則是保險人承保保險的最高責任上限 ❶。海上保險從訂立海上保險契約時，是否已經就保險標的物估定價值，並以之作為保險事故發生時保險標的物價值（保險價額），可以分為定值保險與不定值保險：

㈠不定值保險

在保險事故發生後，才估計保險標的物「保險事故發生時」的保險價值，因為訂立保險契約時保險標的物的價值還沒有確定，稱為「不定值保險」。

為)，而成為有效。

❶　中華人民共和國海商法也規定：「保險金額由保險人與被保險人約定，保險金額不得超過保險價值；超過保險價值的，超過部分無效。」

㈡定值保險

　　在訂立保險契約時，已經就保險標的物估定一定的價值，並以之作為（視為）將來發生保險事故，保險標的物於「保險事故發生時」的價值者。此種保險，因為訂立契約時保險標的物的價值就已經確定，因此稱為定值保險。

　　從財產保險以填補損失為宗旨的觀點，理論上應該採取不定值保險，比較妥當，但是實務上，因為某些保險標的物，若是等待「保險事故發生後」才追溯地鑑定保險標的物在「保險事故發生時」的價值，有時鑑定技術上有困難，程序費用太大，不符合法律經濟原則，更何況保險標的物的價值有時涉及主觀好惡，價值的高低因主觀的好惡而不同，不易客觀確定，因此採用定值保險，海上保險、火災保險、古董藝術品保險多採定值保險。

五、預約保險與浮動保險

㈠預約保險

　　預約保險，又稱開口保險 (open policy)，是指保險人與要保人，針對特定期間內由託運人以各種方式託運的所有貨物的毀損滅失，依照事先約定適用的費率、條件，提供保險保障的海上貨物保險，被保險人就約定期間內託運貨物的描述、數量以及價值，必須立即或定期通知保險人。預約保險就是要保人與保險人將來在約定期間內要訂定不特定多數海上貨物保險契約的預約。

　　預約保險對於被保險人與保險人具有節省人力、物力的優點：就被保險人而言，只要在預約保險的範圍內，不必擔心沒有保險人承保，也不必擔心遺漏沒保，因為每一筆貨物的保險都自動開始，被保險人只要按照約定定期或逐次將裝船貨物通知保險人，都立即獲得保險的保障；就保險人而言，訂了一次預約，可以預期後續會訂定多數的本約，商機良好。

　　實務上，被保險人每一次將裝船的貨物通知保險人，都得請求保險人簽發保險單證，中華人民共和國海商法第 232 條規定：「應被保險人要求，保險人應當對依據預約保險合同分批裝運的貨物分別簽發保險單證。」、「保險人與被保險人對保險標的約定價值者，除本法另有規定，或有詐欺情事外，該約定之保

險價額,對當事人有拘束力。」、「保險人分別簽發的保險單證的內容與預約保險單證的內容不一致的,以分別簽發的保險單證為準。」、第 233 條規定:「被保險人知道經預約保險合同保險的貨物已經裝運或者到達的情況時,應當立即通知保險人。通知的內容包括裝運貨物的船名、航線、貨物價值和保險金額。」

海商法第 132 條:「未確定裝運船舶之貨物保險,要保人或被保險人於知其已裝載於船舶時,應將該船舶之名稱、裝船日期、所裝貨物及其價值,立即通知於保險人。不為通知者,保險人對未為通知所生之損害,不負賠償責任。」其實也就是預約保險或稱開口保險。

㈡浮動保險

浮動保險 (floating policy) 只有一個貨物保險契約,通常要保人估計一年貨物託運的數量,預付相當於一年的運費,每一次託運,就通知保險人,在預估的數量中扣除,一直反覆,直到估計的數額扣除殆盡為止,才再訂立另外一個浮動保險契約。浮動保險的保險單,記載一般的保險條款,具體承保船舶名稱或其他事項,則依照「其後的申報」可以貼黏在浮動保險的保險單或以其他習慣的方式為之。除保險契約另有約定,否則被保險人的申報必須依照啟航或託運的先後為之,申報人對於浮動保險單保險範圍的各次託運、貨物價值應誠實申報,但若有遺漏或錯誤,即使損失發生之後或貨物抵達之後,仍然可以更正,但是以善意為限 [20]。

---

[20] MIA 1906 第 29 條第 1 項、第 2 項及第 3 項。

肆 | 保險利益

一、海上保險「保險利益」的意義

㈠保險利益是可以保險的利益

　　保險利益，英文稱為 insurable interest，意思就是「可以保險的利益」，中華人民共和國保險法、海商法都將保險利益稱為「可保利益」，堪稱傳神。保險利益不但必須有「利害關係」，而且該「利害關係」的保障還必須具有法律的「正面價值」才可以。中華人民共和國保險法第 12 條第 4 款規定：「保險利益是指投保人或者被保險人對於保險標的具有的法律上承認的利益」的規定，可以作為保險利益的詮釋。若僅有「利害關係」，但該利害關係的保障欠缺法律的「正面價值」，就不具有保險利益，例如：竊盜歹徒就盜贓物的保有有利害關係（因為依照民法的規定，在和平、公然、繼續占有達到 10 年時，可以時效取得所有權），但是對盜贓物投保保險，就不具有法律的「正面價值」，因此也就欠缺保險利益。保險利益的認定，若只是考慮「利害關係」，不考慮法律的「正面價值」，則保險制度將淪為保障不法利得的工具。

㈡保險利益的有無應依保險法的規定認定

　　保險法規定，要保人或被保險人，對於保險標的物無保險利益者，保險契約失其效力。關於財產上保險利益的有無，保險法第 14 條規定：「要保人對於財產上之現有利益，或因財產上之現有利益而生之期待利益，有保險利益」，第 15 條規定：「運送人或保管人對於所運送或保管之貨物，以其所負之責任為限，有保險利益。」，保險法第 20 條：「凡基於有效契約而生之利益，亦得為保險利

益。」海商法並未針對海上保險的保險利益加以規定，因此必須依保險法的上述規定認定。

㈢財產保險利益以保險事故發生時存在為必要

由於財產保險的目的在填補損失，因此只要「保險事故發生時」有保險利益就可以，不以訂立保險契約時就有保險利益為必要。中華人民共和國保險法第 12 條第 2 款規定：「財產保險的被保險人在保險事故發生時，對保險標的應當具有保險利益。」海商法沒有就保險利益另外規定，自應適用保險法的規定。

㈣英國海上保險法、德國海上保險法關於保險利益的規定

1. 1906 年英國海上保險法（U.K., Marine Insurance Act 1906，簡稱 MIA 1906）

「⑴除本法另有規定外，對於海上冒險有利害關係之人有保險利益。⑵特別是，對於海上冒險或海上冒險中任何曝露於危險中的可保財產有法律上或其他相當之關係，因可保財產的安全或準時抵達將獲得利益，因得保險財產之滅失、毀損、留置而遭受損害或發生責任者，對該海上冒險有利害關係 (⑴ Subject to the provisions of this Act, every person has an insurable interest who is interested in a marine adventure. ⑵ In particular a person is interested in a marine adventure where he stands in any legal or equitable relation to the adventure or to any insurable property at risk therein, in consequence of which he may benefit by the safety or due arrival of insurable property, or may be prejudiced by its loss, or damage thereto, or by the detention thereof, or may incur liability in respect thereof)。」是針對海上保險的保險利益最為詳細的界定。

2. 1919 年德國海上保險法第 1 條

凡對於特定航海有任何關係，因船舶或所載貨物之安全無損或準時到達，具有可得之利益者，以其喪失或毀損得以金錢計算者為限，有保險利益。被保險人對於標的如無保險利益者，其契約無效。以賭博為目的之契約，無效。

3. 以上英、德國法對「海上保險保險利益」的定義，可歸納三點要件：

⑴保險利益是對海上冒險所具有的利害關係

保險利益是對「海上冒險」或「海上冒險中任何曝露於危險而得被保險之財產」有利害關係，但不以此為限。

(2)保險利益所指的利害關係，包括「法律上」或其他相當之關係

(3)保險利益於保險事故發生時，必須存在

　　海上保險的保險利益，包括訂約時就已經存在，以及訂約時不存在但可得期待將來會發生都可以。無論如何，被保險人在「保險事故發生時」，對於保險標的物必須有保險利益。若訂約時無保險利益，其後亦未發生保險利益，保險契約自始無效；反之，若訂約時有保險利益，其後喪失保險利益，則保險契約失效❷。所謂「失效」，是指契約生效之後，又失去效力。

㈤保險利益的具體事例

1. 所有人對於其所有的財產有保險利益❷。
2. 船長因航行需要，以運送人之法定代理人的身分，以「船舶、運費、貨物」為擔保標的物為船貨擔保貸款 (a bottomy bone)，貸款人對於該「船舶、運費、貨物」有保險利益；船長因航行需要，以船舶所有人之法定代理人身分，以船舶為標的物為船舶擔保貸款 (respondentia) 時，貸款人對於該船舶有保險利益❷。
3. 船長、海員就其薪資有保險利益❷。
4. 預付運費者，預付人就貨物滅失而無法請求返還的運費有保險利益❷。
5. 在船舶設定抵押權情形，抵押人就抵押物全部有保險利益（基於所有權的保險利益）；而抵押權人，在抵押權所擔保之債權到期及未到期前的範圍內，對抵押物有保險利益❷（基於擔保物權的保險利益）。
6. 海上保險保險人就其承保理賠的責任有保險利益❷，可以投保再保險❷。

---

❷　保險法第 17 條。
❷　sect. 14⑶, MIA 1906.
❷　sect. 10, MIA 1906.
❷　sect. 11, MIA 1906.
❷　sect. 12, MIA 1906.
❷　sect. 14⑴, MIA 1906.

二、保險利益的內容

海上保險利益的內容，最主要是「貨物的保險利益 (cargo interest)」、「船舶的保險利益 (hull interest)」及「責任的保險利益」三類。貨物的保險利益，指貨物所有人對貨物或與貨物有關的各種利益 (all types of interest related to the cargo) 的利害關係；船舶的保險利益，指船舶所有人對船體或與船體有關的各種利益 (all types of interest related to the hull) 的利害關係；責任的保險利益，指運送人對運送人履行運送契約時所負債務不履行或侵權行為責任的利害關係。分述如下：

㈠貨物的保險利益

運送人就其所僱用的船長、海員、引水人或其他受僱人，因航行、管理船舶或船舶火災之行為而有過失致貨物發生毀損或滅失，得主張免責❷⁸。貨物所有人若要避免貨物損失求償無門，有就其託運貨物投保貨物險的必要。貨物的保險利益如下：

1.本於所有權的保險利益

貨物所有人對貨物有所有權，因貨物的安全、準時運抵目的地而獲利益。反之，也因貨物的滅失、毀損或被留置 (detention) 而遭受不利益。因此貨物所有人對其所有的貨物有保險利益。此種保險利益的存在期間正與所有權的存在期間相同。基於所有權的保險利益，須注意下列三點：

⑴貴重物品 (cargo specie)

貴重物品 (specie)，包括金條 (gold bullion)、其他貴重金屬 (other precious metals)、寶石 (precious stones)、債券 (bonds)、股票 (share certificates)、錢幣 (money in coin) 以及鈔票 (currency in notes) 等，所有人對之有保險利益，惟此類貴重物品性質特殊，因此保險人都單獨估計其價值才辦理保險，不與一般貨物同視。又所謂貴重物品，不包括磁器 (valuable porcelain)、雕刻 (sculptures)、繪畫 (painting) 等在內。

---

❷⁷　sect. 9, MIA 1906.

❷⁸　海商法第 69 條第 1 款、第 3 款。

(2)保險利益的續存或偶發性保險利益 (contingent interest)

貨物的出賣人，對被拒領的貨物有保險利益。貨物的所有權於載貨證券交付買受人時，載貨證券所表彰的貨物也同時由出賣人移轉予買受人時，出賣人本於所有權的保險利益消滅，買受人對貨物取得基於所有權的保險利益。但有時，保險契約訂定有出賣人給付遲延或有其他特定原因時，買受人得拒絕受領貨物的約款，如果出賣人有給付延遲或有約定的情事發生，而買受人行使拒絕受領之權利時，對買受人言，固然因為此一「偶發」事實而不能取得保險利益，對出賣人言，也因此一「偶發」事實，其保險利益繼續存續，稱為「偶發性保險利益 (contingent interest)」。

(3)可消滅的保險利益 (defeasible interest)

貨物的出賣人本於所有權對於貨物具有保險利益，但是當貨物所有權，以運送人仍然直接占有貨物為前提，隨著載貨證券的交付買受人而貨物的所有權也移轉予買受人時，出賣人也喪失貨物的所有權，其對貨物本於所有權的保險利益也告消滅。此種情況，保險利益，是在航行進行中，因保險事故發生以外的原因而消滅，因此稱為「可消滅的保險利益」。在保險單轉移中，保險利益雖然消滅，但保險費並不返還。

2. 負擔運費者，其運費（freight 或 shipping cost）

貨物所有人就其出賣的貨物負擔運費者，就該運費有保險利益。貨物出賣人以 CIF 或 CFR 的買賣條件出賣貨物時，須負擔將貨物運往目的港的運費，若貨物未運抵目的港交予買受人，則應對買受人負債務不履行責任，買受人也勢必拒絕給付包括運費在內的全部價金。貨物所有人為了避免風險，得就運費投保保險。同理，在 FOB 的交易，買受人就其支付的運費也有保險利益。

3. 負擔保險費者，其保險費 (insurance charges)

貨物所有人就其給付的保險費有保險利益。例如：在 CIF 的交易，若貨物發生毀損或滅失，買受人將拒絕給付包括保險費在內的全部價金，其結果保險費將無法收回；反之，若貨物不發生毀損或滅失，出賣人就可以自買受人獲得包括保險費在內的全部價金，保險費亦因之可以收回。因此，給付保險費的貨物所有人，就保險費有保險利益。

4.期待利益（期待利潤）

貨物所有人對貨物安全地抵達目的地出售而可以期待的利潤有保險利益。貨物的出賣人出售貨物可以期待的利潤，包含於貨物價格中，若貨物未能運抵目的地，交付予買受人，買受人將拒付價金，出賣人的期待利潤亦將落空，故出賣人就期待利益有保險利益。

5.繼續運送的費用 (forwarding expenses) 或轉運費用

出賣人就繼續運送的費用，有保險利益。海上運送契約經常約定若目的港因罷工、戰爭等原因導致無法卸貨時，運送人得在到達目的港之前或在超越目的港後的其他港口，卸下船上貨物，由出賣人自負費用安排運往目的港。又運送人因目的港不能卸貨，導致必須將貨物運往目的港之後的其他港口所生的費用，也可以向出賣人請求。上述兩類繼續運送的費用，都有偶發性質，出賣人對於這種費用的發生有利害關係，因此有保險利益。

又目的港冰封 (ice-bound) 時，船舶常常必須繼續航向其他附近港口卸貨，或必須提前在附近其他港口卸貨，此時出賣人亦必須自行負擔費用，將貨物運抵目的港或目的地，此種費用的發生，乃繫於「冰封發生之早晚」的不確定事實，出賣人對於此種費用有保險利益。出賣人為了分化負擔此種費用的風險，可以投保「冰封偏航險 (ice deviation risk)」，約定於危險事故（即港口冰封）發生時，由保險人給付被保險人每噸若干元或若干英鎊的保險金。在冰封偏航險，保險人常與被保險人訂定貨物必須在某月某日之前啟航的特約條款，以避免因遲延啟航，遭遇目的港港口冰封，無法卸貨，發生保險事故。此種特約條款，運送人必須嚴格遵守，否則保險人得解除契約。

6.本於擔保物權的保險利益

貨物設定質權或發生留置權之後，貨物所有權人雖然對貨物仍然有保險利益（基於所有權的保險利益），但質權人或留置權人對於該貨物，也基於擔保物權，而有保險利益。其保險利益的範圍，一如被擔保的債權，可以因利息的增加，債權範圍的擴大，也隨之擴大。在船貨擔保貸款 (a bottomry bond) 或船舶擔保貸款 (respondentia)，債權人分別對於「船舶、運費、貨物」或「船舶」，在債權及利息的範圍內，有保險利益。

7. 代理人對佣金的保險利益

貨物所有人的代理人就其期待獲得之佣金 (commission) 有保險利益。佣金權利的獲得，以標的物安全到達為前提，貨物的毀損或滅失，與代理人有利害關係，因此代理人就貨物亦有保險利益。

(二)船舶的保險利益

船舶的保險利益，指船舶所有人對於船舶或與船舶有關的各種利益的利害關係。分述如下：

1. 船舶所有人對船舶的保險利益

(1)所有權

船舶所有人，基於船舶所有權對船舶有保險利益。在保險單，通常以對「船體及機器」，或對「船體、機器及冷凍機器」之保險利益稱之。若船舶為共有，共有人對於共有船舶有保險利益，但以其應有部分為限。現今船舶共有的情形逐漸減少，多數船舶為船公司所有，船公司股東 (shareholder) 對於船舶有無保險利益，素有爭議，英國採取否定的見解，但美國判例，認定股東在其擁有股份之範圍內對公司的船舶有保險利益。

(2)船舶保險費

船舶所有人，就已經支付期間保險的船舶保險費有保險利益。依照保險實務，船舶所有人通常以 12 個月為期，為其船舶投保保險，並預支保險費，該保險費預期於其未來 12 個月的海上航行的運費中，逐漸賺回。若於保險期間，船舶發生毀損或滅失，無法從事海上運送以賺取運費，其結果，預付的保險費將無法賺回，船舶所有人將損失保險費，因此船舶所有人對於其保險費有保險利益。

船舶所有人逐月從運費賺回十二分之一保險費，而隨著月份的經過，尚未賺回的保險費將會逐漸減少，因此習慣上，每經過 1 個月，將減少十二分之一的保險費損失。例如：船舶所有人預付之保險費 1,200 英鎊，至最後 1 個月，只剩 100 英鎊，此種逐月遞減的保險費保險利益稱為「縮減型保險費保險利益 (premium reducing interest)」，此在船舶保險，甚常見之。

若船舶保險為航程保險，則船舶所有人給付一定數額的保險費，不會發生遞減的情況。船舶航程保險，實務上較少發生，多見於初次航行及最後標買解體船舶用之。

2.己船運送時，船舶所有人的其他保險利益

(1)運費 (freight)

船舶所有人以自己所有的船舶從事運送時，船舶所有人對於「目的地卸貨付費」的運費有保險利益；反之，貨物所有人對於「預付運費」有保險利益。運費的給付，於運送之前預付者，稱為「預付運費」(advanced freight)；於目的地，卸貨後給付者，稱為「目的地卸貨付費」。

在預付運費的情況，若因船舶毀損滅失而不能完成卸貨交付者，貨物所有人不得請求返還運費，貨物所有人遭受不利己，因此貨物所有人對「預付運費」有保險利益。反之，在「目的地卸貨付費」者，貨物（註：通常散裝）若全部未能運抵目的地卸下，船舶所有人將蒙受全部運費收不到的損失，即使貨物部分運抵目的地，運費也多只依在目的港卸下的部分貨物計算，船舶所有人仍然會遭受另一部分收不到運費的損失，因此船舶所有人對「目的地卸貨付費」的運費有保險利益。

(2)船長支出費用 (disbursement)

船舶所有人（運送人）就船長為繼續航行之需要而支出的費用有保險利益。在航行進行中，船長因航行進行之需要，應支出費用，例如：繼續航行而購買燃料、食物等。此種「船長支出費用」，原列入運費的一部分而賺回；若船舶發生毀損滅失，則運費無法收取，則包括於運費中之「船長支出費用」亦將落空，因此船舶所有人就「船長支出費用」有保險利益，且此類保險通常以「目的地卸貨付費」之情形居多。

3.船舶承租人對船舶的保險利益

在船舶租賃，承租人須為船舶的毀損或滅失負責，因此對船舶有保險利益。船舶承租人必須給付租金，船舶承租人也期待利用船舶賺取利潤，若船舶毀損滅失，其已經給付的租金可能無法返還，其預期的利潤也將落空，因此船舶的存在與否與承租人有利害關係，而且該利害關係是法律保護的，有保險利益。

船舶租賃與期間傭船、航程傭船不同，期間傭船、航程傭船的傭船人對於船舶並無保險利益，因為傭船人只是依據傭船契約，於一定期間或一定航程內使用船舶之全部或特定一部為內容，傭船人並不占有船舶，因此傭船人對於船舶無保險利益。但是傭船人就期間傭船的租金或航程傭船的運費 (charterer's freight) 有保險利益。按傭船租金或運費的給付有二：

⑴預付全部的傭船租金或運費，但約定船舶發生毀損或滅失時，傭船租金或運費不予退還。

⑵不預付全部傭船租金或運費，但約定即使船舶發生毀損滅失，傭船人仍應於一定期間每天給付傭船租金或運費若干元。

以上不論何種情形，傭船人就其預付的傭船租金或運費，或將來的傭船租金或運費有保險利益。

4.抵押權人對船舶有保險利益

船舶設定抵押權後，船舶所有人仍基於所有權對船舶有保險利益，抵押權人基於抵押權對船舶也有保險利益，但抵押權人的保險利益只於其債權額（貸款額）以及債權額的費用之範圍內有之。

⑶責任的保險利益

1.運送人就其承運貨物的毀損或滅失的責任有保險利益

⑴運送人就其「本人」因航行、船舶管理、或失火有過失，致貨物發生毀損滅失之責任有保險利益

運送人因「本人」航行、管理船舶或失火（也就是有實際過失），致貨物毀損滅失者，不得依海商法第 69 條第 1 款、第 3 款（相當於海牙規則第 4 條第 2 項第 a 款、第 b 款）主張免責，依法須對貨物所有人或託運人負債務不履行責任或侵權行為責任，運送人就此一責任的發生有利害關係，因此有保險利益。須注意者，保險人對於運送人基於此種保險利益所投保的保險，只限於運送人因「過失」致發生保險事故時，始給付保險金，若因「故意或重大過失」致發生保險事故時，即不給付保險金，因為保險人對於要保人或被保險人因「故意」所致之保險事故，不負給付保險金之責任 ❷⁹ 。

⑵運送人就其本人或其履行輔助人之「貨物管理有過失」，致貨物發生毀損滅失之責任有保險利益

貨物管理的故意過失，不論因運送人本人的過失或因履行輔助人的過失而擬制本人有過失，依海商法第 69 條第 17 款（相當於海牙規則第 4 條第 2 項 q

---

❷⁹　參閱保險法第 29 條及海商法第 131 條。

款）規定，都不得主張免責。因此，運送人就因貨物管理有過失致發生毀損滅失，不論由於運送人本人所致，或是由於履行輔助人所致，都應負賠償責任，都有利害關係，運送人對此一責任有保險利益❸。

2. 運送人對旅客的死傷，或行李、轎車的毀損滅失的損害賠償責任有保險利益

運送人與其承運的旅客訂有旅客運送契約，就其故意過失致旅客死傷、交運行李、艙內行李以及轎車的毀損滅失，必須負損害賠償責任，也就是運送人對於損害賠償責任的發生與否有利害關係，因此，運送人對於旅客的死傷，或行李及轎車毀損滅失的損害賠償責任有保險利益。

3. 運送人就其對其他第三人所負的損害賠償責任有保險利益

船舶航行或其他操作，可能因故意或過失侵害其他第三人的權益，例如：碰撞他船，造成他船船體的損害、貨物的毀損滅失；碰撞燈塔，造成燈塔的毀損；碰撞浮標、碼頭等等，都必須負損害賠償責任，運送人對於損害賠償責任的發生與否，有利害關係，因此對其他第三人所負的損害賠償責任有保險利益。

保險人為了控制風險，通常不承保全部責任。例如：英國的協會期間保險條款，保險人承保者只有對第三人責任額的四分之三，保險人所不承保的四分之一，則由船舶所有人組織的防護及補償協會承保。

須注意船舶碰撞，常常會發生海水污染 (pollution) 及環境污染 (contamination)，對此種污染造成的損害，船舶所有人依法雖然必須負賠償責任，但是一般保險公司都不承保此種危險，即令 P&I 也是一樣不承保的，通常以提列的基金理賠。

---

❸ 船舶所有人就其因運送契約對貨物所有人應負契約責任 (contractual liability) 有保險利益，在英國，實務上保險人多為 P&I Club，而非一般保險人。船舶所有人的運送貨物，若不是基於傭船契約，則基於一般運送契約。運送人與貨物所有人訂立運送契約，對於在其監督管領下的貨物的損失，除有免責事由外，必須為貨物的毀損或滅失負賠償責任，因此運送人就貨物的毀損滅失所生契約責任有保險利益。在實務上，承保此種保險者，並不是一般海上保險人，而是防護及補償協會 (P&I Club)。

伍｜要保人的義務

　　要保人的義務，除了繳納保險費之外，主要有二：對於保險人的詢問事項有據實說明義務；就其承諾的特約條款，有嚴格履行的義務。因為前者是保險人判斷危險事故發生機率，決定是否承保的基礎；後者是保險人控制危險的主要方法。分述如下：

一、據實說明義務

　　保險契約是最大的誠實契約（拉丁文：uberrimae fidei），保險契約的當事人以及其代理人都必須嚴格遵守誠實信用原則。誠實信用原則在保險契約的具體表現不但在訂約當時的據實說明義務，而且在訂約之後，特約條款的遵守、危險增加的通知義務、危險發生的通知義務、避免及減輕損害義務等等，據實說明義務只是其中一個，但是最重要的一個。

㈠以保險人的書面詢問事項為範圍，以要保人或其代理人「知悉」為前提

　　要保人依據據實說明義務所披露的內容，是保險人作為判斷是否承保以及保險費率高低的基礎。要保人的據實說明義務涉及兩個重要的問題：即據實說明義務的範圍以及據實說明義務是否以要保人知悉為前提。說明如下：

1.據實說明義務的範圍

⑴英國海上保險法

　　依照 1906 年英國海上保險法的規定，要保人的據實說明義務範圍只限於「重要情況 (material circumstance)」，所謂「重要情況」就是指一個審慎保險人決定是否同意接受投保或確定保險費率有關的因素 ❸，此與 1919 年德國海上保

㉛ 1906 年英國海上保險法關於據實說明義務規定之條文：

第 17 條（善意契約）：

海上保險為以最大善意為基礎之契約，如當事人一造違背此原則者，他造得解除契約。

第 18 條（遺漏）：

1. 除本條另有規定外，要保人應於訂約前以所知重要情形 (circumstances) 告知保險人；凡在通常業務上所應知之情形，均推定為要保人所知悉，如未為告知，保險人得解除契約。

2. 凡足以影響謹慎之保險人決定保險費率之情形或影響其估計危險以定取捨之情形，均屬重要。

3. 下列各款，如保險人未詢問者，得不為聲明：

(1)減少危險之情形。

(2)保險人所已知或推定為已知之情形：凡顯著之情形，或保險人在通常業務上所應知之情形，均視為保險人所已知。

(3)經保險人聲明無須告知之情形。

(4)依明示或默示之擔保條款，無須更為告知之情形。

4. 不為告知之情形是否攸關重要，為事實問題。

5. 所謂「情形」，包括要保人所為之通知或所得之報告在內。

第 19 條（代理人說明的遺漏）：

除前條所定毋須告知之情形外，凡由代理人代訂保險契約者，代理人應以後列情形告知保險人：

1. 代理人所知之重要情形：凡代理人在通常業務上所知悉，或曾受通知之情形，均視為代理人所已知。

2. 被保險人所應告知保險人之一切情形，但知悉在後而未能及時通知代理人者，不在此限。

第 20 條（聲明）：

1. 被保險人或其他代理人，於訂約之際或訂約之前所為之重要聲明，必須真實，如不真實，保險人得解除契約。

2. 凡說明之足以影響謹慎之保險人決定保險費率或估計危險以定取捨者，均屬重要。

3. 聲明，得關於事實之聲明或關於期望或信心之聲明。

4. 關於事實之聲明，如實質上為正確者，即視為正確，所為之聲明與實際之正確性雖有不合，但在謹慎之保險人視之為無關重要者，則應認實質上為正確。

5. 關於期望及信心之聲明，如以善意為之者，視為正確。

6. 所為之聲明，在契約成立前，得予以撤回或更正。

險條例規定：「凡其所得有關重要情形的報告，無論其本人是否認為可信，一律不得遺漏。凡足以影響謹慎之保險人決定保險費率或估計危險以定取捨者，皆為重要。」相似 ❸❷。以貨物保險為例，保險人常常詢問諸如下列問題 ❸❸：A.要

7.聲明之是否攸關重要，為事實問題。

第 21 條（契約視為成立）：

保險之要約經保險人承諾者，無論保險單發出與否，其契約均視為成立；契約經成立時，得以便條、暫保單，或其他慣行之備忘錄為證明，雖未貼印花稅者亦同。

❸❷ 1919 年德國海上保險條例第 19 條至第 21 條。

第 19 條：說明 (disclosure)：要保人於訂約前，應以所知之各項重要情形告知保險人。凡其所得有關重要情形之報告，無論其本人是否認為可信，一律不得遺漏。凡足以影響謹慎之保險人決定保險費率或估計危險以定取捨者，皆為重要。但依常識所知之事項，則毋須告知。要保人應於訂約前，以一切應告知之情形，依要約同一方法迅速告知保險人。

第 20 條：隱匿 (concealment) 及不實之陳述 (misrepresentation)：凡於重要情形有隱匿或為不實之陳述者，除法律別有規定外，保險人即免責任。要保人因重大過失不知其情形而未告知者，亦同。但保險人知悉所隱匿之事實，或明知其陳述為不實者，不得解除契約。非因要保人之過失而遺漏者，亦同。

第 21 條：重要之情形 (material circumstances)：後列情形均視為重要，所謂「視為重要」，其情形未必真正重要，但就訂約當事人主觀言，則為重要。

1.經要保人聲明為真實而實際並不真實者。

2.要保人故意隱匿或為不實之陳述者。

3.凡應視為重要之情形而有遺漏或隱匿者，保險人得據以解除契約，不復問其事之是否真正重要。

❸❸ CONTAINER TRANSPORT INTERNATIONAL CORP. V. MUTUAL UNDERWRITING ASSOCIATION (BERMUDA) LTD. [1984] 1 Lloyd's Rep. 476, C.A.

原告經營全球性的貨櫃出租業，供海上貨物運輸之用。原告以貨櫃為標的物，向被告保險人投保保險。原告基於保險單向被告請求保險給付，但是為被告所拒絕，拒絕的理由是基於 1906 年海上貨物保險法第 18 條對於重要事實未據實說明的情形及第 20 條對於重要事實陳述不實之規定：原告關於以前請求的紀錄不正確、不完整、而且有誤導的情形。原告對於其投保其他保險人，要求更新保險契約被拒一事，未據實說明。

判決：本判決由上訴法院法官 Stephenson, Kerr 及 Parker 做成。由於原告違背據實說明的義務或陳述不實，且情節重大 (for the facts not disclosed or misrepresented were material)，本院為被告勝訴之判決。

保人或被保險人以前請求保險理賠的紀錄；B.要保人或被保險人以前投保其他保險人，有無被拒絕或是契約更新而被拒絕。

若要保人就上述問題的回答不正確、不完整、而且有誤導的情形，就會構成違背據實說明義務。

⑵德國保險契約法改為限於書面詢問事項

德國保險契約法在修正前，曾經採取「以保險人書面詢問事項為主，以要保人知悉的其他重要事項為輔」的立法，前者說明義務範圍客觀，後者說明義務範圍容易引發爭執，因此 2008 年的修正，為了讓據實說明義務的範圍明確，避免發生保險糾紛，將要保人的據實說明義務限於保險人書面詢問事項❸❹。

⑶保險法限於書面詢問事項

保險法第 64 條第 1 項規定：「訂立保險契約時，要保人對於保險人之書面詢問，應據實說明。」將據實說明義務的範圍限制在保險人書面詢問事項。

....

依照 1906 年海上保險法第 18 條的規定，假若要保人在契約訂立前，就一位審慎的保險人在決定是否接受投保、以及應該適用何種保險費率的有關事項，違背據實說明的義務 (undisclose) 者，保險人得解除契約 （使契約無效）。原告所為的說明 (representation) 是屬於該法第 20 條所規定的重要的、而且不實情形。又在本案：

1.保險人是否有放棄重要信息的情形？

就一般審慎保險人所要求的重要資訊言，除非保險人在詢問時有明示，而且必須有明示，否則不得認為保險人放棄要保人重要資訊說明義務。

2.在要保人違背據實說明義務以後，保險人是否有維持契約的表示？

除非保險人於知悉違背契約的全部訊息之後，還訂立契約 (entered into)，或履行契約 (carried it out)，否則不得認為保險人有為維持契約的表示。

本案保險人就要保人違背據實說明義務或為不實說明，並未拋棄其解約權利。

有原告關於以前請求的紀錄不正確、不完整、而且有誤導的情形。或有原告對於其投保其他保險人，要求更新保險契約被拒一事，未據實說明。

情形之一者均構成重要事實陳述不實。保險人要以要保人說明不實為理由解除契約，除了必須檢視要保人是否有說明不實之事實外，還必須檢視保險人是否有預先放棄說明義務的表示，以及保險人於要保人違背說明義務之後是否有維持契約之表示。

❸❹ 參閱德國保險契約法第 19 條第 1 項。此次修正，一方面規定要保人的據實說明義務以要保人知悉且保險人書面詢問事項為限，但是承襲舊法，規定要保人提出要保申請書之後、保險同意承保之前，若有屬於書面詢問事項，要保人亦有說明義務。

(4)中華人民共和國保險法包括書面詢問事項以及口頭詢問事項

　　中華人民共和國保險法第 16 條第 1 款規定：「訂立保險合同，保險人就保險標的或者被保險人有關情況提出詢問的，投保人應當如實告知。」，本規定將要保人據實告知義務的範圍擴大到「保險人就保險標的有關情況提出詢問的」事項（財產保險）。所謂「保險人就被保險人有關情況提出詢問的」事項（人身保險），解釋上包括書面詢問事項以及口頭詢問事項，較我國保險法、德國保險契約法的範圍都廣，但是並未擴大到保險人所未詢問而為要保人知悉的其他重要事項，保有擴大說明義務範圍的彈性，但說明義務有明確的範圍，堪稱立法特色。

　　從德國保險契約法要保人的據實說明義務，由「書面詢問事項為主，要保人知悉的其他重要事項為輔」向「書面詢問事項」的發展過程，法律經濟原則似乎獲得高度的考量。

2.要保人或其代理人的「知悉」應該從寬解釋

　　所謂要保人「知悉的」，包括要保人「確已知悉」以及「視為知悉——即通常經營過程中應該已經知悉的」在內❸❺。

㈡違反據實說明義務的法律效果

　　要保人違背據實說明義務，主要的立法例都不將之直接規定為「無效」，而是規定「保險人得解除契約」，原因之一是保險契約為私法契約，且是定型化契約，應該盡量維持其有效性；原因之二是違背據實說明義務情節嚴重輕微不一，不宜一律劃歸為無效。 1906 年英國海上保險法 「保險人得使契約無效 (the insurer may avoid the contract)」❸❻，意思也就是保險人有權解除契約❸❼；德國保

---

❸❺　sect. 18⑴, MIA1906.

❸❻　1906 年英國海上保險法第 17 條規定，海上保險契約是建立在最大誠實基礎上的契約，任何一方不遵守最大的誠實，他方得使契約無效 (A contract of marine insurance is a contract based upon the utmost good faith, and, if the utmost good faith be not observed by either party, the contract may be avoided by the other party.)，第 18 條第 1 款也規定，要保人違背據實說明義務者，保險人得使契約無效 (If the assured fails to make such disclosure, the insurer may avoid the contract.)。

險契約法也規定：「要保人違背保險契約法第 19 條第 1 項據實說明義務者，保險人得解除契約。」⑱

　　保險法與中華人民共和國保險法關於違背據實說明義務的法律效果說明如次：

1. 保險法

　　因為海商法就要保人違背據實說明義務沒有特別規定，因此必須適用保險法的相關規定。保險法第 64 條第 2 項規定：「要保人故意隱匿，遺漏不為說明⑲，或為不實之說明，足以變更或減少保險人對於危險之估計者，保險人得解除契約；其危險發生後亦同。但要保人證明危險之發生未基於其說明或未說明時，不在此限。」⑳解除契約的效力，依照民法的規定，是「回復原狀及損害賠償」，因要保人違背據實說明義務，而保險人解除契約時，理論上應該發生相同的法律效果。但是保險法基於可歸責於要保人事由以及法律經濟原則的考慮，在解除契約之後，並沒有完全吸納民法的規定，而是做了特別規定：

　　⑴就已繳納的保險費，保險人無需返還，抵作損害賠償

　　即保險人不退還已經收取的保險費，此為民法關於「解除契約，恢復原狀」的例外㉑。因為保險費數額較少，保險人沒收保險費，抵作損害賠償，符合法律經濟原則。

---

⑰　所謂「使契約無效 (may avoid the contract)」並不是契約自始無效，確認其無效的意思，而是契約原本有效，使之無效的意思，雖然也有學者將之直接翻譯為「無效」，但是為了銜接民法用語含義，在此翻譯為「解除」。

⑱　2008 年德國保險契約法第 19 條第 2 項。

⑲　按「遺漏不為說明」，應該維持「過失遺漏」為是，主要原因是「遺漏不為說明」，若只限「故意」的遺漏，則「故意的遺漏」不但將與「故意隱匿」在邏輯上重疊，而且使得違背據實說明的義務的三種類型，都只限於「故意」為之者，對保險人至為不利，為立法例所不採。詳細可參考拙著保險法。

⑳　保險法將違背據實說明義務的行為類型分為「故意隱匿」、「過失遺漏」、「為不實說明」三個類型，德國保險契約法沒有規定不實說明的行為類型；英國海上保險法則將之區分為「未告知 (fail to disclose)」以及「虛假陳述 (representation is untrue)」且實務上，保險人必須證明二者是重要的，且保險人是因為被誘導訂約，才可以解除契約。

㉑　民法第 254 條規定解除契約，第 259 條規定，解除契約之後，當事人互負恢復原狀的義務以及方法。

(2)就保險人已為的保險給付，被保險人或受益人應返還保險人以回復原狀

　　保險人解除契約❷的時間可能在保險給付之前，也可能在保險給付之後，對於解除契約前所發生的保險事故，若還沒有為保險給付，當然也不負保險給付的責任；其已經為保險給付的，保險人得請求返還❸。

2.中華人民共和國海商法的規定

　　中華人民共和國海商法就被保險人違背據實說明義務，依照被保險人之違背據實說明義務是故意或過失的不同而作不同的規定：

⑴故意違背據實說明義務

　　中華人民共和國海商法第 223 條第 1 款規定：「由於被保險人的故意，未將本法第 222 條第 1 款規定的重要情況如實告知保險人的，保險人有權解除保險合同，並不退還保險費。合同解除前發生保險事故造成損失的，保險人不負賠償責任。」就故意違背據實說明義務，規定保險人不但可以解除契約，而且解除契約之後，不退還保險費，即使解除前，發生保險事故，也是一樣，這點與臺灣保險法的相關規定相同。

⑵其他未盡據實說明義務

　　中華人民共和國海商法第 223 條第 2 款規定：「不是由於被保險人的故意，未將本法第 222 條第 1 款規定的重要情況如實告知保險人的，保險人有權解除合同或者要求相應增加保險費。保險人解除合同的，對於合同解除前發生保險事故造成的損失，保險人應當負賠償責任；但是，未告知或者錯誤告知的重要情況對保險事故的發生有影響的除外。」❹ 要保人過失未盡據實說明義務的效果有二：A.解除合同、或 B.不解除合同，但要求相應增加保險費。對於解除前發生保險事故的情況，原則上仍然必須為保險給付，但是未盡據實說明義務與事故發生有因果關係者，例外沒有為保險給付的義務。

---

❷　要保人違背據實說明義務保險可以解除契約，也可以不解除契約；若是選擇解除契約，可以在保險事故發生之前，也可以在保險事故發生之後。參閱保險法第 64 條。

❸　參閱保險法第 65 條。該條第 1 款所規定的請求權時效，就是針對保險人解除保險契約之後，行使恢復原狀請求權而作的規定。

❹　中華人民共和國保險法第 16 條第 2 款規定：「投保人故意或者因重大過失未履行前款規定的如實告知義務，足以影響保險人決定是否同意承保或者提高保險費率的，保險人有權解除保險契約。」

上述規定，基本上與 2008 年德國保險契約法第 19 條的規定接近相同。

二、履行特約條款的義務

特約條款，又稱為承諾擔保，是指當事人在保險的基本條款之外，承諾履行某特定義務的條款❹。德國新修正的保險契約法稱特約條款為「契約上的義務」是基本條款規定的義務以外另外承諾的義務，也就是特別約定的條款相當於英美保險法所稱的承諾擔保 (Promissory Warranty)。保險法上的承諾擔保是保證在保險期間，所擔保的事實將持續地維持如同所承諾一般。該承諾並確保事實或狀況不但真實，而且持續地真實。被保險人違背承諾擔保時，保險人得依據保險契約行使請求權的抗辯 (Promissory warranty in terms of the law of insurance is a warranty that facts will continue to be as stated all through the policy period. Such a warranty assures that a fact or condition is and will remain to be true. A failure of the promissory warranty provides the insurer with a defense to a claim under the insurance policy.)。

保險法規定：「與保險契約有關的一切事項，不問過去、現在或將來，均可以以特約條款定之。」包括擔保過去確實有踐行某約定的義務、擔保約定的現在事實是真實，且將維持整個保險期間繼續真實，以及將履行義務，促使所「承諾的將來事實」成為真實。保險契約當事人一方違背特約條款時，不論特約條款對於承保的風險是否重要，他方都可以解除契約。中華人民共和國保險法對於特約條款沒有明文規定，只是於保險法第 18 條第 2 款規定：「投保人和保險人可以約定與保險有關的其他事項」但對於違背這些約定的法律效果，沒有規定。

保險法上特約條款的義務，既然是專指當事人承諾履行的特定義務，自然是指基於當事人「約定」的義務而言，因此保險法的特約條款只相當於英美法「擔保 (warranty)」中之「明示擔保 (express warranty)」義務，不及於擔保中之「默示擔保 (implied warranty)」義務。英美法之明示擔保，是基於當事人之合意，一方違反明示擔保時，他方得解除契約，此正與我國保險法關於特約條款之規定相同。英美法上之「默示擔保」，實際上是基於成文法或習慣法所規定或形成的法定義務，因此默示擔保之效力，常較明示擔保之效力為強，明示擔保

---

❹　保險法第 66 條。

義務常常得以約定者加以限制或排除，但是默示擔保則常常不得以約定排除或限制。違反保險契約的「明示擔保」義務時，僅生他方得解除契約之效力而已，但違背默示擔保義務，有時契約自始不生效力，有時雖已生效，但不待解約而效力自動終止。舉如：

1.違反適航性默示擔保義務者，保險人不負責任

海上保險之要保人或被保險人應保證其船舶於「發航前」、「發航時」或「保險契約生效前」具有適航性，否則保險人不負責任。此種義務有些國家規定在海商法，有些國家，即使海商法沒有規定，也已經是默示的擔保。船舶適航性之有無，須由「船舶」、「人員」、「給養」三個因素判斷。換言之，船舶必須足夠強固，配備完足屬具設備；人員必須完足而且合格；給養品必須充分，足以提供一次航程之用。

2.違反不變更航程義務，保險契約的效力終止

依英國海上保險之通例，海上保險的要保人負有保證不變更航程的義務。變更航程，指航行開始後，變更目的地的行為。依 1906 年英國海上保險法第 45 條規定，要保人自變更航程之意圖 (intention) 明白顯示 (manifestation) 之時起，保險人的責任立即終止。要保人違背「不變更航程義務」的默示擔保時，契約係不待解除而當然終止。

三、危險增加的通知義務[46]

保險契約訂定後，隨主觀因素及客觀因素的變動，危險可能增加，要保人或被保險人知悉危險增加後，有通知保險人的義務，以貫對價平衡原則。例如：船舶於保險契約訂立之後，駛入有戰爭風險而為保險契約所禁止的海域就是。實務上的作法常常是船舶所有人通知保險人，另外給付保險費，購買附加險。

四、危險發生的通知義務[47]

海商法第 149 條規定：「要保人或被保險人，於知悉保險之危險發生後，應即通知保險人。」本條為保險法的特別規定，要保人或被保險人的保險事故通

---

[46] 保險法第 59 條。
[47] 保險法第 58 條。

知義務，原則上於「知悉後 5 日內為之」❹，本條則規定「於知悉保險之危險發生後，應即通知保險人」，二者寬嚴有所不同，是因為海上事故，現場變化更快，立即通知，保險人才能盡速採取保護權益措施。要保人或被保險人違反通知義務者，保險人仍然負有保險給付的義務，但是保險人對於要保人或被保險人怠於通知所生損害，得請求損害賠償。

危險發生的通知義務，雖然是從「知悉保險之危險發生後」起算，但其具體內容，仍應該視保險的種類，而有差異：

1. 船體保險

船體因碰撞而受損，應該以碰撞的保險事故發生時為通知義務的起算點。

2. 責任保險

依照保險法對責任保險的定義，是從被保險人受到賠償請求，保險事故才發生❹。可是以船舶因碰撞侵害他人權益言，被保險人受到損害賠償請求的時間，可以在發生船舶碰撞的幾天內或數年內，最長可達 10 年❺，只要請求權尚未消滅時效，受害人都可以行使請求權，但若是一直到受害人請求，被保險人才有通知義務，往往不能兼顧保護保險人權益的需要（例如：保全證據或保險給付的請求）。德國保險契約法特別規定，責任保險的被保險人有兩次危險事故發生通知義務，第一次是發生事故有被請求的可能時；第二次是真正受到賠償請求時，我國保險法解釋上也應該如此。

3. 貨物保險

要保人或被保險人，自接到貨物之日起，1 個月內不將貨物所受損害通知保險人或其代理人時，視為無損害❺。所訂「1 個月」是除斥期間。又要保人或被保險人自接到貨物之日起，1 個月內不將貨物受損害情形通知保險人或其代理人者，基於立法政策理由，視為無損害，即令客觀上貨物確有損害，亦不容舉證推翻，其結果保險人將完全免為保險給付。數點注意：

⑴超過本條所規定的貨物損害通知期限，會因為「視為無損害」而發生喪失

❹ 保險法第 58 條。
❹ 保險法第 90 條。
❺ 民法第 197 條。
❺ 海商法第 151 條。

保險給付請求權。此與要保人或被保險人違背「危險發生立即通知義務」，只發生損害賠償義務者不同。

(2)超過對保險人貨物損害通知的除斥期間，不會影響被保險人對於運送人的損害賠償請求權。

要保人或被保險人違背海商法第 151 條：「要保人或被保險人，自接到貨物之日起，1 個月內不將貨物所受損害通知保險人或其代理人時，視為無損害。」時，雖然不得向保險人請求保險給付，但是若是依照海商法第 56 條第 2 項：「貨物之全部或一部毀損、滅失者，自貨物受領之日或自應受領之日起，1 年內未起訴者，運送人或船舶所有人解除其責任。」的規定可以向運送人請求者，仍然可以向運送人行使請求權❷，二者請求權的對象不同，應該區別。海商法第 151 條：「貨物損害之通知義務的除斥期間」是針對貨物的損害通知的規定，目的在保護保險人檢視貨物，以便確定將來一旦被請求有無保險給付義務的權利，與保險法第 65 條：「保險給付請求權 2 年的消滅時效期間」是規定被保險人行使請求權的期間，性質不同。

五、避免及減輕損害發生或擴大的義務❸

避免及減輕損害的義務，是誠實信用原則在保險法的具體體現，本來應該規定在保險法，作為各種保險的共同遵循原則，在保險法還沒有規定前，在海商法的海上保險部分加以規定，有其必要。

海商法第 130 條規定：「保險事故發生時，要保人或被保險人應採取必要行為，以避免或減輕保險標的損失，保險人對於要保人或被保險人未履行此項義

---

❷ 要保人或被保險人在海商法第 156 條規定期限內，向保險人請求保險給付，而保險人為保險給付之後，保險人得依保險法第 53 條規定，向運送人行使代位權。若因為要保人或被保險人（貨主）沒有依照海商法 56 條所列 4 款的規定保留證據，導致保險人必須舉證證明運送人未依載貨證券之記載交付貨物的不利益，似宜修法或是在保險契約中規定保險人的抗辯權，以為救濟。

❸ 海商法第 130 條有明文規定。保險法雖然沒有明文規定，但是依照誠實信用原則，要保人有避免及減輕損害的義務。目前實務上多在契約條款中約定，要保人有減輕或避免損害的義務。

務而擴大之損失，不負賠償責任。」、「保險人對於要保人或被保險人，為履行前項義務所生之費用，負償還之責，其償還數額與賠償金額，合計雖超過保險標的物的價值，仍應償還之。」、「保險人對於前項費用之償還，以保險金額為限。但保險金額不及保險標的物之價值時，則以保險金額對於保險標的之價值比例定之。」海商法第 130 條有三個要點：

　　1.避免減輕損失費用與賠償金額合計雖然超過保險標的之價值，保險人仍然應該償還。

　　2.避免減輕損失之費用不得超過保險金額。

　　3.若是部分保險，即保險金額不及保險標的之價值，則避免減輕損失的費用，應該由保險人與要保人或被保險人比例分擔。

　　中華人民共和國海商法第 236 條規定：「一旦保險事故發生，被保險人應當立即通知保險人，並採取必要的合理措施，防止或者減輕損失。被保險人收到保險人發出的有關採取防止或者減少損失的合理措施的特別通知的，應當按照保險通知的要求處理。」、「對於被保險人違反前款規定所造成的擴大的損失，保險人不負賠償責任。」，明確規定被保險人避免、減輕損害的義務。中華人民共和國海商法將「避免減輕損失費用」與「鑑定估價費用」一起規定，雖然規定二者應該在保險標的的損失賠償之外另行支付，但是受到「避免減輕損失費用與鑑定估價費用合計」不得超過保險金額的限制。

　　中華人民共和國海商法第 240 條規定：「被保險人為防止或者減少根據合同可以得到賠償的損失而支出的必要的合理費用，為確定保險事故的性質、程度而支出的檢驗、估價的合理費用，以及為執行保險人的特別通知而支出的費用，應當由保險人在保險標的的損失賠償之外另行支付。」、「保險人對前款規定的費用的支付，以相當於保險金額的數額為限。」、「保險金額低於保險價值的，除合同另有約定外，保險人應當按照保險金額與保險價值的比例，支付本條規定的費用。」中華人民共和國海商法將「避免減輕損失費用」與「鑑定估價費用」的總和限制在不超過「保險金額」的範圍內，固然可以避免「避免減輕損失費用」的過度擴大，但是由於鑑定理算費用的提高，無形中壓縮了避免減輕損失費用的空間，不利於危險事故發生之際，要保人或被保險人當機立斷採取措施。

陸| 保險期間

　　保險期間是保險契約從生效開始至效力終止的期間，保險事故在期間內發生時，保險人有為保險給付的義務。以下分船舶保險、貨物保險與責任保險三種，分述如下：

一、船舶保險

　　船舶保險的保險期間可以區分為期間保險與航程保險。實務上，以期間保險為原則，航程保險為例外。

　　期間保險常以 1 年、2 年等為保險期間單位，但當事人可以另外約定。期間保險的保險契約訂有明確的始期與終期。航程保險的保險期間，依照海商法第 128 條規定：「保險期間除契約另有訂定外，關於船舶及其設備屬具，自船舶起錨或解纜之時，以迄目的港投錨或繫纜之時，為其期間……」原則上是從船舶起錨或解纜之時，以迄目的港投錨或繫纜之時。

　　德國商法、日本商法與我國海商法的規定不同，德日兩國的航程保險基本上從「著手貨物或壓艙貨裝載時」開始，至船舶「到達目的港將貨物或船底貨卸載終了時止」，德國商法第 823 條規定：「在船舶航海保險，保險人負擔之危險，自貨載或壓艙貨開始裝船，其危險自該項貨載或壓艙貨卸載終了之時止」，日本商法第 821 條：「航海保險之法定保險期間就一次航海將其船舶投保者，保險人之責任以著手貨物或壓艙貨裝載時開始。貨物或壓艙貨裝載後，才投保船舶保險者，保險人的責任以契約成立時開始。前二項情形，保險人之責任以到達目的港將貨物或壓艙貨卸載終了之時為終了，但其卸載非因不可抗力而遲延時，以其應終了之時為終了。」的規定，可以參考。

二、貨物保險

㈠海商法

　　貨物保險的保險期間，依海商法第 128 條後段規定：「保險期間除契約另有訂定外，……；關於貨物，自貨物離岸之時，以迄目的港起岸之時止，為其期間。」此與德國商法及日本商法的有關規定相同。德國商法第 824 條第 1 項：「以貨載……投保保險時，其危險自載貨船舶或為裝貨目的所用之駁船離開陸地時起，至該貨物到達目的港之陸地時止。」日本商法第 820 條：「將貨載投保，……，保險人之責任，以其貨載離開陸地時開始，而至卸載港靠岸終了時終止。」、「前條第 3 項但書之規定（按：「……，但其卸載非因不可抗力而遲延時，以其應終了之時為終了」），於前項情形準用之。」可以知悉。

㈡英國保險實務

1.保險效力的開始 (Attachment of Cover)

　　依 2009 年協會貨物保險基本條款第 8 條第 1 項：「除第 11 條另有規定外，本保險之效力，始於所保貨物基於運送之目的而離開本保險單所載之倉庫或儲存所時，於通常運輸過程中繼續有效，終於下列情況之一……」❺❹的規定，保險契約自「為了貨物運往目的地而啟運，真正離開保險單所載倉庫或儲存所時」開始。因此，若貨物在倉庫、儲存所、正在裝卡車、火車、或包裝中等皆不在保險範圍內；一旦貨物已離開保險單所載倉庫或儲存所，運往貨櫃集散場，以便裝入貨櫃繼續運送時，即為保險效力的範圍。

2.保險契約的效力涵蓋運輸過程

　　依 2009 協會貨物保險基本條款第 8 條第 3 項規定：「本保險效力（除因前述規定而終止以及依第 9 條之規定終止運送外）於下列情形仍繼續有效：非一般被保險人所能控制之事由所致的遲延、任何偏航、被迫卸載、重新裝船或轉

----

❺❹　1982 年協會貨物保險基本條款第 8 條第 1 項："This insurance attaches from the time the goods leave the warehouse or place of storage at the place named herein for the commencement of the transit, continues during the ordinary course of transit and terminates either..."

船以及依運送契約所賦予船舶所有人或傭船人之自由權，而為海上冒險的變更。」❺❺說明如下：

(1)正常運輸途徑 (ordinary course of transit)

貨物的運送須按通常運輸途徑。其判斷須斟酌以下要素：

A.貨物的種類

B.該貨物若有慣常的運送方法者，其慣常的運送方法

C.慣常的運輸途徑或直接的運輸途徑

因此貨物因等待承運船舶而發生慣例性的遲延、等待驗關或進出口港而港口倉庫作業發生遲延，都是正常運輸途徑的範圍。反之，因被保險人的作為或不作為致生遲延，若該作為或不作為非不可避免者，例如：被保險人遺漏某個港口，則不在正常運輸途徑的範圍。除非保險人願意繼續承保，否則，一脫離正常運輸途徑而運送，保險契約的效力即告終止。

(2)運送延遲

2009 年英國協會貨物保險基本條款第 18 條規定：「被保險人於其所能控制的情況下，須於合理期間啟運❺❻，否則自遲延時起，保險人不負責任。」，若遲延非因被保險人所能控制的原因而造成，保險契約雖不至於無效，但因為以遲延為「主力近因」而生的損害或費用，屬於協會貨物保險基本條款第 4 條第 5 項所規定不保的範圍❺❼，因此保險人不予理賠。

(3)偏　航

偏航是船舶客觀上偏離運送契約所載或習慣所採的航線，但主觀上仍有返

---

❺❺　1982 年協會貨物保險基本條款第 8 條第 3 項：“This insurance shall remain in force (subject to termination as provided for above and to the provisions of Clause 9 below) during delay beyond the control of the Assured, any deviation, forced discharge, reshipment or transhipment and during any variation of the adventure arising form the exercise of a liberty granted to shipowners or charterers under the contract of affreightment.”

❺❻　1982 年協會貨物保險基本條款第 18 條：“It is a condition of this insurance that the Assured shall act with reasonable despatch in all circumstances within their control.”

❺❼　1982 年協會貨物保險基本條款第 4 條第 5 款將遲到列為除外不保事由：“loss damage or expense proximately caused by delay, even though the delay be caused by a risk insured against (except expenses payable under Clause 2 above).”

回預定目的港的意思。依 1906 年英國海上保險法第 46 條規定，船舶無合法的理由 (lawful excuse) 而偏航，保險人自「船舶偏航之時」起不負責任，但對於船舶偏航之前所受的損失，仍應負理賠之責。2009 年協會貨物保險基本條款：有鑑於「偏航被視為非被保險人所能控制」的事實，2009 年協會貨物保險基本條款，將任何偏航均納入保險範圍。依照 2009 年協會貨物保險條款第 10 條第 10 項規定：保險契約生效後，被保險人「變更航程」者，為了就費率及條件達成合意，必須立即通知保險人。在合意達成前發生保險事故者，只限於在合理的市場條件下且合理的商業市場費率下提供保險的保障。

被保險的標的物開始本保險契約所約定航程的航行後，在被保險人或其受僱人都不知悉的情況下，船舶開往其他目的地者，本保險契約無論如何仍然視為自該航程開始發生保險保障的效力。

⑷轉船 (transshipment)

依照 1906 年英國海上保險法第 59 條關於轉船的規定❸，轉船是指運送期間貨物由一船轉往另一船舶，由該另一船舶運送。若因保險契約所承保的保險事故發生而有轉船之必要時，保險契約的效力不受影響。又因保險事故發生，而有卸船及裝船的必要時，亦同。1906 年英國海上保險法並未對其他情況的轉船加以規定，但轉船若非習慣所許可，且未於訂約時預先告知保險人，則保險人得以重大事由未誠實告知或遺漏為理由，解除保險契約。

應注意者，重裝船 (reshipment) 及偏航 (deviation) 固然皆在 2009 年協會貨物保險基本條款的範圍，保險人應否理賠，仍須視有無協會貨物保險基本條款所列終止條款的情形決定之。

⑸駁船危險 (craft risk)

駁船危險是指以駁船將貨物由啟航港運往承載船舶或由承載船舶將貨物運

---

❸ 1902 年英國海上貨物保險法第 59 條：“Where, by a peril insured against, the voyage is interrupted at an intermediate port or place, under such circumstances as, apart from any special stipulation in the contract of affreightment, to justify the master in landing and re-shipping the goods or other moveables or in transshipping them, and sending them on to their destination, the liability of the insurer continues, notwithstanding the landing or transshipment.”

往目的港所發生的危險。1906 年英國海上保險法對此並無規定，英國海上保險單 (Policy Form) 將駁船危險視為在「正常運輸途中 (within the ordinary course of transit)」的範圍內，而為保險契約效力所及。

㈢保險契約效力的終止

依 2009 年協會貨物保險基本條款第 8 條第 1 項第 2 款規定：「本保險之效力……於有下列四種情況之一時，終止其效力：⑴於本保險契約所載目的地之最後倉庫或儲存所，自載運車輛或其他運送工具完成卸載時或⑵被保險人或其受僱人在為了通常運送過程以外之儲放、分裝或分送之目的所選用的任何其他倉庫或處所，不論該倉庫或其他處所是坐落在保險契約所記載的目的地或是在目的地之前，自運送車輛或其他運送工具完成卸載時；或⑶被保險人或其受僱人選擇將運送車輛、其他運送工具或任何貨櫃作為通常運送過程以外之儲放用途⑷保險標的物在最後卸貨港，從船舶 (the overseas vessel) 完成卸載後屆滿 60 日。以上先發生者為準。」

上述 60 天之保險期間，被保險人無須另繳保險費，保險人即予特保 (Held Covered)，其為固定期間。若被保險人認為 60 天的期間有所不足，須另外投保保險，不得以另付附加保險費 (addition premium) 的方法，延長原定保險契約的有效期間。若貨物運交某地，不準備繼續完成託運，而欲以該地為基點，將貨物分裝或分配到不同的目的地，則該地被視為「最終目的地 (the final destination)」，保險契約於運交此一分裝或分配地點之時即告終止。

三、責任保險

海商法並未就責任保險的保險期間另為規定，德國商法、日本商法、英國海上保險法，亦未規定。主要原因是海上責任保險為責任保險的一種，海上責任保險的保險期間可適用一般責任保險關於保險期間的理論或規定。

海上責任保險的保險人，為提高要保人及被保險人的注意，降低保險事故發生的機率，通常只承保被保險人責任額的一定比率（以英國倫敦之保險公司或勞依茲保險人為例，只願承保責任額之四分之三），因此要保人就保險人所不願承保之部分多另外向諸如防護及補償協會 (P&I Club) 的團體投保。

柒｜海上保險危險事故的承保範圍及危險事故的除外

　　海上保險採概括保險，保險事故的範圍很大，依海商法第 129 條：「保險人對於保險標的物，除契約另有規定外，因海上一切事變及災害所生之毀損滅失及費用，負賠償責任。」的規定，海上保險所承保的範圍內，除契約另有約定外，保險人承保一切「危險事故」所發生的損失。「危險事故」的具體範圍如何，海商法及保險法都沒有規定，必須視保險契約的約定而定。

　　英國倫敦協會貨物保險條款包括六種不同承保範圍的定型化條款，即協會貨物保險條款(A)、協會貨物保險條款(B)、協會貨物保險條款(C)、協會戰爭條款 (Institute War Clause-Cargo)、協會罷工條款 (Institute Strikes Clause-Cargo)、協會惡意條款 (Institute Malicious Damage Clause)，其中前三種是基本條款，後三種是附加險，只有投保基本險才可以投保附加險。

一、協會貨物保險條款(A)

(一)承保範圍

　　協會貨物保險條款(A)的承保範圍最廣，除了除外條款所列不保項目外，承保範圍包括：

1. 一切海上危險所致保險標的物的毀損滅失，但是保險契約另有約定者，從其約定 (ICC (A) 1, 2009)。
2. 共同海損及救助費用 (ICC (A) 2, 2009)：本保險的承保範圍還包括為了避免事故或與避免事故有關、經依照運送契約及／或依照應適用的法律、實務慣例調整後、確定的共同海損分擔費用以及救助費用，但以導致共同海損的事故非屬第 4 條、第 5 條、第 6 條及第 7 條於除外不保者為限。

3.船舶碰撞共同過失條款 (Both to Blame Collision Clause)：運送契約訂有船舶碰撞共同過失條款，依照該條款的約定，被保險人（貨主）應賠償船舶所有人（運送人）的損失，但被保險人受船舶所有人的請求時，應即通知保險人，保險人得以其成本或費用，對該請求為被保險人提出抗辯 (ICC⒜ 3, 2009)。

㈡危險事故的主要事例

1.船舶碰撞 (collision)

船舶碰撞，有廣狹二義：狹義的船舶碰撞，專指二艘或二艘以上的船舶，在水面或水中相互為物體上的接觸，以致於發生損害而言；廣義的船舶碰撞，除了狹義的船舶碰撞以外，還包括船舶因某一操作之執行或不執行，或未遵守航行法規，雖與他船無物體上的接觸，但仍導致他船船體、任何一艘船舶人或貨物的傷亡或毀損滅失而言。一般採廣義的船舶碰撞。

2.擱淺 (stranding)

擱淺，指載運貨物的船舶擱置於礁石上，經過一段相當期間而沒有脫離海岸。若貨物卸下後，發現已被壓碎或毀損者，該被壓碎或毀損究竟是因為堆裝不妥或是擱淺、觸礁等原因所致，難以判斷。此時，應該採取合理諉因原則，也就是只要該損失以「合理諉因 (reasonably attributable to)」擱淺、觸礁即為已足，不以證明擱淺、觸礁係毀損、滅失之「主力近因」為必要。

合理諉因原則對於沉沒、傾覆同其適用。協會貨物保險條款不承保海水浸入所生的毀損滅失，但若因為沉沒 (sinking)、傾覆 (capsizing) 致發生海水浸入船舶或駁船，而毀損滅失又可「合理諉因」於因沉沒、傾覆所致之海水浸入，則保險人仍應予理賠。

3.惡劣天氣 (heavy weather)

惡劣天氣，指風浪的異常現象，例如：暴風雨引起的損害，貨物為海浪捲入海洋的損失、貨物非裝載於船舶、駁船、貨櫃、貨箱或儲存所的水漬損失、貨物在碼頭等候運送時因洪水引起的損失。

4.沉沒 (sinking)

因海水浸入，致承運貨物的船舶翻覆或完全浸水。

5. 觸礁 (grounding)

承載貨物的船舶碰撞礁石，船舶受損，或船上所裝載的貨物，因慣性向前衝撞或滑動，致粉碎或破裂。

6. 戰爭危險

早期的保險單，保險事故用戰鬥人員及敵人的危險 (Men of War and Enemies) 一詞描述戰爭危險。新的保險單已將 "Men of War" 與 "Enemies" 併為 "War Risks（戰爭危險）"。

7. 火災 (fire)

海上火災保險有兩個特色：一是救援困難，二是火災與損害的因果關係認定困難，因此火災與損失之間採用「合理誘因原則」，火災若發生於船舶、駁船、或在倉庫、運輸工具內時，凡合理誘因於火災引起的損失，保險人悉予理賠，被保險人無須證明火災係損害的主力近因❺❾。火災為海上保險基本保險的一種，包括：因火災而貨物毀損、烤焦、煙燻之損害及因救火所致之水漬損害。但因戰爭、罷工、暴動所致之火災損失須另保兵險或罷工險才在承保範圍。因貨物固有瑕疵或本質所致的自然性火災，不在承保範圍。

8. 海盜及海上流浪者 (pirates and rovers)

海盜是為滿足私慾而非法掠奪、戮殺、焚毀他人海上財產之人。MIA 1906 解釋規則第 8 條對於海盜的定義未為界定，但規定「海盜」一詞應包括叛變之旅客以及自岸上攻擊船舶之行為。海上流浪者，為流浪於海上，伺機從事海盜行為之人。

9. 侵入性竊盜 (thieves)

Thieve 一詞源自 17、18 世紀時的侵入性竊盜，為了避免侵入性竊盜，必須緊鎖門窗，此種侵入性竊盜成隊遊蕩，發現有隙可乘，就侵入房屋進行竊盜。

---

❺❾ 英國就海上火災保險，採「合理誘因原則」，而非採「主力近因原則」，此點與我國火災保險是採「主力近因原則」者不同。依照協會基本條款的解釋，損失以「合理誘因」於火災或爆炸為已足，不以被保險人證明「火災或爆炸」係「毀損或減失」之「主力近因」為必要，例如船舶、駁船、倉庫或運輸工具發生火災，其因「高熱而致損失」只要「合理誘因」於火災或爆炸即可。又火災或爆炸的原因為何，在所不問，但因戰爭或因被保險人之故意或不法行為 (misconduct) 者，不在此限。

侵入性竊盜亦見諸海上，依照 MIA 1906 解釋規則，"thieves" 是指侵入性竊盜，須有實際上的破壞行為，侵入儲存貨物的處所，再實施竊盜行為，始足稱之，不包括秘密性的竊賊或船公司人員的監守自盜或旅客的偷竊在內，因此諸如「pilferage：順手牽羊式的竊盜」、「theft：開箱取物式的竊盜」、「non-delivery：箱裝、袋裝或包裝能以件計算的貨物，於抵達目的港時，發現不明原因而整件滅失」等三種情形，均不在 thieves 之觀念內。

10.投棄 (jettisons)

投棄是指船舶、貨物同屬「一人所有」，為了避免全部損失，將貨物或財產投棄於船舶之外，減輕船舶負擔，預防船舶或船貨全部沉沒的行為。若船舶與貨物分屬「不同之人」，不論貨物之全部或一部投棄，將構成「共同海損」之犧牲 (a general average sacrifice)；在船舶與貨物同屬一人所有時，無法適用共同海損，保險人不依共同海損理賠。因此保險人將投棄列為保險事故，於有投棄之事實發生時，縱非共同海損情況，仍予理賠。

11.共同海損

船舶與貨物分屬不同之人，因船舶及貨物處於同一之危險，船長海員乃故意對貨物或船舶處分，犧牲一小部分，保全其他部分，以避免全部滅失損毀，因此一處分所造成的損失，原則上必須由全部保存財產與全部被處分財產參與分擔，為共同海損。

12.奪捕令 (letters of marque)

奪捕令早期稱為 "letters of marque"，"marque" 一詞是報仇 (reprisals) 或私掠 (privateer) 之意，因此 letters of marque 就是「故意掠奪行為的許可」的意思❻。

13.意外襲擊及海上捕獲 (surprisals and taking at sea)

意外襲擊是一種驚嚇行為。16、17 世紀時，商船於霧中或黑暗中航行時，常常意外遭受襲擊，為此，商船不但必須武裝，以求自保，而且常向保險人投保保險，以期分化此種意外襲擊的危險。海上捕獲，包括貨物於任何情況下，在海上航行時，被無權利人捕獲者而言。

---

❻ 在 16、17 世紀，一些武裝的民用船在獲得君王許可後，有權逮捕敵方商船，此種武裝民船的掠奪，雖是為君王的利益而非為個人之利益，但仍具有海盜的本質，為了防止此種危險，仍將此種危險列為承保的危險事故。

14.官府的拘捕、限制或扣押 (arrests, restraints, and detainment)

依 1906 年海上保險法解釋規則第 10 條，所謂「官府的拘捕、限制或扣押」專指政治性或行政性的拘捕、限制及扣押，暴民或正常司法程序而引起者，不在其內。

15.船長或海員之惡意行為 (barratry)

Barratry 一詞，指船長或海員的惡意行為，例如：船長或海員故意鑿穿船艙，使海水浸入而損及貨物。保險人的承保範圍及於「船長或海員之惡意行為」，但若船舶所有人（運送人）自己參與此種惡意行為，就不在承保範圍。

16.陸上運輸工具之翻覆或出軌

運送人就貨物因「陸上運輸工具之翻覆或出軌」所致之毀損或滅失應負賠償責任，而且只須「合理誘因」即可，不以「主力近因」為必要。

17.地震、火山爆發或閃電

「地震」、「火山爆發」所致貨物的毀損滅失。毀損滅失只要可「合理誘因」於地震、火山爆發為已足，不以地震、火山爆發係毀損滅失之「主力近因」為必要。至於貨物之毀損或滅失之因閃電發生損失者，也採取「合理誘因」原則。

18.甲板上貨物浪捲入海 (washing overboard)

「甲板上貨物浪捲入海」為保險事故，被保險人請求保險金時，須證明貨物確係自甲板上被浪捲入海 (actually washed overboard)，而非一般落海 (simply lost over board)。是否納入承保範圍，必須視契約之約定而定。

19.海水等進入船舶 (entry of water into vessel etc.)

海水、湖水或河水進入載貨船舶、駁船、貨櫃、貨箱而發生之毀損滅失，以及海水、湖水或河水進入船艙而發生之毀損或滅失均在承保之範圍內，即令「壓艙海水」自底艙進入「貨艙」致生貨物毀損滅失者，亦然。

20.掉落損失 (sling loss)

掉落損失包括裝卸船舶或駁船時掉落或滑落之整件損失 (dropped or lost overboard during lading or discharge)，若只發生「部分」損失，保險人不負理賠責任。又所謂「裝貨 (loading)」與「卸貨 (discharging)」二詞，不但包括「原定裝貨港的裝貨 (the original port of loading)」以及「目的港之卸貨 (the final port of discharge)」，而且還包括「轉船 (transhipment)」時的裝貨、卸貨在內。

21.其他的危險或損失 (all other perils, loss or misfortunes)

其他的危險或損失 (all other perils)，包括所有類似於保險單上所列的保險事故之其他危險事故，例如：“smoke（燻煙）” 類似於 “fire（火災）”；「海上結冰所生之損失」，類似於「海水毀損」。

(三)危險事故的除外

1.一般除外不保

(1)因被保險人故意的不法行為所致之毀損、滅失或費用 (ICC (A) 4.1, 2009)。

(2)因保險標的物的正常的漏損 (leakage)、正常的重量或數量 (volume) 損失、正常的耗損 (ordinary wear and tear) (ICC (A) 4.2, 2009)。

(3)因被保險人或其受僱人所為的包裝或準備，而該包裝或準備對被保險標的物承受被保險的航程的通常事故而言是不足的或不當的，所致保險標的物的滅失、毀損或費用，或是包裝或準備是在保險契約生效前所為（此處所謂包裝，包括將貨物裝入貨櫃，所謂受僱人不包括獨立承攬人）(ICC (A) 4.3, 2009)。

(4)因保險標的物的固有瑕疵或本質所致的滅失、毀損或費用 (ICC (A) 4.4, 2009)。

(5)以遲延為近因所發生的滅失、毀損或費用，即使該遲延是因承保的保險事故所致，亦同 (ICC (A) 4.5, 2009)。

(6)因船舶的所有人、經理人、承租人、期間傭船人 (charterers) 或操作人的破產或財務違約所致保險標的物的滅失、毀損或費用，而在保險標的物裝上船舶之際，被保險人已經知悉或依照通常商業過程應該知悉該破產或財務違約將阻礙航行的進行 (ICC (A) 4.6, 2009)。

本除外約定對於善意基於有效契約 (a binding contract) 已經購買或承諾購買保險標的物而受讓保險契約的情形不適用之 (ICC (A) 4.6, 2009)。

(7)因任何使用原子或核子分裂、聚變或其他類似反應或輻射力等任何戰爭武器所致保險標的物的毀損滅失或費用 (ICC (A) 4.7, 2009)。

2.不適航、不適載的除外

(1)本保險契約對於船舶或駁船的不具適航性 (unseaworthiness)、 船舶駁船的貨櫃或防水密封貨運箱 (liftvan) 的不適載 (unfitness) 所致保險標的物之毀損、 滅失或費用， 但以被保險人或其受僱人在保險標的物裝載時 (at the time the subject-matter insured is loaded) 知悉該適航性或適載性有欠缺者為限 (ICC ⒜ 5.1, 2009)。

⑵保險人拋棄對於違背船舶適航性擔保法定義務以及船舶載運保險標的物到目的港的適載性法定義務的權利，但被保險人或其受僱人知悉該適航性、適載性有欠缺者不在此限 (ICC ⒜ 5.2, 2009)。

3.戰爭的除外責任

⑴因戰爭、內戰 (civil war)、革命、叛變、暴動 (insurrection) 或因此引起的內爭 (strife)，或任何因交戰國 (belligerent) 的敵意行為或對交戰國的敵意行為所致保險標的物之毀損滅失或費用 (ICC ⒜ 6.1, 2009)。

⑵因捕獲、扣押、逮捕、限制或留置（海盜留置除外 piracy excepted)) 以及因此引起的損失或費用、以及因上述危險之圖謀所致保險標的物的毀損滅失或費用 (ICC ⒜ 6.2, 2009)。

⑶因遺棄的水雷、魚雷、炸彈或其他戰爭武器所致保險標的物的毀損滅失或費用 (ICC ⒜ 6.3, 2009)。

4.罷工的除外責任

⑴因罷工、或針對參與騷亂、暴動或市民騷動的勞工或群眾所為的封廠所致的毀損滅失或費用 (ICC ⒜ 7.1, 2009)。

⑵因罷工、封廠、勞工騷亂、暴動或市民騷動所造成的毀損滅失或費用 (ICC ⒜ 7.2, 2009)。

⑶任何恐怖分子或任何基於政治動機之人所致的毀損滅失或費用 (ICC ⒜ 7.3, 2009)。

二、協會貨物保險條款⒝

㈠承保範圍

協會貨物保險條款⒝承保的範圍比協會貨物保險條款⒜為小，採取列舉方式。

1.列舉承保事項

本保險承保下列危險事故，但第 4 條、第 5 條、第 6 條及第 7 條另有除外約定者應予除外：(ICC ⒝ 1, 2009)

1.1 保險標的物合理誘因於下列事故所生的毀損滅失：

1.1.1. 火災或爆炸。

1.1.2. 船舶或駁船的擱淺、擦淺、沉沒或傾覆。

1.1.3. 陸上運輸工具的傾覆或出軌。

1.1.4. 船舶、駁船或運輸工具與水以外的任何外界物體的碰撞或接觸。

1.1.5. 在避難港卸貨。

1.1.6. 地震、火山爆發或閃電。

1.2 保險標的物因下列事故所致的毀損滅失。

1.2.1. 共同海損的犧牲 (general average sacrifice)。

1.2.2. 拋棄或浪捲落海 (jettison or washing overboard)。

1.2.3. 海水、湖水或河水進入船舶、駁船、容器 (hold)、運輸工具 (conveyance)、貨櫃或儲存處所。

1.3 貨物在裝卸船舶或駁船時落水或墜落而造成的整件貨物的全部滅失。

2. 共同海損的犧牲

本保險的承保範圍還包括為了避免事故或與避免事故有關、經依照運送契約及／或依照應適用的法律、實務慣例調整後、確定的共同海損分擔費用以及救助費用，但以導致共同海損的事故非屬第 4 條、第 5 條、第 6 條及第 7 條於除外不保者為限 (ICC (B) 2, 2009)。

3. 船舶碰撞共同過失條款的補償損失

本保險還補償被保險人，就本契約所承保的保險事故發生致被保險人依照運送契約的船舶碰撞共同過失條款應賠償運送人的任何責任。依照船舶碰撞共同過失條款的任何請求發生時，被保險人同意保險人得以自己的費用，為被保險人對該請求行使抗辯權 (ICC (B) 3, 2009)。

㈡除外不保事項

ICC (B)的除外不保項目與 ICC (A)的除外不保項目，除了下述兩點，其餘完全相同：

1. 在一般除外不保項目中，增加

4.7 因任何一人或數人的不法行為 (wrongful act)，故意地毀損 (deliberate

damage) 或故意摧毀 (deliberate destruction) 保險標的物的全部或一部所造成的損失。

依照本除外不保事項的約定，保險人不但對於被保險人的故意不法行為所生的損失不負責任，而且對於任何其他第三人的故意不法行為所生的損失，也一樣不負保險理賠責任。

2. 在戰爭除外不保項目中，刪除海盜危險事故

6.2 因捕獲、扣押、逮捕、限制或留置以及因此引起的損失或費用、以及因上述危險之圖謀所致保險標的物的毀損滅失或費用 (ICC ⒝ 6.2, 2009)。

依照本除外不保事項的約定，任何留置，即使是海盜留置，都列為除外不保事項。因為相較於 ICC ⒜ 6.2 的規定，條文中刪除了「海盜除外 (piracy excepted)」文字。

三、協會貨物保險條款⒞

㈠承保範圍

協會貨物保險條款⒞，在三種貨物保險條款中，承保的範圍最小，如同協會貨物保險條款⒝一樣，也是採列舉式的，只承保重大的意外事故，不承保自然災害或非重大的意外事故。

1. 本保險，除第 4 條、第 5 條、第 6 條另有除外不保的約定外，承保下列風險所生的損失

1.1 保險標的物因合理可歸因於 (reasonably attributable to) 下列事故所生的損失：(ICC ⒞ 1, 2009)

1.1.1 火災或爆炸。

1.1.2 船舶或駁船擱淺、擦淺 (grounded)、沉沒或傾覆。

1.1.3 陸地上運輸工具傾覆或出軌 (overturning or derailment of land conveyance)。

1.1.4 船舶、駁船或其他運輸工具與水以外的任何外界物體碰撞或接觸。

1.1.5 在避難港 (a port of distress) 卸貨。

1.1.6 共同海損的犧牲 (general average sacrifice)。

1.1.7 拋棄 (jettison)。

2.共同海損

本保險的承保範圍還包括為了避免事故或與避免事故有關、經依照運送契約及／或依照應適用的法律、實務慣例調整後、確定的共同海損分擔費用以及救助費用，但以導致共同海損的事故非屬第 4 條、第 5 條、第 6 條及第 7 條於除外不保者為限 (ICC (C) 2, 2009)。

3.船舶碰撞共同過失條款的補償損失

本保險還賠償被保險人，就本契約所承保的保險事故發生致被保險人依照運送契約的船舶碰撞共同過失條款應賠償運送人的任何責任。依照船舶碰撞共同過失條款的任何請求發生時，被保險人同意保險人得以自己的費用，為被保險人對該請求行使抗辯權 (ICC (C) 3, 2009)。

(二)除外不保事項

協會貨物保險條款(C)的除外不保事項，完全與協會貨物保險條款(B)的除外不保事項相同，請參考上開相關說明。

捌┃理賠範圍與不在理賠範圍

一、理賠範圍

㈠實際損失及擬制損失

全部損失分為實際全部損失 (actual total loss) 與擬制全部損失 (constructive total loss)。分述如下：

1. 實際全部損失

貨物的實際全部損失，包括貨物全部滅失、喪失屬性以及由於法律上、事實上的原因而不能回復。依照英國海上保險實務，有下列情況之一者，為實際全部損失：

⑴貨物全部被毀損 (completely destroyed)

⑵被保險人被剝奪貨物所有權而且不可能回復 (irretrievably)

⑶被保險貨物喪失其原來之屬性 (species)

⑷載運貨物之船舶已被公布為失蹤 (has been posted as "missing")

因此，凡船舶或貨物受到損毀之程度，已經達到喪失原來屬性之程度者，即為實際全部損失，例如：標的物沉沒、重要部分全部毀損或被擄獲、被掠奪而無被收復之可能者均屬之。

2. 擬制全部損失

擬制全部損失，英文原意是「解釋上 (constructive) 全部損失」，之所以用「解釋上」三個字作為形容詞，乃因為實際上並未全部損失，但基於「立法政策」──主要是法律經濟原則以及保險理賠的方便──的需要，擬制解釋其為全部損失。又既是基於立法政策的擬制，自不容當事人反證推翻之，因此又稱

為「視為全部損失」，以別於「推定全部損失」。

　　貨物或船舶雖非全部滅失，但由於危險事故發生的緣故，對被保險人言，雖勉強完成航程且於目的地交付貨物，惟已經不切實際，被保險人寧可將貨物或船舶委付予保險人，基於「擬制全部損失」為保險金之請求。

　　海商法的「擬制全部損失」分為船舶的擬制全損❻❶，貨物的擬制全損❻❷及運費的擬制全損❻❸。1906 年英國海上保險法第 60 條：「凡按標的物受損之程度，若欲使其如原狀到達目的地，其費用將超出船舶或貨物之價值者，視為全部損失。」就船舶或貨物的擬制全損作了規定。ICC 2009 (A)(B)(C)第 13 條約定：「除非由於保險標的物合理委付，或由於保險標的物之回復、重置及運往保險標的物之目的地所需之費用超過保險標的物到達（目的地）時之價值，不得基於擬制全部損失而為請求 (No claim for constructive total loss shall be recoverable hereunder unless the subject-matter insured is reasonably abandoned either on account of its actual loss appearing to be avoidable or because the cost of recovering, reconditioning and forwarding the subject-matter to the destination to which it is insured would exceed value on arrival)。」被保險人基於「擬制全部損失」請求保險金時，須將委付的事實通知保險人，且委付的通知不得遲延，以便保險人得採取措施減少或防止損失的發生，但通知對保險人無利益者（即通知與保險人採取保護標的物行為無關者）或保險人已放棄被通知之權利者，不在此限。

　　若保險人接受委付（承認有委付之事實），構成承諾委付，則必須給付保險

---

❻❶　海商法第 143 條：「被保險船舶有下列各款情形之一時，得委付之：一、船舶被捕獲時。二、船舶不能為修繕或修繕費用超過保險價額時。三、船舶行蹤不明已逾 2 個月時。四、船舶被扣押已逾 2 個月仍未放行時。」、「前項第 4 款所稱扣押，不包含債權人聲請法院所為之查封、假扣押及假處分。」

❻❷　海商法第 144 條：「被保險貨物有下列各款情形之一時，得委付之：一、船舶因遭難，或其他事變不能航行已逾 2 個月而貨物尚未交付於受貨人、要保人或被保險人時。二、裝運貨物之船舶，行蹤不明，已逾 2 個月時。三、貨物因應由保險人負保險責任之損害，其回復原狀及繼續或轉運至目的地費用總額合併超過到達目的地價值時。」

❻❸　海商法第 145 條：「運費之委付，得於船舶或貨物之委付時為之。」

金，而同時取得保險標的物的所有權。實務上，若保險人拒絕被保險人之委付，甚至提起訴訟，以避免被解為接受委付，則被保險人必須提起訴訟，請求法院判令保險人接受委付，也就是判決委付。判決委付是請求法院確認有被保險人主張的委付事實，並請求判令保險人依照約定為保險理賠，性質上兼有確認之訴與給付之訴的性質。

為了杜防因委付而發生糾紛，ICC 2009 (A)(B)(C)都在第 17 條規定「棄權條款 (Waiver Clause)」。該條款全文是「被保險人或保險人基於救護、保護或回復保險標的物而採取各種措施之行為，不得視為是放棄或接受委付之表示，亦不得影響雙方當事人之權利。」，棄權條款旨在強調保險人與被保險人的權利，不因保險人之採取各種措置而受影響。德國、日本的法律對於擬制全損也有詳細規定❻。

㈡繼續性費用 (Forwarding Charges Clause)

ICC 2009 (A)(B)(C)第 12 條都規定：「如果由於本保險承保的危險事故發生之結果，致所承保之運送航程在本保險承保以外之港口或地點終止時，保險人願補償被保險人因保險標的物之卸載、儲放及轉運至本保險指定之目的地，所適當且合理發生的特別費用（額外費用，extra charges）。」

❻ 1919 年德國海上保險條例第 71 條：「被保險人喪失船舶之管領而無收復之望者，尤於船舶沉沒，而無施救之可能時為然，或船舶按其損壞之情形已不能為原定之使用者，為全部損失。」、第 72 條：「船舶未到達次一目的地，而自出發地獲消息時，在輪船至少須失蹤滿 2 個月，在帆船至少須失蹤滿 3 個月，得視為全部損失。」、第 73 條：「船舶被扣押或為海盜擄去，經過 2 個月者，亦同。」、第 91 條：「貨物全部損失者，準用上列之規定，貨物受損壞，致不能為原定之使用者，應經鑑定後始得視為全部損失。貨物被扣押或被海盜搶奪者，準用關於船舶之規定。」
日本商法第 833 條規定：「遇有後列情形時，要保人得委付標的物而請求給付保險金額之全部：1.船舶沉沒者。2.船舶失蹤者。3.船舶受損而不能修復者。4.船舶或貨載被捕獲者。5.船舶或貨載被政府當局管收，而未於 6 個月內釋放者。」、第 834 條第 1 項規定：「船舶存亡不明滿 6 個月者，視為失蹤。」、第 835 條規定：「第 833 條第 3 款之情形，擬制船舶全損，得委付船舶，請求保險金。關於貨載，若船長另以他船運送至目的地者，不得委付。」

上述 ICC 2009 (A)(B)(C)第 12 條的規定，對於共同海損或救助費用不適用，且受前揭第 4、5、6 及 7 條除外不保事故規定的限制，且不包括由於被保險人或其受僱人之過錯、疏忽、無清償能力 (insolvency) 或金錢給付遲延 (financial default) 所引起之費用。據此規定，有四點須加注意：

1. 繼續運送費用必須是因保險事故發生，致貨物運送於目的地以外之其他地點或港口終止。
2. 繼續性費用，不包括共同海損或救助費用。
3. 保險人只於該條「除外不保事故」以外的原因所發生的特別費用，始負理賠責任。
4. 繼續性費用不包括由於被保險人或其受僱人之過錯、疏忽、無清償能力或金錢給付遲延所引起之費用。

在實務上，不論共同海損或救助，保險人不直接承保因共同海損或救助所發生的費用，被保險人須先就共同海損分擔人所應分擔數額求償，保險人再對運送人負給付保險金之責任。

(三)共同海損損失 (general average sacrifice)

依 1906 年英國海上保險法第 66 條第 2 項：「稱共同海損者，在共同航海冒險中，為保全遭受危險之財產，於危險存在之際，故意且合理地為非常犧牲或支出非常費用。」共同海損之理賠，包括下列二種：

1. 共同海損的財產犧牲

共同海損的財產犧牲，是指因共同海損行為致保險標的物滅失或毀損。例如：因為暴風雨，船舶與貨物皆面臨沉沒之危險，船長為減輕船舶負荷，乃下令將貨物之一部分投棄入海，以避免船舶及其他貨物同遭沉沒，此被投棄之貨物即為「共同海損的財產犧牲」。保險人以保險金理賠「共同海損之犧牲」所發生之損失後，即代位取得因共同海損被投棄貨物之人對於因共同海損而船舶、貨物獲得保全之人的分擔或求償權。

2. 共同海損的費用犧牲

共同海損的費用犧牲，指船舶、貨物及運費遭遇共同危險時，為避免該危險，船長或他人為保險標的物所支出之非常費用，例如：船舶擱淺時，為使擱

淺之船舶重新浮揚,乃僱傭駁船及碼頭工人將船上貨物卸下所支出之費用即是。又如:為船貨安全,將船舶駛入避難港而生之引水費、港工捐等亦是共同海損之費用。共同海損之費用應納入共同海損之範圍,保險人於給付保險金後,亦得基於代位求償權,對船貨獲得保全之人行使分攤請求權。

與共同海損不同的是單獨海損 (particular average)。單獨海損是指因為保險事故的發生只導致特定保險標的物發生全部或一部的毀損或滅失。單獨海損的特色有二:

第一、毀損滅失發生在某特定人的貨物;

第二、毀損滅失的發生並非基於保全其他船貨的共同利益;

實務上有 「單獨部分損失不予理賠條款」,英文稱為 "Free from Particular Average (簡稱 F.P.A.)",這種條款經常約定:貨物之損失,除因共同海損外,其損失一概不予理賠,或在一定比例範圍內,保險人不負賠償之責任。例如:「茲約定:鋼鐵、煙草、蓬來米、乳酪、棉花及其他性質上易於腐敗耗損之貨物,除因共同海損發生損失外,其部分損害概不賠償;又亞麻、草蓆,除因共同海損外,損失在百分之十五以下者,概不負賠償之責;糖、麵包,除因共同海損外,其損失在百分之十以下者,概不負賠償之責。」就是。保險契約之所以會約定「單獨部分損失不予理賠」,乃是因為單獨損失既與共同海損無關,與船舶所有人或其他第三人無涉,自得以契約之約定排除保險人之保險理賠責任;又保險契約之所以約定部分損失不予理賠,是因為部分損失若一律劃入保險理賠之範圍,有時估計損失及核算賠償額所需要之程序性費用反而超過理賠額,從法律經濟的角度著眼,以約款加以排除或約定必須超過一定比例,始予理賠,有其必要。

㈣鑑定的費用

鑑定費 (survey fee) 性質上是確定保險標的物因保險事故發生所遭受的損失,屬於程序性的費用,原應該視其為全部保險或部分保險而由保險人與被保險人負擔或分攤。

(五)防止保險標的物毀損滅失所支出的訴訟費用以及勞工費用 (sue and labor charges)

被保險人為了採取合理方法以防止標的物毀損滅失時，就其所支付訴訟費用、勞工費用，對保險人有請求權。保險人對於被保險人在運輸過程中，為防止因貨物毀損或滅失而保險人應負責任之事由發生，所支付之額外費用 (particular charges)，應予理賠。ICC 2009 (A)(B)(C)第 16 條訂有下述條文：「被保險人及其受僱人及代理人對於依本保險得請求之賠償，應履行下列義務：

1. 應採取可能之合理措施以防止或減輕其損失及
2. 應適當地保留及行使所有對運送人、受託人或其他第三人得主張之權利。且保險人除理賠任何得請求之損失外，尚承諾賠償被保險人因履行上述義務而適當且合理發生之任何費用。」可供參考。

(六)貨物所有人對運送人依照「船舶碰撞共同過失條款」應負的契約責任

被保險人就其依載貨證券船舶碰撞共同過失條款的約定應賠償運送人的責任投保責任保險時，在保險事故發生時，保險人應該理賠被保險人。

二、不在理賠範圍

(一)包裝物的損失

除非保險單特別將「包裝 (packing)」列入保險範圍，否則保險人對於「包裝物（皮、材料）之單獨受損」（即貨物未受損，只有包裝物受損），不負賠償責任。在「包裝物與貨物都受損壞」之情形，實務多只以「貨物」所受毀損滅失之比例，依其全部保險或一部保險計算理賠保險金，至於「包裝物」之毀損滅失，不另計算，因為貨物保險之保險金額，多包括「貨物成本」、「費用」及「預期利潤」，而包裝已構成貨物成本之一部分，無另行計算之必要。

(二)包裝不足或不適當

貨物若因「包裝不足或不適當 (insufficiency or inadequacy of packing)」而

實際發生 (actually caused) 貨物的毀損或滅失，是屬於除外不保的項目，不在保險理賠範圍。ICC 2009 (A)(B)(C) 4.3 本保險對於下列事故所生損失，不在承保範圍，因為被保險人或其受僱人（受僱人不包括獨立承攬人）負責包裝（此處所謂包裝，包括將貨物裝入貨櫃）或準備，該包裝或準備應該可以使標的物承受預定航程的通常事故，若包裝不足或不適當，將可以預期毀損滅失的發生，也就是對毀損滅失的發生，有直接故意或間接故意，保險對此當然不負理賠責任。包裝是否不足或是否不適當，是事實判斷問題，須依特定之交易習慣法決定。例如：

1. 易碎物品（例如玻璃），若未予特殊之「巢墊 (nested)」或以其他特殊方法包裝，使之足以承受該特定運送航程中，在可得預期之正常操作下所發生之震動等，即為包裝不足或不適當。保險人對於因此所發生之損失或是因更換不當包裝所發生之費用，不予理賠。

2. 在貨物由被保險人或其受僱人自行堆裝入貨櫃或貨箱情形，不論其堆裝之時間係在保險契約生效前或生效後，其有堆裝不當者，亦視為包裝不足或包裝不當，若因而發生貨物毀損或滅失者，保險人不予理賠；反之，若貨物堆裝入貨櫃或貨箱，被保險人及其受僱人從未涉入，完全由其他貨櫃操作員負責，其因堆裝操作不當時所發生之毀損滅失，如當時保險契約已經生效，保險人仍應理賠。

㈢遲延 (delay)

MIA 1906 與 ICC 2009 (A)(B)(C) 都將遲延列為除外不保項目。ICC2009 (A)(B)(C) 4.5 規定：「下列事故所生的損失，不在本保險承保範圍：以遲延為近因所發生的滅失、毀損或費用，即使該遲延是因承保的保險事故所致，亦同。」

例如：船舶碰撞而發生遲延，因遲延又發生貨物品質惡化，則即使貨物品質的惡化肇因於船舶碰撞，而船舶碰撞又在保險範圍內，但保險人對於貨物品質惡化所發生的滅失、毀損或費用，仍不負賠償責任。

ICC 2009 (A)(B)(C) 將遲延所生之全部滅失 (all loss)、毀損 (damage) 或費用 (expense) 都列入除外不保的範圍，與 MIA 1906 並未規定毀損、費用者不同，一般認為 ICC 1982 (A)(B)(C) 的規定，旨在加強並明確 MIA 1906 之除外不保範

圍。應注意者，若因共同海損或救助而發生遲延，被保險人得請求在遲延期間其所應分擔之任何費用，例如：所應分擔的船員工資是。

㈣運送人無力清償 (insolvency) 或金錢上遲延給付 (financial default)

ICC 2009 (A)(B)(C)之所以將無力清償列為除外不保項目，旨在防止或減少被保險人將貨物託運予有財務困難的運送人。

本除外不保之範圍包括：

1. 因運送人財務困難，致保險標的物（貨物）發生之任何損失；
2. 因運送人財務困難，致被保險人發生之任何費用。

例如：運送人因財務困難未能完成航程，而於中途港口或地點卸貨，保險人對於被保險人因卸載、另裝他船、或任何繼續運送之費用 (any forwarding expenses) 所發生之損失，都不負理賠責任。此與 ICC 1982 (A)(B)(C)第 12 條，約定承保「繼續運送費用 (forwarding expense)」不同，該條所承保者，係指保險事故發生，致貨物在中途港口卸下，始有其適用。

至於運送人「金錢上給付遲延 (financial default)」一詞，一般多指運送人在航行途中，因為財務問題，在中間港口，以貨物為擔保標的物，將貨物留下，使他人（一般是債權人）占有，以求船舶准予放行，並載運其他貨物繼續航行，雖然運送人在主觀上願意返回該中間港口，清償費用（例如：港口稅捐），取回貨物，繼續運送，交付貨物，但因船舶在返回該中間港口前沉沒，運送人又無資力依約清償，致該貨物繼續被留置或供擔保，被保險人喪失貨物。此種由於運送人「金錢上給付遲延」所致之貨物損失，不在保險之列。

㈤蓄意性之毀損或摧毀 (deliberate damage or destruction)

ICC 2009 (B)與(C) 4.7 都規定下列事由所發生的損失不在承保範圍：因任何一人或數人的不法行為 (wrongful act)，故意地毀損 (deliberate damage) 或故意摧毀 (deliberate destruction) 保險標的物的全部或一部所造成的損失。

ICC 2009 (A)並未將之列為除外不保項目。此一不保之範圍至廣，舉凡縱火 (arson)、鑿舶 (scuttling)、任何方式之破壞行動 (any form of sabotage) 或任何其他惡意行為 (any other malicious acts)，而故意毀損或摧毀保險標的物者均屬之，

保險人對此不負理賠責任，被保險人若必欲就此投保保險，須另外加保「惡意毀損條款 (a Malicious Damage Clause)」，該條款全文如下 ：「協會惡意毀損條款：茲同意於繳付附加保險費後，因任何人不法行為而蓄意對保險標的物為全部或一部之損毀或摧毀之除外不保條款另有約定，本保險並承保保險標的物因惡意行為或惡意破壞 (by malicious acts, vandalism or sabotage) 所引起之滅失或毀損 (loss or damage of the subject-matter insured)。」

㈥原子或核子分裂造成的損失

ICC 2009 ⒜ 4.7 與 ICC 1982 ⒝⒞ 4.8 都訂有 ：「因使用任何原子或核子之分裂及（或）融合或其他類似反應或輻射力等武器而引起的滅失、毀損或費用」的除外不保項目。此一條款對 ICC 2009 ⒜ 與 ICC 2009 ⒝⒞ 的影響不同：

1. 對 ICC 2009 ⒜ 之影響

將核子武器等列為除外不保條款有其必要，因為 ICC 2009 ⒜ 雖將「戰爭」列為除外不保項目，但戰爭是具有敵意的，在核子武器發生事故，有時具有敵意，有時不具有敵意（例如：核子武器試驗），其在後者，就不是「戰爭」除外不保一項所能涵蓋，因此將「核子武器」列為除外不保項目，具有補充作用，可以擴大保險人的免責範圍。

2. 對 ICC 2009 ⒝⒞ 之影響

將核子武器事故列為除外不保項目，會影響該二基本條款中「火災 (fire)」及「爆炸 (explosion)」二詞涵義的範圍，因為解釋上核子武器事故而發生的火災或爆炸也都應列入除外不保的範圍，但對於 ICC2009 ⒝⒞ 的其他條款尚無影響。

㈦惡意的船舶適航性或適載性之欠缺

依據協會基本條款第 5 條的規定:「保險人拋棄對於違背船舶適航性擔保法定義務以及船舶適合裝載保險標的物到目的港的適載性法定義務的權利，但被保險人或其受僱人在保險標的物裝載時知悉該適航性、適載性有欠缺者，不在此限。」

㈧戰　爭

戰爭以及罷工在 ICC 2009 ⒜⒝⒞都列入除外不保項目 。 ICC 2009 ⒜原則上承保所有事故，因此 ICC 2009 ⒜將「戰爭」與「罷工」同列不保項目，有其必要。ICC2009 ⒝⒞兩種保險，採列舉保險，在承保範圍一欄，並未載明戰爭或罷工等事故，既不在承保範圍，即無再列入除外不保項目之必要，但往昔慣例既已將「戰爭」、「罷工」列入除外不保範圍，ICC 2009 ⒝⒞乃承襲慣例，將之列入除外不保項目，以期明確。由於 ICC 2009 ⒜⒝⒞的第 6 條、 第 7 條將「戰爭」、「罷工」列為除外不保項目，明確澄清以下諸點：

1. ICC2009 ⒝⒞中之火災 (fire) 及爆炸 (explosion)，不包括因 「戰爭」 或 「罷工」 所致者。

2. ICC 2009 ⒝⒞中之接觸 (contact)，不包括因與水雷 (mines) 接觸所致者。在實務上，可以另加繳保險費，加保戰爭險或罷工險，將戰爭或罷工納入承保範圍，應注意及之。

ICC 2009 ⒜⒝⒞都規定下列除外不保：

6.1 因戰爭、內戰 (civil war)、革命、叛變、暴動 (insurrection) 或因此引起的內爭 (strife)，或任何因交戰國 (belligerent) 的敵意行為或對交戰國的敵意行為所致保險標的物之毀損滅失或費用。

6.2 因捕獲、扣押、逮捕、限制或留置（海盜留置除外 (piracy excepted)）以及因此引起的損失或費用、以及因上述危險之圖謀所致保險標的物的毀損滅失或費用。

6.3 因遺棄的水雷、魚雷、炸彈或其他戰爭武器所致保險標的物的毀損滅失或費用。

㈨罷　工

ICC 2009 ⒜⒝⒞三式保單都將「罷工」列為除外不保項目。上述三式保險單第 7 條條文如下：

7.1 因罷工、或針對參與騷亂、暴動或市民騷動的勞工或群眾所為的封廠所致的毀損滅失或費用。

　　7.2 因罷工、封廠、勞工騷亂、暴動或市民騷動所造成的毀損滅失或費用。

　　7.3 任何恐怖分子或任何基於政治動機之人所致的毀損滅失或費用。

　　第 1 款及第 3 款適用「主力近因原則 (proximate cause)」，第 2 款則適用合理諉因原則。且第 2 款有補充第 1 款、第 3 款的作用 ❻❺。

㈩「除外不保之危險」而發生的「費用」

　　被保險人因「除外不保之危險」而發生的「費用」，亦在除外不保之列，例如：因預定卸貨港罷工，運送人無法在該港卸貨乃在其他港口卸貨，留下繼續運送之費用，以便運往原定之貨物目的港，此時「繼續運送之費用 (the forwarding expense)」應列入除外不保之範圍，因為此費用係因除外不保之危險事故──罷工而發生，此與因承保範圍之危險事故發生而中途卸貨，致生「繼續運送之費用 (forwarding expenses)」之列入承保範圍者不同，應注意及之。

三、主力近因原則與合理諉因原則

　　主力近因原則 (Proximate Cause)，是指必須「保險事故」係「損失」發生的主力近因，即危險為損失的原因，損失為危險的結果，其間並無其他因素滲入，保險人始予理賠。**合理諉因原則** (reasonably attributable to) 指損害的發生不

---

❻❺　第 1 款及第 3 款適用「主力近因原則 (proximate cause)」：按第 1 款之用語中既有 "cause" 一語，且依 MIA 1906 之原則性規定，滅失、毀損或費用須因罷工、停工等為「主力近因」所引起者，可以知之。關於第 3 款乃初次訂立於 1982 年之各式保險單中，旨在排除「基於政治動機」之任何人引起之任何滅失、毀損或費用之理賠責任。該款所排除者，不限於爆炸物之突然爆炸，即因恐怖組織者強占貨物而發生之毀損、滅失或費用，亦在除外不保之列。
　　第 2 款具有補充第 1 款、第 3 款之作用：按貨物之滅失、毀損或費用之發生，若因罷工者、停工者等（第 1 款）、或恐怖主義者等（第 3 款）引起，須適用「主力近因原則」，若後者行為並非貨物發生毀損、滅失或費用之「主力近因」，則不在除外不保之列。惟此時第 2 款發生作用，蓋依第 2 款規定，只要貨物毀損、滅失或費用之發生係罷工等結果，即在除外不保之列，例如參與暴動者之行為引發火災，而火災係貨物滅失、毀損或費用發生之主力近因，則「貨物之滅失毀損及費用之發生」實係「暴動」發生之結果，亦在不保之列。

以保險事故是「主力近因」為必要，只要損失可「合理誘因」於保險事故，保險人即予理賠。

英國的海上保險，以採「主力近因原則」為原則，以採「合理誘因原則」為例外。1906 年英國海上保險法第 55 條第 1 項規定：「除本法另有規定，或保險單另有約定外，保險人對於以保險事故為主力近因所發生之任何損失，負賠償責任。」，又「除本法另有規定或保險單另有約定外，保險人對於保險事故並非主力近因所生之損害，不負賠償責任。」之規定，可以知悉。

在保險實務上，為了釐清適用「主力近因原則」或「合理誘因原則」的危險事故，多在保險契約條款中加以規定。ICC 2009 ⒜原則上承保一切保險事故，但屬於「除外不保事故」者，不在此限，由於 ICC 2009 ⒜原則上承保一切損失，因此沒有約定那些事故的損失適用「主力近因原則」，那些事故的損失適用「合理誘因原則」。ICC 2009 ⒝⒞只承保列舉的保險事故，並且將此種保險事故，依其適用原則之不同，可分二類，茲表列如下，以利參考：

表 5

適用法則	保險事故	ICC 2009 (B)	ICC 2009 (C)
適用合理誘因原則	1.火災或爆炸 (fire or explosion)	1.1.1.	1.1.1.
	2.船舶或駁船之擱淺、觸礁、沉沒或傾覆 (vessel or craft being stranded, grounded, sunk or capsized)	1.1.2.	1.1.2.
	3.陸上運輸工具之翻覆或出軌 (overturning or derailment of land conveyance)	1.1.3.	1.1.3.
	4.船舶、駁船或運輸工具與除水以外之其他任何外在物體之碰撞或接觸 (collision or contact of vessel, craft or conveyance with any external object other than water)	1.1.4.	1.1.4.
	5.在避難港之卸貨 (discharge of cargo at a port of distress)	1.1.5.	1.1.5.
	6.地震、火山爆發或閃電 (earthquake, volcanic eruption or lighting)	1.1.6.	不列入承保之範圍
適用主力近因原則	1.共同海損之犧牲 (general average sacrifice)	1.2.1.	1.2.1.
	2.投棄 (jettison)	1.2.2.	1.2.2.
	3.海浪捲落 (washing overboard)	1.2.3.	不列入承保之範圍
	4.海水、湖水或河水之進入船舶、駁船、船艙、運輸工具、貨櫃、貨箱或儲存所 (entry of sea, lake or river water into vessel, craft, hold conveyance, container, liftvan or place of storage)	1.2.3.	
	5.任何貨物於裝卸船舶或駁船時,因自船上滑落或掉落而發生之整件損失 (total loss of any package loss overboard onto, or unloading from, vessel or craft)	1.3.	不列入承保之範圍

玖| 保險金額及保險價額

一、保險金額

保險金額，是保險事故發生時，保險人為保險給付的最高限制數額。保險金額須於保險契約中加以明定。實務上船舶所有人有時會將船體險與責任險一起投保，並且約定理賠上限為「船體險保險金額的若干倍」，此種約定，是以「船體險保險金額的若干倍為船體險與責任險二者的理賠上限」的意思。由於責任險所承保的損害賠償責任理論上可能無限大，因此保險單所謂「理賠上限為船體險保險金額的若干倍」，並不是保險人承擔超出損失的理賠責任，而是保險人所承擔船體險與責任險的總額以「船體險保險金額的若干倍為上限」，不要誤解會發生超額理賠問題。

二、保險價額

㈠定值保險與不定值保險

保險價額，乃以預先約定或事後估計標的物的價值，作為保險理賠的計算的依據。訂立契約時，就預先估定一定價值視為保險標的物在保險事故發生時的價值者，稱為「定值保險 (valued insurance)」。訂立契約時，不預先估定保險標的物的價值，待保險事故發生後，才回溯地估計保險標的物在保險事故發生時的價值者，稱為「不定值保險 (unvalued insurance)」。

在定值保險，於標的物全部損失時，除有虛報價值，圖謀超出實際損害的理賠情事外，雙方訂約時所約定的價額，就被視為是保險事故發生時的保險價額，保險人應即依約理賠，不得再事爭執。定值保險只於保險標的物全部損失時，始全部理賠，若保險標的物一部損失，仍應按損失比例，計算理賠。

關於保險價額的確定，海商法有下列規定：

1. 船舶的保險價額

船舶之保險以保險人責任開始之船舶價格及保險費，為保險價額❻。船舶之保險，以保險人責任開始時之船舶價格，包含船體、機械，及被保險人所有之設備、屬具、供應、備料、燃料、支付款及保險費，為保險價額，此參考MIA 1906 第 16 條第 2 款：「在船舶保險，可保價值（保險價額）為船舶開始冒險時的價值，包括船舶的艤裝、船員及水手的補給及儲備、海員薪資的預付款、或其他為使船舶適合保險單約定航程或冒險所生的支出、以及全部保險費；在船舶是汽船情形，可報價額還包括被保險人所有的機器、鍋爐、煤炭以及引擎，此外，若船舶從事特殊貿易情況，還包括該特殊情況通常所必要的設備。」的規定可以知悉。

2. 貨物的保險價額

貨物之保險以裝載時、地之貨物價格、裝載費、稅捐、應付之運費及保險費，為保險價額❼。貨物之保險以貨物成本、應付之運費及保險費，為保險價額。此參考 MIA 1906 第 16 條第 3 項：「除保險單另有任何明示的規定或價值的約定外，保險標的物的可保價額依照下列規定定之：……在貨物或商品的保險，可保價額為被保險財產的主要成本、運送及其附帶費用、以及全部的保險費 (Subject to any express provision or valuation in the policy, the insurable value of the subject-matter insured must be ascertained as follows: ...In insurance on goods or merchandise, the insurable value is the prime cost of the property insured, plus the expenses of and incidental to shipping and the charges of insurance upon the whole)。」可以知悉。

3. 運費的保險價額

運費之保險，僅得以運送人如未經交付貨物即不得收取之運費為之，並以被保險人應收取之運費及保險費為保險價額。前項保險，得包括船舶之租金及依運送契約可得之收益❽。換句話說，運費保險，無論是預付運費或待收運費，都以被保險人可能喪失之總運費及保險費為保險價額。此參考 MIA 1906 第 16

---

❻　海商法第 134 條。

❼　海商法第 135 條。

❽　海商法第 137 條。

條第 2 項：「運費的保險，不論是預付運費或其他，其可保價額應該以被保險人承擔的運費總額再加上保險費」可以知悉。

4.應有利得之保險價額

貨物到達時應之佣金、費用或其他利得之保險以保險時之實際金額，為保險價額❻❾。

三、部分保險、等值保險與超額保險

比較保險金額與保險價額的大小，可以有三種類型：

㈠部分保險

保險價額大於保險金額者，稱為「部分保險 (under valued)」。保險價額與保險金額的差額部分，視為由要保人以共保人身分比例分擔。若差額部分由其他保險人承保者，由其他保險人比例分擔之。

㈡等值保險

保險金額與保險價額相等的保險，稱為「等值保險」。定值保險，是以雙方合意的約定價值為保險標的物在保險事故發生時的價值，只要約定的保險價額非出於詐欺，訂約時約定的保險價額就被「視為」保險事故發生時的保險價額，保險人就應該依照全損或部分毀損的比例，依約計算理賠；不定值保險，是在保險事故發生後，才回溯地鑑定保險標的物在保險事故發生時的價值，作為保險價額，保險價額與保險金額相等者，則構成等值保險（或稱全部保險）。

㈢超額保險

保險金額大於保險價額稱為「超額保險 (over valued)」。保險金額超過保險標的價值的契約，若是由當事人一方之詐欺而訂立者，他方得解除契約。如有損失，得請求賠償。若無詐欺情事者，除定值保險外，其契約僅於保險標的價值的限度內有效。無詐欺情事的保險契約，經當事人一方將超過價值的事實通知他方後，保險金額及保險費都必須依照保險標的價值比例減少❼❶。

---

❻❾ 海商法第 136 條。
❼❶ 保險法第 76 條。

拾 | 保險給付的理算

一、確定全部損失或部分損失

損失分為全部損失與部分損失 (partial losses)。全部損失又分為實際全部損失 (actual total loss) 與擬制全部損失（視為全部損失 constructive total loss），部分損失則包括共同海損的損失 (general average loss)、單獨海損的損失 (particular average loss)、以及海難救助的費用以及特別費用 (salvage charges)❼。說明如下：

㈠全部損失

1.實際全部損失（實際全損）

實際全部損失是指被保險的財產完全被摧毀、嚴重毀損以致於無法回復或無法修繕以供將來使用、或被保險人的權利完全被剝奪的狀況。

2.擬制全部損失（擬制全損或視為全損）

擬制全部損失，在海商法稱為「委付」，擬制全部損失是指保險標的物雖然實際上沒有全部毀損或滅失，但是由於毀損的情況嚴重，達到法律所規定的程度，其修繕的費用超出殘餘標的物的價值，因此立法政策上，將之「視為」全部損失，保險公司依照實際全損賠償，但是殘餘標的物的所有權移歸保險公司所有。擬制全損多發生在房屋保險、車輛保險以及船舶保險。依照 MIA 1906第 60 條：「除保險單另有約定外，保險標的物因實際全損似乎無可避免而合理地拋棄，或除非花費超過保險標的物的價值的費用，才可以避免實際全部損失時，擬制全部損失就發生。特別是：

---

❼ MIA 1906 第 64 條至 66 條。

(1)被保險人喪失因承保的保險事故的原因而喪失對保險標的物的占有，而且(a)依據具體情況，似乎無法回復占有，或(b)回復船舶或貨物所需要的費用，超過回復後船舶或貨物的價值；

(2)在船舶毀損的情況，由於船舶或貨物因保險事故所致的毀損，其修繕費用超過修繕時船舶的價值。

(3)載貨物毀損的情況，修繕毀損貨物的費用加上將貨物轉運到目的地的運費，超過貨物到達目的價值。」而訂定。

㈡部分損失

1.共同海損損失

共同海損的損失，指在船舶貨物海上航行共同冒險中，面臨船貨的共同危險，船長或海員為了避免全部滅頂，故意處分船舶、貨物或處分二者，犧牲一部分，以保全其他部分，或是支出海損的費用，以避免船貨全部遭到滅頂，其因處分所生的損失或因搶救船貨所生的費用，原則上應該由被保存的財產以及被處分的財產共同分擔。

2.單獨海損損失

單獨海損的損失，指保險標的物因承保的保險事故而發生部分損失，其不屬於共同海損損失的部分，都是單獨海損損失❷。

3.海難救助的費用以及特別費用

海難救助的費用以及特別費用，是指被保險人因保險事故發生為保存保險標的所生之必要費用，非屬於本法第八章海難救助費用與第九章共同海損之損失者，為特別費用。特別費用除法律特別規定外，依保險契約約定❸。

---

❷ MIA 1906 第 64 條第 1 項，海商法修正草案第 197 條第 2 項：「非屬於本法第九章共同海損之損失者，為單獨海損之損失。」，漏掉「因承保的保險事故」的條件。

❸ MIA 1906 第 65 條第 1 項：「除保險單另有明示的約定外，因防止保險事故所致損失的救助費用，得以保險事故所生之損失請求賠償。」、第 2 項：「救助費用指救助人，在契約之外，依照海商法的規定可以請求的費用。救助費用不包括被保險人、其代理人或其他為了避免保險事故的目的而僱用的受僱人提供的海難救助的服務費用，因為這些費用，視其具體狀況，應該納入單獨海損損失或共同海損損失。」

二、保險理賠與共同海損

海商法修正草案第 198 條 :「共同海損之損失發生與承保之保險事故有關者,保險人應負補償責任。」、「前項損失,如係共同海損犧牲之損失,被保險人得直接請求保險人補償其損失之總額。」、「如係共同海損費用之損失,被保險人僅得請求保險人補償其應分擔部分之金額。」是參照 1906 年英國海上保險法第 66 條第 4 項:「除契約另有明示約定外,被保險人發生共同海損費用犧牲 (a general average expenditure) 時,得就其應分擔部分向保險人請求;發生共同海損的犧牲 (a general average sacrifice) 時,得就其全部損失向保險人請求,無需先向其他分擔人請求分擔。」規定而訂定。

三、海上保險與共同海損、姐妹船的海難救助、船舶碰撞

共同海損、海難救助或船舶碰撞中有利害關係之物,如屬於同一人所有,保險人保險理賠時,應就該關係之物視為不同之人所有,負保險給付責任。此參考 MIA 1906 第 66 條第 7 款:「船舶、運費及貨物,或是任何其中兩個屬於同一被保險人所有者,於決定保險人關於共同海損的損失或分擔之保險理賠責任時,應該如同屬於不同所有人一般。」、協會船體期間保險條款 (Institute Time Clauses-Hulls 1.10.83),第 9 條:「被保險船舶與另一船舶發生碰撞,被保險船舶另一船舶的救助,而碰撞船舶或救助船舶、被救助船舶的所有人完全相同、部分相同或在相同管理下,則被保險人仍將擁有如同另一船舶的所有人是與被保險船舶毫不相干一般的權利,……」的規定,可以知悉。

四、賠償額的理算

㈠全部滅失

保險標的物全部滅失時,除法律另有規定或保險單另有約定外,其保險理賠額,依照下列規定定之:

1.定值保險

以預先約定的保險標的物的價值，視為將來保險事故發生時，保險標的物的價值為保險價額。即依照保險金額全部理賠。

2.不定值保險

以保險標的物的可保價額，即事後估計保險標的物在保險事故發生時的價值為保險價額❷，依照保險價額與保險金額比例，計算理賠金額。

㈡部分毀損

1.船舶部分毀損的理賠

海商法第 139 條第 1 項：「船舶部分損害之計算，以其合理修復費用為準。但每次事故應以保險金額為限。」、第 2 項：「部分損害未修復之補償額，以船舶因受損所減少之市價為限。但不得超過所估計之合理修復費用。」、第 3 項：「保險期間內，船舶部分損害未修復前，即遭遇全損者，不得再行請求前項部分損害未修復之補償額。」上述規定基本上是承襲自 MIA 1906 第 69 條：「船舶受到部分毀損，未全部滅失時，其保險理賠額，除保險單另有明示約定外，依下列規定定之：

⑴船舶經修繕者，被保險人得請求合理的修繕費用減去通常的扣減（因為修繕時，以新零件或新材料替換舊零件、舊材料等原因），但每一意外事故所發生的修繕費用不得超過保險金額。

⑵船舶經部分修繕者，得請求的數額為前揭合理的修繕費用，以及因其餘尚未修繕部分所發生的合理貶值，但二者合計數額以不超過前揭（指第⑴款）部分毀損全部修繕的合理修繕費用為限。

⑶船舶完全未經修繕且在保險期間未以毀損之狀態出售者，被保險人得請求因部分毀損全部沒有修繕所發生的合理貶值（折舊），但是不得超過依前揭修繕該部分毀損所需的合理修繕費用。」而訂定。

2.運費部分損失的理賠

海商法第 140 條：「運費部分損害之計算，以所損運費與總運費之比例就保

---

❷ MIA 1906 第 68 條。

險金額定之。」是參照 MIA 1906 第 70 條:「除保險單另有明示約定外,運費發生部分損失時,其保險理賠額,在定值保險單以保險單所約定的保險價額,在不定值保險單以可保價額的比例定之。該比例是指被保險人受到的運費損失與依該保險單約定被保險人自行承擔風險的全部運費的比例。」而訂定。

3.貨物部分毀損的理賠

⑴定值保險

為保險標的物之貨物、商品或其他動產以定值保險單方式承保,貨物遭受全損者,以保險金額理賠,不另外估計保險額。

為保險標的物之貨物、商品或其他動產以定值保險單方式承保而其一部分損失者,其保險理賠額依照毀損部分的保險價額與全部保險價額的比例計算之。此時,保險價額的確定都依照不定值保險的方式為之。

⑵不定值保險

保險標的物之貨物、商品或其他動產全部毀損者,其賠償金額應依保險金額與保險價額比例計算之,此一保險價額以事故發生後回溯估算之,保險價額必須在保險事故發生後,回溯估算保險事故發生時保險標的物的價值。被保險的貨物、商品或其他動產以不定值保險方式承保而其一部分全部滅失者,其保險理賠為保險金額依照損失部分的保險價額與全部貨物的保險價額比例計算之。保險價額的確定都是事故發生後回溯到事故發生時估算。

貨物的保險價額是指貨物的批發價,無批發價者,依照貨物的估計價值,不論何者,都應附加運費、裝卸費、預付關稅。貨物、商品或其他動產在保稅倉庫出售,則以保稅價格 (the bonded price) 視為保險價額(總價值)。

在貨物保險,因為保險事故發生之後,回溯性估算有實際的困難,因此多投保定值保險。

海商法第 141 條:「受損害貨物之變賣,除由於不可抗力或船長依法處理者外,應得保險人之同意。並以變賣淨額與保險價額之差額為損害額。但因變賣後所減少之一切費用,應扣除之。」

㈢責任保險的補償額

責任保險保險理賠額，除保險單另有明示約定外，為被保險人關於該保險已經給付或應該給付予第三人的金額❼。

㈣部分保險的法律效果

保險金額不及保險標的之價值時，就該未保險之部分，由被保險人自行承擔其損失，即所謂「部分保險 (under insurance)」，MIA 1906 第 81 條：「被保險人投保的保險金額低於保險價額（可保價值）時，被視為自己是為投保部分的保險人」可為參考。

㈤被保險人已經自第三人獲得全部或部分賠償

財產保險以填補損失為宗旨，若保險事故發生之後，被保險人已經自第三人獲得全部或部分賠償，則已經獲得全部賠償者，固然不得再向保險請求保險給付，其獲得部分賠償者，自應從其全部損失扣除，再向保險人請求保險理賠。

㈥原被保險人得否對於再保險人為保險給付的請求

原保險契約的被保險人原則上不得對再保險契約的再保險人行使請求權，但是契約另有約定者，從其約定。所謂「契約另有約定」，主要是原保險人基於原保險契約將其對再保險人的保險給付請求權讓與原被保險人，本質上是將來可能發生的債權的讓與約定。

基於債權契約的相對性，原保險契約的被保險人只有對原保險契約的保險人才有請求權，對於再保險契約的保險人並沒有請求權，因此原則上原保險契約的被保險人對於再保險契約的保險人，沒有請求權❼。但是為了防止原保險契約的保險人沒有保險給付的能力，致原保險契約的被保險人向原保險人請求，無法獲得保險給付，而要向再保險契約的保險人請求，卻又囿於債權的相對性，

---

❼　MIA 1906 第 74 條。

❼　中華人民共和國海商法第 218 條第 2 項：「保險人可以將對前款保險標的的保險進行再保險。除合同另有約定外，原被保險人不得享有再保險的利益。」

缺乏請求權的基礎，因此實務上，利用「契約」約定的方式，使原保險契約的被保險人取得其保險人（即再保險契約的被保險人）對再保險契約保險人（即再保險人）的請求權，這種契約，實際上是利用原保險契約的約定，將原保險契約的保險人（也就是再保險契約的要保人或被保險人）基於再保險契約對再保險人的請求權，讓與給原保險契約的被保險人，性質上是「讓與將來可能發生的債權」。保險實務的這個作法，成熟之後，蛻化為法律條文。

在我國，可以準用保險法的規定。海商法並沒有任何關於原保險契約保險人將其基於再保險契約對再保險人的請求權，讓與給原保險契約的被保險人的規定，但是符合條件時，可以準用保險法第 40 條：「原保險契約之被保險人，對於再保險人無賠償請求權。但原保險契約及再保險契約另有約定者，不在此限。」的規定。

㈦複保險下的請求

1.複保險的規範意旨：預防道德風險或貫徹填補損失原則

保險法關於複保險的規定，學說上有從「預防道德風險」的觀點，主張複保險的規定對人身保險以及財產保險都一律適用者；也有只從「貫徹填補損失原則」的觀點，主張只有財產保險才有複保險規定的適用者。實務上，由於關於複保險的規定在保險法第 35 條到第 38 條，屬於保險通則的範圍，因此法院也同樣發生兩種不同見解，一派主張複保險的規定，只適用於財產保險，另一派主張複保險的規定，對於人身保險與財產保險都有其適用，最高法院在同一期間的不同民事庭，都曾經發生不同見解的判決。

最後透過大法官會議釋字第 576 號解釋❼，指出「人身保險契約，並非為

---

❼ 契約自由為個人自主發展與實現自我之重要機制，並為私法自治之基礎，除依契約之具體內容受憲法各相關基本權利規定保障外，亦屬憲法第 22 條所保障其他自由權利之一種。惟國家基於維護公益之必要，尚非不得以法律對之為合理之限制。

保險法第 36 條規定：「複保險，除另有約定外，要保人應將他保險人之名稱及保險金額通知各保險人。」、第 37 條：「要保人故意不為前條之通知，或意圖不當得利而為複保險者，其契約無效。」係基於損害填補原則，為防止被保險人不當得利、獲致超過其財產上損害之保險給付，以維護保險市場交易秩序、降低交易成本與健全保險制度

填補被保險人之財產上損害，亦不生類如財產保險之保險金額是否超過保險標的價值之問題，自不受保險法關於複保險相關規定之限制」，做成保險法關於複保險的規定，只有對於「填補損害性質的保險」才適用。所謂「填補損害賠償性質的保險」，不以財產保險為限，即使人身保險中的傷害保險、疾病保險，都以填補醫療費用的損失為目的，也有複保險規定的適用。

2. 複保險是否以數保險的保險金額合計超過保險價額為必要，有不同法制

財產保險，既然以填補損害為目的，當然有複保險的適用，但是是否不論數保險的保險金額合計是否超過保險標的的價值，都一律適用，還是必須數保險的保險金額合計超過保險標的的價值，才有複保險的適用，各國法制不盡相同。有從填補損失觀點，規定只有數個保險金額合計超過保險標的的價值，才會發生超額理賠或不當得利，才適用複保險的規定者，德國保險契約法[78]以及中華人民共和國海商法[79]都單純從填補損失觀點，規定只有數保險金額合計超

之發展，而對複保險行為所為之合理限制，符合憲法第 23 條之規定，與憲法保障人民契約自由之本旨，並無抵觸。

人身保險契約並非為填補被保險人之財產上損害，亦不生類如財產保險之保險金額是否超過保險標的價值之問題，自不受保險法關於複保險相關規定之限制。最高法院 76 年臺上字第 1166 號判例，將上開保險法有關複保險之規定適用於人身保險契約，對人民之契約自由增加法律所無之限制，應不再援用。

[78] 參考德國保險契約法第 78 條第 1 項：「同一個利益，由數個保險人承保相同的危險，而且承保的保險金額合計超過保險標的的價值或是由於某些其他原因，各保險人，若是沒有其他保險，其應負理賠數額的總和超過全部的損失時，各保險人應該依照其保險契約對被保險人應賠償金額負連帶責任。但被保險人請求之總額不得超過全部的損失。」、第 2 項：「數保險人間，依照各保險契約應理賠金額之比例。若某保險契約應適用外國法，該保險契約的保險人只有在依照外國法對其他保險人也有分擔賠償義務時，對於其他保險人才有分擔的請求權。」、第 3 項：「保險單持有人，以獲得不法金錢利益的意圖訂立數個保險契約時，基於此一意圖所定的契約應該無效；保險人對於知悉無效情事前之保險費，有收取之權利。」

[79] 中華人民共和國海商法第 225 條：「被保險人對同一保險標的就同一保險事故向幾個保險人重複訂立合同，而使該保險標的的保險金額總和超過保險標的的價值的，除合同另有約定外，被保險人可以向任何保險人提出賠償請求。被保險人獲得的賠償金額總

過保險標的之價值時，才有複保險規定的適用；也有從預防道德風險的觀點，認為數保險金額合計即使不超過保險標的的價值，也會因為保險金額合計越接近保險標的的價值，萬一發生保險事故，被保險人分擔的損失越小，道德風險越高，因此即使數保險的保險金額合計不超過保險價額，同樣應該有複保險規定之適用者。從保險法的文字，我國保險法比較近似後者。

3.數保險人的外部關係與內部關係

複保險，若數保險的保險金額合計超過保險價額，各個保險人對於被保險人的外部關係與保險人間的內部關係，主要分為三類：

⑴保險金額比例分割責任制

保險人保險金額超過保險標的之價值者，除契約另有約定外，各保險人對於保險標的之全部價值，僅就其所保保險金額比例分擔之責。但不得超過保險標的之價值。保險法第 38 條就是採用「依保險金額比例的分割責任制」。在「依保險金額比例分割責任制」下，各個保險人對於被保險人既然只有在依照「保險金額與各保險金額總額的比例」，乘以保險價額的分擔額內分別負責，因此不發生保險人與保險人之間的內部互相求償問題。

保險法第 38 條規定：「善意之複保險，其保險金額之總額超過保險標的之價值者，除契約另有約定外，各保險人對於保險標的的全部價值，僅就其所保金額負比例分擔之責。但不得超過保險標的之價值。」該條但書屬於贅文。

⑵保險金額負連帶責任制

各保險人對被保險人依其保險金額各負數額高低不等的連帶責任，保險人間，就其保險金額與各個保險金額總和的比例，計算分擔額。保險人對被保險人理賠超過其分擔額時，對於其他保險人，在該其他保險人應分擔的額度內，有請求權。德國舊保險契約法以及中華人民共和國海商法關於複保險，都採取此一立法方式。中華人民共和國海商法第 225 條規定：「被保險人對同一保險標的就同一保險事故向幾個保險人重複訂立合同，而使該保險標的的保險金額總和超過保險標的的價值的，除合同另有約定外，被保險人可以向任何保險人提

出和不得超過保險標的的受損價值。各保險人按照其承保的保險金額同保險金額總和的比例承擔賠償責任。任何一個保險人支付的賠償金額超過其應當承擔的賠償責任的，有權向未按照其應當承擔的賠償責任支付賠償金額的保險人追償。」

出賠償請求。各保險人按照其承保的保險金額同保險金額總和的比例承擔賠償責任。任何一個保險人支付的賠償金額超過其應當承擔的賠償責任的，有權向未按照其應當承擔的賠償責任支付賠償金額的保險人追償。」

值得注意的，兩岸關於複保險的保險人，如何劃定各自內部的分擔額，雖然同樣是以「保險金額」作為計算標準，但是依照保險法的規定，各保險人對於被保險人是各自就其「分擔額」「分別負責」；而按照中華人民共和國海商法，對於被保險人的責任，各保險人對被保險人的責任不但是「連帶負責」，且是依照「保險金額」連帶負責。

⑶應負理賠責任的連帶責任制

保險人保險金額之總和超過保險標的物價值時，除契約另有約定外，被保險人得向任何保險人請求，各保險人各依其契約原應負之理賠責任為上限對被保險人負連帶賠償責任（即各個保險人，依照在沒有其他保險情形，其應該負的保險給付，對被保險人負連帶責任，形成保險給付高低不一的連帶責任），但是對各個保險人求償的合計，不得超過保險標的的價值。2002 年德國保險契約法第 78 條第 1 項：「同一個利益，由數個保險人承保相同的危險，而且承保的保險金額合計超過保險標的的價值或是由於某些原因，各保險人，假若沒有其他保險，就應該理賠的數額的總和超過全部的損失時，各保險人應該依照其保險契約對被保險人應賠償金額負連帶責任。但被保險人請求之總額不得超過全部的損失。」

⑷評　論

從保險費的多寡與承擔風險的高低的對等性、保險人依照保險契約應負理賠責任的負擔、避免因保險人破產致被保險人無法獲得十足理賠等因素考慮，在複保險情形，以各保險人應負理賠責任為上限的連帶責任制，比較具有合理性。

五、理賠的計算例示

除了保險契約訂立有「單獨海損除外條款（Free from Particular Average，簡稱 F.P.A），或單獨部分損失不予理賠條款」者，保險人對於特定個人的部分損失，不予理賠外，就必須進行保險給付的計算。以下先列舉各專有名稱的英文簡稱，再說明計算方法如下：

㈠英文簡稱

1. 實際損失 the amount of actual damage，簡稱 ad。
2. 完好實際價值 actual sound worth，簡稱 sw。
3. 損失後實際價值 actual damaged worth，簡稱 dw。
4. 損失比例 proportion of damage，簡稱 P。
5. 保險價額 valuation，簡稱 V。
6. 損失額 loss，簡稱 L。
7. 保險金額 insured sum，簡稱 I。
8. 保險給付額 amount payable by each underwriter，簡稱 A。

㈡計算方法

1. 計算損失率 (P)

$$損失率\ (P) = \frac{實際損失\ (ad)}{完好實際價值\ (sw)}$$

$$= \frac{完好實際價值\ (sw) - 損失後實際價值\ (dw)}{完好實際價值\ (sw)}$$

$$= \frac{sw - dw}{sw}$$

2. 計算貨物損失額

損失額 (L) = 損失率 (P) × 定值保險價額 (V)

損失額 (L) = 損失率 (P) × 不定值保險價額 (V)

（註：在海上保險，由於事故發生之後，鑑定標的物的困難，很少採用不定值保險）

3. 計算保險給付額

$$保險給付額\ (A) = 損失額\ (L) \times \frac{保險金額\ (I)}{保險價額\ (V)}$$

$$= I \times \frac{sw - dw}{sw}$$

$$= 保險金額 \times \frac{完好實際價值 - 損失後實際價值}{完好實際價值}$$

拾壹 | 保險給付的請求權時效及給付時限

一、保險給付的請求權時效

由保險契約所生的權利，被保險人之請求權，自得為請求之日起，經過 2 年不行使而消滅❽⓪。因此被保險人原則上須於危險發生後 2 年內向保險人行使請求權，但若能證明其非因疏忽而不知情者，自其知情之日起算❽①，茲所規定「2 年」是消滅時效期間，因被保險人行使請求權而中斷。

二、給付時限

保險人應於收到要保人或被保險人證明文件後 30 日內給付保險金額❽②。保險人對於前項證明文件如有疑義，而要保人或被保險人提供擔保時，仍應將保險金額全部給付❽③。前項情形，保險人之金額返還請求權，自給付後經過 1 年不行使而消滅❽④。

---

❽⓪　保險法第 65 條前段。

❽①　保險法第 65 條第 2 款。

❽②　海商法第 150 條第 1 項。

❽③　海商法第 150 條第 2 項。

❽④　海商法第 150 條第 3 項。

拾貳 | 代位權

一、代位權的意義

被保險人因保險人應負責任之保險事故發生，而對於第三人有損害賠償請求權時，保險人於賠償保險金額後，在保險理賠的範圍內，得代位行使被保險人對於第三人的請求權，稱為保險人的代位權。保險人代位權之制度，對保險人言，透過代位權的行使，在保險理賠之後，可能有一定金額的回收，累積很多代位權的行使，必然相對減少實際保險理賠總額，降低保險費率；對被保險人言，可以避免被保險人既基於保險契約從保險人獲得保險給付，又基於侵權行為損害賠償請求權或債務不履行損害賠償請求權從第三人獲得損害賠償，獲得雙重給付，而發生不當得利；對應該負損害賠償責任的第三人言，因侵權行為或債務不履行理賠給被保險人，與因保險人行使代位權而理賠給保險公司，都是一樣的，只是對象不同而已。所以保險人代位權有高度合理性。

二、代位權的意定取得與法定取得

代位權取得有兩類，一是因債權讓與而取得，另一是因法律規定而取得：

㈠因債權讓與而取得

民法第 218 條之 1 規定：「關於物或權利之喪失或損害，負賠償責任之人，得向賠償請求權人，請求讓與基於其物之所有權或基於其權利對於第三人之請求權。」此一「基於其物所有權對第三人之請求權」或「基於其權利對第三人之請求權」的取得，如果所讓與的是所有權，則不待通知債務人，就可以對抗債務人；如果所讓與的是損害賠償的債權，則必須通知債務人，才可以對抗債務人。

㈡因法律規定而取得

保險法第 53 條第 1 項：「被保險人因保險人應負保險責任之損失發生，而對於第三人有損失賠償請求權者，保險人得於給付賠償金額後，代位行使被保險人對於第三人之請求權；但其所請求之數額，以不逾賠償金額為限。」本條雖然沒有明確規定被保險人對於第三人的債權是「法定移轉」予保險人，但是透過解釋，都採取債權法定移轉的見解。

中華人民共和國海商法第 252 條：「保險標的發生保險責任範圍內的損失是由第三人造成的，被保險人向第三人要求賠償的權利，自保險人支付賠償之日起，相應轉移給保險人。」、「被保險人應當向保險人提供必要的文件和其所需要知道的狀況，並盡力協助保險人向第三人追償。」明確採取債權法定移轉的見解。

三、取得代位權的範圍

保險法第 53 條第 1 項規定：「被保險人因保險人應負保險責任之損失發生，而對於第三人有損失賠償請求權者，保險人得於給付賠償金額後，代位行使被保險人對於第三人之請求權。但其所請求之數額，以不逾賠償金額為限。」此為保險人對第三人的代位權；至於保險人就保險標的物為全部保險理賠後，保險人是否取得殘餘保險標的物的全部所有權，屬於委付的範圍，另於委付述之。

拾參 ｜ 委 付

一、委付的意義

除保險單另有約定外，保險標的物因實際全損似乎無可避免而合理地拋棄，或除非花費超過保險標的物價值的費用，才可以避免實際全部損失時，擬制全部損失就發生。此時，被保險人得為委付，請求保險人按照實際全損計算給付保險金，但是保險標的物應歸屬保險人所有。海上保險的委付 (abandonment)，指被保險人於保險標的物有第 143 條至第 145 條法定委付事由時，移轉保險標的物之所有權於保險人，而請求依照保險契約支付該全部保險金額的行為❽❺。

二、委付的要件

㈠必須保險標的物有「視為全損 (constructive total loss)」的情況發生

所謂「視為全損❽❻」，指保險標的物實際上並未全損或是否全損並不明確，

---

❽❺ 海商法第 142 條。

❽❻ 視為與推定的區別：視為與推定是民法基本問題。主要的區別有三：

⑴視為是與客觀事實相反的擬制；推定是以一定事實為基礎常情推斷的另一事實。

⑵法律之所以有「視為」的擬制，是為了貫徹立法政策；法律之所以有「推定」的規定，是基於舉證責任的經濟原則。

⑶視為既然是為了貫徹立法政策，因此不得舉證推翻；推定既然只是基於一定事實常情推斷的另一事實，並不代表立法政策，況世事之異於常情者，並非僅見，因此可以舉證推翻。

視為全損是相對於實際全損的兩個不同概念。實際全損，英文成為 actual total loss，是指保險標的物滅失，或是受到嚴重毀壞完全失去原有形體、效用或不能再為被保險人

但法律為了理賠迅速，基於立法政策，以法律擬制之方法，視為保險標的物全部損失，不得舉證推翻，且以全損計算保險理賠金額。「視為全損」的情形，因保險標的物不同而異：

1. 船　舶 ❽⑦

被保險船舶有下列各款情形之一時，得委付之：

(1)船舶被捕獲時。

(2)船舶不能為修繕或修繕費用超過保險價額時。

(3)船舶行蹤不明已逾 2 個月時。

(4)船舶被扣押已逾 2 個月仍未放行時。

前項第 4 款之扣押，不包含債權人聲請法院所為之查封、假扣押及假處分。

2. 貨　物 ❽⑧

所擁有。視為全損，英文成為 constructive total loss，英文的字面意思就是「解釋上全部滅失」，意思是雖然不是全部滅失，但是可以解釋為全部滅失。依照前面關於推定與視為的區別標準，應該翻譯為「視為全損」才是。坊間有翻譯為「推定全損」，似非正確，因為假若翻譯為「推定全損」，則保險人就可以證明船舶或貨物事實上並未全損而加以推翻，保險人無庸全部理賠，其結果，與立法政策所要達到的全損理賠目標大相逕庭——即在 "constructive total loss" 情形，構成海上保險「委付」的事由，保險人必須依照全部損失理賠被保險人，只是應該將殘餘貨物或殘餘船舶委付給保險人——而委付的目的就無法達到了。

何種情況可以構成「視為全損」，中華人民共和國海商法第 246 條規定：「船舶發生保險事故後，認為實際全損已經不可避免，或者為避免發生實際全損所需支付的費用超過保險價值的，為推定全損。」、「貨物發生保險事故後，認為實際全損已經不可避免，或者為避免發生實際全損所需支付的費用與繼續將貨物運抵目的地的費用之和超過保險價值的，為推定全損。」，中華人民共和國海商法第 248 條：「船舶在合理時間內未從被獲知最後消息的地點抵達目的地，除合同另有約定外，滿兩個月後仍沒有獲知其消息的，為船舶失蹤。船舶失蹤視為實際全損。」

以上中華人民共和國海商法第 246 條第 1 項規定船舶的擬制全損，第 2 項規定貨物的擬制全損，但條文使用「推定全損」四字似應該修正為「視為全損」為是。又中華人民共和國海商法第 248 條將船舶失蹤基於保險委付政策的要求「視為船舶全損」，不准舉證推翻，為正確的用語。

❽⑦ 海商法第 143 條。

被保險貨物有下列各款情形之一時，得委付之：

⑴船舶因遭難，或其他事變不能航行已逾 2 個月而貨物尚未交付於受貨人、要保人或被保險人時。

⑵裝運貨物之船舶，行蹤不明，已逾 2 個月時。

⑶貨物因應由保險人負保險責任之損害，其回復原狀及繼續或轉運至目的地費用總額合併超過到達目的地價值時。

3. 運　費 ❽

運費之委付，得於船舶或貨物之委付時為之。

㈡須被保險人有為委付的行為

被保險人於有法律規定的「視為全損」情形下，可以選擇請求一部分損失的保險給付而保有殘餘保險標的物之權利，也可以選擇請求全部滅失的保險給付而將殘餘標的物的權利移轉予保險人。若是被保險人選擇請求標的物全部滅失的保險給付，而將殘餘標的物的權利移轉予保險人，就是選擇了委付。委付，必須要保人有為委付的行為，始符合要件。

委付未經保險人承諾前，被保險人對於保險標的物的權利不受影響。保險人或被保險人對於保險標的物採取救助、保護或回復的各項措施，不得被視為已經承諾或拋棄委付❾。

㈢要保人為委付的行為必須在法定期限內為之

委付的權利，於知悉委付原因發生後，自得為委付之日起，經過 2 個月不行使而消滅❾。2 個月性質上是除斥期間，不得延展。

㈣原則上應全部委付

海商法第 146 條第 1 項：「委付應就保險標的物之全部為之。但保險單上

---

❽　海商法第 144 條。

❽　海商法第 145 條。

❾　海商法第 147 條第 2 項。

❾　海商法第 152 條。

僅有其中一種標的物發生委付原因時，得就該一種標的物為委付請求其保險金額。」

㈤委付的行為不得附加條件，也不得撤銷

委付制度的目的在使保險理賠迅速化、法律關係單純化，以及早確定法律效果。若要保人的委付附加條件，則委付的效力也必須視條件是否成就而定，則被保險人與保險人的法律關係將長期處於不確定狀況下，與委付制度的精神有違，因此，委付不得附加條件❷。

為了使委付的法律效果及早確定，委付不但不得附加條件，而且委付的意思通知一經保險人明示承諾（確認），當事人都不可以再行使撤銷權❸。

㈥委付須經保險人承諾（確認），如保險人有爭執，須經法院判決❹，才能成立

三、委付的種類

委付依照確認「委付事實存在」的過程，是由保險人為之或由法院為之，可以分為承諾委付與判決委付❺：

---

❷　海商法第 146 條第 2 項。
❸　海商法第 148 條。
❹　海商法第 147 條第 1 項。
❺　中華人民共和國海商法規定承諾委付，沒有規定判決委付，海商法第 249 條規定：「保險標的發生推定全損，被保險人要求保險人按照全部損失賠償的，應當向保險人委付保險標的。保險人可以接受委付，也可以不接受委付，但是應當在合理的時間內將接受委付或者不接受委付的決定通知保險人。」、「委付不得附帶任何條件。委付一經保險人接受，不得撤回。」、第 250 條：「保險人接受委付的，被保險人對委付財產的全部權利和義務轉移給保險人。」

上述規定，就承諾委付部分，海商法似乎賦給保險人以接受委付或拒絕委付的選擇權，而且不論是否有委付原因，都建立在當事人合意的基礎，具有濃烈的契約性質。但是委付制度的目的，在簡化保險理賠，若是有委付原因，保險人仍然可以拒絕委付，與委付制度的精神不符。且海商法只規定承諾委付，對於保險人拒絕承諾委付，被保險人可否訴請法院以判決委付，沒有規定，立法上不無遺漏。

㈠承諾委付

　　船舶或貨物有「可以主張委付的原因（以下簡稱委付原因）」，且被保險人將該已經存在、可以委付的事實通知保險人後，保險人對被保險人肯定委付原因（事實）存在的表示，稱為「承諾委付」。委付應就保險標的物的全部為之，但保險單上僅有其中一種標的物發生委付原因時，得就該部分為委付，請求其保險金❾⓺，此即為「委付不可分原則」。在承諾委付的過程中，被保險人只是將「已經發生的委付事實」通知保險人，法律效果完全依照法律的規定，不是依照當事人的意思來決定，因此委付性質上是觀念通知❾⓻，是準法律行為的一種。保險人為承諾委付後，應該依照保險契約，為全部損失的保險給付，而保險標的物的所有權則溯及於委付原因發生時，法定地移轉給保險人❾⓼。承諾委付中保險人的「承諾」，實際上只具有確認的性質，就是對於委付原因的存在不爭執的意思，與契約法上對要約人的要約為承諾的「承諾」，性質上不同。

---

❾⓺　海商法第 146 條第 1 項。

❾⓻　委付究竟是單獨意思表示，或是契約，有不同見解：

　　⑴契約說

　　主張契約說者，主要理由是海商法第 147 條第 1 項規定：「委付經承諾或經判決為有效後，自發生委付原因之日起，保險標的物即視為保險人所有。」要保人為委付之意思表示，既然必須有保險人「承諾」的意思表示，始能成立，若保險人不為承諾的意思表示時，則須訴請法院判決以替代保險人的承諾。當法院為意思表示之勝訴判決時，依強制執行法第 130 條第 1 項：「命債務人為一定之意思表示之判決確定或其他與確定判決有同一效力之執行名義成立者，視為自其確定或成立時，債務人已為意思表示。」之規定，可將「確定判決」視為「保險人已為承諾的意思表示」。

　　⑵單獨行為說

　　主張單獨行為說者，認為委付，只是被保險人一方的單獨意思表示就可以成立，至於「保險人之承諾」或「法院委付有效的判決」，只是保險人肯定委付的原因存在或法院確認有委付的原因，亦即保險人確認要保人所為委付的意思表示有效，或「判決」確認委付的意思表示有效而已，都只有確認的性質。德國、日本採此一學說。本書從法律行為分類的觀點，認為委付是準法律行為，而且是準法律行為中的觀念通知（事實通知）。

❾⓼　海商法第 147 條第 1 項。

㈡判決委付

保險人若不肯認委付原因的存在，就無法成立承諾委付，此時被保險人若還是要主張委付，就必需另外提起訴訟，透過法院的判決確認委付原因的存在，稱為「判決委付」。針對被保險人請求確認委付原因存在的訴訟，法院所為的調查，就是確認委付原因存在與否的過程。若法院調查結果，認定確實有委付原因的存在，則應該為准許委付的判決，否則就必須駁回被保險人的請求。法院的判決包括確認有無委付原因以及命令保險人為保險給付兩項，兼有確認判決以及給付判決的性質，不是形成判決。

四、委付有溯及既往的效力

委付具有溯及既往的效力。海商法第 147 條第 1 項規定：「委付經承諾或經判決為有效後，自發生委付原因之日起，保險標的物即視為保險人所有。」 **99** 由於委付具有溯及既往的效力，因此船舶行蹤不明，或被扣押已逾 2 個月仍未放行，且被保險人為委付的表示時，不論是獲得保險人的承諾而成立「承諾委付」或是經法院的判決而成立「判決委付」，船舶的所有權都溯及於「行蹤不明或被扣押逾 2 個月」之時歸屬於保險人。委付一旦生效，不論船舶是否嗣後歸來，保險人都保有船舶所有權，舊海商法第 189 條：「被保險之船舶，於依（舊）第 183 條第 4 款之規定為委付後歸來者，保險人仍應給付保險金額。」也揭示斯旨。又歸來船舶的所有權既然屬於保險人所有，嗣保險人拍賣該船舶所獲得的價金，即使高於保險金額或保險給付，要保人或保險人也不得有所主張，併此說明。

---

99 海商法第 147 條第 1 項：「……經判決為有效……」實際上是經確認有委付原因存在。
三點說明：
　1.確認之訴的訴訟標的是指被保險人所為委付原因及委付行為，而認定的基礎則包括委付原因是否存在、委付的行為是否已經超過除斥期間等。
　2.委付的生效時間是回溯到「發生委付原因之日起」，而非「自保險人為承諾時」或「法院判決確定時」起。
　3.與單獨行為不得附條件之性質相同，委付亦不得附有條件。立法意旨在使效果明確。

五、訴訟及勞務條款之履行不影響被保險人委付的權利

海上保險契約通常訂有「訴訟及勞務條款 (sue and labor clause)」，約定保險標的物遇有危險時，應由被保險人先為營救或訴訟，以減輕損失，保險人對此項費用應予償還。此與保險法第 70 條第 2 項：「因救護保險標的物，致保險標的物發生損失者，視同所保危險所生之損失。」之規定意旨相同。在訂有「訴訟及勞務條款」的情形下，保險標的物遇有危險，經營救者，即使保險人所應償還數額與保險給付金額合計超過保險金額或保險價額，保險人仍有給付的義務。訴訟及勞務條款之約定，並不影響要保人、保險人關於委付的權利義務，換句話說，要保人一方面得本於「訴訟及勞務條款」，進行訴訟或施以營救，一方面得向保險人主張委付。保險人也一方面得請求要保人或被保險人進行訴訟或實施營救，但同時得承諾委付或拒絕承諾委付。

六、委付的除斥期間

委付的權利，於知悉委付原因發生後，自得為委付之日起，經過 2 個月不行使而消滅❿。此「2 個月」之期間規定，性質上為除斥期間，不得延長或縮短，也不因要保人行使委付權而中斷。

---

❿　海商法第 152 條。

📖 習 題

一、選擇題

1. 下列關於海上保險契約承保範圍的敘述，何者正確？
   (A)以列舉保險方式為之，承保的事故以發生在海上者為限。
   (B)以列舉保險方式為之，承保的事故包括發生在海上、得延展加保至內陸、內河、湖泊或內陸水道。
   (C)承保一切事故的概括保險方式為之，承保的事故包括發生在海上、得延展加保至內陸、內河、湖泊或內陸水道，但另有除外不保的約定者，從其約定。
   (D)以承保一切事故的概括保險方式為之，承保的事故以發生在海上者為限。

2. 下列關於海上保險標的物的敘述，何者較為正確？
   (A)只有船舶可以作為保險標的物。
   (B)只有船舶、貨物可以作為保險標的物。
   (C)只有船舶、貨物、運費可以作為保險標的物。
   (D)船舶、貨物、運費、責任都可以作為保險標的物。

3. 下列關於原保險契約的被保險人得否對再保險契約的再保險人行使請求權的敘述，何者較為正確？
   (A)一律不得行使請求權。
   (B)一律可以行使請求權。
   (C)原則上可以行使請求權，但當事人另有約定者，從其約定。
   (D)原則上不得行使請求權，但當事人另有約定者，從其約定。

4. 以下關於海上保險標的物分類的敘述，何者正確？
   (A)以保險標的物為分類基礎可以分為定期保險與航程保險。
   (B)以保險標的物為分類基礎可以分為船舶保險、貨物保險、運費保險、防護及補償保險。
   (C)以保險金額是否確定可分為定值保險、不定值保險。

(D)以保險期間可分為浮動保險、預約保險。

5.下列關於海上危險的敘述，何者為正確？

(A)海盜行為、捕獲、扣押、拘禁、拋棄都可以作為海上危險而列入承保範圍。

(B)海盜行為、捕獲、扣押、拘禁、拋棄都不得作為海上危險而列入承保範圍。

(C)海盜行為、捕獲、都可以作為海上危險而列入承保範圍；但是扣押、拘禁、拋棄不得列入承保範圍。

(D)海盜行為、捕獲、拋棄都可以作為海上危險而列入承保範圍；但是扣押、拘禁不得列入承保範圍。

6.下列關於要保人對於保險標的物保險利益的敘述，何者正確？

(A)所有人就其所有的船舶；貸款人因船舶抵押或船貨抵押而分別對於船舶、船貨；船舶抵押人對於其所有之船舶全部，抵押權人對於抵押船舶在已到期債權及未到期的債權範圍內都有保險利益。

(B)所有人對於其所有的船舶；貸款人因船舶抵押或船貨抵押而分別對於船舶、船貨；抵押人對於其所有之抵押船舶有保險利益，但抵押權人對於抵押物沒有保險利益。

(C)所有人對於其所有的船舶；貸款人因船舶抵押或船貨抵押而分別對於船舶、船貨；抵押人對於抵押船舶、抵押權人對於抵押物在已到期債權的範圍內有保險利益，但抵押權人在未到期債權的範圍內沒有保險利益。

(D)所有人對於其所有的船舶有保險利益；但貸款人因船舶抵押或船貨抵押而對船舶、船貨；抵押人對於抵押船舶；以及抵押權人對於抵押物在已到期債權及未到期的債權都沒有保險利益。

7.依據保險法及其他相關法律的規定，下列關於要保人據實告知義務的範圍、據實告知義務違反的判斷以及違反效果的敘述，何者為正確？

(A)要保人據實說明義務的範圍包括保險人書面詢問的事項；要保人據實說明義務的違反以要保人或其代理人知悉為前提；要保人違背據實說明義務者，保險人得解除保險契約。

(B)要保人據實說明義務的範圍包括保險人書面詢問的事項；要保人據實說明義務的違反以要保人或其代理人得知悉為前提；要保人違背據實說明義務者，保險契約無效。

(C)要保人據實說明義務的範圍包括要保人或其代理人知悉的一切事項，據實說明義務的違反以要保人或其代理人知悉為前提；要保人違背據實說明義務者，保險人得解除保險契約。

(D)要保人據實說明義務的範圍包括保險人書面詢問的事項；要保人據實說明義務的違反以要保人或其代理人得知悉為前提；要保人違背據實說明義務者，保險人得撤銷保險契約。

8.以下關於海上保險契約法律性質的敘述，何者為正確？
　(A)為要式契約、諾成契約。
　(B)為不要式契約、諾成契約。
　(C)為要式契約、要物契約。
　(D)為不要式契約、要物契約。

9.下列關於要保人違背據實說明義務的法律效果，何者正確？
　(A)保險人得解除保險契約，但應退還保險費，但是對於解除契約前發生的保險事故，仍然必須負保險給付的責任。
　(B)保險人得解除保險契約，且不退還保險費，對於解除契約前發生的保險事故，也不負保險給付的責任。
　(C)保險人得解除保險契約，但應退還保險費，但對於解除契約前發生的保險事故，不負保險給付的責任。
　(D)保險人得解除保險契約，且不退還保險費，但對於解除契約前發生的保險事故，負保險給付的責任。

10.下列關於訂立海上保險契約時，船舶已經沉沒或已經進入港口安全停泊的法律效果的敘述，何者正確？
　(A)訂立保險契約時，被保險人知悉或應該知悉船舶已經沉沒者，保險人不負

賠償責任，但是有權收取保險費；訂立保險契約時，保險人知悉或應該知悉船舶已經進入港口安全停泊者，被保險人有權請求返還已經給付的保險費。

(B)訂立保險契約時，被保險人知悉或應該知悉船舶已經沉沒者，保險人不負賠償責任，但應退還已經收取的保險費；訂立保險契約時，保險人知悉或應該知悉船舶已經進入港口安全停泊者，被保險人有權請求保險理賠。

(C)訂立保險契約時，被保險人知悉或應該知悉船舶已經沉沒者，保險人仍負賠償責任，但是有權收取保險費；訂立保險契約時，保險人知悉或應該知悉船舶已經進入港口安全停泊者，保險人仍然負賠償責任，但是有權請求保險費。

(D)保險訂立保險契約時，被保險人知悉或應該知悉船舶已經沉沒者，保險人不負賠償責任，但應該退還已經收取的保險費；訂立保險契約時，保險人知悉或應該知悉船舶已經進入港口安全停泊者，被保險人有權請求返還已經給付的保險費。

11.下列關於善意複保險，且數保險金額合計超過保險標的價值之法律效果的敘述，何者正確？

(A)各保險人保險金額總和超過保險標的之價值時，除契約另有約定外，各保險人對於保險標的的全部價值，僅就其所承保保險金額負比例分擔之責。但不得超過保險標的之價值。

(B)保險人保險金額之總和超過保險標的物價值時，除契約另有約定外，被保險人得向任何保險人請求，各保險人以其承保的保險金額為上限對被保險人負連帶賠償責任，但是對各個保險人求償的合計，不得超過保險標的的價值。保險人間的分擔額，按照其承保的保險金額與各個保險金額的總和的比例計算，任何保險人對被保險人的賠償金額超過其應分擔額者，對於其他保險人，在該其他保險人應分擔額的範圍內，有請求權。

(C)各保險人對於保險標的之全部價值，僅就其所保保險金額負理賠責任。

(D)各保險人以其承保的保險金額為上限對被保險人負連帶賠償責任。

12.下列關於被保險人將其保險契約讓與他人的敘述，何者正確？

(A)無需保險人同意，就可以將保險契約讓與他人，但是讓與人與受讓人就保險契約的義務，應該對保險人負連帶責任。

(B)無需保險人同意，就可以將保險契約讓與他人。

(C)不得將保險契約讓與他人。

(D)需保險人同意，始得將保險契約讓與他人。

13.下列關於預約保險的敘述，何者正確？

(A)預約保險是要保人與保險人，針對一定期間由託運人託運的貨物，預先約定適用的費率、條件以及條款，要保人必須定期將託運貨物的說明、數量以及價值通知保險人，並且就每次託運的貨物，各成立一個保險契約。

(B)預約保險是要保人與保險人，針對不定限期間由託運人託運的貨物，預先約定適用的費率、條件以及條款成立一個契約，要保人必須定期將託運貨物的說明、數量以及價值通知保險人。

(C)預約保險是要保人與保險人，針對一定期間由託運人託運的貨物，基於預先約定適用的費率、條件以及條款成立一個契約，要保人必須定期將託運貨物的說明、數量以及價值通知保險人。

(D)預約保險是要保人與保險人，針對不定限期間由託運人託運的貨物，基於預先約定適用的費率、條件以及條款成立一個契約。

14.下列關於保險事故發生，要保人或被保險人義務的敘述，何者為正確？

(A)要保人或被保險人應在五天內通知保險人，且應採取措施，避免或減輕保險標的的損失，保險人對於要保人或被保險人未履行此項義務而擴大的損失，不負責任。

(B)要保人或被保險人應立即通知保險人，且應採取措施，避免或減輕保險標的的損失，保險人對於要保人或被保險人未履行此項義務而擴大的損失，不負責任。

(C)要保人或被保險人應在合理期間內通知保險人，且應採取措施，避免或減輕保險標的的損失，保險人對於要保人或被保險人未履行此項義務而擴大的損失，不負責任。

(D)要保人或被保險人應立即通知保險人，且應採取措施，避免或減輕保險標的的損失，保險人對於要保人或被保險人因故意或重大過失未履行此項義務而擴大的損失，不負責任。

15.下列關於要保人違背特約條款法律效果的敘述，何者正確？
　(A)以特約條款對於承保的風險重要為限，保險可以解除契約。
　(B)不論特約條款對於承保的風險是否重要，保險人都可以解除契約。
　(C)以特約條款對於承保的風險重要為限，保險契約歸於無效。
　(D)不論特約條款對於承保的風險是否重要，保險契約歸於無效。

16.下列關於保險事故發生，要保人或被保險人採取必要行為，以避免或減輕保險標的之損失的費用負擔的敘述，何者正確？
　(A)應該以保險金額為限，由保險人負擔之。但保險金額不及保險標的之價額者，則由保險人與要保人或被保險人依保險金額對於保險標的之價值比例定之。
　(B)應該以保險金額為限，由保險人負擔之。
　(C)不受保險金額之限制，原則上由保險人負擔，但保險金額不及保險標的之價值者，則由保險人與要保人或被保險人依保險金額對於保險標的之價值比例定之。
　(D)受賠償金額以及減免損失費用合計不得超過保險標的之價值的限制，但保險金額不及保險標的之價值者，則由保險人與要保人或被保險人依保險金額對於保險標的之價值比例定之。

17.根據海商法規定，下列關於在海上保險，保險事故因要保人或被保險人的故意或重大過失而發生時，保險人是否應該負理賠責任的敘述，何者正確？
　(A)以要保人或被保險人故意為限，保險人不負理賠責任。
　(B)除法律另有規定外，以要保人或被保險人或被保險人故意為限，保險人不負理賠責任。
　(C)以要保人或被保險人故意或重大過失為限，保險人不負理賠責任。

(D)除法律另有規定外,以要保人或被保險人或被保險人故意或重大過失為限,
保險人不負理賠責任。

18.在貨物保險、船舶保險中,下列關於保險人得否主張免責的敘述,何者正確?

(A)除了契約另有約定外,保險人對於自然耗損不負賠償責任,但是對於航行
遲延、交貨遲延、包裝不當所致的損失,應該負賠償責任。

(B)除了契約另有約定外,保險人對於自然耗損、航行遲延、交貨遲延、包裝
不當所致的損失,應該負賠償責任。

(C)除了契約另有約定外,保險人對於自然耗損、航行遲延、交貨遲延不負賠
償責任,但是對於包裝不當所致的損失,應該負賠償責任。

(D)除了契約另有約定外,保險人對於自然耗損、航行遲延、交貨遲延、包裝
不當所致的損失,都不負賠償責任。

19.下列關於實際全損、視為全損與部分損失的敘述,何者正確?

(A)全部滅失或完全失去原有形體、效用為實際全損;雖非實際全損,但是損
失達到法律規定的程度或有其他法定事由,法律基於立法政策將之擬制為
全部損失,稱為視為全損。發生損失,但是既非實際全損,也沒有達到法
律規定視為全損的程度,稱為部分損失。

(B)因為運送人本人的故意或過失發生的損失為實際全損;雖因為履行輔助人
的故意或過失所致的損失稱為視為全損。發生損失,但是既非實際全損,
也沒有達到法律規定視為全損的程度,稱為部分損失。

(C)全部滅失或完全失去原有形體、效用為實際全損;雖非實際全損,但是損
失達到法律規定的程度或有其他法定事由,法律將之擬制為全部損失者,
稱為視為全損,視為全損就是推定全損,當事人可以舉證推翻。發生損失,
但是既非實際全損,也沒有達到法律規定視為全損的程度,稱為部分損失。

(D)全部滅失或完全失去原有形體、效用為實際全損;雖非實際全損,但是損
失達到法律規定的程度或有其他法定事由,法律將之推定為全部損失,稱
為視為全損,視為全損又稱為推定全損,當事人不得舉證推翻。發生損失,
但是既非實際全損,也沒有達到法律規定視為全損的程度,稱為部分損失。

20. 委付分為承諾委付與判決委付，下列關於承諾委付、判決委付法律性質的敘述，何者正確？

(A)承諾委付是契約，判決委付是形成判決。

(B)承諾委付是觀念通知（事實通知），判決委付是確認判決。

(C)承諾委付是契約，判決委付是確認判決。

(D)承諾委付是觀念通知，判決委付是給付判決。

21. 下列關於被保險人因保險人應負責任之保險事故發生，而對於第三人有損失賠償請求權時，保險人於賠償保險金額後，所得行使代位權的敘述，何者正確？

(A)被保險人對於第三人的請求權，在保險理賠的範圍內，移轉給保險人。

(B)被保險人對於第三人的請求權，移轉予保險人。

(C)被保險人對於第三人的請求權，在保險理賠的範圍內，應該以債權讓與的方式，讓與保險人。

(D)被保險人對於第三人的請求權，應該以債權讓與的方式，讓與保險人。

> **參考答案**
>
> 1. CDDBA   6. AABBA
> 11. A；中華人民共和國海商法 B   12. AABB
> 16. ACDAB   21. A

二、問答題

1. 海上保險是概括保險或是列舉保險？有何區別實益？

2. 海上保險所承包的保險事故是否以訂立契約時尚未發生者為限？ 何謂 "lost and not lost clause"？

3. 保險人對於因要保人、被保險人、其受僱人或代理人的故意、重大過失致生保險事故，是否應該負保險理賠責任？

4. 海上保險空間範圍是否以海上發生的保險事故為限？試舉海商法規定以對。

5. 保險契約是否隨同保險標的物讓與而移轉？試舉保險法規定以對並評論之。

6. 解釋名詞：

(1)期間保險 (Time Policy)。

(2)航程保險 (Voyage Policy)。

(3)預約保險（開口保險）。

(4)浮動保險。

7.何謂防護及補償協會 (The P&I Club)？其主要功能何在？

8.何謂定值保險？何謂不定值保險？

9.何謂要保人的據實說明義務？違背據實說明義務的法律效力如何？

10.試列舉要保人的主要義務三則，並加以說明。

11.要保人或被保險人因故意、重大過失或過失，違背避免或減輕損害發生或擴大義務的法律效果如何？試分別討論之。

12.試述船舶、貨物的保險期間。

13.何謂船舶碰撞共同過失條款 (Both to Blame Collision Clause)？並說明依照我國海商法關於船舶碰撞的責任規定，此種條款有無必要存在。

14.船舶、貨物的保險價額各應如何估計？試依海商法的規定說明之。

15.試說明船舶全部滅失及部分毀損理賠的計算方法。

16.試說明貨物全部滅失及部分毀損理賠的計算方法。

17.何謂委付？英文所謂 "a constructive total loss"，究竟應該是推定全損？還是視為全損？

18.試說明承諾委付與裁判委付的法律性質。

19.委付得否附加條件或期限？

20.試述委付的法律效果。

第六編

海事程序法

海事程序法的內容主要包括三個主題：海事事件的管轄權（審判管轄、仲裁管轄）、海事事件的準據法與船舶扣押的保全處分。說明如下：

壹｜海事事件的管轄權

一、法院管轄權

海商法第 78 條第 1 項：「裝貨港或卸貨港為中華民國港口者之載貨證券所生之爭議，得由我國裝貨港或卸貨港或其他依法有管轄權之法院管轄。」，本條所規定的審判管轄權只適用於「裝貨港或卸貨港為中華民國港口者之載貨證券所生之爭議」，不但載貨港或卸貨港之一必須在我國港口，而且運送的種類必須是簽發載貨證券、以載貨證券證明運送契約的海上貨物運送，具備以上條件，我國法院可以有管轄權，但是並不排除他國法院在符合該他國法律時，也具有管轄權。

現行法對法院管轄權的規定，十分簡略，關於海事案件的管轄，鹿特丹規則有五點規定，可以作為參考：

㈠擴大管轄權規定的適用範圍

鹿特丹規則第 66 條：「除了運送契約載有符合本公約第 67 條或第 72 條規定的合意專屬管轄 (an exclusive choice of court) 的約定外，原告得依下列規定對運送人提起本公約的訴訟程序。

　㈎在對下列地點有管轄權的適格法院：

　　⑴運送人的住所地；

　　⑵運送契約約定的收貨地；

　　⑶運送契約約定的貨物交付地；或

　　⑷貨物的最初裝船港或貨物最後的卸貨港。

　⒝託運人與運送人，為了審理可能依照本公約對運送人提起訴訟而約定的適格法院 (competent court)。」

此規定擴大了管轄權的範圍，可以作為立法的參考。

㈡對合意專屬管轄的約定加以限制

　　由於託運人與運送人交涉機會、交涉能力都不平衡，因此運送契約的合意專屬管轄條款，必須有所規制，以避免利用合意專屬管轄的約定，增加對運送人請求的困難，達到逃避求償的目的。鹿特丹規則第 67 條第 1 項規定：「依照第 66 條第⒝項的規定所選定的法院，只有在當事人符合下列條件下為此一約定，且該約定授予專屬管轄權時，才對當事人的糾紛有合意專屬管轄權：

　⒜批量契約已經清楚地記載當事人的名稱及地址，且

　　⑴經過個別商議；或

　　⑵記載有十分鮮明的聲明，指出運送契約載有合意專屬管轄的約定，並且特別指明批量契約中記載該約定的條款。

　⒝明確指出某締約國的某一個或某數個法院。」

　　鹿特丹規則第 67 條第 2 項另外有關於批量運送契約合意專屬管轄約定對第三人的拘束力問題的規定：「批量契約當事人以外的第三人，只有在符合下列規定的情形下，才受依本條第 1 項規定所為合意專屬管轄約定的拘束：

　⒜約定的法院必須是第 66 條第⒜項的法院之一；

　⒝該約定必須記載在運送單證或在電子運送記錄中；

　⒞就應提起訴訟的法院以及該法院為專屬管轄一點，已及時且恰當地通知該第三人；且

　⒟受審法院的法律承認該專屬管轄權的約定對該人有拘束力。」

㈢對實際運送人提起訴訟的管轄限制

　　由於運送契約的履行，經常透過實際運送人為之，貨物發生毀損滅失時，有時也以侵權行為為理由，對實際運送人提起訴訟，針對管轄權，鹿特丹規則

第 68 條規定 ：「原告得在下列適格的管轄法院對海運履約當事人　（實際運送人）提起依本公約的訴訟：

⒜海運履約運送人（實際運送人）的住所地；

⒝履約運送人（實際運送人）收受貨物的港口、交付貨物的港口或履約運送人執行與該貨物有關作業的港口。」

㈣同時對運送人與實際運送人提起訴訟的管轄法院

　　貨物權利人選擇同時對運送人及運送人以外之其他實際運送人提起貨損賠償訴訟時，可能發生管轄法院不同而不方便訴訟的進行，針對此點，鹿特丹規則第 71 條第 1 項規定：「除了依照第 62 條或第 72 條的規定已經有具有拘束力約定的專屬管轄法院外，因為同一事故而同時對運送人及實際運送人提起訴訟者，該訴訟只可以在同時符合第 66 條及第 68 條規定的法院提起之。無同時符合的法院時 ， 若有第 68 條⒝項規定的法院 ， 只可以在該法院提起 。 」、 第 2 項 ：「除了依照第 62 條或第 72 條的規定已經有具有拘束力約定專屬管轄法院外，運送人或實際運送人提起訴訟請求為不負賠償責任判決或其他任何可能剝奪依照第 66 條或第 68 條選擇管轄法院權利的訴訟 ， 在被告依照第 66 條或第 68 條的規定選擇管轄法院而訴訟可以在該選擇法院進行時，應即撤銷原來提起的訴訟。」可以作為參考。

㈤原則上不得在法定管轄權以外的法院起訴

　　法定的管轄權，原則上不得任意更改，以平衡當事人的利益。鹿特丹規則第 69 條第 1 項規定：「除了公約第 71 條及第 72 條另有規定外，不得在第 66 條或第 68 條所規定以外的法院對運送人或實際運送人提起依本公約的訴訟。」關於公約第 71 條，前面已經譯述。公約第 72 條第 1 項：「糾紛發生後，爭議當事人得同意在任何適格法院解決爭議。」、第 2 項：「任何適格法院，只要被告出庭且未依法庭規則對管轄權提出異議，就有管轄權。」

二、仲裁管轄

　　海商法第 78 條第 2 項：「前項載貨證券訂有仲裁條款者，經契約當事人同

意後，得於我國進行仲裁，不受載貨證券內仲裁地或仲裁規則記載之拘束。」、第3項：「前項規定視為當事人仲裁契約之一部。但當事人於爭議發生後另有書面合意者，不在此限。」第2項可以解釋為：以後來的合意專屬管轄變更原來的合意專屬管轄，是合意管轄的新約定。第3項的立法方式特殊，語義有待斟酌。從立法政策的觀點，關於仲裁管轄，有兩點值得考慮：

1. 應擴大仲裁管轄範圍

應該將沒有簽發載貨證券的運送契約的仲裁條款以及有簽發載貨證券的仲裁條款，都納入本條的適用範圍。

2. 積極保護我國的仲裁權

應該擴大仲裁權範圍，只要裝貨港或卸貨港之一在我國港口，不論運送契約或載貨證券仲裁條款所約定的仲裁地為何，都可以在我國提出仲裁，以保護我國的仲裁權益，並方便當事人。

貳 海事事件的準據法

海商法第 77 條：「載貨證券所載之裝載港或卸貨港為中華民國港口者，其載貨證券所生之法律關係依涉外民事法律適用法所定應適用法律。但依本法中華民國受貨人或託運人保護較優者，應適用本法之規定。」，第 94 條：「船舶之碰撞，不論發生於何地，皆依本章之規定處理之。」以上海商法關於準據法的規定，可以歸結為兩點：

1. 在保護本國人主義下，應依涉外民事法律適用法，決定適用的法律。
2. 船舶碰撞一律適用海商法的規定。

海商法關於準據法的規定涵義不明、缺乏基金準據法的規定，而且船舶碰撞的準據法，也有待完善。建議修正如下：

一、一般事件

一般海事案件，只要收貨地、裝貨地、交貨地或卸貨港之一在我國，就應該直接適用海商法，不再依照民事法律適用法的規定。現行法但書：「但依本法中華民國受貨人或託運人保護較優者，應適用本法之規定。」在實務上發生很多疑義。關於此點，鹿特丹規則第 5 條第 1 項：「除第 6 條另有規定外，本公約適用於收貨地、交付地在不同國家，且海上運送的裝載港、同一海上運送的卸貨港亦在不同國家的運送契約，但以依照運送契約，下列地點之一座落在締約國為限：(a)收貨地。(b)裝貨港。(c)交貨地。(d)卸貨港。」、第 2 項：「適用本公約時，不考慮船舶、運送人、實際運送人（履約運送人）、託運人、受貨人或其他任何利害關係人的國籍。」的規定，可供參考。

二、船舶所有人責任限制及責任限制基金

涉外民事法律適用法對於船舶所有人責任限制基金沒有準據法的規定，由於海商法的船舶所有人責任限制，主要是承襲 1976 年海事求償限制國際公約而訂定，因此船舶所有人責任限制基金的準據法，宜應參照該公約規定：

㈠關於程序爭議依起訴國的國內法決定

公約第 10 條第 1 項規定 ：「無論是否已經依照第 11 條的規定設立責任限制基金，均得主張責任限制。但締約國得以國內法規定，在該締約國的法院提起訴訟，而該訴訟的請求有責任限制規定之適用時，主張責任限制的賠償義務人只有在設立責任限制基金後，始得主張責任限制。」、第 2 項：「主張責任限制而未設立責任限制基金者，應適用第 12 條的規定。」、第 3 項：「關於本條款所生的程序上爭議，應依提起訴訟國的國內法定之。」

㈡關於責任險基金的設立、分配相關事項依照設立國法

公約第 14 條：「除本章另有規定外，關於責任限制基金的設置、分配及與其有關的程序規定，應依基金設立國的法律定之。」

三、船舶碰撞事件

海商法第 94 條：「船舶之碰撞，不論發生於何地，皆依本章之規定處理之。」也就是關於船舶碰撞案件，一律依照海商法船舶碰撞一章的規定。但是從維護本國審判權、尊重當事人利益以及便利法院審判的觀點，可以參考國外的判決並修正如次：

1. 因船舶碰撞在公海或中華民國領海者，其所生之損害賠償請求，適用中華民國海商法。
2. 但碰撞船舶屬於同一外國國籍者，適用該船籍國海商法。
3. 碰撞船舶不屬於同一國籍，而該不同國籍的海商法關於船舶碰撞的規定相同時，適用該不同國家的海商法。

4.碰撞船舶不屬於同一國籍，且不同國籍的海商法關於船舶碰撞的規定也不同時，適用碰撞地海商法。

美國第九巡迴上訴法院 1980 年作有判決，該案涉及 1973 年在加州外海船舶碰撞，一沉一毀，由於兩船都在希臘註冊，因此適用希臘海商法，美國聯邦最高法院判決指出：1851 年 3 月的法案第 43 條，該法案編入 the Revised Statutes in secs. 4282：「對於外國及本國船舶的所有人，在公海或美國水域都一律適用，但是碰撞船舶屬於同一外國籍，或是雖然分屬不同國籍，但該不同國家的海商法相同時，不在此限。」可以作為參考。

參 ┃ 海事事件的執行

一、海事請求權

強制執行，必須先有執行名義，執行名義的取得建立在請求權的基礎上。請求權的範圍很廣，海事請求權只是其中一部分，海事請求權包括範圍很廣，1999 年船舶扣押國際公約 (International Convention on Arrest of Ship 1999) 第 1 條列舉如下：

1. 因船舶操作所致的毀損滅失。
2. 與船舶操作直接有關的人身傷亡，不論其時發生在陸地或發生在水上。
3. 因救助作業或救助契約而發生者，包括：船舶本身或承載的貨物有危害環境的危險，對船舶施加救助所得請求的任何特別補償金。
4. 船舶對環境、海岸或其他相關利益已造成損害或有造成損害的危險時，為了預防、減少或移除該損害而採取措施時，該損害所生的賠償、為回復環境而已採取或將採取的合理措施的成本、第三人因為該損害而遭受或可能遭受的損失、以及與本款性質類似的損害、費用或損失。
5. 與浮起、移除、回復、對已經沉沒、故障（失事）、擱淺或拋棄的船舶以及任何現在在船上、一直在船上的物品進行摧毀或使之變為無害的有關成本或費用，以及與維護被棄船舶及維持其海員的相關成本或費用。
6. 與船舶使用或租賃的約定，不論是否記載在船舶租賃契約或其他文書。
7. 與貨物運送或旅客運送相關的約定，不論是否記載在船舶租賃契約或其他文書。
8. 與承運的貨物（包括行李）有關的毀損或滅失。
9. 共同海損。

10.船舶拖帶。

11.引水。

12.為船舶的營運、管理、保存或維修而提供的物品、材料、給養、燃料、設備（包括：貨櫃）或提供的服務。

13.船舶的建造、改建、修繕、改裝或裝備。

14.港口、運河、碼頭或其他水道規費及其他費用。

15.因船長、船員或其他船舶編制人員，因受僱船上所生的工資及其他款項，包括：遣返費及社會保險費。

16.為船舶或船舶所有人支付的款項。

17.船舶所有人或光船承租人關於船舶應支付的保險費或他人為其支付的保險費（包括互助保險費）。

18.船舶所有人或光船承租人關於船舶應支付或由他人為其支付的佣金、經紀費或代理費。

19.關於船舶所有權或占有的爭議。

20.船舶共有人間關於船舶使用及利潤的爭議。

21.對船舶的抵押權、質權 (hypotheque) 或其他類似性質的權利。

22.因船舶買賣所發生的任何爭議。

值得注意的是，1999 年船舶扣押國際公約，關於船舶扣押的海事請求權，採取列舉立法，而非概括條款，主要原因是船舶扣押事關重大，採取列舉方式，比較能夠兼顧船舶所有人的利益。

二、保全處分

㈠保全處分範圍擴大的擬議

海商法第 4 條第 1 項：「船舶保全程序之強制執行，於船舶發航準備完成時起，以迄航行至次一停泊港時止，不得為之。但為使航行可能所生之債務，或因船舶碰撞所生之損害，不在此限。」、第 2 項：「國境內航行船舶之保全程序，得以揭示方法為之。」立法意旨在盡量縮限債權人行使保全處分的範圍，避免影響國際貿易，規定只有在「為使航行可能所生之債務」、「因船舶碰撞所

生之損害」兩個情況下，保全處分才可以不受限制。

現行法設置禁止保全處分的兩個例外，範圍過度狹小，明顯保護債務人（運送人），不利債權人，其結果反而不利航運及國際貿易的發展，因此有必要擴大可以保全處分的範圍，以平衡債權人債務人的法益，建議參照國際公約，將海商法第 4 條第 1 項修正為：「船舶保全程序之強制執行，於船舶發航準備完成時起，以迄航行至次一停泊港時止，不得為之。但依海事請求權所提起者，不在此限。」也就是將海商法第 4 條第 1 項但書「為使航行可能所生之債務，或因船舶碰撞所生之損害」修正為「海事請求權」，而所謂「海事請求權」則指前段 1999 年船舶扣押國際公約所列舉的 22 種海事請求權，具體內容請參考前段之說明。

㈡ 1999 年船舶假扣押國際公約的規定

有關船舶扣押的規定，參見海商法及強制執行法，不夠完備。關於此點，1999 年船舶假扣押國際公約有比較詳細的規定。1999 年船舶假扣押國際公約關於船舶的假扣押分為兩種情況：

1. 對特定船舶的假扣押

1999 年船舶假扣押國際公約第 3 條第 1 項：「有下列情形之一者，應該許可本於海事請求權的假扣押聲請：

A. 發生海事請求權時對該船舶有所有權之人對該海事請求權的發生負有責任，且在實施假扣押時仍然為船舶所有人。或

B. 海事請求權發生時的光船承租人對該海事請求權的發生負有責任，且在實施假扣押時仍然是承租人或所有人，或

C. 請求是本於對該船的抵押權、質權或其他類似性質的權利。或

D. 請求是關於船舶的所有權或占有；或

E. 請求是對所有人、光船承租人、船舶經理人或船舶操作人提起，而且該請求存在有依假扣押地國內法賦予或發生的海事優先權所擔保。」

2. 對債務人所有其他船舶的假扣押

1999 年船舶假扣押國際公約第 3 條第 2 項：「實施假扣押時，對屬於海事請求權應負責之人所有的任何其他船舶，且於行使請求權時，有下列情況之一者，亦得許可假扣押：

A.發生海事請求權船舶的所有人；或

B.為船舶的光船承租人、期間僱船人或航程傭船人。

本規定對於有關船舶所有權或占有的請求，不適用之。」

第 3 項：「儘管有本條第 1 項、第 2 項的規定，對於不屬於對海事請求權應負責任之人所有的船舶的假扣押一應許可，但以依照聲請假扣押地的國內法之規定，關於該海事請求權的判決得對該其他船舶為法院拍賣或強制拍賣者為限。」

三、船舶保全程序所生爭議的管轄法院

為了賦予保全程序的法院及提供擔保地法院都具有管轄權，參考關於統一扣押海船的若干規定的國際公約（1952 年海船假扣押國際公約）以及 1999 年船舶假扣押國際公約（1999 年國際扣船公約）的規定，應該明確規定：「船舶保全程序所生之爭議，得由船舶保全執行地、債務擔保提供地之法院管轄。」

四、保全程序裁定的送達

為了明確送達的對象，應該規定：船舶保全程序裁定之送達，應向債務人為之。但債務人不明時，得向船舶占有人或船長為之。

📖 習題

一、選擇題

1.因件貨運送而發生的法律糾紛，下列關於管轄法院的敘述，何者正確？
   (A)僅得由運送人住所地法院管轄。
   (B)僅得由約定收貨地或交貨地法院管轄。
   (C)僅得由貨物最初裝貨港或最終卸貨港法院管轄。
   (D)可以由託運人及運送人為解決運送契約所生爭議，約定之一個或數個法院管轄。

2.運送契約或載貨證券訂有仲裁地條款時，下列敘述，何者正確？
   (A)必須在約定的仲裁地提起仲裁。
   (B)可以在中華民國提起仲裁。
   (C)可以在約定的仲裁地或中華民國提起仲裁。
   (D)可以在約定的仲裁地提起仲裁，若裝貨港或卸貨港在中華民國港口，也可以在中華民國提起仲裁。

3.下列關於海事求償基金準據法的敘述，何者正確？
   (A)關於海事求償責任限制基金設立、分配，依基金設立地國法。關於設立、分配以外之程序爭議，依法庭地法。
   (B)關於海事求償責任限制基金設立、分配，依法庭地法。就設立、分配以外之程序爭議，依基金設立地國法。
   (C)關於海事求償責任限制基金設立、分配及其他一切程序爭議，都依基金設立地國法。
   (D)關於海事求償責任限制基金設立、分配及其他一切程序爭議，都依法庭地法。

參考答案

1. DDA

二、問答題

1. 在件貨運送契約的載貨證券記載合意管轄法院，必須具備哪些條件，才能生效？

2. 裝貨港或卸貨港為中華民國港口者之運送契約或載貨證券訂有仲裁條款者，是否應受運送契約或載貨證券內仲裁地、仲裁規則記載的拘束？請依海商法的相關規定說明之。

3. 在以載貨證券、其他運送單證或電子記錄證明的運送契約，其因海上運送所生的糾紛，如何決定其準據法？

4. 請說明海商法關於船舶碰撞準據法的規定，並評論立法的得失。

5. 關於船舶的假扣押，海商法有何限制的規定？在立法政策上有何發展趨勢？

📍 參考資料

一、中文部分

1. 2000 年版國貿條規 (the Incoterms 2000)，國際商會中華民國總會印行，2000 年。
2. 信用狀統一慣例 (UCP600)，國際商會中華民國總會，2006 年。
3. 海商法，施智謀，自版，1999 年。
4. 海商法新論，桂裕，正中書局，1998 年。
5. 海商法新論，邱錦添，元照出版社，2008 年。
6. 海商法精義，梁宇賢，自版，2001 年。
7. 海商法（第五版），張新平，五南出版社，2016 年。
8. 國際海商暨海事法基本文件（第一冊至第六冊），黃裕凱，自版，2008 年。
9. 最新海商法貨物運送責任編，柯澤東，自版，2001 年。
10. 最新海商法論，楊仁壽，自版，1999 年。
11. 載貨證券，王肖卿，自版，1999 年。
12. 電子信用狀統一慣例 (eUCP)，國際商會，2002 年。

二、外文部分

1. *Admiralty & Maritime Law Guide International Conventions*, Todd Kenyon, 1999
2. *Caver on Charterparties*, Howard Bennett, Sweet and Maxwell, 2017
3. *Carriage of Goods by Sea*, John Wilson, Transatlantic Pubns, 2007
4. *Carriage of Goods by Sea* (*7th Edition*), John Wilson, Longman, 2010
5. *Cases and Materials on Admiralty*, Nicholas Healy, David Sharpe and Peter Winship, West Academic, 2011
6. *International Maritime and Admiralty Law*, William Tetley, 2000
7. *Marine Cargo Claim* (*3rd Edition*), William Tetley, 2014
8. *Schmitthoff's Export Trade, The Law and Practice of International Trade*, Clive M. Schmitthoff, 1980
9. *Scrutton on Charterparties and Bills of Lading*, Sir Thomas Edward Scrutton, Stewart C. Boyd, Andrew S. Burrows, David Foxton, Sweet and Maxwell, 1996
10. *The Law of Admiralty*, Grant Gilmore and Charles L. Black, Jr., The Foundation Press Inc, 1957

民法概要

劉宗榮／著

　　本書為保持內容的新穎性，乃配合我國民法關於行為能力、保證、所有權、用益物權、擔保物權、占有、結婚、離婚、夫妻財產制、父母子女、監護、限定繼承及拋棄繼承等的修正，內容大幅更新。全書具有下列特色：

　　1. 配合最新民法的修正而撰寫，內容完備，資料最新。
　　2. 闡釋重要理論，吸納重要裁判，理論與實務兼備。
　　3. 附有多幅法律關係圖，增進理解，便利記憶。
　　4. 各章附有習題，自修、考試兩相宜。

國家圖書館出版品預行編目資料

海商法／劉宗榮著.——修訂四版一刷.——臺北市：
三民，2021
　　面；　公分

　　ISBN 978-957-14-7050-4　（平裝）
　　1. 海商法

587.6　　　　　　　　　　　　　　　　109019339

海商法

作　　　者	劉宗榮
責任編輯	黃乙玹
美術編輯	江佳炘

發 行 人	劉振強
出 版 者	三民書局股份有限公司
地　　　址	臺北市復興北路 386 號 (復北門市)
	臺北市重慶南路一段 61 號 (重南門市)
電　　　話	(02)25006600
網　　　址	三民網路書店 https://www.sanmin.com.tw

出版日期	修訂四版一刷 2021 年 1 月
書籍編號	S582900
I S B N	978-957-14-7050-4

三民書局